내가 개인적으로 『중동의 눈으로 본 예수』 등을 저술한 케네스 베일리보다 더 선호하는 신학자가 있다. 미국 캘빈 신학대학원의 신약학 교수인 개리 버지다. 그는 성서학자이지만, 강의실에서 책만 파는 그런 학자는 아닌 듯하다. 그는 성경의 무대로서 이스라엘/팔레스타인 현장을 연구한다. 그러나 지난 과거의 흔적만이 아니라 현재의 현실을 상고하는 학자다. 한국교회 안팎에는 "예언이 성취되고 종말이 왔다는 종말론적 소리"가 전부인 것처럼 생각하는 그리스도인이 적지 않다. 우리는 이스라엘을 성경 역사의 맥락에서 어떻게 읽어야 하는가? 그리스도인은 지금의 이스라엘을 어떻게 마주해야 하는가? 저자는 이 문제에 대해 한국교회와 신학교 안팎에서는 제대로 듣지 못하는 현실을 진지하게 담고 있다. 그는 추상적인 이야기가 아닌 실제 지금 이 자리에서, 구체적인 상황에서 이스라엘을 어떻게 읽고 그리스도인으로 살 것인지를 말한다. 이 책을 읽으면, 한국교회의 이스라엘 읽기에 대한 실제적인 반성과 실천적인 대안을 짚어낼 수 있을 것이다.

김동문 | 아랍 이슬람 연구자, 다타문화연구소 대표

중동의 화약고는 휴화산인가 활화산인가 사화산인가? 그리스도인들은 이스라엘과 팔레스타인 중 어느 편에 속해야 할까? 한국 그리스도인들이 즐겨 찾는 성지 예루살렘에 우뚝 솟아 있는 무슬림 사원은 파괴되어야 하는 멸망의 가증한 것인가? 한국에서 "백투예루살렘" 운동은 성경적으로 정당한가? 지금의 이스라엘 국가는 구약의 이스라엘이고, 팔레스타인은 구약의 블레셋인가? 그리스도인은 이스라엘과 팔레스타인 사이에 일어나는 수많은 분쟁과 갈등과 폭력과 압제에 대해 어떤 입장을 취해야 하는가? 이스라엘과 팔레스타인은 함께 살 수 없는 것일까? 이런 질문에 대해 명쾌하고 분명한 성경신학적인 대답을 제공하는 책이 우리 앞에 놓여 있다. 이스라엘과 팔레스타인에 대한 대중적 견해들의 오류와 허점을 남김없이 드러낼 뿐만 아니라 균형 잡힌 대안을 제시한다. "정의와 평화가 입을 맞출 때까지"라는 문구(시 85:10)를 연상케 하는 탁월한 저술이다. 성경을 피상적으로 읽는 그리스도인, 특히 목회자와 신학생들에게 강력히 추천한다.

류호준 | 백석대학교 신학대학원 구약학 은퇴교수

첫 장부터 눈물을 흘리며 읽었다. 장마다 새로운 주제가 나와 한 장이 끝날 때마다 다음 장이 궁금했다. 또 다음 장을 기대하며 페이지를 넘겼는데 마지막 장이 나오는 경험을 오랜만에 했다. 저자는 이스라엘/팔레스타인 지역에 대한 오랜 경험과 성서학적 전문성을 기반으로 우리가 이스라엘/팔레스타인 문제에 관해 꼭 알아야 할 것들을 친절하고 담담하게 가르쳐준다. 그는 휘튼 대학을 거쳐 캘빈 신학대학원에서 가르치고 있는 복음주의권 신학자로서 설득력 있는 성서 해석에 기초해 복음주의 그리스도인들과 진지한 대화를 시도한다. 이스라엘이나 팔레스타인 어느 한편으로 치우치지 않은 균형 잡힌 시각이 책의 신빙성을 높여주고, 이스라엘인과 복음주의 그리스도인들 내에 반시온주의 운동을 확산시킬 필요성을 인식시켜준다. 서문부터 마지막 장까지 책 전체가 꼭 읽어봐야만 하는 내용으로 가득하고, 이스라엘 성지 순례를 준비할 경우에 참조할 수 있는 실제적인 정보들까지 제공해준다.

안용성 | 그루터기교회 담임 목사

이스라엘 건국 70주년을 기념하는 2018년 5월 14일, 팔레스타인인들의 격렬한 무력시위에도 불구하고 그동안 텔아비브에 있던 미국 대사관이 예루살렘으로 옮겨졌다. 여기에는 트럼프 대통령의 개인적인 친유대인 성향, 유대인 재력가들의 막대한 정치 자금, 미국의 대중동 전략에서 이스라엘이 차지하는 위치 등의 현실적 이유에 덧붙여, 트럼프 최대의 지지층인 미국 백인 복음주의 그리스도인들의 정서도 중요한 역할을 했다. 미국 복음주의자들은 이스라엘에게 주어진 땅의 약속이나 종말의 예루살렘 회복에 관한 성경 말씀을 문자적으로 생각하는 경향이 있다. 미국 휘튼 대학과 캘빈 신학대학원에서 신약학을 가르치는 복음주의 신약학자인 개리 버지의 저서는 복음주의자들의 친유대적 성향을 치밀한 성경 주해와 역사 분석을 통해 낱낱이 해부한다. 예수 그리스도를 통해 완성된 구원은 민족과 혈통과 땅과 권력을 뛰어넘어 모든 인류에게 동일하게 적용된다. 우리나라 보수층 시위에서도 십자가, 태극기, 성조기와 더불어 때로 이스라엘 국기까지 등장하는데, 본서를 통해 미국 일변도의 시각에서 벗어나 팔레스타인의 입장에서 또한 팔레스타인 그리스도인의 입장에서 하나님의 역사를 조망해보길 바란다.

장동민 | 백석대학교 역사신학 교수

이스라엘은 훌륭한 나라다. 그리고 팔레스타인 사람들도 좋은 사람들이다. 그런데 이스라엘/팔레스타인에서는 그 누구도 행복하지 않다. 왜 그럴까?! 모든 다툼은 오해에서 비롯된다고 한다. 다투는 당사자들이 서로를 더 잘 알기만 한다면 곧 서로를 좋아하게 될까? 서로 영원히 "그 땅"을 절대로 포기하지 않으리라는 것을 더할 나위 없이 분명하게 알고 있는 사이라면 어떻게 해야 할까? 한 여자를 사랑하는 두 명의 사내나 같은 땅을 놓고 소유권을 주장하는 두 민족이 커피를 강물만큼 나누어 마신다고 해도, 둘 사이에 가로놓인 강물로 "미움의 불"을 끌 수 있을까? 우리는 누구의 편을 들 것인가? 저자는 유대교와 영적인 운명을 공유한다고 느끼는 기독교 시온주의자들이 이 책을 읽었으면 좋겠다고 말한다.

최창모 | 건국대학교 상허교양대학 교수, 중동연구소 소장

팔레스타인은
누구의 땅인가?

WHOSE LAND? WHOSE PROMISE?

팔레스타인은 누구의 땅인가?

이스라엘과 **팔레스타인**에 대해
그리스도인들이 듣지 못하는 것

누구의 땅인가?

개리 버지 지음 ㅣ 이선숙 옮김

새물결플러스

목차

이사야의 포도원 노래

~

나는 내가 사랑하는 자를 위하여 노래하되
내가 사랑하는 자의 포도원을 노래하리라.
내가 사랑하는 자에게 포도원이 있음이여
심히 기름진 산에로다.
땅을 파서 돌을 제하고 극상품 포도나무를 심었도다.
그중에 망대를 세웠고 또 그 안에 술틀을 팠도다.
좋은 포도 맺기를 바랐더니
들포도를 맺었도다.

예루살렘 주민과
유다 사람들아, 구하노니
이제 나와 내 포도원 사이에서 사리를 판단하라.
내가 내 포도원을 위하여
행한 것 외에 무엇을 더할 것이 있으랴?
내가 좋은 포도 맺기를 기다렸거늘
들포도를 맺음은 어찌 됨인고?

이사야 5:1-4

개정판 서문

이 서문을 쓸 때, 수천 개의 미사일과 로켓이 가자와 이스라엘 사이를 날아다녔다. 처음에 가자 사람들이 쏜 로켓이 이스라엘의 텔아비브 같은 핵심 주민 거주 지역 가까이 떨어졌다. 이어서 이에 대한 보복으로 이스라엘이 쏜 미사일과 폭격에 수십 명의 저항 세력 지도자와 민간인들이 함께 죽었다. 그 어느 때보다도 이 갈등을 이해할 필요성이 더욱 커졌다.

이 책이 2003년 출간된 이후, 이스라엘/팔레스타인에 대한 관심이 더욱 증폭되고 있다. 중동에서 일어나는 사건들이 점점 비참하고 복잡한 양상을 띠면서, 미국 그리스도인들은 이 모든 것을 이해하도록 도움을 주는 안내서가 필요했다. 또한 2003년 이래 사건들은 극적으로 변했다. 2000년에 시작된 과격한 팔레스타인 폭동이 6년 후 자진 소멸했다. 이라크에서 벌어진 전면전이 지금은 종식되었다. 많은 아랍 국가, 세 개만 말하면 리비아, 이집트, 시리아에서 일어난 폭동으로 장기 집권하던 지도자들이 권좌에서 물러나게 되었는데 그중 몇 명이 현재는 죽고 없다. 그리고 이스라엘-팔레스타인 간 평화 협정이 제 기능을 발휘하지 못하는 동안, 이스라엘 측 인구는 팽창하고 팔레스타인 사람들의 절망은 폭발 직전에 이르렀다.

현재 많은 팔레스타인 도시들은 다른 지역과 극명하게 대조되는 9m 높이의 시멘트벽으로 둘러싸여 있다. 그리고 이스라엘 사람들은 더는 위험이 되지 못하는 팔레스타인 사람들과 협상하는 일에 그 어느 때보다 관심이 없어 보인다. 2010년 9월 「타임」은 표지 기사를 "왜 이스라엘은 평화에 관심이 없나?"라는 제목으로 실었다. 이 기사는 엄청난 반향을 불러일으켰다. 이스라엘은 평화에 관심이 있다. 하지만 오늘날 평화를 위한 노력은 이스라엘 국가 정책에서 최하위에 있다(「타임」의 주장이다). 그러나 최근 있었던 가자와의 갈등이 이스라엘 전역을 다시 불안하게 만들었다. 이스라엘에 있는 한 친구가 이렇게 편지를 보냈다. "두렵고 지겹고 절박해."

　너무 많은 것이 변했기에 『누구의 땅인가? 누구의 약속인가?』 재판은 완전히 개정해서 출간해야 했다. 책의 원래 목적에는 변함이 없다. 여기 서방에서는 이스라엘-팔레스타인 분쟁에 대해 오직 한쪽의 이야기만 듣는 것이 일반적이다. 우리는 그 입장을 잘 알고 있고, 그 입장을 옹호하는 사람들은 자신들의 합법성을 어김없이 주장하는데, 특히 교회 안에서 그렇다. 이 책은 그 목소리만큼이나 중요한 **제2의 목소리**도 있음을 그리스도인들에게 설명하려고 시도한다. 이것은 평화롭고 안전한 미래(모든 이스라엘 사람이 그것을 누릴 자격이 있는 것처럼 그들도 누릴 자격이 있는 미래)를 꿈꾸는 사람들에 대한 이야기다. 상실, 배신, 투쟁에 대한 이야기이자, 이 모든 것 한가운데 서 있는 아랍어를 사용하는 그리스도인 교회에 대한 이야기다.

　하지만 우리는 이 두 번째 목소리를 거의 듣지 못한다. 한 이야기가 도움이 될 것이다. 나는 지난달 미국 중요 뉴스 매체(대부분의 미국인이 이 매체의 주간 소식지를 통해 뉴스를 접하는 매우 영향력 있는 방송)와 인터뷰를 했다. 나는 "복음주의자들은 최근 있었던(2012년 11월) 이스라엘과 가자 간 미사일 로켓 공격에 대해 어떻게 생각해야 합니까?"라는 질문을 받았다. 나는 우리 교회 공동체도 다른 많은 미국인과 마찬가지로 이러한 일들에 대해 너무 피상적인 이해를 하는 경향이 많다는 사실을 설명하면서 우리는 이러한 갈등의 근본 원인을 **양측의 입장에서** 이해해야 한다고 대답했다. 자신들의 나라가 사라질 것에 대한 이스라엘 사람들의 두려움과 자기 땅을 차지한 것에 대한 팔레스타인 사람들의 분노 등을 말하면서 가자 지역이 수년간 얼마나 모진 경제적인 제재를 받았는지에 대해 이야기했다. 그러자 기자가 말을 끊고 이렇게 말했다. "그런 이야기는 하나도 실을 수 없습니다." **"뭐라고요?"** "당신은 지금 가자 지역에 사는 팔레스타인 사람들에게 인간적인 면이 있다는 것을 봐야 한다고 말씀하시는데, 제가 그렇게 기사를 쓰면 전 해고될 거예요." "정말요?" "물론이죠." 여기자는 이렇게 대답하더니 가자에 대해 동정적인 기사를 쓴 글을 그저 트윗(tweeting)했다는 이유로 하루 만에 해고된 CNN 기자에 대해 말해주었다. "저도 이 배경 이야기를 잘 알고 있지만 제가 일하는 곳에서는 이런 이야기를 받아들이지 않습니다. 이 이야기는 나중에 다시 할 기회가 있겠죠." 그리고 20분 만에 인터뷰는 그렇게 끝나고 말았다. 기자는 떠나면서 이렇게 말했다. "미국에서는 이 주제에 대해 언론의 자유가 거의 없다는 점을 아셔야 해요." 이 말이 며칠을 내 뇌리에서 떠나지 않았다.

여기 미국에서 이 주제에 대해 글을 쓰는 사람은 (독자들도 추측하겠지만) 늘 비판을 받는다. 내가 그리스도인들로부터 받은 편지들을 보면 정말 기가 막힌다. 블로그에 올라오는 글들은 더 심각하다. 개중에 건설적이고 도움이 되는 것들도 있지만 대부분은 아주 신랄하고 무자비하다. 이 책에 대한 반응도(아마존에 올라온 독서평 참조) 우리나라 전체가 이스라엘과 팔레스타인이라는 주제에 대해 얼마나 한쪽으로 치우쳐 있는지 여실히 보여준다. 우리는 이 주제를 토론하지 않는다. 논쟁한다. 몇몇 독자들(특히 이스라엘에서 예수님을 믿는 유대인 독자들)이 이 책의 초판에 대해 도움이 되는 비판을 주셨는데 해당되는 본문을 수정했다. 사실 이 책을 쓰는 데 이스라엘에 있는 유대인 친구들이 구체적인 정보를 주어서 큰 도움을 받았다.

30년 동안 이 갈등을 연구하고 있는데, 지금처럼 이스라엘과 팔레스타인 양 진영 정치 지도자들이 미래에 대해 체념과 절망을 경험하는 모습은 처음 본다. 이스라엘 사람들과 팔레스타인 사람들을 대상으로 여론 조사를 실시하면서, 나라에 대해 "희망적인 미래"를 보느냐고 질문하자 대다수가 "아니"라고 대답했다. 시카고 대학교의 존 머시하이머 박사 같은 서방 전문가들도 이 갈등에 대해 거의 희망적인 전망을 내놓지 않는다. 이스라엘 사람과 팔레스타인 사람들은 이 싸움에서 교착 상태에 빠졌고 거기서 헤어 나올 방법이 보이지 않는다. 그 결과 정치적으로 너무 한쪽으로 치우친 목소리들이 이스라엘/팔레스타인 내 상황들에 대해 점점 더 극단적인 반응들을 불러일으키고 있다.

하지만 이러한 유해한 절망으로 이루어진 환경에서 새로운 것이 등장할 수 있다. 두려움은 우리의 힘을 소진한다. 그리고 우리는 이러한 두려움을 어떤 새롭고 독창적인 방법으로 극복할 수 있지 않을까 고민하고 더 자주 기도한다. 이러한 유해한 두려움은 확실히 전쟁으로 이어질 수도 있다. 하지만 그런 시간은 신랄한 정치 지도자들과 그들 뒤에 서 있는 격노한 매체 전문가들을 앞지르는 새로운 운동들을 일으킬 수 있다.

팔레스타인 그리스도인들과 예수님을 믿는 유대인들이 새로운 관계를 만들어가면서 서로가 가진 두려움과 고통이 합당한 것임을 인정하는 모습을 상상해보라. 여성들(유대인과 아랍인)이 가진 공통점(그들은 이 폭력으로 인해 자식들을 잃었다)으로 인해 하나가 되는 모습을 상상해보라. 이스라엘 군 장교들이 양심의 문제로 점령지 웨스트뱅크에서 복무하기를 거부하는 모습을 상상해보라. 또한 팔레스타인 교회 지도자들이 비폭력을 연구하고 분노를 버리자는 말을 공개적으로 하는 모습을 상상해보라. 예수님을 믿는 유대인과 팔레스타인 그리스도인들이 함께 기도하고 함께 용기를 내 화해를 모색하는 모습을 상상해보라. 이스라엘과 팔레스타인 젊은 세대들이 자신들의 부모들이 입에 달고 살던 분노의 시나리오를 거부하고 너무나 오랫동안 폭력으로 가득했던 이 땅을 공유할 방법을 찾는 모습을 상상해보라. 또한 미국 복음주의자들의 다음 세대(나는 대학에서 이들을 매일 본다)에게 종말론보다 윤리학이 더 중요해지는 모습을 상상해보라. 이들은 더는 예언서에 열광하지 않고 대신 열정과 정의로 꿈틀거리는 교회를 보기 원한다. 이 젊은 목소리들이 미래에 대한 모든 소망을 쥐고 있다.

이 주제를 늘 말하던 친구 하나가 아주 분명하게 이렇게 정리했다. "이제는 그리스도인들이 이스라엘 편, 팔레스타인 편, 예수님 편이 되어야 할 때다." 나는 이 말에 동의한다. 이 작은 땅에 약 580만 명의 유대인이 살고 있다. 그리고 팔레스타인인은 약 530만 명이다(이스라엘 안에 150만, 군 점령지에 380만). 자세한 통계가 중요하기 때문에 그래프로 표시해보았다(아래 그래프 참조). 놀라운 사실을 보게 된다. 인구 분포

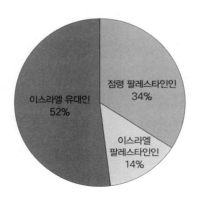

를 보면 거의 반반이다(그리고 아랍인들의 출생률을 볼 때 팔레스타인 인구가 곧 50%가 될 것이다). 이 말은 어떤 희망적인 미래를 꿈꾸든, 그 미래는 두 공동체가 함께 공유하는 미래여야 하고 두 공동체가 진정으로 평화롭고 안전하게 사는 방법을 배워야 한다는 의미다. 즉 한 공동체가 안정이라는 이름으로 자유를 박탈당한 채 "점령"될 수 없다는 의미다. 그리고 다른 공동체가 파멸을 요구받으며 "위협당할" 수 없다는 의미다. 나는 책의 마지막 장에서 이 공동체들에게 남겨진 유일한 선택들에 대해 대략적인 윤곽을 그려보려고 한다.

이스라엘은 훌륭한 나라다. 그들의 속마음을 깊이 들여다보면 그들에게는 **존재가 소멸될 것**(annihilation)에 대한 두려움이 있다. 수 세기 동안 서방 세계에서 겪었던 두려운 경험들과 무엇보다 홀로코스트에서 절정을 이룬 두려움이다. 팔레스타인 사람들도 좋은 사람들이다. 그들의 깊은 속마음에는 쫓겨날 것(displacement)에 대한 두려움이 있다. 자신들의 조상들이 수 세기 동안 가꿔온 이 땅에서 추방되거나 추출될 것이라는 두려움이다. 그리고 쫓겨나지 않는다면 자신들의 땅에서 끔찍하게 갇혀 탈출할 수 없게 될 것이라는 두려움이다.

이러한 양측의 두려움을 모두 말할 수 있을 때, 이 좋은 사람들에게 희망이 있을 것이다.

초판 서문

이스라엘 땅에서 4큐빗을 걸은 사람은 누구든지 다가올 세상에서 자리를
보장받는다.　　　　　　　　—바빌로니아 탈무드, Kethuboth 110B-111A

　　2000년 3월 20일, 교황 요한 바오로 2세는 79세의 나이에 일생의
꿈 하나를 이루었다. 그는 성지 순례를 했다. 요르단에서 출발해서 수천
년 전 모세가 그랬던 것처럼 그 땅을 한눈에 보기 위해 먼저 느보산으
로 갔다. 하지만 교황은 예루살렘에 있는 다양한 성지를 방문하는 것 외
에도 베들레헴 방문이 여행의 "핵심"이라고 말했다. 3월 22일 베들레
헴 구유 광장에서, 교황은 그곳을 팔레스타인과 바티칸 국기로 장식한
수천 명의 그리스도인과 무슬림들을 만났다. 요한 바오로 2세가 팔레스
타인 흙이 담긴 금 그릇을 받아들고 입을 맞추자(교황이 방문하는 나라에
서 의례히 행하는 일이다) 사람들은 "알-바바 만세"(알-바바[Al-baba]는 아랍
어로 교황을 말한다)라고 외쳤다. 교황은 이어진 예배에서 이렇게 말했다.
"이곳은 압제의 멍에와 막대기를 익히 아는 곳입니다. 이 거리에서 얼
마나 자주 무고한 자들의 울부짖음이 들렸습니까? 여러분의 고통을 세
상이 보고 있습니다." 그러면서 교황은 이렇게 선포했다. "고통이 너무
오래 지속되었습니다."
　　그런 다음 교황은 전혀 예상치 못한 일, 서방 언론들이 사실상 무시했

던 일을 했다. 오후 4시 교황은 베들레헴 외곽에 있는 데이셰(Dheisheh) 난민 수용소를 방문했다. 1948년 이스라엘 국가가 탄생할 때 집을 잃은 만 명이 넘는 사람들의 안식처가 된 이 수용소는 더러움과 가난을 표상하는 비참한 예다. 약 650개의 건물이 데이셰 수용소 1km² 안에 밀집되어 있다. 작은 집집마다 15명 이상이 산다. 실업률은 60%다. 수용소로 이어지는 헤브론 길에서 교황은 "열쇠들의 행진"과 마주쳤다. 이 행렬은 수백 명의 데이셰 학생들이 오래전 할아버지 세대들이 빼앗겼던 집들의 열쇠들을 집으로 나르는 행렬이었다. 이 열쇠들은 가족을 잃고 보금자리를 잃은 것을 잊지 않기 위한 징표로 3대손들이 물려받았다. 대부분의 아이들이 지금은 이스라엘의 영토로 변해버린 자기 조상들이 거주하던 마을의 이름을 새긴 표식을 가지고 다녔다.

수용소 안에 있는 회관에서 교황 요한 바오로 2세는 또 한 번 연설을 했다.

저는 여러분 한 명 한 명을 만나 기쁩니다. 바라고 기도하기는 저의 방문으로 여러분이 겪고 있는 어려움이 조금이라도 해결되었으면 합니다. 여러분은 인간으로서 기본적으로 누려야 할 많은 것을 빼앗겼습니다. 마땅한 집도 건강을 챙길 수 있는 여건도 교육도 일자리도 박탈당했습니다. 무엇보다 강제로 모든 것을 남겨두고 떠날 수밖에 없었던 슬픈 기억을 지녀야 했습니다. 물질적인 소유뿐 아니라 자유와 일가친척과 익숙한 환경과 여러분 개인과 가족의 삶을 떠받치던 문화적 전통을 다 떠날 수밖에 없었습니다.

사랑하는 난민 여러분, 여러분의 상황이 이렇다고 해서 하나님 보시기에 여러분이 덜 중요한 존재라는 생각은 하지 마십시오! 하나님의 자녀로서 갖는 위엄을 절대 잊지 마십시오! 이곳 베들레헴에서 하나님의 아들은 마구간에 있는 구유에서 나셨습니다. 근처 들판에 있던 목자들이 세상을 향한 평화와 소망의 천국 소식을 가장 먼저 들었습니다. 하나님의 계획은 비참함과 가난 속에서 완성되었습니다.

교황은 크리스마스 아침에 아기 예수님을 맞았던 초라한 광경만큼이나 초라한 베들레헴을 배경으로 서 있었다. 교황은 할아버지의 놋 열쇠를 옮기던 어린아이들을 끌어안았다.

데이셰 난민 수용소를 방문하기로 한 교황의 결정을 보면서, 현재 이스라엘에 대해 생각하는 그리스도인으로서 내가 직면한 어려운 딜레마가 생각났다. 이 나라가 탄생한 이래로(전 세계 수백만 그리스도인들이 축하했던 역사적 순간) 수없이 많은 사람이 고통을 받았다. 1948년 이래로, 400개가 넘는 아랍 마을들이 불도저로 파괴되거나 이스라엘 정착민들에 의해 점령되었다. 이 집들과 땅을 아랍 주인들에게 합당하게 돌려줄 것을 요구하는 UN 결의도 소용이 없었다. 1999년 6월 UN 기록에 의하면, 이스라엘이 나라를 세움으로 인해 희생된 팔레스타인 난민 숫자는 약 360만 명이다.[1]

나는 복음주의자이기 때문에 이스라엘의 역사와 미래에 대해 신학적 관심이 있다. 또 그리스도인이기 때문에 현대 유대인들과 아브라함, 모세, 다윗과 조상 대대로 내려오는 연결점을 알고 있다. 하지만 이 작은 나라를 이해하려고 애쓰면서, 이 지역에 있던 마을들의 이야기와 잃어버린 집 열쇠들과 불도저로 밀린 집들과 고향에서 떠밀려 나올 수밖에 없었던 난민들에 대해 알게 되면서 혼란스럽고 마음이 무겁다.

---

1 사라진 마을들 목록은 J. Fayez, *Lest the Civilized World Forget: The Colonization of Palestine* (New York: Americans for Middle East Understanding, 1992)을 보라. 이 목록들은 인터넷에서 찾을 수 있다. 참고. 2장 각주 17.

헤브론 바로 외곽에 있는 할훌이라는 아랍 마을은 이러한 딜레마를 잘 보여준다. 국도를 이용해 예루살렘에서 헤브론으로 가는 모든 차량은 이곳을 통과한다. 우리는 이 오래된 마을의 역사를 성경에서 찾아볼 수 있다. 할훌은 NIV 성경에 "할훌"(Halhul)이라고 언급되어 있고 여호수아 15:58에 나온다. 여호수아의 승리에 이어 유다 족속에게 상으로 주어진 마을 중 하나다. 이제 여기서 질문이 생긴다. 할훌은 **누구의 소유인가?** 수없이 오랜 세월 동안 그곳에 살았던 아랍 거주민들이 여호수아가 받은 약속에 근거해 쫓겨나야 하는가? 유대인 거주지가 내일 키르야트 할훌(Kiryat Halhul)이라고 불리는 곳에 지어지고, 그곳의 거주자들이 자신들은 하나님이 유대인들에게 하신 맹세를 성취하기 위해 왔다고 주장한다면, 이 주장은 정당한가? 오늘 할훌에 살고 있는 수천 명의 사람들은 어떻게 될까? **성경에 근거한 주장이 조상 대대로 정착해온 거주자들의 주장을 이기는가?**

거의 10년 전 이라크가 쿠웨이트를 침공해서 걸프전이 한창일 때, 나도 비슷한 딜레마를 겪었다. 1991년 1월, 달라스 신학교의 전 총장 존 월부드(John F. Walvoord)는 시카고에 있는 무디 라디오와 인터뷰를 하고 있었다. 미국 폭격기들이 이라크와 쿠웨이트에 있는 사담 후세인의 군대를 공격하고 있을 동안 월부드 박사는 성경의 예언을 말하면서 지금 중동에서 그 예언이 성취되고 있다고 자신 있게 말했다.

그분의 발표는 흥미롭고 설득력이 있었다. 아랍과 서방 군대에 대한 이러한 해석이 역사를 끝낼 카운트다운이 될 수 있을까? 1948년에 이스라엘은 자신들의 옛 고향으로 돌아가 국가를 재건했다. 20세기의 놀라운 기적이었다. 예루살렘에 있는 몇몇 정통파 유대인 그룹들은 성전 재건에 대해 말하기도 했다. 퍼즐 조각들이 끼워지고 있었다. 단거리 스커드 미사일이 텔아비브에 떨어졌을 때, 성경을 믿는 많은 그리스도인들이 월부드 박사의 주장에 호응해 에스겔, 다니엘, 요한계시록을 공부하면서 신문 헤드라인을 매일 장식하던 사건들을 해석할 단서들을 찾았다. 아마겟돈 전쟁이 가까운 것 같았다. 어떤 사람은 후세인을 적그리스도라고 말하기도 했다.

그런 열정에 휩싸이는 일은 쉬웠다. 사실 전쟁 발발 직전에 많은 사람이 전쟁의 전망을 반겼다. **전쟁이 예수님의 재림이 가까웠음을 의미한다면, 전쟁이 일어나게 하자! 전쟁이 종말의 시계를 조금 더 빨리 가게 할 거라면, 그렇게 하자!** 우리는 이기는 쪽 군대에 속했을 뿐 아니라 하늘의 군대가 참여할 것이라는 것도 알고 있었다.

하지만 그때 우리는 뭔가 석연치 않은 일들을 보았다. 레이저 유도 폭탄이 공습 대피소를 직접 폭격해 그곳에 피신해 있던 수백 명의 이라크 어린이와 여인들을 태워버렸다. 전쟁이 끝난 후 보도에 의하면 B-52 폭격기를 앞세운 우리 측 융단 폭격으로 100,000명이 넘는 이라크 사람들이 죽었다. 100,000명이다! 사담의 군대와는 아무 상관없는 수많은 남자와 소년들이 있었다. 연합군이 앞으로 진격하자 이라크 병사들은 적극적으로 투항했다. 그들은 징집된 사람들로 죽음의 위협 때문에 벙커를 지키고 있던 사람들이 대다수였다. (도망가지 못하도록) 그들 뒤로는 지뢰밭이었는데 앞도 마찬가지였다. 전쟁이 끝날 때쯤에는 약 115,000명의 이라크 병사들이 죽었고, 3,000명의 아랍 시민들이 공중전으로 인해 죽었으며, 거의 120,000명의 시민들이 시민 폭동과 전쟁으로 인한 질병으로 종전 이후에 죽었다.[2] 한마디로 전쟁은 이라크의 하

---

2   「뉴스위크」, 1992년 1월 20일, 18쪽. 「뉴스위크」는 국방부, 미국 군사령부, 정보부, 미국 그린피스의 자료를 사용했다. 이 숫자들은 미군 병사 305명이 사망하고(작전 중에 146명 사망, 전투 외에 159명 사망) 그 외 다른 나라 연합군 중 244명이 사망한 숫자와 대조된다.

부 구조(물, 전기, 농업)를 완전히 파괴했다. 예를 들어 그 나라에 소재한 600개의 가금류 농장 중에서 겨우 3곳만 남았다. 한때 음식과 의약품을 만들어내던 공장들이 다 무너졌다. 이로 인해 많은 사람이 과연 이 전쟁이 한때 "의로운 전쟁"이라고 불렸던 그 내용을 완수한 것인지 질문하게 되었다. 전쟁이 끝나고 수년 동안 엄청난 수의 이라크 어린이들(어떤 조사에 의하면, 5살 이하 어린이들이 매일 500명씩)이 그 전쟁의 후유증으로 인해 죽어갔다.[3]

전쟁의 결과를 보면서, 나는 몇 가지 어려운 질문을 나 스스로에게 던지지 않을 수 없었다. 나는 이 전쟁으로 생겨난 고통을 받아들일 마음의 여유가 있었나? 종말론에 열정을 내는 것 이상으로 하나님이 사랑하시는 것이 분명한 이 사람들을 위해 열심을 내었나? 이라크가 무모하고 무자비하게 쿠웨이트를 정복한 것은 정당화할 수도 없고 변명할 여지도 없었지만, 내 안에서 뭔가 전도되어 있었다. 종말론에 대한 열정과 예언이 성취되는 것을 보려는 열정으로 인해 나는 어느새 아랍 사람들을 고정관념으로 보기 시작했던 것이다. 믿음과 성경으로 하는 게임에서 그들을 저당물로 만들고 있었다. 나는 딜레마에 빠졌다.

걸프전 이후 미국이 주축이 된 연합군은 이라크에 엄격한 통상 금지 조치를 부과했는데, 이로 인해 치명적인 결과가 발생했다. 유니세프(UN 아동 기금)에 따르면, 1991년부터 1998년까지 이라크에 있는 50만 명이 넘는 5살 이하 어린이들이 억울하게 죽어나갔다.[4] UN에 따르면, 100만 명의 어린이들이 식량 부족을 겪고 있다. 120만 명이 넘는

---

3   C. Scriven, "전쟁에 대한 재고들", 「크리스채너티 투데이」, 1992년 1월 13일, 11. 기사 전체를 보기 원하면, A. Arnove가 편집한 *Taken from Iraq under Siege: The Deadly Impact of Sanctions and War* (Cambridge, Mass.: South End Press, 2000)을 참고하라.

4   5살 이하 어린이들이 한 달에 6,000명 꼴로 죽었다(전쟁 전에는 한 달에 506명 수준이었다).

사람들이 의약품 부족이나 영양실조로 죽었다. 데니스 할리데이(Denis Halliday)는 이라크에 파견된 첫 UN 인권 조정관이었는데, 그는 1998년 그 임무를 사임하면서 이렇게 말했다. "우리는 사회 전체를 파괴하는 작업을 하고 있습니다. 너무나 간단하면서도 무서운 일입니다. 이것은 불법이고 비도덕적입니다."[5] 2000년 2월 두 번째 UN 인권 조정관이었던 한스 폰 슈포네크(Han von Sponeck)도 마찬가지 이유로 사임했다. 그는 이렇게 말했다. "얼마나 더 무고한 시민들이 자신들이 하지도 않은 일에 대해 이런 벌을 받아야 합니까?"[6]

그리고 그때 이 전쟁으로 고통을 겪은 그리스도인들이 있었다. 이라크 인구 2,500만 중 4%가 그리스도인이라고 대부분 추정한다(믿음으로 나와 연결된 사람들이 100만 명이다).[7] 오늘날 이라크의 한 마을에서 주민의 25%가 그리스도인이라면, 학교에서 기독교 신앙을 의무적으로 가르쳐야 한다. 자유롭게 교회를 세울 수 있고 공적 예배도 보호받는다. 내 친구들인 이라크 그리스도인들은 자신들의 나라에서 전혀 박해를 받지 않는다.

이 그리스도인 중 많은 사람이 나와 똑같이 장로교도들이다(이들은 250개가 넘는 이라크 교회에서 예배를 드린다). 10개 이상의 교회들이 스스

---

5 *The Independent*, 1998년 10월 15일.

6 2000년 2월 8일, BBC 온라인. 이라크에 대한 모든 정보를 원한다면 케임브리지 대학교 학생들이 후원하는 CASI(이라크에 대한 제재 조치에 반대하는 운동) 웹사이트 (www.cam.ac.uk/societies/casi/)를 참고하라. 이라크에 대한 그리스도인들의 철저한 조사와 적극적인 인권 운동을 알기 원한다면 Conscience International에서 활동하는 Jim Jennings 박사의 활동을 참고하라(4685, Chamblee-Dunwoody Rd., Suite A7, Atlanta, GA 30338). 이라크에 내린 제재와 그에 대한 결과를 열심히 파헤치는 웹사이트 ⟨www.megastories.com/iraq/index.html⟩를 참고하라.

7 최근 조사는 다음과 같다. 칼데아인(800,000), 아시리아인(90,000), 가톨릭과 시리아 정교회(90,000), 그 외([아르메니아인, 멜키트교도, 콥트교도, 개신교도, 기타] 20,000).

로 복음주의를 자처한다! 최근 이라크를 방문했을 때, 나는 이라크 키르쿠크에 있는 모임에서 설교를 했다. 예배 후 함께한 저녁 식사에 참여해 보면, 여러분은 그들도 미국 복음주의 교회와 전혀 다르지 않다는 것을 알게 될 것이다. 미국 정부의 승인 없이, 많은 미국 그리스도인이 이라크 사람들이 받는 고통을 도와주고자 이라크로 넘어왔다. 어떤 교회들은 이라크 교회들을 도우면서 그들과 "파트너 관계"를 세우려고 애쓰고 있다.

하지만 잠깐. 걸프전 동안에 내 열정에 무슨 일이 일어났던 것일까? CNN 방송에서도 너무나 자연스럽게 보도되던 매우 단순하고 분명한 "옳고 그름"의 범주에 무슨 일이 일어났는가? 우리가 군대를 통해 하나님의 일을 하고 있다고 선포하던 복음주의적 설교에 무슨 일이 일어났는가?

우리 복음주의 공동체에 속한 많은 사람이 잘못된 양심을 가지고 살고 있다.[8] 우리는 지금 우리의 비전이 옳지 않음을 배우고 있다. "마지막 때"를 살고 있다는 열정 때문에, 우리의 믿음과 중동과 하나님이 우리에게 행하기를 원하시는 것에 관한 몇 가지 파괴적인 사실들을 간과하고 말았다. 때로는 중동에서의 실제 삶이 어떠한지에 대해 중요한 것들을 듣지 못했다. 우리 정부가 이라크에 대해 더 폭넓은 군사 행동을 취하려는 지금 상황은 더욱 그러하다. 군사주의(militarism)가 더 강경해지고 있는 현재 우리 중 많은 사람이 깊은 혼란을 느끼고 있다.

이스라엘과 중동은 복음주의 그리스도인이자 복음주의 대학의 신약학 교수이고 목사인 내게 불가능한 문제로 다가온다. 마음속 깊은 곳에

---

8   D. Neff, "네 이웃(아랍)을 사랑하라", 「크리스채너티 투데이」, 1990년 10월 22일. Neff는 이렇게 쓰고 있다. "국가 간의 분쟁이 이 정도까지 올라갈 때, 교회는 증오의 불꽃을 끌 특별한 책임이 있다."

서 이스라엘에서 지금 심각한 불의가 일어나고 있음을 느끼면서, 내가 어떻게 계속해서 성경을 근거로 유대교를 옹호할 수 있을까? 그리스도 안에서 똑같이 내 형제요 자매인 아랍 그리스도인들의 고통을 슬퍼하면서 어떻게 동시에 이스라엘 국가 탄생을 축하할 수 있을까? 또 이 갈등에서 모든 진영으로부터 심각한 오해를 받고 있는 팔레스타인 무슬림들을 어떻게 사랑할까? 내가 이 글을 쓸 무렵(2002년 8월), 그 지역은 거의 24개월간 끔찍한 갈등을 목도했다. 팔레스타인 사람들은 자동 무기와 폭탄들로 돌멩이를 대체했다. 반면 이스라엘 사람들은 전국적으로 수천 명의 사상자를 낸 이 전쟁에 공격용 헬리콥터와 전투기, 탱크를 들여왔다. 팔레스타인 사람들은 이스라엘에 비해 네 배나 많이 죽었다. 이것을 어떻게 받아들여야 할지 질문하지 않을 수 없다. 누구를 동정해야 할지 묻지 않을 수 없다.

이 책은 많은 학술적인 연구들을 토대로 관찰하고 결과를 도출하긴 했지만, 역사 전공자나 전문 신학생들을 위한 책은 아니다. 이 책은 나처럼 평범한 그리스도인들, 즉 보수적인 신학의 틀 안에서 이스라엘과 팔레스타인을 어떻게 이해해야 할지 딜레마에 빠져 고군분투하는 사람들을 위해 쓴 것이다.

분별력 있는 독자라면 이 책이 나의 개인적인 탐구였음을 즉시 눈치챘을 것이다. 나는 책 속에서 우리가 이스라엘을 온전히 이해하려면 인정할 수밖에 없는 핵심적인 생각들을 파헤쳐 분명히 드러내려고 애썼다. 어떤 사람들은 "내가 어디 편인지", 곧 이스라엘 편인지 아니면 팔레스타인 편인지 우선 확인하려고 할 것이다. 하지만 나는 공감하며 듣기 위해 양측(이스라엘과 아랍) 공동체에 들어가려고 애썼다. 아랍 사람의 집보다는 이스라엘 키부츠에서 더 많이 잔 것 같다. 텔아비브 중앙 버스 터미널에서는 이스라엘 국영 운송회사(Egged) 버스를 타는 것이 편했고, 중앙 헤브론으로 갈 때는 아랍 택시를 탔다. 이스라엘 웨스트뱅크 주거지에도 머물렀고 가자 시에도 머물렀다. 소망하기는 독자들이 인내심을 가지고 주의 깊게 내가 제시한 증거들을 따져보아 이스라엘과 팔레스타인 사이에 심각한 문제가 있음을 발견하길 바란다.

책 전반에서 특별한 의미를 갖는 단어들은 사용에 신중을 기했다. 사실상 모든 것이(누군가의 차량 번호판 색깔에서부터 주소에 이르기까지) 이스라엘/팔레스타인에서는 어떤 정치적인 의미가 있다. 어휘 선택에서도 마찬가지다. 예를 들어 이 나라를 언급하면서 "이스라엘/팔레스타인"이라고 표기했는데, 여기에는 1967년 전쟁에서 차지한 땅들(특히 웨스트뱅크와 가자)도 포함된다. 이 표기는 양측 사람들이 바라는 국가의 정체성을 존중한다. 팔레스타인(Palestine)이라는 이름은 로마 시대 이래로 이 지역을 가리키는 데 사용했던 고대 단어다.[9] 그리고 오늘날 "팔레스타인 사람"(Palestinian)이라는 단어는 거기에 사는 사람들이 선호하는 단어다. 이스라엘 혹은 이스라엘 사람이라고 표기할 때는 1948년에 형성된 유대인 국가를 일반적으로 의미한다.

이 책을 쓰는 데 많은 분들의 도움이 있었기에 이 자리를 빌려 감사를 전하고 싶다. 이 책의 초판은 1993년 『중동에서 하나님의 백성은 누구인가? 그리스도인들이 이스라엘과 팔레스타인 사람들에 대해 듣지 못하는 것』이라는 제목으로 출간되었다. 나는 노스파크 대학교에서 안식년 휴가를 가졌을 때 자료 대부분을 조사했다. 1993년 이래로 이스라엘/팔레스타인에 대해 계속해서 관심을 갖게 되어 매년 그 나라를 여행했다. 휘튼 대학에서 일하게 된 이후에도 이 주제에 계속해서 관심

---

9   사실 팔레스타인은 이보다 더 오래전으로 거슬러 올라간다. 이는 구약성경 전체에 걸쳐 나오는 "블레셋"이라는 단어에서 기원한다.

을 갖고 수차례 그곳을 여행했고 최근에는 팔레스타인 교회의 미래에 대해 철저히 연구하기 위해 여행을 하기도 했다. 휘튼 대학 교직원 연구 기금의 도움으로 이 작업을 진행할 수 있었다.

오늘날 연구에서 가장 큰 변화 중 하나는 인터넷 사용이다. 오늘날 팔레스타인 사람들은 이메일과 웹사이트, 실시간 문자를 통해 세계 전역의 사람들과 그리고 서로 간에 이야기를 나누고 있다. 그들은 자신들의 불만을 범주별로 구분하고(www.electronicintifada.net) 자신들이 겪는 어려움을 자료별로 범주화하고 있다.[10] 유대인 사이트들도 같은 일을 하고 있다. 예를 들어 가옥 파괴 숫자를 인용할 때 주로 이스라엘 사이트인 B'Tselem(www.btselem.org)을 사용하는데, 이는 친팔레스타인 편향성을 띤다고 비난할 수 없도록 하기 위해서다. 전쟁에서 양측에 사상자가 날 경우 인터넷에 연결된 모든 사람에게 디지털 영상이 전달된다. 특별히 도움이 되는 웹사이트는 각주에 주소를 표기했다.

이스라엘/팔레스타인에 있는 많은 친구들이 나를 자신들의 세계로 초대해주었는데 이는 아무나 얻을 수 없는 기회였다. 그들은 나를 믿어주었고 이것에 대해 무어라 감사의 말을 전해야 할지 모르겠다. 이 책에서 그들의 이름과 이야기를 소개했고 이렇게 그들을 대변할 수 있는 것을 큰 특권으로 생각한다. 내가 이 책을 쓸 수 있도록 처음으로 영감을 준 사람은 나를 처음 초대해준 고 어데 란티시(Audeh Rantisi)로서 그는 라말라에서 영국 성공회 목사로 사역했다. 어데와 그의 부인 팻은 첫 봉기(인티파다)가 일어났던 어려운 시기에 자신들의 집으로 나를 데려갔고 그 덕에 강제 점령이 어떤 모습인지 직접 볼 수 있었다. 이런 경험은 잊히지 않는 법이다.

---

10 〈www.sabeel.org/links.html〉에 링크된 목록들 참조.

지난 10여 년간, 수많은 사람이 팔레스타인 교회에 헌신하는 사람들의 네트워크를 구성해 친구가 되었고, 팔레스타인 교회에 관심을 가질 것을 서방 그리스도인들에게 전달하고자 노력했다. 그중 몇 명은 이름을 거론할 자격이 있다. 나임 아티크, 노라 코트, 비샤라 아와드, 살림 무나예르 등이다. 많은 서방인이 이 일에 헌신했는데, 그들의 지혜가 아주 큰 역할을 했다. 돈 와그너, 톰 게트만, 케네스 베일리, 데이비드 네프, 그리고 중동을 이해하려는 복음주의자들 단체에 속한 많은 사람들이 있다. 학생들도 연구 조사를 돕는 일에 참여했다. 현재 보스니아에서 일하고 있는 캐시 마쉬는 1993년 조교로 일했다. 최근에는 레이첼 웨이스버그가 이 책의 역사 부분을 업데이트하는 일을 부지런히 감당하고 있고 책의 전반적인 편집도 도왔다. 이삼 스메어와 아쉴레이 버지도 편집 작업에 참여했다. 내 제자 중 로라 브로시우스는 지도 전문가로서 이 책의 지도를 담당해주었다. 밥 랜드와 존 이글슨도 편집에 큰 도움을 주었다. 마지막으로 색인은 휘튼 대학 대학원생인 로버트 렉튼윌드가 담당해주었다.

또 아내 캐롤에게도 감사의 말을 특별히 전하고 싶다. 아내는 내가 이스라엘/팔레스타인(뿐만 아니라 대부분의 다른 아랍 국가들)을 수없이 여행하도록 나를 격려해주었다. 아내의 도움으로 수년간 이 주제를 탐구할 수 있었다. 그뿐만 아니라 딸 아쉴레이와 그레이스도 내가 없는 많은 시간을 잘 인내해주었고 이 책의 주제에도 많은 관심을 보여주었다. 1995년 아쉴레이(그때 12살이었다)가 조바심을 내며 이스라엘인 교수가 하는 강의를 듣던 모습을 잊을 수가 없다. 그때 그 교수는 예루살렘 대학에서 50명의 대학생들 앞에서 그 땅의 미래에 대해 강의하고 있었다. 아쉴레이는 청중석에서 단독으로 교수의 의견에 반기를 들며 여러 가지 어려운 질문(오늘날 교회들이 하기 원하는 질문들)을 해서 모든 사람을 놀라게 했다.

문고판 서문(2004)

이 책의 양장본 출간(2003) 이래로 이스라엘/팔레스타인 내 긴장은 감소세를 보이지 않았다. 2000년 9월 시작된 소위 "2차 인티파다"(또는 알 아크사[Al Aqsa] 인티파다)는 계속 확산되었고 이스라엘 점령군은 웨스트뱅크와 가자를 더욱 움켜쥐었다. 라말라에 형성된 야세르 아라파트 정부는 사실상 와해되어 통치력을 상실했다. 그리고 이로 인해 하마스 같은 폭력적인 저항 단체들이 기승을 부리게 되었다.

이 갈등으로 인해 양측이 당하는 고통을 가장 분명하게 보여주는 지표는 사망자 수다. 2000년 9월부터 2,780명의 팔레스타인 사람이 죽었고 25,201명이 부상을 당했다(팔레스타인 적십자사, 2004년 3월 19일). 이스라엘 측에서는 834명이 죽고 5,394명이 부상을 당했다(이스라엘 외무부, 2004년 3월 1일). 이러한 사망자 숫자를 양측의 인구수와 비교해볼 때 각자가 받은 타격이 얼마인지 분명히 알 수 있다.

평화를 위한 예비 교섭이 완전히 막혀버렸다. 2003년 3월 발표된 부시 대통령의 "평화 지침"은 평화를 위한 중요한 사안들을 명확하게 밝혔지만, 대화가 끊기고 갈등이 증폭되면서 이러한 요구들은 힘을 잃고 말았다. 팔레스타인 자살 폭탄 테러가 대부분의 이스라엘 주요 도시를 공격했고, 이스라엘군은 이러한 폭력을 잠재우려는 시도로 헬리콥터에서 총을 난사하여 팔레스타인 지도자들을 학살했다.

이러한 폭력은 2004년 3월 22일 월요일 최고조에 달했다. 새벽 5시 30분, 이스라엘이 가자 지구에 세 개의 로켓을 발사하여 휠체어에 타고 있던 하마스 창시자이자 리더인 악명 높은 66세의 쉐이크 아흐메드 야신을 죽였다. 하마스는 당연히 이스라엘의 주요 표적이었다. 야신은 이스라엘에 대항해 수많은 폭력적인 작전들을 지도했고 이스라엘의 존재를 인정했던 평화 예비 교섭들을 거부했으며, 심지어 "두 국가" 해결책도 반대했다. 이러한 "표적 살인"(2003년 이래 337명을 죽였다)은 비록 명백히 문제를 일으킨 사람들을 공격하긴 했지만 많은 사람에게 곤란한 도덕적인 질문들을 불러일으켰다. 그래서 세계 도처에서 비난이 일었다. 하지만 그들을 옹호하는 쪽도 있는데 특히 미국은 이를 이스라엘의 불가피한 자기 방어 전략이라고 옹호했다. 하지만 이러한 살상은 팔레스타인 저항 세력의 심장을 강타하려는 상징적인 행동이다. 또한 폭력의 악순환을 더 가중하기만 할 것이다.

이 책의 초판을 읽은 독자들은 책에 드러난 신학적이고 정치적인 견해들에 대해 열광적인 지지와 강한 비판을 보내왔다. 그리고 전국을 돌아다니며 이러한 견해를 강의하면서 비판과 지지를 동시에 경청했을 때, 나는 계속해서 표면으로 떠오르는 세 가지 주안점을 들을 수 있었다. 이 주안점들은 새로운 것은 아니지만, 이 책을 주의 깊게 읽는다면 이 세 가지 주안점이 온전히 다루어지고 있음을 알 수 있을 것이다. 그리고 이 세 가지 주안점은 지난 2003년 12월 1일 발족된 비공식 "제네바 협약"에서도 드러났다. 이 협약은 각자 반대편에 속해 있던 두 명의 용감한 외교관들에 의해 체결되었는데, 그 두 사람은 전 이스라엘 법무부 장관 요시 베일린과 전 팔레스타인 정보통신부 장관 야세르 아베드 라보다. 이스라엘의 아리엘 샤론과 팔레스타인의 야세르 아라파트가 이 조약을 싫어한다는 사실은 이것이 문제의 핵심이라는 표시다.

많은 사람(나를 포함해서)의 의견에 따르면 그 지역에서 지속적인 평화를 세워나가기 위해서는 이 세 가지 문제가 함께 다루어져야 한다.

(1) 이스라엘 사람들의 안전 보장 이스라엘이 그 지역에서 나라로서 존재할 권리를 확실히 인정받아야 한다. 유대인들이 말하는 주권 이스라엘을 이룰 권리에 대해 그리스도인과 아랍 양측에서 수십 년간 반대를 해왔기 때문에 자신들의 합법성이 거부당할 것에 대한 이스라엘 사람

들의 걱정은 뿌리가 깊고 근본적이다. 또한 시민들을 겨냥한 팔레스타인 사람들의 폭력에 대해서도 동일하게 강력한 제재를 가해야 한다.

(2) 팔레스타인 사람들의 추방 문제　이스라엘 사람들이 땅을 차지하면서 팔레스타인 사람들이 겪었던 폭력도 마찬가지로 인정해야 한다. 팔레스타인 사람들은 땅을 잃었고 나라로서 인정받지 못했다. 그들도 이스라엘 사람들에 의해 나라로서의 합법성을 거부당했기 때문에 자신들의 힘으로 유지되는 땅이 자신들의 것임을 확실히 해주어야 한다. 또한 정부 차원에서 행해지는 이스라엘의 폭력(언제나 자기 방어적인 것은 아니고 오히려 땅을 조금이라도 더 몰수하고 통제하려는 지속적인 시도로서 행해지는 폭력)에 대해서도 강력하게 거부해야 한다. 이스라엘 사람들의 정착은 철회되어야 하고, 영원히 추방될 것에 대한 팔레스타인 사람들의 염려가 알려져야 한다.

(3) 반유대교 문제　현대 이스라엘에 대한 비판을 유대인 배척이라고 말하는 것은 간단히 말해 틀린 말이다. 하지만 이 책을 읽는 독자들 중에는 이 책에서 반대하는 것이 이스라엘 정부의 국내 정책이 아니라 유대교라고 결론을 내리는 사람도 있을 것임을 알아야 한다. 게다가 진짜로 유대인을 배척하는 사람들이 이 책이 제시하는 신학적이고 정치적인 견해들을 자신들에게 유리하게 남용할지도 모른다. 나는 그런 시도들을 정말 싫어한다. 이 책의 가장 우선적인 독자는 그리스도인들이다. 성경이 중동의 미래와 직접적인 관련이 있다고 믿고, 이스라엘에서 성경이 말하는 예언들이 많이 성취되었다고 믿으면서 이 이야기의 다른 측면에 대해서는 들어보지 못한 그런 그리스도인들, 특히 기독교 시온주의자들이 이 책을 읽었으면 좋겠다.

하지만 내가 하려는 말이 오해되지 않도록 확실히 하고 싶다. 사실 이 책에서 사용된 몇몇 성경 구절들은 오랜 시간 동안 **유대인 배척**(adversus

Judaeos) 전통에서 써먹던 것들이다. 유대인들을 박해하고 기독교 교회와 서방 유럽 사회에서 유대인 박해를 신학적으로 정당화하는 전통에서 사용하던 말씀들이다. 결국 이 전통은 유럽 유대인들을 파멸시킨 가증할 문화를 양산했다. 이 전통으로 인해 유대 공동체에 속한 내 친구들은 이 책에 나오는 많은 부분을 이해하는 데 어려움을 겪을 것이다. 부디 그 친구들이 잘 참아주길 바란다. 또한 나의 도덕적이고 정치적인 입장은 수많은 용감한 유대인들의 목소리를 반영하고 있음을 기억해주길 바란다. 현대 이스라엘이 아브라함에게 약속된 땅을 물려받은 것이라는 입장을 그리스도인 신학자들이 반대할지라도(옛 언약을 폐지한 새 언약 때문에) 이로 인해 유대교를 존중하는 교회의 입장이 약화되지 않을 뿐 아니라 이스라엘 땅에서 유대인들이 살 권리가 약화되지 않는다는 것이 나의 주장이다.

이스라엘/팔레스타인을 가로지르는 정치적이고 신학적인 이슈들은 위협적이지는 않다고 해도 복잡하다. "타인"을 신뢰할 수 있고, 두려움을 밀어낼 수 있으며, 결국에는 자멸하게 될 전략들을 포기할 수 있는 진정한 용기가 있는 사람들이 필요하다.

아랍어로 된 주기도문

1장

그리스도인들이 가진
이스라엘/팔레스타인 딜레마

온유한 자는 복이 있나니 그들이 땅을 기업으로 받을 것임이요…화평하게
하는 자는 복이 있나니 그들이 하나님의 아들이라 일컬음을 받을 것임이요.

– 마태복음 5:5, 9

어떤 기억들은 상상 속에 고정되어 남는다. 그 기억들은 개인적인 것
으로 과거에 일어났던 일을 이해하도록 도우면서 지워버릴 수 없는 상
징들이 된다. 우리 각자는 이런 기억들의 보관함을 가지고 있어서 때때
로 그 풍경들을 꺼내 다시 그린다. 마치 어제 일어난 일처럼 당시의 대
화와 외침을 꺼내 되새긴다. 우리에게는 그런 힘이 있다.

레바논, 1973년

1970년대 초, 나는 레바논 베이루트에서 교환 학생으로 있었다. 레바논
내전이 발발했던 때다. 이스라엘에 있는 자기 집을 잃은 팔레스타인 난

민들은 베이루트 근처 누추한 캠프에서 살고 있었는데 균형을 잃고 있던 레바논 정책을 전복시켰다. 내가 베이루트 아메리칸 대학교에 있던 해에, 레바논 군대가 이 팔레스타인 캠프와 싸움을 시작했고 나는 기숙사 창가에서 프랑스 미라주 제트기가 4.8km도 안 되는 곳에서 이 난민 캠프에 무차별 공격을 가하는 것을 볼 수 있었다. 선두 전투기 한 대가 아래로 빠르게 비행하자 파트너 전투기가 뒤를 바싹 좇았다. 선두 전투기가 목표 지점을 정하고 위로 올라가면 뒤따르던 전투기가 무차별 폭격을 가했다. 총성이 하늘을 울렸다. 그리고 폭탄이 터질 때는 우리 건물까지도 흔들렸다. 우리는 마치 비디오 게임을 보듯 그 광경을 지켜보며, 블리스 거리에 있던 기숙사 6층 발코니에 앉아 피타 빵과 참치와 아랍식 후무스(병아리콩과 마늘로 만든 퓨레)를 먹었다.

우리 층에 있던 팔레스타인 학생들은 분노에 치를 떨었다. 어떻게 군대가 민간인을 이런 식으로 죽일 수 있을까? 분노한 학생들이 기숙사 창문을 통해 복잡한 거리로 가구들을 던지기 시작하자 레바논 군대가 블리스 거리로 탱크를 몰고 와 0.8km 떨어진 곳에 세우고는 기숙사 꼭대기 층을 조준했다. 슬쩍 내다보는 것도 무서웠다. 군인들은 창문에 모습을 살짝이라도 비추는 사람이 있으면 강화 고무탄을 발사했다. 우리는 그날 밤 최루탄 가스가 들어오지 않도록 젖은 수건으로 문틈을 막고 잠을 잤다. 팔레스타인인 룸메이트 사미르 엘 파르는 미국인인 나를 이 위험으로부터 지키는 것을 사명으로 여겼다. 우리는 몇 날 며칠을 이 일들이 의미하는 것에 대해 이야기를 나누었다.

이런 환경에서는 대학 수업이 원활할 수 없었기에(우리 교실에 있던 가구도 바리케이드용으로 가져갔다) 대부분의 학생이 그곳을 벗어나는 게 좋겠다고 생각했다. 나는 교수님 한 분과 버스 한 대 분량의 학생들과 함께 아름답고 낮은 언덕이 있는 남부 레바논으로 향했다. 우리의 목적지는 헤스비야 마을이었다. 베이루트에서 일어난 전쟁을 피해 도망친 팔레스타인 사람들과 이스라엘에 있는 고향으로 돌아가고 싶은 팔레스타인 사람들이 이스라엘 국경과 그리 멀지 않은 남부 레바논에 정착해 있었다. 많은 사람이 저절로 게릴라가 되어 있었다. 개중에는 갱들도 있었지만 대부분은 이리저리 떠돌아다니며 비참한 혼란 속에서 살아가는 가족들이었다.

이스라엘 사람들도 남부 레바논에 대해 계획이 있었다. 그들은 이스라엘 북쪽 경계 지역에서 팔레스타인 사람들을 몰아내기 위해, 남부 레바논 인구를 감축해서 팔레스타인 사람들을 공격하기 위해 이 낮은 언덕들로 전투기들을 보낼 계획이었다. 이 과정에서 이스라엘은 팔레스타인 난민들에게 도피처를 제공한 레바논 마을들은 어디든 공격했다.[1]

우리가 헤스비야에 들어갔을 때, 전투 제트기들이 공격한 결과가 어떠한지 직접 볼 수 있었다. 무너져내린 건물들과 공포와 혼란이 가득했다. 부서진 거대한 벽돌 아래로 색색의 장난감들이 눌려 있는 것을 본 기억이 난다. 흉측한 철근 콘크리트 막대들이 삐죽삐죽 튀어나와 있었다. 그 장난감을 가지고 놀던 아이들은 어디 있는지 궁금했다. 가는 곳마다 아이들은 알아들을 수 없는 아랍어로 손짓, 발짓을 하며 제트기들이 날아와 총을 난사했던 이야기를 했다. 이 아이들은 마치 자기가 영웅이라도 된 듯했다. 그 작은 얼굴들에 허세가 가득했다. 그들은 살아남

---

1   1970년대 후반 이스라엘은 결국 남부 레바논을 점령했고 그곳 그리스도인 시민군과 동맹을 맺어 완충 지대를 만들었다. 팔레스타인 사람들의 보복 조치를 막기 위해 이스라엘은 1982년에 베이루트를 포위하기까지 했다. 점령한 지 22년이 지난 2000년 5월 23일, 이스라엘은 일방적으로 남부 레바논에서 철군했다. 홀로 남겨진 그리스도인 공동체들은 생명의 위협을 느껴서 이스라엘 경계 지역으로 도망쳤는데, 그때 수천 명이 이스라엘 안으로 들어오게 되었다. 이러한 "그리스도인" 공동체들은 이 "그리스도인"이라는 칭호를 문화 정치적 식별 표시로 사용한다. 하지만 많은 경우 이 칭호는 깊고 심오한 믿음을 대변한다.

왔던 것이다.

우리는 헤스비아에 방공호를 만드는 일을 도왔다. 기반 공사를 다 마치기 전, 마을 장로가 그곳에 복을 빌기 위해 닭을 잡았다. 그런 다음 우리는 지하 방공호 벽을 돌로 하나하나 쌓았다. 사람들이 가장 원하는 것은 제트기가 돌아왔을 때 아이들이 숨을 장소였다. 그리고 우리가 떠난 후에 정말로 제트기들이 여러 번 되돌아왔다. 나는 가끔 그 방공호가 어떻게 되었는지, 제트기들의 공격을 잘 막아냈는지 궁금하다.

겨우 몇 주를 지냈지만 나는 팔레스타인 사람들의 세상이 위기에 처한 것을 목도했다. 레바논 사람들에게 공격당하고, 이스라엘 사람들에게 공격당하면서 이 사람들은 갈 곳이 없었다. 그들은 중동 역사의 퇴물이 되어가고 있었다. 그들은 누구에게도 이득이 되지 않았다. 밤에 그 마을 외곽 언덕길을 걷던 기억이 난다. 굉장히 어둡고 조용했다. 내 고향 남부 캘리포니아가 겪는 광해(光害)와는 거리가 멀게 하늘은 온통 별로 가득했다. 하나님이 이곳에 아주 가까이 있는 것처럼 보였지만 이곳은 말할 수 없이 비참했다.

이스라엘/팔레스타인, 1990년

그 후 18년간 나는 중동으로 여러 번 돌아갔다. 때로는 순례자로, 때로는 많은 경우 학생들을 이끄는 교수의 신분으로, 또 때로는 이 소란한 세상을 조금 더 이해하려는 조사관의 신분으로 자주 그곳을 방문했다.

중동은 기적의 땅이었다. 이곳은 거룩한 땅, 즉 아브라함과 모세와 예수님의 땅이었다. 이곳은 이스라엘이 기적적으로 다시 국가로 태어나는 것을 목도했다. 이것은 역사상 그 어떤 것과도 견줄 수 없는 분명한 승리였다. 할 린지의 책 『대유성 지구의 종말』[2]을 읽고 나서, 아마겟돈 언덕에 서서 이스라엘이 예언을 성취하는 것과 (이 땅을 괴롭히다가 인간 역사를 끝내게 될 거라고 우리가 알고 있는) 다가올 전쟁들에 대해 생각했던 적도 있었다. 하나님이 이곳에서 역사하시는 것이 분명했다.

하지만 이 땅은 전례 없는 방식으로 고통과 죄악도 목도했다. 아랍 사람들의 악함과 이스라엘 사람들의 악함이 넘쳐났다. 일반 관광 코스를 벗어나 이 사회의 숨겨진 면모를 들여다볼 때마다 전에는 알지 못했던 이스라엘의 모습이 보였다.

나는 1990년 라말라에 있는 아랍 그리스도인 목회자와 그의 가족들을 방문하기 위해 이스라엘/팔레스타인에 갔었다. 이 목회자의 집은 지원과 보호를 바라는 많은 사람의 안식처가 되어 있었다. 아침 7시에 한 나이 든 팔레스타인 여자가 우리가 아침 식사를 하고 있던 부엌으로 갑자기 뛰어 들어왔다. 그 여자의 이야기는 기가 막혔다. 전날 밤 여자가 살던 마을에 이스라엘 군인들이 돌을 던진 소년들을 찾으러 왔다고 했다. 그때는 한밤중이었고 아이들은 모두 잠을 자고 있었다. 무장한 군인들이 침실로 들이닥치자 아이들은 너무 무서워 도망을 쳤다. 지에나라는 12살짜리 소녀는 현관문으로 도망쳤는데 자동 소총을 가진 군인이 현관에서 총을 쏘았다. 아이는 겨우 살아남았다.

이야기를 하던 여자는 바닥에 주저앉더니 울기 시작했다. 그칠 줄 모르는 여자의 울음에 우리는 어찌할 바를 알지 못했다. 나는 여자가 무슨 말을 하는지 내용을 대충 알고 있었다. 바로 전날 나는 라말라에서 가장 큰 도로인 알 티레 거리를 걷다가 한 소대 병력이 집들을 수색하는 것

---

2   H. Lindsey (with C. C. Carlson), *The Late Great Planet Earth* (Grand Rapids, Mich.: Zondervan, 1970).

을 보았다. 장교가 나에게 한 아이가 마당에서 돌을 던졌는데 그 돌이 이스라엘 정착민의 새 자동차를 맞췄다고 말했다. 그래서 군인들이 그 아이를 찾고 있었다. 그때는 학교가 학기 중이었고 남자들은 일하러 멀리 나가 있었기 때문에 여자들과 어린아이들밖에 없었다. 주민들은 군인들이 철저히 수색하는 동안 집 앞에 나와 줄지어 서 있어야 했다. 나는 놀라서 지프차 옆에 웅크리고 앉아 그 광경을 지켜보았다. 다섯 살 정도 돼 보이는 여자아이가 거리로 달려나가자 엄마가 소리를 지르며 아이를 뒤쫓아갔는데 군인들이 자리로 돌아가라고 고함을 질렀다. 그때 돌멩이들이 날아오기 시작했다. 근처 건물 옥상에 있던 군인들이 사과만 한 돌멩이를 가지고 그 젊은 여자와 아이를 겨냥해 던지기 시작했다. 그들은 웃으면서 돌을 던졌는데 어이가 없었다. 여기 라말라에서는 이런 일을 놀이 정도로 생각하는 듯했다. 아이 엄마는 온 얼굴이 눈물로 범벅이 되어 아이를 낚아채 나무 밑으로 도망쳤다. 그리고 거기서 울었다. 라말라 나무 밑에서 울던 아이 엄마의 울음소리와 돌로 그 여자를 맞히며 낄낄거리던 젊은 이스라엘 군인들의 모습이 아직도 눈에 선하다.

그다음에 일어난 일들을 추론해보았다. 실망한 군인들은 그날 밤 다시 찾아오기로 하고 기습 작전을 펼쳤던 것 같다. 치명적인 부상을 입은 그 소녀는 얼떨결에 피해를 입은 또 한 명의 피해자였다.

다시 식사 자리로 돌아왔을 때, 팔레스타인 그리스도인 목사가 은혜에 대해 절대 잊을 수 없는 말을 했다. "주님, 오늘 우리에게 주신 이 양식으로 인해 감사합니다. 또한 주님, 이 땅에서 고통당하는 우리들을 기억하시고 우리에게 공의를 베푸시길 잊지 마옵소서."

라말라를 떠날 때가 되었다. 이미 아랍 승객들로 가득 찬 공동 택시에 합승해서 예루살렘을 향해 남쪽으로 갔다. 택시에서 내려 구시가지 다메섹문(세겜문) 바로 북쪽으로 연결된 나블루스(Nablus) 길로 올라갔다. 노점에서 아이스크림을 사서 거리 풍경을 보고 있는데, 군 정찰대가 내 앞에서 트럭을 멈추더니 차를 기다리며 서 있는 승객들을 함부로 대하기 시작했다. 그들은 주로 점령지에서 활동하는 무시무시한 국경 수비대였는데 녹색 군모와 허세로 유명했다. 군인들은 사람들로 가득 찬 택시 창문으로 다가가더니 사람들의 얼굴을 후려쳤다. 분노가 치밀어 올랐다. 그들은 나와 함께 있던 사람들로, 차 안에는 아랍 의대생들도 있었다. 하지만 내겐 아무 힘도 없다는 무력감이 밀려오면서 이런 불의 앞에서 어떻게 분노를 다스려야 할지 갈피를 잡을 수 없었다.

카메라는 언제나 군인들 앞에서 위력적인 무기이기에 나는 카메라를 꺼내 렌즈 뚜껑을 열고 가슴에 걸었다. 정찰대는 아랍 사람들 중에 끼어 있는 유일한 금발인 나를 즉시 발견했다. 내 바로 앞에서 곤봉을 든 채, 그들은 사진에 대해 히브리말로 무어라 소리를 질렀다. 마치 현실이 아닌 것 같았다. 거기서 나는 중무장한 그리고 자만심에 찬 젊은 군인들 한 무리를 마주하고 서 있었다. 그들의 손에는 곤봉과 장전된 무기들이 들려 있었다. 이 모습을 사진으로 찍으면 분명 비싼 값에 팔릴 것이다.

"연민"(compassion)은 라틴어로 "함께 고통당하다"를 의미한다. 나는 어디선가 눈에 보이지 않지만 분명히 느낄 수 있는 선을 넘었다. 내 안 깊은 곳에는 두려움과 용기가 작동하고 있었다. 순간 나는 체포되고 싶었다. 체제에 맞서 그들이 이 사람들에게 행하는 일을 미국 시민에게도 감히 행하도록 부추기고 싶었다.

사람들이 소리 지르는 것을 듣고 갑자기 러시아계 이스라엘 장교가 다가오더니 군인들을 트럭으로 되돌려보냈다. 택시 안에 있던 사람들과 거리를 걷던 모든 팔레스타인 사람들이 나를 쳐다보았다. 이스라엘 군인들이 떠나고, 아이스크림을 산 가게의 주인을 돌아보니 그는 많은 의미를 담은 (자비롭고 슬프고 감사한) 미소를 지어 보였다. 내가 그에게 (그가 모든 팔레스타인 사람을 대변하는 양) 할 수 있는 말은 "미안하다"는 말뿐이었다. 그리고 나는 예루살렘 구시가지로 계속 걸어갔다.

다메섹문 안에서는 데모가 곧 일어날 태세였다. 가게들은 문을 굳게 걸어 잠그고 사람들은 뛰고 있었다. 이스라엘 정찰병들은 다메섹문 주위에 있는 높은 벽들로 올라가서 최루탄을 분배한 후 총신 아래에 단단히 장착했다. 약 75명의 십 대 소녀들이 노래를 부르며 손뼉을 치면서 예루살렘 길의 1/4에 해당하는 좁은 길을 가득 메웠다. 아랍인 가게 주인이 나를 붙들며 그곳에 있으면 위험하다고 말했지만, 나는 점점 커지는 그들의 목소리에 이끌리고 또한 그들을 기다리는 운명을 보고 싶은 호기심에 그곳에 계속 머물고 싶었다. 군인들(나는 그들을 볼 수 있었다)은 약 300m 앞에 있었다. 소녀들이 노래를 부를 때 선글라스를 낀 남자들이 최루탄 총과 M-16 소총과 우지 기관총들을 장전하여 겨냥했다. 비명소리와 가스와 공포와 이리저리 도망치는 사람과 토하는 사람들로 다메섹문 일대가 뒤범벅이 되었다. 내가 최루탄을 피해 골목으로 재빨리 도망가는 사이 소녀들은 데모를 철수했다.

내 머릿속은 흥분으로 아직도 춤을 추는 듯했다. 나는 감정을 추스르고 생각을 정리할 장소가 필요했다. 나는 엘 와드라 불리는 남쪽으로 난 작은 길을 따라가다가 예수님이 골고다 십자가를 향해 가셨던 고난의 길, 비아 돌로로사에서 동쪽으로 향했다. 그곳은 예루살렘의 여인들이 예수님을 위해 울었던 길이었다. 내가 개인적으로 아는 장소가 있었다. 아주 조용하고 편히 쉴 수 있는 장소였는데, 수많은 사람을 헤집고 어떻게 그곳까지 갈지가 걱정이었다. 1세겔만 내면 시온 수녀회에서 고대 로마 안토니아 요새 유적지로 들어가게 해줄 것이다. 그곳은 예루살렘 도로 밑에 있는 지하로 완벽하게 조용한 곳인데, 1세기 로마 점령군이 전투태세를 갖추기 위해 만든 도로와 저수지들이 있었다. 사다리를 타고 아래로 내려가니 끔찍한 위 세상으로부터 멀리 벗어날 수 있었다. 그리고 그곳에서 주위를 둘러보니 너무나 놀라웠다. 나는 예수님 당시 이 땅을 두려움에 떨게 하고 짓밟던 로마 군대의 유적들 사이에 앉아 있었다. 로마 군대는 예수님이 너무나 잘 아셨던 군대이고, 예수님을 때리고 모욕하며 십자가에 못 박은 군대였다.

따라서 그것은 또한 예수님의 경험이기도 했다. 예수님도 내가 느끼는 이 감정을 느끼셨을까? 그분을 따르던 사람들은 그분이 더 행하시기를 원하지 않았을까? 지금 이스라엘 사람들은 그 옛날 로마인들처럼 행동하고 있는 걸까? 나는 이 땅을 방문한 이후로 처음 소리 내어 울었다.

이스라엘/팔레스타인, 2002년

그다음 12년간은 이 땅에 대한 내 생각들을 정리하는 작업을 했다. 1993년 나는 『중동에서 누가 하나님의 백성인가?』[3]라는 책을 출간했다. 일종의 지극히 개인적인 폭로였다. 너무나 많은 고통의 이야기들이 떠올랐기에 이 이야기들을 글로 쓰니 해방되는 느낌이었다. 한 난민이 여러분을 신뢰하여 자신의 이야기를 들려준다면 여러분은 아마도 그 이야기를 어떻게 사용해야 할지 고민하며 짐으로 느낄 것이다. 세르비아 침공이 있은 후인 1999년 6월, 나토군과 국제 구호원들이 코소보에 들어왔을 때 그들은 깜짝 놀랄 만한 수많은 절망의 이야기들을 듣고 또 들었다. 나토 군대는 이 고통의 이야기들을 듣고 무엇을 해야 할지

---

3   G. M. Burge, *Who are God's People in the Middle East?* (Grand Rapids, Mich.: Zondervan, 1993).

갈피를 잡지 못했다. 나도 같은 느낌이었다.

그 책을 출간한 다음 생긴 가장 놀라운 일은 복음주의 공동체로부터 받은 반응이었다. 많은 편지가 왔는데 개중에는 넘치도록 감사를 전하는 내용도 있었지만 나머지는 단테가 말한 지옥의 하층에 내 자리가 있을 것이라고 말하는 편지들이었다. 보수적인 휘튼 대학(내가 일하는 곳이다) 동창생들 중에는 내가 이스라엘에 대해 성경적인 관점을 갖지 못했기에 교수직에서 해임해야 한다고 촉구하는 편지를 총장에게 쓰기도 했다. 십여 군데 라디오 프로그램과 한 군데 텔레비전 쇼에 강연 초청을 받았는데, TV 쇼에서는 방문객과 대화를 할 수 있었다. 그 대화에서 내 이야기가 불러일으킨 열정과 분노에 깜짝 놀라지 않을 수 없었다.

나는 많은 사람이 이스라엘 사람들의 어두운 삶의 측면에 대해 듣고 싶어 하지 않는다는 사실을 금방 알 수 있었다. 내가 아는 한 저명한 그리스도인 리더는 교회 차원에서 이스라엘 가이드를 고용하여 성지 순례를 여덟 번이나 갔지만 아랍 그리스도인은 **한 번도 만난 적이 없었다.** 휘튼 대학은 매년 여름이면, 성경에 나오는 역사적 장소들을 실제로 체험하기 위해 50명의 학생들을 중동으로 보낸다. 하지만 일반 성지 순례 프로그램은 한 사람의 팔레스타인 그리스도인도 만나지 않도록 장소들을 선별해놓았다. 이스라엘에서 한 달이나 지내도 가게 주인을 제외한 어떤 아랍 사람과도 개인적으로 대화해보지 못하는 상황을 상상해보라. 그리스도인들이 무수히 많은 절망으로 물든 나라에 머물면서, 그들에 대해 알고 그들을 만나고 나아가 그들의 고통을 감싸 안으려는 노력을 하지 않는 모습을 상상해보라. 1995년 내가 이 성지 순례를 이끌 기회를 갖게 되어, 아랍 정교회 소속 노라 코트(Nora Kort)를 데려와 예루살렘 구시가지에서 그녀가 그리스도인으로서 무슨 일을 하는지 강연을 들었다.[4] 노라가 강연을 한 다음 날, 우리가 머물던 복음주의 대학 총장이 그녀를 학교에 들인 것에 대해 내게 불같이 화를 냈다.

나는 중동을 이해하려는 그리스도인들(EMEU)[5]이라는 기독교 옹호 단체에서도 활동했다. 그래서 복음주의자들이 전국에서 열리는 연례 콘퍼런스를 통해 "다른 편"의 이야기를 듣고, 팔레스타인 목회자들을 만나며 아랍인 가족과 식사를 할 때 그들의 마음이 바뀐다는 것을 알았다. 오랫동안 많은 사람이 중동이 평화를 향해 일할 때 모든 일이 잘 될 것이라고 전망했다. 이스라엘은 이집트(1979), 요르단(1994)과 평화 조약을 맺었고 레바논에서 군대를 철수했다(2000년 3월 23일). 그리고 1993년에는 오슬로 협정이라는 평화 협상이 이스라엘과 팔레스타인 간에 맺어졌다.

그러나 이 모든 일의 저변에서, 즉 "평화 절차"에 대한 모든 논의 뒤에서는 위험하고 반역적인 싸움이 팔레스타인 땅을 두고 일어나고 있었다. 팔레스타인 국가(이것이 1990년에는 꿈이었는데)가 수립되는 것은 필연적인 것처럼 보인다. 그래서 이스라엘은 겉으로는 "평화"를 말하던 이 시기에 팔레스타인 사람들의 땅을 차지하고 자신들이 정착할 건물을 지으며 아랍 이웃들을 파멸시키고 아랍인의 집들을 밀어버리는 데 속도를 올렸다. "현실의 상황들"(facts on the ground)을 바꾸어버림으로써 팔레스타인 국가 건설을 위한 마지막 협상이 결렬되기를 바란 것이다. 또 팔레스타인 저항이 일어날 때는 종종 폭력이 수반된다. 그 지역을 가까이서 지켜보던 사람들은 2000년 9월에 온 나라가 발칵 뒤집히고 전 세계가 최악의 유혈 사태를 목도했을 때 그리 놀라지 않았다. 2002년

---

4   현재 Nora는 복음주의 벤처 국제 조직에서 일하면서 예루살렘 구시가지의 여성들에게 도움을 주고 있다.

5   참고. 〈www.emeu.net〉

중반까지도 그 싸움을 끝낼 방도를 아무도 알지 못했다.

　다음에 제시되는 수치들은 그저 단순한 통계 자료가 아니라 우리와 똑같은 가정들을 대변한다. 1999년 1월 26일, 불도저를 대동한 100명이 넘는 이스라엘 군인들이 동예루살렘 외곽에 있는 이사비예 마을에 도착했다. 이 마을에서 14명의 아와이스 가족은 자신들의 가정을 일궈 왔고 **자신들의 땅에** 방 네 개짜리 집을 지었다. 하지만 이들은 이스라엘 정부로부터 건축 허가를 받지 못했기에(이 마을에서 종종 일어나던 일이다) 결국 자신들의 집을 떠나야 했다. 그런데 화요일에 불도저가 들어오더니 그들이 지은 새 집을 부수기 시작했다. 약 100명의 지역 주민들이 모여들어 돌을 던졌다. 경찰들은 곧 그들을 진압하기 위해 경찰봉을 사용했다. 다음에는 군대가 금속 총알에 고무를 입힌 총을 근거리에서 발사해서 자키 우바이드라는 28살의 아버지를 죽였다. 군대는 총알 파편과 시체 가운데 서서 충격과 눈물에 휩싸인 어린아이들을 남겨두고 황급히 떠났다.

　이 땅에서 조금만 귀를 기울이면 이런 이야기들을 끝없이 들을 수 있다. 할라세 가족(11명)은 집을 두 번이나 빼앗긴 후 유대인 정착지인 케달 근처 가족 소유지에 양철집을 짓고 살았다. 1999년 6월 25일, 경고도 없이 이스라엘 군대가 그들의 작은 집을 불도저로 밀어버렸다. 아버지(장애가 있었다)와 16살짜리 딸은 급습 때 "군인을 공격했다"는 죄목으로 체포되었다.

　나는 여러분이 나와 함께 파괴된 팔레스타인 집의 잔해 속에서 서 있었으면 좋겠다. 전쟁 중에 집을 잃는 것은 다른 문제다. 재산 증서를 엄연히 갖고 있는데도 정부 당국에 의해 눈앞에서 집이 파괴되고 그래서 그날 밤 자녀들이 집을 잃는 것을 어떻게 가만히 지켜보겠는가?

이스라엘/팔레스타인, 2013년

그다음 10년간은 이 두 민족 사이에 평화 협정이 완전히 결렬되고 거의 4백만 명에 육박하는 사람들을 점령하고 있던 이스라엘 군대가 그 지배권을 더 확산하는 것을 놀라움 가운데 지켜보았다. 2003년 이 책이 출간되었고 이스라엘 전역에서 공공연한 싸움이 발생했기 때문에 나는 많은 국가 행사로부터 연설 초청을 받았다. 이 책으로 두 가지 상을 받았고 편지와 이메일이 도착하기 시작했다. 그리고 전화가 걸려왔고 기독교 방송국들에서 라디오 인터뷰 요청을 받았다. 한번은 시카고에 있는 근본주의 성향을 띤 무디 라디오 방송국에서 이스라엘 지지자와 공동 인터뷰를 했는데, 주최 측의 의도대로 인터뷰가 진행되지 않자 사회자는 중립적인 입장을 버리고 이단이자 하나님의 선민을 배반한 자에게 거친 말을 퍼부었다. 나는 프로답지 못한 그녀의 행동에 할 말을 잃었고 무엇보다 수년간 내 자신이 부인해온 현실(**내가 속한 복음주의 진영의 많은 사람이 이것을 그저 이스라엘을 위한 일로 보는 것이 아니라 자신의 실존적인 도덕 문제로 보고 있었다**)을 자각하게 되었다. 복음주의자들은 내 의견에 그저 동의하지 않는 것이 아니라 이 이야기의 "다른" 목소리를 듣는 것에 분노하고 있었다.

이스라엘과 팔레스타인이 싸움을 끝내고 평온을 회복하기 위한 방법을 찾느라 씨름하는 사이 양측에 엄청난 사상자가 생기는 것을 이 10년이란 세월 동안 목도해왔다. 팔레스타인 측의 자살 폭탄과 소화기(small arm) 사격이 세계에서 가장 수준 높은 군대와 맞붙었다. 양측 모두 고통받고 있는 것이 사실이다. 하지만 이 시기 사망률을 자세히 살펴볼 필요가 있다(아래 그래프 참조). 팔레스타인 측 사망률이 수년간 이스라엘 측 사망률보다 훨씬 높다는 것을 즉시 알 수 있다. 이 유용한 그래프는 아랍 측과 유대인 측의 다양한 자료들을 근거로 작성되었다.

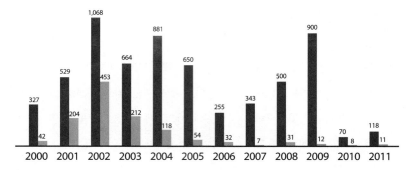

■ 팔레스타인 측 사망자 수
■ 이스라엘 측 사망자 수

　그래프는 2000년부터 2011년까지 팔레스타인 측 사망률이 훨씬 높다는 것을 보여준다. 어떤 경우에는 7배(2004)까지 높다. 2008년과 2009년의 수치는 이스라엘이 수년간 팔레스타인을 봉쇄한 결과 가자에서 일어났던 폭동 때문이다. 이에 대해 이스라엘은 폭격을 사용해 "충격과 공포 작전"으로 대응했는데, 이는 이라크 전쟁 때를 제외하고는 사용한 적이 없는 방법이었다. 이로 인해 하부 구조(물, 전기, 도로)가 다 파괴되었다. 43명의 이스라엘 사람이 죽은 것과 대조적으로 팔레스타인 사람은 1,400명이 넘게 죽었다. 최근(2012) 가자와 이스라엘 사이의 싸움에서는 사망자 수가 15대 1이었다.

　또한 이 기간에 웨스트뱅크가 팔레스타인 독립 국가로 세워지기를 바라는 소망이 급속히 정착되었다. 그리고 아랍 인구를 축소시켜 이스라엘 사람들이 정착할 수 있도록 하기 위해 팔레스타인 가옥들이 더 많이 파괴되었다. 이스라엘 인권 단체 비첼렘(B'tselem)에 따르면, 1999년부터 2012년까지 이스라엘은 1,513개의 팔레스타인 가옥들을 파괴하여 4,262명(이 중 1,328명이 어린아이다)이 노숙자가 되었다. 이어서 2009년에 가자에서 일어난 전쟁으로 집들이 파괴되었고 2만 명이 노숙자가 되었다(UN에 따르면). 때로는 마을에서 사람들을 몰아내려는 목적으로, 때로는 가족들을 벌주기 위한 목적으로 가옥을 파괴하고 식구들을 노숙자로 만드는 일이 팔레스타인 사람들의 이야기에 공통으로 등장한다.

이런 일들이 어느 정도로 심각하게 이루어졌는지 알고 싶으면 점령지 마을로 가보면 된다. 라말라 근처 중앙 웨스트뱅크에 있는 아부드(Aboud)라는 마을이 좋을 것 같다. 여기에는 약 2,500명의 팔레스타인 사람들이 있고 기독교 역사는 1,700년을 거슬러 올라간다. 아부드의 주요 수입원은 농업(올리브, 무화과, 포도, 사과, 아몬드, 올리브 비누)이고 이 땅의 43%가 올리브 농장이다. 그런데 1980년에 이스라엘 정부가 809,371m²(780두남[이스라엘에서 사용하는 면적 단위])를 압수하면서 이 땅을 "군사 지역"으로 선포했다. 그러더니 첫 번째 정착민들이 도착했다. 그리고 곧이어 베이트 아리에(Beit Arye) 정착촌이 건설되었다. 1988년에는 오파림이라는 새로운 정착지를 만들기 위해 더 많은 땅이 압수되었다. 하지만 정착을 위해서는 더 많은 땅이 필요했다. 2000년에는 정착민들이 군대의 힘을 얻어 아부드의 올리브나무 4,000그루를 제거했다. 2002년에는 군대가 아부드의 유명한 6세기 세인트 바바라 교회를 폭파시켰고, 더 많은 나무들을 파괴했으며, 아부드 거주민들이 남은 나무에서 수확하는 것도 금지했다. 그리고 2005년에는 이스라엘 사람들이 "분할 벽/장벽"을 세웠는데, 무려 그 마을의 32%가 잘려나갔다. 현재 아부드 경제는 거의 몰락 직전이다. 한때는 풍요로웠던(놀라울 정도로 아름다운 집들로 가득했던) 마을이 혼란에 빠져 있다. 교육 수준이 높고, 정치적으로도 온건하며, 경제적으로 번영하던 마을로서, 이스라엘 이웃들과 융합하여 더 나은 미래를 만들 수 있는 마을이 있다면 바로 이 아부드였을 것이다.

2012년 3월 어느 일요일, 나는 35명의 대학생을 아부드로 데리고 갔다. 우리는 여러 교회(개신교, 가톨릭, 동방 정교회)에서 거주민들과 함께 예배를 드리면서 그들과 교제했고 점심도 같이 먹었다. 그런 다음 마을 외곽으로 나와 아부드 주요 도로 가운데 하나를 가로막고 있는 거대한 흙더미 위에 섰다. 군대가 그 도로를 막아놓아서 우리는 정착민과 군인들의 눈치를 살피며 매우 조심해서 그곳을 넘어가야 했다.

학생들은 그 광경을 보고 너무나 놀랐다. 그리고 나는 양심과 심장이 있는 사람이라면 누구나 그렇게 느낄 것이라 믿는다.

하지만 여기서 10년 동안 내가 발견한 것 중 가장 호기심을 돋우는 사실이 있다. 바로 이스라엘 사람들도 똑같이 이런 모습을 본다는 것이다. 그리고 그것이 유대인의 삶과 신앙에서 가장 중심이 되는 의로움에 깊은 상처를 냈다. 한 유대인 친구가 예전에 내게 이렇게 말한 적이 있다. "이건 원래 우리 모습이 아니야. 우리가 되고 싶은 모습도 아니야." 그리고 자신들의 정치인과 군 지도자들에 대해 신뢰를 잃은 사람들이 민중 운동을 벌이기 시작했다. 이들은 더는 이스라엘에 충성하지 않고 자신들의 나라가 갈 바를 잃은 것은 아닌지 의심한다. 이 싸움에서 경제적·정치적·군사적 능력의 심각한 불균형 때문에 이스라엘 사람들은 언제나 우위를 차지할 것이다. 그리고 바로 이런 이유로 이스라엘 사람들의 양심이 살아 있는 것이 중요하다.

나는 이스라엘의 점령을 끝내기 위해 시위하는 이스라엘 사람들 편에 서 있었다. 유대인 여자들이 예루살렘에 있는 군인들에 대항해 시위하는 것을 보았다. 용감한 정통 유대인들이 저항하는 믿을 수 없는 장면도 보았다. 전에 훈장까지 받았던 군인들이 이 전쟁이 (이스라엘을 적들로부터 지키려는 의도가 아니라) 팔레스타인 사람들을 점령하려는 의도라면 더 이상 부대에 복귀하지 않겠다고 거부했다는 말도 들었다. 나는 어느 금요일 저녁에 이스라엘의 군사주의에 반대하여 (아그론과 킹 조지 거리 교차로에서) 침묵 밤샘 농성을 하는 "검은 옷을 입은 여성들"을 보고 깜짝 놀랐다. 또 부모들의 모임도 있다. 이 전쟁에서 자녀를 잃은 500명이 넘는 유대인과 아랍 가족들이 모여 서로의 슬픔을 말하고 공유하고 있었다. 또 나는 몇몇 용감한 기독교 신앙을 가진 유대인 지도자들이 "분리"의 흐름에 저항하며 팔레스타인 그리스도인들과 함께 교제하고 공부하며 화해를 이루는 모습을 보았다. 그리고 2012년 10월에 베들레헴 걷기 운동이 처음 시행되었다. 천 명의 유대인 여인들이 점령지 담장을 통과해 베들레헴으로 걸어가 거기서 천 명의 팔레스타인 여인들과 만나 친구가 되는 모습을 상상해보라. 생각만 해도 눈물이 나지 않는가?

이 싸움을 수치화하는 데 가장 좋은 자료가 된 것은 이스라엘 유대인 자료였다. 비첼렘 같은 웹사이트는 어떤 조사든지 간에 아주 귀중한 자료를 제공한다. 하지만 새로운 것이 있었는데, 바로 자신들의 정치 지도자들이 보여주는 군사적 태도에 깜짝 놀란 사람들(종종 여자들)이 주도하는 운동들이다. 그들은 미래를 원한다. 그리고 장소가 어디가 됐든 어떤 방식이든 그 미래는 380만 점령지 팔레스타인 사람들을 포함하는 공유된 미래일 것이다.

네 가지 복잡한 문제

우리는 왜 이스라엘과 팔레스타인 문제는 잘 해결되지 않을 것이라는 느낌을 받는 것일까? 왜 유독 (그리고 때때로 합당하게) 그리스도인들이 이 주제에 심취하는 것일까? 누군가 (미국의) 이스라엘 원조나 웨스트뱅크 정착이나 팔레스타인 저항 세력에 대한 주제를 꺼내면 언제나 분노가 타오른다. 우리는 몹시 슬프다. 우리는 본능적으로 이 주제에 끌린다. 베들레헴에서 폭동이 일어났다고 하면 그 소식은 국가적인 뉴스가 되지만 수단이나 파키스탄에서 몇백 명이 죽었다는 소식은 아예 뉴스가 되지 않는다. 그리스도인으로서 우리가 이 문제에 극도로 관심을 쏟는 것은 이곳에 영적인 중요성을 부여하기 때문이다.

오늘날 그리스도인들 사이에서 회자되는 가장 유명한 책 중 하나는 여러 권의 책으로 구성된 보디 퇴네(Bodie Thoene)의 『시온 언약』(*The Zion Covenant*)과 『시온 연대기』(*The Zion Chronicles*) 세트일 것이다. 이 책들은 홀로코스트에서 살아남아 이스라엘 국가를 이루는 유대인 가족들의 이야기다. 고난과 인내와 소망으로 이루어진 이 낭만적인 이야기에는 퇴네의 소설 속 인물들이 쫓아낸 사람들이 겪은 고난과 인내의 이야기는 빠져 있다. 요즘 전국적으로 가장 많이 팔린 『레프트 비하인드』(*Left Behind*) 시리즈도 세계 역사에서 이스라엘의 운명을 중심으로 한 정치적 위기를 비슷하게 그리고 있다.

오늘날 현대 이스라엘을 반추할 때 우리의 생각에 영향을 끼치고 복잡하게 만드는 네 가지 요소가 있는 것 같다.

1. 우리는 유대교에 가해졌던 20세기의 공포에 대해 잠재의식적으로 죄책감을 느낀다. 우리는 그리스도의 이름으로 유대인들을 추격해 박해하고 학살한 사람들의 죄를 공유하고 있다. 모스크바에서 시카고에 이르기까지, 반유대인 사상은 서방 기독교 유산의 일부다. 유대인들은 비잔틴 군대, 거룩한 로마 제국, 그리고 심지어 십자군에 의해 죽임을 당했다. 십자군은 기원후 1099년 그리스도의 이름으로 예루살렘으로 들어와 중동 사람처럼 보이는 사람은 무슬림이든 유대인이든 상관하지 않고 죽였다. 중동에 사는 사람이라면 이 일을 절대 잊지 못할 것이다.

20세기 유대인들도 비슷한 공포에 직면해야 했다. 미국 시카고 북부에 있는 유대인 회당의 방화문이 금속으로 만들어진 것은 우연이 아니다. 통로 입구에서 나치를 상징하는 만자(卍字)를 제거하는 회당원들을 종종 볼 수 있다. 1938년 11월 9일 밤인 수정의 밤(Kristallnacht)

은 나치 친위대(SS)가 뮌헨에서 유대인 사업장과 회당들을 파괴했던 날이다. 신나치주의자들은 시카고 북부, 특히 스코키에서 아직도 이날을 매년 기념한다. 그곳에 사는 유대인들은 그 밤이 아무 사고 없이 지나가길 회당에 모여 기도한다.

따라서 우리와 이스라엘의 관계는 죄책감이라는 집단적인 감정 때문에 복잡하게 얽혀 있다. 유대인들은 역사 속에서 엄청난 고통을 받았고, 우리는 그들의 미래에 대해 큰 빚이 있는 셈이다. 유대교는 외부인들로부터 스스로를 지킬 수 있는 안전한 장소를 중시한다. 사담 후세인이 1990년 초에 텔아비브에 스커드 미사일을 쏘았을 때 이스라엘 사람들은 폭력으로 반응하지 않는 자제력을 보여주었는데, 이는 나로서는 상상할 수도 없는 자제력이다. "스스로 자기를 지키고 다른 사람의 총에 의지하지 말자"라는 맹세는 1930년대 바르샤바 유대인 거리 어딘가에서 탄생한 맹세다. 유대인들이 로마 제국에 맞서 "마지막으로 저항"했던 마사다산 꼭대기에 2000년 된 회당의 폐허가 있는데, 그곳에서 치러지는 한 젊은이의 성인식(바르 미츠바[Bar Mitzvah])을 본 적이 있다. 젊은이가 자신의 믿음과 조국을 일평생 버리지 않겠다고 맹세하자, 요르단 계곡을 누비던 F-16 전투기가 그 산과 회당 위로 굉음을 내며 날았다. 유대교는 다시는 게토에서 신성모독을 당하지 않을 것이다. 절대로. 그리고 이것은 좋은 일이다.

이스라엘은 서방에 이 의무를 일깨우는 데 주저하지 않았다. 서방이 진 "빚"에 대한 언급들이 종종 들린다. 유명한 신학자 로즈마리 류터(Rosemary Ruether)가 최근 가자를 여행하다가 팔레스타인 사람들의 시위를 보게 되었다. 이스라엘 정착민들이 탄 차 한 대가 그들을 위협하며 지나갔다. 로즈마리 류터는 이스라엘 사람들에게 물었다. "왜 이런 짓을 합니까?" 한 이스라엘 사람이 뒤에다 대고 이렇게 외쳤다. "전쟁 때문이

지요!" 로즈마리가 또 한마디 했다. "하지만 이 사람들은 당신들에게 아무 짓도 안 했습니다." 이스라엘 정착민은 이렇게 대답했다. "하지만 그들은 반드시 대가를 치러야 해요. 전 세계가 대가를 치러야 합니다."

2. 복음주의 그리스도인들은 유대교와 영적인 운명을 공유하고 있다고 느끼는데, 맞는 결론이다. 우리라는 가지도 중동의 같은 올리브나무에서 나온 것이다. 우리는 같은 믿음을 공유하고 있다. 교회나 회당이나 같은 하나님을 예배한다. 매년 가을이면 장막절을 지키기 위해 수천의 복음주의 그리스도인들이 미국과 유럽에서 예루살렘으로 모여든다. 그들은 유대인 예배자들과 함께 팔짱을 끼고 예루살렘 성벽을 돌며 무화과나무를 흔들고 포도와 나무를 수확한 것에 대해 하나님을 찬양한다. 대개의 경우 예루살렘 시장이 나와 복음주의자들이 참석한 것을 치하하는 연설을 하고 (에후드 바라크를 제외한) 모든 이스라엘 수상들이 그들을 반긴다.

우리는 예수님이 유대인이셨음을 안다. 그분은 다윗의 자손으로서 유다 가문이셨다. 바울은 베냐민 족속 랍비였다. 우리가 가진 성경의 80%가 히브리 정경에 속한다. 성만찬은 실제로 유대인 유월절이다. 무엇보다 우리는 성경에서 아브라함의 자손을 축복하라는 명령을 듣는다. 바울의 삶을 보면 그가 유대인 회당에서 심하게 대적을 받았음을 알 수 있다. 그는 감옥에 갇히고 저주를 받으며 체포되고 다섯 번이나 40대의 매를 맞고 세 번이나 죽도록 맞았으며 한 번은 돌에 맞아 거의 죽을 뻔했다. 그럼에도 바울은 (로마서 11장에서) 하나님께서 유대인들의 조상과 맺으신 언약 때문에 유대인들(특히 그리스도를 믿기 거부하는 사람들)도 여전히 사랑받는 자라고 말했다(롬 11:28). 유대교는 하나님의 역사에서 가장 중요한 위치를 차지하고 있는 것이 사실이다.

따라서 우리와 이스라엘의 관계는 더욱 복잡해진다. 우리가 예수라는 하나님을 믿는 믿음을 공개적으로 고백하면서 이스라엘 국가와 동족

의식을 느끼기 때문이다. 심지어 이스라엘 국회 건물 크네세트(Knesset)는 건축학적으로 십계명을 떠올리도록 디자인되었다(외관상으로는 세속 유대법에 기초한다). 미국의 그리스도인들은 미국 대법원도 그렇게 디자인되기를 그저 바랄 뿐이다.

3. 우리는 20세기에 기적을 목도했다고 본능적으로 결론을 내렸다. 이스라엘 국가는 하나님이 행하신 일이다. 유대인들이 2천 년이 지난 후 돌아온 것, 이스라엘이 말할 수 없는 이상한 일들을 이기고 살아남은 것은 역사보다 더 큰 어떤 존재가 있다는 증거가 아닐까? 현재 존재하는 국가 중에서 3,500년 역사를 가졌고 수없이 많이 추방되었으며 2,000년 동안 유럽 세계에 동화되었다가 다시 죽은 언어를 부활시키고 스스로 정치적인 생명을 부활시킨 나라가 몇이나 되겠는가?

1967년 있었던 6일 전쟁에서 이스라엘이 기적적으로 승리한 후 미국과 유럽 전역에 있는 복음주의 그리스도인들은 이 싸움에 하나님이 개입하셨고 이스라엘 방위군을 대신해 승리를 이끄셨다고 확신에 차서 외쳤다. 아랍 군인들이 가공할 만한 화력으로 재빨리 밀고 들어와 이스라엘 군대가 포위되었었다는 전설이 여기저기서 회자되었다. 그러다 갑자기 운명이 바뀌는 일이 일어났다. 천국 군대의 개입 때문이었다. 이로 인해 아랍 군인들은 떼를 지어 후퇴했다. 많은 사람이 이번 승리와 그 외 다른 승리들(1948, 1956, 1973)도 모두 기적이었다고 주장했다. 하나님이 이스라엘을 보호하고 계셨다는 것이다.

우리가 이런 렌즈로 이스라엘을 볼 때 조심해야 한다. 동쪽 지중해에 있는 이 작은 나라가 하나님의 작품이라면, 이스라엘의 역사가 위로부터 지휘된 것이라면, 정말 그렇다면 우리는 당연히 그 나라를 비판할 수 없고 우리가 받을 징벌에 민감해지고 어떻게 해서든 그 나라를 지지할 것이다. 복음주의자들은 중동의 해외 정책을 해석하는 근거로 창세기

12:2-3을 곧잘 인용한다. 이 구절에서 하나님은 아브라함에게 이렇게 말씀하신다. "'내가 너로 큰 민족을 이루고, 네게 복을 주어 네 이름을 창대하게 하리니, 너는 복이 될지라. 너를 축복하는 자에게는 내가 복을 내리고, 너를 저주하는 자에게는 내가 저주하리니, 땅의 모든 족속이 너로 말미암아 복을 얻을 것이라' 하신지라."

4. 1991년, 우리는 이스라엘에 대한 우리의 판단에 영향을 미치는 네 번째 요소를 발견했다. 걸프전이 절정에 달했을 때, 많은 사람이 이 사건이 역사의 종말을 가져올 것이라고 생각했다. 할 린지의 『대유성 지구의 종말』이 250만 부나 팔렸다. 존 월부드의 『아마겟돈, 석유, 중동의 위기』는 걸프전 덕에 2백만 부나 팔렸다. 두 저자 모두 같은 말을 했는데, 이스라엘이 마지막 때에 역할을 할 거라는 것이었다. 그러나 실은 아랍 사람들에 대한 적대감이 예언의 시나리오로 모습을 바꾼 것이었다. 즉 이스라엘이 물에서 건짐을 받고, 총체적인 전쟁이 중동에서 일어나며, 아마겟돈 전쟁이 발발하여 오늘날 우리가 알고 있는 대로 종말이 올 것이라는 시나리오였다.

1991년 1월 초 어느 날 밤, 나는 미국 폭탄이 사우디아라비아를 향해 돌진하고 있을 때 이런 시나리오를 그대로 보여주는 라디오 방송을 듣게 되었다. 아나운서는 모든 복음주의자가 갖고 있던 생각을 대변하고 있었다. 그것은 아마겟돈 전쟁이 일어난다면 우리는 옳은 편에 서야 한다는 생각이었다. 중동에서 군사적으로 무슨 일이 일어났든 복음주의 종말론은 우리가 이스라엘 편에 확고히 서 있어야 할 것을 요구하고 있었다. 존 월부드는 쿠웨이트 전쟁이 일어났을 때 이런 글을 썼다. "중동에서 군사 행동이 일어난 것(이라크가 쿠웨이트를 대상으로 일으킨 이런 전쟁과 같은 행동)은 중요한 예언적 발전이다. 한국이나 베트남이나 유럽에서 일어난 전쟁들은 예언적인 의미에서 그리 중요하지 않은 반면, 모든 종말의 예언들은 중동이 종말의 때에 정치적·경제적·군사적 힘의 중심이 될 것으로 묘사하고 있다."[6]

나는 예전에 "평화를 위한 다리"(Bridges for Peace)로 불리는 한 보수적인 기독교 단체가 발행하는 "예루살렘 기도 편지"라는 발행물을 받은 적이 있다. 이 그리스도인들은 열심히 이스라엘을 지지하고 그리스도인/유대인에 대한 이해를 기르기 위해 애쓰고 있었다. 기도 편지의 편집자인 짐 게리쉬(Jim Gerrish)는 걸프전을 돌아보면서 전쟁 당시 이스라엘에 대한 적개심과 구약에 나오는 느부갓네살의 등장을 비교했다. 느부갓네살은 후세인과 같이 예루살렘의 파괴를 모의했다. 게리쉬는 이렇게 말했다.

오늘날 언약 백성(이스라엘)을 반대하는 자리에 선 대통령과 나라들이 있는 것을 본다. 모든 어려운 일들이 이스라엘을 공격하는 것 같다. 그러나 이스라엘 편이 하나 있다. 온 우주의 왕이 이스라엘의 편이고 영원히 그럴 것이다. 어떤 경우에든 궁극적인 승자가 될 자는 바로 이스라엘이다. 이스라엘을 반하는 나라들은 사라질 것이다(시 129:6). 이스라엘 편에 서는 자들은 지금과 영원히 복을 받을 것이다.[7]

이러한 종말론 혹은 종말의 예언이라는 렌즈를 통해 이스라엘을 볼 때 우리는 정신을 똑바로 차려야 한다. 다음에 일어날 중요한 갈등들 가운데 주님이 재림하셔야 한다면 잘못된 편에 서 있지 않도록 정말 정신을 바짝 차려야 한다.

---

6   J. F. Walvoord, *Armageddon, Oil, and the Middle East Crisis* (Grand Rapids, Mich.; Zondervan, 1991), 48.

7   J. Gerrish, "Jerusalem Prayer Letter," November 18, 1991. 평화를 위한 다리 국제 본부에서 출간(7 Shaul Adler, Jerusalem, Israel). 참고. ⟨www.bridgesforpeace.com⟩

이 네 가지 요소가 복합적으로 작용하여 이스라엘을 그저 하나의 다른 나라로 보는 것을 어렵게(아니 불가능하게) 만들었다. 우리는 중동에 대해 당황하며 속수무책이 되어 합당한 비판을 가할 수도 없게 되었다. 또한 그 땅의 다른 미래와 어려움을 볼 수 없게 되었다.

앞으로 나아가야 할 방향

복잡하고 기술적인 많은 일이 이스라엘/팔레스타인 문제에 소모적인 관심을 가져왔다. 우리의 목적은 이런 일들을 걸러내고, 가장 중요한 주장들을 판독하며, 이 거룩한 땅에 진심으로 헌신하는 그리스도인으로서 합당하게 그것들을 소화하는 것이다. 다른 그리스도인들에게 글을 쓰는 그리스도인으로서 나는 두 가지 간단한 핵심을 말하고 싶다.

1. 이스라엘이 거룩한 땅에 대해 성경적 권리를 주장한다면, 이스라엘은 국가적 의에 대한 성경적 기준을 고수해야 한다. 땅에 대한 약속은 하나님과 맺은 언약의 부산물이다. 따라서 성경적 국가가 갖는 모든 측면을 갖추어야 한다. 4장과 8장에서, 구약성경이 땅의 약속에 대해 무엇이라고 말하는지 그리고 하나님의 백성이 어떻게 그 땅에서 살아야 하는지에 대해 살피려고 한다. 또한 예루살렘(오늘날 갈등의 진원지)에 대해 알아보고 현대 이스라엘 사람들이 갖는 나라에 대한 야망에 대해 살펴보려고 한다.

2. 그리스도인들은 자신들의 헌신을 좀 더 면밀히 보아야 한다. 성경이 말하는 땅의 약속을 해석할 때, 우리는 구약과 함께 신약을 보아야 한다. 게다가 이스라엘/팔레스타인에는 오늘날 우리로부터 지지를 얻기 원하는 그리스도인들이 있다. 동료 그리스도인으로서 우리에게 영적 의무가 있는지 물어보아야 한다. 9장과 13장에서는 현재 이스라엘/팔레스타인에 사는 기독교 공동체로부터 얻은 통찰력을 제시하고자 한다. 아

랍 그리스도인과 유대인 그리스도인이 함께 이 땅에서 살고자 분투하고 있다.

　각 장의 개요와 제시된 질문들은 다음과 같다.

1부: 문제의 배경

2장: 그 땅에 대해 알기

시작하면서 먼저 그 땅을 이해할 필요가 있다. 지리적 위치는 어떠한가? 웨스트뱅크는 어디 있는가? 국경 분쟁의 핵심은 무엇인가? 팔레스타인 사람들은 왜 "이스라엘 정착민"들에게 대항하는가?

3장: 역사 알기

또한 이 땅에 대한 실제적 지식도 어느 정도 필요하다. 아브라함은 언제 이곳에 왔는가? 다윗은 어떤 왕국을 세웠는가? 아랍 사람들이 얼마나 오랫동안 예루살렘을 소유했는가? 1948년 이후 이스라엘이 치르고 있는 전쟁은 어떠한가? 이러한 역사적 사실들은 현 분쟁의 맥락을 제공한다.

2부: 구약과 그 땅

4장: 아브라함이 받은 땅의 약속

하나님이 이 땅과 관련해서 주신 약속들은 무엇인가? 그 약속들에 조건이 있는가? 하나님의 언약과 그 땅은 어떻게 연결되는가? 그 땅은 어떤 사람에게 속하는가, 아니면 영원히 하나님의 땅인가?

5장: 이스라엘 국가와 그 땅

그 땅은 그곳에 거주하는 자들에게 어떤 의무를 주는가? 여호수아의 정복과 현대 이스라엘 국가로의 성장을 대비시키는 것이 적절한가? 이스라엘 사람들은 ("나그네" 혹은 "거류자"라 불리는) 비이스라엘 사람들을 어떻게 대했는가? 구약의 이스라엘은 인종적으로 오직 유대인들로만 이루어진 국가였는가?

6장: 예언자들과 그 땅

구약의 예언자들은 이스라엘 땅과 이스라엘 백성을 어떻게 연결하는가? 그들이 전한 독특한 메시지는 무엇이었나? 이러한 유산을 고려할 때, 예언자들은 기원전 8세기와 6세기 국외 추방 기간 동안 이스라엘이 그 땅을 잃어버렸던 것에 대해 어떻게 설명했는가?

7장: 예루살렘

예루살렘은 어떠한가? 이 도시는 어떻게 세워졌나? 누구에게 주어졌나? 이 도시의 목적은 무엇이었나? 이 도시의 소유권이 현재 팔레스타인 사람과 이스라엘 사람들이 벌이고 있는 싸움의 핵심이다.

8장: 그 땅에 세워진 현대 이스라엘

현대 이스라엘 국가는 성경적 이스라엘과 자신들의 국가로서의 정체성 사이에 역사적 연관성이 있다고 주장하는가? 그렇다면 우리는 어떻게 구약을 이 현대 국가에 적용할까? 현대 국가가 어떻게 구약의 이스라엘과 비교되는가?

3부: 신약과 그 땅

9장: 예수님과 초기 그리스도인들

신약은 그 땅에 대해 무슨 말을 하는가? 예수님과 바울은 무엇이라고 말하는가? 그리스도인들이 믿음으로써 아브라함의 자손이라면, 아브라함의 자손들에게 주신 약속이라는 면에서 이것은 어떤 의미인가? 초기 그리스도인들은 이스라엘 땅에 대해 무슨 생각을 했나?

10장: 팔레스타인 교회

팔레스타인 그리스도인들은 누구인가? 그들의 관심사는 무엇인가? 서구 그리스도인들이 듣지 못한 것은 무엇인가? 팔레스타인 그리스도인들이 직면한 싸움은 무엇인가?

11장: 그 땅에 거하는 산 돌들

오늘날 우리가 관심을 기울여야 할 할 팔레스타인 기독교 리더들은 누구인가? 팔레스타인 교회 내에 있는 일부 "침묵의 성도들"은 누구인가? 그들은 무엇이라고 말하는가? 서구 그리스도인들은 그들로부터 무엇을 들어야 하는가?

12장: 복음주의자들과 그 땅

서구 복음주의자들은 이스라엘과 팔레스타인 문제에 어떻게 접근해왔는가? 복음주의자들은 팔레스타인 교회와 어떻게 관계를 맺어야 하는가? 이스라엘은 "그저 다른 나라"로 간주되어야 하는가?

13장: 여기서 어디로 가야 하는가?

이 마지막 장에서는 가장 최근의 발전들을 집중해서 다루려고 한다. 또한 이번 장은 "이스라엘에 비판적인 것이 옳은가? 이러한 비판이 반유대교인가?"를 질문한다.

1부

문제의 배경

레바논

시리아

지중해

하이파

갈릴리호수

나블루스

텔아비브

요르단강

예루살렘

요르단

헤브론

사해

이집트

이스라엘/팔레스타인 지형도

2장

그 땅에 대해 알기

너희가 건너가서 차지할 땅은 산과 골짜기가 있어서 하늘에서 내리는 비를
흡수하는 땅이요, 네 하나님 여호와께서 돌보아주시는 땅이라. 연초부터
연말까지 네 하나님 여호와의 눈이 항상 그 위에 있느니라.

– 신명기 11:11-12

이스라엘의 시골은 독특해 보이는 요새들로 가득한데, 이는 20세기
초반부에 있었던 영국 식민 통치의 흔적들이다. 일반 관광 코스에서 늘
이곳을 지나는데, 현재는 이스라엘 군대(이스라엘 방위군 혹은 IDF로 알려
진)의 전초 기지로 사용되고 있다. 이 요새들은 모두 독특한 건축 양식
을 띠고 있어 구분하기 용이하다. 찰스 테가르트 경(Sir Charles Teggart)
이 1937년 어간에 이 요새들을 지었고, 영국은 현 이스라엘 국가가 세
워지기(1948) 전 혼란스럽던 시기를 통제하기 위해 이 요새들을 사용
했다. 테가르트는 인도 출신이었는데, 그곳에서 경찰력을 효율적으로
이끌었다는 평을 받았다. 그는 팔레스타인 전역에 전술적으로 65개 군

경찰 요새를 배치하는 시스템을 도입했다.[1]

학생들과 함께 그곳에 갔을 때, 나는 버스를 세워서 사람들에게 지도를 보여주면서 테가르트가 고속도로를 따라 요새를 지으면서 왜 하필 다른 곳이 아닌 그 특정 장소에 요새를 세우려 했는지 물어보곤 했다. 좋은 예가 텔아비브와 예루살렘 사이에 있는 주요 고속도로 변에 있는 라트룬(Latrun)이다(1번 고속도로). 테가르트의 고문들은 지리와 역사를 공부한 예리한 전략가들이었다. 그들은 산과 계곡을 잘 알았기에, 1930년대와 1940년대에 영국이 이 지역을 성공적으로 관리하기 위해서 어떤 길을 통제해야 하는지, 어떤 도로를 지켜야 하는지 알고 있었다. 라트룬은 해변으로부터 예루살렘과 주요 산지들에 접근하는 주 동맥이다. 오늘날 이 도로 주변에는 1940년대에 사용했던 버려진 군용기들이 가득하다. 정부는 텔아비브로 연결되는 서부 예루살렘을 지켜낸 장병들의 용기와 인내를 보여주기 위해 이 군용기들을 그대로 보존하고 있다.

이 지역의 전술적인 중요성을 확인한 다음에, 나는 학생들에게 이 길이 고대에도 중요했을지 질문했다. 고대 이스라엘 사람과 팔레스타인 사람들도 이 지역을 요새화했을까? 인근에서 십자군 요새와 고고학적 구릉 지대(tell), 곧 인간이 만든 언덕처럼 보이는 구릉—이것들은 고대 요새나 도시의 유적들을 숨기고 있다—이 발견되는 경우 그것은 십중팔구 요새다. 결론은 명백하다. 고대 정복자들도 테가르트와 마찬가지로 어떤 계곡과 어떤 길을 요새화해야 하는지 알았다. 이스라엘 내 전략적 요지들에 대한 이해는 변하지 않았다. 다윗 왕, 헤롯 왕, 티투스, 십자

---

1   R. John, S. Hadawi, *The Palestine Diary*, 2 vols. (New York: New World Press, 1970), 1:280; M. Begin, *The Revolt* (Los Angeles: Nash, 1948), 91.

군, 살라딘, 오스만 투르크 제국, 테가르트 장군, 요르단의 압둘라 1세, 이스라엘의 모셰 다얀 등 모두가 같은 계곡에 관심이 있었다. 장거리 대포와 공군력으로 인해 전략적인 군대 상황은 바뀌었지만, 이스라엘의 주요 계곡들을 장악하려는 싸움은 변하지 않았다.

그 땅의 중요 특징들

대부분의 정치적 갈등은 지형과 큰 관련이 있다. 산의 위치, 계곡, 고속도로, 수역들, 농경 강수량이 문제를 규정한다. 예를 들어 터키 이스탄불 북쪽에 있는 흑해는 소련 해군 함대를 위해 필수적인 온수 항구(warm-water port)를 보유하고 있다. 이제 소비에트 사회주의 공화국 연방이 해체되면서 우크라이나가 이 기득권을 물려받았다. 이러한 지리적 문제들이 한 나라의 복지에 직접적인 영향을 끼친다.

이 땅에 대한 최소한의 겉핥기식 지식 없이 이스라엘/팔레스타인의 복잡한 문제를 이해하기란 불가능하다. 다음 장에 나오는 지도를 주의해서 보라. 이스라엘은 대략 버몬트주 크기의 작은 나라다. 편의상, 나라를 남과 북의 네 구역으로 나누어 이스라엘의 주요 지역을 살펴보려고 한다.

1구역: 갈릴리

북쪽 지역은 갈릴리로 불리고 거대한 배(pear) 모양의 호수(길이가 약 21km, 폭이 13km)가 있다. 동-서 형태를 띤 산들이 호수 서쪽에서 시작해 지중해까지 이어지고 있다. 북쪽으로는 이 산들이 헤르몬산까지 이어지고 있는데, 헤르몬산은 해발 2,834m로 우뚝 솟아 있다. 성경에서 헤르몬산의 이슬(이 땅에 내리던)은 풍성한 축복의 표시다(시 133:3). 물이 이 산에서 훌레 계곡이라 불리는 넓은 수역으로 흘러내리는데, 이 계곡의 물은 최종적으로 갈릴리호수로 흘러간다. 따라서 (그 땅을 남/북 리본 모양으로 통과하는) 요르단강의 "원류"는 헤르몬산의 어깨에 해당하는 이 최북단에서 시작한다.

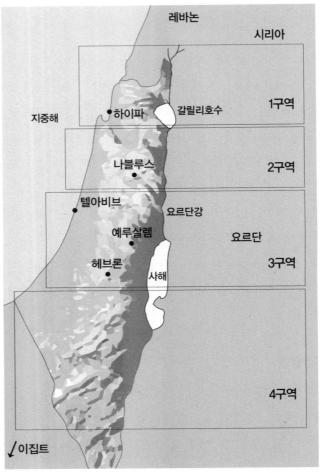

이스라엘/팔레스타인 모형 지형도

헤르몬 산의 동쪽은 골란고원이라 불리는 고지대다. 이 고원은 남쪽으로 갈릴리호수 동쪽까지 이어지고 높이는 750m에서 900m에 이른다. 갈릴리호수가 해발 약 200m 아래에 있다는 것을 고려할 때, 골란고원은 그 지역에서 전략적으로 매우 유리한 위치다.

어떤 나라든 이 지역으로 인해 얻는 경제적 가치를 간과할 수 없다 (구약부터 현대까지). 이 지역은 강우량이 풍부하고 좋은 토양을 가지고 있다. 사실상 어떤 작물이든 갈릴리에서 풍성하게 자랄 수 있다. 심지어 골란고원도 곡물을 수확하는 데 필요한 강우량을 충분히 갖고 있다. 고대 육로 대상들은 골란고원 남쪽에서 갈릴리 바다 위편 훌레 계곡으로 여행했다. 구약 시대, 이 계곡에 고대 근동에서 가장 큰 요새를 건립한 도시 중 하나인 하솔이 있었다. 이 계곡은 그곳을 지나며 그곳을 포위하려는 사람들에게 거대한 장애물로 서 있었다. 오늘날 하솔은 약 100,000m²를 차지하는 거대한 고고학적 텔(중동 지방에서 고대 도시 유적 층으로 이루어진 구상[丘狀] 유적)로 흔적이 남아 있다. 신약 시대, 갈릴리 바다 북쪽 해안에 위치한 가버나움은 이 길을 따라 세금을 징수하던 본부였다. 이런 사실은 왜 세리 마태가 가버나움에 있었는지(막 2:1, 13-14)를 설명하고, 왜 그곳에 백부장과 함께 로마 군인들이 있었는지(마 8:5)를 설명해준다.

갈릴리는 현대 이스라엘의 중요한 생수의 원천이다. 사실 이스라엘의 국가 수로(텔아비브로 물을 공급한다)는 여기서 시작해서 나라 전체로 이어진다. 몇 가지 측면에서 이스라엘은 갈릴리호수를 국가의 거대한 자연 저장소로 보고 있고, 그래서 무슨 수를 써서든 이 호수를 살찌우는 원천들을 보호하고 통제하려고 할 것이다. 갈릴리호수의 지류가 요르단강인데, 이 요르단강은 남쪽으로 계속 이어져 사해까지 이른다. 이 지류는 요르단강으로 흐르면서 거대한 동쪽의 구릉들에서 흘러나오는 다른 강들과 합류한다. 특히 야르묵 고지(Yarmouk Gorge)에 요르단강과 거의 비슷한 크기의 강이 있다. 이 야르묵 역시 그 지역의 중요한 물 공급원이다.

2구역: 이스르엘

갈릴리 남쪽 경계는 위로 솟아 있는 이스르엘 평원(Jezreel Valley)이다. 이 평원은 산들에 둘러싸여 있고 서쪽으로는 지중해, 동쪽으로는 요르단 강과 연결되어 있다. 이 평원은 많은 전쟁이 일어났던 곳으로 특히 사사 시대와 초기 왕정 시기에 그러했다. 어떤 외세든 병거로 이 평원을 통제할 수 있게 되면 이스라엘을 근본적으로 반으로 자를 수 있었다. 이런 이유로 위대한 사사 드보라는 갈릴리에서 하솔 왕 야빈의 철 병거 구백 대에 맞섰다(삿 4장). 사울 왕도 이 지역을 통제하기 위해 싸웠고 그 아들 요나단과 함께 이 지역 동쪽 경계에서 생명을 잃었다. 동쪽으로부터 이 평원에 접근하는 것을 막기 위해 거대한 요새인 베트셰안(Beit Shean)이 세워졌다. 군대가 상인들로 교체된 신약 시대에 베트셰안은 거대한 상업 도시 스키토폴리스였다. 현재 이스라엘에서 가장 큰 극장 하나가 이곳에 있다. 이스라엘 고고학자들은 오늘날 관광 사업을 위해 이 아름다운 도시를 발굴하고 재건하기 위해 속도를 내고 있다.

이스르엘 평원에서 일어난 성경이 말하는 전쟁들을 고려할 때, 이 평원이 "아마겟돈 평지"로 불리는 것이 전혀 놀랍지 않다. 므깃도는 이 평지 남서부의 산지들에 있는 요새다. "하르"(Har)는 "산"이라는 의미다. "므깃도 **산**" 아래 있는 이 **평원**은 요한계시록 16:16에 의하면 인류 역사의 마지막 전쟁을 목도할 장소다.

이 평원은 농사에도 아주 유리하다는 것이 증명되었다. 풍부한 강수량이 지중해에서 이 지역으로 유입되고 그로 인해 나라 전체에서 최고로 기름진 땅이다. 오늘날 이스라엘 사람들은 이곳을 강도 높게 개간하고 있다.

3구역: 중앙 산악 지대와 요르단 평원

이스르엘 평원에서 사해 남단까지 지형은 일관적인 형태를 띠고 있다. 중앙 산맥이 이스르엘 평원 대각선(하이파 남쪽에서 시작해서 북서쪽에서 남동쪽)으로 뻗어 나가다가 요르단강 근처에서 남쪽으로 방향이 틀어지면서 수km 더 계속된다. 이 산맥은 예루살렘 주변에서 약 800m 솟아 있고 세겜과 헤브론 주변에서 900m 솟아 있다. 이 중앙 산악 지역들은 오늘날 이스라엘이 "사마리아", "유대"라고 부르는 곳으로 이스라엘 족속의 고대 본토다. 반면 팔레스타인 사람들은 이 지역을 "웨스트뱅크"라고 부르는데, 요르단강의 서쪽 둑이라는 의미다. 이스라엘 사람들의 삶(예루살렘을 중심으로)은 비교적 외따로이 떨어진 이 도시들에서 이집트 사람과 메소포타미아 사람들을 피해 안전할 수 있었다.

산맥의 서쪽 측면은 (셰펠라[Shephelah]로 불리는) 낮은 구릉들로 이루어져 있는데, 지중해 근처에 가면 거의 평지 수준으로 낮아진다. 산맥의 이 측면(서쪽)은 지중해로부터 가장 습한 공기를 받아서 가장 비옥하다. 따라서 서쪽은 훌륭한 농경 지역이다. 이 지역이 많은 사람이 원하는 지역이 된 데에는 기후가 한몫했다. 이 중앙 산지에서는 (많은 셰펠라와 해안 지역을 통치했던) 블레셋과 이스라엘 사이에 전쟁이 끊이지 않았다. 고대 이스라엘의 역사적인 야망은 서쪽으로 옮겨 이 언덕들로 들어가 이곳을 농경 지역으로 바꾸는 것이었다. 블레셋 사람들의 역사적 야망은 이 지역들을 지켜내는 것이었다. 오늘날도 이 싸움은 계속되고 있다. 수많은 아랍 마을이 이 지역에서 1948년부터 1967년까지 파괴되었고 오늘날 새로운 이스라엘 마을들이 많이 생겨났다.

중앙 산악 지대 동쪽은 요르단 계곡으로 곧바로 낮아진다. 이 내리막 언덕들은 중앙 산맥들로 인해 비가 막혀 사막 지역이다. 이곳의 연평균 강수량은 120-250mm다. 이에 비해 서쪽 셰펠라는 강수량이 500-630mm다. 이 지역은 종종 "유대 사막"이라고 불리고 벧엘, 예루살렘, 베들레헴, 헤브론에서 시작한다. 예수님이 광야에서 시험을 당한 장소인 이 메마른 언덕들은 동쪽에서 그 땅으로 들어간 사람들에게는 만만찮은 장애물이다. 여호수아가 이런 만만찮은 장애물이 있는 땅에 들어갔을 때, 그가 (해수면 한참 아래에 있는) 여리고에서 출발해 겨우 24km 정도밖에 안 되는 거리에 1,000m 이상을 올라가야 했다. 로마의 정복자 폼페이우스가 기원전 63년에 이스라엘을 공격했을 때, 그는 아무도 예상하지 않았던 이 "뒷문"으로 들어왔다.

자연의 기적 중 하나인 요르단 계곡은 지구에서 가장 낮은 곳이다. 요르단강은 갈릴리 남쪽에서 흘러 사해에서 절정을 이룬다(해수면 아래 약 400m). 요르단강이 갈릴리 근처에 아름답게 펼쳐져 있지만, 여름에는 남쪽에서 바람이 불어 기온이 평균 38도를 넘는다. 이 지역에 감사할 수 있는 유일한 시기는 겨울이다. 헤롯 왕은 예루살렘에 부는 겨울바람을 피하기 위해 여리고 근처에 자신을 위한 "겨울 별궁"을 지었다. 비록 이곳을 찾는 관광객은 거의 없지만 아직도 헤롯의 수영장과 저택들이 남아 있다. 사해의 서쪽 경계를 따라 수많은 중요한 고고학 유적지들이 발견되었다. 사해 사본의 본거지인 쿰란과 마사다가 있는데, 헤롯 대왕의 기술자들이 산꼭대기에 지은 요새가 마사다로, 그곳은 1세기 유대인들이 로마와의 마지막 치열한 전투에서 지켜낸 곳이었다.

요르단 계곡 동쪽은 모압과 에돔 산지들이다. 그 계곡은 거의 1,200m까지 급경사로 올라가 고지대 사막 고원에 이른다. 오늘날 이 산지들은 요르단에 속한다. 이 고원은 성경에서 에돔과 모압, 길르앗(남쪽에서 북쪽)이 위치한 곳이었고 모세와 이스라엘 백성이 40년간의 방황을 마치고 약속의 땅으로 들어갈 때 사용했던 사막 길도 있다. 그 고원은 산지들에서 요르단 계곡 아래로 물을 내려보내는 수많은 협곡으로 나뉜다.

4구역: 네게브 사막

중앙 산지들은 하강하면서 나라의 최남단으로 가며 부채꼴 모양으로 흩어진다. 높은 요르단 고원이 여전히 동쪽 경계를 이룬다. 요르단 계곡(현재는 물이 없다)은 여전히 사해 너머로 이어지는 단층이고 서쪽에는 사막들("네게브"라 불리는)이 있는데 그곳에는 자연 우물들에 의존해 사람들이 살고 있다. 예를 들어 이삭은 브엘세바에서 살기로 결심했는데, 이곳은 히브리어로 "일곱 우물"이라는 뜻이다. 현대 이스라엘 정착민들은 엄청난 노력을 기울여 이곳에서 번영하고 있지만, 토착 베두인 족은 아직도 그 지역을 유리 방랑하고 있다. 운 좋은 관광객들은 언덕을 배회하는 낙타들을 볼 수 있거나 베두인 역사를 전시한 화려한 박물관을 방문할 수 있다.

요약

이 땅을 이렇게 간단하게 살펴보는 것만으로도 이스라엘/팔레스타인 땅이 질적으로 엄청난 차이가 있다는 것을 알 수 있다. 갈릴리에서의 삶은 네게브에서의 삶과 비교할 수 없다. 이스라엘 서쪽 구릉, 말하자면 벧세메스 같은 곳에서 농사짓는 것은 괜찮다. 여리고 근처 요르단 계곡에서 같은 작물을 심으려면 완전히 다른 농경 기술을 사용해야 한다. 여리고에서 5km만 북쪽으로 올라가도 농업이 실제로 불가능하다. 여기서 땅의 분배는 늘 물의 위치를 고려해야 한다. 이스라엘/팔레스타인은 지질과 강수량이 어느 정도 일정한 미국의 일리노이주나 미시간주와는 다르다. 이 나라의 주요 수계(river system)는 깊은 계곡 중앙에 있기 때문에 예루살렘 산지들로 물을 옮기거나 퍼 올릴 수 없다. 그러므로 모든 지역이 얼마나 농작물을 많이 경작할 수 있느냐에 따라 가치가 매겨진다. 성경 시대 대부분의 마을은 빗물을 받거나 지하 저장고에 물을 보관하는 방법으로 중앙 산지들에서 살아남았다.

이러한 지형을 염두에 두고 이스라엘 12부족이 정착한 형태를 연구해보면 흥미롭다. 베냐민 지파(라헬의 막내아들)는 운 좋게도 중앙 언덕 지역과 서쪽 언덕과 계곡을 얻었다. 이러한 사실은 유다의 가장 소중한 아들이 그 나라에서 최고의 땅을 받았다는 것을 보여주는 실제 신학적인 연구다. 유다, 에브라임, 므낫세(모두 특권을 갖고 있던 지파들) 지파는 중앙 산맥의 나머지 지역들을 얻었는데 예루살렘도 여기 포함된다. 반면 단 지파는 서쪽 언덕들 아래에서 살았는데, 블레셋과의 갈등으로 단 지파는 갈릴리 북쪽으로 옮겨가야 했다(삿 18장). 야곱의 첫째 아들인 르우벤은 가장 좋은 땅을 받아야 했지만 사해 반대편에 있는 고지대 사막들에 정착했다. 창세기 48장과 49장에 나오는 야곱의 유언에서 아들들의 운명이 드러나고 그 자손들의 미래의 운명에 대한 통찰력을 얻을 수 있다.

이러한 분배의 현대적 의미를 말한다면, 좋은 땅은 자손에서 자손으로 전수되는 것이기에 이스라엘/팔레스타인에서는 너무나 소중하다는 것이다. 고대 이스라엘에서는 심지어 희년이 되면 잃어버린 땅을 가족들에게 다시 돌려주었다. 오늘날 아랍 사람들은 그들의 땅에(그 땅에 속한 동굴이나 나무나 우물 같이 매우 중요한 특징들에도) 이름을 붙인다. 땅은 보물이다. 누군가 강제로 그 땅에서 이사를 가야 하거나 누군가 그 땅의

"50%를 가졌다"고 말할 때 가장 중요한 것은 "어느 부분의 50%?"라는 질문에 대한 답이다. 어떤 50%를 말하는지 명기하는 것이 중요하다. 그 땅이 사막(예루살렘 동쪽)인가? 비옥한 땅(예루살렘 서쪽)인가? 그 땅은 경작이 가능한가? 예를 들어 헤브론은 전 지역에서 최상품 포도를 수확한다! 제닌(Jenin)의 바로 남쪽이고 나블루스 북쪽에 있는 도단 계곡은 땅이 비옥하여 수확량이 풍부하다. 하지만 베이트 사후르(Beit Sahour) 같은 베들레헴 동쪽 마을들은 강우량이 거의 없어 경제 발전을 위해 오직 경공업에만 의존해야 한다.

이스라엘의 이웃들

이스라엘/팔레스타인 주변에 어떤 나라들이 있는가를 아는 것도 마찬가지로 매우 중요하다. 왜냐하면 그 나라들은 이스라엘의 국내 정책에 종종 끼어들었기 때문이다. 이 나라들은 전부 아랍 국가들인데 1948년 즈음에 모두 이스라엘과 전쟁을 치렀다. 하지만 오늘날에는 많은 나라가 평화 조약을 맺었다.

이 나라들 역시 세계 무대에 비교적 처음 등장한 나라들이다. (1517년부터) 400년 동안 터키 이스탄불에 기반을 둔 오스만 제국이 이 전 지역을 지배했다. 지형적인 차이는 그대로였지만 오스만 제국은 완벽하게 나라를 통제해서, 지역 국가들이 조금이라도 자치의 움직임을 보이면 가차 없이 억압을 가했다. 예루살렘과 그곳의 성지들만 수 세기 동안 방치되었다. 이렇게 방치된 것을 훌륭하게 보여주는 기록이 있는데, 1870년대 성지를 방문했던 베이루트에서 온 본필스 가족이 찍은 사진이다.[2]

---

2   Bonfils 가족이 찍은 사진들은 오늘날 많은 박물관에서 볼 수 있고 책으로도 종종 출

북쪽

이스라엘은 **레바논**과 북쪽 경계 80km를 공유하고 있다. 레바논은 지중해 해안과 그 뒤로는 300m로 솟아 있는 산지를 가진 너무나 아름다운 나라다. 성경 시대에도 "레바논의 백향목"은 위엄과 힘의 상징으로 유명했다(삿 9:15; 시 92:12; 104:16). 그 귀한 나무들이 솔로몬 왕에게 전달된 일은 유명했고 그 목재들은 예루살렘 성전을 짓는 데 사용되었다(왕상 5:1-14; 대하 2:1-16).

제1차 세계대전에서 오스만 제국이 패하고 난 뒤 레바논은 프랑스 통치 아래에 들어갔고(이런 이유로 수도 베이루트에서는 아랍어와 함께 프랑스어도 사용된다), 1943년 독립했다. 인구는 350만 명인데 교육을 잘 받았고(87%의 문해율) 유럽과의 접촉으로 인해 그 지역에서 상업과 문화의 중심지가 되었다. 중동의 "파리"라는 이러한 명성은 1975년 레바논이 온 나라를 황폐하게 한 16년간의 내전에 빠지면서 힘을 잃었다. 베이루트는 지금 레바논 사람들이 가진 장점인 섬세함과 창의력과 열심으로 재건되고 있다. 1991년 이래로 레바논은 베이루트를 완벽하게 재건하는 데 31조 원을 투자했다. 베이루트의 시내 은행가는 중동에서 최고로 아름다운 프랑스 식민지 건축 양식을 뽐낸다. 그곳은 카페와 식당들이 들어차 있어 매일 밤 문전성시를 이룬다.

하지만 레바논 사람들은 종교적으로 불균등을 이루고 있어 종종 싸움으로도 이어진다. 70%가 무슬림이고 30%가 그리스도인이다. 정부는 13개의 기독교 단체를 인정한다(정교회 네 개, 가톨릭 여섯 개, 개신교 세 개).

간된다. 웹사이트는 다음과 같다. ⟨http://almashiq.hiof.no/general/700/770/779/historical/pcd0109/pcd0109.html⟩

이스라엘이 1948년 국가를 이루었을 때, 100,000명이 넘는 팔레스타인 난민들(전체의 14%)이 레바논으로 도망쳤는데 이스라엘 사람들 때문에 고향으로 돌아갈 수 없었다. 이런 상황 때문에 레바논 남쪽 절반에 해당하는 부분에 난민 캠프를 세우게 되었고 이로 인해 자연스럽게 레바논이 팔레스타인 저항 세력의 본거지가 되었다. 1990년경에는 13개의 대규모 캠프가 있었고 난민 인구는 300,000명에 육박했다. UN에 의하면, 레바논에 있는 팔레스타인 난민 인구는 오늘날 약 425,000명인데 이 중 225,000명이 아직도 캠프에 살고 있다. 이들은 UN에 등록되어 있고 국제 기금의 도움을 받고 있다.[3]

1971년부터 1982년까지 팔레스타인 해방 기구(PLO)는 레바논에 본부를 두고 있었고 난민 문제를 교정하려는 시도로써 이스라엘과 수차례 전쟁을 치렀다.[4] 팔레스타인 해방 기구는 1982년 이스라엘 사람들이 레바논을 침공하면서 베이루트 외곽으로 쫓겨났다. 이스라엘은 자국 군그리고 기독교 연합군과 함께 남쪽을 통제함으로써 완충 지대를 만들었다. 하지만 이스라엘의 이러한 가차 없는 점령으로 이에 맞먹는 극심한 저항 운동(헤즈볼라—아랍어로 "신의 당"을 뜻함, 이슬람 지하드라고도 불림)이 생겨났다. 헤즈볼라는 이스라엘에 저항하다 2000년 3월 23일 20년 넘는 점령을 끝내면서 그 지역에서 일방적으로 물러났다. 오늘날 헤즈볼라는 아직도 남쪽을 통제하고 있고 그들이 사용하는 눈에 확 띄

---

3 이 수치들과 이어서 나오는 난민 숫자들은 2010 UN 보고서(비정기 발행물 "인도주의적 뉴스와 분석"에 실렸다)에서 발췌했다. 이 보고서는 다음 웹사이트에서 볼 수 있다. 〈www.irinnews.org/Report/89571/MIDDLE-EAST-Palestinian-refugee-numbers-whereabouts〉

4 팔레스타인 해방 기구(PLO)는 다양한 팔레스타인 정치, 저항, 인도주의 기구들의 연맹으로 이전에는 Yasir Arafat가 회장이었고 현재는 Mahmoud Abbas가 회장이다. 이 기구는 "망명 정부"까지 형성했고 궁극적으로 팔레스타인 국가의 형태를 갖출 "팔레스타인 국가 기구"의 핵심을 제공해오고 있다.

는 노란색과 녹색 배너를 거의 모든 마을에서 볼 수 있다.

　2006년 헤즈볼라는 이란의 도움으로 남부 레바논 지역에서 계속해서 대규모 군대를 키워왔고 이스라엘과의 긴장은 더욱 고조되었다. 소규모 전투들로 인해 미사일과 무기들이 대량으로 유통되면서 이 지역은 완전히 황폐화되고 말았다. 1,300명이 넘는 레바논 사람들이 죽었고(165명의 이스라엘 병사들이 죽었다) 대략 100만 명의 레바논 사람들이 거주지를 잃었다. 한 달(7-8월)간의 전쟁 끝에 UN이 평화 협정을 중재했다. 하지만 이스라엘 사람들이 레바논 사람들에게 가한 형벌은 잊히지 않았다. 이스라엘은 베이루트의 하부 구조(석유 저장 시설, 다리, 전력망)뿐 아니라 역사적이고 애환이 묻어 있는 장소들(베이루트의 역사적인 등대)에 폭탄을 투하하여 그 나라에 심각한 손상을 입히고 헤즈볼라를 추방하도록 압력을 가했다. 또 이스라엘은 클러스터 폭판(460만 개의 소폭탄이 들어 있는)을 들여와 그 지역을 초토화시켰다. 추정하건대 그중 약 백만 개가 폭파되지 않고 지뢰로 남아 있다. 오늘날까지도 레바논 농부와 아이들이 그것을 실수로 건드려 죽임을 당하고 있다.

　이스라엘은 시리아와도 비슷한 경계(115km)를 공유한다. 반건조의 고원 위에 위치한 이 거대한 사막의 나라는 레바논 크기의 약 20배다. 시리아의 오직 28%만이 경작이 가능한 땅이다. 이는 경작할 수 있는 그 지역만이 (특히 남쪽에 있는 지역이) 중시된다는 것을 의미한다. 시리아의 약 74%가 무슬림이고 16%가 무슬림 이단(드루즈, 알라위)에 속하며 10%가 그리스도인이다. 현재 100만에서 150만 사이의 그리스도인들이 시리아에 살고 있다. 사실 시리아에는 세계에서 가장 오래된 그리스도인 마을들이 몇 군데 있다. 예를 들어 잘 알려진 "크리스천 밸리"(남서쪽 십자군성 근처)에는 40개의 그리스도인 마을이 있고 20명의 수도승이 있는 수도원이 있다. 콸랏 삼만(Qal'at Sam'aan) 북동쪽에서 한때는 500년 동안(이슬람이 생기기 전) 번창했던 거대한 수도원 터를 볼 수 있다. (다마스커스 북쪽 언덕에 있는) 마아룰라 마을은 아직도 아람어(예수님이 쓰시던 언어)를 쓰고 있고 300년대 초로 거슬러 올라가는 예배당들이 있다. 다마스커스 자체도 500만의 도시로 수십만의 그리스도인과 수많은 교회들이 있다.

시리아는 제1차 세계대전이 끝날 때까지 오스만의 통치 아래에 있다가 1919년 다마스커스에서 통치하는 독립 국가로 선포됐다. 하지만 유럽 열강들은 다른 계획을 갖고 있었다. 국제 연맹의 지지 아래에 프랑스는 시리아의 연약한 아랍 군대를 무찔렀고 1920년부터 1946년, 시리아가 독립을 얻기까지 그 나라를 다스렸다. 군사 정권이 1963년 이래로 통치했고 쿠데타가 일어나 하페즈 알아사드(Hafez al-Assad)가 1971년부터 통치했다. 아사드는 2000년 6월 10일에 죽었고 그의 34살 된 아들 바샤르 알아사드(Bashar al-Assad)가 그의 뒤를 이었다. 시리아 그리스도인들은 현재 시리아 정부를 긍정적으로 평가하고 있는데 그 어느 때보다 자유를 누리고 보호받고 있다고 주장한다. 교회가 어디든 세워질 수 있다. 교회가 완성되면 세금도 내지 않고 모든 시설물도 정부가 지원한다. 그리스도인들은 아사드 행정부에도 들어갈 수 있다.

1948년 시리아도 엄청난 팔레스타인 난민들을 받아들였다(약 75,000명). 그리고 현재 이 숫자는 427,000명으로 늘었고 9개의 공식적인 난민 캠프와 세 개의 비공식적인 난민 캠프를 사용하고 있다. 시리아는 팔레스타인 편을 들어서 늘 이스라엘에게 군사적 태도를 취했다. 1967년 전쟁에서 패하면서 시리아는 이스라엘에게 갈릴리 지역과 연결된 남쪽 지역과 골란고원을 잃었다. 두 곳 모두 시리아에 굉장히 중요한 지역이다. 현재 골란 지역에는 42개가 넘는 이스라엘 정착촌이 있고 (약 19,000명), 시리아와 이스라엘이 관계를 개선할 방법을 찾는 데 첨예한 대립점이 되고 있다. 이스라엘은 시리아를 굉장히 신중하게 대하고 있다. 시리아는 매년 약 1조 원에 달하는 군사 예산을 자랑한다.

이스라엘은 이집트(1979), 요르단(1994), 레바논(2000년 3월 23일)과 평화 조약을 맺었다. 많은 사람이 시리아의 군인 출신 대통령 하페즈 알 아사드가 죽고 새로운 통치자, 곧 좀 더 온건한 그의 아들 바샤르 알아사드가 그곳에서 희망을 볼 수 있으리라고 기대했다. 하지만 슬프게도 현재(2013) 시리아는 최악의 내전에 휩싸여 있다.

동쪽

이스라엘은 동쪽으로 밀착하여 암만이 수도인 **요르단**과 240km 경계를 공유한다. 이 작은 사막 왕국은 언제나 자신의 역사를 팔레스타인과 밀접하게 연결된 것으로 보아왔다. 오스만 통치에 이어 1946년 요르단이 독립할 때까지 영국의 통치가 계속되었다. 그러나—그리고 이 사실은 중요하다—요르단은 현 이스라엘 내에서 요르단강 서쪽의 가치 있는 땅을 소유했었다. 동예루살렘과 남북의 중앙 산맥들은 1948년(이스라엘의 독립)부터 1967년까지 요르단의 것이었다. 1967년 이스라엘은 예루살렘과 웨스트뱅크 그리고 요르단강까지 이어지는 모든 땅을 점령했다. 나이 많은 요르단 사람들은 아직도 "요르단 사람들의" 예루살렘을 기억하고 있는데, 이것이 논쟁으로까지 이어진다. 예루살렘에 요르단 정부가 있을 때 공직자였던 한 친구는 지금 감람산에 있는 세븐 아치스 호텔에서 유명한 선물 가게를 운영하고 있다. 이런 이야기는 흔하다.

요르단은 천연 자원이 부족한 나라로서 주로 베두인족과 팔레스타인 사람들로 이루어졌으며 사막 고원 지대에 거주하여 튼튼한 경제를 건설할 만한 실질적인 도구가 거의 없는 나라다. 물이 귀하고(겨우 4%만 경작 가능한 땅이다) 목초지를 찾기도 힘들다(9%). 얼마 안 되는 천연 자원은 인산 광물과 칼륨이고 대부분의 요르단 사람들은 산업이나 서비스업에 종사한다. 1953년부터 시작된 요르단 국왕 후세인의 46년 통치로 요르단은 현대 국가가 되었다. 이스라엘과 수차례 전쟁이 있었고 한때는 요르단 소유였던 광대한 땅을 이스라엘이 차지했음에도 불구하고 후세인 국왕은 1994년 평화 협정을 체결했다. 그때부터 국경이 열렸고 나라 간 무역이 활기를 띠었다. 요르단의 수도 암만은 지금은 현대적인 도시로 영어를 자유롭게 쓸 수 있고 아랍 문화와 서양 기구들이 공존하는 곳이다. 중심가에는 유럽풍의 가게들과 비싼 차들과 인터넷을 광고하는 광고판들이 즐비하다.

요르단의 후세인(Hussein) 1세는 그의 미국인 아내 누르(Noor) 왕비와 함께 큰 사랑을 받았는데, 왕비는 인권과 환경을 위해 많은 일을 했다. 후세인이 1999년 2월 7일 죽자 온 나라가 슬픔에 빠졌다. 몇 시간 안에 후세인의 첫째 아들 압둘라가 왕이 되었다. 클린턴 미국 대통령과 옐친 러시아 대통령 등 40여 개국의 정상들이 요르단 국왕인 후세인의 장례식에 참석해 그의 죽음을 애도했고, 우리는 이런 모습에서 요르단이 존중받는 국가임을 엿볼 수 있었다.

약 190만 팔레스타인 난민들(1948년부터 1967년 사이에 일어난 갈등으로 생겨난)이 현재 요르단에 살고 있고 UN에 등록되어 있다. 다른 나라들과 달리 요르단은 그들에게 온전한 시민권(가자에서 온 120,000명은 제외)을 제공했다. 요르단은 팔레스타인 사람들과 어쩔 수 없는 동질감을 느낀다. 무장한 팔레스타인 단체들이 1971년 추방당하긴 했지만, 요르단은 여전히 이스라엘 점령 아래에 살고 있는 팔레스타인 사람들의 운명에 긴밀한 관심을 보이고 있다. 많은 사람이 아직도 친족 관계로 연결되어 있어서 팔레스타인 사람들은 의료적인 목적과 사업적인 목적으로 암만에 종종 드나든다. 현재 약 288,000명의 팔레스타인 사람이 난민 캠프에 살고 있다.

이 사막 지역에 기독교가 일찌감치 퍼졌다. 예루살렘이 70년에 로마 군대에 의해 파괴되었을 때, 최초의 기독교 역사가(에우세비오스)는 사도들과 그 추종자들이 전쟁을 피하기 위해 펠라(현재 요르단의 도시)로 옮겨 갔다고 말한다. 요르단 전체에는 약 200,000(인구의 4%) 세력의 강한 기독교 공동체가 현존하며, 암만에는 최고의 복음주의 신학교 중 하나가 있다. 팔레스타인에서 현재 리더십을 행사하는 수많은 가톨릭 사제들이 요르단의 마다바 출신들인데, 이곳은 특히 로마 가톨릭 공동체가 강하게 형성된 곳이다.

이라크는 이스라엘과 국경을 공유하지는 않지만 이스라엘에 대한 아랍권의 저항에 늘 깊이 연루되어 있었다. 이라크는 풍부한 천연자원을 가진 큰 나라로서 중요한 역사를 지니고 있다. 이 나라는 고대 위대한 제국들(아시리아, 바빌로니아)의 본거지인데, 위대한 티그리스-유프라테스 강으로부터 충분한 물을 공급받는 평지로서 지리상 전략적으로 아주 유리한 곳이다. 구약에서 예루살렘이 함락되었을 때 포로들이 바빌로니아로 끌려갔는데 그곳이 바로 이라크의 수도인 바그다드에서 약 80km 떨어진 도시였다. 신약 시대에는 바빌로니아에 많은 유대인이 있었고(과거 포로로 끌려왔던 유배자들의 후예) 또 기독교 공동체들도 많이 볼 수 있었다. 사실 이라크 북쪽에 현재 살고 있는 아시리아 사람들("시리아 사람들"과 혼동하지 말라)은 자신들의 믿음이 초기 기독교에서부터 시작된다는 사실을 자랑스러워한다. 하지만 이런 열심은 곧 과장되기 마련이다. 한 아시리아 사람이 내게 이런 말을 했다. "우리는 요나가 니느웨에서 말씀을 전했을 때부터 그리스도인이었습니다."

이라크는 오스만 제국의 통치에 이어 영국의 통치를 받게 되었고

1932년에 가서야 온전히 독립할 수 있었다. 이런 이유로 이라크 전역에서 영어 사용이 빈번하다. 이라크 정권은 1958년까지는 서방에 우호적이었는데, 1958년에 폭동이 일어나 정권이 교체되었다. 사담 후세인 (Saddam Hussein)의 군부 독재가 1979년 시작되었다. 그러나 이라크가 1990년 쿠웨이트를 침공하면서부터 이라크는 갑자기 엄중한 경계의 대상이 되었다. 1991년 미국이 시작한 걸프전으로 인해 이라크는 쿠웨이트에서 쫓겨났지만 미국과의 전쟁이 시작되어 결국 미국이 2003년 이라크를 무찌르고 사담 후세인 정권을 전복시켰다. 현재 이라크는 새로운 독립 정부가 있지만 현실적으로는 앞으로도 수십 년간 재건의 과정을 겪어야 할 것이다.

남쪽

중동의 삶을 거시적으로 살펴보면서 **이집트**의 중요성을 간과하기란 불가능하다. 이집트는 고대의 위대한 제국 중 하나다. 성경에서 요셉은 여기서 번창하게 되었고 모세는 400년 후에 이스라엘을 이 땅에서 이끌어냈다. 예수님도 어린 시절 일부를 이곳에서 보내셨다. 그 종교적 유산은 오늘도 잊히지 않았다. 이집트에만 기독교 교회(콥트 정교회라 불린다)가 약 천만이 있고 해외에 120만이 더 있다. 그 역사를 거슬러 올라가 보면 마가의 사역까지 도달하는데, 마가는 알렉산드리아에서 순교했다(부활절 다음날). 그리고 현재 콥트교의 리더는 교황 테로도로 2세 (Theodoros Ⅱ 혹은 타와드로스 2세[Tawadros Ⅱ])인데 그는 자신이 마가의 118세손이라 주장한다.[5] 교황 테오도로와 인터뷰를 해본 사람들은 그

---

5   이 교회에 대해 더 알고 싶으면 콥트 정교회 공식 홈페이지를 방문해보라. 〈www. coptic.net〉

의 목회적 지혜와 위트 그리고 거의 완벽에 가까운 성경 암송에 곧 깊은 인상을 받게 된다.

이집트 기독교는 기독교 신학의 풍부한 전통을 갖고 있다. 알렉산드리아에 있는 거대한 도서관과 학교들을 통해 교회의 위대한 사상가들(클레멘스, 오리게네스)이 나왔을 뿐 아니라, 이곳에는 수천 개의 성경 번역본과 기독교 작품들이 소장되어 있다. 이곳에서 신약도 최초로 콥트어로 번역되었다(3세기). 기독교 수도원 제도도 남부 이집트에서 이곳으로 온 콥트교인이었던 대 안토니오스(Anthony the Great)가 처음 시작했다.

하지만 이 교회는 자신만의 십자가가 있다. 641년 무슬림이 이집트를 정복하면서 기독교 리더십이 끊어지게 되었고 그때부터 많은 그리스도인이 죽었다. 오늘날 콥트교인들은 그들을 기억하기 위해 "순교자들의 달력"을 흔히 사용한다. 다행스러운 것은 무함마드의 아내 중 한 명이 이집트인이어서 무함마드는 콥트교인들이 마음껏 신앙생활을 할 수 있도록 관대하게 승인해주었다. 그럼에도 이집트의 대다수를 차지하는 무슬림들은 이 교회가 늘 교세를 점검받도록 하고 있다. 현재 무슬림 형제회와 같은 이슬람 근본주의 단체들은 다양한 종교를 허용하는 이집트의 관대한 정책을 총체적으로 바꾸고 싶어 한다.

이집트의 광대한 불모지(뉴멕시코의 세 배)는 한 가지 축복을 받았는데 그로 인해 수많은 사람이 살 수 있다. 그것은 바로 나일강이다. 오늘날 이집트의 겨우 2%만이 경작 가능한 땅인데도 불구하고 22,000m²의 땅에 나일강을 끌어와 그 나라 7천5백만 명을 먹여 살리고 있다. 유럽 사람들이 이집트에 관심을 보이는 것도 수에즈 운하 때문이다. 이 운하는 지중해와 홍해를 연결하고 있고 동쪽으로 길을 만들어 아프리카로 돌아갈 필요 없이 아시아와 유럽으로 가게 해준다. 19세기 말과 20세기 초까지 이라크와 인도에 관심을 보이던 영국이 이 운하를 중요한 전략 자산으로 만들었다.

　오스만 제국이 몰락한 이래로 이집트에 대한 영국의 통치는 이집트가 독립한 1922년까지 계속되었다. 이집트인들의 민족주의와 이스라엘에 대한 저항이 가말 압델 나세르(Gamal Abdel Nasser, 1956-1970) 통치 아래에 형성되었지만 나세르 정권의 부통령이자 계승자인 안와르 사다트(Anwar Sadat)는 이집트를 세계 국가들 공동체에 속하게 도와주었다. 그는 이스라엘에 두 번 패하고(1967, 1973) 시나이 반도를 잃었음에도 불구하고 여전히 평화를 추구했다. 1977년 11월에 사다트는 국회에 이스라엘 사람을 초청해 연설하도록 해서 세계를 깜짝 놀라게 했다. 이를 통해(1978년 지미 카터와 함께) 캠프 데이비드 협정이 체결되고 이스라엘과 평화 협정을 맺으며(1979) 시나이를 돌려받았지만 사다트는 많은 이전의 아랍 우방들과 멀어졌다. 1981년 10월 그는 이스라엘과의 예비 교섭을 위해 군 행진을 하는 중에 암살당했다. 1981년 10월 11일에 영국의 「선데이 타임스」는 다음과 같이 썼다. "이슬람의 세 번째로 가장 거룩한 도시(예루살렘)에서 행해진 그 한 번의 행동으로, 그는 자신의 종교에 대한 배신자로 낙인찍혔고 결국 자기 군인들이 쏜 총에 '처형'당하기를 자처했다."

　이집트는 늘 팔레스타인 사람들의 상실을 같이 슬퍼했고 그래서 이스라엘에 대항해 늘 싸웠다. 거리가 멀어서 이집트로 간 난민은 많지 않지만(7천 명) 20만 명이 넘는 팔레스타인 사람들이 이집트령 해안 지역인 가자로 몰려들었다. 가자는 1967년 이스라엘의 통치 아래에 들어갔고 난민 인구는 더 많이 증가했다. 2010년경, 가자 난민 인구는 (가자 총인구 150만 중에서) 110만이었는데 너무나 열악한 환경으로 인해 극단주의 운동이 생겨났다. 하지만 이집트는 정의와 국가를 요구하는 팔레스타인 사람들의 요구에 밀리지 않을 것이다. 사다트의 후계자는 모하메드 호스니 무바라크(Mohammed Hosni Mubarak)였는데, 그는 미국과 외교 관계를 텄고 군국주의적인 정권을 세웠으며 팔레스타인을 옹호하기에 앞서 나라의 이득을 우선시했다. 2011년 일어난 유명한 봉기로 무바라크 정권이 전복된 일은 세상을 깜짝 놀라게 했고 이로 인해 이집트와 이스라엘 사이에 새로운 긴장이 생겨났다.

내부

가자에 사는 팔레스타인 사람들(150만)이나 웨스트뱅크에 사는 팔레스타인 사람들(230만)을 분류하는 방법을 알기는 어렵다. 공식적으로 이스라엘은 동쪽 경계들을 선포하는 것을 원하지 않는다(UN은 이스라엘이 1948년 독립한 이후의 경계는 인정했지만 1967년 점령한 이후의 경계는 인정하지 않았다. 이런 이유로 미국 대사관이 아직 텔아비브에 있다). 이 지역들이 이스라엘 국가에 병합되었다면, 팔레스타인 사람들은 이스라엘 국민으로 여겨질 수 있었다. 하지만 이스라엘은 그것을 원하지 않는다. 실제로 이 지역들은 "점령" 아래에 있고 이스라엘 군대가 그곳 사람들의 움직임을 통제한다. 현재(2012) UN은 웨스트뱅크 19개 캠프에 779,000명, 가자에 110만 명의 난민들이 있다고 주장한다. 그들은 한 측면에서 이스라엘의 "이웃들"이지만 다른 측면에서 너무나 위태로운 삶을 살고 있다. 예를 들어 웨스트뱅크와 가자 지역에 있는 팔레스타인의 1인당 GDP는 평균 일 년에 약 2,800달러다. 이스라엘은 32,000달러다(미국은 48,000달러다).[6]

---

6   참고. 〈http://www.indexmundi.com〉. 네 가지 자료에서 모든 데이터를 모아놓은 사이트가 있다. 〈http://en.wikipedia.org/wiki/List_of_countries_by_GDP_(nominal)_per_capita〉

하지만 이스라엘에도 팔레스타인 사람들이 있다. 어떤 사람들은 1940년대에 30만 명이 넘는 팔레스타인 사람들이 새로운 나라의 경계 안에서 "잡혀"왔다고 추정한다. 대부분 이 아랍 사람들은 시민권을 받았다. 현재 이스라엘 내(가자와 웨스트뱅크는 제외) 팔레스타인 인구는 약 150만 명인데, 열악한 환경으로 인해 극단주의 운동이 일어나고 있다.

요약

이스라엘을 둘러싼 아랍 국가들은 지속적으로 이스라엘의 국가로서의 정체성에 저항해왔다. 그들은 팔레스타인 사람들이 땅을 잃은 것을 동정하고, 이스라엘을 중동에 들어온 또 하나의 서구 제국주의로 보고 있다. 하지만 이번에는 프랑스와 영국의 관심이 문제가 아니라 미국 달러를 업고 들어온 유대인들의 관심이 문제다. 따라서 이스라엘은 말하자면 요르단이나 이집트에 위협이 되는 것은 아니지만, 이스라엘은 아랍의 감수성과 자부심을 침해하는 것으로 비춰진다. 이스라엘이 정복을 통해 더 많은 땅을 차지하면서(그러면서 더 많은 난민이 생기면서) 아랍 국가들은 이스라엘을 공동의 적으로 두고 뭉쳤다.

그러나 아랍 국가들이 "이스라엘을 바다로 밀어 넣으려" 한다는 고정관념은 잘못된 것이다. 아랍의 호전성은 러시아가 아랍 대적들의 뒷돈을 대던 냉전 시대의 사치였다. 그런 시대는 끝나고 새로운 아랍 리더들의 세대는 이스라엘을 영원한 이웃 거주자로 본다. 요르단과 이집트는 이제 이스라엘과 평화 협정을 맺고 있다. 이스라엘은 남부 레바논에서 군대를 철수했다. 베이루트는 재건되고 있고 카이로는 군사적 위협보다 경제적 현대화에 더 큰 관심을 기울이고 있다.

이러한 상황은 지역 간 평화를 나타내는 좋은 징조이지만 그 대가로 팔레스타인 사람들을 향한 아랍의 지원이 끊겼다. 다른 나라에서 군사적 도움을 받지 못하는 상태에서 팔레스타인 국가 운동은(혼란에 빠지고 힘을 잃은 상태로) 홀로 이스라엘에 맞서며 내적으로 스스로를 세워나가는 일을 계속하고 있다. 그러나 2010년에 있었던 "아랍의 봄" 시위와 튀니지에서부터 이집트에 걸쳐 정부들이 전복된 일(그뿐 아니라 시리아에서 일어난 내전 발발)을 놓고 볼 때, 팔레스타인 사람들의 관심사가 어떻게 사람들의 관심을 끌게 될지는 예측하기 힘들다. 세계의 관심이 다른 곳으로 옮겨갔다.

중동은 참 어려운 이웃이고 겨우 10년 전의 정치적 연합이나 이해관계도 진부해 보이기 십상이다. 적어도 우리에게는 이러한 갈등이 유래된 곳을 아는 것이 중요하다. 이제 다음 장에서 이 이야기를 해보려 한다.

3장

역사 알기

내 마지막 목적은 정해진 때에 팔레스타인을 차지하고 유대인들이 2천 년
간 박탈당했던 정치적 독립을 회복하는 것이다. 비웃지 마라. 허망한 꿈이
아니다. 이사야가 예언한 그 찬란한 날이 도래할 것이다. 그때가 되면 유대
인들은, 필요하다면 손에 무기를 들고, 자신들의 옛 선조들의 땅을 자신들
의 것이라고 공개적으로 선언할 것이다.

– 제에브 두보프, 1882년 팔레스타인에 도착한 최초의 시온주의자 중 한 사람

이스라엘/팔레스타인에 대해 가장 이해하기 힘든 것 중 하나는 그 땅
의 정복과 점령의 역사다. 대부분의 책이 필요 이상으로 상세한 정보
를 제공한다. 예를 들어 현대에 출간된 책들은 팔레스타인 사람들이 왜
1967년에 이스라엘에게 땅을 "빼앗긴" 것에 대해 화를 내는지 우리가
당연히 알고 있다고 전제한다. 영국 사람들의 역할은 무엇이었나? 또
저자들이 종종 연대를 늘어놓는(1948, 1968 등등) 전쟁들은 어떤가? 너
무 단순화시키는 위험을 무릅쓰고, 아브라함 자손부터 시작해서 현대에
이르는 지난 4,000년을 간략하게 요약해보겠다. 초기 연대들은 논란의

여지가 있음을 명심하라. 이 개관은 참고와 비교 작업을 위한 것이다.

성경 시대

족장 시대(기원전 2000-1000)

제일 처음 시기, 아브라함 족속이 메소포타미아(이라크)에서 이 지역으로 이주해왔다. 이스라엘/팔레스타인은 가나안이라 불리는 이집트 지방이었다. 아브라함의 손자 야곱의 자손들(이스라엘의 열두 지파)이 이집트로 이주해갔고 거기서 400년 이상을 머물렀다. 모세는 그들을 다시 가나안으로 이끌고 갔고 여호수아는 그 땅을 정복하는 일을 이끌었다. 그들은 중앙 산맥 지역에서 하나님의 성소를 중심으로 느슨하게 조직되어 있었다. 그러나 이스라엘은 다른 나라들처럼 왕과 왕국을 간절히 원했다. 사울이 첫 왕이었는데, 이것이 이스라엘의 나라로서의 첫 서곡이었다.

이스라엘 왕국(기원전 1000-538?)

사울, 다윗, 솔로몬을 거치면서 이스라엘은 그 지역에서 국제적인 지위를 얻었지만 이러한 성공적인 국가로서의 시대는 겨우 75년 유지되었다. 솔로몬의 죽음과 함께 내전이 일어나면서 나라가 남북으로 나뉘었다. 북쪽(이스라엘, 수도-사마리아)은 기원전 721년에 아시리아에 함락되었다. 남쪽(유다, 수도-예루살렘)은 기원전 586년에 바빌로니아에 함락되었다. 남쪽에서 살아남은 자들은 포로의 신분으로 바빌로니아에 남아 있었는데 약 50년 후에 페르시아에 의해 자유를 얻었다.

페르시아 시대(기원전 538?–332)

페르시아가 바빌로니아를 꺾으면서 이스라엘 사람들은 예루살렘으로 돌아갔지만 완전한 자치 국가를 세우는 것은 허락되지 않았다. 이스라엘/팔레스타인은 사마리아로부터 통치를 받는 페르시아의 한 지방이었다. 예루살렘은 재건되었고(에스라, 느헤미야) 유대인들은 200년간 페르시아 통치 아래에 살았다.

그리스 시대(기원전 332–164)

알렉산드로스 대왕은 기원전 333년 페르시아를 정복한 후 중동을 정복했고 이어서 332년에 이스라엘을 제압하러 가서 그 전체 지역을 그리스 제국의 일부로 만들었다. 유대교는 150년간 그리스 통치자들에게 종속되어 살면서 많은 그리스 문화를 받아들였다.

유대 하스몬 왕조(기원전 164–63)

유대 군인들이 그리스 군주들을 무찌르고 유대 "왕국"을 세웠는데, 이는 구약 시대 왕조 이래로 첫 왕국이었다. 그러나 승리와 더불어 지도자들이 빠르게 부패했고 싸우는 파벌들(바리새파/사두개파)이 생겨나 정부를 마비시키면서 내분이 일어났다. 많은 유대인이 서로 의견이 맞지 않아 나눠지면서 사막에 자신들만의(쿰란에 있는 사해 공동체와 같은) 공동체를 세웠다.

로마 제국(기원전 63–기원후 324)

로마 사람들은 그리스도가 태어나기 전(기원전 63)에 전 중동을 점령해서 400년 이상 자신들의 지방으로 삼았다. 유대인들은 어느 정도의 자치권을 인정받았으나 늘 박해가 있었고 로마에 대한 저항도 빈번했다.

66-70년 사이에 로마는 가장 큰 폭동을 진압했고 예루살렘을 완전히 파괴했다. 132년과 135년 어간에 일어난 두 번째 폭동도 마찬가지로 진압되었고 유대인들은 예루살렘에서 영원히 추방되었고 예루살렘은 아일리아 카피톨리나(Aelia Capitolina)로 개명되었다. 유대 지도자들은 갈릴리로 옮겨졌다. 수많은 다른 유대인은 유럽, 북아프리카와 중동으로 퍼져 공동체를 형성했다.

중세 시대

기독교 로마 제국(324-638)

324년부터 638년까지 이스라엘/팔레스타인은 콘스탄티노플(오늘날 터키 이스탄불)에 있는 통치자들의 통치를 받았다. 이 문명(비잔틴)은 로마 제국의 손자였고 기독교를 국가 종교로 받아들였다. 이 시기에 많은 그리스도인이 "거룩한 땅"으로 순례 여행을 시작했기 때문에 예루살렘이 자랑하는 많은 유명한 교회들이 이때 건립되었다. 이와 함께 레바논, 시리아, 이집트, 요르단의 기독교 공동체들도 급속도로 성장했다. 예를 들어 시리아로의 순례 여행은 비잔틴 그리스도인들 사이에서 흔한 일이었고, 오늘날에도 그 지역에서는 기독교 수도원들이 모여 있던 거대한 폐허들을 볼 수 있다.

콘스탄티누스 황제의 어머니 헬레나는 예루살렘에서 진짜 십자가를 찾았다고 주장했고 그녀의 조언으로 콘스탄티누스 황제는 그리스도의 탄생, 죽음/부활, 승천을 기념하며 세 개의 동굴을 중심으로 세 개의 중요한 교회를 성별했다. 곧 엄청난 숫자의 순례객들이 이곳을 찾기 시작했다. 수도원들 덕분에 황폐한 계곡들이 도시로 변하기 시작했다. 한때는 수도원들로 둘러싸인 24개의 교회가 감람산을 가득 채웠다. 페르시아의 공격(614)과 그 후 무슬림 성직자들의 공격(예를 들어 1009년 칼리프 하킴[Caliph Hakim])으로 황폐화되었음에도 불구하고, 성묘 교회는 오늘날에도 여전히 비잔틴 문화의 위대하고 역사적인 기념물로 우뚝 서 있다.

이슬람 시대(638-1099)

현재의 사우디아라비아에서 온 아랍 사람들이 복음 전파의 열정으로 무함마드의 종교(이슬람)를 가지고 북쪽을 휩쓸었다. 중동에 있는 모든 "비잔틴" 지방들이 함락되었고 지칠 대로 지친 비잔틴 군대는 저항할 수 없었다. 636년 야르묵 협곡(서요르단)에서 다수의 군대가 아랍 침략자들에게 패했고, 2년 후(638) 예루살렘이 무함마드의 두 번째 계승자인 칼리프 오마르(Caliph Omar)에게 항복했다. 오마르는 유대인과 그리스도인들 모두를 존중했고 그 도시의 거주민들을 처형하지 않았다. 사실 그는 그곳 장로의 초대에도 불구하고 성묘 교회에서 기도하기를 거부했는데, 그 이유를 이렇게 말했다. "내가 그 교회에서 기도했더라면 당신들은 그 교회를 잃었을 것입니다. 왜냐하면 (무슬림) 신자들이 오마르가 거기서 기도했다고 말하면서 그것을 가져갔을 것이기 때문입니다." 이슬람 통치는 1099년까지 계속되었다. 인상적인 건축 유적들(유명한 "황금 돔 사원" 같은 것들)이 이 시기에 만들어졌다.

십자군(1099-1187)

1099년, 유럽에서 온 그리스도인 기사들이 이스라엘/팔레스타인으로 와서 그곳에 살던 유대인과 무슬림들을 모두 학살하면서 예루살렘시를 다시 빼앗았다. 오늘날까지도 무슬림들은 그들이 보여준 광기와 잔인성을 잊지 못하고 있고 "십자군"이라는 이름만 들어도 분노를 느낀다.[1] 그러나 그들의 통치는 짧았다. 아랍 지도자 살라딘(Saladin 혹은 살라 알딘[Salah Aldin])은 1187년 갈릴리에서 십자군을 무찔렀다. 유럽 사람들은 프랑스와 영국의 도움으로 간신히 몇 안 되는 남은(서부 이스르엘 계곡에 있는 아코 성과 시리아에 있는 십자군 성 같은) 성들을 가지고 있었다. 그럼에도 서로 죽이는 싸움이 수년간 계속되었다. 마침내 1291년에 십자군들이 완전히 쫓겨났다(그들의 남은 군대는 키프로스로 도망갔다).

이집트 맘루크 시대(1250–1517)

1250년 이집트에서 온 군대가 살라딘 정권을 무너뜨렸고, 이스라엘/팔레스타인은 300여 년 동안 북쪽 변방을 보호할 필요가 있었던 이집트 이슬람 제국을 위한 방어 지역이었다. 기독교 순례객들, 특히 서구에서 온 순례객들이 계속해서 예루살렘으로 여행했음에도 불구하고 그 지역과 그곳 사람들은 철저하게 무시되었다.

오스만 투르크(1517–1918)

1517년, 터키 이스탄불에 있는 라이벌 이슬람 세력이 맘루크 정권을 무너뜨렸고 이스라엘/팔레스타인을 자신들의 영토로 삼았다. 오스만 통치는 4백 년간 지속되었는데 이때 예루살렘 구시가지가 오늘날의 특징적인 모습을 갖추었다. 예를 들어 그 도시의 고대 성벽은 오스만 통치자 술레이만 대제(Sulayman the Magnificent)에 의해 1537년에서 1540년에 세워졌다. 터키의 지배에도 불구하고 아랍 사회는 (매우 소수의 유대인들과 함께) 팔레스타인에서 거주하며 번성했다. 어떤 사람들은 팔레스타

---

1   2000년 10월, 휘튼 대학은 2년간의 토론과 연구 끝에 자신들의 역사적인 상징인 십자군 모양을 포기했다. 우리 대학은 현명하게도 그리스도인의 잔인성을 드러낸 이 시대와 결부되지 않기로 결심했다.

인 사람들의 삶이 이 시기에 겨우 생존할 정도였다고 주장하지만, 여러 가지 글과 사진들을 통해 번창한 문화를 엿볼 수 있다.[2]

19세기 들어 유럽 유대인들이 박해로 인해 이주하기 시작했고 팔레스타인은 그들의 목적지 중 하나였다. 유럽 유대인들은 영국에서는 1290년에, 프랑스에서는 1394년에, 스페인에서는 1492년에 추방되었다. 대부분이 동유럽과 오스만 제국으로 갔다. 하지만 19세기에 와서 유럽 유대인(특히 러시아 유대인)에 대한 박해는 더욱 심각해졌고 이들에게 본향을 찾으려는 꿈이 생겨났다. 19세기 말엽에는 25,000명 정도만 팔레스타인에 있었고 이들 대부분은 예루살렘에 거주했는데 거대한 아랍 주류 사회에 둘러싸여 있었다.

(시온주의라 불리는) 이 꿈은 유대인의 신학적 비전에 뿌리를 둔 것으로서 이스라엘 땅으로 돌아오리라는 소망을 유지하게 했다. "내년에는 예루살렘에서"라는 말은 모든 사람이 아는 유월절 후렴으로 수 세기 동안 되뇌었던 말이지만, 이 비전은 1880년에서 1900년 어간에 러시아의 박해가 절정을 이룰 때 구체적인 형태로 모습을 드러냈다. 1897년 테오도르 헤르첼(Theodor Herzl)은 스위스 바젤에서 첫 "시온주의자들 의회"를 조직했고 24개국에서 유대인 지식인들을 불러모았다. 이 만남을 가진 후 헤르첼은 일기에 이렇게 썼다. "바젤에서 유대인 국가를 발견했다."[3] 수년 안에 만 명이 넘는 시온주의자들이 팔레스타인으로 거주지를 옮겼다. 그들 중 일부는 지역 사람들에게 투자하지 않았던 부재중인 아랍 땅주인들로부터 땅을 사들인 반면, 다른 시온주의자 리더

---

2 참고. W. Khalidi, *Before Their Diaspora: A Photographic History of the Palestinians, 1876-1948* (Washington, D.C.: Institute for Palestine Studies, 1992).

3 B. Morris, *Righteous Victims: A History of the Zionist-Arab Conflict, 1881-1999* (New York: Knopf, 1999), 21-22에서 인용.

들은 자신들의 전략의 한 가지 특징이 아랍 사람들을 제거하는 것이어야 한다는 점을 이해했다. 헤르첼은 공개 석상에서는 아랍 주민들의 운명에 대해 언급하지 않았다. 오히려 새로 들어오는 유대인들과 함께 그들이 어떻게 하면 동등한 시민이 될 것인가를 말했다. 하지만 사적으로는 문제가 달랐다. 헤르첼은 1895년 6월 12일 일기에, 팔레스타인에서 아랍 사람들을 완전히 몰아내는 것이 시온주의자들의 계획의 일부라고 썼다. "그들을 고용하지 않음으로써 무일푼을 만들어 국경 밖으로 쫓아내야 한다. 그들의 재산을 몰수하고 가난한 자들을 제거하는 일이 동시에 수행되어야 한다."[4]

이스라엘에 유대인 국가를 세우려는 헤르첼의 계획에 유일한 장애물은 오스만 통치였는데, 이는 곧 제1차 세계대전으로 전복될 터였다.

현대

영국 식민지(1918-1948)

터키인들이 전쟁에서 독일 편에 섰기 때문에, 승자들은 오스만 제국을 해체하고 전리품을 취했다. 프랑스와 영국은 중동을 나누어 오늘날 우리가 알고 있는 대부분의 국경을 만들어냈다. 영국은 "팔레스타인"(그들이 이름을 붙였다)과 요르단(이라크나 이집트 같은 다른 지역들도 함께)에 대해 통치를 시작했다. 시온주의자들은 자신들이 국가를 세우기 위해서는 영국의 도움을 얻어내야 한다는 점을 간파했다. 1916년 시온주의자들에게 옹호적인 아서 밸푸어(Arthur Balfour)가 영국 외무부 장관이 되면서

---

4   M. Lowenthan, ed., *The Diaries of Theodor Herzl* (New York: Dial Press, 1956), 188 (June 12, 1895, entry)에서 인용. B. Morris, *Righteous Victims: A History of the Zionist Arab Conflict, 1881-1999* (New York: Knopf, 1999), 21-22.

문제 해결의 열쇠를 찾았다. 밸푸어는 정부를 설득하여 시온주의자들을 지지하게 하는 데 성공했다. "밸푸어 선언"(1917)은 유대인 국가가 형성되는 것을 돕지는 않았지만, 팔레스타인이 유대인들을 위한 "전국가적인 고향"이 되는 일에 영국의 지지를 확고히 했다. 단 팔레스타인에 사는 비유대인들의 시민권과 종교적 권리를 보장하겠다는 조건이 붙었다. 그 선언이 있은 지 5주 후, 영국 군대가 예루살렘으로 들어왔다.

팔레스타인에 대한 영국의 통치는 제2차 세계대전이 발발할 때까지 계속되었다. 많은 유대인 가족들이 팔레스타인으로 이주해서, 처음에는 진정으로 아랍 사람들과 공존하려고 애썼던 시온주의 개척자들로 이루어진 용감한 공동체에 합류했다. 그들의 수는 적었지만(아랍인들은 50만 명인 데 비해 그들의 수는 10만 명도 안 되었다) 잘 조직되어 있었고 유럽 대학들에서 연마한 기술들을 가지고 있었다. 또한 그들은 조직을 만들었는데, 이 조직들이 결국엔 이스라엘 국가의 씨앗이 된다. 그러나 아랍 사람들은 영국 통치 아래에서 힘과 영향력의 균형이 이스라엘 쪽으로 옮겨가는 것을 보면서 불안이 커지기 시작했다. 많은 도시에서 싸움이 일어나 유대인과 아랍인 사이의 깨지기 쉬운 평화를 깨뜨렸다. 예를 들어 1929년에 60명의 유대인이 헤브론이라는 아랍 마을에서 일어난 폭동으로 죽었다. 또한 이런 갈등은 유럽인들로부터 받았던 박해를 기억나게 했다. 이로 인해 시온주의자들은 더욱 극단적이 되었다. 헤브론 시내에 거주하는 이스라엘 정착민들은 이 학살을 기억하는 박물관을 세웠고 이를 통해 그들이 갖고 있던 "포위"되었다는 의식이 더욱 자극되어 그들은 마치 다시 독일에 살고 있는 것처럼 아랍 사람들과의 관계를 형성했다.

나치 대학살의 충격으로 시온주의자들 사이에서는 최대한 빨리 유럽을 벗어나야 한다는 열망이 생겨났다. 영국 군대가 현재 분단된 그 나라를 통치하려고 하면서, 이주해야 한다는 유대인들의 압박감은 더욱 커졌다. 그러나 유대인 국가가 세워지면 이 지역의 깨지기 쉬운 평화에 더욱 악영향을 끼칠 것을 안 영국은 마음을 바꾸었다. 그럼에도 배들은 계속해서 해안으로 밀려들었고, 영국은 결국 유럽 유대인 대학살에서 살아남은 생존자들을 가로막는 꼴이 된 자신의 모습을 발견했다. 시온주의 군사들은 영국 진지들을 공격하기 시작했고 테러를 일으키기 시작했다. 예로 그들은 영국 관리들이 사무를 보던 예루살렘의 킹 데이비드 호텔 일부를 폭탄으로 날려버렸다(1946년 7월). 미국 여론과 워싱턴의 동정이 곧 영국의 입장에 대해 비판적이 되었고 공개적으로 유대인 국가의 형성을 지지했다.

제2차 세계대전으로 힘이 고갈된 영국은 제1차 세계대전 이후로 유지해오던 그 땅의 통치를 유지할 수 없었다. 1947년, 영국은 "팔레스타인"을 UN에 넘기면서 그 땅을 떠나겠다고 선언했다. 그해 UN은 아랍 국가와 유대인 국가를 세우기 위해 팔레스타인을 나누자고 제안했다.[5] 하지만 땅을 분할할 때 양측의 인구수는 전혀 고려되지 않았다. 아랍의 극렬한 반대에도 불구하고, 이스라엘은 1948년 5월 14일 다윗의 별을 그린 새 국기를 게양했다. 11분 만에 미국의 트루먼 대통령은 이스라엘을 공식적으로 인정했다. 아랍 측은 즉시 전쟁을 선포했다.

첫 번째 전쟁: 1948년, "독립 전쟁"

이스라엘의 독립 전쟁으로 알려진 이 전쟁에서 이스라엘 사람과 (이집

---

5   분할된 경계를 보여주는 자세한 지도는 찾기 어렵다. 학문적으로 훌륭한 지도는 다음의 책에서 발견된다. H. Cattan, *Palestine, the Arabs and Israel: The Search for Justice* (London: Longman, 1969), 207. 일반적으로 그 땅은 세 구역, 곧 12km²의 유대인 국가와 아랍인 국가 그리고 예루살렘으로 나눠었다. 예루살렘은 양측 모두와 모든 종교에 대해 국제적인 지역으로 따로 떼어놓았다.

트, 시리아, 요르단, 레바논, 사우디아라비아, 이라크에서 온) 아랍 사람들은 국경을 변경하기 위해 극렬하게 싸웠다. 요르단의 압둘라 1세(King Abdullah I)는 이스라엘에게 약속된 땅까지 포함해 모든 것을 빼앗는 꿈을 당연히 가지고 있었다. 다른 아랍 사람들은 이스라엘 국가라는 개념 혹은 유럽과 미국 사람들의 모임(UN)이 그 지역의 운명을 결정할 수 있다는 전제 자체가 마음에 들지 않았다.

이스라엘이 결정적으로 승리를 거두었고 UN이 분배한 땅보다 더 많은 땅을 요구하며 지도를 다시 그렸다. 전쟁이 끝날 때 이스라엘은 그 땅의 77%를 차지했다(UN이 제시한 것보다 33% 많은 양이었다). 그렇지만 요르단은 요르단강 서안(웨스트뱅크)을 차지했다(중앙 산맥 지역으로 나 있는 모든 길과 나블루스, 라말라, 헤브론도 포함한다). 또한 요르단은 예루살렘의 동쪽 반을 차지했다. 1947년의 분할 계획은 팔레스타인 국가를 기대했지만, 요르단은 나중에 웨스트뱅크를 합병했다(그곳에서 요르단 시민권과 여권을 발급했다). 결국 이스라엘 사람들과 요르단의 통치가 없는 팔레스타인 국가에 대한 소망은 사라져버렸다.

그 싸움으로 인해 수천 명의 난민들이 전쟁 지역을 벗어나 웨스트뱅크와 인근 나라들(아래 각주 참조)로 도망쳤다. UN 추정에 의하면, 약 75만 명이 그 지역을 떠났다. 이것을 사람들을 이주시킬 기회로 본 이스라엘은 국경을 폐쇄하고 전쟁 후에 다시 들어오려는 난민들을 들어오지 못하게 했다. 곧 수백 개의 아랍 마을들을(400개 넘게) 파괴해 돌아오는 것 자체를 불가능하게 만들었다. 유대 국가 영토 기금(Jewish National Land Fund) 책임자인 요세프 바이츠(Joseph Weitz)는 1940년 이렇게 말했다. "이 나라에 두 민족이 다 살 땅은 없다는 것을 분명히 해야 한다. 아랍 사람들이 이 나라를 떠나면 우리의 나라는 넓고 광대해질 것이다. 그들이 남으면 이 나라는 좁고 비참해질 것이다. 유일한 해결책은 아랍 사람들 없이 이스라엘만 있는 것이다. 이 점에 대해서는 협상의 여지가 없다." 이스라엘의 초대 총리를 지낸 다비드 벤구리온(David Ben-Gurion)도 아랍 인구를 어떻게 해야 할지를 놓고 골머리를 썩어야 했다. 그는 아랍 사람들을 일방적으로 추방하는 데는 동의하지 않았지만(그 나라에 두 민족이 공존하기를 바랐지만) 아랍 사람들이 유대인들이 정착하기 위해 들어오는 것을 받아들이지 않는다면 무력을 사용할 수밖에 없다고 생각했다.[6]

중요한 지역에서 "인종 청소"를 완수하기 위해 유대인 무장 단체들인 (메나헴 베긴[Menachem Begin]이 이끄는) "이르군", (이츠하크 샤미르가 이끈) "슈테른 강", "하가나"는 마을 주민들을 제거하기 위한 테러 공격을 가하기 시작했다. 가장 유명한 사건이 1948년 4월 9일에 일어났는데, 이때 예루살렘 근처 데이르 야신(Deir Yassin) 마을이 공격을 당했다. 100명이 넘는 사람들이 살육을 당했고 그 소식은 재빠르게 퍼져나갔다. 이스라엘은 저항하는 마을들은 "데이르 야신"처럼 될 거라는 선전 문구를 아랍 마을들에 뿌렸다. 데이르 야신 마을 사람 몇 명은 예루살렘을 통과하는 "승리의 행진"에 끌려다니다가 마을에 돌아오지 못하고 총살당했다.[7] (데이르 야신에서 살아남은 자들은 죽을 때까지 이 기억을 잊지 못했고 개인 웹사이트를 통해 자신의 경험과 사진을 올렸다.[8])

수일 안에 5만 명의 아랍 사람들이 하이파와 야포에서 도망쳤다. 5월 쯤에는 25만 명의 아랍 사람들이 도망쳤다. 다른 사건보다도 데이르

---

6   B. Morris, *The Birth of the Palestinian Refugee Problem, 1947-1949* (Cambridge: Cambridge University Press, 1987), 25. 이외에도 E. Karsh, *Fabricating Israeli History: The "New Historians"* (New York: Routledge, 2000), 47-51에 나오는 Morris의 비판도 참고하라.

7   A. Shlaim, *The Politics of Partition* (New York: Columbia University Press, 1988), 136.

8   참고. ⟨www.deiryassin.org⟩

야신에서 있었던 학살이 아랍 민간인들의 마음을 공포로 몰아넣었다. 1948년 6월 이스라엘 지도자 벤구리온은 자신의 정책을 분명히 했다. "그들이 돌아오도록 해야 한다는 것에는 반대합니다. 오히려 그들이 돌아오는 것을 막아야 한다고 믿습니다. 우리는 야포에 정착해야 합니다. 야포는 유대인 도시가 될 것입니다. 무슨 수를 써서라도 그들이 돌아오는 것을 막아야 합니다."[9] 처음부터 벤구리온은 "팔레스타인 문제"를 해결하는 것이 새로운 국가를 세우려는 계획을 추진하는 데 핵심이 될 것을 알고 있었다. 그의 계획은 그들을 쫓아내서 인근 아랍 국가들에 난민으로 정착시키는 것이었다.[10] 아랍 사람들이 확실히 돌아오지 못하도록 하기 위해 대다수 마을들을 파괴했고 마을 우물들을 발진 티푸스와 이질 박테리아로 오염시켰다. 예를 들어 아코에 있는 아랍 마을은 점령할 수 없어서, 1948년 군인들이 마을 사람들이 먹는 (카프리라 불리는) 우물에 이질 박테리아를 살포했다. 그로 인해 마을 전체가 병에 걸리자 유대 군대가 마을을 차지했다.[11] 게다가 아랍 가정에 대한 대대적인 약탈이 시작되었고, 그 약탈이 어찌나 무시무시하게 이루어졌는지 벤구리온 자신도 "모든 계급"의 유대인들이 가담한 일이었기에 "부끄럽고 비참한 광경"[12]이었다고 인정했다. 이스라엘의 국영 수자원 공사인 메코로트(Mekorot)는 군인들이 자신들이 점령한 아랍의 모든 우물에 실제로 유독 물질을 살포했었기 때문에 현재 농촌 지역의 우물들을 정기적으

---

9   Omer Bartov, "From Buchach to Sheikh Muwannis: Building the Future and Erasing the Past," in Michele R. Rivkin-Fish and Elena Trubina, eds., *Dilemmas of Diversity after the Cold War: Analyses of "Cultural Difference" by U.S. and Russia-Based Scholoars* (Woodrow Wilson Center, 2010), 74.

10 H. Cattan, *Palestine, the Arabs and Israel* (London: Longman, 1969), 67.

11 *The Link* 34, no. 1 (January-March 2001): 4-6, 히브리 신문 *Hadashot*에서 S. Laybobis-Dar를 인용하고 있다(1993년 8월 13일).

12 G. Kirk, *The Middle East 1945-1950* (London: Oxford Univ. Press 1954), 263. H.

로 검사한다.

이스라엘 사람들은 이 비극적인 이야기에 대해 종종 반론을 제기하지만 부인할 수 없는 것이 현실이다. (베니 모리스[Benny Morris] 같은) 새로운 세대의 역사가들은 이 고통스러운 장을 모든 이스라엘 사람이 볼 수 있도록 공개해왔다. 모리스가 최근에 출간한 『실수를 바로잡기: 1936부터 1956년 팔레스타인/이스라엘에 살던 유대인들과 아랍인들』은 그 땅을 "청소"하고 전 민족을 말살하려 했던 계획에 대해 그간 정부가 반쯤 감추고 있던 내용을 충격적으로 보여주고 있다.[13]

이외에도 이스라엘 국가가 탄생하던 이 어려운 시기에 복무했던 이스라엘 군 장교들의 증언도 들을 수 있다. 예를 들어 가장 최근에는 유명한 이스라엘 장군 마티 펠레드(Matti Peled)의 증언을 들을 수 있었다. 그의 아들 미코 펠레드(Miko Peled)가 쓴 충격적인 책 『장군의 아들』이라는 책을 통해서였다. 그는 자라면서 나라를 사랑했고 군에도 복무했으며 팔레스타인 사람들은 무자비한 적이라고 믿었다. 하지만 그는 1997년에 자살 폭탄 테러범이 그의 조카를 죽이는 사건을 계기로 이 싸움의 기원을 밝히는 여정에 착수했다. 그는 한때 가자 지구의 군사령관이었던 자신의 아버지가 팔레스타인 사람들을 점령하는 것에 대해 반대했던 것을 알게 되었고 이 전쟁 기간 동안(또한 역시 그의 아버지가 참전했던 1967년의 전쟁 기간 동안)에 팔레스타인 사람들에게 일어난 일에 대

Cattan, *Palestine, the Arabs and Israel* (London: Longman, 1969), 79에 인용됨.

13 B. Morris, *Correcting a Mistake-Jews and Arabs in Palestine/Israel 1936-1956* (Tel Aviv: Am Oved Publishers, 2000). 또 다음의 책도 참조하라. B. Morris, *Israel's Border Wars, 1949-1956: Arab Infiltration, Israeli Retaliation and the Countdown to the Suez War* (Oxford: Clarendon Press, 1993); *The Birth of the Palestinian Refugee Problem, 1947-1949* (Cambridge: Cambridge University Press, 1987). G. Levy의 평론도 참조하라(*Am Ha'aretz*, 2000, 11, 3).

해서도 알게 되었다.

군인들이 가자 지역의 아랍 인구를 억제하기 위해 가자의 어부들에게 무슨 일을 하곤 했는지 미코는 여기서 이렇게 말하고 있다.

그들은 가자 사람의 고깃배들이 있는 곳으로 와서 한 배를 지목하고는 어부에게 물로 뛰어내리라고 명령하고 배를 뒤집어버리곤 했다. 그리고는 총을 겨냥하고 어부에게 1부터 100까지 세라고 명령했고 다하면 반복해서 시켰다. 그들은 어부들이 더 이상 물에서 버티지 못할 때까지 반복해서 수를 세라고 시켰고 결국 모두 물에 빠져 죽게 했다.[14]

이 책 및 이와 비슷한 다른 책들은 문학 형식 혹은 장르다. 이 책들은 대부분 가족 고백의 형태로 이제 80살이 된 군인들이 자신들이 과거에 끔찍한 범죄를 저질렀음을 알고 진실을 밝히기 위해 출간되었다. 현재 미코는 자신의 가족을 대표해서 전국을 돌아다니며 강연도 하고 글도 쓰며 간증도 한다. 그리고 한때는 비밀이었던, 1948년에서 1967년에 일어난 일을 말해준다.

예루살렘에 있는 유대인 대학살 기념관(야드 바셈[Yad Vashem])에 서 있으면 아이러니하게도 마치 데이르 야신 마을을 보는 것 같아 늘 충격을 받는다. 메나헴 베긴(그 학살의 지도자)의 집도 데이르 야신 계곡 바로 건너편이다. 하지만 데이르 야신은 이스라엘이 벌인 인종 청소에서 예외적인 경우가 아니었다. 수많은 마을이 가혹한 일을 당했다. 종국에는 400개가 넘는 마을들이 폐허가 되었다. 팔레스타인 사람들의 입장에서

---

14   M. Peled, *The General's Son: Journey of an Israel in Palestine* (Charlottesville, Va.: Just World Books, 2012), 159.

보면, 이러한 사건들은 그 나라에서 제일 처음 "테러리즘"이 사용된 것
이었다.

두 번째 전쟁: 1956년, "시나이 전쟁"

전쟁은 8년간 지속되었는데 주로 게릴라전 형태였다. 이집트는
1954년에 수에즈 운하를 국영화하고 그다음 해 이스라엘 배들이 운하
를 통과하지 못하게 함으로써 그 분노를 표현했다. 또한 이집트는 모든
아시아로 향하는 선적을 중지시켜서 이스라엘 최남단의 도시인 에일라
트의 이스라엘 항구를 봉쇄했다. 이스라엘은 이러한 움직임을 도발로
여기고 1956년 10월 29일에 시나이를 가로질러 육지에 폭격을 가하며
이집트를 공격했다. 그때 영국군과 프랑스군은 수에즈 운하 북쪽 끝에
있는 사이드 항구와 푸아드 항구에 폭격을 가하고 군대를 착륙시켰다.
UN의 세찬 비난(그리고 미국의 압박)으로 영국과 프랑스는 이집트를 떠
났고 이스라엘은 1957년 퇴각했다. 이집트로부터 이스라엘 선박이 에
일라트에서 아카바만을 통과해가는 것을 막지 않겠다는 약속을 받아내
고 UN 군대가 그 지역으로 들어가 평화를 유지했다.

세 번째 전쟁: 1967년, "6일 전쟁"

싸움이 쉽게 끝나지 않을 것이 분명했다. 경계 지역에서 벌어지는 소규
모 전투들이 11년간 이스라엘과 시리아, 요르단, 이집트 아랍 국가들
사이에서 계속되었다. 1966년경 모든 나라가 전쟁에 대비하고 있는 것
이 분명했다. 이집트는 그것을 유대인들을 무찌르는 "거룩한 전쟁"이라
고 불렀다. 1967년 봄, 이집트는 시나이에서 모든 UN 군대를 철수할
것을 요구했다. 그런 다음 이집트는 또다시 아카바만을 막고 국경 쪽으
로 중무장한 군대를 움직이기 시작했다. 시리아도 똑같이 했다. 아랍 사

람들은 약 54만 명의 군대와 2,500대의 탱크, 950대의 비행기를 출전할 태세를 갖추었다. 이스라엘에는 265,000명의 군대와 800대의 탱크와 300대의 비행기가 있었다. 아랍 쪽에 훨씬 더 승산이 있었다.

1967년 6월 5일, 공격을 예상한 이스라엘은 이른 아침 공중 폭격을 시작으로 선제공격을 했고 사실상 이집트 공군을 완전히 무력화시켰다. 저녁쯤에는 이스라엘이 416대의 아랍 비행기들을 파괴했다. 이스라엘은 이틀 안에(6월 7일) 예루살렘 동쪽을 완전히 차지했다(로마 제국 시대 이래 처음으로 이스라엘이 예루살렘을 온전히 차지했다는 의미였다). 일주일 안에(6월 10일) 전쟁은 끝났다. 빠른 속도와 우세한 조직력으로 이스라엘은 압도적이던 아랍군을 무찔렀고 시나이, 가자, 웨스트뱅크(요르단강), 골란고원을 차지하는 데 성공했다.

이 전쟁으로 수백만 명의 아랍 사람들이 이스라엘군 통치 아래로 더 많이 들어왔고 35만 명이 넘는 사람들이 인근 나라들로 난민 신세가 되어 도망갔다. 12월경, 245,000명이 웨스트뱅크를 떠났고 11,000명이 가자를 떠났으며, 116,000명의 시리아 사람들이 골란고원을 떠났다. **그리고 다시 한번 이스라엘은 그들이 국경을 넘어 돌아오지 못하게 막았다.** UN은 이스라엘이 "1967년 이전" 경계로 돌아올 의향이 없다는 결론을 내리고 1967년 11월 그렇게 할 것을 요구했다. 이러한 UN의 결정(결의안 242)은 유명하고 오늘날에도 이스라엘이 정복한 땅을 돌려줄 것과 포로로 잡은 사람들을 석방할 것을 요구할 때 인용되고 있다.[15]

---

15 현재 1948년 점령한 땅과 1967년 점령한 땅 사이의 구분을 표시한 경계를 "그린 라인"이라 부른다. 사람들은 "그 마을은 그린 라인 반대편에 있다"라는 말을 종종 듣는다.

네 번째 전쟁: 1973년, "욤키푸르 전쟁"

1967년 전쟁으로 아랍 사람들의 자존심에 난 상처는 이루 말할 수 없을 정도였다. 시리아와 이집트는 (소련으로부터 막대한 지원을 받아) 군대를 거의 순식간에 재건하기 시작했다. 그러나 이번에는 두 나라 모두 또 다른 이스라엘 공중 공격을 막아낼 정교한 지대공 미사일로 무장했다. 믿기지 않는 일이지만 이스라엘은 평온했다. 그들은 1967년 승리의 혜택을 누리고 있었고 대부분의 국경 지대에 생겨난 "완충" 지대들을 마음껏 누리고 있었다.

1973년 10월 6일(유대인들이 거룩히 지키는 욤키푸르[Yom Kippur]), 가자 근처에서 휴식을 취하던 유대인 농부들은 갑자기 상공에서 이집트 전투기들의 굉음을 들었다. 그들은 자신들이 보는 것을 믿을 수 없었다. 수에즈 운하에서 400명의 이스라엘 병사들이 공격을 받았고 수분 안에 8,000명의 이집트 군대가 국경을 넘어왔다. 그 뒤로 탱크가 물밀 듯이 밀려 들어왔다. 이스라엘이 공중 공격을 막기 위해 전투기를 긴급 발진했지만 소련 미사일이 이들을 격추했다. 골란고원에서는 1,100대의 시리아 탱크가 157대의 이스라엘 탱크를 공격했고 며칠 안 걸려 시리아 군대가 이스라엘을 관통했다. 엄청나고 무시무시한 공격이었다. 한 달 안에 이스라엘은 2,378명의 군인을 잃었다.

미국의 (22억 달러) 원조를 받아 재정비한 이스라엘 군대는 일주일 안에 반격을 가했고 시리아 군대를 몰아냈다. 이스라엘은 미국 위성으로 정찰하여 시나이에 이집트군 탱크가 있는 모든 곳을 정확히 알아냈고 10월 중순경 이집트 군대는 250대가 넘는 탱크를 잃었다(반면 이스라엘은 10대의 탱크를 잃었다). 미국의 우세한 장비와 정보력과 더불어 이스라엘 사람들의 민첩함과 결단력과 훈련이 어우러져 승리는 굳어졌다. 아랍 군대는 단순히 이스라엘을 상대로 싸우는 것이 아니라 미국을 상대하고 있었다. 10월 말경 이집트의 세 번째 군대가 시나이에서 포위당했는데, 이스라엘은 이들을 전멸하고 싶어 했으나 미국의 압력으로 이스라엘이 퇴각하면서 10월 26일 전쟁은 끝났다.

이집트는 미국(또 헨리 키신저[Henry Kissinger]의 "왕복 외교")의 도움으로 자신들이 시나이의 유전을 되찾는다면 이스라엘에게 크게 양보할 의향이 있었다. 키신저는 1975년 이 합의를 이끌어냈고 이제는 이집트로 흘러든 미국의 관대한 원조로 카이로의 적대감은 수그러들었다. 이렇게 긴장감이 수그러든 분위기에서 이집트 대통령 안와르 사다트가 1977년에 예루살렘을 깜짝 방문하면서 그 유명한 1979년 지미 카터 대통령과의 캠프 데이비드에서의 만남을 위한 길을 텄다. 그 만남에서 이전 평화 협정과 외교 관계 설립, 또 이스라엘이 시나이에서 완전히 철수한다는 합의가 이루어졌다. 그들은 이 평화 협정이 팔레스타인 사람들을 위한 온전한 자치권으로 "연결될" 것도 분명히 했다. 그러나 사다트의 용감한 제안은 그의 목숨을 앗아가고 말았다. 사다트는 1981년 10월, 평화 협정에 반대하는 이집트인 과격주의자들에 의해 살해당했다.

다섯 번째 전쟁: 1982년, "레바논 침공"

이스라엘은 남쪽 경계가 안정을 찾자, 북쪽에 있는 레바논 경계에 대한 팔레스타인 군사 공격에 관심을 돌렸다. 1948년 이후 도망자 신세가 된 팔레스타인 사람들은 북쪽 갈릴리에서 게릴라 전투를 벌였고 자신들이 고향으로 돌아갈 수 없는 것에 대해 분노했다. 1978년, 이스라엘은 그 지역을 완충 지역으로 만들어 그곳 기독교군의 도움으로 통치할 수 있게 하기 위해 첫 번째 지상 공격을 가했다. 여전히 팔레스타인 군대는 숫자도 많고 공격적이었다. 그래서 1982년 6월 이스라엘은 팔레스타인 해방 기구(PLO)라 불리는 저항 세력들을 몰아내기 위해 레바논에 전면적인 공격(일명 "갈릴리 평화 작전")을 시작했다. 남부 레바논에 있던 난민 캠프들이 파괴되었고 이스라엘 군대가 베이루트 변방으로 밀고 들어왔다. 석 달 동안 이스라엘 포대가 도시에 무차별 폭격을 가해 수천 명의 레바논 주민을 무차별적으로 죽였다. 레바논 사람들이 자기들 나라에서 팔레스타인 지도자를 추방하겠다고 동의할 때까지 폭격은 계속되었다. 이스라엘의 보호를 받는 레바논 민병대들이 난민 캠프(예를 들어 사브라와 샤틸라 캠프)에서 잔학 행위를 저지름에 따라 테러는 또 하나의 전략이 되었다. 결국 1982년 8월, PLO 지도부가 베이루트 밖으로 안전히 나갈 수 있도록 허락을 받고 튀니지로 향했다. 그 여파로 16,000명의 아랍 사람과 700명의 이스라엘 사람이 죽었다.[16]

레바논에 있는 많은 아랍 사람은 미국이 이스라엘에 돈을 대서 이스라엘이 자기 나라를 침략했다고 보고 있다. 지상과 공중에서 그들을 공격한 미국 무기들은 쉽게 알 수 있었다. 그 당시 유행하던 아랍 노래가 있는데, 거기서 이스라엘은 조심해야 할 "뱀"이라 불리고 미국은 "뱀의 머리"라 불렸다. 1983년 7월, 자살 폭탄 테러범은 베이루트에 있는 미국 해군 본부들을 파괴함으로써 이 적대감을 분출했다. 이때 수백 명의 미군 병사들이 죽었다. 그 지역을 예의주시하는 사람이라면 그 공격이 전혀 방비가 안 돼 있는 목표물을 겨냥한 완전히 예측 가능한 사건이었음을 알 수 있었다.

---

16 기독교 목회자가 쓴 레바논 침공에 대한 탁월한 연구가 있다. P. Crooks, *Lebanon: The Pain and the Glory* (Eastborne, Sussex: Monarch, 1990). 예전에 Crooks는 베이루트와 다마스커스에서 영국 성공회 목사로 사역했으나 지금은 영국에 살고 있다. 이 책은 예루살렘 성공회 주교의 열정적인 지지를 받고 있다. 좀 더 최근의 자료로는 B. Belsham 이 쓴 "Why Four Corners Was Perfectly Entitled to Accuse Sharon"라는 기사를 참고하라(www.theage.com.au/articles/2002/05/01/1019441390497.html).

난민들

지금까지 살펴본 주요 군사 충돌로 인해 난민들이 생겨나게 되었는데 이들은 전쟁으로 인해 고향에서 도망친 후 다시는 고향으로 돌아가지 못했다. 그 숫자는 어마어마하다. 온 가족이 이러한 수용소의 누추한 환경에서 지내고 있고 젊은이들은 다른 인생을 생각할 수도 없다.

이를 통해 볼 때 왜 팔레스타인 난민 공동체가 세계에서 가장 많은 숫자인지 설명이 된다. 2010년 UN 연구에 의하면 중동에 470만 명의 팔레스타인 난민들이 있다. 팔레스타인 사람들은 호주와 미국 같은 서방 국가들로도 이주해갔다. 예를 들어 현재 시카고, 일리노이, 디어본, 미시간에서 팔레스타인 공동체들이 그 땅에 대한 오랜 과거의 기억들을 뒤로한 채 자신들만의 가게와 이웃을 형성하고 있다. 놀라운 것은 이 난민들이 어떻게 아직도 자신들이 살았던 마을과 그 역사를 기억하고 있는가다. 라말라 외부에 있는 대규모 잘라존 난민촌에서 한 가족이 예전에 자신들의 역사에 대해 나에게 상세히 이야기해준 적이 있다. 그들의 집은 현재 텔아비브 벤구리온 국제공항이 있는 곳에 있었다고 했다. 1948년 그 가족은 군대에 의해 쫓겨났다. 팔레스타인 마을들에 임한 재앙의 정도를 다음의 수치에서 대략 엿볼 수 있다. 1945년에는 약 807개의 팔레스타인 마을이 등록되어 있었는데 1967년 무렵에는 그중 433개만 남아 있었다. 냉정하게 말하면, 팔레스타인 마을의 45%가 이스라엘 국가가 탄생하는 바람에 사라져버렸다.[17] 이스라엘이 땅을

---

17 S. Jiryis, *The Arabs in Israel*, trans. from Arabic by Inea Bushnaq (New York: Monthly Review Press, 1976), 70. 팔레스타인 마을 명단은 공식적인 이스라엘 출간물에서 찾아볼 수 있다. 1967년 자료는 다음 출간물을 참고하라. *Census of Populations 1967* (Central Bureau of Statistics), West Bank of the Jordan, Gaza Strip and nothern Sinai, Golan Heights, Publication 1 (Jerusalem, 1967), 45-49, 163-65. 마을들 목록은 다음 책을 참조하라. J. Fayez, *Lest the Civilized World Forget: The Colonization of Palestine*

입수하면서 취한 구체적인 목표 중 하나는 그 지역 주민들을 내쫓는 것이었다. 오늘날 우리는 그런 행동을 "인종 청소"(ethnic cleansing)라고 부른다. 팔레스타인 사람들은 도망가라고 말하는 선전 광고에 넘어가고 말았다. 많은 아랍 나라들이 전쟁이 끝나면 그들이 집으로 돌아갈 수 있으리라는 생각에 그들의 유입을 막지 않았다.

내 유대인 친구 중에는 그 혼란스럽던 시기에 가자 근처 키부츠에서 거의 일생을 산 이가 있었다. 그가 말하길, 1948년에 이스라엘 비행기들이 팔레스타인 마을에 전단지를 뿌려서 마을에서 도망치지 않으면 죽을 것이라고 경고했다고 한다. 그들이 떠나자 이스라엘 정착민들이 팔레스타인 사람들의 고향으로 손쉽게 이주해 들어왔다. 어떤 마을은 폭격을 당해 파괴되고 어떤 마을은 농경지로 개간되었다. 또 다른 마을들은 재식림(再植林) 사업의 일환으로 현재 숲이 되어 있다.

예를 들어 루비아(혹은 루바)라는 갈릴리 마을을 살펴보자. 나사렛과 가나에서 북쪽으로 그리 멀지 않은 곳에 티베리아스-나사렛 고속도로에서 조금 떨어진 작은 언덕이 있는데 이곳(티베리아스에서 서쪽으로 약 8km 떨어진 곳)에 루비아(Lubya)라는 마을이 있었다. 이 마을의 역사는 십자군 전쟁 이전으로 거슬러 올라가는데 그때는 루비아(Lubia)라 불렸다. 근처에 "칸 루비아"라 불리는 중세 여관 유적이 있는데 수천 년 전 여행객들이 이곳에서 쉬어갔던 곳이다. 심지어 19세기 순례객들도 이 여관을 언급했다. 20세기 초에는 약 700명이 이 마을에 살고 있었다.

이 마을은 1948년 1월 20일 시온주의자들에게 공격을 받았지만 물

(New York: Americans for Middle East Understanding, 1992). 최근에는 인터넷을 통해 이 마을의 이름과 역사를 찾아볼 수 있다.

리쳤다. 하지만 3월까지 공격이 계속되었고 4월에 티베리아스가 넘어
가자 루비아가 바랄 곳은 나사렛밖에 없었다. 7월 나사렛이 이스라엘
군인들에게 넘어갔고 루비아 주민들은 공포에 떨었다. 7월 16일 이 마
을 주민들 대부분이 레바논을 향해 북서쪽으로 도망갔고 무장한 사람
과 노인들 몇 명만 남겨두었다. 이스라엘 사람들이 도착하자 그들은 마
을에 폭격을 가하며 집들을 부수기 시작했다. 노인들은 동굴에 숨었고
몇몇은 도망갔지만 대부분 그 생사도 알 수 없다. 마을 사람들은 레바논
에서 난민이 되었고 이스라엘 사람들로 인해 다시는 고향으로 돌아가
지 못했다.

현재는 유대인 국가 기금에 의해 형성된 라비 소나무 숲이 그 자리에
들어서 있다. 루비아 가옥들의 파편이 이 숲들에 묻혀 있는데 또 다른
세대들의 삶의 흔적을 보여주는 선인장, 무화과, 석류나무들이 아직도
발견된다. 간혹 돌벽이나 마을 저수지들이 발견되기도 한다. 아이러니
하게도 이 장소의 인접한 곳에 이스라엘군 박물관이 있는데 이스라엘
군대의 영웅주의를 기리기 위해 만들었다.[18]

여섯 번째 전쟁: 1987-1993년, "첫 번째 인티파다"

이렇게 전쟁들이 벌어지는 동안 이스라엘 내 혹은 근방에 살던 팔레스
타인 사람들은 거대한 중동 체스 게임에서 졸이 되고 있었다. 아랍 리
더들이 이스라엘의 존재를 인정하기 시작하자 팔레스타인 사람들의 절
망은 더욱 깊어갔다. **누가 그들의 입장을 옹호할 것인가?** 사실, 이제
는 모든 세대가 이스라엘 점령 아래에서 자라고 있었고 팔레스타인 사

---

18 한때 이 마을과 티베리아스-나사렛 고속도로를 이어주던 보조 도로가 아직도 길가
   에 그대로 있다. 다음 책 참조. B. Morris, *The Birth of the Palestinian Refugee Problem*
   (Cambridge: Cambridge University Press, 1987).

람 70%가 25세 이하였다. 그들 중 약 12만 명이 매일 육체 노동자로 이스라엘을 오갔고 자신들의 삶이 얼마나 불공평한지를 볼 수 있었다. 이스라엘 사람들이 아랍의 땅을 유용하는 일이 기하급수적으로 늘어갔다. 웨스트뱅크의 거의 50%와 가자의 30%가 이스라엘 정부에게 넘어갔다. 용수권 역시 분노를 촉발했다. 가자에서 75만 명의 팔레스타인 사람들이 사용 가능한 물의 약 30%를 소비한 반면 45,000명의 이스라엘 정착민들이 나머지 70%를 할당받았다. 게다가 1985년에 이스라엘 국방 장관 이츠하크 라빈(Yitzhak Rabin)은 어떠한 팔레스타인의 저항도 쳐부수기 위해 "철권 Ⅱ"(Iron Fist Ⅱ) 정책을 내놓았다. 한 달 안에 12명의 팔레스타인 정치 지도자들이 적법한 재판도 없이 그 나라에서 추방당했고, 62명의 활동가들이 행정 구금 상태에 놓였으며, 5명은 군에 의해 처형을 당했다. 이스라엘 감옥은 팔레스타인 사람들로 넘쳐났는데 이들은 대부분 21세 이하였다. 그해 이스라엘은 튀니스에 있는 PLO 새 본부에 폭탄을 투하해 70명 이상의 팔레스타인 지도자들을 죽였다.

이렇게 억눌린 감정들이 1987년 12월 8일 분노로 폭발했다. 피곤에 지친 팔레스타인 사람 몇 명이 좁은 가자 시 도로 위에서 군 검문을 받기 위해 차에서 기다리고 있었다. 그들은 이스라엘에서 온종일 일한 후에 그들이 거주하는 지역으로 돌아가는 중이었다. 갑자기 이스라엘 탱크 한 대가 나타나더니 줄을 서 있던 차들로 끼어들면서 닥치는 대로 부수었다. 4명이 즉사하고 7명이 중상을 입었다. 군의 공식적인 대답은 탱크의 브레이크가 고장났다는 것이었다. 가자에 살던 사람들 사이에서 떠도는 소문은 다른 이야기를 했다. 그날의 충돌은 이스라엘 병사의 친척이 죽은 것에 대한 복수로 의도적이었다는 것이었다. 팔레스타인 사람들은 그 소문이 더 믿을 만하다는 것을 알고는 다음날 6,000명이 네 사람의 장례식에 참석했다. 곧 데모와 저항이 일어났고 이스라엘 군인들은 신속하게 가자 거리를 봉쇄했다. 최루탄이 터지고 매를 맞고 체포되면서 아랍인 부상자들이 속출했고 이스라엘 군대는 계속해서 밀려들어왔다. 이 장례식은 팔레스타인 역사에서 가장 중요해졌다. **인티파다가 시작되었다.**

팔레스타인 사람들은 전국적으로 가두시위에 나서서 이스라엘 사람들을 위해 일하던 것을 중지하고 시민 불복종 행위(예를 들어 돌을 던지는 행위)로 그들이 자신들의 땅을 차지한 것에 대해 싸우며 이스라엘의 통치를 뒤흔들고 국제적인 동의를 얻고자 했다. 곧 세계의 TV에서 우지 기관총으로 중무장한 이스라엘 병사들이 돌멩이를 손에 들고 있는 십 대들을 겨냥한 모습이 방송되었다. 방송에서는 다윗과 골리앗의 싸움이 다시 시작되었는데, 단 이번에는 이스라엘이 골리앗 역이라고 보도했다. 많은 경우 여자들도 거리로 쏟아져나와 군인들이 그들에게 해를 입히도록 도발했다. 이스라엘군이 고무총을 쏘고 유독 최루탄을 발포하고 유리 산탄을 발사하면서 분노는 걷잡을 수 없게 되었다. 전쟁 첫 해에 300명의 팔레스타인 사람들이 죽었고 11,500명이 부상을 당했다. 거리로 나가고, 군인에게 저항하며, 심지어 부상을 당하는 것이 마을들과 난민 캠프에서는 영웅의 표시가 되었다. 마침내 팔레스타인 사람들은 "우리가 뭔가를 하고 있다"고 말했다. 곧 중앙 권력(The Unified National Command of the Uprising)이 등장해 이 민중 봉기를 이끌었고, PLO와 긴밀히 협력했다. 그러면서 봉기의 세력이 점점 커졌다.

인티파다(Intifada)는 "봉기"라는 의미가 아니다. 팔레스타인 사람들은 이 말이 전갈이 갑자기 팔을 물려고 할 때 강하게 털어낸다는 의미라고 말한다. 인티파다는 팔레스타인 사람들의 결속력이 처음으로 통합되어 표출된 것으로써 막을 수 없었다. 이스라엘 사람들은 이 봉기를 잠재우기 위해 모든 것을 했다. 그들은 때리고 체포하며 국외로 추방하고 총을 쏘았다. 아무것도 소용이 없었다. 팔레스타인 학교 시스템이 2년간 폐쇄되었다. 대학은 4년간 닫혔다. 5년 안에 1,000명 이상의 팔레스타인 사람들이 군인들에 의해 죽었고 이 중 230명은 16살 이하였다. 16,000명이 넘는 사람들이 감옥에 갇혔고 1,882개가 넘는 가정이 형벌로 파괴되었다. 특정한 날이 되면 25,000명의 아랍 사람들이 야간 통행금지를 지켜야 했다. 어떤 마을에서는 14살에서 60살 사이의 남자들이 모두 임시 포로수용소로 끌려가 고문을 받았다(고문은 이스라엘 비밀경찰이 종종 사용하던 정책이다). 최근에 와서야 이스라엘은 이러한 정책들을 인정했고 국가 언론 매체에 공개적으로 보도했다.

1994년 6월 팔레스타인 인권 정보 센터의 보도를 보면 인티파다가 끼친 영향에 대해 몇 가지 엿볼 수 있다. 그들의 추정에 의하면, 총살되고 매 맞고 최루 가스를 마셔서 죽은 사람들의 수가 총 1,392명이라고 한다. 이 숫자 중에서 362명이 16살 이하 어린이였다. 이스라엘 군대로 인해 부상을 당한 숫자는 약 130,787명이었다. 사유 재산을 잃은 숫자는 거의 2,000건에 육박했고 약 382채의 집이 폐쇄되었다. 이러한 수치들을 볼 때, 전 세계가 방송 매체에서 보여주는 거리의 모습을 보고 강력한 항의를 한 것은 너무나 당연한 일이었다. 사실 인티파다가 몇 가지 확실하고 긍정적인 결과를 얻을 수 있었던 중요한 이유 중 하나는 그 싸움에서 방송 매체가 한 역할이었다. 서독, 이탈리아, 캐나다, 미국, 네덜란드, 일본과 같은 나라들에서 전 세계적으로 수천 건의 시위가 일어났다. 미국 갤럽 조사에 의하면 미국인 41%가 이스라엘에 대한 미국의 원조를 줄여야 한다고 대답했고, 20%가 전면적으로 중지해야 한다고 대답했다. 이들 중 22%가 그렇게 생각하는 이유로 이스라엘이 인티파다를 다루는 방식을 꼽았다.

이스라엘이 받은 영향은 충격적이었다. 이스라엘은 갑자기 **내전**에 휩싸였다. 실제 전투에서 훈련을 받은 젊은 이스라엘 남녀가 이제는 거리에서 평민들에게 잔인한 짓을 저지르고 있었고 이것은 유대인들의 양심에 큰 상처를 남겼다. 수많은 이스라엘 평화 단체들이 이스라엘 사람들의 행동을 비난하는 목소리를 높였다. 다른 전쟁들에서 영웅적으로 활약했던 많은 유대인 가문이 이러한 행동을 이스라엘의 탁월함이 몰락하는 것으로 간주했다. 정부는 웨스트뱅크의 삶을 향상시키려고 다방면으로 애를 썼다. 예를 들어 병원의 숫자를 113개에서 378개로 늘렸다. 학교 선생님의 숫자도 5,316명에서 17,373명으로 늘렸다. 그럼에도 이스라엘 점령 아래에 죽은 아랍 사람들의 숫자는 남아프리카 인종차별 정책으로 인해 죽은 흑인들의 숫자보다 세 배나 더 많았다. 어떤 이스라엘 사람도 이 기록을 자랑스러워할 수 없었다.

1988년에 요르단의 후세인 왕이 용감한 행보를 내딛었다. 그는 웨스트뱅크에 대한 모든 주장을 포기했고 그렇게 해서 팔레스타인이 국가로 설 수 있는 길을 마련했다. 그 결과 베들레헴과 동예루살렘의 평화는 다른 누가 아닌 팔레스타인 사람들과 직접 협상을 해야 했다. 1989년 12월 더 놀라운 사건이 일어났다. 팔레스타인 해방 기구의 의장인 야세르 아라파트(Yasir Arafat)가 UN 총회에서 연설했고 이스라엘 국가를 인정했을 뿐 아니라(UN 결의안 242조를 받아들이면서―1장 참조) 테러리즘을 포기하겠다고 선언했다. 이스라엘은 팔레스타인 해방 기구와 대화하기를 거부했지만, 미국은 아라파트와 직접적인 외교 교섭을 받아들일 것이라 선언했는데 이는 팔레스타인 해방 기구를 팔레스타인 사람들의 합법적인 대표 기구로 인정한다는 의미였다.

걸프전쟁, 1990–1991년

1967년의 6일 전쟁이 많은 기독교 저자들로 하여금 성경적 예언의 성취에 대해 의아하게 만들게 했다면, 1990년에 일어난 걸프전쟁은 이 저자들로 하여금 원수가 누구인지를 보게 도와주었다. 바로 사담 후세인이었다. 그리스도인들 사이에서 종말론적 열정이 1980년대에는 서서히 증발하고 있었던 반면, 1990년 사담 후세인이 쿠웨이트를 침공하면서 다시 예언적 사고가 부활했다. 이라크의 막강한 군대는 아마겟돈에서 마주치게 될 군대의 모습을 대변했었나?

수십만의 연합군이 군 역사상 최대 규모의 무기를 공수하여 걸프전에 뛰어들자, 이라크는 그에 맞서기 위해 아랍 연합을 와해시켜야 한다는 것을 알았다. 이스라엘은 (미국의 압력 때문에) 그 싸움에서 물러나 있었다. 1990년 12월 27일, 사담 후세인은 비공식적으로 이스라엘을 걸프전쟁에 끌어들이기 시작했다. 그는 방송에서 자신의 의도를 공개적으로 이렇게 언급했다. "공격이 일어나야 한다면, 우리는 이스라엘이 관련 있기 때문이라고 생각한다. 따라서 우리는 어떤 질문도 하지 않고 이스라엘을 공격할 것이다." 한 달 조금 안 되어서 1991년 1월 18일에 42개의 스커드 미사일 중 첫 번째 미사일들이 이스라엘 도시들을 강타했다. 부시 대통령이 이스라엘 사람들을 보호하기 위해 즉각적으로 미국 패트리어트 요격 미사일을 배치하는 바람에 피해는 적은 편이었다. 그 공격으로 2명이 죽었고, 230명이 부상당했으며 4,100개의 건물이 피해를 입었다. 보복하지 못하게 하려는 이스라엘 군대의 규제가 감지되었다. 이스라엘은 이라크의 전투 능력을 철저히 파악해야 했다. 예를 들어 1981년 이스라엘은 이라크의 핵탄두 개발을 두려워해 이라크의 오시라크 핵 시설물을 공격했다. 이라크가 쿠웨이트를 침공하기 일주일 전 이스라엘 국방부 장관 모셰 아렌스(Moshe Arens)는 이라크가 쿠웨이트를 공격할 수 있음을 미 국무부에 경고하여 그것을 정확하게 예측했다.

이스라엘 카드를 쓰려던 후세인의 전략은 실패했다. 사실 그의 행동으로 인해 미국과 이스라엘의 동맹이 더욱 견고해졌다. 후세인이 이집트, 사우디아라비아, 쿠웨이트, 오만, 시리아, 터키 같은 나라들에 가한 공동의 위협이 오히려 친해질 것 같지 않던 이 나라들을 하나로 결속하게 만들었다. 아이러니하게도 이 전쟁의 부산물 중 하나는 이스라엘과 주변 국가들이 1990년대 들어 가장 많은 평화 협상을 맺었다는 것이다.

걸프전 당시 팔레스타인 사람들이 처한 상황은 전 세계 신문 기사들의 제목을 보면 알 수 있다. "고난의 때", "십자 포화에 붙들리다", "또 다른 점령", "걸프전의 최대 피해자들", "팔레스타인 사람들 다시 한번 피해자가 되다." 걸프전은 1990년대 초 팔레스타인 사람들의 딜레마를 부각시켰다. 인티파다는 열기가 식어갔고 세계의 TV 카메라는 다른 곳을 향했다. 사담 후세인은 수년간 팔레스타인 사람들을 환영했었고 그들의 주장을 가장 열렬히 옹호했던 사람이었다. 가자에 있는 한 팔레스타인 의사는 통렬하게 이렇게 말했다. "모두가 우리에게 문을 닫았다.… 오직 한 줄기 빛만 비추고 있었는데 그것은 사담 후세인으로부터 오는 것이었다. 당신은 우리가 그 빛을 끝까지 따르고 싶어 한 것을 비난할 수 있습니까?"

지금은 너무나 말도 안 되는 일로 보이지만, 사담 후세인은 자신이 벌인 싸움의 대의를 웨스트뱅크나 가자와 같은 점령지에 사는 팔레스타인 사람들의 해방으로 내걸었다. 그래서 아라파트와 팔레스타인 사람들은 사담 후세인 편에 섰고 많은 사람이 이 전쟁이 자신들에게 자유를 가져다주길 바라고 기도했다. 이러한 연합은 그들의 삶을 더 쉽게 만들어주지 않았다. 이스라엘 점령 아래에 살고 있던 팔레스타인 사람들에게 그 전쟁은 자신들에게 총부리를 겨누어 엄격한 통행 금지를 강요하는 것과 같은 의미였다. 팔레스타인 경제는 마비되었고 많은 사람이 굶주림을 두려워했다. 가스 마스크가 웨스트뱅크에 있는 모든 이스라엘 사람들에게는 지급되었지만 아랍 사람들에게는 지급되지 않았다. 총격이 시작되자 한 19살짜리 아랍 소년이 이런 말을 했다. "우리에게는 피난처도 가스 마스크도 없어요. 공격이 일어나면 우리는 다 죽을 거예요. 우리가 문제를 일으키면 이스라엘 군인들이 그 지역 전체를 쓸어버릴 거예요."

그 전쟁 기간 동안 아마도 쿠웨이트 인구의 10%가 팔레스타인 노동자들로 구성되어 있었다. 그 침공 이후 팔레스타인 사람들이 이라크를 공개적으로 지지함에 따라 그 노동자들은 즉각적으로 쿠웨이트 사람들의 의심을 받았다. 개중에는 이라크의 점령을 돕는 사람도 있었다. 하지만 많은 사람이 그저 숨어 있었다. 전쟁이 끝나고, 쿠웨이트 법정은 29명의 팔레스타인 사람에게 사형을 선고했다. 대부분의 사람이 도망치거나 추방되었지만 아랍 나라 중 그들에게 문을 열어주는 나라는 거의 없었다. 요르단은 그들을 수용할 장소가 없는데도 불구하고 30만 명이 넘는 사람들을 받아들였다. 난민 수용소가 미어터졌다. 암만은 갈 곳이 없는 사람들로 가득 찼다. 이전에 쿠웨이트 정부를 위한 조사관으로 일하던 압둘 파다는 요르단에 있는 작은 플라스틱 공장에서 일을 얻었지만 그가 받는 102달러로는 생활을 감당할 수 없었다. 그의 부인 네메는 암만 외곽에 가족들이 머물고 있는 판잣집에 앉아서 이렇게 말했다. "쿠웨이트에서는 안락한 삶을 살았고 만족스러운 삶이었죠. 이제는 모든 것이 사라져버렸어요." 요르단 난민 위원회 의장인 무함마드 아야시 밀헴(Muhammad Ayyash Milhem)은 1992년 3월에 약 188,000명의 팔레스타인 난민들이 절대 빈곤에 빠져 있다고 평가했다.

그 전쟁의 또 다른 결과는 많은 아랍 국가들이 팔레스타인 해방 기구에서 손을 뗀 것이었다. 예를 들어 사우디아라비아는 매년 팔레스타인 해방 기구에 2억5천만 달러의 예산을 제공하고 있었는데 이런 모든 자금을 끊어버렸다. 아라파트는 많은 사람의 불신을 얻었다. 그의 백성들은 화를 내고 절망했다. 예루살렘 구시가지에서 모함마드 카멜이 이에 대해 적절하게 말했다. "우리는 친구도 아군도 없어서 실망스럽고 절망에 빠져 있습니다. 이것이 우리 삶의 이야기입니다."

1990년대 평화 협정들

걸프전쟁이 끝날 무렵 세계의 눈은 더 이상 팔레스타인 사람들을 보지 않았고 인티파다가 일으켰던 동정심은 거의 사라져버렸다. 거리 투쟁이 계속되긴 했지만 산발적이었다. 많은 세계의 리더들은 이 해결되지 않은 문제를 알리기 위해서는 특단의 조치가 필요하다는 사실을 알았다. 최근 이라크를 이기고 한껏 들뜬 미국은 자신을 그 지역의 진정한 리더로 보고 있었다. 1991년 10월, 미국과 소련은 마드리드에서 아랍과 이스라엘 대표단 간의 중동 평화 협정을 후원했고 팔레스타인 해방 기구 리더들도 초청했다. 이스라엘 사람들과 팔레스타인 사람들이 처음으로 협상을 벌였지만 그 회담은 실망스러웠다. 이스라엘과 미국이 민사상에 관련한 일들만 자치권을 인정함에 따라 팔레스타인 사람들이 자신들의 국가를 갖길 열망하는 일에 찬물을 끼얹는 꼴이 되었고, 팔레스타인은 이를 거절했다.

또 다른 회담(이번에는 비밀 회담)이 1993년 1월에 노르웨이 오슬로에서 열렸다. 오랜 협상 끝에 이스라엘과 팔레스타인 해방 기구 양측이 1993년 9월 13일 워싱턴 DC에서 "기본 원칙 선언"에 사인했다. ("오슬로 협정"이라고도 불리는) 이 선언으로 양측은 공식적으로 서로를 인정했고, 웨스트뱅크와 가자를 5년에 걸쳐 팔레스타인에게 점차적으로 양도하는 데 합의를 이루었다. 1994년 5월, 이스라엘은 가자에서 군대를 철수함으로써 그 약속을 이행하기 시작했다. 7월에는 아라파트가 거창하게 가자로 입성했고 곧 새로운 "팔레스타인 자치 정부"를 출범시켰다. 그해 말에는 팔레스타인 자치 정부가 교육과 사회복지, 건강, 관광, 세금을 통괄했다.

하지만 평화 협정은 많은 극단주의자를 만족시키지 못했는데 특히 이스라엘 정착민들 중에 있는 극단주의자들이 만족하지 못했다. 1995년 11월 4일 이갈 아미르(Yigal Amir)는 텔아비브에서 이스라엘 수상 이츠하크 라빈을 암살함으로써 그 분노를 표출했다.[19] 라빈은 (시몬 페레스와 아라파트와 함께) 평화 협정의 영웅이었고 1994년 노벨 평화상 수상자이기도 했다. 그의 죽음은 이스라엘 대중들에게 큰 충격을 안겨 주었다.

그다음 7년간 팔레스타인 사람들과 이스라엘 사람들은 웨스트뱅크(또는 그 일부)를 어떻게 아랍의 통치 아래에 둘지에 대해 계속해서 협상을 벌였다. 베들레헴, 헤브론, 라말라, 나블루스, 제닌 같은 큰 아랍 도시들은 팔레스타인 경찰들을 두고 더 이상 이스라엘군 정찰대를 두지 않기로 했다(정착민들이 사는 제한된 구역은 예외). 모든 시골 지역은 영역별로 나누어 어떤 부분은 팔레스타인 통치 아래에 두고 어떤 부분은 이스라엘 사람들이 개발하도록 했다. 그래서 웨스트뱅크를 인접한 지역이 없는 조각 이불처럼 만들었다. 많은 아랍 리더들에 의하면, 이러한 불연속적인 지역들로 인해 팔레스타인 국가가 생겨날 가능성이 사라졌다.

---

19 현재 Amir는 브엘세바 감옥에서 종신형을 살고 있다. 그로부터 5년 후 연합 신문(Associated Press)의 Mark Lavie와의 인터뷰에서 Amir는 자신의 행동을 자랑하면서 좀 더 일찍 하지 못한 것이 후회스럽다고 말했다.

많은 의문점이 남는다. 가자와 웨스트뱅크가 인접한 지역을 갖지 못하는데 어떻게 통합될 수 있을까? 이스라엘 정착민들이 팔레스타인 통치 안으로 들어오는 것일까? 팔레스타인 자치 정부가 외부 세계를 업고 국경들을 통치할 수 있을까? 그리고 이스라엘이 대규모의 팔레스타인 인구와 병합한 동예루살렘은 어떤가? 많은 팔레스타인 사람이 예루살렘을 자신들의 나라의 심장으로 여긴다. 이런 문제들이 지속적으로 호전된다면 팔레스타인의 낙관주의가 커질 것이다. 하지만 협상이 해를 거듭하여 계속되고 더 많은 이스라엘 정착촌이 아랍 땅에 세워질 때, 폭력을 써야 한다는 전망이 남아 있고 팔레스타인의 낙관주의는 속히 사라져버린다. 가자에서 자수 가게를 하고 있는 팔레스타인 여인 아파프 미키가 1995년 이런 말을 했다. "저는 우리가 큰 감옥에 있는 것 같아요. 이스라엘 사람들이 열쇠를 쥐고 있어서 자기들이 원할 때만 문을 열 거예요."

오슬로 협정 아래에서 7년을 산 후(2000년 중반), 팔레스타인 사람들의 절망은 극에 달했다. 이스라엘 정부는 평화를 진작시키는 데 이 시간을 사용하기보다는 팔레스타인 땅을 소유하는 데 더 박차를 가했다. 지금 웨스트뱅크는 영토적으로 불연속적인 "영역"들이 조각 이불처럼 붙어 있다. 초기에 팔레스타인 사람들이 우려하던 일이 현실이 되었다. 이렇게 조각 이불처럼 땅이 분할되면서 팔레스타인 국가를 세우는 것은 불가능해졌다. 이를 지켜보는 대부분의 사람이 이를 새로운 형태의 인종차별로 본다. 한 팔레스타인 사람은 이를 이렇게 표현했다. "이것은 마치 두 명의 십 대 아이들이 마지막 남은 피자 조각을 놓고 다투면서 어느 누구도 먹지 못하게 하는 것과 같다."

하지만 여기에 더해 이전에는 보지 못한 비율로 정착이 확대되었다. 벤야민 네타냐후(Benjamin Netanyahu) 수상은 오슬로에서 정해진 약속에도 불구하고 정착률을 이전보다 네 배나 높였다. 옛 속담대로 돈이 최고다. 오슬로 시대 동안(1993년 이후) 세워지는 이스라엘 정부마다 웨스트뱅크와 가자(2005년까지)에 정착을 확대하고 장려하기 위해 거의 7조 원을 투자했다. 그리고 정부 투자의 행보는 2003년 이래 계속되었다. 2003년부터 2011년까지 이스라엘은 정착에 2조5천억 원을 투자했다. 이러한 비용에는 세금 우대, 기관 시설, 보조금, 주택 보조금, 공공시설들이 포함된다.[20]

이러한 액수는 매우 이례적인 것으로서 이스라엘이 웨스트뱅크에 가진 진짜 속내를 드러낸다. 다른 말로 하면, "정착"은 하찮은 일이 아니라 가장 조바심 내는 일이다. 이것이야말로 국가의 주된 의무다. 같은 시기 동안, 팔레스타인 사람들은 같은 지역 안에서 집을 건축하는 데 필요한 건물 허가를 늘 거부당했다. 그동안 이스라엘은 정착 공동체 주변에 수많은 건물을 지었다. (자신의 땅에 지어진) 수백 채의 팔레스타인 사람들의 집이 1993년 이래 파괴되었다. 더욱 중요한 것은 이스라엘이 팔레스타인 마을들을 피해서 정착민들이 서로 잘 연결할 수 있도록 하고자 웨스트뱅크 안에 모든 정착촌을 연결하는 우회로를 건설한 것이다. 1999년 미국 정부는 이 도로를 건설하는 데 1조2억 원을 지원했다.[21] 그 우회로는 아랍 땅으로 나 있어서 아랍 사회는 더욱 분열했고 성장에도 지장이 있었다.

오슬로 협정 이후의 결과는 아랍 사람들에게 평화보다는 더 많은 비극이 발생했다는 것이다. 예를 들어 1993년 이스라엘은 여행 허가증이

---

20 "점령지에 이루어진 이스라엘 정착에 대한 보고"를 참고. 22.5(2012년 9-10월), 3, 텔아비브 신문 「예디오트 아하로노트」에서 발췌. 2012년 8월 2일 자.
21 1999년 11월 5일 미 하원이 통과시킨 와이강 원조(Wye River aid) 정책. 팔레스타인 정권에는 4백만 달러가 지급되었다.

없는 팔레스타인 사람들에게 예루살렘의 문을 "막아버렸다." 즉 병원이나 종교 시설, 학교를 출입할 수 없게 했다. 베들레헴을 자세히 살펴보면 이러한 정책이 미치는 결과를 볼 수 있다. 1990년대 예루살렘과 베들레헴 사이의 주요 검문소는 그 나라에서 가장 바쁜 장소 중 하나였다. 하지만 1993년에 이스라엘 사람들이 팔레스타인 사람들을 위한 검문소를 따로 만들었다.[22] 외교관과 관광객들과 이스라엘 정착민들은 수년간 알고 있던 옛 검문소를 사용했지만 팔레스타인 사람들은 700대를 수용할 수 있는 주차장으로 650m를 더 가야 했다. 이렇게 함으로써 이스라엘 사람들은 외국 관광객들을 철저히 조사하지 않으면서 팔레스타인 사람들의 출입을 제한할 수 있었다. 한 작가가 이렇게 인종을 기반으로 여행객들을 분리하는 행동에 대해 다음과 같이 말했다. "남아프리카 공화국의 인종차별 정책과 다를 바가 없다."[23] 하지만 베들레헴은 자신의 경제 성장을 예루살렘에 훨씬 많이 의존하고 있다. 이러한 폐쇄로 인해 베들레헴은 굶주리게 되었고 반면 비아랍인들은 그 마을을 우회하여 예루살렘을 마음껏 드나들었다.

캠프 데이비드 II, 2000년 7월 12-25일

이러한 상황들로 인해 갈등은 필연적으로 일어났다. 사람은 소망이 끊기면 필사적인 몸부림을 치기 때문이다. 2000년 5월, 이스라엘이 52번째 "독립 기념일"을 축하할 때, 팔레스타인 사람들은 아랍어로 "재앙"을 의미하는 "나크바"(Nakhah)를 기념했다. 그들에게는 이스라엘 국가의 탄생이 말 그대로 재앙이었다. 거리 시위가 근래 보기 드문 규모로

---

22 팔레스타인 사람들은 가자에 있는 에레즈 검문소의 이름을 따서 "에레즈 2"(Erez 2)라고 부른다.

23 S. Jones, "Report: Erez 2, Bethlehem Checkpoint," *Cornerstone* 17 (Winter 1999): 7.

일어났고 많은 사상자를 냈다. 하지만 내 기억에 처음으로 팔레스타인 경찰들은 이스라엘 군인들이 시민들을 향해 발포할 때 수동적으로 가만히 서 있지 않았다. 새롭게 무장한 경찰들이 이에 맞대응해 발포했고, 이로 인해 이스라엘 사람들은 팔레스타인 사람들이 돌 대신 무기를 들었을 때 어떤 싸움이 되는지를 실감했다. 10년 전 일어난 인티파다의 모습은 지금 팔레스타인 사람들이 총으로 대응하는 모습과 비교하면 천국이었다. 1993년 이래 팔레스타인은 40,000명의 전문 경찰 병력을 구비해 훈련하도록 허락을 받았다. 갑자기 그런 위협은 더 이상 폭동처럼 보이지 않았다. 이런 새로운 차원은 내전으로까지 이어질 수 있었다.

2000년 7월 12일, 빌 클린턴 대통령은 평화 회담의 미래를 논하기 위해 이스라엘 수상 에후드 바라크(Ehud Barak)와 팔레스타인 의장 야세르 아라파트(Yasir Arafat)를 미국 매릴랜드주에 있는 미국 대통령 전용 별장인 캠프 데이비드로 초청했다. 이 회담은 1979년 캠프 데이비드에서 지미 카터 대통령 주최로 열린 유명한 회담에 대한 기억들을 불러일으킨다는 점에서 유명해졌다. 당시 이집트의 안와르 사다트와 이스라엘의 메나헴 베긴이 처음으로 진정한 평화를 협의했었다. 기대치가 높아졌고, 절반의 합의만 끌어내는 회담은 오히려 재앙이 될 것이라는 사실을 지켜보는 모든 자들이 알 수 있었다.[24] 예루살렘과 영토 몰수와 난민이라는 첨예한 문제들이 더 이상 간과될 수 없었다.

9일간의 강도 높은 협상 후(7월 20일)에 양측은 해결이 불가능하다고 선언했다. 클린턴 대통령이 개입해 양측 모두 더 남아서 노력해보라고 촉구했다. 미 국방 장관 매들린 올브라이트(Madeline Albright)가 협상자들과 밤낮을 함께했다. 하지만 힘을 소진시키는 15일간의 협상 끝에

---

24   C. Krauthammer, "The Last Deal, or No Deal," *Time* (July 17, 2000), 88.

7월 25일, 이스라엘과 팔레스타인 양측 리더들은 그 회담이 실패했다고 선언했다. 언론은 아라파트가 바라크의 관대한 제안을 뿌리쳤다고 보도했지만(그 제안들은 문서로 남지 않았다), 팔레스타인 해방 기구 협상자들은 이스라엘의 제안을 도저히 받아들일 수 없었다. 예를 들어 이스라엘은 팔레스타인을 네 개의 주로 나눌 계획을 제안했다. 각 주를 이스라엘 마을을 기준으로 나누려고 한 것이다(북 웨스트뱅크, 중앙 웨스트뱅크, 남웨스트뱅크, 가자). 아랍 사람들은 자신들이 먹을 물이나 경계 또는 영공을 스스로 통치할 수 없었다. 몇 달 후 이스라엘 사람들이 계획했던 청사진의 세부 사항이 드러났고 이에 그들의 의도가 분명히 드러났다.[25] 또 하나의 문제는 예루살렘의 소유였다. 아라파트의 참모 중 한 명이 그에 대해 이렇게 말했다. "그분은 매우 화를 내시며 이스라엘 사람들이 평화를 이루려 한다는 사실을 믿을 수 없다고 하셨습니다. 여기에 더 이상 있는 것은 시간 낭비입니다." 바라크도 역시 딜레마에 빠졌다. 국내 보수주의자들은 그가 예루살렘에 대해 조금이라도 양보를 하면 그가 가진 부실한 정치적 연합을 파괴하겠다고 위협했다. 반면 진보주의자들은 팔레스타인 사람들에게 베들레헴에 대한 진정한 접근권을 주라고 그를 압박했다. 7월 26일, 자신들을 "미국인 예루살렘 위원회"라고 부르는 미국인 랍비들이 매릴랜드 대학교에서 만났고 예루살렘에 대한 이스라엘의 요구를 중단하라고 촉구했다. 그들에게 예루살렘은 공유하는 도시여야 했다. 그것이야말로 그 지역에 대한 "신적 소유권"을 인정하는 것이었다. 하지만 이 300명의 목소리는 소리를 내지 못했다.[26]

---

25 A. Eldar, "What Went Wrong at Camp David: The Official PLO Version," *Ha'aretz,* July 24, 2001.

26 평화 회담에 대해 더 철저한 연구를 원한다면 다음 책을 참고하라. D. Sontag, "Quest for Middle East Peace: How and Why It Failed," *New York Times,* July 26, 2001.

폭력적인 여파: 두 번째 인티파다

머지않아 이러한 지난한 과정에 대한 팔레스타인 사람들의 절망이 폭발했다. 2000년 9월 28일, 이스라엘이 레바논을 침공했던 당시 리더로 활동했고, 우울한 역사를 가진 보수 리쿠드당의 당수이자 은퇴한 장군인 아리엘 샤론(Ariel Sharon)이 예루살렘 구시가지에 도착하면서 이 분노의 도화선에 불이 붙었다. 그는 무장한 이스라엘 사람을 수백 명 대동하고 수상 에후드 바라크의 전면 허가를 받아 하람 알 샤리프(무슬림들에게는 "고귀한 성소", 유대인들에게는 "성전산")의 무슬림 성지로 들어가 알 아크사 사원 근처에 서서 이 지역에 대한 유대인들의 통치권을 선언했다. 즉각 폭동이 일어났다. 2주 안에 90명이 넘는 아랍인이 죽었고 2,000명이 병원에 실려 갔다. 걱정에 싸인 이스라엘과 팔레스타인 지도자들은 전혀 줄어들 기미가 보이지 않는 이 분노를 어떻게 해야 멈출 수 있을지 방법을 모색했다. 두 달 후, 싸움은 더욱 치열해졌다. 이제는 아무도 그 싸움을 멈출 방법을 알지 못했다. 2001년 늦여름 경에는 800명이 넘는 아랍인이 죽었고(그중 150명이 어린이였다), 12,000명 이상이 부상을 당했다. 7,000채가 넘는 아랍 사람들의 집과 50개가 넘는 공공건물이 파괴되었다. 이스라엘 사람들은 별로 2,300그루가 넘는 아랍의 과실수와 올리브나무를 뽑아버렸다.[27]

이 싸움은 이스라엘이 더 빨리 선거를 치르게 만들었고 팔레스타인과 평화를 유지하는 바라크의 능력을 의심하게 했다. 2001년 1월 말, 바라크는 호전적이기로 악명 높은 아리엘 샤론이 경쟁 상대로 출마한 사실을 알게 되었다. 참 아이러니한 것은 샤론이야말로 이 모든 사건을 시작한 장본인이었다. 2월 6일, 그간 몇 달 동안 지속된 폭력과 실패한

27　*Chicago Tribune*, July 20, 2001.

협상에 지칠 대로 지친 이스라엘 대중들은 역사상 가장 큰 표 차이로 샤론을 수상으로 선출했다(샤론은 62.6%를 얻었다). 며칠 후, 샤론은 바라크가 이끌던 모든 평화 협상을 "배제"하겠다고 선언했고 곧이어 오슬로 협정은 "효력을 상실"했다고 선포했다. 팔레스타인 협상단 대표인 사엡 에레카트(Saeb Erekat)는 CNN에 이렇게 말했다. "이제 더 이상 평화 협상을 하지 못할까 걱정입니다. '하나님께서 우리 팔레스타인 사람과 이스라엘 사람들을 도와주십시오'라고 기원하겠습니다. 왜냐하면 의미 있는 평화 회담을 한다는 것은 우리가 출발한 지점에서 계속 나아간다는 의미이기 때문입니다." 2002년 봄, 샤론은 팔레스타인 영토에 대해 전면적인 군사 공격을 개시했고 수천 명의 아랍 사람들을 포로로 잡았으며 아랍 마을의 하부 구조물들(전화, 물, 하수구)을 파괴했고 (교육부와 땅문서 처리 부서 같은) 행정을 위한 건물과 사무실들을 파괴했으며, 팔레스타인 정부의 모든 서류를 압수했다.

팔레스타인 사람들은 "분노의 날"을 선포했고 거리 시위는 더욱 거세졌다. 이웃 아랍 국가들은 이 싸움이 심상치 않은 것을 보고 그 지역에서 다시 전쟁이 시작될 것인지를 대놓고 물었다. 전사한 이스라엘 병사의 장례식에서 19살인 하임 아즈란은 「뉴욕 타임스」에 이렇게 말했다. "저는 아리엘 샤론을 뽑았습니다. 그러니 곧 전쟁이 시작될 것입니다. 왜냐하면 오직 전쟁을 통해서만 이것을 끝낼 수 있기 때문입니다."[28]

소위 말하는 이 "두 번째 인티파다"가 어디로 튈지 아무도 알 수 없었다. 갈등은 수개월 동안 증폭되었다. 팔레스타인 군인들은 세계 최고의 이스라엘 군대에 비교가 되지 않았다. 곧 탱크와 무장한 병사 수송차

---

28 "Israeli Town's Adieu to 4 'Finest Sons and Dauthters,'" *New York Times*, February 16, 2001.

와 공격용 헬리콥터들과 제트기들이 수년간 점령당하지 않았던 팔레스타인 도시들을 포위했다. 라말라에 있던 야세르 아라파트의 개인 본부가 포위되어 폭격으로 점령을 당했고 리더들과 소수의 참모들만 남게 되었다. 전체 사망률은 점점 늘어났다. 팔레스타인인 사망자 수가 이스라엘인 사망자 수를 4대 1 정도로 웃돌던 차에, 팔레스타인은 자살 폭탄을 통해 이스라엘 거리에 무시무시한 공포를 가져왔다. 많은 사람이 보기에 양측 모두 국가적 자살의 길을 가고 있는 것 같았다. 2002년 7월 말경, 2000년 9월부터 시작된 팔레스타인인 사망자 수는 1,674명에 이르렀다. 거기에 더해서 19,938명이 부상을 당했다.[29] 같은 시기 동안, 이스라엘 측은 577명이 죽고 4,122명이 부상을 당했다.[30] 그리고 살상은 끝날 기미가 보이지 않았다. 2002년 7월 23일, 이스라엘 F-16 폭격기가 가자 시에 있는 주거용 건물을 공격했다. 미사일은 무장 단체 하마스의 군 지도자를 죽이는 데 성공했다. 그러나 그 미사일로 그 건물에서 자고 있던 15명의 시민이 함께 죽었고 수십 명이 부상을 입었다. 하지만 어린아이들도 목숨을 잃었다는 사실이 가장 슬픈 현실이다. 18개월 동안 팔레스타인의 18살 이하 어린이 286명이 죽었다. 같은 시기 이스라엘은 54명의 어린이를 잃었다.[31]

이 수치들이 얼마나 충격적인지 이해를 돕기 위해 이스라엘을 지지하는 미국 연방 의회 의원들이 이 사망자 수치를 미국 실태적 인구 통

---

29 이 수치들은 매주 팔레스타인 적십자에서 업데이트한다. 그리고 웹사이트에서 언제든 확인할 수 있다. 〈www.palestinercs.org/Latest CrisisUpdates figures&Graphs.html〉

30 이 수치는 이스라엘 외무부가 매주 업데이트하고 있고 다음 사이트에서 확인할 수 있다. 〈www.israel.org/mfa/go.asp?MFAH0ia50〉

31 미국 사람들이 중동을 이해하기 위해 출간한 『어린이들을 기억하라』(*Remember the Children*)는 무료 책자를 참조하라. 미국 교육 신탁(AET) 홈페이지에서 이용할 수 있다. 〈www.rememberthesechildren.org〉

계에 넣어 비교해보았다. 2000년부터 2012년까지 약 1,075명의 이스라엘인 사망자들이 있었다. 미국이 이스라엘과 같은 비율로 사망자를 낸다면 아마 미국인 사망자 숫자는 54,850명이 될 것이다. 어떤 기준으로 보든 엄청난 숫자들이다. 하지만 같은 계산법을 팔레스타인 측에도 적용해보아야 한다. 팔레스타인의 사망자 비율을 미국 인구에 적용해본다면 어떨지 보아야 한다. 같은 시기 6,348명의 팔레스타인 사람이 죽었다. 이 비율을 미국 인구에 적용해보면, 시민 폭동으로 인해 12년간 발생한 사망자 수가 481,000명에 맞먹는다.[32] 이 숫자를 좀 더 체감적으로 느끼도록 설명해보면, 지난 2001년 9월 11일 미국이 겪은 뉴욕 세계 무역 센터 비극의 160배에 달한다고 보면 된다.

막다른 궁지

두 번째 인티파다는 2005년이 다가오는 어느 시점에 가서 천천히 끝이 났다. 폭동이 사라질 즈음 팔레스타인의 사망자 수는 약 5,500명에 육박했다. 이스라엘의 사망자 수(군인과 부수적인 피해자들 모두)는 1,100명 수준이었다. 이스라엘 조직 비첼렘에 의하면, 사망한 팔레스타인 사람 46%는 싸움에 관여하지 않았지만 부수적인 이유로 희생당했다. 사망자 수와 무기 면에서 큰 불균형을 가진 팔레스타인은 자신들의 민간인 중심지가 이미 포위되었다고 주장하면서 이스라엘 시민들을 공격하기 위해 자살 폭탄 테러를 도용하기 시작했다. 2001년 40번의 폭탄 테러가 있었다. 2002년에는 47번, 2003년에는 23번, 2004년에는 18번,

---

32   이 계산에서 팔레스타인 인구를 530만 명으로 추정했고, 이스라엘 인구는 570만 명으로 추정했으며, 미국 인구는 3억으로 추정했다.

2005년에는 9번 있었다. 그런 다음 급속도로 횟수가 줄었다.

이 전술은 전 세계에서 비판을 받았다. 가장 상징적인 사건은 2002년 3월에 일어난 "유월절 폭탄 테러"인데, 폭탄 테러범이 여자로 분장하고 이스라엘 네타냐에 있는 파크 호텔로 들어가 28명을 죽이고 140명에게 부상을 입혔다. 세계는 경악을 금치 못했다. 팔레스타인 사람들이 자기들 마을에서 벌어진 잔혹 행위에 대해 탄원을 해도 뉴스거리가 되지 않았다. 이스라엘의 폭탄 공격은 정확하고 은밀했다(언론 접촉이 엄격히 통제되었다). 반면 팔레스타인 폭탄 테러범들은 이목이 집중되는 공공 목표물을 노렸고 언론들이 즉각적으로 출동했다.

이스라엘의 반응은 이스라엘 국민들을 보호하려는 "분단 장벽"을 세우는 것이었다. 처음 계획은 700km에 육박하는 경계에 고성능 울타리와 9m의 벽을 세우는 것이었다(이스라엘을 방문하는 사람들은 오늘날 베들레헴 같은 도시를 둘러싸고 있는 이 장벽을 볼 수 있다). 장벽 설치를 지지하는 사람들은 이 장벽이 자살 테러를 막아주었다고 주장한다. 비평가들은 자살 폭탄 테러가 자발적으로 줄어든 것이라고 말한다. 그 장벽이 아직 완성되지 않았을 때(말하자면, 2006년)에도 폭탄 테러는 거의 일어나지 않았고 또한 그 경계는 얼마든지 침범할 수 있었다. 오늘날 그 장벽은 웨스트뱅크 곳곳에서 볼 수 있지만 온건한 노력으로 절충될 수 있다. 일부 추산에 따르면, 수백 명의 팔레스타인 사람들이 매일 노동을 위해 불법적으로 이스라엘을 오간다. 실제로 그들이 벽을 넘는 모습을 유튜브 영상으로 볼 수 있다. 내 친구 중 한 명은 이스라엘 평화 활동가인데 예전에 자기 남자 친구가 라말라에 있는 팔레스타인 사람이라고 말한 적이 있다. 그래서 나는 이렇게 물었다. "그래요? 그럼 둘이 어떻게 만나요?" 그녀는 이렇게 대답했다. "정말 몰라서 물으세요? 벽을 넘어오면 돼요."

벽이 이렇게 쉽게 뚫리고 또 웨스트뱅크 영토 안으로 깊이 들어온 것

(웨스트뱅크의 8.5%를 벽이 둘러싸고 있다) 때문에 이스라엘 비평가들은 이 것이 인종차별이거나 혹은 인종 탄압이라고 말했다. 어떤 사람들은 이 지역이 현재 이스라엘과 상품 및 서비스를 교류해야 하기 때문에 일종 의 경제 통제라고 믿는다. 많은 경우 그 장벽은 아랍인과 유대인을 나누지 않는다. 오히려 팔레스타인 사람들을 가두어 그들이 다른 팔레스타인 사람들과 접촉하지 못하게 한다. 예루살렘에서는 그 장벽이 팔레스타인의 주거 지역들을 제한하는 용도로 사용되어 예루살렘의 대다수가 유대인으로 유지되도록 해준다. 2011년 7월 예루살렘 시의원 야키르 세게브(Yakir Segev)가 팔레스타인 사람들이 모두 장벽 "밖으로" 밀려나 더 이상 예루살렘에 있지 못하게 되었다는 의미를 암시하는 연설을 했다. 그는 이렇게 말했다. "분리 장벽은…단지 안전을 위해서만이 아니라 정치적이고 인구 통계학적인 이유로 세워졌습니다."[33]

두 번째 인티파다가 끝난 후 이 시기 동안, 분리 장벽이 세워진 것 외에도 몇 가지 두드러진 변화들이 일어났다. 2004년에는 팔레스타인 저항 운동의 아이콘인 야세르 아라파트가 사망했다. 2005년 8월에는 이스라엘이 가자에서 이스라엘 정착민들을 강제로 이주시키기 시작했다. 잠재적인 갈등을 종식시키고 폭발 위험이 있는 이 지역을 진정시키려는 목적이었다. 2006년에는 (카터 센터 감독 아래) 가자의 첫 실제적인 민주 선거에서 하마스 정치당이 여당으로 선출되었다. 그리고 그들은 이스라엘을 향해 더욱 단호하게 호전적인 태도를 취하겠다고 약속했다. 이에 이스라엘은 봉쇄로 대응하여 가자의 경제를 무력화시켰다.

2006년경 이스라엘은 갈등이 남아 있는 두 개의 도시에 쐐기를 박

---

33 Yakir Segev는 Ben White의 말을 인용했다. "이스라엘은 그저 안전만이 아니라 인종차별을 위해 그 장벽을 이용했다." 알자지라 방송, 2012년 7월 31일.

았다. 먼저 (시리아와 이란의 지원을 받는) 레바논에 있는 팔레스타인 저항 단체 헤즈볼라가 그해에 로켓 공격을 시작했다(그들은 4,000발을 쏘아서 북부 갈릴리의 도시들을 점령했다). 이스라엘 군대는 남부 레바논에 총공격을 가했다. 하늘에서는 12,000대의 폭탄이 투하되었고 해군 전함에서 2,500대의 포탄을, 육상에서는 100,000발의 포화를 쏟아부었다. 하지만 이것은 그저 헤즈볼라를 진압하는 문제가 아니었다. 레바논으로 하여금 다시 한번 이러한 일을 허용했을 때 어떤 결과를 맞게 될지 교훈을 주려는 것이었다. 레바논에서 이스라엘은 하부 구조들을 파괴했다. 640km의 도로와 73개의 다리, 25개의 연료 저장소, 900개의 상업 구조물, 350개의 학교, 15,000개의 가정집(13만 명에게 피해를 입히며), 또 유명한 베이루트 등대도 파괴했다. 결국 43명의 이스라엘 시민과 120명의 군인이 죽었다. 반면 1,120명의 레바논 시민과 대략 800명의 군인이 죽었다.

갈등이 남아 있는 두 번째 도시는 가자였다. 가자에 대한 이스라엘의 봉쇄가 얼마나 철저했는지 어떤 사람의 말을 빌리면 약 150만 명이 스트레스와 결핍을 경험했다. 2008년에서 2009년으로 넘어가는 겨울, 가자 사람들이 이스라엘 마을들을 공격하기 위해 분리 장벽 너머로 집에서 만든 로켓(카삼 로켓[Qassam Rocket]이라 불린다)을 발사하면서 적대감이 폭발해버렸다. 당연히 이스라엘은 이 일을 그냥 넘길 수 없었다.

이스라엘은 레바논에 가했던 일을 반복했는데, 일명 캐스트 리드(Cast Lead) 작전이라 이름 붙이고 2008년 12월 7일에 대대적인 폭격을 시작했다. 어느 날은 이스라엘이 작은 마을에 100t의 폭탄을 투하해, 비례 원칙에 대한 세계적인 관심이 집중되었다. 또한 이스라엘은 민간인들이 모이는 장소에 화학 무기인 백린탄(phosphorus bombs)을 사용해 비난을 받았다(이에 대한 비디오 증거를 유튜브에서 쉽게 볼 수 있다). 가자 사람들은 인간 방패를 사용해 비난을 받았다. 이 싸움은 3주간 지속되었고 이 싸움을 지켜보던 사람들은 종전 후의 상황이 너무나 비참했다고 말했다. 1,400명이 넘는 팔레스타인 사람들이 죽었고(437명이 어린이였다) 5,400명이 부상을 당했다. 이스라엘 측에서는 겨우 13명이 죽고(이 중 4명은 아군에 의한 폭격으로 죽었다) 182명이 부상을 입었다.

그때의 상황이 어떠했는지 감을 잡기 위해 바라기는 모든 그리스도인이 다음의 두 기사를 읽어보았으면 한다. 두 기사 모두 같은 사건으로 시작하는데, 바로 라야 아부 하자즈와 그의 딸이 살해된 사건이었다. 이들은 이스라엘이 지상 침공을 시작한 첫 날, 흰 깃발을 흔들며 서 있었는데 진군하던 이스라엘 병사들에 의해 총살을 당했다. 이 사건과 이 침공에 대한 이스라엘 사람들의 정죄를 2012년 8월 12일 자 유대인 신문 「하아레츠」(Ha'aretz)에서 읽을 수 있다.[34] 가자의 알 쉬파 병원에서 일하던 노르웨이 출신 응급 의학 전문의이자 의학 박사인 매즈 길버트(Mads Gilbert)는 좀 더 광범위한 기독교 분석을 내놓았다. 그의 기사는 「더 링크」(The Link)에 게재되었는데 제목은 "전쟁 범죄자들이 활개를 치고 다닐 때"였다.[35]

레바논에서처럼 이스라엘은 가자의 하부 구조(전기, 물, 하수구, 심지어 UN 구호품 저장소와 거대한 양계 농가들까지)를 겨냥했다. 가자 사람들은 포로로 조용히 지내든지 벌을 받든지 둘 중 하나를 선택해야 한다는 교훈을 얻고 있었다. 당시 가자 근처 군대의 사령관이었던 요압 갈란트(Yoav Galant)는 폭탄 공격의 목적이 "가자를 수십 년 전 과거로 돌려보내는

---

34 "전쟁 범죄자들이 활개를 치고 다닐 때", 온라인 〈www.haaretz,com/opinion/when-war-criminals-walk-free-1.458055〉

35 Gilbert M., "When War Criminals Walk Free," The Link(중동을 이해하려는 미국인들의 모임) 45.5(2012. 12). 〈www.ameu.org/Current-Issue/Current-Issue/2012-Volume-45/When-War-Criminals-Walk-Free.aspx〉

것"[36]이었다고 공개적으로 말했다.

오늘날에도 가자의 정치적이고 경제적인 "목조름"은 계속되고 있다. 이러한 목조름은 군이 하마스 지도자들을 암살한 것과 같은 거창한 방법일 때는 가시적으로 드러나지만, 소규모 방법일 때는 거의 알아채는 사람이 없다. 예를 들어 2009년 미 국무부는 불이익을 당하던 가자 학생들이 웨스트뱅크나 미국에서 공부할 수 있도록 100만 달러 장학금 프로그램을 제공했다.[37] 이것은 새로운 교육을 받은 팔레스타인 지도자 세대를 길러낼 훌륭한 프로그램이었다. 2012년 이스라엘은 이 학생들에게 여행 금지령을 내려 그들이 가자를 떠날 수 없게 했고 이에 미국은 장학금 프로그램을 취소했다.[38] 이런 것이 가자 사람들을 과격하게 만들고 절망을 극에 달하게 한 "조용한 박해"다. 그리고 2012-2013년 겨울에 가자 사람들이 장거리 미사일(대부분 이란제)을 이스라엘에 발사하기 시작한 이유이기도 하다.

2009년 3월, 벤야민 네타냐후는 연합 정부를 형성하고 이스라엘의 새 대통령으로 취임했다. 그는 극우 리쿠드당을 대변하는 인물로 가자에서 정착민들의 철거를 반대했고 웨스트뱅크에 이스라엘 사람들을 정착시키는 사업을 추진했으며 어떤 팔레스타인 정부와도 유연하게 협상할 것 같지 않았다.

이것으로 아마도 오늘날 점령지들에서 절망의 느낌이 감지되는 이유

---

36 위와 동일., 2, 전문 인용.

37 Mattew Kalman, "Clinton Announces Million-Dallar Scholarship Program for Palestinian Students," *The Chronicle of Higher Education*, March 9, 2009. 〈http://chronicle.com/article/Clinton-Announces/42530/〉

38 Nick DeSantis, "U.S. Drops Gaza Scholarship Program...," *The Chronicle of Higher Education*, October 15, 2012. 〈http://chronicle.com/blogs/ticker/jp/u-s-drops-gaza-scholarship-program-after-israeli-travel-ban?cid=at&utm_source=at&utm_medium=en〉

를 설명할 수 있을 것이다. 이스라엘은 그것이 지금 문제를 "담고" 있다고 느낀다. 팔레스타인 사람들은 자신들의 상황을 변화시키는 데 무력감을 느낀다. 이스라엘 경계 지역들은 (일시적으로) 조용한 듯 보인다. 내전이 시리아에서 일어났고 뜻밖의 새로운 정권이 지금 이집트에 세워졌으며 이란은 계속해서 남부 레바논에 헤즈볼라를 재건하고 있다.

팔레스타인이 평화로워졌는가? 지난 5년 동안 그런 것처럼 보였다. 그리고 그때 가자에 있는 하마스 지도자들이 "아랍의 봄"(Arab Spring)의 재건을 소망하면서 이번에는 이란에서 밀수입한 장거리 로켓을 사용해서 2012년 11월에 이스라엘을 공격하기 시작했다. 이스라엘은 더 많은 폭격으로 이에 응답했고 2년을 끌고서야 끝났다. 이스라엘에 있는 친구들은 그 모든 절망과 무게감을 갑자기 느꼈다. 내 친구 한 명이 신랄하게 이렇게 써 보냈다. "나라의 분위기가 무시무시해. 분노와 두려움과 절망만 있어."

팔레스타인과 UN

세계 국가들의 반열에 들어오려는 팔레스타인의 노력이 2012년 말에 중요한 진보를 이뤄냈다. 11월 29일 팔레스타인 대통령 마흐무드 압바스(Mahmoud Abbas)는 팔레스타인을 UN에 가입시켰다. (41개국을 제외한) 138-139개국 총회 투표에서 팔레스타인이 "비회원 참관 국가"의 자격을 얻었다. 이는 팔레스타인이 국가로 공식적으로 인정받는 것을 의미하고 국제 사법 재판소 같은 많은 기관과 접촉할 기회가 있음을 의미한다. 미국과 이스라엘이 반대표를 던진 것은 놀랄 일이 아니었다 (캐나다, 체코 공화국, 마셜 제도, 미크로네시아, 나우루, 팔라우, 파나마도 이에 합세했다).

여기서 핵심은 이 투표가 어떻게 세계 여론의 판도가 바뀌었음을 보여주는가다. 일본과 뉴질랜드뿐 아니라 프랑스, 이탈리아, 스페인, 스위스, 스웨덴, 아일랜드도 팔레스타인의 요청에 찬성표를 던졌다. 영국과 독일은 기권했다. 그리고 미국 혼자 이스라엘과 함께 그 요청에 반대표를 던졌다. 줄줄이 이어진 지지는 새롭고 드문 발전이다.

이스라엘은 그 서곡을 의미 없는 것으로 치부하고 그에 대한 반응으로 점령지 웨스트뱅크에 3,000호의 새로운 집을 짓겠다고 위협했다. 하지만 분명히 그 투표는 이스라엘 지도자들을 동요하게 만들었다. 그들은 이것을 인정하기 힘든 손실로 보았다. 세계의 대다수 국가가 이스라엘이 웨스트뱅크를 점령하고 그곳에 정착한 것이 국제법 위반이라고 보고 있다. 그리고 이제 팔레스타인 사람들은 이것을 이용해 자신들의 국가를 세우려 할 것이다.

현대의 전략적인 상황

오늘날 우리에게 남은 과제는 이렇게 많은 역사와 지리라는 실타래를 잘 엮어서 일정한 형태를 만드는 것이다. 즉 이 현대의 갈등을 이해하는 것이다. 우리는 여전히 상당히 긴장된 상황에서 살고 있다. 이스라엘은 세계 가운데 도덕적 신뢰성을 회복하려고 애쓰고 있고(UN에 이렇게 여러 번 정죄를 받은 나라도 없을 것이다), 이스라엘 주변 국가들은 전쟁과 영토를 빼앗긴 것으로 인해 불만을 갖고 있으며, 거의 4백만 명이 넘는 팔레스타인 난민들이 갈등의 와중에서 고향을 되찾고 싶어 한다. 팔레스타인 사람들 중에는 이스라엘이 1967년 이전 국경으로 물러나기를 바라는 자들이 있는데, 그런 일은 결코 일어날 것 같지 않다. 하지만 우리가 바라는 것은 양측의 모든 필요를 충족시키는 해결책이다.

이외에도 많은 문제가 걸려 있다. 아랍 사람들은 지난 2천 년 가운데 1,200년을 이슬람 제국들이 우위를 차지하고 있던 이 지역에서 통제권을 상실한 것에 대해 불만을 품고 있다. 이스라엘의 (경제적으로뿐 아니라 군사적) 성공은 아랍의 자존심을 심각하게 훼손했고 이것이 아랍 세계가 서방이 이 지역의 석유에 의존하기를 원하는 한 이유이기도 하다. 1970년대 이래 석유는 아랍 세계를 정치적으로 서방과 겨룰 수 있게 해주는 데 상당한 역할을 했다.

이스라엘은 정말로 작은 나라다. 서쪽 지중해로부터 동쪽 요르단강까지 약 64km이고, 북쪽(헤르몬산)에서 남쪽 사막 도시 브엘세바까지 약 220km다. 중앙 산지들에서 대규모 군대가 텔아비브까지 쉽게 갈 수 있다. 골란고원에서는 박격포로 북부 갈릴리 거의 전 지역을 공격할 수 있다. 요르단 수도 암만에서 F-16 전투기가 출발하면 75초 만에 예루살렘에 도착할 수 있고 텔아비브는 3분이 걸린다.[39] 시리아와 이라크도 최신 미사일로 이스라엘을 쉽게 공격할 수 있다. 오늘날 이집트가 수에즈 운하에 사정거리 150km 반경 스커드 미사일을 설치하면 예루살렘과 텔아비브 둘 다 공격할 수 있다. 이 미사일들이 80km 동쪽 시나이 방향으로 설치되면 갈릴리에 있는 대부분의 도시를 맞출 수 있다. 이러한 근접성은 이스라엘이 협상을 벌일 때 매우 자주 불안감을 보이고 안보를 선취하려는 그들의 행동을 설명해준다. 이스라엘의 모든 땅이 전략적 가치가 있다. 그래서 사람들이 이 나라를 분할해서 동등한 팔레스타인 국가를 세우려는 이야기를 시작하면, 거의 모든 이스라엘 사람들이 몸서리를 친다. 그렇게 할 때 군사 배치 상황이 어떻게 바뀔지 생각

---

39   M. Widlanski, *Can Israel Survive a Palestine State?* (Jerusalem: Institute for Advanced Strategic and Political Studies, 1990), 32-33.

하기 때문이다.

레바논은 갈릴리 위 북쪽으로 이스라엘과 경계를 이루고 있고 이스라엘 사람들에게는 "테러리스트"의 온상으로 잘 알려져 있다. 현재 이 나라는 불안정한 상태이지만 남부 레바논에 있는 완충 지대를 차지하는 것은 지난 20년간 유대인들의 삶에서 가장 중요한 문제로 여겨졌다. 2000년 5월 이스라엘이 레바논에서 철수했을 때 이스라엘은 그곳에 있던 그리스도인 동맹자들을 버렸다. 이 중 많은 사람이 지금은 분리 장벽을 "통과해" 이스라엘로 들어오는 것이 허용되었다. 이스라엘은 현재 세계적인 수준의 정찰 장비로 남부 레바논을 세밀히 지켜보고 있다. 팔레스타인 난민들은 여전히 그 지역에 거주하고 있고 수 세기 동안 이스라엘을 향해 분노를 품어왔다.

시리아는 한때 골란고원을 차지하고 있었으나 1967년 전쟁 때 그곳을 빼앗겼다. 골란고원의 고도(거의 900m)는 갈릴리 저지대들에 대해 상당한 이점을 제공한다. 그래서 수많은 박격포가 오늘날에는 거의 대부분 지하 방공호가 설치된 북부 갈릴리 키부츠로 발사되었다. 이스라엘 사람들은 지상에서도 아주 독창적인 방법으로 방공호를 고안해냈다. 그들은 커다란 돌들로 무겁게 담장을 쳐서 6×6m 크기의 방공호를 만들어 총탄의 직접적인 영향을 흡수하도록 설계했다. 박격포와 비슷한 공격이 수년 동안 이어지자, 이스라엘은 안전이 위협당하는 것을 더 이상 참지 않고 1967년 그 지역을 점령했다. 1973년 시리아가 그 지역을 다시 찾으려고 했지만 현대 역사에서 최대 규모의 탱크 전쟁이 벌어지면서 실패하고 말았다. 이스라엘은 1981년 이 지역을 합병해버렸다. 전형적인 지하 방공호들은 키부츠들의 유명한 댄스장으로 변모했다. 폭탄을 막아주던 벽이 록 음악의 소음을 막아주는 벽이 되었다.

골란고원은 사람이 살지 않는 으스스한 땅이다. 쿠네이트라(Quneitra)라고 불리는 버려진 시리아의 도시가 유령 도시처럼 그 고원 위에 자리를 잡고 있다. 근처 헤르몬산 측면에는 움직이는 모든 것을 감시하는 고성능 감시 장치들이 들어차 있다. UN은 두 군대 사이에 완충 지대를 유지하고 있다. 이스라엘이 결국 시리아와 평화 협정을 맺는다면 이 지역은 협상이 되어야 할 것이다.

요르단은 이스라엘과 갈릴리해 남쪽으로부터(야르묵강 협곡을 따라) 요르단강을 따라 남쪽 아카바만까지 긴 경계를 공유한다. 야르묵강에 있는 온천들은 로마 시대(하맛 가데르[Hamat Gader])까지 거슬러 올라간다. 모험을 좋아하는 방문객들은 온천에서 목욕을 한 다음 이스라엘 경비병과 요르단 군인들이 고성능 쌍안경으로 서로를 지켜보는 모습을 보기 위해 언덕을 등반한다.

1948년부터 1967년까지, 요르단 경계는 요르단강을 넘어 나블루스(성경에 나오는 세겜), 라말라, 베들레헴, 헤브론 같은 아랍 도시들을 아우르는 중앙 산맥 지대까지 확장되곤 했다. 사실 예루살렘 바로 북쪽(슈아파트 마을)에는 요르단의 후세인 국왕이 그 산지를 이스라엘에게 빼앗기기 전에 지은 신기한 작은 공항과 성이 있다. 이스라엘 사람들은 예루살렘의 경계를 변경하고 이 지역을 합병해 그 공항을 자신들의 것으로 만들었다.

1967년 전쟁에서 요르단은 이스라엘에게 중앙 산맥 지역을 잃었다. 전략적인 입장에서 보면, 이 승리는 이스라엘에게는 아주 중요한 업적이었다. 오늘날 이스라엘은 그 지역 안에 있는 모든 고지대를 차지하고 있고 요르단강의 깊은 협곡을 동쪽으로부터 오는 공격을 막아주는 자연 장벽으로 사용하고 있다. 이 동쪽 변방을 따라서는 고성능 감지기와 전기 울타리가 쳐져 있다. 그 경계를 우회하는 이스라엘 고속도로 근처에는 이중 울타리를 치고 그 사이에 모래를 깔아 침입자의 발자국이 있는지 군대가 매일 정찰한다. 하지만 이스라엘이 요르단과 평화 조약을 협상한 이래로 현재는 매일 많은 차량이 서로 오가고 있다.

최남단에는 사해 남쪽에서부터 지중해 서쪽까지 이어지는 거대한 사막이 있다. 앞서 살펴보았듯이, 이 사막들은 이스라엘과 이집트 사이의 완충 지대다. 이스라엘은 1956년 이 지역들을 정복했고 다시 돌려주었다가 1967년 다시 정복했으며 1973년에 거의 잃었다가 1979년 조약의 결과로 1982년 다시 돌려주었다.

중심 사안: 땅 차지하기

문제의 성격은 분명하다. 이스라엘은 실제로 안보에 문제가 있다. 이스라엘은 자신의 의도를 의심하는 아랍 국가들에 둘러싸여 있다. 이스라엘은 논란이 뜨거운 땅을 차지하고 있기 때문에 중요한 전쟁마다 전략적으로 땅의 크기를 늘려왔는데 모두 레바논, 이집트, 시리아, 요르단의 영토들이었다. UN 기록을 토대로 한 다음의 수치들을 보라. UN 총회가 1947년 11월 29일에 그 나라를 이스라엘 국가와 팔레스타인 국가로 나누려는 계획에 승인했을 때, 땅과 인구의 분배는 다음과 같았다.

	아랍인들 (무슬림과 그리스도인들)	유대인들
인구 비율(%)	69	31
소유하거나 정착한 땅 비율	94	6
UN이 제시한 땅 비율	48	52

상대적으로 불공평한 것이 분명히 드러난다. 6%의 땅에 살고 있던

31%의 인구가 나라의 절반을 얻었다! 우리는 (영국이 조직한 대로) 한 구역을 살펴보면서 어떻게 이 일이 이루어졌는지 살펴보자. 1945년 나사렛 구역에는 아랍 인구가 84%였고 유대인 인구가 16%였다. 땅 소유권은 다음과 같이 나뉘어 있었다. 아랍인 52%, 유대인 28%, 공유지 20%. 그러므로 이 지역을 팔레스타인 사람들에게 주는 것은 맞았다. 하지만 옆에 있는 갈릴리 구역을 보자. 이곳은 아랍인 인구가 67%, 유대인 인구가 33%다. 땅 소유율은 아랍인이 51%, 유대인이 38%, 공유지가 11%다. 하지만 갈릴리 바다 근처에 있는 이 지역은 이스라엘에게 배당되었다.[40]

이스라엘이 1948년 5월 14일에 자기들 스스로 국가로 선언하자 아랍 사람들은 서방 사람들이 자신들의 땅을 나누어 그들에게 그 몫을 준 것이라고 화를 냈다. 요르단의 압둘라 왕이 이것을 자신의 통치력이 커지는 것을 막으려는 시도라고 보는 것은 당연했다. 전쟁이 끝난 후에, 이스라엘은 할당받은 몫을 오히려 훨씬 더 확장시켰다. UN이 제시한 52%의 땅을 갖는 대신 이스라엘은 77%의 땅을 차지했다. 처음 UN이 계획한 양의 1/3을 더 가진 셈이다.

그다음으로 이스라엘이 영토를 더 많이 갖게 되는 계기가 1967년 봄에 찾아왔다. 일주일 안에 이스라엘은 전체 시나이 반도와 웨스트뱅크(동예루살렘을 포함해서), 가자, 골란고원을 점령했다. 이것은 중대한 분기점을 이루는 사건이었다. 왜냐하면 한 번의 싸움으로 시리아, 요르단, 이집트의 상당한 영토를 차지함으로써 실제로 이스라엘은 두 배로 커졌기 때문이다.

---

40 당시 정부 정책에 대해서는 다음 책을 참조하라. H. Cattan, *Palestine, the Arabs and Israel: The Search for Justice* (London: Longman, 1969), 18-30, 207-10. 이 자료는 UN 정책과 영국 행정부 보고서들, 마을 토지 기록들에 기초한 것이다.

이러한 땅들은 오늘날 중동의 정치 은어로 "점령지"라고 불리는데 상당히 논란의 대상이 되고 있다. 1967년 11월 22일, UN은 결의안 242(이스라엘과 팔레스타인을 위한 결의안 중 아마도 제일 유명한 결의안일 것이다)를 통과시키면서 이스라엘이 이 싸움에서 빼앗은 영토들에서 군대를 철수해야 한다고 선언했다. 미국은 이 결의안에 동의했고 그때 이후로 이 결의안 242는 모든 논의에서 중추적인 역할을 해왔다. 이스라엘이 1982년에 시나이를 이집트에 돌려주긴 했지만, 이스라엘은 여전히 (1981년 12월에 합병된) 골란고원과 웨스트뱅크 대부분을 손에 쥐고 있다. 이스라엘은 예루살렘의 크기를 현저하게 증가시켰고 자신의 이익을 위해 합병했다.

앞서 (2장에서) 제시한 지도를 다시 한번 보라. 산악 지대(웨스트뱅크)와 갈릴리 위 골란고원을 차지하는 측이 갖게 되는 군사적 유리함을 보라. 예루살렘 전체를 사로잡아 새로운 수도로 삼는 것이 종교적으로나 심리적으로 얼마나 중요한지 생각해보라. 오래전 여호수아와 같은 이스라엘의 전략가들은 그들이 해야 할 일을 정확히 알고 있었다.

하지만 오늘날 또 다른 문제가 이스라엘 사람들의 인식 속에 대두되고 있다. 바로 자기들 국경 내에 있는 아랍 인구가 너무 빨리 증가하고 있다는 것이다. 이스라엘의 생존은 단순히 분쟁의 중심이 되는 땅을 차지할 능력과만 연결되는 것이 아니라 점점 늘어가는 아랍 사람들 가운데서 생육할 능력과도 연결되어 있다. UN 인구 통계학자는 중동에서 앞으로 50년 안에 엄청난 인구 증가가 있을 거라고 예측한다. "점령지"(웨스트뱅크와 가자)의 팔레스타인 인구는 이스라엘보다 두 배나 빨리 증가하고 있다. 점령 아래에 살고 있는 380만 팔레스타인 사람들이 2050년경에는 1,200만 명이 될 것인데, 이유는 팔레스타인 여자들이 각각 다섯 명에서 여섯 명의 아이를 낳고 있기 때문이다(이스라엘은 약 두 명을 낳고 있다). 이스라엘은 겨우 800만 명이 될 것이다. 하지만 이스라엘 못지않게 시리아의 인구도 2,000만 명에서 3,600만 명으로 팽창할 것이다. 땅과 물 같은 지하자원이 얼마나 부족할지 상상해보라.[41] 언젠가 이스라엘 국경 내 아랍인들(이스라엘 시민들)이 유대인 수를 훨씬 웃도는 투표율을 갖게 될 것이다.

이 나라에 사는 사람들의 숫자를 다시 보며 그 수치를 비교해보자(숫자가 중요하기 때문이다). 현 인구 분포를 보여주는 아래 그래프를 보라.

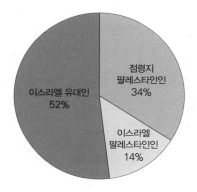

이것은 실제 이스라엘-팔레스타인 경계 안에 살고 있는(주변 국가들에 있는 난민들을 제외한) 사람들의 48%가 팔레스타인 사람들이라는 의미다. 52%가 유대인들이다. 유대인이 결국 다수가 되지 못할 때 어떻게 하나의 문화적 인종임을 요구할 수 있을지 의문을 갖는 것은 정당한 일이다.

___

41   UN 보고서 참조. ⟨www.unfpa.org/swp/swpmain.html⟩

고대와 현대 비교

조금 전 요약한 이야기는 중동에서는 새로운 것이 아니다. 처음 여호수아가 보좌관들과 함께 이 땅을 조사했던 이래로, 모든 지도자가 이 좁고 긴 땅을 어떻게 통치할지를 심사숙고해야 했다. 네 가지 요소를 고려해야만 했다.

1. 이스라엘/팔레스타인은 고대의 교통로다. 수천 년 전 고대 세계의 최대 권력은 남쪽 이집트와 북쪽 메소포타미아 왕국들(특히 오늘날 현대 이라크에 있는 아시리아와 바빌로니아)이었다. 아라비아와 시리아의 사막은 쉽게 통과할 수 없었기 때문에, 상인들(평화 시)과 군대(전쟁 시)는 이스라엘/팔레스타인을 직접 통과하는 사막과 바다 사이의 해안로를 따라 움직였다. 그들은 언덕과 해안 숲지대 사이에서 자신들의 목표 지점까지 쉽게 갈 수 있는 길을 찾았다. 아브라함과 사라가 이라크에서 왔다는 점을 염두에 두라. 하나님께서 그들에게 남쪽으로 가라고 하셨을 때 그들은 이 고대의 교통로를 따라갔다.

결과적으로, 오늘날에도 이스라엘/팔레스타인은 지리적으로 중추적인 역할을 한다. 터키, 시리아, 레바논에서 이집트로 가려면 이스라엘/팔레스타인을 통과해야 돌아가지 않는다. 워싱턴의 몇몇 전략가들은 미국과 이스라엘의 동맹이 이와 비슷한 목적을 갖는다고 본다. 이스라엘은 전초 부대고, 서구의 친구이며, 더 큰 중동으로 가는 접촉점이다.

2. 이스라엘/팔레스타인에서의 삶은 위태롭다. 오래전 평화 시에는 해안 지역들이 거대한 무역로로 접근하게 해주었지만, 전쟁 시에는 북쪽과 남쪽으로 움직이는 군대들이 모든 도시와 그 지역 요새들을 초토화시켰다. 아브라함이 고대의 교통로를 떠나 이 산악 지대로 올라와 정착했을 때 그는 이것을 알았던 것이 틀림없다. 후에 이스라엘은 산악 왕국이

되었는데 그 언덕들을 통과해 해안까지 남쪽으로 뻗어나갔다(안전할 때만). (예를 들어 삼손과 블레셋 사람들 그리고 엘리와 그의 아들들의 이야기를 참조하라.) 이것이 (다윗 왕의 수도인) 예루살렘이 산악 지대 사이에 숨겨져 있는 이유다. 구약에 나오는 분리된 북왕국의 수도 사마리아도 이와 같다. 이곳들은 공격하는 이방인들을 대항해 방어하기에 아주 좋은 장소다.

이스라엘이 웨스트뱅크를 포기하지 않는 것이 놀랄 일인가? 이 지역은 단순한 요르단강의 서쪽 둑 정도가 아니라 그 이상을 의미한다! 웨스트뱅크는 실제로 고지대로서 이스라엘 지도자들이 "사마리아와 유대"라고 부른 나블루스부터 헤브론까지 이르는 산악 지대들이다. 이 산악 지대들은 피난처와 안전을 제공한다. 전쟁 시에는 굉장히 유리한 위치에 서게 해준다. 먼 곳에서 온 외국 군대들(고대에는 그리스와 로마 군사, 중세에는 십자군, 20세기에는 영국군)이 이 산악 지대가 지닌 놀라운 장점을 쓰라린 경험을 통해 배웠다.

3. 이스라엘/팔레스타인에서의 삶은 불확실하다. 이스라엘에서 가장 귀한 생필품은 아마도 물일 것이다. 모세가 이스라엘 백성에게 그 땅을 묘사할 때, 물은 그가 분명히 하고 싶었던 첫 번째 항목이었다. "네가 들어가 차지하려 하는 땅은 네가 나온 애굽 땅과 같지 아니하니, 거기에서는 너희가 파종한 후에 발로 물 대기를 채소밭에 댐과 같이 하였거니와"(신 11:10). 다음 구절에서 모세는 하나님이 비를 사용해 이 땅을 축복하고 백성을 훈련하신다고 계속해서 설명한다. 왜 이것이 문제인가? 요르단강은 산악 지대에서 거의 1,200m 아래 깊은 협곡에 있다. 갈릴리 호수는 물이 많지만, 최근에서야 이스라엘 정부가 파이프를 통해 온 나라로 물을 효과적으로 퍼 올리고 있다. 1991년에서 1992년 사이 겨울에 기록적인 눈과 비가 내려서 물 수위가 올라가는 바람에 온 나라가 축제를 벌였었다! 10년 후에는 그 지역에 가뭄이 와서 갈릴리 호수의

수위가 엄청나게 낮아졌고 온 나라가 물 걱정을 해야 했다.

이스라엘은 몇 가지 지하자원으로 고군분투한다. 그 땅은 그곳을 개간하려는 사람들에게 하나님을 믿는 믿음을 요구하는 척박한 땅이다. 이러한 제한된 자원들을 사용하기 위해서는 언제나 주변 이웃들과 신중한 협상이 이루어져야 했다. 오늘날 갈릴리 호수의 물이 지닌 가치를 생각할 때, 요르단이 그곳에 접근하지 못한다는 것은 무슨 의미이겠는가? 유대인 정착민들은 파이프를 통해 갈릴리 호수의 물을 끌어와 잔디에 물 뿌리는 장치까지 갖추었는데 팔레스타인 마을 사람들은 새로운 우물을 파는 것도 허용되지 않는다면 그것은 무슨 의미이겠는가? 이스라엘 내에 있는 수백 개의 팔레스타인 마을들이 좋은 땅에 있다는 이유로 불도저로 파괴되었다. 오늘날 주의 깊게 그곳을 지켜보는 사람이라면 아랍 사람들이 담으로 사용하던 선인장(Sabra)이 계속해서 다시 자라는 것을 보고 사라져버린 마을들의 흔적을 알아볼 수 있을 것이다.

4. "고양이가 떠나면 쥐가 득세한다." 영향력이 강한 초강대 세력들(고대의 이집트, 아시리아, 바빌로니아, 그리스, 로마, 또는 오늘날의 터키, 영국, 미국)이 떠나자 지역 국가들이 지배권을 잡으려고 싸우고 있다. 구약에서는 이스라엘 사람들이 블레셋 사람들(해안가)과 에돔 사람과 모압 사람들(현대의 요르단)과 암몬 사람들(현대의 시리아)과 페니키아 사람들(현대의 레바논)과 싸웠다. 나라마다 서로의 힘을 이용해 견제했다. 특별한 조약들도 체결되었는데, 예를 들면 아합이 페니키아와 동맹을 맺은 것이다.

지역 간 다툼의 양상은 오늘날도 다르지 않다. 사막 왕국인 요르단은 지하자원이 거의 없어서 역사적으로 언제나 요르단강 서쪽 땅을 주장해왔다. 예를 들어 요르단의 수도 암만은 강수량이 예루살렘에 비해 반도 안 된다. 시리아도 마찬가지로 골란고원과 레바논이 갖는 좋은 농업적 잠재력을 가치 있게 여긴다. 신약 시대에는 (가울리니티스[Gaulinitis]와

바타니아[Batanea]라고 불리는) 골란고원이 로마 사람들의 농경지로 사용되었다. 왜냐하면 그곳은 매년 곡식을 수확하기에 충분하도록 비가 내렸기 때문이다.

요약

독점 판매에서 이기려면 게임판을 알아야 한다. 이스라엘/팔레스타인에서 벌어지는 죽고 사는 게임을 이해하려면 수천 년 동안 중요하게 여겨졌던 정치적이고 지형학적인 주요 이슈들을 이해해야 한다. 이 나라에서 누가 요지를 차지할 것인가? 그들은 어디에 살 것인가? 그들은 스스로를 방어할 수 있을까?

이 땅을 두고 일어나는 싸움은 새로운 것이 아니다. 그 윤곽들은 초기부터 드러났다. 알렉산드로스 대왕이 기원전 332년에 그 땅을 정복했을 때, 그는 현명하게도 그 지역 행정 본부를 사마리아에 세웠다. 그는 그 이점을 알고 있었다. 그가 세운 건물들의 흔적을 오늘날에도 나블루스 서쪽에서 볼 수 있다. 테가르트 장군이 1937년 영국을 위해 그 땅을 조사했을 때 성경을 공부했는데 특히 여호수아서를 공부했다는 일화가 있다. 그는 이렇게 성경을 공부하고 중동의 고문들을 고용해서 영국이 이스라엘/팔레스타인을 점령하도록 계획했다. 고대의 원리가 아직도 작동한다.

20세기의 이스라엘/팔레스타인

(네모 칸에 표기된 연도는 중요한 전략적 전쟁이 일어났던 해를 나타낸다.)

1918-1948 영국 위임통치 기간

- 1922년 국제 연맹이 위임을 허락한다.

1948 독립전쟁(1948년 5월-1949년 7월)

- 이스라엘의 전략 목표: 길쭉한 해안 지역들, 갈릴리, 에일라트
- 독립: 1948년 5월 14일

1956 시나이 전투

- 이스라엘의 전략 목표: 남쪽(시나이)과 이집트와의 완충 지대

1967 6일 전쟁

- 이스라엘의 전략 목표: 동쪽(웨스트뱅크, 골란고원, 시나이, 예루살렘)

1973 욤키푸르 전쟁

- 시리아(골란고원)와 이집트(시나이)가 주도한 아랍의 보복

1978 캠프 데이비드 조약(9월 17일)

- 지미 카터, 메나헴 베긴, 안와르 사다트가 주도한 워싱턴 평화 협상

1979 이집트와의 협정(3월 26일)

1982 레바논 침공

- 이스라엘의 전략 목표: 북쪽(남부 레바논)과 팔레스타인 해방 기구 해체

1987-93 봉기/인티파다

- 이스라엘 점령에 항거해 일어난 대중적인 팔레스타인 저항 운동

1990-91 걸프전쟁

- 이라크가 쿠웨이트를 침공한다.

1993 팔레스타인 해방 기구와의 협정

- 이츠하크 라빈이 11월 4일 암살당한다.

- 시몬 페레스가 11월 22일 정부를 결성한다.

1996 벤야민 네타냐후가 선출된다(5월 29일).

1999 에후드 바라크가 선출된다(5월 17일).

2000 이스라엘이 레바논에서 철수한다(5월 23일).

캠프 데이비드 협정 2

- 바라크와 아라파트 사이의 평화 협상이 결렬된다(7월 12-25일).

알 아크사 봉기/인티파다(9월 28일-2005 ?)

2001 아리엘 샤론이 선출된다(2월 6일).

2001-2003 이스라엘이 분리 장벽을 세우기 시작한다.

2004 야세르 아라파트가 사망한다(11월 11일).

2005 압바스(Abu Mazan)가 팔레스타인 대통령으로 선출된다(1월 9일).

2005 가자 정착민들을 강제로 이송(8월 17-21일)

2006 하마스가 가자의 정부 선거에서 승리한다(1월 26일).

- 샤론이 병으로 약해지자 E. 울머르트가 선출되어 1월 4일부터 수상으로 활동

2006 이스라엘이 남 레바논을 공격(7월 12일-8월 14일)

- 이스라엘의 전략 목표: 북부 경계 지역의 안전을 위해 헤즈볼라 해체

2008-2009 이스라엘이 가자 공격(12월 27일-2009년 1월 18일)

- 이스라엘의 전략적 목표: 남부 경계의 안전을 위해 하마스와 시민군 격파

2009 네타냐후 선출(3월 31일)

| 2010 | 자유 가자 운동 |
| | • 700명의 국제 활동가들을 태운 배들이 이스라엘의 가자 봉쇄를 저지하려고 시도한다. 이스라엘 해군이 개입해 16명이 죽었다. |

2010-2013?	아랍의 봄
	• 튀니지에서 봉기가 시작되어(12월 18일) 전 아랍 지역으로 확산된다(아랍어로 "아랍 혁명"이라 불린다). 이집트, 리비아, 예멘의 정부가 몰락한다. 시민 봉기가 많은 곳에서 일어난다. 시리아에서 내전이 발발한다.
	• 하마스와 이스라엘이 미사일과 로켓 공격을 주고받는다(2012년 11월).

| 2012 | 팔레스타인이 UN에서 (투표권 없는) "참관국 지위"를 얻는다(11월 29일). |

4장

아브라함이 받은 땅의 약속

그날에 여호와께서 아브람과 더불어 언약을 세워 이르시되 "내가 이 땅을 애굽 강에서부터 그 큰 강 유브라데까지 네 자손에게 주노니, 곧 겐 족속과 그니스 족속과 갓몬 족속과 헷 족속과 브리스 족속과 르바 족속과 아모리 족속과 가나안 족속과 기르가스 족속과 여부스 족속의 땅이니라" 하셨더라.   - 창세기 15:18-21

토지를 영구히 팔지 말 것은 토지는 다 내 것임이니라. 너희는 거류민이요 동거하는 자로서 나와 함께 있느니라. 너희 기업의 온 땅에서 그 토지 무르기를 허락할지니.   - 레위기 25:23-24

고대 예루살렘 성벽 도시는 네 구역으로 나뉜다. 4세기 동안 이 전통이 지켜지면서 이 도시의 독특한 특징이 됐다. 유대인 구역(남동쪽), 아르메니아인 구역(남서쪽), 그리스도인 구역(북서쪽), 무슬림 구역(북동쪽)

은 모두 독특한 성소들을 존중하는 고대 공동체를 갖고 있다.[1] 예를 들어 그리스도인 구역은 약 0.2km²로 이루어져 있고, 전통적으로 예수님의 십자가형과 매장의 장소로 알려진 웅장한 성묘 교회가 중심이다. 전 세계 그리스도인들이 이곳으로 순례를 와서 라틴어로 드리는 예배와 동방 전통으로 드리는 예배를 볼 수 있다. 또 돌벽으로 만든 교회에서 개신교 그리스도인들이 노래하고 기도하는 모습도 볼 수 있다.

1990년대 초, 한 이스라엘 정착민 그룹이 전통을 깨트렸다. 그들은 자신들의 계획을 교묘히 가장하여 그리스도인 구역에 있는 성 요한 호스피스를 사들여 이주를 시작했다. 그 도시에 있는 각각의 신앙 공동체의 특권을 존중했던 예루살렘 시장 테디 콜렉(Teddy Kollek)조차도 이를 몹시 불쾌해했다. 이 호스피스는 성 요한 그리스 수도회와 성스러운 성묘 교회 사이에 위치하고 있고 수 세기 동안 그리스 정교회 소유였으며 예루살렘 구도시에서는 **누구도 이런 식으로 재산을 팔지 않는다.** 그해 4월 이스라엘 주택 담당 장관인 다비드 레비(David Levy)가 유대인 정착민들이 그리스도인 구역으로 이주하도록 180만 달러를 비밀리에 제공했다고 인정했다.

고난 주간 중 세족식을 하는 목요일에 150명의 유대인 정착민들이 이스라엘 군대의 보호를 받으며 이주해 들어왔다. 전통적인 정교회 고난 주간 행렬이 그 도시를 통과해 지나다가 성 요한 호스피스에서 멈추고 거룩한 기독교 상징물들을 뒤덮고 있던 이스라엘 깃발을 제거하려

1 　아르메니아 구역과 "그리스도인" 구역은 둘 다 그리스도인들의 구역이다. 전자는 아르메니아 정교회가 우세하고 후자는 주로 그리스 정교회가 우세하다. 아르메니아는 기독교를 받아들인 첫 번째 나라다(4세기). 아르메니아 사람들은 자기들의 땅이 없었음에도 불구하고 중동에 중요한 기독교적 영향력을 남겨왔다. 20세기 초에는 터키 사람들에 의해 2백만 명이 넘는 아르메니아 사람들이 체계적으로 대량 학살당하면서 큰 고난을 겪었다.

고 했다. 그러자 온 군중이 최루탄 공격을 받았다.

저항이 여기저기서 일어났다. 성묘 교회는 역사상 처음으로 부활절날 문을 닫았다. 중동 전역에 있는 그리스도인들(개신교, 가톨릭, 정교회)이 이 것을 전례 없는 공격으로 보았다.[2] 사실 그리스 정교회 디오도로스 총주교와 많은 주교가 반대 의사를 표명하기 위해 그 건물에 왔을 때, 존경받는 원로였던 이 사람들은 군인들에게 험한 대우를 받았고 TV 카메라 앞에서 최루탄 공격을 받았다. 총서기인 티모시 주교는 "그것은 교회 재산을 침범한 행위였다"고 언급했다.

나는 우연히 그 봄에 예루살렘에 있다가 일련의 모든 소란이 무엇 때문인지 알아봐야겠다고 생각했다. 정부는 대부분의 정착민들에게 떠나라고 요청했고 단지 "상징적인 그룹"만 그 재산을 지키도록 남아 있게 했다. 그 건물의 모퉁이를 돌아가 보니 군인들이 곳곳에 배치되어 있었고 재산권을 공격적으로 주장하는 히브리어 낙서를 볼 수 있었다. 시트처럼 보이는 것이 그 건물에 있는 기독교 상징물들을 덮고 있었고 다윗의 별은 그래도 벽 색깔과 같은 색깔로 칠해져 있었다.

긴장감이 감도는 그곳을 보고 있는데, 십 대 소년 두 명이 나를 막아섰다. 관광객인 나에게 이것이 무슨 의미인지 설명하고 싶어 하기에 들어보았다.

"우리가 어떤 식으로든 돈을 주고 샀으니까 방법은 문제가 되지 않아요." 그들이 말했다.

나는 이 재산을 그리스 정교회에서 수백 년 동안(아니 심지어 천년 동안) 소유해왔던 것이 사실이 아니냐고 물어보았다.

2　"이스라엘에 있는 그리스도인들이 불편한 심기를 드러낸다", 「크리스천 센츄리」 107(1990. 4. 25): 419-20. 비교. "팔레스타인 그리스도인들은 미래를 두려워한다", 「크리스채너티 투데이」(1990. 8. 20), 43.

"그건 문제가 안 되죠. 하나님께서 이 나라와 이 도시를 우리에게 주셨으니 유대인들은 어디서나 살 수 있어요." 그들이 대답했다.

나는 그리스 정교회 그리스도인들이 유대인 구역에서 땅을 살 수 없었던 사실을 생각하며 이야기했다.

"우리는 그저 권리상 우리 것을 가지는 거예요. 이 사람들은 이 도시에 있을 자격도 없어요." 그들은 대답했다.

이 마지막 대답이 무척 인상적이었다. 나는 이 열일곱 살 난 호전적인 애국자들이 갖고 있는 "권리"라는 개념에 대해 깊이 파고 들어보았다.

"하나님께서 이 땅을 아브라함에게 주셨고 우리는 그의 자손들이에요. 이 땅은 우리 거예요. 중간에 일어나는 모든 일은 아무것도 아니에요. 팔레스타인 그리스도인들은 그냥 나가야 해요."

이런 대화를 나누면서 정말 이상했던 것은 이 소년들이 미국인이었기 때문이었다. 그들은 뉴욕 출신으로 그 나라에서 산 지 몇 년 안 되었다. 그런데 그들은 이 장소에서 족히 천 년 이상의 역사를 가진 고대 기독교 공동체를 몰아내고 있었다. 그리고 아이러니한 것은 이 공동체도 마찬가지로 아브라함의 자손이라고 주장했다. 하나님께서 그 땅을 유대교에 주셨는가? 성경은 무엇이라 말하는가? 그 약속은 후에 입증되었는가? 조건이 붙어 있었는가?

원 약속들

예루살렘에서 이스라엘 소년들과 벌인 이 논쟁의 원천은 창세기 12장에 있다. 하나님께서 아브라함을 부르셨을 때 그에게 두 가지 약속을 주셨다. 하나는 아브라함의 자손과 관련된 것이었다(그 숫자가 하늘의 별보다 많을 것이라고 말씀하셨다). 또 다른 약속은 땅과 관련된 것이었는데,

아브라함은 유목민으로 자기 소유의 땅이 없었기 때문이다. 이 두 항목(자손과 땅)은 오늘날까지도 중동의 삶에서 가장 중심이 된다. 하나는 이름과 유산이 계속해서 남을 것을 약속한다. 다른 하나는 "집"이라 불리는 장소, 피난처, 현장을 약속한다. 오늘날 아랍 남자는 자신의 첫 아들의 "아버지"로 일반적으로 불린다.[3] 아랍 농부들도 이와 마찬가지로 자신들의 땅에 있는 나무나 우물이나 동굴에 자기의 이름을 붙여서 소중함을 표현한다.

아브라함 이야기의 서두는 하나님의 약속을 개괄하면서 시작한다.

> 여호와께서 아브람에게 이르시되 "너는 너의 고향과 친척과 아버지의 집을 떠나 내가 네게 보여줄 땅으로 가라. 내가 너로 큰 민족을 이루고 네게 복을 주어 네 이름을 창대하게 하리니 너는 복이 될지라! 너를 축복하는 자에게는 내가 복을 내리고, 너를 저주하는 자에게는 내가 저주하리니 땅의 모든 족속이 너로 말미암아 복을 얻을 것이라" 하신지라(창 12:1-3).

여기서 두 가지 점이 중요하다. 먼저는 복음주의적 시온주의 공동체 중 많은 곳이 창세기 12:3 말씀을 근거로 한다는 것이다. 그래서 현대 이스라엘을 축복하지 않으면 하나님이 우리에게 복을 주시지 않을 것이라고 주장한다. 하지만 우리는 바른 의미를 파악하기 위해 언제나 그 말씀이 언제 주어졌는지 또 누구에게 주어졌는지를 물어야 한다. 이 말씀은 아브라함 혼자에게 하신 말씀이고("너"라는 대명사는 히브리어에서는

---

3   내가 아는 팔레스타인 학생 중에 Nalhleh Hussary라는 학생이 있다. 그의 아버지는 Abu Nakhleh다. Abu라는 아랍어는 "~의 아버지"를 의미한다.

단수다), 하나님께서 아브라함의 가족을 보호하시겠다는 표현으로 하신 말씀이다. 이것은 보편적인 선언이 아니고 또한 현대 세속 국가에 적용하는 것은 더더욱 맞지 않다. 그 구절이 성경의 다른 곳에서 하나의 약속으로 사용된 적이 없다는 점을 볼 때 이 점을 더욱 확실히 알 수 있다. 구약은 그것을 사용한 적이 없다. 신약도 그것을 언급한 적이 없다. 단지 민수기 22장에서 거짓 예언자 발람의 입을 통해서만 등장한다.

두 번째로, 놀랍게도 이 약속은 그 땅을 언급하지 않는다. 사실 그 구절을 연구하는 모든 학자가 이 점을 지적한다.[4] 어떤 의미에서 이 이야기의 가장 중요한 주제는 아브라함이 한 민족의 조상이 될 것이라는 것이고, 그들이 하나님의 백성으로서 갖는 정체성이 가장 중요하지 반드시 어디서 살아야 하는지가 중요하지 않다. 이 점은 아브라함이 메소포타미아(그의 고향, 이라크)와 가나안이라는 이집트 지방(우리가 오늘날 주로 이스라엘/팔레스타인이라 부르는 곳)을 여행하던 유목민이었다는 점을 고려할 때 더욱 의미가 통한다. 이 원래 약속은 그 족장의 유랑하는 삶을 말했다. 그 약속은 그 유목민과 그의 일족과 그의 동물들이 기근의 위협을 피하도록 새로운 목초지를 주겠다는 약속이다.[5] 아브라함의 이야기가 계속되면서 아브라함이 정착하지 않는다는 점이 흥미롭다. 그는 세겜, 벧엘, 헤브론, 브엘세바의 도시들로 옮겨 다녔다. 그는 사라가 죽어서 매장지가 필요할 때까지 땅을 사거나 소유하지 않는다.

이 약속을 줄인 형태가 창세기 13:14-17에 언급된다. 아브라함이 눈

---

4 전형적인 연구로 다음의 책을 참조하라. G. von Rad, *The Problem of the Hexateuch and Other Essays* (New York: McGraw-Hill, 1966), 83-84.

5 C. Westermann, "Promise to the Patriarchs," in *The Interpreter's Dictionary of the Bible*, supplemented volume, ed. K. Crim (Nashville: Abingdon, 1962), 690-93; R. Ruether, H. Ruether, *The Wrath of Jonah: The Crisis of Religious Nationalism in the Israeli-Palestinian Conflict* (New York: Harper & Row, 1989), 7.

으로 그 땅을 온 사방으로 바라보고 나자, 하나님은 이렇게 말씀하신다. "보이는 땅을 내가 너와 네 자손에게 주리니 영원히 이르리라.…너는 일어나 그 땅을 종과 횡으로 두루 다녀보라. 내가 그것을 네게 주리라."

이 약속은 창세기 15장에 가서 하나님이 아브라함과 언약을 맺으실 때 공식적으로 재승인된다. 창세기 15:1-6에서 그 땅은 다시 한번 언급되지 않는데 15:18-21에서 하나님은 아브라함이 받을 땅에 대해 분명하게 말씀하신다.

> 그날에 여호와께서 아브람과 더불어 언약을 세워 이르시되 "내가 이 땅을 애굽 강에서부터 그 큰 강 유브라데까지 네 자손에게 주노니, 곧 겐 족속과 그니스 족속과 갓몬 족속과 헷 족속과 브리스 족속과 르바 족속과 아모리 족속과 가나안 족속과 기르가스 족속과 여부스 족속의 땅이니라" 하셨더라(창 15:18-21).

창세기 17장에서 아브라함의 이름이 바뀔 때(전에는 아브람이었다) 다시 한번 하나님은 자손과 땅을 주시겠다는 이중 약속을 반복하신다.

> "내가 내 언약을 나와 너 및 네 대대 후손 사이에 세워서 영원한 언약을 삼고 너와 네 후손의 하나님이 되리라. 내가 너와 네 후손에게 네가 거류하는 이 땅, 곧 가나안 온 땅을 주어 영원한 기업이 되게 하고, 나는 그들의 하나님이 되리라." 하나님이 또 아브라함에게 이르시되 "그런즉 너는 내 언약을 지키고 네 후손도 대대로 지키라"(창 17:7-9).

한 가지 분명한 것이 있다. 땅이라는 선물은 하나님이 아브라함과 맺은 언약 혹은 계약과 밀접한 관련이 있다는 것이다. 이 "묶음 계약"에는 다음의 요소들이 포함되어 있다.

- 아브라함이 그 땅을 영원한 소유로 받을 것이다.
- 아브라함의 후손은 큰 민족이 될 것이다.
- 영원한 언약이 아브라함과 그의 자손들을 하나님과 묶어줄 것이다.
- 세상 모든 민족이 아브라함과 그의 자손을 통해 복을 받을 것이다.[6]

이 약속이 아브라함의 자손들에게까지 확대된다는 점을 명확히 하기 위해 창세기는 이 약속들을 반복하는데 이삭(아브라함의 아들)을 위해서는 창세기 26:2-4에서, 야곱(이삭을 통해 낳은 아브라함의 손자)을 위해서는 28:13-15에서다. 하지만 모든 경우에(구약 다른 곳에서 반복될 때조차도) 아브라함에게 주신 약속이 고정으로 나온다. 사실 이스라엘이 후에 하나님께 불순종하여 예언자들이 심판을 선언할 때에도 아브라함에게 주신 하나님의 약속 때문에 회복과 용서를 소망할 수 있었다(렘 7:7; 16:15; 비교. 신 8:18). 미가 7:20은 이에 대해 간략하게 이렇게 말한다. "주께서 옛적에 우리 조상들에게 맹세하신 대로 야곱에게 성실을 베푸시며 아브라함에게 인애를 더하시리이다."[7]

아브라함의 이야기를 주의 깊게 읽어보면 세 가지 특징이 드러난다. 먼저, 가나안이라 불리는 이 지역의 원주민들이 강제 퇴거되지 않는다. 그들은 고향에서 쫓겨나지 않는다. 대신 아브라함은 (정복자가 아니라)

---

6   C. Chapman, *Whose Promised Land?* (Herts, Eng.: Lion, 1983), 100-101.
7   신약에서 사도 바울도 같은 호소를 한다. 그는 롬 11:28에서 유대인들이 복음의 "원수들"이었지만 조상들 때문에 "사랑을 입은 자"라고 인정한다.

그 땅 토착민들과 무역 관계를 맺는 이웃이 된다. 이 점은 아무리 강조해도 지나치지 않다. 사라가 죽을 때(창 23장) 아브라함은 자기가 원하는 매장지를 아무 곳이나 그냥 취할 수 있다고 생각하지 않는다. 그는 땅을 사야만 한다. 사실 창세기 23장은 협상의 과정을 길게 기록하고 있는데, 아브라함이 원하는 땅을 갖고 있던 헷 족속 사람 에브론은 아브라함에게 그 땅을 그냥 선물로 주려고 한다. 아브라함은 그것을 받기 거절한다. 그는 사겠다고 우긴다. 아브라함은 결국 성문에 들어온 모든 헷 족속이 듣는 앞에서 마므레 상수리나무 옆에 있는 막벨라 굴을 구입한다.[8] 에브론이 헷 족속이었다는 점을 유념하라. 헷 족속은 창세기 15:20에 열거된 아브라함이 받게 될 땅의 주인 중 한 민족이다. 그러나 여기서 아브라함은 헷 족속을 상당히 존중하며 대하고 있다.

두 번째로 그 이야기는 땅이 언약과 연결되어 있음을 강조한다. 창세기 17:9은 아브라함의 책임에 대해 확실히 하는데, 땅의 약속을 포함하는 17:8에 바로 이어져 있다. "권리 증서"가 아브라함에게 넘겨지고 하나님은 빠지시는 그런 모습이 아니다. 오히려 그 땅은 아브라함과 아브라함의 자손들과 하나님 사이의 관계의 파생물이다. 이 관계 안에서 그 땅은 영원한 소유가 될 것이 확실하지만 그에 대한 책임으로 하나님과의 관계에 충실해야 한다. 레위기와 신명기 율법서들은 이 점을 분명히 한다. 마찬가지로 예언자들도 이스라엘에게 이러한 점을 상기시킨다.

마지막으로 하나님은 아브라함의 자손이 "큰 민족"이 될 것이고 그들을 통해 "땅의 모든 족속이 복을 받을 것"이라고 강조하신다. 그리스도

8　본문이 상세하게 땅 매매 과정을 기록한 것은 중동 지역에서 땅 매매가 얼마나 신중하게 이루어지는지를 강조하기 위해서다. 이곳에서는 나무, 동굴, 우물, 결함이 있는 것들, 모든 자산을 다 항목화하여 거래한다.

인들은 창세기 12:2-3을 문맥에 맞지 않게 해석할 때가 종종 있다.

> 내가 너로 큰 민족을 이루고 네게 복을 주어 네 이름을 창대하게 하리니
> 너는 복이 될지라. 너를 축복하는 자에게는 내가 복을 내리고, 너를 저주
> 하는 자에게는 내가 저주하리니 땅의 모든 족속이 너로 말미암아 복을
> 얻을 것이라 하신지라.

이것은 이방인들이 이스라엘이 위대해지고 국가를 이루는 데 어찌하
든지 도와야 하고 그렇게 할 때 하나님의 복을 받게 될 것이라는 말이
아니다. 또한 땅의 모든 족속이 복을 받는 것이 이스라엘이 세상에 구세
주, 즉 예수 그리스도를 모셔올 것이기 때문도 아니다.[9] 오히려 이 구절
들은 이스라엘이 축복을 받아 위대해지고 선해짐에 따라 그 결과로 하
나님의 백성들이 옆에 사는 다른 사람들에게 복이 되어 그 삶을 윤택하
게 할 수 있다는 말을 하고 있다. 다른 말로 하면, 이스라엘이 선택받은
데에는 **도덕적** 측면이 존재한다는 말이다. 언약은 단순히 이스라엘이
국가가 되게 하고 땅을 주기 위해 계획된 것이 아니다. 이스라엘의 이
권을 충족시키기 위해 언약이 행해진 것도 물론 아니다. 이스라엘과의
언약은 하나님의 선하심과 의로우심을 다른 모든 사람에게 드러내려는
하나님의 전략이다. 이스라엘은 하나님의 선하심과 임재를 온 땅에 드
러내는 제사장 국가가 되어야 한다(출 19:6; 신 7:6).

---

9   갈 3:8에서 바울은 아브라함의 축복을 그리스도에 대한 언급으로 해석한다. 그리스도
    가 이미 오셨다는 점에서 유리하게 해석하자면, 창 12:2-3은 성취되었고 "축복"이 되
    어야 하는 이스라엘의 임무는 완성된 것이다.

조건 있는 약속

언약에 대한 충실도와 땅에 대한 약속이 연결된 것은 토라(모세 오경) 전체에 분명히 드러난다. 그 땅을 소유하는 것은 이스라엘이 하나님의 의로운 기준에 따라 계속해서 살아간다는 조건 아래에서다.[10] 제일 놀라웠던 점은 복음주의 저자들 사이에서 이 주제를 다루는 사람이 거의 없다는 사실이었다.

레위기와 신명기 모두 의로움과 그 땅에 대해 극적인 언어로 이스라엘에게 경고하고 있다. 사실 사용한 이미지들을 보면 충격적이다. 이스라엘이 하나님의 율법에 순종하지 않으면 땅이 그 나라를 토해내겠다고 한다. 레위기 18장과 20장은 시내산에서 주신 말씀인데 그곳에서 하나님은 주신 언약과 의무에 대해 너무나 분명히 말씀하셨다. 18장은 이스라엘에게 가나안 사람들의 삶의 방식을 취하지 말라고 경고한다.

너희는 이 모든 일로 스스로 더럽히지 말라. 내가 너희 앞에서 쫓아내는 족속들이 이 모든 일로 말미암아 더러워졌고, 그 땅도 더러워졌으므로 내가 그 악으로 말미암아 벌하고 그 땅도 스스로 그 주민을 토하여 내느니라. 그러므로 너희 곧 너희의 동족이나 혹은 너희 중에 거류하는 거류민이나 내 규례와 내 법도를 지키고 이런 가증한 일의 하나라도 행하지 말라. 너희 전에 있던 그 땅 주민이 이 모든 가증한 일을 행하였고 그 땅도 더러워졌느니라. **너희도 더럽히면 그 땅이 너희가 있기 전 주민을 토**

---

10   W. Eichrodt, *Theology of the Old Testament,* 2 vols. (Philadelphia: Westminster, 1961, 1967), 1:457-67; W. Kaiser, *Toward an Old Testament Theology* (Grand Rapids, Mich.: Zondervan, 1978), 182-219.

함 같이 너희를 토할까 하노라. 이 가증한 모든 일을 행하는 자는 그 백성 중에서 끊어지리라. 그러므로 너희는 내 명령을 지키고 너희가 들어가기 전에 행하던 가증한 풍속을 하나라도 따름으로 스스로 더럽히지 말라. 나는 너희의 하나님 여호와이니라(레 18:24-30).

레위기 20장은 언약 안에서 의례적 거룩함을 지키는 것으로 관심을 돌린다.

너희는 나의 모든 규례와 법도를 지켜 행하라! **그리하여야 내가 너희를 인도하여 거주하게 하는 땅이 너희를 토하지 아니하리라.** 너희는 내가 너희 앞에서 쫓아내는 족속의 풍속을 따르지 말라. 그들이 이 모든 일을 행하므로 내가 그들을 가증히 여기노라. 내가 전에 너희에게 이르기를, "너희가 그들의 땅을 기업으로 받을 것이라. 내가 그 땅 곧 젖과 꿀이 흐르는 땅을 너희에게 주어 유업을 삼게 하리라" 하였노라. 나는 너희를 만민 중에서 구별한 너희의 하나님 여호와이니라. 너희는 짐승이 정하고 부정함과 새가 정하고 부정함을 구별하고, 내가 너희를 위하여 부정한 것으로 구별한 짐승이나 새나 땅에 기는 것들로 너희의 몸을 더럽히지 말라. 너희는 나에게 거룩할지어다. 이는 나 여호와가 거룩하고 내가 또 너희를 나의 소유로 삼으려고 너희를 만민 중에서 구별하였음이니라 (레 20:22-26).

모세가 어떻게 거룩함을 강조하고 있는지 눈여겨보고 각각의 경우에 그 땅이 어떻게 그 거주민을 토해내는지 주목해보라. 그 땅이 고유한 생명을 가지고 있어서 남용으로 고통을 받고 더러워질 수 있다. 불의는 이스라엘/팔레스타인 땅을 더럽힌다. 극악무도한 죄인들이 그 잘못을 그

치지 않고 더 저지르면 이스라엘 진영에서 쫓겨났던 것처럼 이스라엘
도 하나님의 땅 혹은 진영에서 쫓겨날 수 있다.

광야 생활을 마친 후 모세는 백성을 이끌고 사해의 남단을 가로질러
오늘날 요르단이 있는 구릉으로 올라갔고 그다음에는 요르단강 너머
여리고에 근접할 때까지 북쪽으로 갔다. 그는 이곳 "모압 평야"에서 가
나안 땅에 들어가는 것과 관련하여 마지막 교훈을 전했다. 다시 한번 똑
같은 주제가 등장한다. 그 땅을 소유하는 것은 언약을 충실히 지키는 것
과 연결되어 있다는 것이다. 율법을 어기는 것은 땅을 잃는 것이다. 신
명기 4장에 나오는 모세의 말에 귀를 기울여보라.

네가 그 땅에서 아들을 낳고 손자를 얻으며 오래 살 때에 만일 스스로
부패하여 무슨 형상의 우상이든지 조각하여 네 하나님 여호와 앞에 악
을 행함으로 그의 노를 일으키면 내가 오늘 천지를 불러 증거를 삼노니
너희가 요르단을 건너가서 얻는 땅에서 속히 망할 것이라. 너희가 거기
서 너희의 날이 길지 못하고 전멸될 것이니라. 여호와께서 너희를 여러
민족 중에 흩으실 것이요, 여호와께서 너희를 쫓아보내실 그 여러 민족
중에 너희의 남은 수가 많지 못할 것이며(신 4:25-27).

오늘 내가 네게 명령하는 여호와의 규례와 명령을 지키라. 너와 네 후손
이 복을 받아 네 하나님 여호와께서 네게 주시는 땅에서 한없이 오래 살
리라(신 4:40).

아마도 땅과 관련해 모세의 가장 중요한 가르침은 신명기 8장과 9장
에서 찾을 수 있을 것이다. 이 장들은 하나님이 이집트에서부터 그때까
지 이스라엘을 위해 행하신 일들을 요약하고 있다. 무엇보다 이 장들은

이스라엘이 그 땅에 들어갈 때 겸손해야 한다는 점을 상기시키고 있다. 그 땅과 그곳의 부유함은 겸손으로 받아야 할 선물들이다.

> 그러나 네가 마음에 이르기를 '내 능력과 내 손의 힘으로 내가 이 재물을 얻었다' 말할 것이라. 네 하나님 여호와를 기억하라. 그가 네게 재물 얻을 능력을 주셨음이라. 이같이 하심은 네 조상들에게 맹세하신 언약을 오늘과 같이 이루려 하심이니라. 네가 만일 네 하나님 여호와를 잊어버리고 다른 신들을 따라 그들을 섬기며 그들에게 절하면 내가 너희에게 증거하노니 너희가 반드시 멸망할 것이라(신 8:17-19).

이 말들이 갖는 엄격함을 놓쳐서는 안 된다. 이스라엘은 그 땅을 사용함에 있어 거만할 수 없고 그 땅의 거주민들을 함부로 대할 수 없다. 이 땅은 다른 땅과 같지 않다. 이 땅이 갖는 경이로움은 자연환경의 아름다움이나 강력한 역사와 전혀 상관이 없다. 우리는 여기서 낭만적이거나 감정적이어서는 안 된다. 나를 포함한 많은 그리스도인이 신명기 11:11-12을 이런 식으로 읽는 경우가 흔하다. "너희가 건너가서 차지할 땅은 산과 골짜기가 있어서 하늘에서 내리는 비를 흡수하는 땅이요. 네 하나님 여호와께서 돌보아주시는 땅이라. 연초부터 연말까지 네 하나님 여호와의 눈이 항상 그 위에 있느니라." 하나님은 무엇을 찾으시는가? 하나님은 이 땅을 차지하는 사람들 가운데서 거룩함과 공의를 찾으신다.

누가 진짜 그 땅의 주인인가?

하나님께서 이스라엘/팔레스타인 땅에 지대한 관심을 갖고 계신다는 것은 쉽게 설명이 된다. 성경은 그 땅이 이스라엘 소유가 아니라고 가르친다. 하나님이 주인이시다.[11] 그 땅에 대한 하나님의 투자는 이스라엘과의 언약이 맺어졌을 때 사라지지 않았다. 이스라엘과 하나님이 언약 관계 안에서 친밀하게 함께 살아가기 때문에 하나님과 이스라엘은 함께 그 땅을 누릴 수 있었다. 레위기 말씀이 이 점을 완벽하게 보여준다. 그것은 율법으로 그 땅(소작 합의, 경작법, 땅 구매)을 어떻게 사용해야 하는지 개괄하면서 이스라엘 사람들에게 이 점을 상기해주고 있다. "토지를 영구히 팔지 말 것은 토지는 다 내 것임이니라. 너희는 거류민이요 동거하는 자로서 나와 함께 있느니라"(레 25:23). 이스라엘은 그 땅에서 주인이 아니라 소작인이다. 이스라엘은 임차인이고 객이고 이방인이다. 그 땅은 "하나님이 소유하신 것이고 하나님의 약속의 말씀을 일부 성취하는 차원에서 이스라엘에게 임대해 기뻐할 만한 선물이다."[12] 이스라엘은 여지를 가지고 이 땅을 소유해야 한다. 왜냐하면 하나님께서 늘 그것을 차지하는 기간을 결정하실 것이기 때문이다.

나는 종종 이러한 "소유권"을 생각할 때 지금 내가 이 책을 쓰고 있는 컴퓨터의 소유권과 같다는 생각을 한다. 어떤 실질적인 측면에서 이 컴퓨터는 "내 것"이다. 다른 직원들은 이 컴퓨터를 쓰지 않는다. 내가 집에 가져가서 마음대로 쓰는 내 컴퓨터다. 하지만 컴퓨터 바닥에 보면 "휘튼 대학 소유"라는 스티커가 붙어 있다. 그리고 이 스티커가 진짜 주인을 말해준다. 만일 내가 비도덕적인 관심사로 이 컴퓨터를 사용한다면 압수당할 것이다(확실하다). 이런 의미에서 나는 "사용권"은 가지

---

11 "이스라엘 역사상 이스라엘은 한 번도 문자적 의미 그대로 그 땅 혹은 그 영토를 완전히 소유한 적이 없다. 이스라엘이 하나님을 섬기는 한도 안에서 그 땅을 경작하고 살아갈 수 있도록 하나의 봉토로서 하나님께 받았을 뿐이다"(Kaiser, *Toward an Old Testament Theology*, 126).

12 위의 책, 127.

고 있지만 독립적인 소유권을 온전히 가진 것은 아니다.

성경의 처음 여섯 권의 책이 갖고 있는 흥미로운 특징 중 하나는 "이스라엘 땅"이라는 문구가 한 번도 사용되지 않는다는 점이다. 대신 "가나안 땅"이라고 불린다. 이 책들에서 이 땅이 이스라엘에게 주어졌다는 점을 생각할 때 참 놀라운 점이다. 창세기 23:2은 이렇게 말한다. "사라가 가나안 땅 헤브론 곧 기럇아르바(즉 헤브론)에서 죽으매 아브라함이 들어가서 사라를 위하여 슬퍼하며 애통하다가."[13] 이름은 성경에서 늘 중요한 의미를 갖는다. 그 땅을 이렇게 부르는 데에는 중요한 사실을 상기시키려는 목적이 있다. 즉 그 땅은 이스라엘의 역사보다 더 큰 유산을 갖고 있다는 사실이다. 그 땅이 갖는 중요성은 하나님이 이스라엘과 언약을 맺으시며 새롭게 행하시는 일에만 국한되지 않는다. 그 땅은 이스라엘과 독립된 생명과 정체성을 갖고 있다.

하나님이 이스라엘/팔레스타인의 주인이시라는 점은 이스라엘 지역의 의례들을 통해 더욱 분명해진다.

1. 그 땅은 개인 재산으로 여겨지지 않았고 하나님께 드려진 것으로 여겨졌다. 그래서 그 전체 땅이 하나님의 뜻에 맡기기 위해 제비를 뽑아 분배되었다(민 26:55). 땅 분배는 하나님의 결정이었지 이스라엘 사람들의 몫이 아니었다.[14] 개인이 아닌 지파들이 그 땅의 수혜자라는 점에 주

---

13 영어 성경에서 "이스라엘 땅"이라는 말이 29번 나오는 반면 "가나안 땅"은 62번 나온다.

14 출 28:30과 레 8:8이 제사장이 예복에 넣고 다니는 "우림과 둠밈"으로 제비뽑기를 한다고 말한다. 이렇게 제비뽑기로 판단하는 것이 그 백성을 향한 하나님의 명령으로 여겨졌다. 제비뽑기에 대해서는 다음 책을 참고하라. R. deVaux, *Ancient Israel: Its Life and Institutions*, trans. J. McHugh (New York: McGraw-Hill, 1962), 352ff.; W. D. Davies, *The Gospel and the Land: Early Christianity and Jewish Territorial Doctrine* (Berkeley: University of California Press, 1974), 27-28.

목하라(민 36:3; 수 17:5).[15] 그 땅을 지파 차원에서 감독한다는 것은 개인적 소유권이 늘 어떤 연합체에 의해 중재되어야 한다는 것을 의미한다.

이러한 "느슨한 소유권" 개념은 레위기 25장에 소개된 희년 개념으로 더욱 힘을 얻는다. 하나님의 선물인 땅은 마치 이스라엘인 주인이 증서를 써서 넘겨줄 수 있는 것처럼 영원히 사고 팔 수 없었다. 땅은 영원히 소유할 수 없었다. 부자가 장기 투자를 해서 대규모 토지를 개발하는 것은 불가능했다. 땅은 거기 살고 있는 사람이 자기 마음대로 할 수 있는 것이 아니었다. 하나님의 명령에 의하면, 땅은 50년마다 원래 주인에게 돌아가야 했다. 원주인이 그 땅을 누구에게 줄지를 결정했다.

2. 수확물들은 하나님의 소유라는 관점에서 이해되었다. 첫 농작물이나 동물의 첫 새끼는 하나님께 속했고 따라서 희생제물로 하나님께 바쳐졌다(레 27:30-33; 신 14:22; 26:9-15). 이러한 희생제물은 그 땅의 전체 수확물을 상징했고 하나님이 모든 것의 주인임을 인정하는 일종의 의례였다.

3. "안식일을 지키라"는 명령(출 20:8-10)은 땅으로까지 확대되었다. "이스라엘 자손에게 말하여 이르라. 너희는 내가 너희에게 주는 땅에 들어간 후에 그 땅으로 여호와 앞에 안식하게 하라"(레 25:2). 어떤 사람들은 이 말씀을 생태학적인 관점에서 칠 년마다 땅을 쉬게 하여 생산성을 높이려는 것이라고 해석하지만 여기서는 그런 의미가 아니다. 땅 자체가 주님을 위해 안식일을 지켜야 할 의무가 있다. 땅도 하나님을 경배해야 하는 것처럼 거의 의인화되고 있다. 이러한 강조는 땅이 하나님과 맺는 특별한 관계를 말하고, 이럴 경우 이스라엘은 땅을 쉬게 하여 땅이 창조주와 소유자에게 의무를 다하도록 해주어야 했다.

---

15   Von Rad, *The Problem of the Hexateuch and Other Essays*, 86.

4. 그 땅은 종종 이스라엘을 위한 안식처로 불린다(신 12:9). 하지만 이상한 것은 그 땅이 실제로는 하나님의 안식처로 불린다는 점이다(시 95:11; 사 66:1). "쉴 곳"은 하나님의 임재가 머무는 곳으로 표현하기 위해 사용된 전문적인 용어다. 광야 생활에서 이 장소는 하나님이 멈추시는 곳(민 10:33) 혹은 하나님이 거하시는 곳(시 132:8)이다.

5. 이름을 짓는 것은 중동에서 아주 중요하다. 성경에서 이스라엘/팔레스타인은 "하나님의 이름이 거하는" 곳이다(신 12:11; 14:23). 비슷하게 하나님은 "그곳에 그의 이름을 두시고"(신 12:5, 21; 14:24) "그의 이름이 그곳에 있음"을 확실히 하신다(왕상 8:16, 29). 이렇게 이름을 짓는 것은 그 땅이 하나님의 소유라는 것을 나타내는 소유권 표시다.[16]

6. 마지막으로 그 땅은 "거룩"하다고 표현된다. **거룩**이라는 히브리어 단어는 우리가 생각하는 도덕과는 거의 관련이 없다. 땅 스스로는 인간처럼 도덕성을 가질 수 없다. 거룩함(*qodesh*)은 구분을 의미한다. 하나님과 관계를 맺음으로써 일반 세상과 구분되는 것이 거룩하다고 말해진다. 하나님은 그 땅에 거하시고 그분과의 밀접성 덕분에 그 땅의 성격이 변화된다. 다른 땅에는 이 특성이 없다. 다른 땅은 "부정한 땅"이다(암 7:17). 그래서 민수기 35:34은 이렇게 경고한다. "너희는 너희가 거주하는 땅 곧 내가 거주하는 땅을 더럽히지 말라. 나 여호와는 이스라엘 자손 중에 있음이니라." 그 땅은 더럽혀지는 것에 대해 과격하게 반응하는데("너희도 더럽히면 그 땅이 너희가 있기 전 주민을 토함 같이 너희를 토할까 하노라"―레 18:28), 이는 땅이 이스라엘의 삶과 너무나 분리된 의례적 자질을 갖고 있기 때문이다. 그 땅은 하나님과 밀접히 연결되어 존속하

---

16 Kaiser, *Toward an Old Testament Theology*, 133-34.

고 그래서 하나님의 속성이 그 땅을 통해 드러난다.[17]

누가 진짜 물의 주인인가?

성경에서 땅에 맞먹는 관심은 물의 소유에 있다. 이 측면도 아브라함에
게 약속된 "땅"의 밀접한 부분이다. 왜냐하면 (쉽게 사막이 될 수 있는) 이
땅은 하나님만이 보내주실 수 있는 하늘에서 내리는 물을 마셔야 하기
때문이다. 욥은 우리에게 하나님만이 "비를 땅에 내리시고 물을 밭에
보내신다"고 일깨워준다(욥 5:10; 비교. 36:26). 이스라엘에게 우물과 저
수지를 채우는 이 비는 (땅과 마찬가지로) 언약과 연결된 선물이다. 그리
고 하늘에서 내리는 물이 가져다주는 풍요로움을 통해 이스라엘은 이
웃들과 나눌 수 있을 것이다. 신명기 28:12을 들어보자. "여호와께서
너를 위하여 하늘의 아름다운 보고를 여시사 네 땅에 때를 따라 비를
내리시고 네 손으로 하는 모든 일에 복을 주시리니 네가 많은 민족에게
꾸어줄지라도 너는 꾸지 아니할 것이요." 물이 절대적으로 필요한 가을
마다 장막절 동안에 비를 위해 특별 기도를 드렸고 하나님께서 이 선물
을 주시도록 촉구하기 위해 제단에서 물 의식을 치렀다. 예수님은 이 행
사들을 잘 알고 계셨고 요한복음 7:37에 보면 한 행사에 참석하기도 하
셨다. 오늘날에도 요르단에 있는 아랍 무슬림들은 유대인 장막절에 비
가 오면 그해는 비가 아주 충분히 올 것이라고 믿는다.
　하지만 그 반대도 중요하다. 언약에 대한 불순종은 가뭄을 가져온다
(신 28:24). 사실 이스라엘 역사를 통틀어 굶주림을 가져오는 가뭄은 하

17　Davies, *Gospel and the Land*, 29; W. D. Davies, *The Territorial Dimension of Judaism*
　　(Berkeley: University of California Press, 1982), 17-21.

나님께서 그분의 백성을 질책하시기 위해 사용하신 한 방법이었다(암 4:7; 욜 1:10-12). 그래서 예언자 학개는 이렇게 선언했다. "그러므로 너희로 말미암아 하늘은 이슬을 그쳤고 땅은 산물을 그쳤으며"(학 1:10). 이러한 선언 중 가장 유명한 선언은 그 땅이 의로워질 때까지 이스라엘에 비도 이슬도 내리지 않을 거라는 엘리야의 약속일 것이다(왕상 17:1). 언약을 범하는 죄가 땅을 잃는 결과를 가져오듯이 이 죄는 또한 비가 오지 않는 결과도 가져온다(대하 6:26).

물이 없으면 모든 땅이 사막이 된다. 이스라엘/팔레스타인은 건조한 땅으로 물이 가장 귀하다. 비가 오지 않는 것은 가뭄으로 이어지고 그렇게 되면 사람들은 (요셉 시대에 일어났던 것처럼) 그 땅을 떠날 수밖에 없다. 예를 들어 팔레스타인 농업은 이런 환경에도 살아남을 수 있는 작물들(올리브, 포도, 무화과 등)을 이용해 이 문제에 적응했다. 반면 이스라엘 농업은 유럽 수출용 감귤류 시장을 개발했다. 이스라엘에서 자라는 오렌지 하나는 같은 양의 포도에 필요한 물의 양보다 엄청난 양을 더 많이 소모할 것이다.

따라서 땅에 적용한 같은 기준을 물에도 적용해보아야 한다. 이스라엘은 물의 주인이 아니다. **하나님이 주인이시다.** 물은 같이 나누고 소중히 여기라고 하늘이 준 선물이다. 감사함 없이 사용해서는 안 된다. 물을 보존하고 보호하는 일은 구약에서도 엿볼 수 있다. 잠언 5:15은 이렇게 말한다. "너는 **네** 우물에서 물을 마시며 네 샘에서 흐르는 물을 마시라."

이 나라에서 이웃의 물을 가져가는 것은 심각한 범죄다(성경 시대 이래로 범죄의 범위가 완전히 변했다). (땅과 마찬가지로) 물은 **빼앗길** 수 있다. 현대적 장비와 기술은 다른 사람들을 풍요롭게 해주기 위해 물을 빼앗는 능력을 갖고 있다. 땅을 잘못 사용하는 것에 대해 증언하고 비판하던 예언자들은 물을 잘못 사용하는 것에 대해서도 말한다.

요약

"땅의 주인은 누구인가?"에 대한 질문에 답하려고 할 때 오직 단 하나의 답만 맞는 것 같다. **하나님이 땅의 주인이시다.** "물의 주인은 누군인가?"라고 물을 때도 단 하나의 답은 **하나님이 물의 주인이시라**는 것이다. 확실히 이스라엘 국가는 땅을 영원한 선물로 받도록 약속받았지만 이 약속은 조건적이다. 이스라엘이 그 언약과 언약의 조건들에 충실한지 여부에 달려 있다. 그 땅은 하나님과도 관계를 맺고 있다. 이 땅은 하나님이 거하시는 땅이고 그분과 연합되어 있기에 거룩하다. 따라서 이스라엘은 그 땅에 거주하라는 약속을 받았을지라도 불순종으로 인해 쫓겨날 수 있다.

이스라엘은 주인이 아니라 소작인이다. "토지는 다 내 것임이니라. 너희는 거류민이요 동거하는 자로서 나와 함께 있느니라"(레 25:23). 따라서 그 땅에 사는 사람이라면 언제나 겸손하고 감사하며 조심해야 한다. 하나님의 소작인으로서 아브라함의 자손들은 하나님의 선하심을 기억하고 그분을 통해 함께 사는 사람들을 축복해야 한다. 앞으로 보겠지만, 이방인이나 나그네(비이스라엘인)는 이 땅에서 보호받고 존중받아야 한다.

이 장을 시작하면서 예루살렘의 그리스도인 구역에 있는 성 요한 정교회 호스피스에 대해 설명했었다. 성경이 땅을 약속했다고 해서 사람이 부당하게 그 땅을 취해도 된다는 말일까? 신적 특권이 공평함은 다 잊어버려도 된다는 의미일까? 이 약속을 받은 사람들은 유산의 일부로 선함을 삶으로 보여주어야 하는가? 그들이 복이 되어 그들을 통해 "땅의 모든 족속이 복을 받게 해야" 하는가?

　다음 장에서 살펴보겠지만 이스라엘의 역사는 하나님이 기대하신 바를 저버렸다. 이스라엘 사람들은 그 땅을 원했지만 하나님과의 언약이나 하나님과의 관계에 대해서는 신경을 쓰지 않았다.

5장

이스라엘 국가와 그 땅

거류민이 너희의 땅에 거류하여 함께 있거든 너희는 그를 학대하지 말고 너희와 함께 있는 거류민을 너희 중에서 낳은 자 같이 여기며 자기 같이 사랑하라. 너희도 애굽 땅에서 거류민이 되었었느니라. 나는 너희의 하나님 여호와이니라.

- 레 19:33-34

전에 솔로몬의 아버지 다윗이 이스라엘 땅에 사는 이방 사람들을 조사하였더니 이제 솔로몬이 다시 조사하매 모두 십오만 삼천 육백 명이라.

- 대하 2:17

베트셰안(Beth She'an)은 이스라엘/팔레스타인에서 가장 볼 만한 장소 중 하나인데 오늘날 빠른 속도로 그 나라에서 최대 규모의 고고학 공원으로 조성되고 있다. 그곳은 이스르엘 골짜기(Jezreel Valley) 동쪽 끝에 자리하고 있어서(또 티베리아스에서 남쪽으로 320km 떨어져 있다) 그 지역으로 들어올 수 있는 주요 접근로 하나를 보호하는 요새로 기능했다. 사울 왕은 여기서 벌어진 싸움에서 목숨을 잃었다. 그가 죽고 난 뒤 그의 시체는 성벽에 걸렸다. 오늘날 거대한 고고학 텔이 그 장소를 표시하고 있고 매년 발굴이 계속되고 있다.

신약 시대에 그리스와 로마는 그곳에 도시를 건설했다. 스키토폴리스라 불리는 이 도시는 중요 도시로 그 나라에서 최대 규모의 극장과 목욕탕, 시장, 사원, 경마장을 자랑한다. 예수님도 갈릴리와 예루살렘을 오가실 때 이 거리를 분명히 지나가셨을 것이다.

이와 같은 오래된 터들을 수 세기 동안 팔레스타인 마을들이 차지하고 있어서 이 마을들의 이름에는 아직도 고대 역사의 흔적이 남아 있다. 예를 들어 성경에 나오는 엠마오는 예루살렘 서쪽 임와스(Imwas) 마을에서 찾아볼 수 있다(엠마오와 임와스가 얼마나 소리가 비슷한지 주목해보라). 나사로가 자랐다고 알려진 베다니는 오늘날 엘 아자리야(El Azariya)라고 불리는데 이 이름에서 나사로의 이름이 엿보인다. 세포리스(Sepphoris)는 사푸리야(Saffuriya)라는 아랍 마을이었는데 정복당해서 지포리(Zippori)라는 이스라엘 마을이 되었다.

거대한 베트셰안의 폐허 근처에, 이 위대한 구약의 유산이 생각나게 하는 이름을 가진 베이산(Beisan)이라는 번창한 아랍 마을이 있었다. 1948년 이 마을에는 아랍 인구가 5,180명, 유대인이 약 100명이었다.[1] 1948년까지는 이 두 공동체 간의 갈등의 역사는 알려진 바가 없었다.

아마도 베트셰안(아랍 마을 베이산)만큼 이스라엘-팔레스타인 갈등이 복잡한 양상을 띠는 곳도 없을 것이다. 20세기 초부터 주로 이라크의 쿠르디스탄과 다양한 무슬림 국가들에서 온 유대인들이 그곳에 정착해서 아랍 이웃들과 함께 살았다. 하지만 1929년 다른 지역에서 벌어진

---

1   F. Jaber, *The Colonization of Palestine* (New York; Americans for Middle East Understanding, 1992), 27. 다음 유대인 인터넷 도서관도 참고하라. 〈http://www.jewishvirtuallibrary.org/jsource/judaica/ejud_0002_0003_0_02880.html〉

유대인과 아랍인 사이의 싸움 때문에 베트셰안에 살던 대부분의 유대인들이 떠났다. 1930년대 말경 많은 사람이 되돌아왔지만 1936년 싸움이 더 자주 발생하면서 아랍인들이 대다수를 이루는 마을에서 유대인들이 또다시 떠나야 했다. 그러나 1940년 무렵 베트셰안은 급진주의를 지지하는 이들로 가득했고, 그곳에 본거지를 둔 아랍 단체들이 주위에 있는 유대인 마을을 공격하기 시작했다. 이로 인해 유대인들은 유대인 정착촌을 막강한 무기로 무장하기 시작했다. 아랍과 유대인 사이의 관계는 급속도로 멀어졌다. 1945년경 양측의 인구는 거의 비슷해졌다. 그해에 프랑스 조사 기관이 발간한 자료를 보면 "베이산 지역"의 땅 소유 비율은 다음과 같다. 아랍인이 44%, 유대인이 34%, 나머지 22%는 공공의 땅이거나 "그외 다른 사람"이 소유했다.[2]

나임 스티판 아티크(Na'im Stifan Attek)는 1948년에 11살이었다.[3] 그와 그의 가족은 베이산에 있는 영국 성공회 교회를 다니고 있었다. 그의 집에서 교회의 여러 가지 사역이 행해졌다. 그곳에서 성경 공부도 하고 주일 학교 수업도 했다. 그의 아버지는 베이산에 영국 성공회 교회를 짓는 일을 돕기도 했다. 상주하는 목회자가 없어서(한 달에 한 번 나사렛에서 목사가 와서 성찬을 거행했다) 나임의 아버지가 평신도로서 교회를 섬겼다.

1948년 5월 12일(이스라엘 국가가 탄생하기 이틀 전), 이스라엘 군인들이 베이산을 점령했다. 싸움도 없었고 저항도 없었으며 살상도 없었다. 마을은 간단히 넘어가 버렸다. 군인들은 무기와 무전기가 있는지 집집

---

2 〈http://domino.un.org/maps/m0094.jpg〉
3 Na'im Ateek의 이야기는 다음에 소개된 그의 책에 자세히 나와 있다. *Justice and Only Justice* (Maryknoll, N.Y.: Orbis, 1989), 7-17. 여기서 Ateek는 팔레스타인 사람, 아랍인, 그리스도인, 이스라엘 시민으로서 갖는 딜레마를 보여준다. 현재 Ateek는 영국 성공회 목사로서 예루살렘에 있는 아랍 그리스도인 정의 사역 단체인 사빌을 이끌고 있다. 참고. 〈www.sabeel.org〉

마다 수색한 후 5월 26일에는 마을의 지도자들을 모아놓고 중대한 발표를 했다. 몇 시간 내로 모두 이 마을을 떠나라는 통보였다. 그들은 "떠나지 않으면 죽이겠다"고 말했다.

사람들이 마을 한가운데 모이자 군인들은 무슬림과 그리스도인을 구분했다. 무슬림들은 요르단 동쪽으로 보내졌고 그리스도인들은 버스에 태워 나사렛 외곽으로 보내졌다. 몇 시간 만에 나임의 어머니와 아버지, 일곱 자매와 두 형제는 난민이 되었다. 그들은 가지고 나온 것을 제외하고는 다 잃어버렸다. 나사렛에서 그들은 친구 몇 명과 합류하여 17명이 "마리아의 우물" 근처에 있는 방 두 칸짜리 집에서 살았다. 나임의 아버지는 즉시 구호 활동을 돕기 위해 일하러 나갔다. 수많은 그리스도인과 무슬림들이 난민이 되어 나사렛으로 물밀듯이 밀려 들어오고 있었다.

10년 후인 1958년에 이스라엘 정부는 많은 팔레스타인 가족들이 제한 없이 하루는 여행을 할 수 있도록 허락했다. 나임의 아버지는 아이들을 베이산으로 데려가 그들이 살던 "집"을 보여주고 싶었다. 성공회 교회는 창고가 되어 있었다. 로마 가톨릭 교회는 학교가 되었고 그리스 정교회 교회는 폐허가 되어 있었다. 나임은 아버지가 자신이 손수 만든 그 집의 문으로 올라가던 순간을 기억한다. 아버지는 그 집을 마지막으로 한 번 보고 싶었다. 하지만 아버지의 요구는 거절되었다. 그 집에서 살고 있는 이스라엘 사람이 이렇게 말했다. "이건 당신 집이 아니라 내 집이요."

나는 시간이 나면 자주 현대에 조성된 베트셰안의 이스라엘 마을로 드라이브를 간다. 한때 베이산이었던 그곳에는 현재 이스라엘 마을이 들어서 있다. 나는 종종 이곳의 아름다움과 이곳이 형성된 역사적 배경을 곰곰이 생각해보곤 한다. 그럴 때마다 그리스도인들로 가득했던 고대 공동체가 총으로 위협받으며 뿌리째 뽑히고 지금은 완전히 사라져버린 사실이 기억나 늘 씁쓸하다.

　베이산에서 약 17km 떨어진 곳에 이스르엘이라 불리는 또 다른 아름다운 장소가 있었다(이 마을의 이름을 따서 계곡의 이름을 붙였다). 길보아산 산등성이 낭떠러지 아래 위치한 이스르엘은 땅도 좋고 물도 좋고 매우 중요한 이스르엘 골짜기로 가는 길도 편리한 이점이 있다. 그 옛날 구약 시대에 한 이스라엘 왕이 베이산이 이스라엘 도시가 된 것과 같은 방식으로 이스르엘에 있는 포도원을 탐냈다. 그 왕은 비슷한 방법으로 그 포도원을 빼앗았고 하나님은 예언자 엘리야를 보내 하나님의 백성의 지도자를 심하게 책망하셨다. 이 이야기는 우리에게 땅과 정의에 대해 말해준다. 땅을 차지할 때 성경은 권리를 존중하지 않거나 그곳에서 수 세기 동안 살던 사람들을 존중하지 않는가? 유대인이 아닌 사람들이 땅을 차지할 때 하나님은 무엇을 기대하시는가?

여호수아의 정복

오늘날 이스라엘 학교에서는 여호수아서를 읽도록 되어 있다. 많은 사람이 이스라엘이 국가로 설립되는 전례를 여호수아서에서 발견할 수 있다고 생각하기 때문이다.[4] 일전에 예루살렘 시온산에 있는 복음주의 대학원에서 저녁 식사를 한 적이 있었다. 나는 복음주의 교회의 목회자와 학생들과 함께 대화를 나누면서 문득 우리가 그리스도인으로서 이스라엘이 "점령지" 안에서 땅을 취하는 것을 어떻게 설명할 수 있을지

4　여호수아서가 현대 이스라엘에게 주는 함축적인 의미들이 있음을 보여주는 방대한 연구가 이루어졌는데 아랍 성공회에 속한 팔레스타인 목회자가 저술했다. Z. Nassir, "The Israelites Conquest of Palestine: Theological Implication for Claiming a Land" (B.Div. diss., Baptist Theological Seminary, Ruschlikon, Switzerland, 1987). 또 다음 책도 참고하라. A. Rantisi, *Blessed Are the Peacemakers: A Palestinian Christian in the Occupied*

궁금했다. 나는 그들 중 많은 사람이 여호수아의 정복이 현대에 적용할
수 있는 합법적인 전례이고 패턴이라고 말하는 것을 듣고 깜짝 놀랐다.

그들이 그 땅에 들어오기 전에 여호수아와 이스라엘 백성들에게 주
어진 교훈은 너무나 명확했다. 그들이 가나안에 들어가서 무엇을 해야
하는지 설명하는 모세의 말을 주의 깊게 읽어보라.

> 네 하나님 여호와께서 너를 인도하사 네가 가서 차지할 땅으로 들이시
> 고, 네 앞에서 여러 민족 헷 족속과 기르가스 족속과 아모리 족속과 가나
> 안 족속과 브리스 족속과 히위 족속과 여부스 족속 곧 너보다 많고 힘이
> 센 일곱 족속을 쫓아내실 때에 네 하나님 여호와께서 그들을 네게 넘겨
> 네게 치게 하시리니 그때에 너는 그들을 진멸할 것이라. 그들과 어떤 언
> 약도 하지 말 것이요. 그들을 불쌍히 여기지도 말 것이며, 또 그들과 혼
> 인하지도 말지니 네 딸을 그들의 아들에게 주지 말 것이요. 그들의 딸도
> 네 며느리로 삼지 말 것은 그가 네 아들을 유혹하여 그가 여호와를 떠나
> 고 다른 신들을 섬기게 하므로, 여호와께서 너희에게 진노하사 갑자기
> 너희를 멸하실 것임이니라. 오직 너희가 그들에게 행할 것은 이러하니
> 그들의 제단을 헐며, 주상을 깨뜨리며, 아세라 목상을 찍으며 조각한 우
> 상들을 불사를 것이니라. 너는 여호와 네 하나님의 성민이라. 네 하나님
> 여호와께서 지상 만민 중에서 너를 자기 기업의 백성으로 택하셨나니
> (신 7:1-6).

이런 말씀은 바르게 해석하기 쉽지 않다. 이 말씀은 마치 여호수아가
가나안 땅에 있는 모든 거주민을 다 죽이라는 명령을 받는 것처럼 보

West Bank (Grand Rapids, Mich.: Zondervan, 1990), 157ff.

인다. 이 말씀이 다른 곳에서 보이는 사람들의 생명을 귀히 여기고 보호하라는 하나님의 명령과 어떻게 양립할 수 있을까? 요나도 아시리아 사람들에게 말씀을 전하라는 명령을 받았었다(아시리아 사람들도 가나안 사람들과 별반 다를 바가 없다). 하지만 여호수아서에는 이런 제안이 나오지 않는다. 이 가르침은 온 민족을 싹 쓸어 처분하라고 말하는 것 같다. 이 말씀에서 세 가지 점을 잘 살펴야 한다.

1. 여호수아서에 나오는 싸움들은 가나안에서 세력을 떨치고 있는 남북 왕들의 연합을 깨트리기 위한 것이다. 여호수아 9:1-2을 눈여겨 보라.

이 일 후에 요르단 서쪽 산지와 평지와 레바논 앞 대해 연안에 있는 헷 사람과 아모리 사람과 가나안 사람과 브리스 사람과 히위 사람과 여부스 사람의 모든 왕들이 이 일을 듣고 모여서 일심으로 여호수아와 이스라엘에 맞서서 싸우려 하더라.

여호수아는 그의 도착에 군사적으로 저항하는 도시 지역들과 싸워 그곳을 파괴한다. 여호수아서는 여호수아가 이 군대들에 속하지 않은 어떤 넓은 지역을 대상으로 학살하거나 멸절한다는 말을 하지 않는다. 사실 여리고, 아이, 하솔 이 세 개의 가나안 도시만 완전히 불에 탄다. 가나안 사람들의 학살은 없다.

2. 모세는 가나안 사람들의 부패한 종교적 영향력을 염두에 두고 있다. 신명기 7:5이 가나안 종교의 멸절을 강조하고 있음에 주목하라. "오직 너희가 그들에게 행할 것은 이러하니 그들의 제단을 헐며 주상을 깨뜨리며 아세라 목상을 찍으며 조각한 우상들을 불사를 것이니라." 이

종교는 뱀 숭배와 인신 제사, 신전 매춘을 일삼는 다산의 종교다. 많은 학자에 따르면, 이 종교는 도덕적인 것에는 전혀 관심이 없다. 가나안 사람들은 하나님을 믿는 길 잃은 신자들이 아니었다. 오히려 그들의 문화는 이교적 악행의 극을 달리고 있었다.

3. 여호수아는 많은 가나안 사람을 존중한다. 여리고에서 라합은 이스라엘 사람이 아니었지만 정탐꾼들을 돕고 하나님을 경외했기 때문에 보호를 받았고 생명을 지킬 수 있었다(수 2장). 게다가 여호수아는 이 사람들과 언약을 맺지 말라는 명령을 받았음에도 불구하고 기브온 사람들에게 속아서 조약을 맺고 만다. 여호수아가 실수를 저지르고, 기브온 사람들은 정직하지 못했지만 그래도 여호수아는 다섯 왕의 연합군이 그들을 공격하자 그들을 보호하기 위해 싸우기까지 한다. 이 사건의 중요성을 간과해서는 안 된다. 이스라엘 사람들은 적군들에 의해 멸망 직전에 있는 가나안 사람들을 보호하기 위해 목숨을 걸었다. 속아서 맺은 언약도 이렇게 존중된다면 선의로 맺은 언약은 더더욱 그러해야 할 것이다.

여호수아가 그 땅에 처음 들어가서 중앙 산악 지대에서(에발산과 그리심산—수 8:30-35) 백성들에게 언약에 대해 결단을 새롭게 하라고 요구할 때도 이스라엘인이 아닌 사람들을 받아들이는 모습을 볼 수 있다. 이 갱신 의식에 참여한 사람들은 이스라엘 사람도 있었고 비이스라엘 사람도 있었다. 이스라엘 역사와 무관한 거주민들이 율법의 은혜와 저주 아래 서 있었다. 오직 이스라엘 사람들만 이 땅과 하나님의 언약을 누리도록 허락되었다는 점을 생각할 때 이 사건은 놀랍다.

그 후에 여호수아가 율법책에 기록된 모든 것대로 축복과 저주하는 율법의 모든 말씀을 낭독하였으니 모세가 명령한 것은 여호수아가 이스라엘 온 회중과 여자들과 아이와 **그들 중에 동행하는 거류민들** 앞에서 낭독하지 아니한 말이 하나도 없었더라(수 8:34-35).

4. 여호수아는 모든 가나안 사람을 몰아낸 적이 없다. 여호수아 13장은 가나안 사람들의 통치로 남아 있던 지역들을 열거한다. 게다가 우리는 예루살렘도 유다 족속에 의해 정복된 적이 없었다는 사실을 알고 있다. "예루살렘 주민 여부스 족속을 유다 자손이 쫓아내지 못하였으므로 여부스 족속이 오늘까지 유다 자손과 함께 예루살렘에 거주하니라"(수 15:63). 이상한 것은 여호수아 12:10이 예루살렘 왕이 패했고 그가 이스라엘을 대적하던 남부 연합 세력에 가세했을 때 그 모든 군대가 붕괴되었다고 분명히 말한다는 점이다(수 10:3-5, 22-27). 그리고 예루살렘에 살던 여부스족(군사적 방어력이 없었던)만 남았다. 왜 여호수아는 예루살렘을 습격해서 취하지 않았을까?

요약하면, 여호수아가 보여주는 그림은 우리가 생각하는 것과 똑같지 않다. 여호수아를 대적한 도시 요새들은 철저한 패배를 맛보았지만 모든 가나안 사람의 삶이 그 땅에서 말살된 것은 아니다. 실제로 중요한 지역들, 특히 헤르몬산 근처에 있는 갈릴리나 레바논 해안가, 블레셋 사람들이 거주하던 산기슭은 가나안 사람들의 통치를 받으며 남아 있었다.

여호수아의 정복과 현대 이스라엘 사람들이 그 땅을 점령하는 것을 동일시하는 것은 적절하지 않다. 그리고 오늘날 매우 사려 깊은 그리스도인들은 여호수아의 싸움이 모든 싸움의 원형이라고 받아들이기를 거부한다. 여호수아가 받은 명령은 가나안 사람들이 하나님의 율법에 온전히 반하는 종교를 장려하던 한 특정한 역사적 시기에 필요했던 것이다. 현대 이스라엘/팔레스타인에는 많은 그리스도인과 아브라함의 하나님을 깊이 존경하는 무슬림들이 살고 있다. 사실 라합의 영적 성향은 유대인들이 경배하던 그 동일한 하나님을 인정하고 경배하는 팔레스타인 사람과 다르지 않았지만 유대인의 성향은 아니었다.

사사 시대의 위기

여호수아의 정복 후, 이스라엘 지파들은 자신들에게 배당된 영토에 정착하고 하나님께서 그들에게 약속해주신 땅을 누리기 시작한다. 그러나 사사기는 반복되는 이야기를 통해 세대마다 완고하게 언약을 무시하고 그래서 하나님의 심판 아래 놓이게 되는 이야기를 들려준다. 사사기 3:7-8의 말씀이 전형적이다.

> 이스라엘 자손이 여호와의 목전에 악을 행하여 자기들의 하나님 여호와를 잊어버리고 바알들과 아세라들을 섬긴지라. 여호와께서 이스라엘에게 진노하사 그들을 메소보다미아 왕 구산 리사다임의 손에 파셨으므로 이스라엘 자손이 구산 리사다임을 팔 년 동안 섬겼더니.

자비를 구하는 그들의 기도에 대한 응답으로, 하나님은 (에훗, 드보라, 기드온, 삼손 같은) 사사를 일으켜 이스라엘을 승리로 이끄신다. 그러면 다시 나라는 평화를 회복하고 예배를 바로잡는다(주로 40년간 지속되었다). 그러다 다음 세대에 또 이런 일이 반복된다.

잘 알려진 사사들이 많이 있다. 그러나 사사기의 결론은 그 땅에서 만연하던 악을 여실히 보여주는 두 가지 곤혹스러운 이야기로 끝난다. 사사기의 마지막 절은 이스라엘의 상황을 이렇게 요약한다. "그때에 이스라엘에 왕이 없으므로 사람이 각기 자기의 소견에 옳은 대로 행하였더라"(삿 21:25). 사사기 17장부터 21장은 단 족속과 베냐민 족속의 타락을 비슷하게 기록한다.

단 이야기는 이스라엘의 **종교적** 부패를 보여준다(삿 17-18장). 단은 서쪽 해안 언덕(Shephelah)에 있던 영토를 떠나 "사마리아"의 중앙 산악지대를 통과해 북쪽으로 여행하다 에브라임 족속에 속한 제사장 직분을 돕는 사람(레위인)을 만나 그에게 자기 부족의 제사장이 되어달라고 제안한다.[5] 단 지파 사람들은 그에게 이렇게 말했다. "네가 나와 함께 거주하며 나를 위하여 아버지와 제사장이 되라." 단 지파는 헤르몬산 근처 북쪽에 다시 정착해서 그곳에 이 새로운 제사장의 우상을 기반으로 새로운 종교를 세운다. 600명의 단 지파 사람들이 앞장서서 행한 이 행위는 하나님의 언약을 철저히 거부하는 행위로 최악의 변절이자 종교적 부패였다.

베냐민 지파의 이야기는 이스라엘의 **도덕적** 부패를 보여준다(삿 19-21장). 이는 사사기의 마지막 이야기라고 볼 때 너무나 충격적이고 정신이 번쩍 드는 이야기다. 다시 한번 레위인이 중심에 등장한다. 그의 젊은 첩이 베들레헴에 있는 자기 아비의 집으로 도망가자 이 레위인은 그녀를 다시 데려오려고 그곳으로 간다. 그리고 첩을 데리고 북쪽으로 온다. 그는 분명 실로로 가는 중이었을 것인데 그곳에서 제사장들을 돕는 일을 했을 것이다. 밤이 저물자 그는 베냐민 지파의 도시인 기브아에서 숙소를 구한다. 한 노인이 그들을 집으로 데리고 간 후, 그 밤에 기

---

5   레위인이 우상숭배를 행하는 것도 잘못이었지만 레위인이 제사장 직분을 행하는 것도 잘못이었다. 당시에 제사장이 드리는 예배는 이스라엘 북쪽 중앙 산악 지역에 있는 실로에서만 행해졌다. 역설적인 것은 실로가 단 지파 사람들이 레위인을 고용하던 장소와 매우 가까웠다는 점이다.

브아 남자들이 그 문을 두드린다. 그들은 레위인을 범하고 싶어 한다 (삿 19:22). 주인은 대신 자기 처녀 딸들을 주겠다고 제안하지만 소용이 없다. 그러자 레위인은 젊은 자기 첩을 밖으로 내보내고 그 여자는 밤새도록 남자들에게 괴롭힘을 당한다. 아침에 레위인이 문 옆에서 그 여자를 발견하고 일으켜 세우려고 하지만 여자는 죽어 있었다.

그러자 레위인은 그 여자의 몸을 열두 조각으로 잘라 각 지파에 보낸다. 기브아에서 목격된 비도덕적인 모습에 분노한 지파들은 내려와 베냐민 지파를 죽이는데 남자 600명만 남기고 모두 죽인다. 그러고 나서 베냐민 지파가 멸절되지 않게 하기 위해 야베스 길르앗(도시 나머지는 다 죽이고 나서)과 실로(하나님을 예배하던 곳)에서 아내들을 납치해온다. 이 일련의 사건들은 전례 없는 도덕적 혼란과 성적 폭력을 보여준다.[6]

이 두 가지 비슷한 이야기는 중요한 점을 보여준다.[7] 우리는 3장에서 이 땅에 임하는 하나님의 축복은 언약에 대한 충성도에 달려 있음을 살펴보았다. 사사들이 율법에 암시되어 있던 것을 지금 현실로 보여주고 있다. **즉 죄가 넘치면 유산을 잃는다.** 단 지파는 해변 언덕에 있는 약속된 땅을 경시하고 변절하여 북쪽 멀리까지 이주한다. 베냐민 지파는 하나님의 도덕적 명령에 대한 감각을 잃어버림으로써 역사에서 거의 모습을 감춘다. 레위인의 죄뿐 아니라 이 죄도 가증스럽다.

땅과 의로움은 서로 연결되어 있다. 사사기는 모세 언약 안에 제시된

---

6   이 이야기는 의도적으로 소돔에 있던 롯의 이야기를 흉내내고 있다(창 19장). 소돔을 방문한 두 명의 천사는 동성 간 성폭행의 위협을 받고 이에 롯은 자신의 두 딸을 내준다. 소돔이 보여준 적대감으로 인해 천사들은 롯의 가족에게 도망가라고 말한 후 불로 그 도시를 파괴한다.
7   비슷한 점들에 주목해보라. 레위인, 600명, 중앙 산악 지역에 있는 심각한 죄악, 언약 위반. 단은 이스라엘 지파 중에서 가장 미미한 지파 중 하나다. 베냐민 지파는 가장 많은 특권을 누리는 지파였는데, 그 조상(베냐민)이 야곱이 가장 사랑하던 아내 라헬의 막내였기 때문이다.

신학적 주제를 보여준다. 즉 언약에 충실한 의로움이 그 언약의 축복을 누리는 것의 필요조건이다. 각 세대가 언약을 경시할 때, 그 땅은 외세에 의해 정복당한다. 특정한 한 지파가 언약을 어기면 그 언약이 위험에 처한다. 여호수아는 백성들에게 이러한 결과가 일어날 거라고 상기시켜 주었다. 그들이 그 땅에 처음 들어갔을 때 여호수아가 에발산과 그리심산에서 백성들을 모으고 율법을 다시 한번 크게 들려주었던 것을 기억했을 것이다. 여호수아는 백성들에게 언약이 단순히 기계적으로 권리를 부여하는 것이 아니라 기대하게 하는 것임을 상기시켰다. 언약은 축복과 심판을 동시에 보여주었다.

이스라엘 왕들

사사기와 사무엘상 전반에서 이스라엘 백성들은 왕을 세우겠다고 주장한다(기드온의 제안과 비교—삿 8:22). 그들은 왕이 자신들이 기대하는 나라를 세워줄 것이라 생각한 반면, 예언자 사무엘은 정반대의 일이 일어날 거라고 경고한다(삼상 8장). 인간 왕을 갖는 것은 하나님을 왕으로 섬기는 것을 거부하는 것이고 그렇게 되면 언약을 경시하게 될 것이다. 사무엘은 왕들이 전쟁을 일으키고(삼상 8:10-12), 세금(삼상 8:15-18)을 거둘 것이라고 주장한다. 왕들은 젊은이들을 이용해 "제국"을 섬기도록 부추길 것이다(삼상 8:13, 16). 그리고 흥미로운 것은 그들이 그 땅을 훔칠 것이라는 점이다(삼상 8:14). 사무엘의 경고의 말을 들어보자. "그가 또 너희의 밭과 포도원과 감람원에서 제일 좋은 것을 가져다가 자기의 신하들에게 줄 것이며"(삼상 8:14). 사무엘은 하나님께 받은 가장 소중한 선물 중 하나로 땅을 이해하고 있다. 그리고 나라가 부패해질 때(사무엘이 볼 때 이것은 불가피한 일이다) 이 땅이라는 선물이 남용될 것이다.

사울, 다윗, 솔로몬이 세운 나라를 문화적으로 획일적인 나라로 생각하는 것은 오산이다. 마치 현대적 의미에서 "유대 국가"처럼 생각하는 것처럼 말이다. 비유대인들은 소수 민족으로 밀려나거나 추방되지 않았다. 반대로 "고대 제국들은 인종적으로 배타적인 것이 아니라 패권을 잡았다."[8] 다른 문화들은 패권을 잡은 왕의 지배와 그가 지배하는 막강한 나라의 통제 아래 그 나라의 삶의 주류로 통합되었다. 예를 들어 사무엘하 4:2-3은 사울의 군 지휘관 두 명이 "브에롯 사람"이라고 말하고 있다. 이들은 "외국" 혹은 "이방" 민족으로 사울 왕국에 살고 있던 비이스라엘 사람들이다.

이렇게 비이스라엘 사람들을 통합한 것은 다윗 왕의 경우에도 볼 수 있는데, 그의 군 지휘관들 서열에 다른 사람들이 끼어 있었다. 사무엘하 23장(대상 11:10-47)은 다윗 군대 조직의 핵심 멤버들을 열거하는데 3명의 "우두머리"와 30명의 부지휘관들이 나온다. 이 중에는 다윗이 정복한 나라 출신의 많은 비이스라엘 사람들이 포함되어 있다.[9] 소바(삼하 23:36)는 레바논 중앙 골짜기에 있었고 마아가는 골란고원 위에 있는 시리아 왕국이었으며,[10] 암몬(삼하 23:37)은 요르단강 동쪽 구릉에 있었다(현대 요르단의 수도 암만은 이 왕국에서 그 이름을 땄다).[11] 헷 족속(삼하 23:39)은 먼 북쪽에 있는 현대의 터키에서 왔다. 따라서 다윗의 군대는

---

8   R. Ruether, H. Ruether, *The Wrath of Jonah: The Crisis of Religious Nationalism in the Israel-Palestine Conflict* (New York: Harper&Row, 1989), 9.

9   참고. J. Mauchline, *1 and 2 Samuel, New Century Bible* (London: Oliphants, 1971), 320-21. 자비를 베풀어 부상당한 사울 왕을 죽이고 다윗에게 사울의 왕관을 가져온 젊은이는 "아말렉 사람, 곧 외국인의 아들"(삼하 1:13)이었다는 점을 주목하라.

10   삼하 10:6-14에는 마아가에서 온 용병들이 다윗과 싸워 패배한 이야기가 나온다.

11   암몬 족속은 롯의 후손들이다(창 19:38). 암몬 족속은 땅의 약속을 받지 못했음에도 불구하고(아브라함의 자손이 아니기 때문에) 신 2:19은 그들을 존중해야 한다고 말하고 있다.

놀라울 정도로 다양한 사람들로(그중 많은 사람이 토착 이스라엘 사람들이 아니었다) 구성되어 있었다. 오늘날의 지리학적 용어를 사용하자면, 다윗은 레바논, 시리아, 요르단, 터키 출신의 사람들을 등용했고 그들 중 일부는 신임을 받는 지도자들이었다. 다윗 왕의 장군과 대령들은 완전히 국제적이었다.

"이방인" 혹은 외국인이 포함되는 것은 다른 방식으로도 볼 수 있다. 예루살렘 성전을 지을 때에도 비이스라엘 사람들이 도왔다(대상 22:2). 어느 한 시점에 솔로몬은 자신의 왕국에 살고 있는 거주 외국인들의 숫자를 조사했는데 153,600명이었다(대하 2:17). 히스기야 왕은 심각한 불신의 시간이 지난 후 성전 예배를 정화하고 회복한 후 사람들을 예루살렘으로 불러 유월절 절기를 지키게 했다. 이때 외국인들도 초청을 받았을까? "유다 온 회중과 제사장들과 레위 사람들과 이스라엘에서 온 모든 회중과 이스라엘 땅에서 나온 나그네들과 유다에 사는 나그네들이 다 즐거워하였으므로"(대하 30:25).

이스라엘은 왜 이 거주 외국인들을 존중했을까? 그 답은 이스라엘의 역사에서 찾을 수 있다. 이스라엘은 한때 이집트에서 이방인이었다. 그들도 난민이었다. 이스라엘 사람들은 매년 수확한 열매를 하나님께 제물로 드리라는 명령을 받았다. 그들은 제사장에게 제물을 건네면서 다음과 같이 고백했다. "내 조상은 방랑하는 아람 사람으로서 애굽에 내려가 거기에서 소수로 거류하였더니 거기에서 크고 강하고 번성한 민족이 되었는데"(신 26:5; 비교. 시 119:19). 하나님이 이방인이었던 이스라엘에게 은혜를 베푸셨기 때문에 이스라엘도 다른 외국인들에게 마땅히 자비를 베풀어야 한다. 다윗은 임종을 앞두고 아들 솔로몬을 위해 기도하면서 솔로몬이 겸손하기를 기도하는데, 다음의 개념에 근거한 것이었다. "우리는 우리 조상들과 같이 주님 앞에서 이방 나그네와 거류민들이라. 세상에 있는 날이 그림자 같아서 희망이 없나이다"(대상 29:15).

그 땅에 살고 있는 이방인과 나그네

두 가지 주제가 드러나기 시작한다. 먼저는 이스라엘이 그 땅을 소유하는 것은 언약적 의로움과 연관된다. 그 땅의 소유는 하나님께 행하는 충성도와 관련한 조건부로 주어진 것이다. 따라서 다윗이 하나님의 성전 건축을 시작하기 전 그의 아들 솔로몬에게 충고할 때, 그는 다음과 같이 말한다. "이제 너희는 온 이스라엘 곧 여호와의 회중이 보는 데에서와 우리 하나님이 들으시는 데에서 너희 하나님 여호와의 모든 계명을 구하여 지키기로 하라. 그리하면 너희가 이 아름다운 땅을 누리고 너희 후손에게 끼쳐 영원한 기업이 되게 하리라"(대하 28:8). 그 땅을 지키는 것은 율법을 지키는 것에 의해 결정된다.

두 번째로 의로운 국가의 한 가지 특성은 이스라엘이 거주 외국인이나 이방인(이스라엘이 도착하기 전에 그 땅에 살고 있는 비이스라엘 사람들)을 공정하게 대하는 것이다. 그들을 쫓아내기보다 이스라엘 사회로 포함시켜야 한다. 사실 이스라엘 인구에 상당수의 비이스라엘 소수 민족들이 포함되어 있다(15만 명이 넘는다).

이스라엘 사람들과 함께 살고 있는 이러한 "이방인들"의 권리에 대해 자세히 살펴보자. 성경의 놀라운 점 중 하나는 고대 이스라엘의 사회 구조가 "이방인(또는 나그네), 고아, 과부"를 관대하게 수용한다는 것이다. 비이스라엘 사람으로서 이방인들은 놀라운 특권을 부여받았다. 그들은 광범위한 유대 국가를 만들 공간을 위해 사회 밖으로 밀려나지 않았다. 율법이 말하는 이방인들에게 주어지는 유익을 아래에서 일부 소개하겠다.

1. **종교적 특권**: 비이스라엘 사람들은 종교 의례와 예배에 포함되었다.

   - 이방인들은 안식일에 휴식을 누렸고 일하도록 요구받지 않았다 (출 23:12).

   - 이방인들은 예루살렘에서 열리는 모든 중요한 절기에 참석할 수 있었다(민 9:14). 그러나 유월절 행사에 참여하려면 그 이방인이 반드시 할례를 받아야 했다(출 12:48).

   - 이방인들은 예배를 위해 제단에서 개인적인 희생제사를 드릴 수도 있었다(민 15:14).

   - 가장 거룩한 예식에도 접근이 금지되지 않았다. 예를 들어 여호수아가 이스라엘을 하나님과의 언약에 재헌신하도록 할 때에도 이방인들은 법궤 근처에서 이스라엘 사람들과 함께 서 있었다 (수 8:33).

2. **사회적 특권**: 비이스라엘 사람들은 가난한 사람을 돕는 "사회 프로그램"의 도움을 받았다.

   - 이스라엘 사람들은 수확할 때 전부를 수확하지 않아서 이방인이나 고아나 과부가 남은 것을 자유롭게 가져갈 수 있도록 하라는 명령을 받았다(레 19:10; 23:27; 신 24:19-21).

   - 십일조가 모일 때(이것은 오늘날 세금과 같은 기능을 했다) 그 수입은 이방인과 고아와 과부에게도 분배되어서 그들이 물질적으로 생계를 이어갈 수 있었다(신 14:29; 26:12).

   - 율법은 빚으로 인해 영원히 노예가 되는 것으로부터 모든 사람을 보호했다. 속죄의 방법들이 이방인을 포함한(레 25:47-50) 모든 사람에게 확대되어 있어서 비이스라엘 가족들의 사회적이고

경제적인 미래를 보호했다.

3. **법적 특권**: 비이스라엘 사람들은 이스라엘 사람들이 누리던 공의
   체계를 같이 누릴 수 있었다.

   - 이스라엘에는 전 지역에 "도피성" 제도가 있어서 복수로 인해
     희생당하는 것을 막아주었다. 피의자는 그곳으로 도망해 보호
     받고 공정한 대우를 받을 수 있었다. 이방인들도 제한 없이 이
     도시들을 이용할 수 있었다(민 35:15; 수 20:9).

   - 임금도 공정하게 받았다. 이방인에게 임금을 미룰 수 없었다(신
     24:14).

   - 이와 비슷하게, 이방인들은 온전한 시민이 아닌 것처럼 억압을
     받거나 차별을 받을 수 없었다. 레위기 19:33-34의 말씀은 이
     에 대해 분명히 말한다. "거류민이 너희의 땅에 거류하여 함께
     있거든 너희는 그를 학대하지 말고 너희와 함께 있는 거류민을
     너희 중에서 낳은 자 같이 여기며 자기 같이 사랑하라! 너희도
     애굽 땅에서 거류민이 되었었느니라. 나는 너희의 하나님 여호
     와이니라."

   - 이스라엘 사람들에게 적용되는 법체계가 이방인들에게도 적
     용되었다. 두 가지 사법 체계가 있었던 것이 아니다(신 1:16;
     24:17). 신명기 27:19 말씀을 주목해보라. "객이나 고아나 과부
     의 송사를 억울하게 하는 자는 저주를 받을 것이라 할 것이요,
     모든 백성은 아멘 할지니라."

   - 성경은 한 법이 모든 사람에게 적용되어야 한다고 여러 번 반복
     해서 말한다. 이방인과 이스라엘 사람이 각각 다른 법을 따르는
     것이 아니다. 이스라엘 사람들을 속박하지 않는 법이라면 이방

인도 속박할 수 없다(레 24:22; 민 9:14; 15:16, 29).

이에 따른 결론은 피할 수 없다. 이스라엘은 멋진 사회를 건설하라는 명령을 받았고 그 사회가 좋은 사회인지 시험해보는 한 가지 기준은 외국인, 이방인, 비이스라엘인들이 어떤 대우를 받는가를 보면 된다. (하나님께 속한) 이 땅은 이웃에게 진짜 축복이 되는 사람, 이웃을 자신들의 삶에 받아들이는 사람, 이웃을 리더로 세울 수 있는 사람들을 낼 것이다.

두 이야기, 두 왕

(거주하는 이방인을 포함해서) 땅을 소유한 사람에 대한 존중과 땅을 소유하는 데 필요한 의로운 요구 조건들이 구약에 나오는 두 가지 중요한 이야기에서 함께 등장한다. 두 이야기에 나오는 각각의 이스라엘 사람은 땅을 원한다. 그 두 사람은 땅을 소유한 사람을 대하는 방법에 있어서 도덕적 선택을 한다.

역대상 21장을 보면 다윗 왕은 다윗이 거하던 예루살렘 바로 북쪽에 있는 작은 언덕에 하나님을 위한 제단을 쌓으라는 지시를 받는다. 이 장소는 솔로몬의 영광스러운 성전 터가 될 땅이었다(대상 22:1-5). 그래서 천사는 그 정확한 위치를 콕 집어서 말한다(대상 21:18, 20). 그 땅이 하나님께 속한 것이라면, 분명히 이 장소는 특별히 더 하나님의 것이다! 다윗이 온 땅의 청지기라면 이 장소는 이스라엘의 유산의 핵심이 될 것이다. 이 성전은 하나님의 집이 될 것이고 하나님이 그분의 백성과 함께 거하신다는 사실을 보여주는 상징적인 장소가 될 것이다.

하지만 한 가지 문제가 등장한다. 그 선택된 장소가 오르난이라는 이름을 가진 사람이 소유한 타작마당이었다. 그는 그 도시가 이스라엘 사람들의 예루살렘이라고 불리기 전 "여부스"라고 불리던 때부터 그곳에 거주하던 가나안 사람이었다. "여부스 사람" 오르난은 창세기 15:20-21에 열거된 이스라엘이 받을 땅의 민족 중 한 족속이었다. 여부스/예루살렘을 정복한 다윗이 오르난으로부터 그 땅을 일방적으로 빼앗아도 그리 놀랄 일이 아니다. 이스라엘이 그 타작마당을 유산으로 받았다. 하지만 무슨 일이 일어나는지 잘 보라. 오르난은 희생제사에 쓸 황소까지 곁들여서 그 땅을 다윗에게 거저 주려고 하지만 왕은 그 선물을 거절한다. 왕은 이렇게 대답한다. "'그렇지 아니하다. 내가 반드시 상당한 값으로 사리라. 내가 여호와께 드리려고 네 물건을 빼앗지 아니하겠고, 값없이는 번제를 드리지도 아니하리라' 하니라"(대상 21:24). 그런 다음 다윗은 금 600세겔을 땅 값으로 지불한다.

이 이야기는 흥미롭다. 다윗이 그 땅을 얻으려고 할 때 여부스 사람 오르난에게 공정하게 대한 것이 중요하고 가치 있는 일이라고 기록하고 있기 때문이다. 어떤 땅이든 "하나님의 땅"이라면 이 타작마당도 마찬가지였다. 하지만 다윗은 "창끝"으로 오르난을 위협해 그의 땅을 취하지 않았다. 하나님의 언약을 지키는 수장으로서 다윗은 그 땅을 얻는 방식에서 공의와 정의를 보여주었다.

우리는 열왕기상 21장에서 또 다른 이야기를 본다. 아합 왕은 이번 5장 초반부에서 언급했던 베이산이라는 아랍 마을에서 그리 멀지 않은 이스르엘 골짜기에 두 번째 왕궁을 가지고 있었다. 그리고 왕의 영토에 인접한 곳에 나봇이라는 사람이 소유한 아름다운 포도원이 있었다. 이 사람은 이 땅에 오랫동안 거주한 사람이었다. 아합 왕은 그 포도원을 사겠다고 제안했지만 나봇은 팔기를 거절했다. 돈이 문제가 아니었다. 이 땅은 수세대를 걸쳐 나봇 가문의 소유였다. 그의 역사와 유산이 걸린 문제였다. 나봇에게 이 땅은 거룩한 곳이었고 너무나 사랑하는 장소였다.

왕은 나봇에게 다른 곳에 있는 포도원을 주겠다고 제안하지만 나봇은 관심이 없었다.

아합의 아내 이세벨에게 완벽한 해결책이 있었다. 나봇이 움직이려 하지 않았기에 이세벨은 그에게 부당한 죄를 뒤집어 씌워 죽였다. 공식 석상에서 이세벨이 고용한 건달들이 나봇에게 하나님과 왕을 저주했다는 누명을 씌웠다.

장로들이 나봇을 돌로 쳐 죽인 후, 아합은 재빨리 그 포도원을 차지한다. 하지만 이 이야기는 여기서 끝이 아니다. 바로 그 다음 단락에서 하나님은 예언자 엘리야를 불러 그의 뜻을 전하라고 말씀하신다. "너는 그에게 말하여 이르기를 '여호와의 말씀이 네가 죽이고 또 빼앗았느냐고 하셨다' 하고 또 그에게 이르기를 '여호와의 말씀이 개들이 나봇의 피를 핥은 곳에서 개들이 네 피 곧 네 몸의 피도 핥으리라 하였다' 하라"(왕상 21:19). 그리고 얼마 지나지 않아 아합은 전쟁에서 죽는다.

이 이야기는 우리 논의에서 매우 중요하다. 사람들이 땅을 차지할 때 그 백성 중에 공의가 이루어지기를 바라시는 하나님의 확고한 뜻을 보여주기 때문이다.[12] 나봇의 권리는 보호되어야 했다. 정의가 조롱당할 때 하나님의 심판이 신속히 임한다. 베이산 출신 팔레스타인 목회자인 나임 아티크는 나봇 이야기를 언급한다. "예언자들이 옹호하던 (하나님의) 윤리법은 공명정대하게 실행되었다. 모든 사람의 권리와 재산과 생명은 하나님의 보호 아래 있었다." 불의가 일어날 때마다 하나님은 가난한 자, 약한 자, 무방비의 사람들을 변호하시기 위해 개입하셨다.[13]

---

12 이 이야기는 성경이 말하는 정의를 보여주는 모델이 되었고, 베이산에 살았던 팔레스타인 그리스도인인 Na'im Ateek 같은 사람들을 위해 성경을 해석하는 열쇠가 되었다. 이스라엘은 많은 팔레스타인 그리스도인들에게 아합의 죄를 짓고 있다. Ateek의 말을 참조하라. *Justice and Only Justice*, 86-89.

13 위의 책, 88.

1966년 한 농부가 이스라엘 토지청(Lands Adminstiration)에 있는 관리에게 이렇게 요구했다. "어떻게 이 땅에 대한 내 권리를 부인하는 겁니까? 내 땅입니다. 우리 부모님과 조부모님으로부터 물려받았습니다. 땅문서도 있습니다." 그러자 관리는 이렇게 대답했다. "우리 땅문서가 더 중요한 문서입니다. 우리는 단부터(북쪽 끝) 에일라트(남쪽 끝)까지 모든 땅의 문서가 있습니다." 다른 관리가 농부에게 그의 땅에 대한 명목 매매가를 지불하고 있었다. 농부의 땅문서를 들고 그 관리는 이렇게 말했다. "이건 당신 땅이 아니죠. 우리 땅이죠. 지금 지불하는 돈은 '파수꾼의 삯'이요. 당신이 우리 땅을 2천 년 동안 지켰으니 지금 돈을 지불하는 거요. 하지만 그 땅은 언제나 우리 소유였소."[14]

요약

성경은 하나님의 백성이 하나님의 땅에서 살아갈 때 어떻게 살아야 하는지에 대해 모호하게 말하지 않는다. 하나님의 백성은 어떤 희생을 치르든 공의와 통합을 추구해야 한다. 더 나아가 거주하는 이방인들에 대한 대우는 그들의 민족성에 대한 하나의 시험이다. 비이스라엘 사람들을 학대하는 것은 무력한 사람과 이방인들에게 열심을 다하시는 하나님의 성품을 무시하는 행위다. 의롭지 못하게 사는 것은 하나님의 언약을 무시하는 태도다. 그리고 이방인들의 땅을 부당하게 취하는 것은 이스라엘의 유산을 위태하게 만드는 행동이다. 아브라함에게 약속하신 언약은 영원한 반면, 이러한 축복을 유산으로 받아 누리는 사람들은 그것

---

14 「알 이티하드」(*Al Ittihad*) 신문에 실린 Hannah Nakkara 변호사의 보고서(1966년 7월 15일). 다음 책에서 인용했음. S. Jiryis, *The Arabs in Israel*, trans. from Arabic by Inea Bushnaq (New York: Monthly Review Press, 1976), 74.

들을 지키기 위해 의롭게 살아야 한다.

이번 장을 시작하면서 성경에서 고대 베트셰안으로 알려졌던 베이산 마을에 대한 이야기를 살펴보았다. 이스라엘 탄생 초기에, 즉 시온주의에 도취해 이 나라의 미래를 꿈꾸며 나아갈 때, 이스라엘 군대는 전략적으로 중요한 이 마을에 눈독을 들였다. 아합의 시대에는 나봇의 포도원이 좋은 지리적 위치와 풍부한 농작물로 인해 가치 있게 여겨졌다면 1940년대 이스라엘에게 베이산은 전략적으로 눈독을 들일 만한 장소였다. 베이산은 중앙 고속도로에 자리하고 있어서 요르단 계곡과 내륙 갈릴리와 서부를 연결했다. 곧 이스라엘의 71번 고속도로가 건설될 것이었고 수많은 아랍 사람이 거추장스러운 존재였다. 그리고 아합의 시대와 꼭 마찬가지로 불순한 동기와 군사적 역량이 싸움에서 이겼다. 베이산 마을은 수용되고 말았다. 그리고 5,000명이 넘는 사람들이 집을 잃었다.

베이산에서 팔레스타인 사람들을 "싹 쓸어낸" 날에 엘리야가 왔다면 뭐라고 말했을까? "여호와의 말씀이 네가 죽이고 또 빼앗았느냐?" 이방인과 나그네를 어떻게 대하는지를 잊을 때, 이스라엘은 자기 자신의 신학적 역사, 즉 이집트에서 고통받았던 **자신들의** 성경적 역사뿐 아니라 유럽에서 고통받았던 20세기의 역사까지도 망각했다.

하나님은 이스라엘이 그 역사에서 심각한 불의를 경험했기 때문에 그 땅에서 의롭게 살 것을 요구하신다. 이스라엘이 이렇게 행동하기를 거부할 때 그 나라는 그 땅에서의 삶에 대한 그 자신의 요구를 위태롭게 한다.

6장

예언자들과 그 땅

너희가 만일 길과 행위를 참으로 바르게 하여 이웃들 사이에 정의를 행하
며, 이방인과 고아와 과부를 압제하지 아니하며, 무죄한 자의 피를 이곳에
서 흘리지 아니하며, 다른 신들 뒤를 따라 화를 자초하지 아니하면, 내가
너희를 이곳에 살게 하리니 곧 너희 조상에게 영원무궁토록 준 땅에니라.

– 예레미야 7:5-7

베이타라는 팔레스타인 마을은 수 세기 동안 예루살렘과 성경에 나
오는 세겜(오늘날은 나블루스) 사이에 있는 사마리아 언덕 외딴 곳에 있
었다. 30년 전 이곳에 전기가 들어왔다. 물은 아직도 마을 우물에서 길
러 먹는다. 삶이 척박하다.

근처에는 엘론 모레라는 이스라엘 정착촌이 있다. 이 마을은 몇 년 전
이 언덕 지역에 세워졌는데 깨끗하게 정비되고 아름답고 현대적이며
경비가 든든한 곳으로 근처에 사는 아랍 사람들에게 큰 위화감을 준다.
엘론 모레의 타일 지붕과 정원은 마치 샌디에이고 한 부분을 캘리포니
아에서 떼어 이스라엘에 옮겨놓은 것 같다.

1988년 4월 6일 금요일. 비극이 일어났다. 지난 50년간 숱하게 보았던 비극이었다. 유월절 기간이어서 이스라엘은 40회 기념일을 축하하고 있었다. 엘론 모레 마을에 사는 18명의 십 대들이 무장한 경비 두 명과 함께 베이타 근처로 하이킹을 하고 있었다.[1] 그들은 소풍을 간 것이라고 말했다. 그래서 언론은 그렇게 보도했다. 그러나 그 마을의 무크타르(Mukhtar) 혹은 시장은 나중에 이렇게 말했다. "이스라엘 사람 중 이 언덕으로 소풍을 오는 사람은 없습니다." 그의 말이 옳았다. 그동안 그 마을과 이스라엘 정착촌 사이에는 긴장이 고조되어왔다. 또 베이타는 소풍을 갈 만한 장소가 아니었다.

18명이 그 마을로 접근했을 때, 경비 중 한 명인 26살의 로맘 알두비가 밭을 갈고 있던 마을 농부에게 자신의 M-16 소총을 발사했다. 그 농부는 즉사했다. 타이시르 살레라는 다른 농부가 불려왔다. 그가 "우리 마을에 무슨 일입니까?"라고 묻자 M-16을 가진 같은 경비가 그의 배에 직격탄을 쏘았다.[2] 먼저 죽은 농부의 어머니와 누이가 사랑하는 사람이 죽은 것을 알고는 돌을 던지며 이스라엘 사람들에게 달려들었다.

갑자기 폭동으로 번졌다. 베이타에 있던 아랍 십 대들이 이스라엘 십 대들에게 돌팔매질을 시작했다. 아랍 마을 어른들이 끼어들어 이스라엘 십 대들을 보호하려고 시도했다. 엘론 모레에서 온 라헬리 사비티즈라는 한 소녀는 나중에 아랍 가족이 자기를 집에 데려다가 보호해주었다고 말했다. 그 그룹이 마을로 가까이 오자 두 이스라엘 경비는 자신들의

---

1 그곳을 하이킹하려면 지역 군대에 알려야 했지만 그들은 그렇게 하지 않았다. 두 명의 경비는 M-16 자동 소총을 가진 Romam Aldubi와 우지 기관총을 가진 Menachem Ilan이었다.
2 Tasir는 살아남아서 많은 인터뷰를 했다. 나중에 이스라엘 군대는 그의 증언(그리고 다른 이스라엘 증인들의 증언)을 사실로 수용했다. 참조. 「뉴욕 타임스」(1988년 4월 9일) A-8.

자동 소총을 발사했고 총알이 사방으로 날아갔다. 한 아랍 소년이 쓰러져 죽었다.[3] 다른 한 명은 들판을 가로질러 도망가다 등에 총을 맞고 죽었다.[4] 두 명의 아랍 소년이 더 부상을 당했다. 그런 다음 이스라엘 소녀 중 한 명(티르차 포랏이라는 15살 소녀)이 머리에 총을 맞고 쓰러져 죽었다. 인티파다(팔레스타인 봉기)가 일어난 이래 최초의 이스라엘인 사상자였다. 누가 총을 쐈는지 아무도 몰랐다. 알두비는 이성을 잃고 마을 사람들에게 자동 소총을 난사하려고 했지만 다른 경비가 그를 저지했다.

아랍 마을 주민들은 무장한 두 경비를 붙들고 그들을 진정시킨 다음 M-16 자동 소총과 우지 기관총을 빼앗았다. 그들은 탄창을 빼고 총을 땅에 내리쳐서 부수려고 했다.[5] 다른 마을 사람들은 이 난투극 속에서 이스라엘 십 대들을 계속해서 보호했고 다친 사람들을 나블루스에 있는 의료 기관으로 이송했다.

즉시 수백 명의 이스라엘 군인들이 베이타로 내려와 마을을 봉쇄했다. 나블루스에서 온 아랍 구급차도 들어가지 못했다. 이스라엘 소녀를 죽인 사람을 찾기 위해 가가호호 수색이 시작되었다. 그 후 9일 동안 일어난 일은 중동과 세계를 놀라게 했다. 베이타는 3일 동안이나 「뉴욕 타임스」의 일면을 장식했다.[6]

4월 7일 목요일. 「예루살렘 포스트」의 머리기사다. "정착촌 소녀 돌

---

3 19살의 Hatan Fayez다.
4 20살의 Mousa Abu Shalseh다.
5 M-16과 우지 기관단총은 나중에 군대에 돌려주었다. M-16에는 아직도 여섯 발이 더 들어 있었다. 장전된 M-16 소총을 빼앗은 어른들의 행동이 얼마나 위험한지 보여주는 대목이다.
6 이어지는 설명은 다음의 뉴스들을 모아 신중하게 편집한 것이다. 「예루살렘 포스트」(이스라엘), 「알 나하르」(예루살렘, 팔레스타인 사람들), 「뉴욕 타임스」, 로이터와 연합 신문의 기사들. 통역사를 대동하고 나도 직접 베이타의 무크타르(마을 장로)와 인터뷰를 했을 뿐 아니라 그 마을에 사는 12명의 어른과 한 가정도 인터뷰를 했다.

에 맞아 죽다." 엘론 모레는 온 국민이 지켜보는 가운데 티르차 포랏의 장례식을 치렀다. 그리고 수백 명의 군인들이 "복수하자, 복수하자, 아랍인들을 몰아내자"라는 구호를 계속해서 외쳤다. 엘론 모레의 한 연설가가 죽은 소녀의 이름으로 베이타 근처에 또 다른 정착촌을 세우겠다고 약속했다. 당시 수상이었던 이츠하크 샤미르(Yitzhak Shamir)는 장례식에서 복수가 이루어질 것이라고 약속하며 연설을 했다. 그는 이렇게 말했다. "하나님께서 소녀의 피를 갚아주실 것입니다." 랍비 하임 드러크만(Chaim Druckman)도 이렇게 말했다. "베이타 마을은 지구상에서 사라져야 합니다." 법무부 장관 아브라함 샤리르(Avraham Sharir)는 베이타의 집들을 파괴하고 거주민들을 레바논으로 추방해야 한다고 말했다.

그날 오후, 헬리콥터가 숨어 있는 아랍 젊은이들을 찾기 위해 언덕들을 조사하고 있었다. 한 명이 달아나는 것을 포착하고 총을 발사하여 신원 확인도 하지 않은 채 죽였다. 군대는 증거도 없이 폭력이 의심된다는 이유로 아랍인의 집 4채를 폭파시켰다. 베이타에서 1.6km 떨어진 하와라 마을에서는 무장한 이스라엘 정착민들이 자동차 유리와 집의 창문을 깨며 거리에서 난동을 부렸다. 군대는 수수방관했다.

목요일 저녁, 이스라엘 텔레비전은 이스라엘 소녀의 시체를 원색적으로 화면에 내보냈다. 이스라엘 전역에서 베이타에 대한 국민적 반감이 극에 달했다. 베이타는 "조작된 대사건"이 되었다.

4월 8일 금요일. 이스라엘 군대는 베이타에서 어떤 형식적인 재판이나 조사 없이 8채의 집을 더 폭파했다. 이스라엘군 검시관은 그 소녀를 죽인 총알이 수요일에 아랍 청년들을 죽인 같은 총에서 나온 것이라고 말했는데, 이는 이스라엘 경비가 사고로 그 소녀를 죽였음을 의미했다. 이스라엘 육군 참모 총장 단 쇼므론(Dan Shomron) 장군은 다음과 같이 말을 해서 모든 사람을 놀라게 했다. "베이타의 아랍 거주민들은 하이킹을 간 엘론 모레의 젊은이들에게 해를 끼칠 의도가 없었습니다." 엘론 모레 정착민들은 분노하며 이 보고를 거부했다. 아랍인들의 데모는 나블루스 근처에서 점점 거세어져 49명의 아랍 젊은이들이 부상을 당했다.

이스라엘 군인들은 부상당한 베이타 거주민들을 찾기 위해 나블루스에 있는 중앙 병원을 샅샅이 뒤졌다. 의사와 간호사들은 사무실에 감금되었고 수많은 환자들이 구타를 당했다. 다음날, 병원 직원들이 저항을 시도했다.

4월 9일 토요일. 베이타에 있는 14채의 집이 더 파괴되었다. 수요일 사건과 관련해서 30명이 더 체포되었지만 이스라엘 정착민들은 한 명도 구금되지 않았다. 베이타에 있는 65채의 집이 군인들에 의해 파손되었다. 안식일이어서 이날은 조용했다.

4월 10일 일요일. 이스라엘 국방 장관 이츠하크 라빈은 그 소녀가 로맘 알두비가 쏜 총에 맞아 죽은 것이라고 재차 확인했다. 알두비의 이력이 공개되었다. 알두비는 급진파 랍비 메이르 카하네(Meir Kahane)를 신봉하던 군인이었는데, 나블루스 외곽 발라타 난민 캠프에서 팔레스타인 사람들에게 총을 발사하여 나블루스에 다시 들어가는 것이 금지되었고 군대에서도 복무할 수 없게 되었다. 그런데도 그는 그때까지 군에서 발급받은 M-16을 소지하고 있었다. 라빈은 알두비가 범인이라고 규정했다.

몇 시간 후, 군은 그 사건과 관련된 6명의 베이타 젊은이들은 그 나라에서 추방할 계획이라고 발표했다. 그들은 재판도 받지 않았다. 그들은 헬리콥터로 남부 레바논으로 옮겨져 다시는 고향으로 돌아오지 못하게 되었다.

고위급 군 장교가 그 마을에 와서 베이타 시장과 비밀 회동을 가졌다.

그는 군이 그 마을에 행한 일에 대해 비밀스럽게 사과했다. 베이타의 많은 집이 분노한 이스라엘 정착민들의 분풀이로 파괴된 것이다.

이스라엘 통상부 장관 아리엘 샤론은 모든 베이타 거주민이 추방되어야 하고 그 마을의 모든 집이 파괴되어야 한다고 말했다.

이스라엘 대법원은 베이타의 집을 더 이상 파괴하지 못하도록 금지했다. 이스라엘 신문인 「하아레츠」(Ha'aretz)와 「하다쇼트」(Hadashot)는 베이타에 대한 징벌을 그만두라고 요구했다. 하다쇼트는 엘론 모레 정착민들을 진정시키기 위해 그렇게 해야 한다고 말했다.

4월 11일 월요일. 이스라엘 육군 참모 총장 쇼므론은 베이타 주민들이 혼란 속에서 엘론 모레 십 대들을 보호해준 것에 대해 칭찬했다는 이유로 정착민들로부터 비난을 받았다. 국회의원 몇 명은 그의 사임을 요구하기도 했다. 그런데도 군은 2채의 집을 더 파괴했고 베이타의 아몬드나무들을 파괴했으며 수백 그루의 오래된 올리브나무들을 뽑아버렸다. 베이타에 있는 사람들을 위한 재판은 한 번도 열리지 않았다.

UN 안전보장이사회는 이스라엘이 팔레스타인 사람들을 추방한 것을 비난하며 (미국의 지지를 받아) 해결책을 채택했다.

미 국방부 대변인인 찰스 레드맨은 국외 추방은 이스라엘이 승인한 제네바 국제 인권 협정을 어긴 행위라는 미국 정부의 입장을 재천명했다.

4월 12일 화요일. UN 사무총장 하비에르 페레스 데 케야르(Javier Perez de Cuellar)는 이스라엘이 베이타와 관련하여 취한 행동과 국외 추방을 공식적으로 비난했다. 영국도 공개적으로 비난하고 나섰다. 미국 대사 토마스 피커링은 예루살렘의 히브리 대학교에서 강연하면서 이스라엘은 더 이상 집을 파괴하고 아랍인들을 추방하며 공정한 사법 절차를 밟지 않는 행동을 해서는 안 된다고 말했다. 이츠하크 샤미르 수상은 군을 옹호하면서 팔레스타인 사람들이 적대감을 버리지 않는 한 더 많은 추방과 파괴가 있을 것이라고 팔레스타인 사람들에게 경고했다.

4월 13일 수요일. 군은 그 소녀를 죽인 총알이 이스라엘 사람에 의해 발사된 것임을 인정하면서 베이타에 대한 마지막 보고서를 제출했다. 엘론 모레가 그 사건에 책임이 있었다. 그러나 군은 베이타의 파괴된 집들을 재건할 계획이 전혀 없었다.

4월 19일 화요일. 오후 3시, 이스라엘 무장 헬리콥터가 남부 레바논에 착륙한다. 가산 알리 에자트 마스리, 마흐무드 야쿱, 무스타파 아예드 하마옐, 나제 자밀 사다 드웨이카트, 사리 카릴 다헤르 하마옐, 아흐마드 파우지 칼레드 디크, 오마르 무함마드 사우드 다우드, 이브라힘 무함마드 카데르는 나가라는 명령을 받고 다시는 이스라엘/팔레스타인으로 돌아오지 못한다. 이 젊은이 중 여섯 명이 베이타 출신이다. 그들은 재판도 받지 못했다. 변호도 받지 못했고 다시는 가족들이 있는 고향으로 돌아오지 못할 것이다. 돌을 던졌다는 혐의로 그들은 종신 추방형을 받았다.

이런 사건들이 있고 얼마 지나지 않아 나는 베이타를 방문해 마을 시장(*Mukhtar*)의 인도로 파괴된 가정들을 둘러보는데 마음이 슬프고 화가 나고 힘이 빠졌다. 군인들이 이후에 그 마을로 들어와 베이타 남자들을 동원해서 자신들이 파괴한 흔적을 없애기 위해 파괴된 집의 파편들을 치우게 했다. 파괴된 한 집의 폐허 위에 서 있다가 밝은 녹색이 칠해진 석고 하나를 집어 들어 주머니에 넣었다. 지금 그 석고는 내 사무실 선반 위에 있다. 그 석고 조각은 지금은 팔레스타인 사람들을 제외하고는 모든 곳에서 잊힌 이야기를 들려주는 폭력의 증거이자 기록이다.

구약 전체는 정의와 그 땅을 연결하고 있다. 열왕기서뿐 아니라 율법서에서도 이를 확인할 수 있다. 여호수아가 처음 그 땅에 들어갔을 때, 그는 에발산과 그리심산을 "언약의 수호자들"로 지정함으로써 이스라엘의 언약을 새롭게 했다. 그 산들은 백성들을 내려다보며 이스라엘 백성들에게 축복이 내려질지 저주가 내려질지를 평가한다.

예언서에서도 같은 내용을 찾아볼 수 있다. 예레미야, 아모스, 이사야, 에스겔 같은 예언자는 제국을 건설할 때 의로움을 무시했던 나라에 대해서는 참을성이 거의 없었다. 땅을 함부로 사용하고, 지계표를 옮기며, 죄 없는 백성과 그들의 집을 파괴한 왕들은 언제나 예언자와 직면해야 했다. 아합이 엘리야를 직면했듯이 말이다. 아니면 하나님을 대면해야 했다. 예를 들어 다윗 왕조차도 너무 많은 사람(너무 많은 이방인들)을 죽였다는 이유로 하나님의 성전을 건축할 수 없다는 말을 들어야 했다(대하 22:8). 다윗 왕은 손에 피를 묻혔다.

그 땅과 예언자

이스라엘은 자신들이 다른 나라와 같은 나라가 될 수 없다는 사실을 알지 못했다. 이스라엘의 왕들은 다른 땅들처럼 그 땅을 다룰 수 없었다. 월터 브루그만이 다음과 같이 말했듯이 말이다. 이 교훈은 "끊임없는 유혹을 받지 않으려면 이스라엘이 끊임없이 배우고 인식해야 할 교훈"이다.[7] 사실 그 땅은 일종의 분광기가 되어 이스라엘 안에서 통하는 가장 깊은 가치를 드러낸다. 그 땅은 의로운 자들에게는 용기를 주는 반면 부패한 사람들은 시험에 들게 한다. 부패한 자들은 더 많은 권력과 부를

---

7   W. Brueggemann, *The Land: Place as Gift, Promise, and Challenge in Biblical Faith* (Philadelphia: Fortress, 1977), 90. 『성경이 말하는 땅』(CLC 역간).

위해 더 많은 땅을 차지하기 원한다. 의로운 자들은 모두를 위한 더 좋은 장소를 건설하기 위해 땅을 사용한다.

세겜 위로 우뚝 솟아 있는 에발산처럼 그 땅은 이스라엘 위로 우뚝 솟아 있어서 이스라엘 백성의 삶이 언약의 빛에 비추어 어떠한지를 평가한다. 예언자들이 했던 역할과 같다. 그 나라는 외적인 기준들에 책임을 져야 한다. 하나님은 예언자를 통해 그 땅에 자신의 뜻을 부과하신다. 예언자를 함부로 대하고 무시하는 것은 언약에 위배되고 결국에는 그 땅을 잃게 된다. 왕들이 그 땅의 율법들을 쓰지 않은 것처럼 그들이 예언자들을 임명하지 않았다. 땅이나 예언자는 모두 하나님이 존재하게 하셨다. 그리고 왕과 그 정권은 그들에게 순종하며 따라야 한다. 이러한 책임은 이스라엘을 뛰어난 나라, 이상적인 나라로 만든다. 즉 권력자들이 정의의 시스템에 구속된다. 이스라엘에서는 왕이 최고가 아니라 율법이 최고다.

신명기에서 그 땅을 소개할 때, 예언자들도 소개된다. "네 하나님 여호와께서 네게 주시는 땅에 들어가거든…네 하나님 여호와께서 너희 가운데 네 형제 중에서 너를 위하여 나와 같은 선지자 하나를 일으키시리니"(신 18:9-15).[8] 예언자에 대한 설명이 왕에 대한 설명 바로 다음 이어 나오는데 이는 아마도 왕과 그 정부가 부과하는 위협 때문일 것이다. 권력과 부패의 유혹에 빠지지 않기 위해서는 그 왕조를 꾸짖을 수 있는 예언자의 목소리가 필요하다. 신명기 18:19은 이렇게 말한다. "누구든지 내 이름으로 전하는 내 말을 듣지 아니하는 자는 내게 벌을 받을 것이요."

---

8   앞의 책, 91 이하.

예언자들의 경고

예언자들은 특징적으로 땅을 공격적으로 취하는 것이나 땅 주인을 함부로 대하는 것에 대해 경고했다. 이러한 행동은 가증스러운 불의로 여겨졌다. 예언자 이사야와 미가의 말에 귀를 기울여보라.

> 가옥에 가옥을 이으며, 전토에 전토를 더하여 빈틈이 없도록 하고 이 땅 가운데에서 홀로 거주하려 하는 자들은 화 있을진저(사 5:8).

> 그들이 침상에서 죄를 꾀하며 악을 꾸미고 날이 밝으면 그 손에 힘이 있으므로 그것을 행하는 자는 화 있을진저, 밭들을 탐하여 빼앗고 집들을 탐하여 차지하니 그들이 남자와 그의 집과 사람과 그의 산업을 강탈하도다. 그러므로 여호와의 말씀에 "내가 이 족속에게 재앙을 계획하나니 너희의 목이 이에서 벗어나지 못할 것이요, 또한 교만하게 다니지 못할 것이라. 이는 재앙의 때임이라" 하셨느니라(미 2:1-3).

아합 왕이 불법적으로 나봇의 포도원을 빼앗았을 때 예언자 엘리야가 "네가 죽이고 또 빼앗았느냐?"(왕상 21:19)라고 한 말과 이 말들을 비교해보라. 이 두 가지 불의한 행동(죽이고 땅을 압류한 것)으로 아합의 통치는 종지부를 찍게 될 것이다. 그의 불법적인 행동이 그 땅에 대한 그의 권리를 끝낼 것이다. 예언자 엘리야는 그것을 보증했다.

사실상 구약의 모든 예언자가 같은 주제를 말한다. 예언자들은 언약으로 주신 땅에 대한 약속과 율법들을 상기시키며 이스라엘이 하나님의 규칙을 어긴 것과 그로 인해 반드시 심판이 행해질 것에 대해 말한다. 각각의 경우 그 땅이 심판의 수단이다. 하나님은 그 백성을 교훈하시기 위해 비를 거두시고(암 4:6), 전염병을 보내시며(암 4:10), 수확물이 망가지게 하신다(암 4:6). 그 땅은 훈련의 도구다. 하나님의 궁극적인 심판은 그 백성을 그 땅에서 완전히 몰아낼 것이다.

아모스는 북왕국에 대해 말하면서,[9] 그 땅에 공의가 없다고 지적하며 하나님의 분노가 임할 것이라고 선언한다.

사마리아의 산에 있는 바산의 암소들아, 이 말을 들으라. 너희는 힘없는 자를 학대하며 가난한 자를 압제하며 가장에게 이르기를 "술을 가져다가 우리로 마시게 하라" 하는 도다. 주 여호와께서 자기의 거룩함을 두고 맹세하시되, 때가 너희에게 이를지라. 사람이 갈고리로 너희를 끌어가며 낚시로 너희의 남은 자들도 그리하리라(암 4:1-2).

아모스는 임할 심판으로 그 땅을 잃게 될 것이라고 말한다.

여호와께서 이와 같이 말씀하시기를 "네 아내는 성읍 가운데서 창녀가 될 것이요. 네 자녀들은 칼에 엎드러지며, 네 땅은 측량하여 나누어질 것이며, 너는 더러운 땅에서 죽을 것이요. 이스라엘은 반드시 사로잡혀 그의 땅에서 떠나리라" 하셨느니라(암 7:17).

호세아도 같은 생각을 전한다. 그 땅은 불의한 자들에게 소산을 내지 않을 것이고 그 땅을 함부로 사용하는 자들을 거부할 것이다.

---

9   기원전 931년 북쪽에 있던 지파들은 남쪽 지파에서 분열되었다. 이 사건은 이스라엘에서 내전의 원인이 된다. 예언자들은 북왕국을 이루는 각각의 지파에 징벌을 쏟는다.

타작마당이나 술틀이 그들을 기르지 못할 것이며, 새 포도주도 떨어질 것이요. 그들은 여호와의 땅에 거주하지 못하며, 에브라임은 애굽으로 다시 가고 앗수르에서 더러운 것을 먹을 것이니라(호 9:2-3).

결국 기원전 722년 아시리아의 군대를 통해 추방이 현실이 되었다. 북 왕국은 하나님의 언약 아래 살아간다는 것이 무슨 의미인지를 알지 못했기에 그 유산을 잃어버렸다. "여호와께서 이스라엘에게 심히 노하사, 그들을 그의 앞에서 제거하시니"(왕하 17:18).

예루살렘에 수도를 둔 남왕국도 마찬가지였다. 예레미야는 하나님이 이스라엘에게 선물로 주신 그 땅에 대해 어떻게 생각하시는지를 다음 과 같이 말하고 있다.

내가 말하기를, "내가 어떻게 하든지 너를 자녀들 중에 두며, 허다한 나라들 중에 아름다운 기업인 이 귀한 땅을 네게 주리라" 하였고, 내가 다시 말하기를, "너희가 나를 나의 아버지라 하고 나를 떠나지 말 것이 니라 하였노라. 그런데 이스라엘 족속아 마치 아내가 그의 남편을 속이 고 떠나감 같이 너희가 확실히 나를 속였느니라." 여호와의 말씀이니라 (렘 3:19-20).

예레미야는 많은 잘못을 확인한 후 괴로울 정도로 자세하게 일일이 나열한다. 그중에는 그 땅에 사는 이방 거주민들을 함부로 대한 일도 언 급된다. 고아와 과부와 이방인이 학대를 당하면 하나님은 그 땅에서 이 스라엘과 거하시길 거절하실 것이다. 이 심판은 아브라함에게 주신 영 원한 약속(예레미야는 이것을 인정하고 있다)과 배치되지 않는다. 이 심판은 그런 일을 행한 이스라엘 사람들은 그 약속에 대한 권리를 잃게 될 것을 의미한다.

> 너희가 만일 길과 행위를 참으로 바르게 하여 이웃들 사이에 정의를 행
> 하며, 이방인과 고아와 과부를 압제하지 아니하며 무죄한 자의 피를 이
> 곳에서 흘리지 아니하며 다른 신들 뒤를 따라 화를 자초하지 아니하면
> 내가 너희를 이곳에 살게 하리니 곧 너희 조상에게 영원무궁토록 준 땅
> 에니라(렘 7:5-7).

이사야도 하나님이 정의를 중시하신다는 점을 분명히 하며 이스라엘
이 그 삶의 방식을 돌이키지 않으면 그 땅을 잃게 될 거라고 강조한다.

> 너희는 스스로 씻으며 스스로 깨끗하게 하여 내 목전에서 너희 악한 행
> 실을 버리며 행악을 그치고 선행을 배우며 정의를 구하며 학대받는 자
> 를 도와주며 고아를 위하여 신원하며 과부를 위하여 변호하라 하셨느
> 니라(사 1:16-17).

이사야 1-5장에서는 백성의 불의함에 대해 길게 불평을 늘어놓고
있다. "예루살렘이 멸망하였고/ 유다가 엎드러졌다"(사 3:8). "그들의 죄
를 말해주고 숨기지 못함이 소돔과 같으니"(사 3:9). 도덕적 타락이 두드
러진다. "포도원을 삼킨 자는 너희이며/ 가난한 자에게서 탈취한 물건
이 너희의 집에 있도다"(사 3:14).
　이 글의 배경에는 우리가 잘 알고 있는 이사야의 "포도원의 노래"가
들어 있다. 이사야는 그 좋은 땅을 하나님이 돌보시고 사랑하는 포도원
으로 표현하는데, 그곳에 심은 사람들(이스라엘 사람들)은 하나님이 계획
하지 않으셨던 거친 열매, 악한 열매, 불의한 열매를 맺었다.

"나는 내가 사랑하는 자를 위하여 노래하되 내가 사랑하는 자의 포도원을 노래하리라. 내가 사랑하는 자에게 포도원이 있음이여, 심히 기름진 산에로다. 땅을 파서 돌을 제하고 극상품 포도나무를 심었도다. 그중에 망대를 세웠고 또 그 안에 술틀을 팠도다. 좋은 포도 맺기를 바랐더니, 들포도를 맺었도다. 예루살렘 주민과 유다 사람들아! 구하노니 이제 나와 내 포도원 사이에서 사리를 판단하라. 내가 내 포도원을 위하여 행한 것 외에 무엇을 더할 것이 있으랴? 내가 좋은 포도 맺기를 기다렸거늘, 들포도를 맺음은 어찌 됨인고? 이제 내가 내 포도원에 어떻게 행할지를 너희에게 이르리라! 내가 그 울타리를 걷어 먹힘을 당하게 하며, 그 담을 헐어 짓밟히게 할 것이요. 내가 그것을 황폐하게 하리니 다시는 가지를 자름이나 북을 돋우지 못하여 찔레와 가시가 날 것이며, 내가 또 구름에게 명하여 그 위에 비를 내리지 못하게 하리라" 하셨으니 무릇 만군의 여호와의 포도원은 이스라엘 족속이요, 그가 기뻐하시는 나무는 유다 사람이라. 그들에게 정의를 바라셨더니 도리어 포학이요, 그들에게 공의를 바라셨더니 도리어 부르짖음이었도다(사 5:1-7).

북왕국에 심판이 임한 것과 마찬가지로 남왕국에도 심판이 임했다. 기원전 586년 바빌로니아 군대가 북쪽에서 밀고 내려와 그 땅을 정복하고 예루살렘을 파괴하며 살아남은 자들을 포로로 끌고 갔다. 아브라함의 유산은 빼앗겼다.[10] 예언자들은 율법이 약속한 것을 그대로 예언했다. 불의는 땅의 상실로 이어지게 되어 있었다.

이스라엘이 절망했는가? 정복당하고 끌려간 이후에 기록된 탄식들을 보면 그 땅에 대한 염원으로 가득하다. 하나님이 그 백성에게 벌을 내리

---

10   바빌로니아 정복에 대한 전체 설명은 렘 52장과 왕하 24-25장을 참조.

시는 것과 조상에게 주신 약속을 철회하시는 것은 완전히 별개의 문제였다. 시편 48편은 이스라엘이 그 땅을 소유했다는 자부심과 자만심을 기록하고 있다. 하나님이 예루살렘 성벽 안에 거하시니(시 48:3) 어떤 적도 감히 이스라엘의 국가적 야심을 막을 수가 없었다. 시편 137편은 바빌로니아 군대가 이 예루살렘 성벽을 파괴할 때 이스라엘을 짓누른 충격과 슬픔을 말하고 있다. 예레미야애가 전체가 약속을 잃어버린 혼란과 씨름하고 있다. 하나님께서 그 땅을 빼앗기게 하셨을 때 하나님의 선하심도 손상되었을까? 그렇지 않다. 예레미야애가는 오히려 읽는 자를 회개와 용서와 갱생으로 이끈다.[11]

예언자적 소망

그러나 그 땅을 소유하는 것이 이스라엘이 언약에 충실한 것과 연결되어 있다면, 예언자들이 미래를 내다보며 그 언약을 열심히 지키고 동시에 그 땅을 다시 회복할 새로운 세대를 예언했던 것은 그리 놀랄 일이 아니다. 예언자들은 그저 절망의 메시지만 전했던 것이 아니다. 그들은 격려해주었다. 언젠가 하나님께 충성하고 그 땅에서 언약의 정의를 지키는 사람들에 의해 예루살렘이 재건될 것이다.

우리가 앞서 언급했던 심판을 예언한 예언자들(아모스, 호세아, 이사야, 예레미야) 각각은 이러한 회복의 소망을 품고 있었다.[12] 호세아가 이를 전형적으로 보여준다.

---

11 오늘날 예레미야애가는 이스라엘에서 기원전 586년 예루살렘 성전이 파괴된 것을 기념하는 아브월 9일에 큰 소리로 읽히고 노래로 불린다.
12 참고. 암 9:14-15; 호 2:14-23; 11:8-11; 렘 16:15; 사 2:1-5; 9:1-9; 비교. 겔 36-37장.

여호와께서 이르시되 "그날에 내가 응답하리라. 나는 하늘에 응답하고 하늘은 땅에 응답하고 땅은 곡식과 포도주와 기름에 응답하고 또 이것들은 이스르엘에 응답하리라. 내가 나를 위하여 그를 이 땅에 심고, 긍휼히 여김을 받지 못하였던 자를 긍휼히 여기며 내 백성 아니었던 자에게 향하여 이르기를, '너는 내 백성이라' 하리니 그들은 이르기를, '주는 내 하나님이시라' 하리라" 하시니라(호 2:21-23).

이 말 속에서 예언자는 하나님과 그분의 백성들 사이뿐 아니라 그 백성과 그 땅 사이의 새로운 화합을 예언하고 있다. 하나님은 그 땅에 이스라엘을 다시 심으실 것이고 그 땅은 그 거주민을 위해 새로운 수확물을 열심히 낼 것이다.

물론 이러한 예언들은 성취되었다. 이스라엘을 추방했던 바빌로니아 사람들이 페르시아에 의해 멸망했고 페르시아 왕 고레스는 하나님의 백성들이 그 땅으로 돌아가도록 허락해주었다. 다른 시대를 살던 다른 세대가 에스라와 느헤미야의 지도를 따랐고 예언자 학개와 스가랴의 충고를 들었으며 하나님께서 그 백성을 위해 계획하셨던 특별한 사회를 이루기 위해 헌신했다.

나임 아티크는 이스라엘이 바빌로니아에서 가나안으로 돌아온 것은 처음 이집트에서 가나안으로 돌아온 것과 상응하는 "두 번째 출애굽"이라고 지적한다. 첫 번째 출애굽 때에는 이미 그 땅에 살고 있던 원주민들을 향해 부정적인 태도가 많았다. 그들은 멸절되어야 했다. 아티크는 이렇게 말한다. "두 번째 출애굽은 완전히 다릅니다. 그 땅으로 돌아온다는 것은 더 큰 현실을 반영하고 있다고 사람들은 느낍니다. 그들은 주변에 있는 사람들을 훨씬 더 수용하고 있었습니다."[13] 이 주장은 사실이지만, 우리가 에스라서와 느헤미야서를 주의 깊게 읽는다면 이들이 자신들의 신앙에 대해 더욱 엄격했음을 볼 수 있다. 아티크는 계속해서 이 "두 번째 귀환"을 설명하는 중요한 말씀을 인용한다.

> 너희는 이 땅을 나누되 제비 뽑아 너희와 너희 가운데에 머물러 사는 타국인, 곧 너희 가운데에서 자녀를 낳은 자의 기업이 되게 할지니 너희는 그 타국인을 본토에서 난 이스라엘 족속 같이 여기고, 그들도 이스라엘 지파 중에서 너희와 함께 기업을 얻게 하되 타국인이 머물러 사는 그 지파에서 그 기업을 줄지니라. 주 여호와의 말씀이니라(겔 47:22-23).

예언자들은 이러한 미래의 사회를 계획하면서 흥미롭게도 이방 거주민들, 즉 비이스라엘 사람들을 위한 공간을 빠트리지 않았다. 에스겔은 그 땅에 돌아와 땅을 나눌 때를 이야기하면서 이스라엘 내에 사는 비이스라엘 사람들을 위한 땅도 준비하라고 구체적으로 말한다. 에스겔이 이방인들을 "동료 시민"으로 대하라는 율법서의 말씀(레 19:34)을 인용하고 있음에 주목하라. 이방인들도 기업을 받아야 한다. 이 이방인 거주민들이 학대를 받거나 속여 빼앗김을 당할 때, 바빌로니아 유수 이후의 예언자들은 이스라엘 지도자들을 향해 강한 불만을 표시한다. 예언자 에스겔과 말라기는 그 문제를 직접 거론한다.

> 그들이 네 가운데에서 부모를 업신여겼으며 네 가운데에서 나그네를 학

---

13   N. Ateek, "Power, Justice and the Bible," *Faith and the Intifada: Palestinian Christian Voices*, ed. N. Adieux, M. Ellis, and R. Ruether (Maryknoll, N. Y.: Orbis, 1992), 111.

대하였으며 네 가운데에서 고아와 과부를 해하였도다.…이 땅 백성은
포악하고 강탈을 일삼고 가난하고 궁핍한 자를 압제하고 나그네를 부당
하게 학대하였으므로(겔 22:7, 29).

내가 심판하러 너희에게 임할 것이라. 점치는 자에게와 간음하는 자에
게와 거짓 맹세하는 자에게와 품꾼의 삯에 대하여 억울하게 하며 과부
와 고아를 압제하며 나그네를 억울하게 하며, 나를 경외하지 아니하는
자들에게 속히 증언하리라. 만군의 여호와가 말하였느니라(말 3:5).

스가랴도 이 의의 문제를 확인하지만 그는 불의에 대한 예전의 경고
와 결과들을 반복한다. "과부와 고아와 나그네와 궁핍한 자를 압제하지
말며 서로 해하려고 마음에 도모하지 말라 하였으나"(슥 7:10).

현대에 울리는 이스라엘의 예언자적 목소리

이런 행동과 이런 죄악을 보고 저항한 목소리는 없는가? 자신들의 호
소가 다른 이에게 들리기를 원하는 유대인의 목소리는 없는가? 그 땅
에 예언자가 없는가? 이러한 악행을 비난하는 이스라엘 단체 중 예언자
를 자처하는 단체는 없지만 여전히 그들의 목소리는 예언자적이고 용
감하다. 2002년 여름, 이스라엘 사람 60,000명이 정부를 상대로 점령
지에서 악행을 그만두라고 요청하며 텔아비브로 행진했다. 버스들이 조
직되어 이스라엘 전역에 있는 65개 장소로 출발했다. 1,400명이 넘는
경찰이 그 행사를 지켰다. 이스라엘 "평화 연합"의 후원을 받는 연합군
(assembled army)이 라빈 광장(Rabin Square, 이스라엘 최고의 평화주의자 이름
을 따서 만든 광장)에서 만나 그 땅에 정의를 외치는 지도자들의 말을 경

청했다.

이 싸움을 연구한 수년간을 통틀어 아마도 가장 놀랄 만한 발견이었을 것이다. 이스라엘 점령지에 관한 자료나 파괴된 가구의 숫자를 조사하려고 할 때 가장 좋은 정보 제공처는 이스라엘 리서치 센터다. 그리고 이 땅에서 벌어진 수많은 불의한 일들로 인해 마음이 짓눌리고 절망스러울 때, 그래도 새로운 영감을 주는 것은 바로 유대인 활동가들이었다. 이 문제에 대해 이렇게 많은 유대인이 노력하는 것은 바로 그들이 가진 예언자적 전통 때문이라고 나는 믿는다. 유대인 신앙의 저 깊은 곳에는 윤리적이고 공의로운 것에 대한 깊은 헌신이 있다. 이스라엘이 이렇게 국가적으로 팔레스타인 이웃들에게 해를 끼치는 것은 그들이 유대인으로 갖는 정체성에 큰 타격을 입힌다. 정통 유대인이나 자유 개혁파 유대인 할 것 없이 모두 거리로 나와 자신들이 목격한 범죄에 대해 증언하며 예레미야와 아모스의 목소리를 내고 있다.

이 땅에 예언자적 유대인의 목소리가 있는가? 엘리야의 목소리가 여전히 들리고 있는가? 그렇다.

피스 나우

좀 더 눈에 띄는 그룹 중에 피스 나우(Peace Now, 이스라엘어로 샬롬 아크샤브[Shalom Achshav])가 있다.[14] 미국 피스 나우(1981년 결성)와 이스라엘 피스 나우 둘 다, 갈등 중에 있는 쌍방의 이익을 포함하는 포괄적인 평화 해결을 요구하는 대규모 거리시위를 조직하는 것으로 유명하다. 즉 이 단체는 그 땅에 들어온 정착촌을 해체하고 독립된 팔레스타인 국가의

---

14 〈www.peacenow.org〉

탄생을 주장한다(둘 다 인기가 없는 주장이다).

피스 나우 웹사이트에는 지도와 자료들이 넘쳐난다("Facts on the Ground" 부분을 참고). 구글 지도 제작 기술을 사용해서 현재 일어나고 있는 일, 말하자면 웨스트뱅크에서 일어나는 일에 대해 자세한 정보를 제공한다. 지도를 클릭하면 팔레스타인 땅의 정착촌을 한눈에 볼 수 있다. 그리고 놀랄 준비를 하라. 예를 들어 이 웹사이트에는 정착촌의 이름이 모두 등록되어 있다. 말하자면 에쉬콜롯(Eshkolot)을 클릭하면 지도에 표시가 되고, 정보 창이 떠서 1982년에 시작했고 619명의 거주민이 있으며, 땅 면적은 $140m^2$ 이고 불법적으로 팔레스타인 땅을 점유했다는 정보를 볼 수 있다. 길라드 농장은 20명의 정착민이 거주하는 개척촌인데 2002년에 빼앗은 팔레스타인 땅 $220,000m^2$ 면적에 세워졌다. 또 이 웹사이트에는 12분짜리 동영상(유튜브에서도 "정착 101"이라는 이름으로 볼 수 있다)이 있는데 이스라엘 사람들의 정착이 어떻게 이스라엘 사회의 안전을 위협하는지 잘 보여준다.

팔레스타인 사람들의 집 파괴를 반대하는 이스라엘 위원회

8명의 이스라엘 평화 활동가들이 한 가지 목표를 가지고 팔레스타인 사람들의 집 파괴를 반대하는 이스라엘 위원회(ICAHD: Israeli Committee Against House Demolition)를 1997년에 결성했다. 그들의 목표는 점령지에 살고 있는 380만 팔레스타인 사람들의 집을 빼앗는 일을 멈추는 것이다. 이들의 활동은 정교하고 비폭력적이다. 그들은 거리시위를 주도하고 영화를 만들며, 토론회를 개최하고 "이야기의 다른 면"을 보고 싶어 하는 사람 누구에게라도 여행할 기회를 제공한다. 나도 관광객들과 함께 이 단체를 두 번 이용했는데 매번 그곳 지도자들의 솜씨와 지식에 감탄했다. 관광을 원하는 사람은 누구나 ICAHD 온라인 사무실에서 4시간짜리 예루살렘 여행권을 구매할 수 있다. 절대 실망하지 않을 것이다.

현재 ICAHD의 책임자는 제프 핼퍼(Jeff Halper)인데 그는 오랫동안 평화 활동가로 일해왔고 작가이자 인류학 교수이며 노벨 평화상 지명자다. ICAHD가 군으로부터 가택 철거 명령을 받은 팔레스타인 가족에게서 전화를 받는 일은 비일비재하다. 그러면 ICAHD는 일반적으로 유대인 시위자들을 잔뜩 보내서 불도저를 저지하고 소란을 피운다. 그리고 그들은 이미 파괴된 팔레스타인 집들을 재건하기 위한 프로젝트를 후원하는 경우도 흔하다. 나는 핼퍼가 연설하는 것을 여러 번 들었다. 만일 엘리야가 이 시대에 있다면 제프 핼퍼와 똑같은 이야기를 할 것 같다.

그러나 ICAHD는 혼자 일하지 않는다. 바트 샬롬, 인권을 위한 랍비들, 구쉬 샬롬 같은 다른 유대인 평화 단체들과 힘을 모은다(피스 나우도 그렇게 한다). 또한 그들은 영토 보호 위원회(Land Defense Committee)와 팔레스타인 농경 구호 위원회(Palestinian Agricultural Relief Committee)와 같은 팔레스타인 단체와도 협력한다.

비첼렘

"점령지 인권을 위한 이스라엘 정보 센터"라고도 불리는 비첼렘(B'Tselem)은 많은 기자와 조사관들에게 매우 신뢰를 주는 단체다. 크네세트(Knesset, 국회) 의원들과 변호사, 학자, 기자들로 이루어졌고 1989년 결성했다. 이 단체의 목표는 점령 상황을 문서화해 그 실상을 이스라엘 대중들에게 알려서 (그들의 말을 빌리자면) "이스라엘 대중들 사이에 널리 퍼진 부인 현상"을 피하는 것이다.

나는 사망자 수, 투옥되고 집이 파괴되며 재산이 파괴된 수치라든가 정착민 분포나 분리 장벽 지도, 이스라엘 등록인 숫자(이 숫자는 점령 아래에 살고 있는 팔레스타인 사람들에게 영향을 끼친다)를 갱신할 필요가 있을 때 비첼렘으로 간다. 비첼렘도 동예루살렘을 방대하게 조사했는데, 이스라엘 사람들이 최근 그곳에서 팔레스타인 인구를 몰아내려는 시도를 하고 있다는 사실을 알았다. 이 모든 작업은 최대한 신중하게 진행되고, 이스라엘 기자들도 무슨 일이 일어나는지 알려면 이 단체의 자료를 제일 신뢰한다.

현재 비첼렘은 미국에 지사가 있으며(비첼렘 아메리카), 미국 내 유대인 집중 구역에 이러한 관심을 고취시키고 있다. 그들은 용감한가? 그들의 용기를 보고 싶으면, 비첼렘 아메리카의 대표 우리 자키(Uri Zaki)가 출간한 책(*The Jewish Week*, New York에서 출간)에 실린 글 "온전한 이스라엘을 축하하라"를 보라.[15]

부모회

이스라엘 단체들이 변호 활동만 하는 것은 아니다. 이 폭력에 희생된 사람들에 대한 연대와 지지를 표현하기 위해 그저 함께 모임을 갖는 많은 서민 공동체들이 있다. 부모회(평화를 위한 사별 가족 모임 또는 부모회 가족 포럼으로 알려져 있다)는 이 폭력으로 사랑하는 가족을 잃은 유대인과 팔레스타인 600가족으로 이루어진 공동체다. 이 단체는 1995년에 유

---

15 Zaki, U., "Celebrate Israel in Its Entirety," *The Jewish Week*, 26 April 2012, 〈www.thejewishweek.com/editorial_opinion/opinion/celebrate_israel_its_entirety〉.

대인 몇 가정으로 시작했다. 그들은 1998년에 팔레스타인 가족들을 만났다. 그리고 현재 그들은 정치적 장벽을 넘어 관계를 회복하고 서로 이해하며 치유하려는 혁신적이고 용감한 사역들로 인해 국제적으로 좋은 평판을 받고 있다.

이 위기 속에서 심장이 멎는 것 같은 순간을 보고 싶다면, 이 단체의 웹사이트를 찾아가 보라(www.theparentscircle.org). 그리고 "사연"란에서 로비 다멜린(Robi Damelin)의 이야기를 읽어보라. 그녀는 2002년에 아들을 잃었는데, 그 아들은 오프라에서 검문소를 담당하던 군대에 소속해 있었다. 그녀는 아들의 묘비에 칼릴 지브란의 글을 새겨넣었다. "온 땅이 내가 태어난 곳이고, 모든 인간이 나의 형제다." 그런 다음에는 아이세 아크탐(Aisheh Aqtam)의 이야기를 읽어보라. 그녀는 17살 된 오빠를 이스라엘 저격수에게 잃었다. 이 두 여인의 증언은 통렬하면서도 화해와 용서와 치유의 메시지를 담고 있다.

거절할 용기

훈장을 받은 이스라엘 병사 중 군 복무가 웨스트뱅크나 가자에서 일어나고 있는 불법적인 점령을 돕는 꼴이 되자 이를 거부하는 병사들이 생겨났다. 그들은 "거부할 권리"를 행사하면서 다음과 같이 공개적으로 선언했다(개인적으로 큰 위험을 감수하는 것이다).

우리, 이스라엘 국방부에 소속된 예비군 장교와 병사들은 시온주의와 희생의 원리를 기반으로 성장했으며 민족과 나라를 위해 목숨을 바칠 준비가 되어 있다. 또한 늘 최전선에서 싸웠고 국가를 보호하며 강건하게 하기 위해 가볍고 무거운 임무들을 충실히 이행해왔다.

오랫동안 이스라엘 국가를 위해 싸워온 우리 장교와 병사들은 개인의 삶을 희생하면서 점령지에서 일해왔는데, 그간 정부는 우리 국가의 안전과는 아무 관련이 없고 단지 팔레스타인 사람들을 통제하려는 목적을 수행하는 명령만 하달했다. 우리는 그간 이러한 점령으로 인해 양측이 모두 피를 흘리는 것을 목격했다.

우리는 점령지에서 받은 명령으로 인해 우리가 그동안 우리나라에서 교육받으며 자라왔던 모든 가치가 파괴되었다는 것을 알았다. 우리는 이 점령으로 인해 이스라엘 방위군이 인간성을 상실하고 전체 이스라엘 사회가 부패했다는 사실도 알고 있다. 또한 그 점령지들이 이스라엘 것이 아니고 결국에는 정착민들이 다시 철수해야 한다는 점도 알고 있다.

지금 우리는 더 이상 이러한 정착을 위한 싸움을 계속하지 않을 것을 선언하는 바다.

우리는 팔레스타인 사람들을 지배하고, 추방하며, 굶주리게 만들고 수치스럽게 만들기 위해, 1967년에 정해진 국경 이상을 얻기 위해 계속해서 싸우지 않을 것이다.

우리는 이스라엘을 보호하는 임무라면 무슨 임무든 나라를 위해 계속해서 일할 것이다.

그러나 점령과 속박을 위한 임무는 이런 목적에서 제외된다. 따라서 우리는 그런 일에 끼어들지 않을 것이다.

이스라엘은 이런 사람들을 어떻게 대해야 할지 확신하지 못하고 있다. 그들은 대중들에게 자신들이 점령지에서 복무할 때 무슨 일이 일어났는지를 들려주고 있다. 그리고 그중 600명이 넘는 사람이 온라인에 자신들의 이야기를 올려놓았다.[16] 그들은 자신들을 점령지로 보내려는 명령은 "불법적인 명령"이고, 따라서 그 명령에 복종할 의무가 없다고 주장하고 있다. 이스라엘 탱크 부대 소속 하임 바이스는 "출국 금지 시민"인데 그 이유는 상관에게 다음과 같은 글을 보냈기 때문이다.

현재의 상황으로 볼 때 거부 이외에는 다른 선택이 없습니다. 민주주의 안에 있는 억제와 균형의 유산을 떠받치고 있는 것은 시민의 양심입니다. 이스라엘은 불의에 대항해 저항할 온전한 권리를 시민에게 부여했습니다. 군법으로 보아도 "명확한 불법 명령"이라는 개념이 포함되면 병사들은 비도덕적이고 민주 사회의 근간을 이루는 가치들에 위배되는 명령을 거부할 의무가 있습니다.

제가 볼 때, 이 조항은 병사들이 자신의 도덕적 가치에 위배되는 명령을 받을 때 반드시 그것에 복종하기를 거부하고, 그 사건을 상부에 보고하며, 그런 명령이 반복되지 않도록 확실히 해야 한다는 것을 의미합니다. 그렇게 하지 않는 병사는 그저 명령에 따른 것일 뿐이라고 주장함으로써 도덕적 책임을 회피할 수 없습니다. 오히려 자신의 행동에 대해 재판을 받아야 합니다. 이 규율은 군과 국가가 병사를 하나의 자율적인 도덕적 존재로 보아야 한다는 것을 의미합니다. 즉 자신의 도덕적 검증을 통과한 명령만 수행해야 한다는 것입니다.[17]

이런 병사들은 공개적으로 수치를 당했을 뿐 아니라 복무를 거부했다는 이유로 이스라엘군에 의해 현재 감옥에 수감되어 있다. 웹사이

---

16 〈www.seruv.org.il/defaulteng.asp〉 영어 버전.
17 Haim Weiss, "A mission too far," *The Guardian* (May 5, 2002), 〈http://www.theguardian.com.uk/world/2002/may/06/comment〉.

트는 그들이 갇힌 감옥의 사령관에게 편지를 쓰라고 대중들에게 요청하고 있다.

그 외 사람들

하지만 이런 소수의 "목소리들"이 전부가 아니다. 이스라엘 내에 놀랄 만큼 많은 단체가 있는데, 이들은 지금 벌어지는 일들을 직시하며 이스라엘 사람들의 삶에 내재되어 있던 예언자적 목소리를 되살리고 싶어 한다. 이런 단체 중 구쉬 샬롬(Gush Shalom)이 있는데 좌편향적인 정치 단체로 노골적인 정치 시위를 감행한다. 이들은 미국 퀘이커 봉사 위원회(American Friends Service Committee) 못지않게 호응을 받고 있다. 또 다른 단체로는 메레츠([Meretz]또는 메레츠 야하드[Meretz-Yachad])가 있는데 정치적인 조직으로 같은 생각을 가진 다른 정치 조직들과 연합하여 팔레스타인 사람들과 함께 정착하자는 의견을 주장하고 있다.

이외에도 이스라엘에는 소규모 비공식적인 단체들이 있다. 검은 옷의 여인들이라는 전 세계 네트워크를 가진 단체가 있는데 이스라엘에도 지부가 있다. 예루살렘 도심 한편에서 검은(슬픔의 색) 옷을 입고 침묵 시위를 하며 서 있는 여인들을 종종 보게 된다. 사실 우리에게 그저 화해에 대해 대화를 나누며 앞으로 전진할 방법을 보여주는 것은 이런 여성 단체들이라고 많은 친구들이 생각한다. 마흐솜 워치(Machsom Watch)는 이스라엘 여성들로 이루어진 단체로서 팔레스타인 사람들을 보호하기 위해 군 검문소들을 감시한다. 평화를 위한 여성 연맹(CWP)은 이스라엘 상부 단체로서 2000년에 결성되어, 이 전쟁이 끝나기를 바라는 다양한 소수 여성들의 목소리를 한군데로 모으는 역할을 한다(예를 들어 바트 샬롬과 검은 옷을 입은 여성들).

팔레스타인 사람들의 권익을 위해 아랍 사람들과 합력하여 일하는 유대인 단체들(타아유쉬[Ta'ayush], 리빙 투게더[Living Together], 평화를 위한 유대인들의 목소리[Jewish Voice for Peach])도 있다. 사실 평화를 위한 유대인들의 목소리는 2012년 12월에 "이스라엘/팔레스타인 101"이라는 충격적인 비디오를 발매했는데, 이 싸움을 간략하면서도 적절하게 요약하고 있는 비디오다.[18]

그리고 랍비 그룹들도 있다. 이들은 히브리 성경(토라)에서 이스라엘은 팔레스타인과 공평하게 함께 살아야 한다는 자신들의 주장의 근거를 찾는다. 인권을 위해 일하는 이러한 랍비들 중에서 금세기 최고의 지도자가 배출되고 있고 이스라엘과 미국에 지부가 있다. 수십 명의 랍비들이 모여서 점령지 벽을 따라 걸으며 이사야 1:27의 말씀을 읽는 모습을 상상해보라. "시온은 정의로 구속함을 받고 그 돌아온 자들은 공의로 구속함을 받으리라." 이것은 말 그대로 예언자적 목소리다. 그리고 이런 사람들의 소리를 들으면 마음이 소망으로 즉시 차오른다.

다음에는 반시온주의 랍비들이 있는데, 이들은 이스라엘 국가의 세속화와 그 행동을 보고 이스라엘이 도덕적 미덕과 종교적 정체성을 잃었다고 믿는다(내가 세어본 단체는 약 20개다). 현대 이스라엘 국가의 신학적 합법성에 대해 심각한 의혹을 품고 있는 사람들이 정통 유대 지도자들 중에 있다. 이러한 정통파 이스라엘 사람들 대부분은 군대에서 복무하지는 않고 대신 더 중요한 의미로써 그 나라의 영적 합법성에 의문을 제기하는 책과 기사를 쓰고 있다. 인터넷에 "반시온주의"(anti-Zionism)을 쳐보면 이런 단체들의 이름이 죽 나열된다. 이런 단체들에는 오랜 지성의 전통에 속한 분별력 있는 랍비들이 속해 있는데 이들은 현대 이

---

18 〈www.israelpalestine101.org〉

스라엘 국가가, 유대교가 가장 소중히 여기는 가치들을 타협하고 있다고 본다. 네투레이 카르타(도시의 수호자들)에 속해 있는 눈에 띄는 사이트 중에 하임 츠비 프레이만(Chaim Tzvi Freimann)이라는 랍비가 운영하는 사이트가 있는데 그 랍비는 다음과 같이 쓰고 있다.

우리는 시온주의의 이념, 최근의 혁신에 반대한다. 이는 강제로 타향살이를 끝내려는 추구다. 우리가 거룩한 땅에서 추방된 것은 온 인류가 형제가 되어 창조주를 섬기며 하나가 될 그때에 기적적으로 끝날 것이다.
  우리는 시온주의의 중심이 되는 이단적 주장에 반대할 뿐만 아니라 그 이념의 모든 민족을 향한 공격 정책에도 반대한다. 오늘날 이러한 잔인함은 팔레스타인 사람들을 무자비하게 대우하는 데서 가장 뚜렷하게 그 모습을 드러낸다. 우리는 이러한 비인간적인 정책이 토라에 대한 위반이라고 선언한다.[19]

랍비 도비드 바이스(Dovid Weiss)는 남아프리카 더반에 있는 UN 인권 위원회에서 강연을 하면서(2001. 8. 28.) 평화를 위한 유일한 길은 이스라엘 국가를 해체하는 것이라는 강경한 입장을 취했다. 그는 이렇게 말한다.

"타향살이를 끝내는 것"으로 "유대인 문제"를 해결했다는 시온주의 신봉자들의 주장은 형편없는 실패로 증명되었다. 유대인들을 위한 안전한 천국을 만들었다는 식의 시온주의 신봉자들의 주장은 명백히 거짓이다. 오늘날 이스라엘은 "비둘기"파가 정권을 잡든 "매"파가 정권을 잡든 유

---

19 〈http://www.nkusa.org/aboutus/mission〉

대인들 입장에서는 세상에서 제일 위험한 장소라는 것이 사실이다. 이스라엘 국가의 탄생 자체가 창조주의 질서를 어기는 행동이었기에 당연한 결과다.

우리의 입장은 현 상황에 대해 실제적인 대안을 제공하는 것이다. 반시온주의 유대인들은 중동에 평화를 이루는 유일한 길, 유대인들이 유배에서 감당할 마땅한 역할을 성취하는 유일한 수단, 팔레스타인 사람들에게 정의와 친절을 보여줄 유일한 길이 이스라엘 국가의 완전한 해체라고 믿는다. 그럴 때에만 통치권이 팔레스타인에게 온전히 넘어가면서 진정한 평화를 얻을 수 있을 것이다.[20]

오늘날 이스라엘의 점령 정책에 반대하는 이러한 저항은, 현 상태가 계속된다면 이스라엘은 더 이상 가치 있는 나라가 되지 못할 거라는 진실한 두려움에서 나온다. 싸우기를 거부한 병사인 노암 리브네는 자신의 두려움을 이렇게 표현한다. "오늘날 이스라엘은 급속하게, 필사적으로, 거만하게 그 끝을 향해 나아가고 있다. 내가 보기에 이스라엘 국가가 앞으로 30년 더 존재할 가능성은 환상 같다. 우리는 언제부턴가 이런 느낌을 감지하기 시작했고 자기도 모르게 이런 말이 툭 튀어나오지만, 한 번도 이 주제를 깊이 있게 말로 나누어본 적이 없다. 이 나라에서 일어나는 모든 갈등이 점점 더 악화되고 있다는 것이 일반적인 생각이다."[21]

이것이 모두 무슨 의미인가? 유대교가 이 싸움에서 문제가 **아니라**는 의미다. 유대교의 깊은 밑바닥에는 의와 공의에 대한 가르침이 흐르고

---

20 ⟨http://www.nkusa.org/activities/speeches/durban082901.cfm⟩
21 ⟨www.seruv.org.il/Signers/34_1_Eng.html⟩

있고 그들은 오랜 기억을 통해 불의가 어떤 것인지를 잘 알고 있다. 예언자적 목소리는 예루살렘시에 살아 있고 충분하다. 그리고 그들은 구약의 예언자들이 그랬던 것처럼 목소리를 내고자 싸울 것이다.

문제는 세속적인 문제, 국가 정책의 문제, 군대 정복의 문제, 지배권의 문제다. 문제는 사람들이 자기 유익을 위해 종교를 이용하는 것이고, 정착민들이 아랍 이웃들로부터 땅을 빼앗으면서 성경을 읽는 것이 문제이며, 이스라엘 사람들이 "하나님의 선택"을 권리로서 해석하고 있다는 것이 문제다. 종교가 우리로 하여금 우리 것이 아닌 특권을 받았다는 식으로 믿게 만들면 나쁜 일들만 생긴다. 그리고 이때가 바로 하나님이 예언자들을 보내시는 때다.

이스라엘에 있는 "포스트시온주의자" 학자들

1980년대 후반 이래로 이스라엘에 완전히 새로운 세대의 유대인 학파가 이스라엘 역사에 다시 등장해서 시온주의 대부분의 "성스러운 진리들"의 정체를 폭로했다. 이스라엘 언론이 이런 운동을 **포스트시온주의자**(post-Zionist)라는 용어로 대중화시켰고 전 이스라엘 대중들 사이에서 대화의 주제가 되고 있다.[22]

이스라엘이 세워지고 확장되는 과정을 영웅적으로 그려내던 전통적인 이야기들은 1948년 이래 팔레스타인 학자들에 의해 도전을 받아왔다. 그런데 1967년 전쟁 이후에는 점점 더 많은 이스라엘 학자들이 이스라엘이 행한 일에 대한 도덕적 정당성에 의문을 제기하면서 이

---

22   U. Ram, *The Changing Agenda of Israeli Sociology: Theory, Ideology and Identity* (Albany: State University of New York Press, 1995): I. Pappe, "The Post-Zionist Discourse in Israel: 1990-2001," *Holy Land Studies* [Sheffield] 1, no. 1 (2002): 9-35.

스라엘 전쟁의 원인과 결과를 면밀히 조사했다. 마침내 1982년 이스라엘이 레바논에서 일으킨 전쟁을 계기로 소설가, 영화 제작자, 음악가, 언론인, 예술가들이 이러한 비판의 대열에 가세해서 누가 이 나라의 도덕적 기반을 흔들고 있는지 고민하기 시작했다.

이 학자들은 팔레스타인 사람들의 경험이라는 입장에 서서 이스라엘 역사를 바라보며 그 역사를 다시 쓰기 시작했다. 이스라엘은 더 이상 아랍 공격의 "희생자"로 보이지 않았고 오히려 시온주의는 "다른 사람을 피해자로 만드는" 식민지 운동으로 설명되었다. 많은 이스라엘 젊은이들에게 이 목소리는 한 번도 들어보지 못한 것이기에, 이런 이야기들은 그들이 어렸을 때부터 들어온 영웅적인 난민/정착민 이야기에 대해 뿌리 깊은 회의를 불러일으켰다.

이 운동이 뒤흔들고 있는 중요한 신화들에는 어떤 것들이 있는가? 먼저, 1948년에 대한 설명은 아무 장비도 갖추지 못한 홀로코스트 생존자들이 자신들을 말살하려는 적대적인 영국 정부와 아랍 연합 세력과 맞닥뜨린 이야기로 늘 채워져 있었다. "1948년의 승리는 기적이었고 다비드 벤구리온의 창의력과 영웅적인 병사들의 활약으로 이뤄낸 것이었다."[23] 연구 조사에 의하면 팔레스타인 사회가 비전투적인 속성을 가지고 있고 대부분의 팔레스타인 사람들은 전쟁 기간 동안 싸우는 대신 도망갔다는 것을 그들은 이미 알고 있었다. 하지만 이것이 사실이라면 영웅적인 이스라엘의 이야기는 어떻게 되는가? 간단히 말해서, 학자들은 이스라엘이 1948년 전쟁에서 멸절의 위험에 처해 있었다는 신화를 반박했다. 이스라엘 군대는 모든 면에서 우세했고 그 점을 알고 있었다. 그리고 오합지졸의 아랍 저항군은 신속하게 와해되었다.

---

23   Pappe, "The Post-Zionist Discourse in Israel," 13.

이 학자들에 의해 반박을 받은 두 번째 중요한 신화는 팔레스타인 사람들이 자발적으로 떠났다는 것이다. (이야기를 계속하자면) 이스라엘은 사람들이 살지 않는 땅에 들어가려는 땅이 없는 민족이었고, 그곳에 살던 아랍 사람들을 이스라엘이 1948년 전쟁 이후에 웨스트뱅크에 재배치했다. 학자들은 이 신화의 정체도 벗겨냈다. 이스라엘 역사가들은 이제는 "인종 청소"의 초기 형태로 대량의 팔레스타인 사람들을 계획적으로 추방했던 일에 대해 이야기한다. 마음을 가장 어렵게 만드는 국가적 고백은 적어도 400곳이 넘는 팔레스타인 마을을 파괴했고 수십 개의 아랍 도시 마을들을 폐허로 만들었으며, 아랍 사람들을 도망가게 하려는 의도로 저지른 몇몇 학살들이다.

이스라엘 국가가 세워진 과정을 이렇게 재평가하는 일에서 더 나아가 학자들은 여러 가지 군 활동들, 특히 1967년 전쟁과 1982년 남부 레바논을 점령한 것과 현재 웨스트뱅크와 가자를 군이 점령한 일에 대해 분석하고 비판을 가하고 있다. 사회학자들은 이스라엘이 "인종차별 국가"(북아프리카 유대인의 운명과 팔레스타인 사람들의 운명을 연결하여)로 불려야 하는 것 아니냐고 솔직하게 자문하고 있고, 베니 모리스 같은 정치학자들은 이스라엘이 역내 정치에서 "수동적인" 역할이 아니라 "능동적인" 역할을 하고 있다고 주장하면서 이스라엘의 정치적 결정들을 분석해왔다.[24] 많은 관찰자가 이스라엘의 현재 행동과 과거의 전쟁들을 연결하여 그 나라를 "군국주의적 사회"로 평가하기 시작했다.[25]

대중문화도 이러한 추세를 반영해왔다. 유대인 시, 소설, 영화 모두

---

24 B. Morris, *Israel's Border Wars: Arab Infiltration, Israeli Retaliation, and the Countdown to the Suez War* (Oxford: Clarendon, 1993).

25 S. Carmi, H. Rosenfeld, "The Emergence of Nationalistic Militarism in Israel," *International Journal of Politics, Culture and Society 3*, no.1 (1989): 5-49.

이러한 관심들을 반영해왔다. 심지어 아랍 시와 문학도 그들의 목소리가 들려지길 원하는 유대인 번역자들의 수고로 이스라엘 사회로 유입되고 있다. 사회 비평가들은 지난 20년 사이에 어떻게 (움 쿨툼[Um Kulthum]과 라이[Ra'i] 같은) 아랍 음악이 이스라엘 주류로 유입되었는지에 주목한다. 이런 모든 행동은 그 사회가 움직이고 다른 의견을 듣고 아랍 사회와 관여하려는 욕구를 직감하고 있다는 신호다. 한 유대인 작가는 전통적인 이스라엘 극장에서 아랍 사람이 전형적으로 어떻게 그려졌는지를 분석했다. 아랍 사람은 모든 등장인물이 증오와 두려움과 적대감을 표현하는 천박하고 1차원적인 인물로 그려졌다.[26] 이러한 분석은 전 국가적으로 자기 성찰과 비판의 문화가 생겨나고 있음을 보여준다.

그러나 이러한 정서가 모든 사람들에 의해 수용된 것은 아니며, 특히 2000년 2차 인티파다 이후로는 더더욱 그러했다. 이스라엘 학계 내에 존재하던 저항은 더욱 거세어졌다. 1998년 하이파 대학교 석사 과정의 한 학생이 논문을 완성했다. 이 논문은 1948년 5월 22일과 23일 아랍 탄투라 마을에서 벌어진 이스라엘 군대의 잔학 행위를 밝히는 논문이었는데, 그는 이스라엘 병사들이 아랍 사람 250명을 학살했다고 주장했다. 이 학생은 그 사건을 목격했다고 주장하는 유대인들과 아랍인들을 인터뷰하고 그 결과물을 2000년에 출간했다. 그 공격에 연루된 이스라엘 군 부대가 그 학생(Katz)을 고소하면서 사건은 법원으로 넘어갔고 큰 논란을 불러일으켰다. 이에 하이파 대학교는 2001년에 그 학생의 연구를 부인했다(카츠가 병사들과 인터뷰한 내용에 모순이 있었다). 현재까

---

26   D. Orian, *The Arab in Israeli Theater* (in Hebrew) (Tel Aviv: Or-Am, 1995), as noted by Pappe, "Post-Zionist Discourse in Israel," 20-21.

지도 이 논문이 일란 파페(대학에서 가르치고 있다) 같은 이스라엘 역사가들 사이에서 논쟁의 주제가 되고 있다.[27]

요약

구약성경은 땅과 언약과 관련해 일관된다. 예언자들은 율법이 늘 말했던 것을 재확인했다. 즉 이스라엘/팔레스타인 땅은 어떤 세속 국가의 세속적인 소유가 될 수 없다는 것이다. 이 땅은 다른 땅과 다르다. "네 하나님 여호와의 눈이 항상 그 위에 있느니라"(신 11:12). 땅 그 자체가 이스라엘에게 정의라는 언약적 기준을 요구한다. 이와 마찬가지로 예언자들도 이스라엘에게 이와 같은 기준을 요구한다. 이 기준을 어길 때 심판은 피할 수 없다.

이번 장을 시작하면서 팔레스타인 베이타 마을의 비극적인 이야기를 다시 언급했었다. 이 일이 개인들이 범하는 드문 폭력적인 행동이었다면(이런 행동은 이스라엘 사람이나 팔레스타인 사람이나 흔하게 저지르는 일이었다), 이 땅을 괴롭히는 용서받을 수 없는 폭력의 또 하나의 예로 받아들이기 다소 쉬웠을 것이다. 그런데 이 이야기를 받아들이기가 너무나 힘든 것은 이스라엘의 정의 체계가 "이방인, 과부, 고아"를 위해 일하기를 거부했기 때문이다. 이스라엘의 주류 정치인과 군 장교들이 전 세계가 가증하다고 심판한 학대의 순환을 부추겼다.

현재 학대의 양상은 (비록 숨겨져 있지만) 계속되고 있다. 1948년 이래 수백 개의 마을이 완전히 파괴되었다. 좀 더 최근에는(1987년 이래) 이

---

27   I. Pappe, "The Tantura Case in Israel: The Katz Research and Trial," *Journal of Palestine Studies 30,* no. 3 (2001): 19-39; Pappe, "Post-Zionist Discourse in Israel," 32.

스라엘이 수천 채의 팔레스타인 집들을 파괴하면서 수천 명의 노숙자들을 양산했다.

그렇다면 오늘날 이스라엘은 하나님의 언약과 어떤 관계에 있는가? 이스라엘은 여전히 언약적 정의가 요구하는 제약들 속에서 살고 있는가? 이스라엘이 그 땅에 대해 성경적 주장을 내세우려면 이스라엘은 반드시 성경적 삶, 곧 하나님의 땅에 울려 퍼져야 할 하나님의 선함을 비추는 삶을 살아야 한다.

7장

예루살렘

번영한 예루살렘을 보지 못한 사람은 일생에 멋진 도시를 본 적이 없는 사람이다. 완공된 그 성전을 보지 못한 사람은 일생에 영광스러운 건물을 보지 못한 사람이다.　　　　　　　　　　　— 바빌로니아 탈무드, 수카 41B

하나님이 세상을 창조하셨을 때, 10가지 아름다움을 나눠주셨다. 그중 9가지의 아름다움을 예루살렘에 주셨고 하나를 나머지 세상에 나눠주셨다. 하나님은 또 10가지 슬픔도 나눠주셨다. 그중 9가지의 슬픔을 예루살렘에 주셨고 하나를 나머지 세상에 나눠주셨다.　　　　— 유대인 격언

나는 시온의 의가 빛 같이, 예루살렘의 구원이 횃불 같이 나타나도록 시온을 위하여 잠잠하지 아니하며 예루살렘을 위하여 쉬지 아니할 것인즉…예루살렘이 멸망하였고 유다가 엎드러졌음은 그들의 언어와 행위가 여호와를 거역하여 그의 영광의 눈을 범하였음이라.　　　　　— 이사야 62:1; 3:8

어떤 도시도 예루살렘만큼 경이와 신비와 영감과 소망을 불러일으킬

수 없다. 구시가지의 성벽들, 웅장한 중세 시대 문들, 반짝거리는 황금 돔, 고대 역사, 혼란스러운 현재 상황, 이 모든 것이 우리로 하여금 계속해서 이곳을 주목하게 만든다. 예수님의 제자들이 처음 이 도시에 왔을 때 헤롯 대왕 치하에서 도시가 혁신된 것을 보고 그들은 이렇게 외칠 수밖에 없었다. "선생님이여, 보소서! 이 돌들이 어떠하며, 이 건물들이 어떠하니이까!"(막 13:1) 성경은 심지어 우리에게 이 도시를 위해 기도하고 사랑하라고 촉구한다. "예루살렘을 위하여 평안을 구하라. 예루살렘을 사랑하는 자는 형통하리로다! 여호와 우리 하나님의 집을 위하여 내가 너를 위하여 복을 구하리로다!"(시 122:6, 9)

그러나 예언자들이 알고 있었듯이, 예루살렘의 "복을 구하는 것"은 또한 그에 걸맞은 삶을 사는 것을 의미했다. 예레미야는 "예루살렘아, 돌이켜 네 평안을 물을 자 누구냐?"(렘 15:5)라고 외친다. 이스라엘 역사에서(과거와 현재) 예루살렘은 언제나 유대인들의 삶의 중심이었다. 이 도시에는 솔로몬이 지은 하나님의 성전이 있었다. 그래서 사람들은 "하나님이 이 땅에 주소를 갖고 계신다"고 말한다.[1] 반면 이스라엘이 언약을 무시하고 다른 신들을 구할 때, 문제는 늘 예루살렘으로 거슬러 올라갈 수 있었다. 이곳은 종교적이고 정치적인 부패가 시작되고, 거룩함을 잃어버리며, 그래서 온 나라가 길을 잃게 만드는 그런 곳이었다.

오늘날 예루살렘도 마찬가지로 아랍과 유대인 갈등의 중심에 있다. 이스라엘은 전 세계가 이 도시를 자신들의 "영원한 수도"로 인정하기를 갈망한다. 이스라엘 정부 건물들은 서예루살렘에 위치해 있지만 대부분의 외국 대사관들은 여전히 텔아비브에 있다. 팔레스타인 사람들도 마

---

1   A. Heschel, *Israel, and Echo of Eternity* (New York: Farrar, Straus, and Giroux, 1969), 209.

찬가지로 예루살렘에 오래된 유산과 애착을 갖고 있기 때문이다. 아랍 사람들은 이 도시를 알 쿠드(Al Quds, 거룩한 곳)라고 부른다. 이슬람에서 예루살렘은 (메카와 메디나에 이어) 세 번째로 거룩한 도시다. 중동 그리스도인들에게 예루살렘에 있는 교회들은 지상에서 가장 거룩하고 정례적으로 축제의 예배가 열리는 장소다.

캠프 데이비드 2차 토론회에서(2000년 7월) 양측 모두 예루살렘을 자신들의 수도로 원했다. 야세르 아라파트는 팔레스타인 국가는 동예루살렘을 중심부로 삼아야 한다고 주장했다. 또 에후드 바라크는 유대인들의 수도는 언제나 서예루살렘이어야 한다고 주장했다. 1947년 UN이 이 나라를 분할하려고 했을 때 그들이 예루살렘을 국제 관리 아래에 두기를 원한 것은 놀랄 일이 아니었다. 1948년 전쟁이 일어나면서 이 꿈은 급속도로 희미해졌다. 예루살렘은 동과 서로 즉각 분할되었다. 이스라엘이 서쪽을, 요르단이 동쪽을 취했다. 1967년에 이스라엘이 전체 도시를 점령할 때까지 예루살렘은 분할되어 있었다.

이 도시가 직면하고 있는 문제의 국면들을 이해하기 위해서는 이 위대한 도시를 역사적 관점으로 볼 수 있어야 한다. 유대인의 격언이 말하듯이, 예루살렘은 아마도 지상에서 가장 아름다운 도시이고 또한 그 어떤 도시보다 더 많은 슬픔을 가진 도시일 것이다.

간략한 역사

성경에 나오는 예루살렘

이스라엘 백성들이 여호수아의 지도 아래 가나안으로 들어오기 수 세기 전에 예루살렘은 "여부스"라고 불리었고 "여부스족"이라 불리는 사람들이 차지하고 있었다.[2] 여호수아는 이 도시를 점령한 적이 없고(수 15:63; 삿 1:21) 그로부터 수백 년 후 다윗 왕 통치까지 이 도시는 이스라엘의 통치 아래에 있지 않았다. 따라서 예루살렘은 이스라엘이 들어오기 전까지 거의 천 년간 지속된 비이스라엘 역사를 가지고 있었다.

다윗이 여부스를 정복한 것은(삼하 5:6-10) 전략적이었다. 그 도시가 유다 족속과 베냐민 족속의 중간에 위치한 탓도 있었지만(즉 종족 간 갈등을 피하기 위해서일 뿐 아니라), 방어가 용이하고 자체적인 물 공급도 가능하며 그 나라의 중앙 산악 지방들 사이에서 언덕 위에 위치한 지리적 이점도 있었기 때문이다. 다윗은 자신의 성을 그곳에 세웠고(삼하 5:11) 결국에는 언약궤를 그 도시로 가져왔다(삼하 6:12-19). 다윗은 그 도시의 북쪽 구역을 구입했고 결국에는 그곳에 솔로몬이 성전을 세운다(대상 22:1-5). 이 땅은 원래 여부스 사람 오르난의 소유였는데 그는 그곳을 타작마당으로 쓰고 있었다. 다윗은 그 땅을 금 600세겔을 주고 얻었다(대상 21:25).

솔로몬은 예루살렘에 아름다운 성전을 지었을 뿐 아니라(왕상 6장) 화려한 궁전들도 지었다(왕상 7:1-8). 곧 그 도시는 새로운 담으로 개장되었다. 여기서 우리는 문제의 시초를 본다. 솔로몬은 자신의 궁전을 짓는 데 30년, 성전을 짓는 데 11년을 보내는데 왕의 궁전이 하나님의 집보다 훨씬 컸다.[3] 솔로몬이 제국을 꿈꾸면서 그 나라의 성격이 바뀌기 시작하자 정치 세력들이 자신들의 이권을 곧 주장하기 시작했다. 그러나 솔로몬의 부와 권력은 그가 죽으면서 곧 사라졌고 왕국이 남과 북으로 분열되어 나라를 황폐하게 만드는 내전이 일어났다. 예루살렘은 남

---

2   고고학적 증거들로 보면 기원전 2000년경 여부스족이 이 도시를 점령하고 있었던 것으로 보인다.

3   성전은 60×30×30규빗, 궁전은 100×50×30규빗.

유다의 수도로 계속 남아 다윗 자손들이 왕위를 계승했고 반면 북쪽은 사마리아 주변의 오래된 족장들의 영토를 개발했다.

예루살렘은 기원전 587년 느부갓네살 치하의 바빌로니아 군대가 전 지역을 황폐화시키면서 살아남은 사람들을 노예/유배자로 바빌로니아 제국으로 끌고 갈 때까지 약 400년 동안 남왕국의 수도였다(왕하 25장; 렘 5:2). 성전은 불탔고 거룩한 기물들은 점령군에 의해 옮겨졌다.[4] 유배자들이 귀환을 허락받았을 때 예루살렘은 폐허가 되어 있었다(기원전 539). 많은 유대인이 바빌로니아에 남아 있었지만 예루살렘으로 돌아온 사람들은 그 도시가 예전의 영광을 되찾도록 힘을 다했다. 이러한 재건은 여러 세대에 걸쳐 진행되었고 파괴된 지 70년이 지나서 에스라에 의해 성전이 재건되었으며, 느헤미야는 성벽을 재건했다(느 1-6장). 그럼에도 예루살렘은 유대 왕들이 다스리던 시대에 비하면 그저 파편에 불과했다.

이 시기에 예루살렘은 통합을 위한 힘이 될 수도 있었고 분열을 위한 기폭제가 될 수도 있었다는 점에 주목하라.[5] 다윗은 지혜롭게도 예루살렘이 그 나라를 극적으로 연합시킬 능력이 있지만 또한 모든 일어날 수 있는 갈등의 중심지가 될 수 있다는 것도 이해하고 있었다. 왕국이 (남과 북으로) 분열될 압박을 느끼고 있을 때 예루살렘에 균열이 발생했다. 여기서 그 나라는 두 개로 갈라졌다.

에스라와 느헤미야의 예루살렘은 퇴색해버린 영광 속에서 계속 명맥을 유지하다가 기원전 333년 알렉산드로스 대왕에 의해 점령되었다.

---

4   법궤와 많은 성전 보물이 제사장들에 의해 숨겨지거나 옮겨졌다고 믿는 사람들도 있다. 그래서 이 보물들이 있는 장소에 대한 추측들이 난무했다. 대부분의 학자들은 이 보물들이 바빌로니아로 옮겨졌다고 믿는다.

5   G. McConville, "Jerusalem in the Old Testament," *Jerusalem Past and Present in the Purposes of God*, ed. P. W. L. Walker (Cambridge: Tyndale House, 1992), 25.

그 도시는 파괴되지는 않았지만 200년 동안 그리스 문화 아래 있으면서 급속도로 그 문화에 동화되어갔다. 그리스 점령에 대한 유대인의 저항은 160년대에 반란으로 점화되었고 140년경 예루살렘은 다시 한번 유대인의 손에 들어갔지만 이 통치는 그리 오래 지속되지 못했다. 약 80년간의 내란은 그 도시를 솔로몬의 명성까지 되돌려놓지 못했고 기원전 63년 예루살렘은 다시 한번 폼페이우스의 로마 군대에 의해 점령된다. 그 도시는 이처럼 로마 군인들에게 지배를 받으며 신약 시기까지 이어진다. 헤롯 대왕(기원전 37-4)은 기원전 20년에 시작해 그 도시를 완전히 재건했고 그 성전을 기념비적 건축물의 본보기로 삼았으며, 완공에 80년이 넘게 걸렸다. 슬프게도 완공된 지 10년도 채 지나지 않아 로마 군대가 유대인 반란을 끝내고 기원후 70년에 예루살렘을 완전히 불태워 파괴했다.

그 전쟁 후 예루살렘은 폐허가 되었으며 산헤드린도 돌아오지 않고 대신 갈릴리로 옮겨갔다. 그 도시를 재건하려는 시도들은 허사였고 로마에 대한 반감이 그 나라에서 끓어올랐다. 기원후 132년 로마 군대가 다시 공격했고 예루살렘을 정복했을 뿐 아니라(135) 유대인들을 쫓아내고 다시는 그들의 거룩한 도시로 돌아오지 못하게 했다.

요약하면, 예루살렘은 다윗 왕이 그 도시를 취하기 전까지 긴 비유대인 역사를 가지고 있었다. 더욱이 그 도시는 700년 기간 안에 정복당하고 점령당했다. 한 번은 기원전 587년이었고 또 한 번은 기원후 70년이었다. 두 경우 모두 파괴되고 유배된 것은 하나님의 심판으로 해석되었다. 구약성경은 이 점을 분명히 하고 있고(삿 36:15) 예수님도 포도원과 품꾼의 비유에서 이 심판을 강조하신다(마 21:33-44). 로마가 기원후 135년에 유대인들을 예루살렘에서 추방한 이후 그 도시에 대한 유대인 통치는 1,800년이 넘도록 없었다. 단지 소수의 유대인들만이 예루살렘에 거주했고 정부에 어떠한 영향력도 끼치지 못했다.

중세 시대 예루살렘

135년 로마 제국의 하드리아누스 황제는 예루살렘을 개명했고(아일리아 카피톨리나[*Aelia Capitolina*]) 오늘날 우리가 보는 예루살렘의 근간을 마련했다.[6] 하드리아누스 시대의 성벽은 많은 곳에서 헤롯 시대의 성벽을 따르고 있고 오늘날 구시가지 성벽에 가깝다. 로마 군대는 여기에 수비대를 배치했고(제10군단) 800명의 퇴역 군인들이 그 도시에 살 수 있도록 땅을 분배받았다. 하지만 4세기까지 역사적 기록이 잠잠하다가 4세기가 되자(회심한 로마 황제 콘스탄티누스 덕분에) 갑자기 기독교적 관심으로 순례객들이 그 도시로 몰려든다. 예루살렘은 급속도로 놀라운 재건을 이루었다. 그리스도인 투자자가 성벽을 재건하고 (성묘 교회 같은) 교회를 지으며 그 도시를 완전히 새롭게 만들었다. "비잔틴" 예루살렘은 그리스도인 지도자들 아래서 300년을 지냈고 세계적인 교회로 성장하는 가운데 지도자적 목소리를 내었다. 예루살렘은 모든 중요한 교회 협의회에 주교를 보냈다. 이 시기에 출간된 지도들도 예루살렘을 세계의 중심으로 보여주었다. 수 세기 동안 이 나라에 있었던 아랍 그리스도인들은 그리스 문화에 동화되었지만 중동인으로서 자신들의 정체성을 지키고 있었다.

이런 모든 행동 방식은 17세기에 와서 바뀌었다. 638년, 무슬림 군대 지도자 우마르 이븐 알카타브(Omar Ibn Khattab)는 중동 정복 중에 예루살렘을 취하고 450년 통치를 시작했다. 이 통치는 11세기 십자군 전쟁

---

6   예를 들어 다메섹문은 이 당시에 만들어졌다. 이 문을 열면 광장이 나오고 동쪽으로는 예루살렘 성전, 서쪽으로는 그리스도인 구역(cardo)이 있다.

이 일어날 때까지 끝나지 않았다. 우마르는 이 도시를 파괴하거나 그 거주민들에게 해를 끼치지는 않았지만 예루살렘 교회들의 아름다움과, 그와는 대조적인 예루살렘 성전 터의 오물과 파편들에 놀라움을 금치 못했다. 하지만 무슬림은 그 도시 건물들(예를 들어 황금 돔 같은 건물, 691)에 자신들의 흔적을 남겼고, 특히 성전산(Temple Mount)에 그런 흔적을 남겼다. 670년 한 여행가가 이 산이 어떻게 개장되었고 어떻게 유대인들이 그곳을 방문하도록 허락을 받았는지 말해준다. 모스크들이 지어졌고 그 도시의 벽은 새로워졌다. 하지만 많은 사람이 이슬람으로 개종하고 아랍어와 문화에 모든 사람이 동화되었음에도 불구하고 예루살렘 거주민들 사이에서 기독교는 계속 번창해갔다.[7]

적대적인 칼리프(통치자) 하킴(Hakim)이 1009년에 (성묘 교회를 포함해) 많은 교회를 파괴했을 때 유럽 십자군을 위한 새로운 빌미가 만들어졌다. 1099년 유럽인들의 장악은 잔인했다. 아랍 무슬림들은 아랍 그리스도인 및 유대인들과 함께 모두 죽임을 당했다. 모두 "이교도"라는 이름으로 처형되었다. 십자군들에 의한 그 도시의 급속한 발전은 아랍 장군 살라딘(Saladin)이 십자군을 모두 축출한 1187년까지 지속되었다. 하지만 전쟁으로 이 도시는 수십 년간 계속해서 통치 세력이 바뀌었고 1249년이 되어서야 아랍 군대가 유럽 사람들의 손에서 이 도시를 안전하게 확보했다. 거의 300년 동안 이어진 아랍(다마스커스부터 카이로까지)의 통치는 안정을 가져왔다. 이 시기에 대규모 이슬람 학교들이 세워지면서 예루살렘은 이슬람 세계 전체를 아우르는 종교 지도자들을 배출하는 도시가 되었다.

---

7   A. Wessels, *Arab and Christian? The Christians of the Middle East* (Kampen, Netherlands: Kok, 1995).

예루살렘은 1517년 또다시 터키(또는 오스만) 군대에 점령되었다. 초기 통치자 중 한 명인 술레이만 대제(Sulayman the Magnificent, 콘스탄티노플에서 통치했다)는 오늘날 우리가 보는 예루살렘을 건설했다. 술레이만의 기술자들은 다메섹문에서부터 예루살렘 성벽까지, 그 도시에 있는 많은 식수원부터 저수지와 도수관에 이르기까지 예루살렘에 새로운 영광을 부여했다. 인구는 50년 안에 두 배로 증가했고 농사가 발달했다. 이 시기에 그리스도인과 유대인들은 비록 무슬림들에게는 부과되지 않는 세금을 내긴 했지만 진정한 자유를 누렸다. 예루살렘은 더 이상 무시 당하지 않았고 탁월함을 누렸는데 이는 1917년까지 계속 이어졌다.

예루살렘은 이 시기 매우 작은 도시였고 오늘날 우리가 보는 것과 같지 않았다는 점을 명심하라. 거주민들은 벽으로 둘러싸인 도시 안에 거주했고 예루살렘을 둘러싼 언덕들에 대한 발전은 미미했다. 이런 식의 정착은 중세 시대에는 자연스러운 모습이었다. 이 시대에는 성벽이 안전과 보호를 제공했다. 수도원들은 근처에 자신들만의 정교한 보호벽을 건설했고 보호받지 못했던 아랍 마을들은 큰 위험을 안고 살았다.

20세기

1914년에 오스만 제국과 독일이 동맹을 맺고, 이후 1차 세계대전에서 동맹국이 연합국에 패전한 것은 오스만 제국이 해체된 것을 의미했다. 1917년부터 1948년까지 영국이 모든 팔레스타인을 통치했지만, 우리가 이미 살펴보았듯이 제2차 세계대전 이후에는 영국의 통치가 불가능했다. 이제는 터키의 족쇄에서 자유로워진 아랍의 지역별 지도자들은 국가를 꿈꾸었는데, 유럽에서 돌아오는 유대인 난민들은 이 꿈에 정면으로 배치되었다. UN은 그 나라를 분할하는 계획에서 예루살렘을 국제도시로 두어 모든 대립되는 주장들이 존중되기를 원했다. 예루살렘은

1917년부터 1948년 어간에 극적으로 성장했고 이 시기에 예루살렘 주변으로도 다양한 공동체들이 형성되었다.

1948년 독립전쟁이 끝나고 예루살렘은 갈등의 쟁점이 되었다. 그 도시를 누가 장악할지를 두고 싸움이 격해지자 서쪽에 있던 약 80,000명이 동쪽으로 도망했다. 사격 중지 명령이 떨어졌을 때, 동예루살렘은 요르단의 손에 있었다. 그곳에 있던 팔레스타인 사람들은 자동적으로 요르단 시민이 되었다. 구도시(유대인 구역)에 있던 유대인들은 주변 이웃 마을들이 파괴되자 서쪽으로 도망했다. 서예루살렘은 유대인 것이었고 (전쟁 때 피란을 가느라 비워두었던) 그곳에 있던 아랍 집들은 새로 들어오는 유대인 거주민들에게 배분되었다. 이스라엘은 1949년에 예루살렘을 수도로 선포했다.

1967년이 되어서야 웨스트뱅크에 대한 이스라엘의 점령은 전 도시로 확장되었다. 이스라엘 사람들은 19년간 분단되어 있으면서 세워졌던 모든 장벽과 경계와 장애물들을 즉각 제거했다. 유대인들은 구시가지에 있는 유대인 구역으로 돌아왔고 성전산 서쪽 지역("통곡"의 벽, 혹은 "서쪽" 벽)에 있던 초라한 아랍 사람들의 집은 철거되었으며 예배 지역이 세워졌다. 이스라엘은 모든 무슬림과 그리스도인들이 언제나 모든 예배 장소에 들어갈 수 있다고 선언했다. 도시도 성장했다. 1967년 이전에는 도시 인구가 약 264,000명(72%가 유대인, 25%가 아랍인)이었다. 1980년경에는 도시 인구가 407,000명(72%가 유대인, 28%가 아랍인)으로 늘어났다. 1999년경에는 도시 인구가 634,000명(68%가 유대인, 32%가 아랍인)으로 성장했다.[8] 2011년에는 801,000명(62%가 유대인으로

---

8   오늘날 예루살렘의 인구 증가율은 매년 15%다. 이러한 통계들은 이스라엘 통계청 홈페이지에서 열람할 수 있다. 〈www1.cbs.gov.il/reader/cw_usr_view_Folder?ID=141〉

497,000명, 35%가 무슬림으로 281,000명, 2%가 그리스도인으로 14,000명, 1%가 분류되지 않은 나머지 인구로 9,000명)으로 증가했다.[9]

함축적 의미들

예루살렘의 역사는 우리가 놓치기 쉬운 중요성을 담고 있다. 오늘날 우리는 예루살렘에서 그 도시가 유대인들의 "영원한 수도"였다는 말을 종종 듣는다. 이러한 주장은 통치권을 완성하려는 이스라엘의 주장에 힘을 실어주기 위해 하는 것이지만 간단한 역사를 훑어본 결과 몇 가지 놀라운 사실이 정체를 드러냈다. 최근 이스라엘은 전 세계를 향해 다윗왕이 이 도시를 점령한 지 3,000년이 되는 해를 축하하자고 요구했다 (마치 중간에 끼어든 다른 역사가 없었던 듯 말이다). 전 세계의 학자들은 몹시 심기가 상했고, (특히 관광에 목적을 둔) 그 축하식은 조용히 실패로 돌아갔다.

이스라엘이 기원전 2000년 이래 자치권을 갖고 이 도시를 통치한 햇수만 따져본다면 겨우 500년 정도라 할 수 있다.[10] 하지만 외국 군대가 이 도시를 지배하는 기간에 유대인들이 예루살렘에서 번영의 삶을 누렸다는 사실을 감안할 때 이러한 계산은 공정하지 않다. 따라서 다른 질문을 한번 해보겠다. **유대인의 문화적 삶이 예루살렘에서 우세했던 시기는 언제일까?** 우리는 이 도시에 대해 경쟁적으로 권리를 주장한 아랍/유대인의 관계에서 이에 대한 답을 찾을 수 있다. "예루살렘을 지배

---

9 이스라엘 통계청의 2012년 5월 16일 보도 자료 참조. ⟨http://www1.cbs.gov.il/www/hodaot2012n/11_12_126e.pdf⟩

10 약 400년은 군주제 아래에 있었고, 80년은 마카비 통치 아래에 있었으며, 1967년 이후 36년간 통치했다.

한 문화의 역사"를 보여주는 다음 도표에서 가장 가능성 있는 판단을 찾을 수 있을 것이다.

예루살렘을 지배한 문화의 역사

가나안 문화가 우세했던 시기   **500년**
- (더 이전일 것이라고 예상되지만) 기원전 약 1500년경 시작됨

유대인-이스라엘 문화가 우세했던 시기   **1,236년**
- 다윗 왕조, 500년
- 바빌로니아 유수에서 로마 점령까지, 700년
- 1967년 이후부터 현재까지의 점령, 36년

기독교 문화가 우세했던 시기   **400년**
- 콘스탄티누스의 예루살렘부터 무슬림 정복까지, 300년
- 십자군의 예루살렘, 100년

아랍/터키 문화가 우세했던 시기   **1,200년**
- 우마르부터 십자군까지, 470년
- 살라딘부터 오스만 제국의 몰락까지, 730년

이 도표의 결과는 중요하다. 고대 여부스를 가나안 사람들이 점령했던 부분을 뺀다 해도(기독교의 영향력이 우세했던 시기인 비잔틴 시대나 십자군 시대를 고려하지 않는다면), 예루살렘에 대해 이스라엘이 주장할 수 있는 역사는 이 전체 역사에서 그리 길지 않다. 예루살렘에 대한 아랍인들의 주장이 더욱 중요하다. 사실 작은 유대인 공동체는 지난 3천 년간 이 도시에서 존재해왔지만 그 주장은 아랍 공동체에도 똑같이 적용될 수 있다. **지난 2천 년 동안 유대교가 예루살렘에서 우세했던 것은 겨우 200년이었다.**[11]

---

11 이런 유의 통계가 어떤 독자들에게는 충분히 공격적으로 느껴질 수 있을 것이다. 예루

현대의 문제

이스라엘은 1967년 예루살렘(과 웨스트뱅크)을 정복한 이후 그 도시를 합병하고 114km²의 땅을 덧붙였다. 이 땅은 전통적으로 "예루살렘"으로 여겨졌던 지역들에서 취한 것이 아니라 오히려 그간 탐내오던 28개의 아랍 마을들로부터 빼앗은 것이었다. 예루살렘의 소유권을 둘러싼 현재의 싸움은 원래 있던 매개 변수들과는 하등 상관이 없고 오히려 보통의 이스라엘 사람들은 한 번도 들어보지 못했을 장소들과 베이트 하니나, 움 투바, 베이트 잘라 같은 마을들과 관련이 있다. 불과 하루만에 이스라엘은 예루살렘의 크기를 세 배로 만들었다. 1967년 전쟁 이전에는 서예루살렘이 60km²이었고, 아랍인들이 거주하던 동예루살렘은 10km²이었다. 합병 이후, 예루살렘은 갑자기 184km²가 되었다.

문제는 이러한 새로운 예루살렘의 경계 안에 거주하는 많은 아랍인들을 어떻게 규정할 것인가다. 베들레헴에 있는 아랍인들은 "점령지"가 이스라엘 외부에 있었지만(그럼에도 이스라엘 군대의 통치를 받았다) 예루살렘에 사는 팔레스타인 사람들은 이스라엘 내부에 살고 있었다. 동예루살렘에 있는 아랍 거주민들은 (엄격한 조건을 충족시킨 후에) 이스라엘 시민권을 받고 웨스트뱅크에 있는 다른 팔레스타인인들에게는 거부된 사회적 편익을 부여받게 되었다. 그러나 대부분의 팔레스타인 사람들이 시민권을 거부했고 "거주민"으로 남았다. 하지만 이로 인해 많은 의문이 일었다. 이 사람들이 이스라엘 사람이 아니라면 그들은 어떤 존재인가? 그들은 어디에 속하는가? 그들은 누구에게 속하는가? 그들의 미래는 위태로운가?

살렘에서 계속되고 있는 "유대인"의 역사는 오늘날 이스라엘에서 성스러운 주제다.

정착민들을 위한 토지 몰수

1967년 이후 이스라엘이 가장 관심을 기울인 것은 예루살렘을 유대인들로 채우는 것이었다. 주택 할당 제도는 도시 개발과 전혀 상관없는 것으로서 오히려 아랍인들로 하여금 그 도시를 떠나도록 만드는 역할을 했다. 1999년 예루살렘 전 시장 테디 콜렉(Teddy Kollek) 정부에서 고위급 고문으로 있던 사람들이 그의 정부가 아랍 인구를 28.8%로 제한하는 목표를 계획했다고 밝혔다.[12] 그들은 이렇게 말했다. "아랍 이웃들에게 너무 많은 새 집을 허락하는 것은 그 도시에 너무 많은 아랍 거주민을 허락한다는 의미였습니다. 이 생각이 지방 자치체와 정부 정책의 핵심이었습니다." 이 목적이 중요했기에 앞으로 더 커질 예루살렘에 대한 이스라엘의 소유권을 누구도 넘볼 수 없었다.

이러한 전략은 여러 가지 형태로 드러났다. 이스라엘 정부는 아랍인들의 건축을 제한했다. 1990년부터 1997년까지 18,443채의 유대인 집이 지어졌다. 같은 시기, 아랍인 집은 겨우 1,484채만이 지어졌다. 이렇게 차이가 난 것은 아랍 사람들이 자본이 없어서가 아니라 아랍 사회가 커지는 것을 엄격히 제한하고 아랍인의 땅을 유대인을 위해 사용하기 위해 국유화하려는 정부의 전략 때문이었다. 현재 아랍인들이 사는 동예루살렘에는 43,000채의 유대인 집들이 소유권을 빼앗긴 땅 위에 들어서 있다. 같은 지역에 있는 아랍인들의 집은 겨우 28,000채라서 모두 너무 비좁게 살고 있다. 그 도시에 있는 모든 아랍 가정의 1/4이 심

---

12 "Ruthless Quota System for Arabs," *Jerusalem Post,* May 10, 1999; A. S. Cheshin, B. Hutman, A. Melamed, *Separate and Unequal: The Inside Story of Israeli Rule in East Jerusalem* (Cambridge, Mass.: Harvard University Press, 1999).

각할 정도로 너무 많은 사람을 수용하고 있다.[13] 어떤 조사에 의하면, 동 예루살렘의 32%가 유대인들의 개발을 위해 몰수되었다(이 땅의 90%가 팔레스타인 사람들의 사유지였다).[14]

예루살렘을 자주 방문하던 사람들은 도시 주변에 급격히 늘어난 집들을 보며 깜짝 놀랄 것이다. 도시 주변을 개발하고 사람들을 정착시킴으로써 미래에 있을 평화 회담에서 그 도시의 경계를 협상할 수 없도록 만들고 있다. 예루살렘 지방 자치체가 제공한 공식 문건에 따르면, 그 도시의 **유대인** 인근 지역에 95,000채의 집을 더 건설하는 "거대한" 건축 추진을 계획 중이다.[15] 하지만 이러한 건축은 새로운 땅이 확보될 때만 가능하다.

한 가지 예를 보자. 남예루살렘에서 베들레헴으로 차를 몰고 가다 보면 옛 길로(Gilo) 마을을 지나 왼쪽(동쪽)으로 눈에 확 들어오는 언덕 지역이 나온다. 전에는 나무로 덮였던 곳이지만 지금은 고층 빌딩들로 가득하다. 이스라엘 사람들은 이곳을 "하르 호마"(Har Homa)라고 부르지만 이곳의 고대 아랍 이름은 "자발 아부 가네임"(Jabal Abu Ghaneim)이다. 원래는 사유지였던 이 땅은 정부에게 압수당해 마코르 도시 개발 회사에 의해 개발되고 있다. 마코르 회사는 약 1조5천억 달러를 들여 8,200개의 주거 시설과 3개의 호텔, 골프장, 쇼핑몰, 최첨단 산업 센터를 건축할 예정이다. 건축이 시작되었을 때, 근처 베이트 사호르와 베들레헴에 살던 아랍 사람들은 그 땅의 많은 부분이 자신들의 것이었기에

---

13   "Injustice in the Holy City," *B'Tselem Journal* (December 1999): 4. 예루살렘에 있는 모든 아랍인의 23%가 한 방에 세 명 이상이 살고 있다. 유대인들은 겨우 2%만 이런 식으로 살고 있다.

14   "Israel and the Occupied Territories," *Amnesty International Report* 15-55-99 (December 1999): 19.

15   〈www.jerusalem.muni.il/english/cap/toshavim.htm#Distribution〉, 5.

크게 분노했다. 하지만 하르 호마는 그 도시를 둘러싸고 유대인 거주지를 만들려는 이스라엘의 건축을 완성하기 위해 계속 건축되고 있다.

토지 몰수는 대사관 부지에도 적용되고 있다. 최근 미국 정부는 대사관을 텔아비브에 계속 두고 있는데 이는 예루살렘에 대한 이스라엘의 주장을 인정하고 싶지 않아서다. 그러나 이스라엘은 대사관을 옮긴다는 조건으로 서예루살렘의 일부 땅을 미국에게 임대했다. 팔레스타인 역사학자 왈리드 칼리디(Walid Khalidi) 박사는 3년간의 연구를 통해 이 땅조차도 이스라엘이 그 주인들로부터 불법적으로 빼앗은 것임을 밝혔다. 미국이 그곳에 대사관을 짓는다면 빼앗긴 팔레스타인 사람의 땅(어떤 경우에는 미국 시민인 아랍 사람의 땅일 수도 있다)에 세우는 꼴이 된다.[16]

집 파괴

1967년 이래, 이스라엘은 예루살렘의 인종적 특징을 바꾸려고 애써왔다. 정부 관리들은 예루살렘을 유대인이 대다수를 차지하는 도시로 만들기 위해 인종 할당제를 논의하고 실행했다. 예루살렘 내 팔레스타인 인구 밀도가 증가함에 따라 아랍 사람들은 불가능한 결정 앞에 놓이게 되었다. 그 도시 외곽에 거주하게 되면 그들은 일자리를 얻을 수 있는 "거주" 카드를 잃게 될 것이다. 만일 아랍 사람들이 가족 소유의 땅에 건물을 지으려고 하면 건축 허가가 나지 않는다. 1967년부터 1999년까지 아랍 사람들에게 허가된 건 겨우 2,950건이다. 그리고 그렇게 해서 그들이 어찌되었든 (자신들이 소유한 땅에) 건물을 짓는다 해도 곧 불도저들이 들어왔다. 불법적인 유대인 건축이 예루살렘

---

16 The American Committee on Jerusalem (ACJ), 보도자료, 2000년 3월 9일.

에서도 시행되지만 이런 경우 땅은 대부분 건물주의 소유가 아니다. 팔레스타인 사람들은 불법적인 건축의 약 20%에만 책임이 있지만 파괴되는 숫자의 60%가 그들을 대상으로 한 것이다. 1987년부터 2000년까지 이스라엘은 동예루살렘에서 284채의 아랍 가옥들을 파괴하면서 많은 사람을 노숙자로 만들었다. 두 번째 봉기가 절정에 치달았을 때 (2000-2003) 이스라엘은 약 300가구를 파괴했다. 그들은 2004년부터 2012년까지 412채의 집을 파괴하면서 1,636명을 노숙자로 만들었다.[17]

푸아드 카데르(Fu'ad Khader)의 경우가 잘 말해준다. 카데르의 집은 그가 8년간 재산세를 지불하고 있었기 때문에 세금 목적에 있어서는 "합법적"이었다. 그러나 세월이 지나 자녀들이 결혼을 했는데 그들이 갈 곳이 없었다. 자녀들이 도시 외곽으로 나가면 그들은 직업을 잃을 것이고 푸아드는 손자들을 보지 못할 것이다. 그래서 그는 지역 위원회와 논의한 끝에 그 도시가 자기 집을 확장하도록 허락해줄 것이라고 생각했다. 그러나 그의 생각은 오산이었다.

1992년, 나는 예루살렘 베이트 하니나(Beit Hanina)의 타벨 지역에 있는 내 땅에 집 짓기를 마쳤고 세 딸인 사라와 나즈와와 파이자가 남편과 아이들과 함께 이사를 왔다. 1999년 11월 25일 내가 아타롯에 있는 내 집에 있는데 아침 7시 30분에 사라에게서 전화가 왔다. 딸아이는 전화에 대고 울면서 거의 발작적으로 이렇게 말했다. "아빠, 빨리 와서 우리를 구해주세요. 군대가 와서 우리 집을 부수려고 해요."

17　B'Tselem이 발표한 통계를 참조하라. 〈www.btselem.org/planning_and_building/east_jerusalem_statistics〉

나는 집에 도착해서 철거 명령을 내린 내무부 장관 대변인에게 다가 갔다. 그리고 우리의 협약에 대해 말했다. 이 일 이후로 거주민들이 철거 계획에 대비하는 동안 우리는 더 이상 건물을 짓지 않을 것이고 이스라 엘 군대는 집을 부수지 않겠다는 협약이었다. 나는 대변인에게 집을 부 수지 말아달라고 간청했다.

내가 그와 말하는 동안, 경찰관들이 집에서 사람들을 다 내보내고 안 에 있던 것들을 다 끄집어냈다. 가구며 집기류를 다 밖으로 내던져서 대 부분 손상되고 파괴되었다. 불도저들이 바로 우리 앞에서 그 집을 부수 기 시작했다.

겨울이 오고 있었다. 우리는 파괴된 집터에 텐트를 두 개 쳤는데 그곳 에서 살기에는 이미 너무 추웠다. 그래서 우리는 낮에는 텐트에서 생활 하고 밤에는 가족들이 뿔뿔이 흩어졌다.

내가 무엇을 할 수 있을까? 그들은 내게 허가권을 주지 않을 것이고 내게 집이 필요하다는 사실에도 아랑곳하지 않을 것이다. 우리가 또 집 을 지으면, 그들이 와서 부숴버릴 것이다.[18]

거주권/추방

푸아드 카데르가 자신의 가족을 예루살렘 경계 밖으로 이주시키려고 결심하면 그는 "거주권"을 영원히 잃을 수 있다. 그는 예루살렘으로 다 시는 돌아올 수 없었다. 예루살렘의 아랍인들은 특별한 "청색" 거주증 을 소지하고 다녀야 했다. 거주증은 그들이 그 도시에서 살 수 있게끔 해주는 것이었기 때문에 그들에게 매우 귀중했다. 그러나 1967년부터

---

18   "Injustice in the Holy City," 7.

1998년까지 6,000개가 넘는 카드가 다양한 구실로 몰수되었고 가족들은 예루살렘에서 불법 체류자로 남게 되었다. 1996년 이래 팔레스타인 사람들은 동예루살렘이 자신들의 "삶의 중심"임을 합법적으로 보여주어야 했다. 이 도시 외곽에 살거나 외곽에서 일하면 그들의 신분은 즉각적으로 위험에 처한다. 1996년 이래로 **평균** 700명이 매년 추방당했다. 1998년에만 788개의 예루살렘 신분증이 취소되었다. 최근 이스라엘의 정보 공개법에 따라 공개된 문건에 의하면, 1967년부터 1994년까지 이스라엘은 예루살렘에 살던 140,000명의 팔레스타인 사람들의 거주권을 폐지했다.[19]

이스라엘 정책의 결과로 많은 팔레스타인 사람들이 집을 얻기 위해 그 도시를 떠나야 한다는 압박을 받으며 "들킬" 것에 대한 두려움에 떨며 살고 있다. 말하자면 그들은 라말라에 살면서 예루살렘에서 일을 한다. 그들이 검문소에서 걸리면 블루 카드가 없기 때문에 추방당할 것이다.

이러한 차별 정책에 관한 흥미 있는 이야기 중 하나가 유명한 아메리칸 콜로니 호텔(American Colony Hotel)에 있는 서점 주인인 문테르 파흐미(Munther Fahmi)의 이야기다. 그는 1954년 예루살렘에서 태어나 21살에 뉴욕에 가서 학교를 다녔다. 그리고 미국에서 10년을 지냈지만 유대인들의 경우처럼 그의 이스라엘 영주권에도 문제가 없을 것이라고 생각했다. 그는 미국 시민권을 얻어서 미국 여권을 가지고 예루살렘에 돌아와서 그 도시의 외교관과 문학도들에게 가장 유명한 서점 주인이 되

---

19 H. Sherwood, "Israel stripped 140,000 Palestinians of residency rights, document reveals," *The Guardian*, May 11, 2011. 예루살렘과 이스라엘에서 팔레스타인 사람들이 갖는 거주권에 대한 연구는 다음의 책을 참고하라. B. White, *Apartheid: a Biginners Guide* (Pluto Press, 2009).

었다. 그의 경우에는 일이 잘 풀렸다. 많은 이스라엘인, 미국인 정치인들과 문학의 대가들이 그를 위해 탄원했다(전에 그는 여행 비자로 살고 있었다). 그리고 2012년 1월 그는 영주권을 받았다.

하부 구조와 서비스들

예루살렘을 방문한 사람들은 종종 그 도시 주변에서 보게 되는 엄청난 삶의 질의 차이로 인해 놀라곤 한다. 여행 가이드들은 일반적으로 관광객들이 아랍 이웃들의 삶을 보지 못하도록 거리를 둔다. 미국 기준으로 볼 때 그들의 삶은 질이 떨어지고 심지어 위험하기 때문이다. 이들도 다른 사람처럼 세금을 내는데도 불구하고 지방 자치단체에서는 이들에게 거의 투자를 하지 않는다. 1999년 예루살렘 지방 발전 기금을 보면 전모를 보게 된다. 그 도시의 전체 예산은 1억3백만 달러였는데 겨우 970만 달러만 아랍 이웃들에게 사용되었다. "마을 미화"라는 명목으로 440만 달러가 유대인 지역에 지출되었고 50만 달러가 아랍 지역에 지출되었다. 유대인 "지역 재개발"을 위해 150만 달러가 지출되었고 반면 아랍 지역에는 아예 지출이 없었다. 대중교통 투자금도 유대인 지역이 16배 더 많았다(4,900만 달러 대 290만 달러).

사소한 것들도 마찬가지다. 유대인 예루살렘에는 수영장이 36개가 있고 스포츠 시설이 531개가 있었다. 아랍 예루살렘에는 수영장이 하나도 없고 스포츠 시설이 36개가 있었다. 도서관은? 아랍 사람들에게는 2개, 이스라엘 사람들에게는 26개가 있었다. 공원은? 동예루살렘에는 29개, 유대인 서예루살렘에는 1,079개였다. 도시의 두 구역이 달라 보이는 것이 이상한 것일까? 사라 샤르탈(Sarah Shartal)이라는 이스라엘 사람이 「토론토 스타」(*Toronto Star*)에서 다음과 같이 신랄하게 비판한다.

우리나라 안에서 우리는 시민을 언제나 인종별로 두 시민으로 나눈다. 신분증에도 명시된다. 유대인 이스라엘 사람은 아랍인 이스라엘 사람에 비해 어디서 살고 어디서 일할 것인지와 관련해 더 많은 법적 권리가 주어진다. 비록 우리가 세금을 똑같이 내지만, 정부는 아랍인 어린이들보다 유대인 학생들에게 더 많은 재정을 할애한다. 유대인 마을과 도시에 더 좋은 집을 짓고 길도 더 좋고 주민 센터도 더 좋고 사회 복지 혜택도 더 좋다. 성장하면서는 우리나라를 사랑했지만 지금은 부끄럽다.[20]

나블루스 도로를 따라 다메섹문 외곽을 걸어보라. 그곳은 팔레스타인 사람들이 신분증을 갱신하거나 출생 신고를 하거나 주소를 바꾸기 위해 반드시 가야 하는 곳이다. 보통 하루에 95명의 사람들이 오전 8시부터 10시 사이에 줄을 서 있다. 6시간에서 7시간 줄을 서는 것은 다반사다. 「하아레츠」 신문의 논설위원 기드온 레비는 이 모습을 다음과 같이 냉혹하게 기술한다. "동예루살렘 내무부에서 줄을 서다가 임산부가 기절했다. 노인들은 떠밀려서 넘어지고 아기들은 뜨거운 태양 아래서 몇 시간이고 울어댄다. 이것이 이스라엘이 연합 수도의 팔레스타인 거주민들을 대하는 방식이다."[21] 서예루살렘에서는 아무도 밖에서 줄을 서지 않는다. 카페가 있고 식수대가 있으며 유모차와 휠체어도 준비되어 있다. 동예루살렘에는 이런 것이 하나도 없다.

20 *Toronto Star*, October 18, 2000, A35.
21 *Ha'aretz*, May 7, 1999.

예루살렘 출입

관광객이나 성지 순례객들은 예루살렘을 여행하면서 마음대로 시장을 돌아다니고 예루살렘에 있는 유명한 교회들을 방문할 수 있지만, 이런 장소들에서 불과 몇 km 떨어진 곳에 사는 그리스도인들은 한 번도 이런 곳에 가보지 못했다. 이스라엘이 예루살렘을 점령한 시초부터 이 도시의 성지들은 제한 없이 출입을 허가하기로 되어 있었지만 결코 실행되지 못했다.

베들레헴에 사는 그리스도인들이 차로 15분만 북쪽으로 달리면 도착할 수 있는 예루살렘을 한 번도 본 적이 없다니 얼마나 놀랄 일인가! 가톨릭 교도들과 동방 정교회 교도들에게는 성묘 교회가 너무나 특별한 곳이다. 그곳을 방문하는 것이 그들의 삶에서 가장 의미 있는 일이다. 그 교회에서 거행하는 "성령의 불 의식"(Ceremony of Holy Fire) 같은 부활절 행사는 모든 그리스도인에게 아주 오래된 소중한 전통이다. 예배 드리기 위해 예루살렘에 들어가려면 웨스트뱅크와 가자에 사는 팔레스타인 사람들은 허가를 받아야 하는데, 설명할 기회나 항의할 기회도 없이 거절되는 경우가 허다하다. 왜 이런 일이 일어나는 것일까? 이스라엘은 그런 행동이 테러를 막기 위해 필요하다고 주장한다.

하지만 예루살렘 출입에는 다른 국면도 있다. 많은 팔레스타인 사람들의 국민적인 삶이 그곳에서 행해지는데 그곳으로 들어가는 것이 심하게 제한을 받으면 아무래도 중요한 문화적이고 교육적인 단체들을 방문할 기회를 제한받게 된다. 예를 들어 팔레스타인 사람들을 위한 최고의 병원 두 곳이 동예루살렘에 있다(알 모케세드 병원과 아구스타 빅토리아 병원). 미숙아나 소아 수술, 집중 심장 치료와 같이 발전된 치료 시설이 필요하면 이 두 곳이 아니면 안 된다. 하지만 헤브론에 사는 사람이 위급한 상황이라면 문제는 정말 심각하다.

웨스트뱅크에서 폭력 사건이 일어나면 이스라엘은 예루살렘 출입을 "완전 통제"한다. 그런 경우가 아니라면 (일을 위해) 그 도시로 들어갈 수 있었던 웨스트뱅크 팔레스타인 사람들도 이때는 출입이 통제된다. 출입 통제는 며칠 혹은 몇 주가 지속될 수 있어서 수입에도 막대한 지장을 초래한다.

지도를 보면 예루살렘이 팔레스타인 사람들에게는 지형적인 장애물이 된다는 것을 쉽게 알 수 있다. 북쪽에 있는 라말라는 아랍인들의 도시다. 남쪽에는 역사적인 베들레헴이 있고 더 남쪽에는 대도시 헤브론이 있다. 그런데 팔레스타인 가족이 친척을 만나러 예루살렘을 통과하지 **않고** 어떻게 라말라에서 베들레헴으로 갈 수 있겠는가? 이스라엘은 예루살렘을 관통하는 약식의(informal) "통과"를 허용하지 않고 이 도시들을 연결하는 길도 만들지 않았다. 정착민들을 위해서는 온 나라에 걸쳐 둘레길까지 만들었는데도 말이다. 그래서 팔레스타인 사람들은 예루살렘을 통과하지 못하고 네 시간이나 더 걸리는 우회로를 타고 동쪽 사막 지역으로 차를 몰고 가야 한다.

또 다른 이색적인 장면은 이스라엘 사람들이 설치한 노상 장애물들이다. 이런 장애물들은 현재 모든 교차로마다 설치되어 있다. 많은 사람이 예루살렘에 들어가기를 포기했고 이제는 자기들 마을을 웬만해서는 벗어날 수 없다. 차량과 보행자들은 이동할 때마다 검문을 받는다. 갈등이 심각해지면서 두 번째 폭동이 일어났을 때 이스라엘은 웨스트뱅크에 97개 검문소, 가자에 32개 검문소를 설치했다. 2012년 2월에는 웨스트뱅크에 98개의 고정 검문소가 있었는데 이 중 57개가 내부에 설치된 것이었다. 즉 이 말은 이스라엘이 이스라엘로 들어오는 팔레스타인 사람들을 통제한 것이 아니라 팔레스타인 사람들끼리 만나는 것을 통제했다는 의미다. 그리고 "임시 검문소"는 팔레스타인 여행객들을 놀라게 하려고 임시로 설치한 검문소였다. UN은 2012년 5월 이 중 256개 검문소가 철수했다고 보고했다. 「뉴욕 타임스」의 한 기자는 불과 40km 거리인 나블루스에서 라말라까지 여행하는 데 5시간이나 걸렸다고 기록하고 있다.[22]

예루살렘과 "장벽"

하지만 오늘날에는 좀 더 치명적인 문제가 전개되고 있다. 이스라엘이 지난 10년간 안전 장벽/울타리를 쳤을 때 이 장벽으로 인해 한때는 예루살렘의 일부였던 수많은 팔레스타인 공동체들이 고립되고 배제되었다. 이스라엘 사람들은 동예루살렘 주변에 약 9m 높이의 벽을 건설했는데 이는 예루살렘에 거주하는 **15,000명이 넘는 팔레스타인 거주민들을 의도적으로 배제하려는 처사**였다. 그들은 팔레스타인 사람들이 사막을 마주하며 장벽 동쪽에 머물러 있게 해서 아예 예루살렘에 접근할 수 없게 만들었다(예루살렘은 이 마을들에 언제나 생명을 불어넣는 곳이었는데 말이다). 감람산 근처 아부 디스 같은 교통이 편리한 마을을 방문해 보면 이를 금방 알 수 있다. 이 마을은 예루살렘 중심부에서 그리 멀지 않다. 걸어서 갈 수 있는 곳이다. 하지만 장벽이 이 마을을 바로 통과하고 있어서 이 마을이 갖는 경제적인 유리함을 망치고 있다.

아니면 동예루살렘 북쪽 끝에 있는 쿠프르 아카브 마을을 한번 살펴보자. 이곳에는 20,000명이 살고 있다. 한때 이곳은 평균 이상의 생활

---

22   UN 인도주의업무 조정국이 보고했다. ⟨www.btselem.org/freedom_of_movement/checkpoints_and_forbidden_roads⟩

수준을 유지했으나 지금은 팔레스타인 빈민촌으로 변했다. 유일하게 있던 신호등도 몇 년 전에 깨졌다. 경찰도 없고 우편 서비스도 안 되며 쓰레기 수거도 없고 소방서도 없으며 건축물 조사도 없다. 그들은 장벽 때문에 이스라엘과 상거래를 할 수 없고 팔레스타인 도시들과도 상거래가 금지되어 있다. 이 말은 학교도 없고 스포츠 팀도 없으며(그들은 승자 진출전에 들어갈 수가 없다), 약품 공급도 없다는 의미다. 산부인과가 있긴 한데, 보안 시설이 없어서 도둑들이 전기 배선을 계속해서 훔치고 있다. 전화가 없는 병원을 한번 상상해보라. 그리고 그동안 줄곧 그들은 이스라엘에 세금을 내고 있고 병원은 이스라엘 보건부의 규제를 받고 있다. 이스라엘에 있는 어떤 병원도 이런 대우를 참지 못할 것이다. **하지만 이 병원은 이스라엘 안에 있다.** 그들은 이스라엘에서 학교 운영 자금을 받고 있지만 이 학교들은 아파트 건물과 오래된 호텔 또는 군사 기지를 개조한 것이다.

다음과 같은 일이 지금 일어나고 있다. 최근에 컴퓨터 교실에서 불이 났는데 고등학교 교장(아부 라밀)이 작은 소화기를 들고 불과 씨름했다. 당연히 지는 싸움이었다. 그는 예루살렘 소방서에 연락을 취했지만 그들은 쿠프르 아카브에 있는 학교라는 이야기를 듣고는 소방차를 보내길 거절했다. 그곳은 장벽 저쪽 편이었기 때문이다. 그러고 나서 그는 라말라에 있는 팔레스타인 당국에 전화를 했지만 그들은 이스라엘 군대가 "예루살렘" 출입을 막고 있어서 들어올 수 없었다. 아무도 도와주지 않았기에 40대의 컴퓨터가 불로 전소되었다.[23]

---

23 E. Sanders, "On the Wrong Side of the Israeli Wall," *Chicago Tribune*, February 19, 2012, 1:30.

신학적 반성

성경의 예언자들이 예루살렘에 대해 말할 때 그들은 어떤 비전을 보았는가? 예레미야와 이사야는 하나님의 의를 온전히 비추어서 세상이 하나님께 영광을 돌리는 도시를 보았다.

> 여호와께서 이와 같이 말씀하시되 "지혜로운 자는 그의 지혜를 자랑하지 말라. 용사는 그의 용맹을 자랑하지 말라. 부자는 그의 부함을 자랑하지 말라. 자랑하는 자는 이것으로 자랑할지니, 곧 명철하여 나를 아는 것과 나 여호와는 사랑과 정의와 공의를 땅에 행하는 자인 줄 깨닫는 것이라. 나는 이 일을 기뻐하노라." 여호와의 말씀이니라(렘 9:23-24).

하나님은 친절과 공의와 의를 기뻐하신다. 예레미야는 열정을 다해 예루살렘에 이 말들을 전했다. 예언자 미가도 다르지 않았다. 거룩함의 시험은 쉽게 요약된다. 선한 것이 무엇인가? 주님이 우리에게 구하시는 것은 무엇인가? "사람아, 주께서 선한 것이 무엇임을 네게 보이셨나니 여호와께서 네게 구하시는 것은 오직 정의를 행하며 인자를 사랑하며 겸손하게 네 하나님과 함께 행하는 것이 아니냐?"(미 6:8)

이사야가 하나님의 백성이 세상에서 살아야 할 삶에 대해 꿈을 꾸었을 때 그는 예루살렘이 가난한 자와 갇힌 자와 포로 된 자를 돌보는 도시가 되는 꿈을 꾸었다. 그는 우는 자를 위로하는 도시, "무릇 시온에서 슬퍼하는 자에게 화관을 주어 그 재를 대신하며 기쁨의 기름으로 그 슬픔을 대신하며 찬송의 옷으로 그 근심을 대신하게"(사 61:3) 하는 도시를 꿈꾸었다. **오늘날 예루살렘에서 누가 기쁨의 기름을 주고 근심을 대신하게 할 화관을 드리겠는가?**

예수님은 이사야서에서 이 말들을 다 모아서 나사렛에서 하신 첫 번째 설교에서 그대로 들려주신다. 그분의 사명 역시 그 시대 권력이 짓밟은 사람들을 치유하는 것이었다. "주의 성령이 내게 임하셨으니 이는 가난한 자에게 복음을 전하게 하시려고 내게 기름을 부으시고 나를 보내사 포로 된 자에게 자유를, 눈 먼 자에게 다시 보게 함을 전파하며, 눌린 자를 자유롭게 하고 주의 은혜의 해를 전파하게 하려 하심이라 하였더라"(눅 4:18-19). 종려 주일날 마지막 주에 예수님이 예루살렘에 들어가셨을 때 나귀를 타고 감람산을 가로지르셨다. 군중들은 환호했고 종려나무 가지를 흔들었다. 하지만 예수님은 예루살렘을 보시자 걸음을 멈추시고 예루살렘을 위해 우시며 다음과 같이 말씀하셨다. "너도 오늘 평화에 관한 일을 알았더라면 좋을 뻔하였거니와 지금 네 눈에 숨겨졌도다"(눅 19:41-42).[24]

예수님은 그분의 백성을 언덕 꼭대기에 둔 "빛의 도시들"로 생각하셨다. 그분은 분명히 마음으로 눈에 띄는 언덕 위에 세워진 많은 갈릴리 마을과 촌락들(세포리스나 감라 같은)을 생각하셨을 것이다. 이런 도시들은 숨겨질 수가 없고, 지도를 보며 낯선 땅을 지나가는 여행객들의 길잡이 역할을 했다. 예수님은 예루살렘에 대해서도 같은 말을 하실 거라고 나는 확신한다. 이곳도 어디서나 눈에 띄는 언덕 위에 세워진 도시다. 이 도시는 빛의 도시가 될 수 있었고 평화의 방법으로 그 땅을 이끄는 도시가 될 수 있었다. 예언자 스가랴는 바로 이런 비전을 품었다. 그는

---

24 현재 감람산에 프란치스코 성당인 도미누스 플레비트(Dominus Flevit[주께서 우셨다]) 교회가 그 사건을 기념하기 위해 이 터에 세워져 있다. 처음 교회는 1881년에 지어졌고, 7세기 교회의 외관을 재현한 새 교회는 1955년에 지어졌다.

하나님이 시온으로, 예루살렘으로 돌아오시는 때를 환상으로 보는데 그 결과는 숨이 멎을 정도로 아름답다.

> 여호와가 이같이 말하노라. "내가 시온에 돌아와 예루살렘 가운데에 거하리니 예루살렘은 진리의 성읍이라 일컫겠고, 만군의 여호와의 산은 성산이라 일컫게 되리라." 만군의 여호와가 이같이 말하노라. "예루살렘 길거리에 늙은 남자들과 늙은 여자들이 다시 앉을 것이라. 다 나이가 많으므로 저마다 손에 지팡이를 잡을 것이요. 그 성읍 거리에 소년과 소녀들이 가득하여 거기에서 뛰놀리라"(슥 8:3-5).

부록

많은 그리스도인이 스가랴의 이런 비전을 얻으려고 애를 쓰면서 예루살렘에서 일하면서 일생을 보내왔다. 케네스 베일리 박사는 젊은 시절 이래로 이집트부터 레바논까지 중동을 섬겨온 내 오랜 친구다. 그는 아랍어에 능통하여 수년간 베이루트와 예루살렘에서 교편을 잡았다. 또한 그는 전 세계에서 초빙하는 강연가로서 중동에 대한 심도 있는 통찰력을 제공했다. 책과 기사와 연극과 시를 다수 쓴 작가로서 베일리는 예루살렘에 대한 자신의 비전을 이렇게 쓰고 있다.

부활. 불타는 탱크 위에서 쓴 송가
거룩한 땅, 1973년 10월

나는 소리,
땅에서 울부짖는

피를 쏟는 소리
생명이 피 안에 있고
수년간 내 피는 한 젊은이의 혈관에서 흘렀다.
　　내 소리는 그의 소리를 통해 들렸고
　　내 생명은 그의 생명이었다.

그때 우리의 화산이 폭발했고
귀가 얼얼한 날들이 계속되면서
　　모든 인간의 소리가 잠잠해졌다.
　　　　백만 달러짜리 칼을 든 검투사들이
　　　　저 하늘 높은 곳에서 서로를 죽인다.
　　　　포화 소리
　　　　　　거친 탱크의 굉음
　　　　　　음속 폭음의 뼈를 떨게 만드는 전율.

그때 갑자기-갑자기
　　로켓 발사 장치의 굉음이 들렸다.
　　먼지로 가득한 노란 섬광
　　지옥의 으르렁거림.
거대한 굉음이 멈추고
　　나의 청년이 지옥 같은 고통으로 비명을 지르며 비틀거렸다.
　　그의 몸이 모래 위에서 뒤틀리며 꼬였다.

그리고 나는 땅으로 쏟아졌다.
　　거룩한 땅

성지로.

싸움은 계속되었다.
부상자들의 차량이 불타올랐고
　　그을음이 올라오다
　　식어버렸다.

"고기를 싣던 수레"들이 시체들을 실어 날랐다.
　　사막의 밤의 싸늘함이 골짜기와 모래 언덕에
　　내려앉을 때,
나는 모래에서 뻣뻣해지며 죽어갔다.

그리고 그때, 그리고 그때
지금의 무시무시한 사막에
　　끝없는 침묵이 돌아왔을 때,
얼어붙은 그 땅에서
　　예언자와 제사장과 왕의 땅에서
한 소리를 들었다.
　　태고로부터 들려오는 소리를,
　　예전에 이 땅에 참혹하게 뿌려진
　　　　다른 피로부터 들리는 소리를.

그 소리는 내게 이 오래된 이야기를 들려주었다.
　　이 오래된 이야기가 들려주는 귀중한 피.
"한 사람에게 두 아들이 있었네.

하나는 부자였고 다른 하나는 가난했네.
　　부자 아들에게는 아들이 없었고
　　가난한 아들에게는 많은 아들과 딸이 있었네.

아버지가 병에 걸리자
　　아버지는 자신이 일주일을 넘기지 못할 것을 알고
　　토요일에 아들들을 불렀네.
　　　그리고 아들들에게 땅을 반씩 유산으로 주었네.
　　　그리고 그는 죽었네.

해가 지기 전에 아들들은 아버지를 관습이 요구하는 대로
　　예를 다해 장사했네.

그날 밤 부자 아들은 잠을 잘 수 없었네.
　　그는 혼자 이렇게 말했네.
　　　'아버지가 한 일은 **공평하지 못해.**
　　　나는 부자고 동생은 가난해.
　　　　나는 먹을 빵이 충분하지만
　　　　　동생네 아이들은 하루치 빵밖에 없고
　　　　다음 날은 하나님만 의지하지.
　　아버지가 땅 중앙에 정해놓은 지계표를 옮겨서 동생네가 더 많은
　　땅을 갖게 해야겠어.
　　　아, 하지만 동생이 나를 보면 안 돼.
　　　나를 보면 부끄러워할 거야.
　　　해가 뜨기 전에 일찍 일어나서

지계표를 옮겨야겠어!'
이런 생각을 하며 그는 잠자리에 들었고
　　너무나 평안하고 깊은 잠을 잤네.

한편, 가난한 동생도 잠을 잘 수 없었네.
　　침대 위에서 몸을 뒤척이다 혼자 이렇게 말했네.
　　　'아버지가 하신 일은 **불공평해**.
　　　　나는 아들과 딸에 둘러싸여 이렇게 행복한데,
　　　　　　형은 이름을 물려줄 아들이 없고
　　　　　　노년에 봉양할 딸이 없어
　　　　　　매일 수치를 당하지.
형이 조상들의 땅을 가져야 해.
　　이렇게라도 하면 형이 느끼는 말로 다 할 수 없는 빈곤감이
　　조금 보상이 되겠지.
아, 하지만 내가 직접 땅을 주면 형이 난처해할 거야.
　　동 트기 전 일찍 일어나서 아버지가 정하신 지계표를 옮겨야겠어!'
이런 생각을 하며 그는 잠을 잤고
　　평화로운 단잠이었네.

그 주의 첫날,
　　이른 아침
　　날이 밝으려면 아직 멀었는데
두 형제는 오래된 땅 지계표 앞에서 서로 만났네.
　　그들은 눈물을 흘리며 얼싸안았네.
　　그리고 그 장소에 예루살렘 도시를 건설했다네.”

8장

그 땅에 세워진 현대 이스라엘

이스라엘 국가! 눈에 눈물이 고이고 손이 떨렸다. 우리가 해냈다. 우리가 유대인 국가를 실제 있게 했다. 그리고 나, 골다 마보비치 메예르손은 지금까지 살아서 그날을 목도했다. 지금 무슨 일이 일어났든, 우리가 치른 대가가 어떤 것이었든, 우리는 유대인 국가를 재창조했다. 오랜 떠돌이 생활은 끝났다.
　　　　　　　　　　　　　　　　　　　　　　　　　　　　　　　　 ― 골다 메이르1

이 나라는 두 민족이 살기에 충분한 공간이 없다는 사실을 분명히 해야 한다.…아랍 사람들이 떠나면 나라는 커지고 여유가 생긴다. 하지만 그들이 머물면 작고 가난한 나라가 될 것이다. 지금까지 시온주의자들은 "땅을 구매하는 것"에 만족해왔지만 이것만으로는 유대인 국가를 세울 수 없다.…아랍 사람들이 이웃 나라들로 떠나는 것만이 유일한 대안이다. 베들레헴과 나사렛, 예루살렘 구도시에 사는 사람들만 제외하고 모든 아랍인을 이주시켜야 한다. 하나의 마을이라도 남아 있어서는 안 된다. 그들을 이라크, 시리아,

---

1　G. Meir, *My Life* (New York: Putnam, 1975), 226.

아니면 최소한 요르단강 건너편으로 이동시켜야 한다.   – 요세프 바이츠[2]

　이스라엘과 중동에 관해 출간된 많은 책 중에서 두 권의 책이 예상치 못한 통찰력을 제공한다. 이 두 권은 완전히 다른 배경(완전히 다른 세대)에서 산 두 명의 유대인 지식인이 쓴 것이다.

　첫 번째 책은 1975년에 출간된 골다 메이르의 자서전『내 인생』(*My Life*)이다.[3] 골다 메이르는 가난한 러시아 가정에서 태어났고 "골디" 마보비치("Goldie" Mabovitch)라고 이름이 지어졌다. 1956년에 가서야 자신의 이름을 골다 메이르란 "히브리식"으로 고쳤다. 그녀의 가족은 그녀가 아직 어렸을 1906년에 위스콘신주 밀워키로 이민을 갔다. 그녀는 자라면서 시온주의자 단체에서 열심히 일했고 그녀와 그녀의 남편은 1921년 갈릴리에 있는 키부츠로 이사를 갔다. 양계 기술자였던 그녀는 결국 영국 위임통치하 유대인 행정부의 일원이 되었다. 1948년 그녀는 이스라엘 독립 선언서에 서명한 한 사람이 되었고 같은 해 이스라엘 첫 모스크바 대사가 되었다. 그녀는 1949년부터 1974년까지 이스라엘 국회(Knesset)에서 일했다. 골다 메이르는 처음 노동부 장관을 지냈고(1949) 다음에는 외무부 장관(1956)을 지냈으며 1969년에는 이스라엘의 4대 수상으로 선출되었다. 열정과 끈기를 갖고 이제 갓 태어난 나라를 이끌면서(외국 외교관들은 종종 이런 메모를 받았다. "골다를 조심

2　J. Weitz, *Diaries and Letters to the Children* (Tel Aviv:n.p., 1965), 2:181.

3　다음 책도 참조하라. R. Slater, *Golda, the Uncrowded Queen of Israel: A Pictorial Biography* (New York: Jonathan David, 1981). 개인의 경험을 들려주는 또 다른 흥미로운 책은(이 책은 좀 더 냉정한 어조로 쓰였다) Menachem Begin(이스라엘 6대 수상, 1977-83)의『폭동』(*The Revolt*, Los Angeles: Nash, 1972)이라는 책이다. 이 책은 1948년에 초판이 출간되었는데 현대 이스라엘의 탄생을 이끈 사건들을 들려준다.

하라")⁴ 1974년까지 독보적인 리더십을 발휘했고 이스라엘에서 가장 유명한 리더이자 사상가로 세계에 알려졌다. 1978년 세상을 떠날 때, 의사들은 그녀가 12년 동안이나 백혈병으로 고통받았다는 사실을 알게 되었다.

중동의 학생이라면 누구나 골다 메이르가 써 내려간 따뜻하고 개인적인 이야기들 속에서 가장 중요한 이스라엘관을 엿볼 수 있었다. 그녀는 유럽과 미국의 박해와 차별을 알고 있었다. 그래서 그녀는 반유대교가 더 이상 자기 백성들을 괴롭히지 않을 유대인 국가를 꿈꿔왔다. 그녀는 독일 나치 시대를 증언했는데 이때 6백만 명의 백성들이 죽었다. 텔아비브에 있는 지도자로서 그녀는 제2차 세계대전 후 유럽에서 유대인들을 탈출시키고 비밀 경로로 암시장 무기를 사는 일을 하면서 자국민을 보호하는 일에 앞장섰다. 그녀는 영국과 맞섰고 아랍 사람들과 논쟁했으며 미국 유대인 지도층과 거래했다. 그녀는 미국으로 자주 가서 자기 나라의 경제를 위해 수백만 달러를 유치해왔고 이스라엘의 미래에 미국이 감당할 중요한 역할을 배웠다.

골다 메이르가 생각하기에, 이스라엘 국가는 수 세기에 걸쳐 계속된 반유대교로 인해 유대인 국가를 향한 시온주의 이상이 생겨난 역사적 결과였다. 골다 메이르는 민주주의와 다양성과 관용이 그 땅을 특징짓는 국가 개념을 수용했다. 그녀가 예상했던 것처럼, 그 이상은 자기들 땅에 유대인 국가를 세우는 것에 전혀 관심이 없는 아랍 정치인들에 의

---

4   1948년 전쟁이 일어나기 전, Golda Meir는 다가오는 전쟁을 앞두고 자국이 중립을 지키도록 노력하면서 요르단의 압둘라 국왕과 광범위하게 협상을 했다. 이를 위해 그녀는 아랍 옷을 입고 무장하지 않은 통역관을 대동하고 변장해서 요르단으로 갔다. 압둘라 국왕은 Meir와 같은 이스라엘 사람과 얼굴을 대면하고 협상을 해본 적이 없었다. 사실 그는 전에는 중동에서 여성 외교관을 만나본 적도 없었다. 용기와 재치와 단호한 토론이 이 놀라운 여성의 자질이었다.

해 상처를 입고 적대를 받았다. 그럼에도 성경과 유대인 전통을 기반으로 형성된 그녀의 이상들은 은퇴할 때까지도 계속 남아 있었다.

두 번째로 주목할 책은 토머스 프리드먼(Thomas Friedman)의 『베이루트에서 예루살렘까지』라는 책이다.[5] 프리드먼은 1953년 미국 미네소타주 미니애폴리스 도시에서 자유로운 분위기의 유대인 가정에서 태어났다("나는 1년에 3일만 유대인이었다. 신년절[Rosh Hashanah]에 2일, 속죄일[Yom Kippur]에 1일").[6] 1979년부터 1983년까지 그는 UPI 기자로서 레바논 베이루트에서 일했고 나중에는 「뉴욕 타임스」에서 일하면서 1982년에 이스라엘 침공을 취재해서 퓰리처상을 받았다. 1984년부터 1988년까지는 「예루살렘 타임스」에 글을 써서 또 한 번 퓰리처상을 받았다.

프리드먼의 글은 열정적이고 직관적이며 종종 유머스럽기까지 한데, 그가 9년간 여행하고 조사한 일화들이 많이 소개된다. 하지만 행간에는 그가 느끼는 환멸이 묻어 있다. 사실 1984년 레바논에서 예루살렘으로 건너갔을 때 그는 경계선 양측이 모두 혼란스럽다는 것을 발견했다. 베이루트에서는 테러리스트들이 그의 고층 아파트를 날려버렸다. 그때 그는 집으로 돌아오는 중이었다. 예루살렘에서는 그가 품고 있던 이상들이 더 무참히 깨졌다.

프리드먼이 보기에 이 나라는 자유로운 개방 국가도 아니고 배타적인 유대인 국가도 아닌 어중간한 나라였다. 자유롭고 개방적인 국가라면 팔레스타인 사람들에게 문을 열어주었을 것이다. 배타적인 유대인

---

5   T. L. Friedman, *From Beirut to Jerusalem* (New York: Doubleday, 1989). Friedman은 언론계에서 많은 상을 받았고 「뉴욕 타임스」 칼럼니스트다. 『베이루트에서 예루살렘까지』(21세기북스 역간).

6   앞의 책, 4.

국가라면 그들에게 문을 닫았을 것이다. 이스라엘은 결정해야 했다. 국경 내에 살고 있는 백만 명이 넘는 아랍 사람들이 1967년 이래로 자신들의 운명이 어찌 될지 모르는 상황에서 떠돌고 있었다. 이스라엘 사람들과 함께 온전한 시민이 될까? 마음껏 자신들만의 국가를 세울 수 있을까? 아니면 들어가지도 나오지도 못하는 포로가 될까?

골다 메이르는 어려서부터 교육받은 유대인 전통과 자신이 직접 체험한 박해의 경험으로 형성된 이상을 가지고 이스라엘/팔레스타인에 왔다. 그러나 그녀는 아랍 이웃들과 중대한 이해관계가 걸린 정책들을 펼쳐나가면서 그 이상이 바뀔 수 있다는 사실을 곧 깨달았다. 프리드먼은 이스라엘/팔레스타인에 오면서 이 비참한 지중해 지역에서 눈에 확 드러나는 뭔가 세속적이고 민주적인 정책을 찾고자 했다. 그는 "이스라엘 사람들이 자신들의 나라가 정치적으로뿐 아니라…영적으로 무엇을 대변해야 하는지 결정할 수 없다"는 것을 알게 되었다.[7]

메이르와 프리드먼은 우리가 현대 이스라엘 국가를 방문하고 공부하면서 느끼는 두 가지 차원의 실망을 대변하고 있다. 중동에 있는 다른 나라들과 비교해서 이스라엘은 중용과 예의와 자유의 전형이다. 시리아의 하마시(인구 180,000)가 최근에 사망한 하페즈 아사드 대통령의 규칙을 거부했을 때, 아사드는 그 문제를 깔끔하게 해결했다. 그는 1982년 2월 2일 화요일 새벽 1시에 탱크와 장갑차로 그 마을을 에워싸고 부숴버렸다. 아사드는 반대 의견을 거의 듣지 않았다. 아이러니하게도 오늘날 시리아에서 같은 일이 일어나고 있다. 그의 아들(바샤르)이 지금 그 나라를 이끌고 있는데 심각한 내전을 겪고 있다. 이 내전으로 2013년 중반까지 90,000명이 사망했다. 이스라엘은 이런 대량 학살에는 참여

---

7   앞의 책, 284.

하지 않았다.

그러나 이 나라를 형성해온 전통들을 볼 때, 그들의 리더십 역량을 볼 때, 우리는 더 많은 것을 기대한다. 이스라엘은 레바논, 시리아, 이라크를 운영하는 부족 정권들과 비교가 되지 않는다. 이스라엘은 그 나라의 정치적 세계관을 형성해온 서구 민주주의와 비교되기를 추구한다. 또한 이스라엘은 성경이 말하는 국가의 모델과 견주길 요청한다. 이 성경적 유산이 그 땅을 얻도록 힘을 주었다고 주장하기 때문이다.

현대 이스라엘과 성경적 이스라엘

그리스도인들이 물어야 할 첫 번째 질문은 현대 이스라엘이 우리 성경에 묘사된 성경적 이스라엘과 같은가 아닌가다. 현대 이스라엘이 이스라엘 국가의 부활인가? 다윗 왕, 솔로몬 왕, 르호보암 왕까지 거슬러 올라가는 유산을 가진 왕국의 부활인가?

이스라엘 사람들의 입장에서 보면, 대답하는 데 일말의 주저함도 필요하지 않다. 초기 시온주의자들(와이즈만에서부터 벤구리온, 메이르에 이르기까지)은 모두 자신들이 하는 일을 성경적 전통을 회복하는 일로 해석했다(자신들이 그 전통을 완전히 세속화시켰는데도 말이다).[8] 이런 이유로 이스라엘 사람들은 웨스트뱅크를 "유대와 사마리아"라고 부르자고 주장한다. 이런 성경의 이름들은 그 땅에 대한 신학적이고 역사적인 주장을 펼치기 위해 사용된다. 매해 거행되는 유대인 유월절 의식은 예배자들

---

8   하지만 초기 시온주의자들이 결코 "종교적"이지 않았다는 점을 분명히 해야 한다. 성경적 전통들은 그저 은유에 불과했다. 그들이 이러한 초기 선구자들을 "새 이스라엘" 혹은 "새 유대인"이라고 불렀지만 이들은 세속적이고 문화적인 유대인이었다. 나라의 헌법을 편집하는 마지막 저녁에, 작업하던 사람들은 "하나님"이라는 단어를 넣을지 말지를 논할 정도였다.

로 하여금 "예루살렘에서 내년을"이라는 구호를 상기하게 만든다. 이 예식을 통해 수 세기 동안 유대인 가족들의 마음과 정신에 성경적 예루살렘을 새겨왔다. 이와 마찬가지로 "통곡의 벽"(western wall)에서 기도하는 유대인들을 보는 것은 무척 감동적이다. 이 거대한 석회암 벽은 이곳이 과거(옛 유대인 성전의 남은 터)와 역사적으로 연결된 곳이기에 기도하는 사람이라면 누구나 찾는 곳이다. 심지어 군 장교들도 이 통곡의 벽 앞에 있는 석조 블럭 광장에 정렬하여 맹세식을 거행했다.

많은 서구 그리스도인들도 마찬가지로 이스라엘에서 하나님의 백성이 그들의 땅으로 돌아올 것을 언급한 예언들이 성취되는 것을 간절히 보고 싶어 했다. 이런 열망은 시온주의자들이 그 땅에 돌아오기 위해 처음 로비를 시작했던 19세기에도 분명했다. 예를 들어 윌리엄 블랙스톤은 1891년에 팔레스타인을 유대인들에게 넘길 것을 촉구하는 500명의 성직자들의 서명을 받은 탄원문을 제출했다. 그는 같은 해 후반기에 이렇게 썼다.

어떤 민족도 그들이 이 땅에서 받는 유산에 대해 그렇게 높은 권위로부터 자격을 부여받았다고 자랑할 수 없습니다. 그 자격은 거룩한 말씀에 뿌리를 두고 있습니다. 이 말씀은 모든 기독교 국가가 자신들의 종교의 기반으로, 실천의 규율로 받아들이는 것입니다. 이스라엘은 이제 막다른 끝에 몰려 있고 국민적 감정이 고조되고 있으며 이방인들도 공감을 표현하고 있고 그 땅을 향해 섭리적으로 문이 열리고 있는 이 모든 상황이 높이 들린 하나님의 손을 가리키는 게 아닐까요?[9]

---

9   W. Blackstone, "May the United States Intercede for the Jews?" *Our Day* 8 (October 1898): 46.

이스라엘이 1948년 국가를 선포했을 때, 수많은 저자들이 성경에 달려들어 이스라엘과 예언의 질문에 대한 답을 구했다. 예를 들어 1958년 아더 카크(A. W. Kac, 유대인 의사)는 『이스라엘 국가의 재탄생, 하나님의 일인가 아니면 사람의 일인가?』라는 제목의 학문적 연구로도 손색이 없는 책을 출간했다.[10] 1960년대에는 존 월부드 같은 학자들의 책을 계기로 이러한 관심이 극적으로 고조되었다. 월부드는 이스라엘의 재탄생이 실제로 예언의 성취이고 예수 그리스도의 재림이 가까이 왔다는 신호라고 확신을 가지고 주장했다.[11]

1967년에 이스라엘이 승리한 이후, 이스라엘에 대한 관심이 급속도로 증폭되었다. 1970년에 할 린지는 『대유성 지구의 종말』을 출간했다. 이 책은 비록 논리가 엉성하고 자료 조사도 충분하지 않았지만 전 세계 그리스도인들의 관심을 끌었다. 1970년부터 250만 부가 팔렸다.[12] 린지는 1981년에 『1980년대 아마겟돈의 카운트다운』[13]이라는 책으로 거의 비슷한 독자 수를 확보했다. 이 작은 책이 「뉴욕 타임스」 베스트 셀러 목록에 6개월 이상을 머물렀다. 그때 이후로도 린지의 펜은 쉬지 않았다. 『거룩한 땅을 두루 다니는 예언자적 발걸음』(1983), 『이스라엘과

---

10 *The Rebirth of the State of Israel, Is It of God or of Man?* (London: Marshall, Morgan & Scott, 1958).

11 Walvoord가 이전에 쓴 세 권의 책은 다음과 같다. 『예언 속 이스라엘』(1962), 『예언 속 교회』(1964), 『예언 속 나라들』(1967). 이 책들은 최근에 『예언 속 나라들과 이스라엘과 교회』(Grand Rapids, Mich.: Zondervan, 1988)라는 한 권의 책으로 나왔다. 이와 비슷한 내용을 담은 다음의 책도 참고하라. W. M. Smith, *Israel/Arab Conflict and the Bible* (Glendale, Calif.: Regal/Gospel Light, 1967).

12 H. Lindsay (with C. C. Carlson), *The Late Great Planet Earth* (Grand Rapids, Mich.: Zondervan, 1970). 다음의 훌륭한 비판서도 참고하라. T. Boersma, *Is the Bible a Jigsaw Puzzle? An Evaluation of Hal Lindsey's Writings* (St. Catherine's, Ont.: Paideia Press, 1978).

13 *The 1980s: Countdown to Armageddon* (New York: Bantam, 1981).

마지막 날들』(1991), 『마지막 싸움』(1995), 『지구 행성—기원후 2000: 인류는 생존할 것인가?』(1996), 『계시록 코드』(1997), 『지구 행성, 마지막 장』(1998), 『지복 천년 한밤중을 맞아』(1999), 『성경 예언의 약속』(2000). 이 책들은 모두 같은 주제를 말하고 있다.[14]

오늘날 이런 견해를 대표하는 사람으로는 텍사스 샌안토니오에 있는 코너스톤 교회 목사인 존 하기(John Hagee)가 있다. 존 하기는 『이스라엘 변호』(*In Defense of Israel*) 혹은 『예루살렘 카운트타운』(*Jerusalem Countdown*) 같은 책들에서 놀라운 예언의 약속들이 이스라엘에서 성취되었다고 주장한다.[15] 하지만 팀 라헤이의 연재 소설 『레프트 비하인드』(*Left Behind*)가 2000년부터 2005년까지 많은 미국인들의 상상력을 사로잡았고 이스라엘에 대한 근본적인 헌신을 하게 만들었다.[16]

이런 모든 저서의 핵심은 현대 이스라엘이 실제로 고대 이스라엘의 삶을 다시 시작했고 성경에 나오는 나라와 오늘날 예루살렘에 세워진 이스라엘 정부가 직접적으로 연결되어 있다는 것이었다. 이스라엘의 재탄생을 "아마겟돈의 도화선"(fuse of Armageddon)이라고 부르면서, 린지는 다음의 글을 통해 수많은 사람의 의견을 대변했다.

유대인 국가가 팔레스타인 땅에 다시 태어남으로써 고대 예루살렘은 다시 한번 2,600년 만에 처음으로 전적인 유대인 통치 아래에 들어가게

---

14 이 관점에 대한 비판으로는 다음의 책을 참조하라. D. Wagner, *Anxious for Armageddon: A Call to Partnership for Middle Eastern and Western Christians* (Scottdale, Pa.: Herald Press, 1995); G. Halsell, *Forcing God's Hand: Why Millions Pray for a Quick Rapture and Destruction of Planet Earth* (Washington, D.C.: Crossroads, 1999).

15 J. Hagee, *Jerusalem Countdown* (Frontline, 2006); *In Defense of Israel* (Frontline, 2007).

16 T. LaHay, J. Jenkins, *Left Behind*, 16 vols (Carol Stream: Tyndale, 1995-2003).

되고, 위대한 성전의 재건축, 즉 예수 그리스도가 곧 오실 것에 대한 가장 중요한 예언적 표시인 위대한 성전의 재건에 대해 말한다. 이를 통해 역사 안에서 발전하게 될 다른 예언적 징표들을 위한 무대가 마련되었다. 이것은 마치 직소 퍼즐의 핵심 조각을 발견한 것과 같아서 많은 인근 조각들이 제자리를 찾게 했다.[17]

대부분의 그리스도인이 월부드, 린지, 라헤이, 하기와 다른 사람들에 의해 연구된 예언들을 신중히 검토함으로써 이러한 견해에 반응했다. 많은 사람이 그들의 결론에 강하게 반대했지만 그들의 질문은 나의 질문과 다르다. 나는 이스라엘이 예언을 성취했는가를 묻기보다는, 우선 그 전제는 인정하면서 좀 더 근본적인 질문을 하고 싶다. **구약과 21세기를 그렇게 연결 지어본다고 한다면, 이스라엘의 국가적 삶은 성경에 소개된 하나님의 백성의 삶과 비교해 어떠한가?** 이스라엘이 예언적으로 자격이 있다면, 이스라엘은 윤리적으로 도덕적으로 그 땅에 사는 하나님의 백성이 될 자격도 있는가?

이 질문은 (아모스와 이사야 같은) 예언자들이 언약에 대한 이스라엘의 충성심을 평가할 때 사용했던 기준이었다. 지금까지 보았듯이, 예언자들과 그 땅은 삶과 나라에 대한 특정한 기대치를 갖고 있었다. 이러한 기준이 무시될 때 그 땅을 소유할 권리가 의심받게 되었다. 바울은 로마서 2장에서 같은 의견을 보여준다. 그는 예언자 이사야의 말을 빌려 이스라엘이 하나님의 명예를 더럽히는 삶을 산 것에 대해 질책한다. "하나님의 이름이 너희 때문에 이방인 중에서 모독을 받는도다"(사 52:5; 롬 2:24). 의롭지 못한 행동은 자신이 하나님의 백성이라는 주장을 무효화

---

17   *Late Great Planet Earth*, 58.

한다(롬 2:25-29).

현대 이스라엘과 성경적 국가

보수적인 그리스도인들은 이스라엘의 행동과 하나님의 선민의 나라라는 그들의 주장에 대해 질문을 제기하기를 주저해왔다. 하지만 민감하고 합리적인 사람이 이스라엘에 대한 몇 가지 사실들을 발견한 이상 그 나라는 이제 다시 같게 보일 수 없다. 우리는 대부분 "이건 사실일 리가 없어"라고 말하며 부인하고 싶어 할 것이다. 나도 이렇게 느낀 적이 여러 번 있었다. 상황은 너무 고통스럽지만 무시하기에는 너무나 중요하다. 현재 책임 있는 학계의 연구들이 이스라엘 국가의 특징에 대해 폭로해왔다. 또한 그리스도인과 비그리스도인들 모두 팔레스타인 사람들의 개인적인 이야기들을 많이 확보해왔다. 오늘날은 인터넷이 있어 밝혀지지 않은 고통을 당한 사람들의 이야기를 들려주는 웹사이트에 들어가면 많은 이야기와 사진을 볼 수 있다. 이런 이야기들은 너무나 많고 학술 연구가 밝힌 내용과 동일하다. **가장 큰 문제는 우리 교회에서는 이런 기록에 대해 들을 수 없다는 것이다.**

구약의 예언자들이 오늘날 텔아비브나 예루살렘을 방문한다면 그들의 말은 신랄하고 강도 높은 비판일 거라고 나는 확신한다. 정말 이상하게도 성경에서와 마찬가지로 그들의 권위를 아무도 몰라볼 것이고 예레미야 같이 그들은 안전을 위협한다는 이유로 이스라엘 국방부에 의해 감옥에 갇힐 것이다.

현대 이스라엘 국가를 괴롭히고 또한 성경적 국가라는 그들의 주장에 모순되는 근본적인 문제들은 무엇인가?

배타적인 국가

근본적인 문제는 먼저 국가로서 이스라엘의 특성에서 발견된다. 초기 시온주의자 중 몇 명은 모든 사람에게 자유롭고 열린 나라에 대한 이상을 가진 것으로 보였다. 이스라엘의 초대 수상인 벤구리온은 종종 이런 열망을 반복해서 말했다. 1946년, 이스라엘이 세워지기 전 그는 영국과 미국의 리더들에게 이렇게 말했다.

> 우리는 아랍 이웃들과 다른 비유대인 이웃들을 유대인과 똑같이 대할 것이다. 우리는 아랍인으로서의 특징들과 언어, 아랍 문화, 아랍 종교, 아랍 생활방식을 그대로 보존해주면서도 모든 시민이 민법상으로, 사회적으로, 경제적으로, 정치적으로, 지적으로 동등한 권리를 누릴 수 있도록, 그리고 유대인과 다른 인종들의 삶의 기준이 점차 향상되도록 최선을 다할 것이다.[18]

그러나 벤구리온의 문제는 그가 공개적으로 말한 것이 실제로 그가 생각하고 있던 것이 아니었다는 점이다. 같은 해에 그는 이렇게 말했다. "우리가 '유대인 독립 국가' 혹은 '유대인 국가'라고 말할 때 이것은 유대인의 나라, 유대인의 영토를 의미하고 유대인의 노동을 의미하며 유대인의 경제, 유대인의 농업, 유대인의 산업, 유대인의 바다를 의미

---

18 *The Jewish Case: Before the Anglo-American Committee of Inquiry on Palestine as Presented by the Jewish Agency for Palestine* (Jerusalem: Jewish Agency for Palestine, 1947), 71. 다음의 책에 인용됨. R. Ruether, H. Ruether, *Wrath of Jonah: The Crisis of Religious Nationalism in the Israeli-Palestinian Conflict* (New York: Harper & Row, 1989), 132 n.5.

한다."[19] 이 말은 테오도르 헤르첼 같은 초기 시온주의자들의 정신을 보여준다. 헤르첼은 아랍 사람들을 팔레스타인에서 완전히 제거하는 것이 "땡전 한 푼 없는 사람들이 국경을 넘도록 유도하려는"[20] 시온주의 계획의 일부라고 믿었다. 하지만 이러한 견해는 20세기로 넘어가던 그때에만 존재한 것이 아니었다. 1989년 중국이 천안문 광장에서 일어난 시위의 참가자들을 무자비하게 진압한 이후 베냐민 네타냐후(Netanyahu, 1996년부터 1999년까지 수상)는 바르일란 대학교(Bar Ilan University)에서 강연을 하고 있었다. 그의 관점은 이러했다. "이스라엘은 점령지 아랍 사람들을 대량으로 축출하기 위해 중국에서 시위대를 진압했던 방법을 써야 했다."[21]

벤구리온이 약속한 "동등한 시민권"을 주는 나라는 한 번도 현실이 된 적이 없었다. 이스라엘은 의도적으로 비유대인들을 배제하는 나라다. 네덜란드가 백인인 네덜란드 개신교 그리스도인들로만 이루어진 나라라고 선언했다고 상상해보라. 다른 사람들도 그곳에 살 수 있지만 그들은 전국적인 정치 정당을 형성할 수도 없고, 여행을 자유롭게 할 수도 없으며, 동등한 임금을 받지도 못하고, 독립된 문화를 육성할 수도 없으며, 네덜란드 개신교도 백인들처럼 사법 체계나 정책에 접근할 수도 없다. 우리는 분노할 것이다. 남아프리카에서 그랬던 것처럼 이스라엘은 엄중한 심판을 받게 될 것이다. 데니스 골드버그라는 유대인은 1985년에 남아프리카의 인종차별 정책을 와해하려고 시도하다 그곳에

---

19 *The Jewish Case: Before the Anglo-American Committee of Inquiry on Palestine as Presented by the Jewish Agency for Palestine* (Jerusalem: Jewish Agency for Palestine, 1946), 66.
20 *The Diaries of Theodor Herzl*, ed. M. Lowenthan (New York: Dial Press, 1956), 188 (June 12, 1895, entry). 그는 계속해서 이렇게 말한다. "이러한 몰수의 과정과 가난한 사람들을 몰아내는 일은 아주 신중을 기해서 수행되어야 한다."
21 이스라엘 신문 「호탐」(*Hotam*), 1989년 11월 24일 자.

서 감옥에 수감되었다. 이스라엘이 개입해 풀려났지만 그는 이스라엘로 돌아가기를 거부했다. 이유는 이랬다. "남아프리카 흑인들이 당하는 압제나 팔레스타인 사람들이 당하는 압제는 거의 유사합니다." 그는 런던으로 갔다. 사실 노벨상 수상자인 데스몬드 투투 대주교는 1989년 크리스마스에 예루살렘을 방문해서 이렇게 말했다. "저는 흑인 남아프리카 사람입니다. 이름만 바꾸면 가자 지역과 웨스트뱅크 지역에서 지금 일어나는 일들이 남아프리카에서 일어나는 일들과 똑같습니다."

좀 더 최근에는 다른 남아프리카 리더들(유대인 작가들도 함께)이 남아프리카의 인종차별과 공통된 점들을 비교해 언급했다. 유대인 작가인 스테판 로버트는 2011년 「네이션」(the Nation)에 "스테로이드제를 복용한 인종차별"이라고 썼다. 이 나라를 처음 방문한 사람들은 그가 그랬던 것처럼 충격을 받는 경우가 허다하다. "내가 웨스트뱅크(약 250만 명의 팔레스타인 사람과 40만 명의 이스라엘 거주민들이 사는 곳)에서 목도한 것은 기대한 것 이상으로 최악이었다. 세계의 정치가들이 우왕좌왕하고 있을 때, 이스라엘은 강력한 인종차별 체계를 구축했다. 약 8m 높이의 콘크리트 벽으로 무시무시한 감옥을 만들고 그 위에는 온몸을 감전시킬 레이저 철망을 설치했으며, 이 벽들을 따라 경비 초소가 세워졌고, 이스라엘 군인들은 불법 침입자들을 사살할 것을 명령받았다."[22]

최근 예루살렘 히브리 대학교는 연구를 통해 팔레스타인 사람들이 이스라엘 신문에서 어떻게 소개되고 있는지 분석했다. 결과는 놀라웠다(방송이 소수인들을 대하는 태도에 대해 연구한 의사소통 전문가들에게는 그리 놀랄 일이 아니었지만 말이다). 아랍인들이 등장하는 면 자체가 거의 없었고,

---

22 S. Robert, "Apartheid on Steroids," *The Nation*, August 12., 2011, November 24, 1989.

나온다 해도 그 내용은 부정적이었다. 히브리 신문에 게재된 기사의 약 2%가 아랍인들에 관한 내용이었다. 그나마 내용의 대부분은 "무질서"와 체포에 대한 내용 일색이었다. 아랍 사람들의 문화 행사나 선거 혹은 일상적인 뉴스는 없었다. TV에서는 4년간 일어났던 총 90건의 뉴스가 소개되었는데 이는 16일에 한 번 꼴로 일이 발생한 것이다. 대표적인 연례적 갈등("땅의 날"[23])을 집중적으로 연구한 결과 유대인들의 목소리가 아랍인들이 행한 일을 늘 해석했다는 것을 알게 되었다. 아랍인들의 목소리는 유대인 신문에서 주도적인 역할을 하지 못했다. 미국에서도 이와 비슷한 일들이 일어나는데, 언론에서는 흑인들이 약탈하고 체포되는 모습을 보여주고 백인 경찰의 해석만 소개한다.[24]

이스라엘은 어떻게 해서든 팔레스타인 사람들을 사회의 비주류로 남게 하려고 한다.[25] 그럼에도 우리는 여기서 이스라엘이 1967년에 구획한 경계 내에 살고 있는 팔레스타인 사람들과 점령지 웨스트뱅크에 살고 있는 팔레스타인 사람들을 조심스럽게 구분해야 한다. 이스라엘 내에서 아랍 인구는 약 20%(대략 120만 명)에 달하지만 그들의 의견은 거의 정부에 반영되지 못한다.[26]

---

23 팔레스타인 사람들 사이에서 매년 일어나는 저항은 1976년 3월 30일에 일어난 사건들에 뿌리를 둔다. 이때 이스라엘의 6명의 아랍 시민들이 자신들의 땅을 몰수한 것에 대해 정부와 싸움을 벌이다 죽임을 당했다. 매년 이스라엘 정부는 폭력에 대비한다.

24 G. Wolfsfeld, E. Avraham, I. Aburaiya, "When Prophecy Fails Every Year: Israeli Press Coverage of the Arab Minority's Land Day Protest." 이 논문은 1998년 7월 예루살렘에서 열린 국제 의사소통 연합의 48회 연례회에서 발표되었다.

25 다음 책을 참고하라. I. Lustick, *Arabs in the Jewish State: Israel's Control of a National Minority* (Austin: University of Texas Press, 1980).

26 나는 1999년 미국 정부가 발표한 숫자들에 근거해 다음의 이스라엘 인구수를 사용했다(C.I.A. 팩트북을 참조. 〈www.odci.gov/cia/publications/factbook〉). 이스라엘: 570만(이스라엘 정착민의 숫자는 웨스트뱅크에 166,000명, 골란고원에 19,000명, 가자에 6,000명, 동예루살렘에 176,000명). 웨스트뱅크: 160만 아랍인들. 가자:

이스라엘 정부는 영국의 국회 시스템과 아주 유사하다. 정당들이 투표자들을 등록하고 120석의 의석을 가진 국회인 크네세트에서 다수석을 얻기 위해 정당들 간에 연합을 형성한다. 개인들은 후보자들에게 투표를 하지 않는다. 당 대표를 통해 정당 사무실이 결정된다. 수년 동안 점령지를 포함하는 전국적인 팔레스타인 정당이 이 시스템에 들어올 수 없었기 때문에 아랍 사람들은 국회에서 겨우 몇 석(겨우 7%)만 차지하고 있다.[27] 이 통계는 1967년에 이전 이스라엘의 20%가 아랍인들이었다는 것을 기억할 때 놀라운 일이다. 웨스트뱅크와 가자의 인구까지 포함하면(이들의 운명은 이 정부가 내리는 결정들에 의해 통제된다), 팔레스타인 사람들은 이스라엘/팔레스타인의 47%에 육박하지만 정부 안에서는 거의 소리를 내지 못한다. 가자와 웨스트뱅크에 있는 사람들은 이스라엘 선거에서 한 번도 선거권을 얻은 적이 없다. 이러한 관심은 오늘날 이 지역들에서 팔레스타인 지역 지도자들을 뽑는 새로운 선거로 충당된다. 그러나 이 신출내기 정부는 통치할 힘은 거의 없고 그저 이스라엘이 선심을 쓰듯 던져주는 권리만을 누린다. (공항이 있는) 가자에서 정치 지도자를 태운 비행기는 이스라엘의 허가 없이는 가자 공항에서 이륙할 수조차 없다.

차별

1987년부터 1992년까지 인티파다 봉기가 있었던 시기 내내 아랍인들의 자기 정체성은 예술 작품에 팔레스타인 국기의 네 가지 색깔(초록색,

---

110만.

27 N. Qurah, "The Arabs in Israel Since 1948," *Zionism and Racism* (Tripoli: n.p., 1977), 94-96.

흰색, 검은색, 빨간색)을 사용하기만 해도 체포될 수 있을 정도로 매우 억압받고 있었다. 나는 팔레스타인 여성들이 이에 대한 저항으로 이러한 국기를 수로 놓아서 침대 아래 감추고 있다는 사실을 알았다. 웨스트뱅크 팔레스타인 사람들은 얻기 힘든 허가를 받지 않고서는 여행을 할 수도, 집을 지을 수도, 직업을 얻을 수도, 뒷마당에 우물을 팔 수도 없었다.

이 기간에 이스라엘은 자동차 등록을 통해 사람들의 움직임을 확인하고 제한하는 시스템도 도입했다. 자동차 번호판은 모두 색깔로 구분되었다. 노란색은 이스라엘 사람, 흰색은 가자 사람, 파란색은 웨스트뱅크 사람, 녹색은 택시나 서비스 차량들이었다. 이 시기에 웨스트뱅크의 차량들은 일곱 자리 번호 앞에 이 차가 어느 도시 혹은 마을에서 왔는지를 알려주는 글자 하나를 더 붙였다.[28] "웨스트뱅크" 차량이 1967년 이전의 이스라엘, 말하자면 텔아비브에 나타나면 경찰이나 군에 의해 검문을 당했다. 내가 잘 아는 지인 중 라말라에 거주하는 건축가에게 아이들을 텔아비브에 있는 동물원에 데려가 본 적이 있는지를 물은 적이 있었다. 그의 대답이 참 인상적이었다. 그는 비록 여행 허가서가 있어도 차량 번호판 때문에 온 가족이 성가신 일을 당할 것이라고 답했다. 그래도 여기서 짚고 넘어갈 것은 노란색 "이스라엘" 번호판은 그 나라에서 어디든 여행할 수 있다는 것이다.

현재 차량 번호판 시스템은 점령지에 사는 아랍인들을 위한 새로운 팔레스타인 번호판으로 대체되고 있다. 하지만 다시 한번 말하지만, "노란색" 이스라엘 번호판을 단 가족은 (단 그들이 정착민이 아니라면 점령지는 제외하고) 이스라엘 전역을 자유롭게 돌아다닐 수 있는 반면 베들레헴에

---

28 예를 들어 흰색 바탕에 히브리어 R(resh)이 붙어 있으면 라말라이고 H가 붙어 있으면 헤브론, B가 붙어 있으면 베들레헴이다. 노란색 바탕은 이 마을들에서 가까운 이스라엘 정착촌을 가리킨다. 예를 들어 노란색 R은 라말라 근처 정착촌이다.

서 팔레스타인 번호판을 단 가족은 특별한 허가증 없이는 예루살렘으로 갈 수 없다. 그럼에도 추가적으로 다른 시스템들이 사람들의 신분을 밝히기 위해 그 자리를 대체하고 있다. 운전면허증과 신분증은 운전자가 유대인인지 혹은 아랍인인지를 보여준다.[29]

팔레스타인 사람들이 거리에서 군인들에게 검문을 당할 때는 언제나 신분증을 검사받는다. 카드마다 컴퓨터 식별 번호가 있어서 군인이 컴퓨터 운영자에게 무전으로 그 번호를 불러준다. 이 거대한 자료에는 팔레스타인 사람들에 대한 많은 정보가 들어 있다. 아랍 사람이 카드를 소지하고 있지 않거나 집에 두고 오면 체포될 수도 있다. 그가 라말라 신분증으로 예루살렘에 왔는데 종이로 된 허가증이 없으면 구속된다. 라말라에 있는 친구 한 명이 치과에 가려고 서예루살렘으로 갔다. 그 친구가 거리를 걷고 있는데 비번이던 군인들이 그녀를 멈춰 세우고 "아랍인으로 보인다는 이유로" 신분증을 요구했다. 신분증 검사는 이스라엘 사람들이 으름장을 놓기 위해 주로 사용하는 방법이다.

기본적으로 이스라엘 국경 안에 사는 팔레스타인 사람들은 이스라엘 사회의 주요 시스템에 등록될 수 없다. 이에 대해서는 벤 화이트가 최근 저술한 『이스라엘 내 팔레스타인 사람들: 인종차별, 불평등, 민주주의』라는 정신이 번쩍 들게 하는 책에 자세히 기록되어 있다.[30] 이스라엘 대학생 중 겨우 4%만 아랍인인데 그 이유는 모든 입학시험이 히브리어로 되어 있고 입학 차별이 심각하기 때문이다. 그럼에도 이스라엘은 이 언어 문제를 극복하기 위해 많은 이스라엘 팔레스타인 학생들이 요르단에서 공부하도록 허가해주었다. 그곳에서는 자기 나라 언어로 일할

---

29 사실, 유대인들은 해당 달 15일에 면허증을 갱신하고 비유대인들은 1일에 갱신한다.
30 *Palestinians in Israel: Segregation, Discrimination and Democracy* (London: Pluto Press, 2011).

수 있다. 웨스트뱅크에서 아랍 대학들은 재정 상황이 열악할 뿐 아니라 정치적으로도 의심스럽다고 여겨진다. 소요가 일어난 시기 동안 이 대학들은 군에 의해 폐교되었다. 약 150만 명이 가자에 살고 있다. 이 중 약 8천 명이 가자에 있는 두 개의 대학에 다니는 학생들인데 이 대학들은 매우 제한된 과목들만 가르친다. 약 1,300명의 가자 학생들이 웨스트뱅크 대학들에 등록하지만 1996년 1월에 제정된 새로운 법은 이 학생들이 가자에서 나와 그들의 대학이 있는 곳까지 여행하지 못하도록 금지했다. 게다가 1967년 이전의 이스라엘 경계 내에는 아랍 대학이 하나도 존재하지 않았다. 이러한 환경으로 인해 팔레스타인 전 세대가 사회의 저임금 노동자층(건설, 농업, 식당 종업원 같은 공공 서비스 업종)을 형성하는 이주 노동력이 되어버렸다.

때로 외국인들은 미묘한 차별을 잘 보지 못한다. 1949년 이래 이스라엘은 군에 복무했던 사람들에게 학교, 주택, 복지, 직업적 특권을 포함해 특별한 혜택을 부여해왔다.[31] 팔레스타인 사람들은 징집되지는 않지만 군에 자원입대를 할 수는 있다(이렇게 하는 사람은 거의 없다). 사막의 베두인 종족들은 적극적으로 모집된다. 그들이 군에 적극적으로 합류하지 않으면 경제적인 혜택과 관련된 모든 네트워크에서 제외된다. 그러나 종교적인 이유로 군 복무를 면제받은 유대인들은 (1970년에 개정된 법 덕분에) 군 복무를 한 이들과 똑같은 혜택을 받는다.

예루살렘에서 일할 수 있는 허가증을 소지한 웨스트뱅크 거주자들은 해질녘에 그 도시를 떠나야 한다. 1990년 초반 웨스트뱅크에 있는 한 기독교 학교에서 일하던 행정 직원이 차를 놓치는 바람에 예루살렘에 있는 학교 숙소에서 하룻밤을 보내야 했던 적이 있었다. 새벽 2시에

---

31 1949년 제정된 "제대 군인 지원에 관한 법률."

군대가 들이닥쳤고 잘못된 신분증을 갖고 있었다는 이유로 그를 연행해갔다. 그는 재판도 받지 못한 채 헤브론 감옥에서 다섯 달을 보내야했다. 그런 후에는 2년간 그 나라에서 추방당했다. 그는 레바논으로 추방되는 것을 피하기 위해 징벌 기간 2년 동안 카이로에 있는 학교에 다녔다.

시민권은 어떤 나라에 소속된 사람인지를 드러내는 표식이다. 1950년에 제정된 귀환법은 세계에 있는 모든 유대인이 이스라엘로 이민 올 권리가 있고 자동적으로 시민이 되며 사회적 특권을 누릴 수 있다고 선언한다.[32] 이러한 상황은 이스라엘 사람들의 삶에 대한 놀라운 진술일 뿐 아니라 수 세기 동안 그 땅에 살아오다가 전쟁 때 도망가서 돌아오고 싶어 하는 다른 사람들에게도 영향을 끼친다. UN도 이런 사람들이 고향으로 돌아올 권리가 있음을 확실히 밝혔다.[33] 그러나 집이 아직도 이스라엘에 있는 팔레스타인 사람들, 수 세기 동안 가족들이 그 땅에서 살아온 팔레스타인 사람들은 재입국이 거부된다. 그들은 이스라엘 이민자들이 자신들의 집을 차지하는 동안 이스라엘 국경 주변에 있는 난민 캠프나 웨스트뱅크에서 비참하게 살고 있다.

인종에 근거해서 그 사회의 어느 부분을 국가적 혜택에서 실제로 배제시킨 나라는 민주 국가라 평가하기 힘들다. 이런 이유로 1975년 11월 10일에 UN은 시온주의를 인종주의(인종, 역사, 신조에 근거해서 다른

---

32 그럼에도 유대인 됨은 이스라엘 정통 랍비들에 의해 신중하게 규정되어왔다. 그들은 유대인 부모 사이에 태어난 비합법적인 자녀들, 아버지는 유대인이지만 어머니는 그리스도인인 자녀들, 예수를 믿는 유대인 신자들은 여기서 제외한다. 엄밀히 말해서 무신론자인 유대인은 유대인 자격을 얻었고 시민권을 주장할 수 있었다. 다음의 책을 참고하라. S. Z. Abramow, "Who Is a Jew?" in S. Z. Abramow, *Perpetual Dilemma: Jewish Religion in the Jewish State* (Cranbury, N. J.: Associated University Press, 1976), 270-320.

33 UN 총회 결의안 194조, 1948년 12월 11일.

사람들을 배제하는 정치 철학)로 여겨야 한다고 선언했다.[34] 심지어 이스라엘 시민 단체들도 같은 말을 한다. 1998년 이스라엘 시민권 협회는 정부가 인종을 근거로 차별했으며 "인권을 유린하게 만드는 위협적인 분위기를 창출했다고"[35] 비난했다. 제네바에 있는 UN 특별 조사단이 최근 발표된 인종을 기반으로 한 차별이 뚜렷하게 드러나는 이스라엘 법 조항 17개를 밝혀낸 한 보고서를 조사했다.[36]

몇몇 작가들은 이스라엘 내 팔레스타인 사람들을 대하는 것이 분명 인종차별적이라고 진지하게 믿고 있다.[37] 브루클린에서 태어난 전통적인 유대인 가정을 가진 알레그라 파체로는 이스라엘이 저지르는 인종차별에 큰 저항감을 느껴서 이스라엘 법정에서 팔레스타인 사람들을 변호하고 있다. 미국에서 자란 탓에, 그녀가 가진 의견들은 매우 날카로웠다. "유대인 국가는 결코 모든 시민에게 민주국가가 될 수 없다. 오직 유대인들을 위한 민주국가다."[38]

이스라엘 국가의 특징은 우리가 이전 장에서 살펴보았던 성경적 모델과 너무나 극명한 대조를 보인다. 구약에서는 이방 거주민(비이스라엘 사람)이 머무는 장소는 확실히 보장을 받았다. 그들은 그 나라의 중요한 체계들, 곧 성전, 사법 체계, 군대에 대한 접근이 거부되지 않았다. 그러

---

34 UN 결의안 3379조(1975. 11. 10). 이 조항의 전문과 배경은 다음의 책에서 확인할 수 있다. *Zionism and Racism, Prodeedings of an International Symposium* (Tripoli: n.p., 1977). 미국으로부터 심한 압력을 받은 UN은 1991년에 이 결정을 철회했다.

35 "ACRI Blasts 'Official' Racism Against Arabs," *Jerusalem Post*, July 2, 1998.

36 "Two Views of Israeli Racism Before UN Committee," *Ha'aretz*, March 4, 1998.

37 J. H. Davis, *The Evasive Peace* (New York: New World Press, 1968), 115. Davis는 유엔 팔레스타인난민구호기구(UN Relief and Works Agency; UNRWA) 소속으로 중동에서 수년간 일했다. 다음의 책도 참고하라. U. Davis, *Israel: An Apartheid State* (London: Zed Books, 1987).

38 *Jerusalem Post Magazine*, March 6, 1998.

므로 이스라엘의 배타주의는 성경에 너무나 분명히 소개되어 있는 언약적 정의의 요구들에 반드시 응답을 해야만 한다.

땅 훔치기

땅 소유는 1948년 이래 이스라엘 역사의 가장 어두운 면이었다. 이스라엘 사람들이 자신들의 거주지와 도시들을 세울 땅을 구매하기는 했지만, 이스라엘이 오늘날 주장하는 그 땅에 대해서는 그러한 거래가 거의 이루어지지 않았다. 터키와 영국 행정부는 "공적 재산"과 주인 없는 땅들과 아랍 마을들을 존중했다. 이러한 땅들은 공동 재산으로 처리되어 마을 확장에 대비한 공유지나 목초지로 남겨두었다. 마을 장로들은 어디에 경계를 정해야 하는지 정확히 알고 있었고 많은 경우 터키 사람들이 이러한 경계를 기록해두었다. 그러나 이스라엘 법은 이 땅을 국가 재산으로 규정했고("유대인 민족 기금"[Jewish National Fund]의 통제를 받거나 "유대인 기관"[Jewish Agency]에 넘겨주도록 했다) 오직 유대인들만 쓸 수 있도록 했다. 그래서 마을들은 성장을 위한 여유 공간을 빼앗기게 되었다. 이스라엘은 (아랍 농부들의 입국이 금지된 직후에) 경작하지 않는 땅은 모두 국유화시켰다. 때로 어떤 땅은 "안전지대"로 혹은 "필요한 공공 재산"으로 차출되었다. 땅 소유권에 대한 팔레스타인 사람들의 주장은 정부 변호사들에 의해 법정에서 엄청난 공격을 받았다. 현대에 작성된 서류가 없으면 소송은 질 수밖에 없었다. 이스라엘이 점령하기 이전의 증거는 거부되었기 때문이다. 터키의 통치 기간까지 거슬러 올라가는 증서들은 일반적으로 법정에서 기각되었다. 많은 아랍 가족이 사실 현대에 작성된 문건은 거의 소유하고 있지 않았다. 농촌 마을에서 산 가족들은 더더욱 그러했다. 더욱이 1967년 이래 이스라엘 법은 웨스트뱅크 팔레스타인 사람들이 그들의 땅을 등록하는 것을 금지시켰다.

가장 최악의 땅 몰수는 가자와 웨스트뱅크 점령지에서 일어났다. 많은 경우 땅을 고립시키고 물 공급을 끊은 다음 그 땅을 버려진 땅으로 선언하고 신속하게 국유화했다. 새로 들어온 이스라엘 정착민들이 지하 수면의 물을 다 써버린 지역들에서 아랍 사람들이 새로운 우물을 파게 해달라고 요청했지만 이러한 요청은 대부분 거절되었고 아랍 사람들은 어디서도 물을 얻을 수 없었다.[39] 점령지에서 이스라엘 정착민의 토지 기록은 비밀로 유지되고 있어서 팔레스타인 사람들이 그들에게 이의를 제기할 수도 없다.[40] 현재 월드비전 예루살렘 지부에 따르면 웨스트 뱅크 땅의 70%가 이스라엘에 의해 몰수당했다. 1997년에만도 예루살 렘과 웨스트뱅크에서 24km²가 넘는 팔레스타인 사람들의 땅이 이스라 엘 정부로 복속되었다. 아리엘 샤론이 다스리던 처음 18개월 동안 완전 히 불법적인 "언덕 꼭대기" 정착(종종 트레일러와 텐트로 이루어져 있었다)이 44번 이루어졌고 웨스트뱅크에서 아무런 문제도 되지 않았다.[41]

물 훔치기

우리는 이미 이스라엘 국가가 다른 사람들의 땅을 정복하고 유용해서 세워졌음을 살펴보았다. 이러한 행동으로 인해 수백만 명의 난민들이

---

39 1967년부터 1983년까지 팔레스타인 사람들에게 새로운 우물을 파도록 허가된 건은 겨우 다섯 건이다. Raja Shehadeh, *Occupier's Law: Israel and the West Bank* (Washington, D.C.: Institute for Palestinians Studies, 1985), 153-54.

40 앞의 책., 39-40. 다음 책에서 인용됨. R. Ruether, H. Ruether, *Wrath of Jonah,* 156 n. 55.

41 U. Schmetzer, "In Israel Some Are Unsettled by Hilltop Outposts," *Chicago Tribune,* July 26, 2002, 3.

생겨났다. 물 운영도 이와 마찬가지다.

오늘날 현대 이스라엘 사람과 팔레스타인 사람들이 저수지에 물을 채우기 위해 비를 기다리는 경우는 거의 없다. 물은 갈릴리 호수에서 끌어와 전국 물 운송 파이프라인으로 해안을 따라 운반한다. 중앙 산악 지대에서는 수원들(water sources)이 일반적으로 팔레스타인 웨스트뱅크와 이스라엘 두 지역에 모두 걸쳐 있는 두 개의 지하 대수층에서 나온다. 이 수원을 통제하는 사람이 이 지역의 삶을 확실히 통제하게 된다. 땅의 사용과 마찬가지로 수원의 사용도 중동에 살고 있는 사람들에게는 정의를 실천하는지의 시험이 된다.

가장 활동적인 이스라엘 인권 단체 중 하나가 비첼렘인데, 인권을 위한 이스라엘 정보 센터로도 유명하다.[42] 비첼렘은 다음과 같이 보고했다. "1967년 이래 심각한 물 부족 현상이 팔레스타인 전역에 나타났는데 이는 이스라엘 수자원 공사(Mekorot)가 팔레스타인 마을들로 공급되는 물을 심하게 삭감했기 때문이다." 예를 들어 이스라엘 사람들이 평균 소비하는 물의 양은 일일 348ℓ인 데 비해 팔레스타인 사람들의 일일 평균량은 70ℓ가 주어진다.[43] 즉 유대인들이 아랍 사람들보다 한 사람당 5배의 물을 더 사용하는 것이다. 웨스트뱅크에서는 이러한 불평등이 더욱 심각하다. 이스라엘은 이 지역 물의 80%를 보유하고 있고 반면 팔레스타인 사람들은 20%만 보유할 수 있다. 이 아랍 사람들은 물이 더 필요하면 원래 가격의 4배를 더 지불해야 한다. 모든 이스라엘 정착민들이 웨스트뱅크 팔레스타인 사람들보다 9배의 물을 더 받고 있다.[44]

---

42 〈www.btselem.org〉
43 산업, 농업, 개인 사용을 모두 아우르는 양이다.
44 M. Raheb, *I Am a Palestinian Christian* (Minneapolis: Fortress, 1995), 48.

어떻게 이런 일이 일어날까? 215,000명이 살고 있는 150개가 넘는 마을들이 어떠한 물 조직망에도 연결되어 있지 않고 그래서 필요한 물을 높은 가격을 부르는 상인들로부터 구입해야 한다. 또한 웨스트뱅크에 있는 어떤 도시들은 그나마 조금 얻는 물이라도 배당받으려면 지역별로 물 공급을 교대로 받아야 한다. 특히 여름철에 그렇다. 예를 들어 야타(Yatta)에 있는 마을은 14구역으로 나누어져 있는데 구역별로 45일에 단 한 번 2-3일 동안 물을 공급받는다. 결과적으로 이스라엘 정착민들이 대수층(aquifer)에 깊은 우물을 파도록 허락되는 반면, 그 마을에 있는 오래된 우물들은 더 깊게 팔 수가 없다. 새로운 우물도 팔 수가 없다. 결국 마을들은 말라간다. 베들레헴은 약 60,000명의 팔레스타인 사람들이 사는 곳으로, 매일 18,000,000ℓ의 물이 필요하지만, 공급되는 양은 8,000,000ℓ를 넘지 않는다. 헤브론에 사는 165,000명은 25,000,000ℓ의 물이 필요하지만 5,500,000ℓ만 공급받는다.

아랍 가족들은 집이나 들판에 물이 다 떨어지면 정착민 물 공급 파이프에서 불법적으로 물을 끌어올 때가 간혹 있다. 웨스트뱅크에서 이런 절도가 일어나면 군대가 와서 들판에 있는 전체 관개 시설을 파괴하거나 압수하는 일이 보통이다. 그래서 그 농부는 더욱 가난해진다. 때로 이러한 "불법적인" 물 사용은 가정의 몰락으로 이어진다.

하나님이 이 물, 거룩한 땅에 있는 이 거룩한 물의 주인이시다. 물이 이기적으로 소유되고 잘못 사용되어 다른 사람들이 고통을 받게 될 때 엘리야가 말한 심판이 그 땅에 다시 찾아올 것이다. 1998년에 이스라엘 신문 「하아레츠」는 그해 여름 동안 500,000명의 팔레스타인 사람들(인구의 약 1/3)이 두 달을 꼬박 물 없이 지냈다고 보도했다.[45] 헤브론에

---

45 "Water Crisis in the Occupied Territories," *Ha'aretz*, July 27, 1998; "Water Shortage

있는 팔레스타인 수자원 본부 의장인 이사 아탈라(Isa Atallah)는 "아이들이 물이 없어 목마른데 옆집 정착민들은 정원에 물을 주고 수영장에서 수영하는 것을 보면 정말 절망적이다"라고 말했다.[46]

마을 파괴

"공유지" 몰수와 불공정한 물 분배에 더해서, 이스라엘은 군대가 마을 전체를 장악하도록 만들어 그곳 거주민들을 몰아내고 가옥들을 파괴했다. 어떤 경우에는 이스라엘 정착민들이 들어와 정착하기도 했지만 대부분의 경우는 폭파시키거나 불도저로 밀어버렸다. 엄청나게 많은 마을이 이런 운명에 처해졌다. 어떤 사람들에 의하면, 1948년 이래 거의 400개가 넘는 아랍 마을들이 사라졌다.[47] 그리고 아랍 역사가들은 그 이야기를 들려주고 있다. 이제는 파괴되어버린 마을들의 삶을 증언하는 충격적인 책이 1992년에 출간되었다. 『문명 세계가 잊지 말아야 할 팔레스타인의 식민지화』(Lest the Civilized World Forget: The Colonization

---

in the Territories," *Ha'aretz*, August 20, 1998; J. Isaac, *A Sober Approach to the Water Crisis in the Middle East, A UNESCO Symposium* (Jerusalem: Applied Research Institute, 1995).

46 "Controlling Thirst in the West Bank," *Holy Land Briefing 2*, World Vision Church Relations, Jerusalem, 1998.

47 I. Shahak, "Arab Villages Destroyed in Israel: A Report," *Documents from Israel, 1967-1973; Readings for a Critique of Zionism*, ed. U. Davis and N. Mezvinsky (London: Ithaca Press, 1975), 47; S. Jiryis, *The Arabs in Israel* (New York: Monthly Review Press, 1976). 권위 있는 자료 출처는 다음 책이다. W. Khalidi, *All That Remains: The Palestinian Villages Occupied and Depopulated by Israel in 1948* (Washington, D.C.: Institute for Palestine Studies, 1992). 1967년 이전의 이스라엘에 있던 아랍 마을들로 오늘날 남아 있는 마을들은 가장 기본적인 서비스도 받지 못하는 상태다. 다음 웹사이트를 참고하라. 〈www.assoc40.org〉

of Palestine)는 노스 캐롤라이나에 사는 팔레스타인 의사인 자밀 파예즈(Jamil Fayez)가 이러한 마을 394곳을 면밀하게 조사해 기록한 책이다. 이런 마을들이 사라져버린 것에 대해 주변에서 풍문으로 떠돌던 "신화들"을 요약한 후에, 파예즈는 그 마을들의 이름을 하나씩 열거하면서 일종의 죽은 자를 위한 비문을 덧붙이고 있다.[48] 전형적인 예를 몇 가지 적어보겠다.

57. 알 카에사(Al Khaesah)는 사파드 북북동 40km에 위치했었다. 인구: 1,840. 1948년 제거되고 키리아트 셰모나(Qiryat Shemona)라는 유대인 정착촌이 약 12km² 땅에 세워졌다.

107. 알 람라(Al Ramlah)는 야포(Jaffa) 남동쪽 약 20km에 위치했었다. 인구: 16,380. 1948년 점령됨. 대부분의 주민이 강제로 추방되었고 몇 백 명만 남았다. 그 마을은 람라(Ramla)라는 이름으로 개명되어 유대인 이민자들이 차지했다. 그들은 팔레스타인 사람들의 집을 빼앗아 차지했다. 얼마 못 가 유대인 이민자들은 약 2km²의 주변 땅과 정원을 더 몰수했다.

244. 이크레트(Ikret)는 레바논 국경 근처에 있는 아코(Acre) 북동쪽에 위치했었다. 인구는 500명의 팔레스타인 사람으로 모두 마론파(Maronite) 그리스도인들이었다. 그들은 1948년에 강제로 마을을 비워야 했다. 마

---

48 *Lest the Civilized World Forget: The Colonization of Palestine* (New York: Americans for Middle East Understanding, 1992): 중동을 이해하려는 미국인들의 모임(AMEU)의 주소는 다음과 같다. 475 Riverside Drive, Room 241, New York, NY 10115: (212) 870-2053; fax: (212) 870-2050.

을의 모든 건물이 1952년 크리스마스에 폭파되었고 약 25km²의 모든 땅이 몰수되었다.

이 세 마을의 이야기는 그 책을 채우고 있는 수많은 페이지들에서 뽑은 샘플일 뿐이고 왜 수백만 명의 팔레스타인 난민들이 세계 각지에 흩어져 있는지를 설명해준다. 오늘날은 인터넷이 있어서 난민 기구들이 재빠르게 자신들의 이야기를 세상에 알리고 있다. 이 책 외에도 www. alnakba.org에서 그 모든 마을들의 목록(사진과 지도까지)을 찾아볼 수 있다. 이 목록을 보면 서예루살렘 헤르첼산 근처에 있는 야드 바셈(Yad Vashem)이라는 유대인들의 홀로코스트 기념관이 생각난다. 이곳에 가면 폴란드 같은 나라들에 있던 파괴된 유대인 마을들의 목록이 기록되어 있다. 비문도 같다. 그런데 아무도 역사를 통해 배우는 사람이 없는 것 같다. 예를 들어 텔아비브 근처의 야포 인근에서 21개 마을이 파괴되었다. 알 아바시야(Al-'Abbasiyya)가 그중 하나였다. 오늘날 예후드(Yehud)라는 이스라엘 마을이 그 자리에 들어서 있다.

때로 가장 좋은 접근법은 이런 마을들이 당한 공격에 대해 한번 들어보는 것이다. 1948년 7월 13일 아침 7시 15분, 이스라엘 군인들이 텔아비브 근처 리다(Lydda) 마을에 있는 집들로 들어오기 시작했다. 그 당시 청년이었던 아우데 란티시(Audeh Rantisi)가 그때 일어난 일을 말해준다. "그때 저는 11살이었습니다. 군인들이 영어로 '집을 열어놓고 밖으로 나가시오'라고 말하는 소리를 들었습니다." 아우데의 아버지는 가족들을 밖으로 데리고 나가 교회로 향했다(그들은 그리스도인들이었다). 그런데 마을에 있던 군인들이 그들에게 동쪽 산 방향으로 가라고 지시했다. 그때 길가에 서 있던 수많은 사람은 136명의 무슬림 남자들이 그 마을의 다마쉬 모스크(Dahmash mosque)에 강제로 들어간 후 기관총으로 총살을 당했다는 사실을 알고 공포에 질렸다. 군인들은 그 수많은 사람을 길로 가지 못하게 막고 섭씨 38도가 넘는 찌는 듯한 더위 속에서 험한 지형으로 몰아세웠다. 무거운 팔레스타인 복장을 한 여성들은 아이들을 데리고 가다 넘어졌고 그나마 짧은 시간에 들고 나온 물건들도 모두 두고 가야 했다. 아우데의 아버지는 집 열쇠를 들고 나왔는데 다시는 사용하지 못할 열쇠였다. 그리고 오랜 세대를 거쳐 해오던 올리브 오일 비누 사업도 그대로 두고 가야 했다. 키부츠 에인 하롯(Kibbutz Ein Harod) 출신인 한 이스라엘 군인이 자신이 보았던 것을 이렇게 기억했다. "가재도구와 가구들 그리고 결국엔 탈수증과 질병으로 지쳐서 죽은 길가에 흩어져 있는 남자와 여자와 아이들의 시체까지 남겨둔 채 사람들이 천천히 발을 질질 끌며 줄을 지어가고 있었지."[49]

군인들은 사람들이 울부짖으며 비명을 지를 때 머리 위로 총을 발사했다. 비행기들이 긴 난민 행렬 위로 굉음을 내며 떠다녔다. 검문소에 도착하자 군인들은 길 위에 융단을 깔고 모든 사람에게 귀중품(돈, 손목시계, 보석류)을 꺼내놓으라고 했다. 결혼한 지 얼마 안 된 아민 한한(Amin Hanhan)이라는 젊은이는 돈이 들어 있는 작은 상자를 내놓지 않으려다 신부의 팔에 안겨 총에 맞아 죽고 말았다. 아우데는 이렇게 쓰고 있다. "저는 그때 처음으로 인간이 다른 인간을 죽이는 모습을 보았습니다. 너무나 충격적이고 두려웠습니다. 그 일은 너무나 순식간에 또 너무나 무심하게 일어났습니다. 토하고 싶었던 느낌이 기억납니다."

말을 탄 군인들이 이제는 수천 명의 마을 사람을 바위투성이 산길로 몰고 가 약 48km를 가게 했다. 머리 위로 총알들이 날아다녔는데 아우

---

49 B. Morris, *The Birth of the Palestinian Refugee Problem, 1947-1949* (Cambrige: Cambridge University Press, 1987), 210. Morris는 이스라엘 역사가다.

데는 자신 옆으로 총알 하나가 비껴가면서 그의 나귀의 목에 박혔던 것을 기억한다. 셋째 날에는 태양이 더욱 기승을 부렸다. 많은 사람이 죽었는데 특히 임신한 여성들이 많이 죽었다. 물이 없어서 많은 사람이 탈수증으로 죽었다. 시체들은 천으로 말아서 나무 아래 버려졌다. 가장 비극적이었던 것은 많은 어린 자녀들이 태양의 열기와 물 부족을 견디지 못하여 뒤에 그대로 남겨졌다는 것이다.[50] 두 개의 우물이 있던 짐주(Jimzu) 마을에서 군인들이 우물을 빙 둘러싸고 소변을 누었지만 그래도 사람들은 그 물을 마셨다.

그날 해질 무렵 마을 사람들은 라말라(Ramallah)로 나 있는 길에 도착했다. 이 큰 마을에서 아랍 트럭들이 도와주러 도착했고 사람들은 트럭에 실려 그 산악 지대에서 난민으로서의 삶을 시작하기 위해 옮겨졌다. 이스라엘이 일으킨 1948년 전쟁 기간 동안 집을 잃은 700,000명의 사람들이 더 합류했다.

1967년이 되고 얼마 지나지 않아 아우데는 처음으로 자신이 어린 시절 살았던 집을 보기 위해 리다를 다시 방문할 기회를 얻었다. 유대인 가족들이 그 집을 차지하고 있었는데 한 어린 소년이 마당에서 노는 모습이 보였다. 아우데는 그 아이에게 다가가 물었다. "너 이 집에서 얼마나 살았니?" 소년이 대답했다. "여기서 태어났는걸요." 아우데가 말했다. "나도 그래. 이건 우리 아버지 집이야."[51]

---

50 "Countless children died outright of thisrt," I. Abu-Lughod, *The Transformation of Palestine* (Evanston, Ill.: Northwestern University Press: 1971), 149.

51 Audeh Rantisi의 이야기는 그의 책 『화평하게 하는 자는 복이 있다: 점령지 웨스트뱅크에 사는 팔레스타인 그리스도인』(*Blessed Are the Peacemakers: A Palestinian Christian in the Occupied West Bank*, Grand Rapids, Mich.: Zondervan, 1990)에서 볼 수 있다. 이 시기에 대한 이야기는 23-39쪽에 걸쳐 나온다. 이 이야기를 좀 더 짧게 요약한 형태 (그리고 Charles Amash의 이야기)는 *The Link* 33 3권, 3-10(2000년 7월)에 나온다. 다음 책도 참고하라. M. C. King, *The Palestinians and the Churches*, vol. 1: 1948-1956

성경은 절도죄, 특히 땅을 훔친 죄에 대해 분명히 말하고 있다. 이 행위는 아합과 이세벨이 저지른 죄다. (엘리야 같은) 예언자들은 국가적 절도를 저지른 정부들에 대해 신속히 심판을 선포했다. 땅을 소유한 사람들(유대인이나 이방인)은 그 권리를 보호받아야 하고 그렇지 않으면 그 땅을 차지한 사람들은 하나님의 대적이 될 것이다.

주택 파괴

1987년 새로 등장한 가장 중요한 이야기는 웨스트뱅크에서 팔레스타인 주택들을 파괴함으로써 "인종 청소"를 한 것이다. 1948년 전쟁 이후, 이스라엘은 마을들을 파괴하고 그곳에 살던 사람들을 산악 지대 안으로 혹은 나라 밖으로 이주시키고 싶어 했다. 하지만 1967년에 산악 지대를 일단 차지하고 나자 그곳에 정착한 유대인들은 불편한 아랍 가옥들을 철거하고 그곳에 정착촌을 형성하고 길을 닦았다. 1987년 이래 이스라엘은 2,200채가 넘는 팔레스타인 가옥들을 파괴했다.[52] 어떤 사람들은 2,650채라고 말하기도 한다. 결과는? 가옥 파괴로 인해 16,700명이 노숙자가 되었고 그중 7,300명이 어린이였다. 더 놀라운 것은 1993년 오슬로 협정(여기서 진정한 평화를 위한 의견들이 제안되었다)이 맺어진 지 5년 안에 이스라엘이 아랍 동예루살렘에 있던 96채의 가옥과 웨스트뱅크에 있던 566채의 가옥을 파괴했다는 것이다. 벤야민 네타냐후와 에후드 바라크가 이끌던 이스라엘 정부가 의도적으로 서방

(Geneva: World Council of Churches, 1981). 그 당시 팔레스타인에서 복무하던 영국 장군 J. Glubb도 비슷한 견해를 보여준다. 다음의 책을 참고하라. *A Soldier among the Arabs* (New York: Harper, 1957).
52   국제사면위원회(AI)는 1967년 이후 파괴된 팔레스타인 가옥이 7,000채라고 말한다. 그러나 이 초기 시기의 수치는 신뢰성이 낮다.

매체들을 속였다고 많은 사람이 생각한다. 이들 정부는 암암리에 정착촌의 성장을 가속화시키면서도 겉으로는 정착촌을 제한하고 평화를 유지하겠다고 약속해왔다.[53]

오늘날 인터넷이 널리 보급되면서 이러한 폭력적인 행위들이 즉각적으로 알려질 수 있게 되었다. 물론 이러한 보고는 팔레스타인 사람들에 의해 상세하게 이루어졌다.[54] 어떤 경우에는 웹 페이지를 읽는 것만으로도 분노가 치밀어 오른다. 하지만 점점 커지는 이스라엘도 이 폭력으로 인해 심각한 공격을 받고 있고 폭력을 종식하기 위해 일하고 있다. 두 가지만 말해보겠다. 비첼렘은 1989년에 세워졌고 "점령지 안에 있는 이스라엘 인권 센터"로 알려져 있다. 비첼렘은 인권 활동을 통해 인권 센터 상(Carter Center award)을 받기도 했다. 이곳에는 이스라엘 변호사들, 기자들, 학자들, 저명한 국회의원들이 소속해 있고, 이들은 웨스트뱅크에서 일어나는 인권 침해를 문서로 작성해 이스라엘 대중들에게 무슨 일이 일어나고 있는지 알리는 데 힘쓰고 있다. 이들이 운영하는 웹사이트는 정보의 보고다.[55] 비첼렘은 해마다 일어나고 있는 가옥 파괴 숫자를 제공한다. 가옥 파괴가 허가되었을 때의 가옥 파괴 숫자와 허가되지 않았을 때 일어난 가옥 파괴 숫자를 병기해 비교 자료를 제시한다. 또 동예루살렘의 가옥 파괴 숫자와 웨스트뱅크의 가옥 파괴 숫자도 비교 자료를 제시한다.

이 폭력의 범위는 파악하기 어렵다. 2004년의 경우를 보자. 웨스트뱅크와 가자에서 그해 177채의 팔레스타인 가옥이 처벌 명목으로 파괴

---

53   팔레스타인 인권 센터, 연례 보고, 1999, 2.
54   훌륭한 팔레스타인 웹사이트들을 알고 싶으면 다음 웹사이트를 참조하라. 〈www.
     geocities.com/SouthBeach/Lagoon/8522/palestine.html # 1〉. 또한 웨스트뱅크에 있는
     비르 자이트 대학이 운영하는 사이트는 〈www.birzeit.edu/links/index.html〉.
55   〈www.btselem.org〉

되었고(가족 일원이 군용 차량이나 군인을 공격했을 경우), 1,404채가 "군대와 관련된" 명목(아무런 설명도 제공되지 않았다)으로 파괴되었으며 139채의 가옥이 허락을 받지 않았다는 이유로 파괴되었다. 그해 동예루살렘에서는 53채의 팔레스타인 가옥이 파괴되었다. 전체를 합하면 2004년에 이스라엘이 파괴한 팔레스타인 가옥이 1,773채라는 의미다(정말 놀라운 숫자다). 확실히 이런 수치들은 얻기 힘든 것이고 최근 들어 이스라엘 정부가 정보를 공개하면서 가능해진 일이다. 비첼렘은 정부에 이 수치를 공개할 것을 계속 요구했고 우리가 생각하기에 이 수치들은 10% 오차 범위로 정확한 것 같다. 가옥 파괴가 기록되지 않은 경우들도 있기 때문이다.

좀 더 큰 수치들을 보자. 1987년부터 2000년까지 이스라엘은 웨스트뱅크와 가자에서 약 2,764채의 팔레스타인 가옥을 파괴했다(비첼렘은 1987년에 그 기록을 보유하기 시작한다). 이스라엘은 같은 시기 동예루살렘에서도 287채를 파괴했다. 다행히도 2005년에 이스라엘은 징벌의 수단으로 아랍 가옥들을 파괴하던 행위를 멈추었다. 이로 인해 수치가 현저히 감소했다. 아래 나오는 도표에는 2001년부터 매해 이루어진 가옥 파괴 수치가 나온다. 웨스트뱅크, 가자, 동예루살렘 세 지역을 모두 합친 수치다.

연도	웨스트뱅크, 가자, 동예루살렘 가옥 파괴 수치
2001	391
2002	628
2003	631
2004	1,773
2005	87
2006	413

2007	149
2008	159
2009	3,575
2010	121
2011	177
2012	75
전체	8,139

좀 더 활동적인 그룹은 1992년 우리 아브네리(Uri Avnery)가 세운 구쉬 샬롬(Gush Shalom)이다.[56] 유대와 아랍 지식인들로 구성된 이 단체는 이스라엘에서 대규모 저항을 펼쳤다. 이스라엘 국회에 공격적으로 압력을 가하고 이스라엘 대중들이 가옥 파괴에 대해 새롭게 깨닫도록 했다. 이곳 웹사이트는 역사적이고 통계학적인 정보뿐 아니라 가옥 파괴 사진과 설명도 제공한다. 이런 설명은 사람들이 내용을 읽는 데 어려움을 준다.[57] 하지만 (유대인 평화협회[Jewish Peace Fellowship] 같은) 유대인 그룹들은 이스라엘 대중들이 점점 이 사실에 대해 알고 분노하면서 급속도로 성장하고 있다.[58] 또한 이로 인해 제프 할퍼의 "가옥 파괴에 반대하는 이스라엘 위원회"(Israel Committee Against House Demolitions)가 탄생하게 된다(참고. 7장 "오늘날 이스라엘의 예언적 목소리들"). 가옥 파괴는 이스라엘 (그리고 세계의) 대중들의 눈에는 철저히 숨겨져 있지만 팔레스타인 점령의 가장 두드러진 특징이다. 미국 청중들이 (지금은 존재하지도 않는) 자살 폭탄 테러와 같은 "팔레스타인 사람들의 폭력"에 대해 내게 물

---

56 〈www.gush-shalom.org〉
57 〈www.gush-shalom.org/demolition/back.html〉
58 다음 웹사이트에 나오는 부분적인 목록을 참조하라. 〈www.gush-shalom.org/links.html〉

으면, 나는 그들에게 가옥 파괴에 대해 질문한다. 거의 보편적으로, 그들은 그런 일이 일어나고 있는 것에 대해 전혀 들어본 적이 없었다. 가옥 파괴와 그로 인해 생겨난 수만 명의 노숙자들은 그저 또 다른 형태의 폭력이다.

이런 수치들은 통계의 의미를 나타내기에 앞서 가족에 대해 보여준다. 1997년 아흐마드 이스마일(Ahmad Isma'il)의 가족 네 명은 라말라 근처 카타나 마을에 있는 자기 아버지의 집에서 방 한 칸을 차지하며 살고 있었다. 그는 가족 부지에 만 달러짜리 건물을 막 지어서 가족이 사용하려고 했다. 벽과 바닥, 지붕, 문, 창문 공사가 다 끝났다. 1997년 7월 31일, 이스라엘 불도저들이 그 집을 밀어버렸는데 이유는 건물 허가를 받지 않았다는 것이었다(정부에서 건물 허가를 내주지 않았다). 그러나 그의 집 근방으로는 이스라엘 정착민들이 날마다 늘어나고 있었다.

이스라엘 정부는 중요한 지역들 안에서 인구 성장을 통제하고, 정치적으로 활동적인 집안들을 벌주며, 또 점점 늘어가는 정착민들에게 필요한 땅을 확보하기 위해 팔레스타인 사람들에게 그들의 땅에 건물을 세울 권리를 거부하는 일이 흔하다. 이스라엘/팔레스타인 내 인구 밀집도의 차이를 계산해보면 확연히 드러난다. 팔레스타인 사람들의 가옥 밀집도는 유대인 가옥 밀집도의 두 배다(팔레스타인인은 방 하나에 2.2명인데 비해 유대인은 1.1명). 동예루살렘에서 아랍 인구의 60%가 방 하나당 두 명의 밀집도로 살고 있다(유대인의 경우는 13%). 아랍인의 27%가 방 하나당 3명 이상이 살고 있는 것에 비해 유대인은 2.4%만 그렇게 살고 있다. 예루살렘에서 유대인들을 위한 새 집 건축은 정기적으로 증가하고 있다. 하지만 오늘날 국제사면위원회에 의하면 **동예루살렘 내 아랍 가구 10,000채가**(팔레스타인 인구의 1/3) **파괴 명령의 위협을 받고 있다.**

가옥 파괴는 어떤 느낌일까? 1998년에 이스라엘 평화 활동가 길라스비르스키(Gila Svirsky)가 그 광경을 볼 특권을 얻었다. 길라는 가옥 파괴를 반대하는 이스라엘 위원회가 후원하는 버스를 타고 있었는데, 거기에는 평화 단체(구쉬 샬롬, 피스 나우, 인권을 옹호하는 랍비들 등등) 소속 사람들과 이스라엘 의회의 장관도 타고 있었다. 저항을 피하기 위해 신속하게 파괴가 이루어지기 때문에 집을 파괴하는 장면을 목격하는 일은 드물다. 그러나 누군가 핸드폰으로 멀지 않은 곳에서 불도저가 움직이고 있다고 경고를 해주었다.

1967년에 예루살렘 구시가지에서 온 난민들이 예루살렘 동쪽 변두리에 있는 아나타('Anata)라는 작고 비포장도로인 마을로 도망을 갔다. 집으로 돌아갈 수가 없었기 때문에 이런 "내부" 난민들은 사막 주변에 새 집을 짓고 새로운 삶을 시작했다. 길라가 탄 버스가 모퉁이를 돌자 이미 불도저가 언덕에 있던 집 한 채를 부수고 있었다. 그 집은 살림 알-샤왐레(Salim al-Shawamreh)와 그의 아내 아즈라비예(Ajrabiyeh) 그리고 그들의 여섯 아이들이 살던 집이었다. 차에 타고 있던 승객들이 뛰쳐나갔지만 중무장한 군인들에 의해 저지를 당했다. 길라의 설명이다.

거기서 우리는 언덕 옆에 서서 철저하게 무력감을 느끼며 "시민" 행정부의 불도저가 그 집을 산산조각 내는 모습을 지켜보고 있었다. 불도저는 만발한 꽃과 레몬나무가 있던 앞 정원을 그대로 밀어버리더니 마치 전능하신 하나님이나 된 양 정문을 파괴해버렸다. 다시 뒤로 물러나더니 앞문이 완전히 부숴질 때까지 반복해서 문을 부쉈다. 그러더니 사방을 다니며 집 벽을 부쉈다. 마지막으로 지붕을 들어 올리자 거의 허물어진 집이 완전히 무너져내렸다. 집을 부수고 나자 불도저는 집 뒤쪽으로

가서 작은 올리브나무까지 포함해서 모든 과실수를 다 갈아엎었다.[59]

길라와 일행들은 군인들에게 맞섰다. "어떻게 당신들은 밤에 잠은 잘 자나요?" 모든 군인이 하나같이 이렇게 말했다. "이건 합법적인 일입니다. 우리는 그저 명령에 따를 뿐입니다." 그 대답은 수십 년 전부터 잔학 행위를 저질렀던 다른 나라들의 수많은 군인에게서 듣던 말과 같았다. 길라는 아버지의 집이 무너지는 것을 지켜보고 있던 레나라는 14살 소녀를 꼭 안아주었다. 레나는 처절하게 울고 있었다. 마을 사람들이 불도저를 향해 돌을 던졌고 군인들이 총을 쏘기 시작했다. 길라와 일행들은 집으로 가져가려고 올리브 가지들을 모았다. "권력의 행패에 의해 짓밟힌" 나뭇가지였다.

이 사건은 (활동가들 덕분에) 점점 대중들에게 잘 알려지게 되었다. 그리고 그 이야기가 CNN에서 보도되었다. 이스라엘 관리는 다음과 같이 설명했다. "그들이 정착민이 다니는 길에 너무 가까이 건물을 지었습니다." 하지만 그 길은 거의 1km나 떨어져 있었다.

그리스도인들과 유대인들도(지금은 70명이 넘는다) 합세해서 그 마을에 다시 집을 짓고 있다(지금은 모두 불법이다). 뉴스 매체들도 군인들이 언제 돌아올지 궁금해서 카메라를 설치했다. 그들은 3일 동안 일했다. 월요일 새벽 4시에 군인들이 나타났고 그 건물을 에워쌌다. 곧 불도저가 언덕을 넘어와 그들이 애써 지은 모든 것을 뭉개버렸다. 이번에는 모든 나무와 그 가족이 사용하던 텐트까지 파괴했다.

아이러니하게도 이번 파괴는 유대인 공휴일인 아브월 9일(Tisha B'Av) 다음날 일어났다. 이날은 로마가 기원후 70년에 예루살렘에 있는 유대

---

59 예루살렘 월드비전이 배포. Reflection Report 27, August 3, 1998.

인 성전을 파괴한 것을 슬퍼하는 날이다.

가옥 파괴는 내부에서 보면 어떤 모습일까? 살림 이스마일 알-샤와레(Salim Isma'il al-Shawamreh)의 경우가 우리에게 필요한 그림을 제공한다. 국제사면위원회가 그의 이야기를 들려준다.[60]

살림의 가족은 예루살렘 구시가지에 살다가 이스라엘이 웨스트뱅크를 점령한 후, 1967년에 수파트(Shu'fat) 캠프로 왔다. 살림은 다섯 형제와 다섯 자매가 있었는데 온 가족이 6×4m 방에서 살았다. 1980년에 살림은 사우디아라비아로 가서 8년 동안 기술자로 일했다. 거기서 그는 충분한 돈을 저축해서 아나타 마을에 땅을 조금 살 수 있었다. 그는 아나타 마을에서 가족을 위한 집을 지을 계획이었다.

1990년부터 살림은 건축 허가를 받으려고 애를 썼지만 실패했다. 이스라엘 시민 정부는 그 땅이 아나타 마을 계획에 개발 지역으로 지정되어 있지 않다는 이유를 댔다. 결국 1994년 그는 포기하고 허가 없이 집을 지었다. 그리고 거기서 아내와 네 명의 딸과 두 아들과 함께 살았다. 그는 "멋진 삶"이었다고 말한다.

그러던 1998년 7월 9일, "점심을 먹으려고 앉아 있다가 밖에 나가보니 군인들이 우리 집을 에워싸고 있었습니다. 200명도 넘었습니다." 그들은 이렇게 말했다. "이건 당신 집이 아니요. 15분을 줄 테니 물건들을 챙겨 나오시오." 그 집을 부수는 데 8시간이 걸렸다. 이 시간 동안 살림은 이스라엘 평화 단체들에 전화를 걸었다. 이스라엘 의회 의원들도 포함해 많은 이스라엘 사람이 함께 저항에 동참했다. 이스라엘 국방부는 고무탄과 최루탄과 곤봉을 이용해서 맞대응했다. 이로 인해 여자 2명을 포함해서 7명이 다쳤다.

---

60 ⟨www.amnesty.org/ailib/aipub/1999/MDE/51505999.html⟩

살림의 가족들은 즉시 다시 집을 짓기로 결심했다. 그들은 재빨리 목조 가옥을 짓고 1998년 8월 2일에는 축하 댄스 파티를 열었다. 다음 날 새벽 4시 눈을 떠보니 똑같은 광경이 펼쳐졌다. 이스라엘 군인들이 집을 에워싸고 있었다. 군인들은 그들의 텐트를 걷어내고 물탱크를 파괴하며 전기선을 자르고 그들이 언덕에 심었던 과실수들을 다 뽑아버렸다.

시민 행정부는 이스라엘 언론으로부터 이런 파괴가 꼭 필요한 일이었는지 질문을 받자 모순적인 대답들을 늘어놓았다. 한 번은 땅문서에 사인 두 개가 없어서 그랬다고 대답하더니 다른 때는 그 땅이 농업용이었기 때문이라고 대답했고, 또 다른 때는 언덕이 너무 경사져서 집을 지을 수 없어서 그랬다고 대답했다. 또 한 번은 그 집이 도로에서 너무 가까이 있어서 그랬다고 대답했다. 그다음 해인 1999년에 그 건물을 세 번째로 다시 지어서 도전하기로 결의가 되었다. 가옥 파괴를 반대하는 이스라엘 위원회와 피스 나우(Peace Now) 소속 자원봉사자들이 매주 금요일 합세했고 1999년 11월경 그 집은 거의 완공되었다.

인권 유린

미국 그리스도인 친구(카렌이라고 부르겠다)가 얼마 전부터 예루살렘 구시가지에서 일하고 있었다. 그녀는 다메섹문을 나갔다가 놀라운 광경을 보고 말았다. 세 명의 군인이 한 어린 소년을 구타하고 있었다. 그런 상황에서 카렌이 습관적으로 취하는 행동은 끼어드는 것이다. "왜 이 소년을 때립니까? 멈추고 잠깐 얘기를 할 수 있을까요?" 그들은 잠시 멈추었다. 그 와중에도 한 군인은 군홧발로 소년의 목을 내리눌렀다. "이 아이가 우리 말에 복종하지 않았소." 곧 군인들은 소년을 더 심하게 때리기 시작했고 결국 퉁퉁 부은 아이의 얼굴에서 피가 철철 흘러내렸다. 아랍 사람들이 모여들어 소리를 지르자 군인들은 그들을 흩어버리려고 공중으로 총을 쏘았다. 그다음 군인들은 그 소년을 잡아끌고는 다메섹 문 밖으로 나가 기다리던 군용 트럭에 태웠다.

카렌은 다음날 그곳에 다시 가서 상점 주인들에게 그 이야기를 들어보았다. 그 소년이 매를 맞은 것은 신분증을 제시하지 않았기 때문이었다. 소년은 경찰서로 끌려가 더 많이 맞은 다음 집으로 돌려보내졌는데 6주간 가택 연금형에 처해졌다고 했다. 소년이 길거리에 나타나면, 감옥에 갈 것이라고 했다. 아랍 아이들은 16살이 되면 신분증을 가지고 다녀야 한다. 그런데 이 아이는 14살이었다.

체포와 구타가 예루살렘에서는 일상이 되고 있었다. 믿을 만한 이스라엘 소식통에 따르면, 매년 1,000명에서 1,500명 사이의 팔레스타인 사람들이 쉰 베트(정보 기관)에 의해 심문을 당하고 그중 58%가 고문을 수반한 심문을 받는다.[61] 이런 통계는 반드시 줄어들어야 한다.

이스라엘에 존재하는 이러한 삶의 양상이야말로 가장 혼란을 주는 부분일 것이다(마을 파괴와 가옥 파괴가 그나마 최악이 아니라고 한다면 말이다). 이 나라에서 벌어지는 인권 유린이 너무나 심각하기에 아랍과 유대인 양측이 이끄는 인권 단체들이 급속도로 성장해왔다. 대부분의 유린은 다음의 범주로 구분된다.

폐쇄. 웨스트뱅크나 가자 지역에서 소요가 일어나면 이스라엘은 전 마을을 "통행금지" 구역으로 지정하고 이동을 금지한다. 1998년에는 21일 동안 이런 폐쇄가 있었고, 1999년에는 13번의 통행금지가 있었다. 비첼렘의 최근 연구에 따르면, 1999년 동안에 "포괄적인 폐쇄 조

---

61   *Ha'aretz*, December 10, 1998.

치들"이 시행되어 팔레스타인 사람들이 이동할 수 없는 바람에 웨스트
뱅크 내 실업률이 50%에 육박했고 가자는 70%에 육박했다. 이런 폐쇄
조치가 없었더라면 실업률은 24%를 유지했을 것이다(이스라엘의 실업률
은 9%인데 그들은 이것이 엄청나게 높은 실업률이라고 믿고 있다).[62]

하지만 정착민들과 갈등이 있었던 지역들에서 정착민들은 통행금지
를 당하지 않은 반면 팔레스타인 사람들만 통행금지를 당했다. 예를 들
어 2차 인티파다 동안(2000-2005) 이스라엘은 웨스트뱅크의 넓은 지역
을 지속적인 폐쇄 조치 아래에 두었다. 예를 들어 2002년 7월 베들레
헴 사람들은 4주 연속 "가택 연금"을 당했는데 이것은 총에 맞을까 두
려워 아무도 집을 나갈 수 없었음을 의미했다. 이런 상황이 가족들에게
부과하는 심리적 압박감은 엄청나다. 아이들은 밖에 나갈 수 없고 아랍
인들이 거주하는 좁은 집은 가족들이 모두 북적거리는 통에 이내 감옥
이 된다. 많은 가족이 총에 맞을까 두려워 아이들을 창문 근처에도 얼씬
거리지 못하게 했다. 이렇게 며칠만 지나면 분노와 절망감이 삶을 장악
해버린다.

예를 하나 들어보겠다. 헤브론의 중심 도시에는 30,000-35,000가구
의 팔레스타인 가정이 있고 마을 중앙에 이스라엘 정착민 400명이 살
고 있는데 이들은 1,200명의 군인들에 의해 보호를 받고 있다(정착민
1명당 군인 3명꼴이다!). 1994년 2월 25일, 뉴욕 브루클린에서 온 정착민
바룩 골드스타인(Baruch Goldstein)이 무슬림 기도 기간에 헤브론에 있는
큰 사원에 들어갔다. 그는 예비군 복장을 하고 정부가 지급한 자동 소총
을 들고서 기도하고 있던 팔레스타인 사람 29명을 죽였다. 아랍 남자들

---

62 "오슬로 협정 시기(1994-2000) 팔레스타인 경제", 2011년 1월 1일 발표됨. 〈www.
    btselem.org/freedom_of_movement/economy_1994_2000〉

은 그를 간신히 저지시키고 소화기로 내리쳐 죽였다. 오늘날 골드스타인은 정착민들에게 순교자요 영웅으로 비춰지고 있다.

그 총격 사건 직후, 헤브론의 아랍 사람들에게 40일 통행금지 명령이 내려졌고 정착민들에게는 아무런 벌칙도 없었다. 이런 조치가 사업과 가족들에게 미칠 영향을 한번 생각해보라. 통행금지가 어찌나 엄격했는지 그 총격 사건으로 죽은 사람보다 병원에 가려다가 죽은 사람이 더 많았다. 군인들은 그 총격 사건으로 부상당한 사람들에게도 통행금지형을 강제로 집행했다.

그 사건이 있고 얼마 지나지 않아 군은 불도저를 대동하고 와서 그 사원 주위에 있던 아랍 상점들을 폐쇄하고 많은 가게를 밀어버렸다. 그후 곧바로 새로운 정착민 건물들이 그 상점들이 있던 장소에 세워졌고 더 많은 이스라엘 정착민들이 이주해 들어왔다.

통행금지는 확고부동했다. 1995년 이래로 엄마들이 아이들을 병원에 데려갈 수 없어서 10명이 넘는 유아가 죽었다. 헤브론에 사는 한 엄마인 쉬린 알 하다드(Shireen Tawfiq Al-Haddad)의 말을 들어보자.

1998년 8월 22일 토요일 오후 2시경, 5월 12일 태어난 세 쌍둥이의 기저귀를 갈고 있었다. 셋째 쿠싸이(Qussai) 쪽으로 몸을 돌렸는데 아이가 토한 상태에서 아무런 반응도 하지 않고 있었다. 숨은 쉬고 있었지만 약했다. 이웃인 움 아베드(Um Abed) 씨가 병원으로 데려가 주겠다고 했다.
나는 즉시 아이를 안고 집을 뛰쳐나왔다. 우리 집 뒤편에 군인들을 가득 태운 이스라엘 지프차가 두 대 있었다. 나는 그들에게 가서 아들이 아파서 병원에 데려가야겠다고 말했다. 군인들은 아무런 명령도 들은 바가 없기 때문에 나를 보내줄 수 없다고 했다. 우리 동네는 통행금지 상태였기 때문에 나갈 수가 없다고 했다. 그렇게 한 시간을 기다리다가 군인들이 있는 곳을 떠나 뒤편에 있는 다른 길로 가다가 지나가던 차를 한 대 세웠다. 그 운전사는 차를 세우더니 나를 태우고 병원으로 데려다주었다.

병원에서 내 아들 쿠싸이는 사망 선고를 받았다. 그 아이는 불과 생후 3개월 10일이었다. 의사들은 사망 원인을 급성 폐렴이라고 적었다. 우리는 집으로 돌아와 아이를 씻기고 수의를 입혔다.[63]

이민/재통합. 이스라엘을 포함하여 세계 거의 모든 나라에 있는 이민법은 가까운 가족 구성원들이 그 나라의 시민권을 얻어 재결합하고 영주권을 얻도록 허락한다. 따라서 이스라엘 여성이 보스턴에서 대학을 다니는 동안 미국 남성과 결혼을 하면 그 여성은 결혼한 남편을 이스라엘로 데려갈 수 있고 그는 이스라엘 시민이 될 수 있다. 전쟁이 있고 난민 운동이 있는 지역들에서는 이 문제가 첨예해진다. 가족들이 헤어져서로 반대편 국경으로 갈 수 있기 때문이다. 예를 들어 이스라엘-레바논 국경에서는 가족들이 매일 국경을 중간에 두고 만나 대화를 나누고 새로 태어난 손자를 조부모들에게 보이기도 한다. 심지어는 국경을 사이에 두고 결혼식도 열려서 다른 친척들이 "철조망을 통해" 결혼식에 참여할 때도 있다.

그러나 이스라엘은 점령지에서 팔레스타인 사람들을 위한 가족 재통합을 인정하지 않는다. 10,000명이 넘는 팔레스타인 사람들이 배우자와 자녀들과 서로 떨어져서 살고 있다. 이스라엘은 가족이 재통합할 수 있는 수를 제한하고 있다. 이스라엘 대법원은 정부 편을 들어주었는데,

---

63 「점령지 인권 문제를 다룬 비첼렘 계간」(*B'Tselem Quarterly for Human Rights in the Occupied Territories*, 1998년 12월): 26.

정부는 웨스트뱅크와 가자 지역에서 가족 재통합을 요청하는 팔레스타인 사람들의 요구는 "권리"를 인정받을 수 없다는 입장이다.

이 문제는 "귀환 권리법"에 의해 더욱 악화된다. 유대인들은 누구나 이스라엘 시민권을 신청할 수 있고 그 나라로 이주할 수 있으며 공적 원조와 혜택을 받을 수 있다. 그러나 그 나라에 아직 집이 있고, 가족 대대로 수백 년 전부터 그곳에 살았으며, 국경 바로 건너 난민 캠프에서 비참하게 살고 있는 팔레스타인 사람들은 자신들의 집과 가족들에게로 돌아올 수 없다.

체포/감금. 정치 활동이나 범죄로 의심을 받게 되면 팔레스타인 사람들은 일반적으로 체포되고 재판도 없이 구금된다. 동예루살렘이나 웨스트뱅크에 있으면서 팔레스타인 사람들이 지프차에 실려 가는 모습을 보는 것은 다반사다. 1987년부터 1998년까지 이스라엘은 20,000번의 구금 명령을 내렸는데 이 명령으로 5,000명이 최대 5년까지 징역을 살았다. 매해 구금자 숫자를 보면 그 문제를 알 수 있다. 1996년에 이스라엘은 267명을 구금했다. 1997년에는 354명, 1998년에는 82명이다. 예를 들어 오사마 자밀 바르함은 1993년에 체포되었고 아무런 혐의도 없이 감옥에서 5년이나 지냈다. 재판도 없었고 변호도 받지 못했다. 하지만 그는 그래도 운이 좋은 사람에 속했다. 텔아비브 대학교 철학과 교수인 아나트 마타르 박사가 "그를 입양했고" 자신의 두 자녀와 함께 그에게 편지를 썼으며 그의 석방을 위한 변호사가 되었다. 어느 날 여러분의 배우자가 경찰에게 잡혀가 5년 동안이나 사라졌다고 한번 생각해 보라.

2012년 6월 발표된 놀라운 연구에서, 9명의 영국 변호사가 이스라엘이 군대를 동원해 폭력적으로 점령한 결과가 어린이들에게 어떤 영향을 미쳤는지를 보여주었다. 1967년 6월 이래 이스라엘군이 웨스트뱅크를 점령한 결과 730,000명의 팔레스타인 사람들이 구금되고 기소되었다. 그리고 이 수치에는 매년 구금되는 500-700명의 어린이들도 포함되어 있다. 이 수치는 정말 엄청난데 이러한 수치는 반드시 내려가야 한다.

어린이 체포 과정은 많은 비슷한 내용을 담은 (300건 정도) 보고서들을 통해 잘 알려져 있다. 점령지에서 어린이가 차량에 돌을 던지면 군은 가장 가까운 마을을 그 문제의 원천으로 여긴다. 그날 밤, 호송대가 이름 몇 개를 들고 한밤중에 그 마을에 도착한다. 군인들은 집집마다 다니며 모두 밖으로 나오라고 명령한다. 완전 무장한 군인들이 의심이 가는 아이들을 잡아내어 눈을 가리고 케이블타이로 양손을 묶은 후 울부짖는 부모들로부터 떼어내 바닥에 꿇어 앉힌 후 트럭을 기다리게 한다. 그들이 왜 잡혀가는지 어디로 잡혀가는지 설명해주는 경우는 거의 없다. 거기서 그들은 언어 폭력과 신체 폭행을 당한다. 아침쯤 되면 아이들은 경찰서에 도착하고 (완전히 공포에 떨며 잠도 못 잔 채) 심문이 시작된다. 이스라엘 아이들과는 달리 이 아이들은 부모를 동반할 권리가 없다. 이스라엘 경찰은 아이들의 얼굴을 덮었던 덮개를 벗기고 면전에 대고 윽박지르며 위협을 가한다. 이런 경우 75% 정도 (따귀를 맞는 등등) 신체적 학대를 당했다고 보고하고 있다. 2008년부터 아이들을 독방에 가둔 경우가 53건 정도 보고되고 있다.[64]

이런 경우들이 재판까지 가게 될 때, 피고인을 변호하는 것은 사실상 불가능해진다. 실제로 군재판 기록을 읽어보면 웃어야 할지 울어야 할지 모르겠다. 맞서 싸워야 할 증거 자료가 하나도 없다. 1994년에 하산

---

64 Horton, G., "Breaking a Generation," *Cornerstone* 63 (Fall 2012), 2. 여기서 영국인 변호사의 보고서를 인용하고 있다. "군에 구금된 아이들"(2012년 6월) 다음 사이트에서 열람 가능. 〈www.childreninmilitarycustody.org〉

파타프타(Hasan Fataftah)는 유명한 레아 체멜(Leah Tsemel) 변호사를 대동하고 구금에서 석방해달라고 요청했다. 다음은 재판 기록의 일부다.

체멜: 그의 혐의가 무엇입니까?

검사: 기밀 정보입니다.

체멜: 왜 그를 구금했습니까?

검사: 기밀입니다.

체멜: 대답하시길 요청합니다.

검사: 명령상 쓰인 것 이상 자세히 말씀드릴 수 없습니다.

체멜: 몇 가지 정보를 제시하셨습니까? 몇 가지 사건입니까?

검사: 기밀입니다.

체멜: 대답해주십시오.

검사: 100건보다는 적고 50건보다는 많습니다.

체멜: 폭력적이거나 혹은 군사적 행동을 말하고 있습니까?

검사: 대답할 수 없습니다.

체멜: 폭력적인 행동을 했거나 계획했다는 어떤 증거가 있으십니까?

검사: 정보의 출처를 암시할 수 있기 때문에 그에 대해서는 답하지 않겠습니다.

체멜: 왜 피고가 구금되었습니까?

검사: NSM(negative security material, 반안보물질팀)이 명령했기 때문입니다.[65]

이런 군대 법정에 서는 변호사 중 가장 유명한 사람들이 이스라엘 여

---

65 「점령지 인권에 대한 비첼렘 계간지」(1998년 12월) 14-15.

성 변호사들이다. 알레그라 파체코, 펠리시아 랑거, 레아 체멜, 타마르 펠레그, 린다 브레이어 같은 여성들은 이스라엘의 몇몇 가장 어려운 재판을 맡아 팔레스타인 변호사들과 협력하고 있다. 34세인 파체코는 유대인 가족에게서 태어나 뉴욕에서 성장했고 뉴욕에 있는 콜롬비아 법학대학원을 졸업했다. 1988년 레아 체멜(Lea Tsemel, 위 재판 기록에 등장하는)이 파체코가 3개월간 인턴을 밟는 동안 후원했다. 파체코는 이렇게 말한다. "저는 체멜에게 영감을 받았습니다. 그래서 그녀가 하는 일을 해야겠다고 결심했죠." 그녀는 몇 년간 뉴욕과 워싱턴에서 일했지만 1994년 바룩 골드스타인이 헤브론에서 저지른 학살(앞서 언급했다) 사건에 충격을 받았다. 그녀는 한 번에 이스라엘 변호사 시험에 합격했고 그해에 이스라엘 시민권을 취득했다. 베들레헴에 있는 그녀의 변호사 사무실은 늘 손님으로 붐빈다. 그녀는 어찌할 바를 모르고 높은 수임료도 지불할 수 없는 팔레스타인 사람들을 환영한다.[66]

감옥과 고문. 1987년부터 1992년까지 1차 인티파다 내내 이스라엘 감옥의 죄수 숫자는 경이에 가까웠다. 아랍 사람들은 돌을 던져도, 신분증을 안 가지고 나와도, 모두 감옥에 수감되었다. 그들은 재판 없이 6개월간 구류를 사는 것이 다반사였고 어떤 죄수도 이스라엘의 통상적인 사법 체계에 접근할 수 없었다. (혐의와 증거를 기밀로 부치는) 군법정들은 공적인 검토도 없이 심판을 내렸다.

하지만 이런 구금이 갖는 가장 최악의 면모는 갇혀 있는 동안 팔레스타인 사람들이 경험한 고문일 것이다. 이스라엘은 이런 행위에 대해 강력히 부인해왔지만, 정부는 2000년 2월 11일에 이것이 1988년부터 1992년 사이에 실제로 행해진 일이었음을 놀랍게도 시인했다. 이러

---

66 "궁지에 몰린 여성들", 「예루살렘 포스트 매거진」, 1998년 3월 6일, 16-18.

한 보고는 1997년에 이루어졌으나 그것이 미칠 엄청난 파급 효과 때문에 3년 동안 공개가 보류되었다. 흔히 행해지던 고문은 때리기, 거꾸로 매달기, 잠 안 재우기, 음식 안 주기, 화장실 사용 제한, 질식, "벽장 고문",[67] 전기 충격, 불 고문, 심하게 흔들기, 고통스러운 자세 취하게 하기, 머리를 더러운 부대로 씌우기 등이 있다. (안사르 같은) 남쪽 사막 감옥에서는 죄수들이 말뚝에 묶인 채 태양 아래서 옷이 발가벗겨진 채 앉아 있는 고문을 당했다.[68]

"샤바"(Shabah)는 감옥에서 흔히 쓰인다. 죄수 머리에 부대를 씌우고 유아용 의자에 앉게 한다. 의자의 앞쪽 다리가 짧아서 균형을 잡기 힘들게 되어 있다. 손은 엇갈려서 등 뒤로 묶고 다리는 족쇄를 채운다. 발목과 손목도 모두 쇠사슬에 묶는다. 아브드 아-라흐만 카데르 알 아마르('Abd a-Rahman Khader al Ahmar)는 재판도 없이 53일 동안이나 "심문을 당했다." 1998년에 풀려난 그는 나중에 자신이 경험한 고문을 다음과 같이 표현했다.

심하게 흔들기 고문을 당하다 나는 두 번이나 기절했다. 어떨 때는 하루에도 서너 차례 흔들기 고문을 당했다. 기절하면 다시 깨우는데 깨어나 보면 의사인 듯한 사람이 있었다. 그들은 잠시 휴식을 취하게 한 다음 다시 여러 가지 고문을 가하기 시작했다. 거의 매일 흔들기 고문을 당했다. 온 몸이 다 망가진다. 머리가 아프고 잠이 부족해서 생각도 제대로 할 수 없다. 졸린다. 모든 사람이 이런 상황에서 그들에게 중요한 것이

---

67 죄수는 깜깜한 1m×1m 나무 벽장에 혼자 들어가는데 손은 수갑에 채우고 머리는 봉투로 씌운다. 빛과 공기는 문 밑으로만 들어온다. 이런 상태로 며칠을 지내는데 죄수는 내내 비명 소리와 협박하는 소리를 듣는다.

68 고문의 모든 형태를 보려면 다음 웹사이트를 참고하라. 〈www.alhaq.org/frames issues. html〉

무엇인지를 생각한다. 사기가 있는 한은 괜찮았다. 이 모든 일을 잘 견디고 있다고 느꼈고 그들이 이기게 내버려두지 않았다고 느꼈다. 그러나 일주일이나 열흘이 지난 후에는 정말로 아프기 시작했다. 토하기 시작했다. 우선 그들은 내 상태를 걱정하는 게 아니라 바닥이 더러워지는 것을 걱정한다고 말했다. 나는 법정에서도 토했다. 2년 동안 토했다.

1999년 9월에 이스라엘 대법원은 그런 고문(혹은 "극심한 압력")을 어떤 죄수에게도 시행해서는 안 된다고 판결을 내렸다. 하지만 최근 국제사면위원회가 제시한 보고서에 의하면, 이러한 판결은 집행되지 않았다. 1999년 9월 이래로 8명의 팔레스타인 시민이 매를 맞거나 극심한 폭력을 당해 "재판 외의 방법으로" 죽임을 당했다.[69] 이들은 모두 경찰에게 구금을 당한 상태에서 죽었다.

국외 추방. 이스라엘은 세계 민주주의 국가 중에서 유일하게 형벌의 한 형태로 거주민들을 국경 밖으로 추방하는 나라다. 혐의가 있는 사람들을 버스나 헬리콥터에 태워 국경 밖으로 이동시킨 다음 거기서 그들을 추방하고 다시는 돌아오지 못하게 한다. 이러한 행위는 국제법상 엄격하게 금지되어 있고(제네바 협약 49조) 국제적 압력이 있기 때문에 이스라엘은 1992년 이러한 행위를 그만두었다. 하지만 (집은 예루살렘에 있는데) 레바논의 위험한 언덕으로 영원히 추방된 젊은이들에게 일어난 일은 도대체 무엇인가?

국외 추방 숫자만 잠깐 훑어보아도 분명히 알 수 있다. 1967년부터 1986년까지 이스라엘은 993명의 팔레스타인 죄수들을 추방했다. 레바

---

69   국제사면위원회 보고서를 참고하라. 〈www.web.amnesty.org/web/ar2000web.nsf/reg/
      27f43cfc8a8247df802568f2005a7622〉

논 언덕들에 그들을 그냥 버리고 갔다. 1차 인티파다 동안(1987-1992) 이스라엘은 529명을 추방했다. 그중 가장 끔찍한 경우는 1992년 12월 16일에 이루어진 대규모 추방이었다. 눈을 가리고 손에 수갑을 채운 415명의 팔레스타인 사람들이 버스에 실려갔다. 이에 대한 모든 정보는 언론에 철저히 차단되었다. 그럼에도 언론에 소식이 흘러 들어갔고, 이를 들은 변호사들이 그들을 풀어줄 것을 요구함에도 불구하고 이스라엘 대법원은 그 사람들을 북쪽으로 이송한다는 결정을 번복하지 않았다. 12월 18일 UN 안보리는 제네바 협약에 근거해 그 행위를 정죄하는 결의안을 만장일치로 채택했다(799조).

거리에서 행해지는 폭력. 1998년 6월 29일 일요일 밤, 23살의 무함마드 카릴라 다바이(Muhammad Khalila-Dabai)는 슈아파트 난민 캠프에서 잠을 자고 있었다. 갑자기 잠이 깬 그는 15명의 군인과 2마리 개가 자신의 침대를 에워싸고 있는 것을 발견했다. 그는 이렇게 비명을 질렀다. "내 침대에서 뭐하는 거예요?" 다음은 그의 설명이다.

아내가 무척 놀랐다. 그녀는 겨우 16살이었다. 그들은 수색 영장이 있다고 말하면서 수색을 시작했다. 사실 그들은 수색을 한 게 아니라 그냥 물건들(옷장에 있던 드레스며 셔츠)을 꺼내다가 개 옆에 갖다두어 냄새를 맡게 했다. 우리는 불과 20일 전에 결혼한 신혼부부였고, 새 응접실 세트를 산 지 12일밖에 되지 않았다. 그들은 그것을 다 부숴버렸다. 그러더니 결국엔 내게 체포하겠다고 말했다. 그들은 나를 붙잡아가서는 다음 날 오후까지 심문했다. 육체적으로 나를 고문하지는 않았다. 심문을 하면서 내가 무기를 가지고 있다고 주장하더니 다음날 나를 재판에 세우고 8일간 재구류 판정을 내렸다. 8일 후에 보석금 1,000세겔(250달러)을 내고 풀려났다. 사실 그들은 나에 대한 어떤 혐의도 밝혀내지 못했고 그저 내게 막대한 손해만 끼쳤다. 아내와 자고 있는 침실로 들어오는 일은 모든 관습에 위배된다. 이것은 엄청난 폭력이다.[70]

1987년부터 1998년 중반까지 1,648명이 이스라엘/팔레스타인에서 죽임을 당했다. 그중 1,463명이 팔레스타인 사람이고 178명이 이스라엘 사람(대부분 정착민)이며 7명이 외국인 시민이다. 팔레스타인과 이스라엘 양측 모두 엄청난 폭력을 행사하고 있지만 이 수치들을 볼 때 비율(8:1)이 불균등하다는 것은 분명하다. 죽은 사람 중 300명이 17살 이하의 어린이들이었다. 이스라엘의 경우는 죽은 어린이가 4명이었다.

내가 본 연구들 중에서 가장 마음을 심란하게 만든 연구가 팔레스타인 인권 단체인 알 하크(Al Haq)에 의해 1988년 출간되었다.[71] 그 연구의 제목은 "국가 벌주기: 팔레스타인 봉기가 일어난 1987년 12월부터 1988년 12월까지 일어난 인권 유린들"이다.[72] 이 보고서에는 이스라엘이 감옥 안팎에서 팔레스타인 사람들에게 저지른 학대와 고문을 항목별로 정리하고 있다. 인티파다 동안 군대는 사람들에게 돌과 유리를 쏘는 대포를 갖고 있었다. 다행히도 이 대포는 이제 폐기되었다.

오늘날까지도 군은 돌을 던지는 젊은이들을 향해 소위 "고무탄"을 발사한다.[73] 이 고무탄은 금속 총알을 고무로 입힌 것으로서 "고무"와

---

70 〈www.alhaq.org〉
71 〈www.alhaq.org〉
72 이 연구는 인권 유린의 경우들을 아주 잘 정리하고 있다. 1장은 "고문의 사용", 2장은 "의료 치료 방해", 3장은 "정착민의 과도한 폭력 사용", 4장은 "형벌의 방법들", 5장은 "통행금지", 6장은 "사법부", 7장은 "경제 제재", 8장은 "교육 억제", 9장은 "조직적인 활동의 제재". 다음 자료도 참고하라. 국제사면위원회의 "이스라엘과 점령지들: 점령지 내 군사법체계: 감금, 심문, 재판 절차"(1991년 7월).
73 군이 1989년 처음으로 부드러운 고무탄을 사용했지만 별 효과가 없음이 밝혀졌다. 다음에는 플라스틱을 사용했지만 너무 위험했다. 1990년에는 중간에 금속이 박힌 고무

는 전혀 상관이 없다. 사실 이 총알을 "고무"라고 말하는 것은 세상에서 가장 완곡한 표현 중 하나일 것이다. 팔레스타인 국제 적십자사(The Red Crescent Society)는 웹사이트에 이 총알들 사진을 게시하고 있다.[74] 군은 이 총알의 사용을 엄격히 규제하고 있다. 이 총알들은 목표물로부터 40m 이내에서는 사용될 수 없고 다리를 겨냥해야 하지만, 군인들은 "고무탄"을 아무렇게나 막 쏴도 되는 것으로 알고 있다(부상 기록이 이를 보여준다). 이스라엘에서 고무탄은 시위대를 해산시키는 데 가장 표준이 되는 도구가 되었다. 1987년부터 1998년 사이 58명의 팔레스타인 사람이 고무탄을 맞고 죽었다. 그중 28명이 어린이이고 대부분 13살 이하였다. 그리고 수백 명(너무 많아서 셀 수 없는 사람)이 부상을 입었다. 지금까지 고무탄으로 사람을 죽인 군인 중 3명만이 재판을 받았고 이 중 1명만이 개인 신상에 기록이 남았다. 착각하지 말자. 고무탄은 치명적인 화기다.[75]

고밀도 최루탄도 사용되는데 그 독성이 얼마나 강한지 미국에서는 불법이다. 사실 이스라엘 공급 업체인 펜실베이니아주 트랜스테크놀로지사는 밀폐된 공간에서는 사용하지 말라는 경고문을 최루탄 위에 명시적으로 새겨놓았다. 하지만 이런 경고는 무시되고 있다.[76] 최루탄을 골목이나 빌딩 안에서 반복적으로 사용함으로써 많은 사람이 죽었고 많은 임신부들이 아기를 유산했다. 1999년 3월 23일, 키리아트 세페르

탄이 소개되었고 오늘날까지 사용되고 있다. 비첼렘 보고서. "고무탄의 운명", 「하아레츠」, 1998년 12월 6일. J. Mahoney, "Israel's Anti-Civilian Weapon," *The Link* 34, no. 1 (January-March 2001); 2-13.

74 〈www.palestinercs.org/bullet types images. html〉
75 "완곡어법으로 말하자면, '고무탄'은 살인자다", 「하아레츠」, 1998년 12월 13일.
76 이스라엘의 최루탄 사용에 대한 정보를 알고 싶으면 팔레스타인 적신월사의 웹사이트를 참고하라. 〈www.palestinercs.org〉

(Kiryat Sefer) 정착촌에서 온 이스라엘 사람들이 근방에 있는 디르 카디스(Dir Kadis)라는 아랍 마을에 속한 땅 상당 부분을 빼앗았다. 불도저들이 그 마을에서 50m 떨어진 언덕들을 깎기 시작했고 디르 카디스 거주민들은 그곳이 자신들 땅이었기에 나와서 시위를 벌였다. 그들이 불도저를 저지하려고 하자 군이 개입해서 아랍 사람들에게 최루탄을 발포했다. 사이다 하다드는 집으로 도망쳤는데 군인들이 집 창문으로 최루탄을 쏘았다. 임신 5개월이었던 사이다는 여러 명의 동네 아이들과 함께 병원에 도착했지만 유산하고 말았다.[77]

한 가지 사례 연구를 살펴보자. 1980년에 16살의 타리크 슈말리는 그의 집 베이트 사후르(Beit Sahour) 근처에 있던 이스라엘 차량에 돌을 던졌다는 혐의를 받았다. 그는 너무 심하게 맞아서 내부 장기 출혈로 병원에 가야 했다. 다른 가족 중 잘못한 사람은 한 명도 없었고 재판을 받은 사람도 없었다. 그러나 소년의 아버지는 감옥에 가야 했고 교사인 누나는 직업을 잃었다. 집은 군인들에 의해 폐쇄당했고 가족들은 여리고에 있는 버려진 난민 캠프로 추방되었다. 그곳에서 그들은 진흙으로 만든 오두막에서 살았다. 군은 그 집을 통해 나머지 마을 사람들 모두에게 본을 보여주려 했다.[78]

「타임」은 1992년 8월 31일 자에 이스라엘이 웨스트뱅크에서 은밀히 저지른 폭력들에 대한 보고서를 실었다.[79] 팔레스타인 사람처럼 옷을 입은 군 특공대(사야로트라 불리는 특공대)가 마을 가옥들로 침투해 아랍 활

---

77 구쉬 샬롬과 다른 이스라엘 단체들이 보고한 내용. 〈msanews.mynet.net/MSANEWS/199811/19981130.12.html〉. 1987년 12월의 인티파다 동안에 미국은 이 금지된 가스 150,000캔을 미국 공장에서 이스라엘로 공수했다.

78 C. Chapman, *Whose Promised Land?* (Herts, Eng.: Lion, 1983), 179.

79 "Deadly Force, How Israeli Commandos Are Waging an Undercover War in the Occupied Territories," *Time* (August 31, 1992), 49-50.

동가들을 암살했다. 8월에 18살의 무니르 자라다트가 실라트 하리티야 마을에서 발견되었고 폭력적인 팔레스타인 조직인 "붉은 독수리" 일원으로 의심받았다. 체포도 없었고 재판도 없었다. 무니르는 현장에서 사살되었다.

명망 있는 이스라엘 의원들은 이러한 암살 특공대에 대해 분노했다. 이스라엘 교육부 장관 슐라미트 알로니는 "18살에서 19살 소년들이 (군에 입대해) 팔레스타인 사람들을 심판하고 그들을 처형하는 행위"에 반대한다고 말했다.[80] 비첼렘은 이 특공대에 의해 살해당한 아랍인들 중에서 겨우 반만 무장을 하고 있었다고 말한다. 대중들에게 잘 알려진 사건이 있었는데, 라쉬드 가님이라는 23살짜리 청년이 집 근처에서 축구를 하고 있었다. 4명의 특공대원이 그에게 달려들어 무장도 하지 않은 사람에게 총을 발사해 죽였다.

가자 정신 건강 리서치 기관이 폭력과 관련해서 트라우마를 겪은 어린이들이 어떻게 되었는지 알기 위해 1992년에 설문조사를 시행했다. 가자에 사는 약 150,000명의 어린이들(8세-15살) 중에서 63,000명 이상이 군인들에게 매를 맞은 경험이 있었고 7,000명이 이런 구타로 인한 골절로 고통을 받았으며, 35,000명이 어떤 형태로든 이스라엘 군무기에 맞은 경험이 있었고, 130,000명 이상이 미국에서 사용되는 최루탄의 5배가 넘는 독성 최루탄의 여파로 고통을 받았다.[81]

이런 수치들은 균형 잡힌 관점에서 살펴보아야 한다. 같은 비율이 미국에 적용된다면(인구의 53%가 17살 이하) 다음과 같은 수치가 나올 것이다. 5년이 넘도록, 5,460,000명의 젊은이들이 외국 군인들의 총에 맞

---

80   위와 동일.
81   J. A. Graff, "An Open Letter to Mrs. Clinton," *The Link* 26, no. 2 (May-June 1993): 3.

거나 매를 맞거나 최루탄을 맡게 될 것이다. 정말 충격적인 시나리오다. 여러 출처를 통해 수많은 사례 연구가 진행되어서 더 이상 아무도 부인할 수가 없다.

스웨덴 세이브더칠드런 기금이 발표한 끔찍한 사례를 한번 살펴보자. J. A. 그라프(Graff)가 그 사건을 요약하고 있는데, 그는 이 여러 사건을 엮어 캐나다에서 『팔레스타인 어린이들과 이스라엘 국가 폭력』이라는 제목으로 출간했다. 이 책에는 군이 어린이들에게 가한 폭력에 대해 138건의 연구가 이루어지고 있다.

1989년 2월 10일, (네 살) 알리는 지나가던 이스라엘 정찰대에게 장난감 총을 겨냥하며 총 쏘는 소리를 냈다. 알리는 자발랴 난민 캠프(가자)에 있는 자기 집 근처에서 놀고 있었다. 이를 본 세 명의 군인이 달려왔다. 한 명이 알리의 장난감을 빼앗아 밟아버렸다. 그러더니 알리의 오른손을 잡았다. 그때 다른 군인 한 명은 알리를 뒤에서 꼭 잡고 있었다. 세 번째 군인은 "알리의 편 팔을 나무 곤봉으로 내리치기 시작했다. 알리의 팔을 잡고 있던 군인은 반복해서 알리의 얼굴을 후려쳤다." 이웃들이 말려보려고 했지만 나머지 정찰병들에 의해 저지당했다. 군인들은 "계속해서 알리의 얼굴을 때렸고 팔이 부러질 때까지 곤봉으로 때렸다." 그러더니 다른 군인이 "알리를 공중으로 높이 들어올리더니 길바닥으로 내동댕이쳤다. 아이가 땅에 떨어지자마자 얼굴을 때리던 그 군인이 총부리로 아이의 왼쪽 어깨를 쳤다.…세 군인은 알리를 다 때리고 나서 다시 정찰대에 합류하여 가던 길을 계속 갔다."[82]

---

82 앞과 동일. 인용한 부분은 스웨덴 보고서에서 발췌한 것이다. Graff의 설명을 다 보고 싶으면 다음 책을 참조하라. *Palestinian Children and Israeli State Violence* (Toronto: Near East Cultural and Education Foundation of Canada, 1991).

오늘날에도 이러한 폭력의 고리는 계속 이어지고 있다. 매년 이스라엘이 5월 14일 독립기념일을 축하할 때 팔레스타인 사람들은 "나크바"(Nakbah, '재난'이라는 의미)라 불리는 그들만의 공휴일을 지킨다. 이스라엘 사람들이 춤추며 자유의 노래를 부를 때, 팔레스타인 사람들은 포로의 노래를 부르며 거리를 행진하고 종종 충돌로 이어진다. 나사렛에서부터 그들이 잃어버렸고 지금은 유대인들이 차지해 이름을 치포리(Tzipori)라고 바꿔버린 사푸리야(Saffuriya) 마을까지 난민들이 한 줄로 늘어서 행진하는 모습을 볼 수 있다. 5월 14일, 사푸리야와 치포리는 폭력이 일어날 경우를 대비해 군인들이 포위한다.

2000년 5월 14일, 이런 폭력이 전국적으로 일어났다. (1993년 오슬로 협정 이래) 7년간 이어진 소득 없는 평화 회담에 지친 팔레스타인 사람들이 거리를 장악했다. 결과는 어떤가? 400명이 넘는 젊은 팔레스타인 사람들이 총에 맞아서 병원에 실려 왔고 7명은 목숨을 잃었다. 그리고 그해 나중에 이스라엘 사람들은 엄청난 병력을 동원해 복수하기로 결심했다. 대공 미사일 무기들이 시위에 대한 보복으로 팔레스타인 도시와 마을들을 향해 겨냥되었다. 베들레헴에서 시무하는 한 목사가 이메일로 내게 이렇게 편지를 보내왔다. "세상에, 우리는 지금 포위되었습니다. 40살 이하 사람들은 이런 광경을 본 적이 없습니다." 그는 탱크와 헬리콥터가 베이트 사흐르와 베이트 잘라 같은 그리스도인 팔레스타인 마을들이 있는 거주지들에 폭격을 가했다고 말했다. 이런 싸움에서는 항상 어린이들이 가장 큰 고통을 당하는 법이다.

2차 인티파다 동안 베들레헴은 수 주 동안 포위되어 있었다. 베들레헴 루터교 크리스마스 교회의 목사인 미트리 라헤브(Mitri Raheb)이 그때 일어났던 전형적인 일을 최근에 내게 들려주었다. 그의 교회에 다니던 한 그리스도인 가족은 잠을 자다가 헬리콥터 날개 회전 소리에 깼다.

갑자기 미사일 한 대가 그의 집을 관통하며 지나갔고 놀란 가족들은 아이들을 데리고 비명을 지르며 올리브 과수원으로 달려갔다. 앨리스라는 다섯 살 난 딸은 아파치 헬리콥터가 불타고 있는 집 위로 날아가면서 투광 조명들을 비추며 수색할 때 10분 동안이나 올리브나무 뒤에 숨어 있었다. 라헤브은 앨리스의 트라우마가 사라지지 않을까 두려워한다. 그 아이는 악몽에 시달린다. 현재까지 미트리 교회에 다니는 그리스도인 네 가정이 이스라엘 사람들의 테러로 집을 잃었다.

나는 그간 희생자들을 인터뷰했고, 수없이 많은 1인칭 보고서들을 읽었으며, 십 대 자녀가 체포되어 이유 없이 고문을 당한 목사들과도 대화를 나누어보았고, 나 자신이 이스라엘에서 직접 명분 없는 폭력도 목격했다. 이러한 폭력의 악순환이 이 땅에서 아직도 계속되고 있는 것은 분명하다. 성경의 예언자들은 아마 놀라지 않을 것이다.

내가 이 땅 문제에서 어떤 이해관계가 있는 사람인가? 사실 그렇다. 그리스도인으로서 나는 다른 그리스도인들과 함께 서야 한다는 의무감을 느낀다. 그래서 나는 불의가 사람들(하나님이 사랑하는 사람이라면 어느 누구라도)을 다치게 할 때 소리를 내야 할 의무감을 느낀다. 하지만 그보다 앞서 나는 미국인이기에 이 문제와 관련이 있다. 미국은 이스라엘에 매년 3조5천억 달러를 세금으로 원조한다. 이스라엘 사람 개인당 500달러가 넘는 원조를 미국 세금에서 받고 있다. 나는 이스라엘의 복지와 삶에 직접적으로 기여하고 있는 셈이다. 지난 7년이 넘는 시간에 걸쳐, 미국은 이스라엘에 7조4천억 달러가 넘는 무기를 팔았다. 엄청난 액수다. 앨리스의 집을 파괴한 미사일과 아파치 공격용 헬리콥터는 미국에서 만든 것이었다.

아마도 가장 받아들이기 힘들면서도 가장 분명한 문제는 이스라엘이 거의 380만 명이 넘는 사람들(웨스트뱅크와 가자 지구의 인구)을 포로로 잡고 있다는 것이다. 남아프리카의 "흑인거주지역"(townships)과 아주 유사하게 이 지역 거주민들은 자유에 심각한 제재를 받고 있다.

이스라엘은 이 지역들을 1967년에 점령했지만 이곳에 사는 사람들이 겪는 문제를 처리하지 않고 있다. 몇몇 선택된 지역들에 한해서만 팔레스타인 자치 정부에 제한된 권력이 부여되고 있고 대부분 많은 지역이 군의 통치를 받고 있다. 이 중 많은 마을이 똑같이 세금을 내면서 자신들을 점령한 군에 자본을 대고 있지만 이스라엘 마을들이 누리는 사회 복지는 하나도 받지 못하고 있다. 베들레헴 외곽 한 마을(베이트 사후르)은 1980년대 말 세금 내기를 거부했다. 한 사람이 그들이 주장하는 바에 대해 이렇게 말해주었다. "미국 원리입니다. 조세법정주의(no taxation without representation)지요." 베이트 사후르 마을은 세금 불복종으로 엄청난 고통을 받았지만, 평화적으로 노력한 것에 대해 데스몬드 투투와 지미 카터의 칭찬과 방문을 받았다. 평화 협상이 계속되는 동안 이 지역 사람들은 소망도 없이 비참하게 살았다. 예루살렘 주변과 점령지 건너편으로 새 이스라엘 정착촌들이 매주 세워지고 언덕을 뚫고 새 길이 깔리면서 그 땅을 장악한 이스라엘의 세력을 공고히 하는 모습을 아랍 사람들은 속절없이 지켜보고 있었다. 팔레스타인 사람들은 절망하고 극단주의의 불꽃이 점화되는 것을 느꼈다.

하지만 확실히 해두자. 이런 유의 테러는 이스라엘 사람들의 영혼도 찢어놓는다는 것을 말이다. 정의와 고통을 알고 있는 유대인 전통은 그 마음으로부터 뭔가 잘못되었다는 것을 알고 있다. 앞에서도 지적했듯이, 이스라엘의 평화 단체들이 점점 성장하고 있고 정부에 반대하는 이스라엘 변호사들이 팔레스타인 사람들을 변호하고 있으며, 몇몇 군인들은 점령지에서 복무하기를 거부했고, 이스라엘 여론은 팔레스타인 사람들에게 필요한 것을 줄지 말지에 대해 거의 반반으로 나뉘고 있다. 복음주의자 친구 한 명이 최근에 예루살렘에 있는 자신의 집에서 차를 몰고 가다가 검문소에서 제재를 당했다. 그는 이웃에 살던 군인들이 차를 세우고는 차 창문으로 총부리를 들이대며 말하는 행동에 너무나 마음이 상했다. "그 총 좀 치우고 말하시죠." 그가 말했다. 그러자 젊은 병사가 애처롭게 이렇게 대답했다. "제가 이 총 때문에 당신보다 더 화가 나요. 아마 깜짝 놀랄걸요."

종교적 타협

이스라엘은 국가의 역사를 규정할 때 명시적으로 성경을 언급하지만, 본질적으로는 세속 국가다. 극보수적인 유대인들이 그곳에 살지만 그들은 결코 다수가 아니다. 많은 사람이 자기 나라가 믿음이 부족한 것에 대해 비판적이다. 몇몇 비판적인 랍비들은 심지어 이스라엘 국가의 해체를 요구한다("시온주의에 반대하는 유대인들"이라는 웹사이트를 찾아보면 금방 확인할 수 있다). 이스라엘에서 유대인 됨이란 문화와 관련이 있지, 반드시 개인적인 영적 헌신도와 관련이 있는 것은 아니다. 한 이스라엘 지도자가 1992년에 내게 해준 말인데, 이스라엘인 30% 미만만 사실상 종교생활을 하고 있다고 했다. 따라서 국가는 유대인이라면 그들이 무신론자라고 주장해도 시민으로 간주한다. 무신론이 그 사람의 유대 정신(Judaism)을 무효화시키지 않는다.[83]

이러한 관찰은 정당하다. 앞서 살펴본 것처럼 그 땅을 소유하는 것

---

83 이스라엘 내 정치와 종교의 복잡한 관계를 연구한 논문들이 많다. 다음을 참조하라. C. S. Liebman, E. Don-Yehiya, *Religion and Politics in Israel* (Bloomington: University of Indiana Press, 1984); 같은 저자, *Civil Religion in Israel: Traditional Judaism and Political Culture in the Jewish State* (Berkeley: University of California Press, 1983); Abramov, *Perpetual Dilemma*.

은 언약에 순종하는 것과 연결되어 있기 때문이다. 하나님의 백성은 언약에 대해 종교적 헌신을 보이지 않으면서 그 땅에 대해 종교적 주장을 할 수 없다. 여기서 성전의 재건이나 희생제사의 부활을 말하는 것이 아니다. 영성의 질, 삶의 깊은 해석, 하나님과 그 나라 역사의 관계에 대해 말하는 것이다. 세속적인 모습이 이스라엘을 뒤덮고 있어서 이 나라와 다른 세속 국가들을 구분하기 힘들어졌다.

우리가 듣지 못한 것

슬프게도 우리는 현대 이스라엘과 그 땅의 관계에 대해 듣지 못하고 있다. 그 땅에 살고 있던 가족들의 정당한 불만 제기에도 불구하고 이스라엘이 그 땅을 차지하고 있다는 것을 우리는 듣지 못하고 있다. 이스라엘은 아합의 죄를 범하고 있다.

중동 전역에 있는 기독교 목회자들이 의견을 말하려고 애쓰고 있다. 그리고 이스라엘에 있는 메시아닉 유대인 공동체들이 용감하게 이와 같은 주제들에 대한 우려를 표하는 일이 점점 늘고 있다. 어떤 사람들은 그들의 이야기를 담은 책을 쓰기도 했다.[84] 많은 사람이 미국과 유럽으로 다니며 콘퍼런스에서 증언하면서 교회와 선교 단체들로부터 도움을 구했다. 복음주의 출판사들이 그들의 이야기를 출간하면서 신뢰할 만한 사람들의 목소리가 이제 막 전달되고 있다. 그들은 하나님의 용감한 백성으로서 그들의 고뇌에 찬 보고들은 전해져야 할 가치가 있다. 이스라

---

84   E. Chacour, *Blood Brothers* (Old Tappan, N. J.: Revell, 1984); Rantisi, *Blessed Are the Peacemakers*; E. Chacour, *We Belong to the Land: The Story of a Palestinian Israeli Who Lives for Peace and Reconciliation* (New York: Harper & Row, 1990); M. Raheb, *I Am a Palestinian Christian* (Minneapolis: Fortress, 1995).

엘/팔레스타인에 있는 모든 난민 캠프와 마을들은, 도망갔다가 그들을 집으로 돌아가지 못하게 막는 또 다른 전기 철망을 발견한 가족들의 이야기로 가득하다. 서구에 있는 그리스도인들이 이 이야기들을 알게 될 때, 회중들이 이러한 목회자들을 만나게 될 때, 그들의 마음은 움직이게 된다. 1995년 이래로 많은 미국 교회들이(휴스턴에서 워싱턴 D.C.까지) 팔레스타인 회중들을 지원하고 그들의 이야기를 듣기 위해 이들과 "자매" 결연을 맺었다.

그리스도인으로서 우리는 이스라엘의 면모를 자세히 볼 필요가 있다. 국가로서의 위상과 그 땅의 소유에 대한 이스라엘의 호소가 성경적 약속에 대한 호소로 강화되는 것이라면, 이스라엘이 국가로서 걸어온 삶의 기록들을 조사할 수 있도록 공개해야 한다. 성경적 약속과의 연결이 이스라엘 국가 됨의 근거라면 현대 이스라엘은 예언자들이 성경적 이스라엘에게 적용했던 기준들에 의해 판단을 받아야 한다. 오늘날 그 땅에 살고 있는 팔레스타인 기독교 리더들과 (복음주의 측과 주류 측) 기독교 구호 단체들, (적십자나 UN, 국제사면위원회 같은) 세속 기관들이 모두 같은 불만을 제시하고 있다. 바로 이스라엘이 정의를 시행하지 않는다는 것이다.

이스라엘이 그 소망의 닻을 내리고 있는 성경 구절이 바로 오늘날 이스라엘을 판단하는 성경 구절들이다. 예수님은 자신을 정죄하는 유대인들의 자기만족적이고 호전적인 면모에 분노하셨다. 그들은 하나님께서 예수님을 통해 그들에게 말씀하시는 것을 거부하기 위해 하나님의 백성으로서 자신들이 누리는 특권을 정당화해주는 성경에 호소했다. "내가 너희를 아버지께 고발할까 생각하지 말라. 너희를 고발하는 이가 있으니 곧 너희가 바라는 자 모세니라"(요 5:45). **하나님의 약속을 담고 있는 이 성경 말씀에는 하나님의 기대도 담겨 있다.** 이러한 기대가 무시될 때, 의가 바람 속으로 사라질 때, 예언자적 목소리는 잠잠할 수가 없다. 하나님의 분노가 거세어질 것이고 심판이 속히 올 것이다.

2001년 봄, 예루살렘 월드비전 책임자가 직원들과 함께 헤브론을 방문했다가 그곳의 유대인 정착민들이 캐나다 유대인들에게 관광을 시켜주며 하는 말을 우연히 들었다. 관광 안내자는 손을 불끈 올리더니 이렇게 말했다. "시간은 걸리겠지만 반드시 모든 아랍인을 다 쫓아낼 것입니다.…천천히 유대인들이 흘린 피 위에 세워갈 것입니다." 월드비전 직원이 그 그룹에 끼어들어 그들의 견해가 공정하지 못함을 지적하자 한 캐나다인이 이렇게 대답했다. "하나님께서 우리에게 이 땅을 주셨습니다.…우리는 선택받았습니다. 이건 우리 땅입니다. 우리가 이미 죽인 수많은 팔레스타인 짐승을 두 배나 더 죽여야 한다 해도 우리는 그렇게 할 것입니다." 월드비전 직원은 이렇게 대응했다. "하지만 성경은 '선택된 백성'이 가난하고 궁핍한 사람들을 돕고 섬기며 순종하는 일을 위해 선택되었다고 말하지 않습니까? 이사야 41:17 말씀처럼 말입니다." 그러자 그 캐나다 사람은 이렇게 소리를 질렀다. "그런 말씀은 내 성경에는 없습니다. 당신 성경에만 있는 게 틀림없습니다."[85]

---

85 *World Vision Reflection 59*, July 6, 2001, "That Is Not in My Bible."

3부
신약과 그 땅

9장

예수님과 초기 그리스도인들

나는 이스라엘 점령 아래에 살고 있는 팔레스타인인 (그리스도인)이다. 나를 포획한 이는 날마다 내 삶을 더 어렵게 만들 방법들을 궁리한다. 그는 교인들을 전기 철조망으로 포위하고, 우리 주위를 담으로 둘러쌌으며 그의 군대는 우리 주위에 많은 경계를 세운다. 그는 수천 명을 난민 캠프와 감옥에 가두어두는 데 성공했다. 하지만 이런 모든 노력에도 불구하고 나에게서 꿈을 빼앗지는 못했다. 내게는 꿈이 있다. 언젠가 잠에서 깨어났을 때 두 민족이 동등하게 서로 이웃하며 살고, 팔레스타인 땅에서 공존하며, 지중해에서 요르단까지 뻗어나가는 꿈이다.

– 베들레헴 교회, 미트리 라헤브 목사

몇 년 전 나는 라말라에 있는 가장 오래된 정교회 교회를 방문한 적이 있다. 비서가 아랍식 커피를 대접한 후, 나는 조지 마클루프(George Makhlouf) 신부에게 분명 불편할 만한 질문 한 가지를 했다. "이스라엘 사람들은 구약 시대에 하나님께서 이 땅을 유대인들에게 주셨기 때문에 이 땅이 자기들의 것이라고 주장하는데, 신부님은 그들의 주장을 어떻게 반박하시겠습니까? 이스라엘 유대인들이 아브라함과 맺은 약속을 상속받은 건 맞지 않습니까?" 조지 신부(그분을 다들 그렇게 불렀다)는 그런 질문을 낯설게 느끼는 분이 아니다. 당시 그분은 라말라에 있는 성 조지 그리스 정교회의 교구 신부였고 수년간 그곳을 맡아오고 있었다. 그분은 이렇게 말을 시작했다. "교회는 이스라엘의 약속을 상속받았습니다. 교회가 실은 새 이스라엘입니다. 아브라함이 약속으로 받았던 것을 이제는 그리스도인들이 소유합니다. 그들이야말로 신약이 가르치는 대로 아브라함의 진정한 영적 자녀들이기 때문입니다."[1]

조지 신부의 견해대로라면, 지금까지 내가 이 책에서 다룬 모든 내용은 그리스도인의 사고에서 그저 보잘것없는 가치에 지나지 않을 것이다. 신약이 쓰이지 않았다면 우리는 구약을 읽을 수도 없고 오늘날에 적용할 수도 없다. 신약은 새 약속으로 가득한 새 언약을 선포한다. 신약은 어떤 경우에는 옛 언약들을 무시하는 경우도 있고, 어떤 경우에는 옛 언약들을 아브라함처럼 처음 그 약속을 받았던 사람들은 전혀 예상하지 못했을 영적 은사들로 만들면서 새로운 형태로 개조하는 경우도 있다. 예를 들어 히브리서는 (땅을 약속받고 그곳에 들어갈 약속을 받은) 아브라함이 **약속된 것을 실제로는 받지 못했고** 대신 멀리서 바라보았는데 이는 그 진짜 약속이 땅 자체에 있는 것이 아니었기 때문이라고 말한다(히 11:8-16). 신약성경은 여기서 더 나아가서 그리스도인들을 진짜 아브라함의 자손이라고 밝힌다. 다른 말로 하자면 그리스도인들이 아브라함이 원래 받은 약속들의 상속자로서 믿음의 족보를 이어가고 있다는 말이다.

조지 신부가 속한 그리스 정교회 전통은 수 세기 동안 이런 견해를

---

1   개별 인터뷰, 1992년 3월 23일.

고수해왔다. 초기부터 동방 교회들은 구약의 약속들이 자신들의 것이라고 주장해왔다.[2] 이러한 개념은 정교회 상징에서 엿볼 수 있다. 교회들은 구약 이야기들의 아름다운 그림들(혹은 상징들)을 드러내고 있는데 이구약 이야기들이 담고 있는 진리들은 이제는 기독교 전통으로 덮였고 새로운 의미로 "세례를 받았다." 라말라의 구시가(old quarter)에 있는 조지 신부가 시무하는 교회가 적절한 예다.

1세기의 "그 땅"

신약에서 놀라운 점 한 가지는 아브라함이 받은 그 땅에 대한 약속을 한 번도 직접적으로 언급하지 않는다는 것이다. 이러한 침묵이 특별한 것은 구약에서 이 주제를 언급한 횟수를 생각할 때 더욱 그러하다. 월터 브루그만에 의하면 "땅"이라는 주제는 "성경신학에서 가장 중요한 주제"다.[3] 하지만 신약에서 이에 대한 언급을 찾기란 쉽지 않다. "땅"이 예수님의 관심 분야였었나? 바울이 이스라엘 나라와 교회의 정체성에 대해 심사숙고했었나? 그리스도인들이 "아브라함의 자녀"라면 그들이 아브라함의 약속을 상속받는가?

우리는 이스라엘 백성이 예수님 당시에 그 땅에 대해 이야기하고 있었는가 여부를 우선 질문해야 한다. 그들이 구약 시대만큼 아브라함이

---

2   P. Richardson, *Israel in the Apostolic Church* (Cambridge: Cambridge University Press, 1969), 1-32.

3   W. Brueggemann, *The Land: Place as Gift, Promise and Challenge in Biblical Faith* (Philadelphia: Fortress, 1977; 2d ed. 2002). 다음 책에서 인용됨. P. Walker, "An Interpretation of the Land in the New Testment," in *The Bible and the Land: An Encounter*, ed. L. Londen, P. Walker, and M. Wood (Jerusalem: Musalaha, 2000), 108.

받은 땅의 약속에 관심이 있었는지 여부를 먼저 질문해보아야 한다. 그리고 관심이 있다고 한다면, 왜 신약이 이에 대해 침묵하는지 파헤쳐볼 필요가 있다. 신약은 의도적으로 이 주제를 도외시하는 것일까? 신약의 침묵은 신학적으로 중요한 의미가 있는 것인가?

신약에서 "땅"에 대한 주제를 처음 광범위하게 연구한 사람은 W. D. 데이비스다.[4] 나는 이 주제가 갖는 중요성 때문에 신약성경에 나타난 땅이라는 주제에 대해 재고하게 되었고, 2010년 신약성경의 가르침을 새롭게 다루고 적용하여 『예수님과 땅』이라는 책을 출간했다.[5] 모든 증거 자료들은 신약 시대 랍비들이 실제로 "땅"에 엄청난 관심이 있었던 것을 확실하게 보여준다. 이 시기 나온 저작들을 보면 "거룩한 땅"을 종종 "값진 땅", "모든 땅 중에서 그들이 보기에 가장 귀한 땅"이라고 표현하고 있다. 이스라엘/팔레스타인 땅은 "넓고 아름답고" "쾌적하고 영광스럽고" 하나님께 신실한 사람들에게 약속되었다.[6] 사람들이 로마 군대의 압제를 받으면서 힘들게 살았고 하나님께서 계획하신 대로 그 땅의 풍부함을 마음껏 누리지 못했던 것을 생각할 때 이러한 열정은 더욱 고조되었다. 1세기 솔로몬의 시편들은 오실 메시아의 역할을 설명하면서 다음과 같이 말한다.

---

4   W. D. Davis, *The Gospel and the Land: Early Christianity and Jewish Territorial Doctrine* (Berkeley: University of California Press, 1974); *The Territorial Dimension of Judaism* (Berkeley: University of California Press, 1982; 심포지엄과 더 심층적인 연구를 통해 재출간. Minneapolis: Fortess, 1991). 팔레스타인 그리스도인과 메시아닉 유대인 사이의 대화에 대해서는 다음의 책을 참고하라. Loden, Walker, Wood, eds., *The Bible and the Land*. 또 다음 책도 참고하라. P. Johnston, P. Walker, eds., *The Land of Promise: Biblical, Theological, and Contemporary Perspectives* (Downers Gorve, Ill.: InterVarsity Press, 2000).

5   Gary M. Burge, *Jesus and the Land: The New Testament Challenge to "Holy Land Theology"* (Grand Rapids; Baker Academic, 2010).

6   Davies, *Territorial Dimension of Jerusalem*, reprint ed., 19.

그리고 그분은 거룩한 백성을 한데 모아 그들을 의로 인도할 것이다.

그리고 그분은 족속대로 그들을 **땅 위로** 흩으실 것이다.

그리고 이방인과 외국인이 더 이상 그들과 함께 살지 않을 것이다(솔로몬의 시편 17:26-28).

랍비들은 이스라엘과 하나님과 땅을 분리할 수 없었다. 이스라엘/팔레스타인 땅을 갖는 것은 유대인 됨의 본질이었다. 그 땅은 하나님의 계시의 장소였고 하나님이 알려질 수 있는 주된 장소였다. 이 시기에 나온 구전 율법(Mishnah)의 35%가 땅과 관련된 내용이다. 미쉬나는 구약성경에 기록되었던 율법들조차도 그 땅에 거주할 것을 전제하고 있었음을 인정한다. 그 땅에서 나는 농작물의 십일조를 드리도록 되어 있었다. 시민법상 중요한 도피성들은 그 땅에만 세워질 수 있었다. 미쉬나의 말을 직접 들어보자.

거룩함에는 10가지 등급이 있다. 이스라엘 땅은 다른 땅들보다 더 거룩하다. 어디에 그 거룩함이 있는가? 그 땅에서 난 곡식단과 첫 열매와 빵 두 덩이를 가져와야 한다. 다른 땅에서 난 것들은 안 된다(Kiddushin 1:9f).

땅이 중심이라는 것은 이 시기 유대인들의 기도에서도 분명히 드러난다. 그들은 소위 말하는 "18가지 기도"를 일상에서 경건의 표현으로 매일 세 번씩 암송했다. 이 중에서 14번과 16번과 18번의 기도가 이스라엘 땅과 예루살렘시에 대한 열심이 믿음에 가장 필요한 것임을 강조하고 있다.

14번 기도. 자비를 베푸소서. 오 주 우리 하나님이여, 당신의 위대한 자비를 당신의 백성 이스라엘을 향해, 당신의 도시 예루살렘을 향해, 당신의 영광이 머무는 곳 시온을 향해, 당신의 성전과 당신의 거주지를 향해, 다윗 집의 왕궁을 향해, 당신의 의로운 기름부음 받은 자를 향해 베푸소서. 다윗의 주 하나님, 예루살렘을 건설하신 자여, 복되시도다.

16번 기도. 오 주 우리 하나님, 우리를 용납하시고 시온에 거하소서. 그리하면 당신의 종이 예루살렘에서 당신을 섬기리다. 오 주님, 경외하는 두려움으로 우리가 경배하는 이여, 복되시도다.

18번 기도. 당신의 평화를 당신의 백성 이스라엘과 당신의 도시와 당신의 상속자와 여기 모인 우리 모두에게 허락하소서. 평화를 이루시는 주여, 복되시도다.

우리는 민수기 34:2에 대한 유대인 주석 중 한 단락에서 식사하는 동안 임하는 복에 대한 사고를 엿보게 된다.

모든 복 중에서 "땅과 음식에 대한" 복보다 더 귀한 것은 없다. 우리 랍비들이 가르치기를, 식사 후에 은혜로 말하지 않는 사람은 "땅과 음식에 대한" 축복이 그의 임무를 충족시키지 않은 것이라고 했다. 거룩한 자, 축복받은 자는 이렇게 말한다. "이스라엘 땅이 모든 것보다 나에게는 더 귀하다."[7]

---

7   Num. Rabbah 23:7 on Numbers 34:2. 다음 책에서 인용됨. Davies, *The Gospel and the Land*, 68.

그 땅이 이스라엘에게 소중한 것은 여러 가지 방식으로 드러난다. 에스겔은 이스라엘 땅이 지구의 중심에 있다고(겔 38:12; 5:5) 가르쳤고 그래서 유대인 저자들은 예루살렘 여행을 세상의 중심으로의 여행이라고 표현할 수 있었다(에디오피아판 에녹서 26:1). 또 다른 문서는 시온산이 "지구 배꼽의 중심"(희년서 8:19)이라고 말한다! 틀은 분명하다. 이스라엘이 세상의 중심이고 예루살렘이 이스라엘의 중심이며 성전이 예루살렘의 중심이다. 이스라엘 밖에 살고 있는 유대인들(디아스포라)도 그 땅에 묻히고자 한다. 그것은 마치 속죄 제단에 묻히는 것과 같았다.[8]

땅과 상속의 문제(사실상, 아브라함의 땅에서 이스라엘의 정치적 미래에 대한 문제)는 오늘날과 마찬가지로 1세기에도 엄청난 논쟁거리였다. 이 때문에 이 시기에 수많은 봉기들이 일어났다. 열정적인 유대인 신자들은 로마 통치의 억압적인 굴레를 벗어버리기 위해 부단히 항거했다. 땅과 상속이 중요하기 때문에 그 땅의 합법적인 상속자들인 자신들에게 그 땅을 회복하러 오실 메시아에 대한 열정도 그만큼 컸던 것이다.

예루살렘이 기원후 70년 로마에 의해 파괴된 후, 여러 작가들이 전쟁 이전의 삶의 방식을 열정적으로 글로 표현하자 이러한 유대인의 열정은 더욱 커져갔다. 예루살렘이 멸망하면서 그 땅을 상실한 일은 너무나 심각한 일이라서 유대인들은 매년 3주간 금식을 하면서 이 사건을 기억했다. 이 금식은 유대인 달력으로 5월에 해당하는 아브월 9일로 결론 났다.[9]

---

8   M. Wilson, *Our Father Abraham: Jewish Roots of the Christian Faith* (Grand Rapids, Mich.: Eerdmans, 1989), 260. 이러한 장례 전통이 예루살렘 동쪽 전역에 있는 수많은 유대인 무덤들을 설명해준다.

9   오늘날에도 "아브월 9일"은 이스라엘에서 여전히 절기로 지켜지고 있다. 이날 밤이 되면 이스라엘은 두 번의 예루살렘 멸망(기원전 586년 바빌로니아에 의한 멸망과 기원후 70년 로마에 의한 멸망)을 모두 회상한다. 유대인들은 자신들의 열정을 드러내는 표로

예수님과 그 땅

우리는 복음을 생각할 때 이러한 1세기의 배경을 염두에 두어야 한다. 메시아 개념과 땅이 밀접하게 연결되어 있다. 예수님도 이러한 압력에서 자유롭지 않으셨다. 이런 사안에 관심이 없거나 이런 사안을 무시하는 "메시아"라면 그가 누구든 대중들에 의해 순식간에 그 자리를 빼앗기게 될 것이다. 예수님께서 가이사에게 세금을 내는 것이 합법적이냐는 질문을 받으셨을 때, 그 질문은 그저 순수한 질문이 아니었다. 그 질문은 세금 반란, 즉 로마가 그 땅을 차지한 것에 대해 저항의 의사를 표시하라는 제안과 같았다. 세금 내기를 거부한다는 것은 **저항**을 의미했다. 물론 예수님은 그들의 입장에 합류하기를 거부하셨다(막 12:14-17).

예수님은 땅이라는 주제를 조심스럽게 다루셔야 했는데, 이는 땅이라는 주제에는 정치적으로 강력한 사상들이 들어 있었기 때문이었다. 예수님이 5천 명을 먹이신 사건을 통해서도 볼 수 있지만, 군중들의 열기는 위험해졌고 많은 사람이 와서 예수님을 "강제로 왕으로 삼으려고" 했다(요 6:15). 그들은 무슨 생각을 하고 있었는가? 그들은 예수님을 자신들의 열망에 영감을 주는 존재로 보고 있는가? 혁명 지도자로 보고 있는가? 로마에 대항할 자로 보고 있는가? 그 땅에서 로마의 통치를 몰아낼 메시아로 보고 있는가? 예수님이 5천 명을 먹이신 사건은 (오실 메시아의 예시가 된) 모세가 행한 위대한 만나의 기적을 재창조한 것이었다(신 18:15-22). 그리고 예수님이 모세처럼 메시아시라면 그분도 그 백성을 약속의 땅으로 이끄실 것이었다. 그 장면은 너무나 선동적이어서 예수님은 산으로 몸을 피하셔야 했다.

그 밤에 예레미야애가를 큰 소리로 읽는다.

나중에 예수님이 예루살렘에 도착하시자 그분을 가장 가까이서 따르던 자들조차도 이 열정에 사로잡혀 있었다. 그들은 예수님의 도착이 어떤 방식으로 하나님의 강력한 나라를 이 땅에 가져올 촉매제가 될지 궁금했다. 누가는 우리에게 이렇게 말한다. "자기가 예루살렘에 가까이 오셨고 그들은 하나님의 나라가 **당장에** 나타날 줄로 생각함이더라"(눅 19:11). 그 땅에 대한 권리를 주장하는 것이 유대인들의 의식에 박혀 있었다면 예수님은 분명 우리에게 어떤 힌트를 주실 것이다. 그 당시 사람들의 논쟁을 이해하고 있다는 어떤 제안을 하실 것이다. 예수님도 구약을 읽으실 수 있었다. 그분도 아브라함의 땅 약속들에 대해 알고 계셨다. 예수님이 그 약속을 믿지 않으셨을까?

예수님과 예루살렘

그 땅에 대한 유대인의 관심은 예루살렘에 대한 유대인의 관심과 맞먹었다. 예루살렘은 하나님의 도시였는데 지금은 로마 군대에 짓밟혔다. 하지만 예루살렘 도시도 예수님의 관심을 거의 끌지 못했다. 예수님은 예루살렘을 경외하지도 당시 랍비들처럼 기도하지도 않으셨다. 그분은 예루살렘을 사역의 근거지로 삼지도 않으셨다. 예수님에게는 이방인들의 도시인 "갈릴리"가 믿음의 장소였다. 반면 그분에게 예루살렘은 예언자들과 메시아를 죽이는 도시였다(마 21:33-41; 23:37-39).[10] 또한 예수님은 예루살렘으로 가까이 오시자 이렇게 외치신다. "예루살렘아, 예

---

10 이 주제는 특히 마태복음과 마가복음에서 분명히 드러난다. 다음 책을 참고하라. Davies, *Gospel and the Land*, 221-43. 다음 책도 참고하라. P. Walker, *Jesus and the Holy City: New Testament Perspectives on Jerusalem* (Grand Rapids, Mich.: Eerdmans, 1996).

루살렘아, 선지자들을 죽이고 네게 파송된 자들을 돌로 치는 자여 암탉이 그 새끼를 날개 아래에 모음 같이 내가 네 자녀를 모으려 한 일이 몇 번이더냐? 그러나 너희가 원하지 아니하였도다. 보라, 너희 집이 황폐하여 버려진 바 되리라. 내가 너희에게 이르노니 이제부터 너희는 '찬송하리로다! 주의 이름으로 오시는 이여' 할 때까지 나를 보지 못하리라 하시니라"(마 23:37-39). 이 심판에는 언젠가 이 도시가 직접 메시아를 만날 것이고 "찬송하리로다! 주의 이름으로 오시는 이여"라는 메시아적 축복을 올리게 될 것이라는 (이스라엘에 있는 메시아닉 유대인들이 품고 있는) 소망도 포함되어 있다.

예수님은 갈릴리에서 처음으로 영광을 드러내신다(막 1:14-15; 요 2:1-11). 십자가 처형 이후, 제자들은 부활하신 주님을 만나기 위해 갈릴리로 가라는 지시를 받는다(막 16:7). 이는 예루살렘에 극도로 열중하고 있던 문화에서 무척 이례적인 일이다. 예수님은 자신의 기도와 기도에 대한 가르침 속에서 이스라엘 땅이나 예루살렘시를 포함시키지 않으신다. 이것은 "예루살렘을 계시와 구속의 현장으로 중시하던" 유대인들의 사고에 대치된다.[11] 유대교는 예루살렘이 메시아의 중심 무대가 될 것이라고 가르쳤고 메시아의 오심과 사역을 알리는 도시가 될 것이라고 가르쳤다. 예수님은 이러한 가르침과 전혀 관계가 없으실 것이다.

예수님이 행하신 가장 놀라운 이적 중 하나로, 그분은 마지막 유월절 기간에 예루살렘에 도착하셨을 때 성전에 들어가셔서 모든 의례가 퇴색했다고 선언하시며 "정화하셨다." 그분은 "너희는 강도의 소굴을 만들었도다"라고 선언하셨다(막 11:17). 덧붙여, 예수님이 하신 가장 놀라운 말씀 중 하나로, 그분은 예루살렘의 멸망(영광이 아니라)을 선언하

---

11 위의 책, 234.

셨다. 로마 군대가 들어와 완전히 파괴할 것이라고 하셨다(눅 21:20). 도대체 이분은 어떤 메시아이셨는가? 오랜 세월 계속되어온 이 땅과 도시에 대한 열정이 예수님의 혈관에는 흐르지 않았던 것일까? 예루살렘 없이는 유대인의 정체성이 사라진다는 것을 예수님은 모르셨던 것인가? **아브라함의 약속을 재천명하려는 국가적 꿈을 지지하지 않으면서 어떻게 메시아가 될 수 있을까?**

여기서 우리는 첫 번째 힌트를 얻을 수 있다. 예수님은 이스라엘이 중요하다고 생각했던 현 상황에 도전하고 계신다. 그분의 메시아 정체성(messiahship)은 예루살렘이나 그곳의 정치적 열망가들로부터 나온 의제에 의해 규정되지 않으실 것이다. 하나님을 믿는 믿음과 그 도시와 땅을 소유하는 것 사이의 연결점이 이제 면밀한 조사를 받게 된다. 이스라엘은 정치적 독립 국가로서의 지위(nationhood)와 언약의 축복을 연결시켜왔고 예수님은 그들의 가정에 의문을 제시할 준비가 되어 있으셨다. 예수님의 가르침 속에서 뭔가 새로운 것이 꿈틀거렸다.

예수님, 예언, 하나님 나라

예수님은 하나님 나라를 강조하시면서 땅과 상속에 대해 말할 기회가 얼마든지 있으셨지만 이를 거부하셨다. **이스라엘 왕국은 예수님의 관심을 사로잡지 못했다.** 그분은 "하나님 나라"나 "천국"에 대해 말씀하기를 더 좋아하셨다. 그분은 이스라엘을 로마의 통치에서 구해내고 새로운 나라를 세우는 존재로 메시아를 규정하지 않으셨다. 예수님이 죽으신 후, 제자들은 그분이 "이스라엘을 구원하지" 않으셨다는 사실에 실망했다(눅 24:21). 그들은 예수님이 부활하신 이후에도 이렇게 물었다. "주께서 이스라엘 나라를 회복하심이 이때니이까?"(행 1:6) 그들의 마음은 정치적 회복에 있었지만 예수님에게 하나님 나라란 하나님이 모든 삶을 통치하시는 나라였다(하나의 제국이 아니었다. 경계가 있고 군대를 소유한 정치 국가가 아니었다).[12] 그 나라는 근본적으로 영적인 개념이었고 어떤 특정한 장소나 시간이나 땅을 뛰어넘는 영적인 경험이었다. 땅이나 도시를 소유한 것을 자신들의 영성의 전리품으로 자랑하는 사람들은 예수님의 메시지와 정반대에 서 있는 것이다.

한편으로 예수님의 말씀은 구약 예언자들의 말씀을 반영하고 있다. 예를 들어 땅을 가진 자는 의를 드러내야 하고 그렇게 하지 않으면 선물을 잃게 될 것이라고 말씀하실 때 그러하다. 이 가르침은 예를 들어 마가복음 12:1-11에서 분명히 드러난다. 여기서 예수님은 포도원 비유를 말씀하신다. 예언자 이사야 덕분에 "포도원"은 이스라엘 땅을 비유하는 유명한 상징이었다(사 5:1-7). 이스라엘 땅은 하나님이 경작하시는 포도원과 같고 하나님의 백성은 포도가지들로 이집트의 속박에서 들어올려져 하나님의 들판에 조심스럽게 옮겨 심어졌다(시 80:8, 14).

하지만 이 비유에서 예수님은 포도원 거주민들이 하나님의 사자들을 거부하고 죽인다고 말씀하신다. 이 예언적 경고는 예레미야나 이사야의 경우에 옳다. 이 거주민들은 하나님께 복인 열매 대신 (이사야가 사용한 비유를 그대로 빌려 쓰자면) 포도원 주인에게 아무짝에도 쓸모없는 들포도를 맺었다. 이 사람들은 포도원 주인의 아들이 오는 것을 보자 놀라운 말을 한다. "이는 상속자니 자, 죽이자! 그러면 그 유산이 우리 것이 되리라"(막 12:7). **유산!** 이 단어보다 더 정확하게 아브라함이 약속받은 땅

---

12 이 주제에 대해서는 잘 알려지지 않은 책이지만 다음의 책에 아주 잘 정리되어 있다. N. W. Lund, *Israel och Församlingen* (스웨덴 사람인 J. Eldon Johnson이 그의 박사 논문에 번역했음. "The Pauline Concept of Israel and the Church" [Chicago: North Park Theological Seminary, 1960]).

을 직접적으로 가리키는 말은 없다.

그들이 아들을 죽이자 포도원 주인(하나님)은 심판을 내리신다. "포도원 주인이 어떻게 하겠느냐 와서 그 농부들을 진멸하고 포도원을 다른 사람들에게 주리라"(막 12:9). 같은 비유에 대한 마태의 설명은 이 절정 부분을 더욱 심각하게 표현하고 있다. "그들이 말하되 '그 악한 자들을 진멸하고 포도원은 제때에 열매를 바칠 만한 다른 농부들에게 세로 줄지니이다'"(마 21:41). 예수님이 이런 결론을 내리시자 유대인 지도자들은 그분을 체포하려고 하는데 별로 놀랄 일이 아니다.[13]

하지만 예수님이 구약 예언자들보다 한 단계 더 나가신다는 점에 주목하자. 그분은 **새** 소작인, **새** 거주민이 그 포도원을 소유하게 될 것이라고 말씀하신다. 새 거주민들이 이스라엘 땅으로 올 것이다. 월터 브루그만은 그의 책 『땅』(*The Land*)에서 예수님의 가르침은 세상 질서에 "역행"하는 것이라고 말한다. 예수님 나라의 경제관으로 보면, 우는 자들이 즐거워할 것이고, 일등이 되고 싶은 사람은 꼴찌가 되어야 하며, 살고자 하는 사람은 잃게 될 것이다. 그리고 땅을 마치 자신들의 소유처럼 움켜쥐는 사람은 그 땅이 다른 사람에게 넘어가는 것을 보게 될 것이다.[14] 이런 "역행"이라는 주제(부자가 가난해지고, 눈먼 자가 보게 되며, 잘난 체하는 사람이 낮아지는 등등)는 예수님의 복음의 핵심이다. "땅을 움켜쥐는 사람"은 갑자기 땅을 잃게 될 것이다.[15] 그리고 누가 "그 땅"을 상속받게 되는가? 그것을 요구하는 사람이 아니라 아무 의도가 없는 사람, 힘을 사용하지 않기로 선택한 사람들이다(마 5:5).

---

13 열매 맺지 못한 포도원에 대한 비슷한 주제가 눅 13:6-9에서도 나오는데, 여기서도 같은 심판이 내려진다. 열매가 없으면 신속한 심판을 받는다.
14 W. Brueggemann, *The Land*, 172-73.
15 위의 책, 171.

예수님 자신도 땅이 없으셨다는 점을 생각해보라. 중동 문화 속에서 땅을 소유하고 그것의 재산권을 주장하는 것은 중요한 일이었다. 하지만 예수님은 땅이 없으셨고 집도 없으셨다. 마태복음 8:20에서 예수님은 다음과 같이 제자들에게 말씀하신다. "여우도 굴이 있고 공중의 새도 거처가 있으되 인자는 머리 둘 곳이 없다." 예수님은 일평생 땅이 없으셨다. 그분은 사람들이 그분의 나라의 백성이 되면 땅을 소유하게 될 것이라고 약속하신 적이 없으시다. 예수님이 직접적으로 땅을 언급하신 적이 한 번 있는데 산상수훈에서다. "온유한 자는 복이 있나니 그들이 **땅**을 기업으로 받을 것임이요." "땅"으로 번역된 그리스어는 "유대 땅"(*ge*, 마 2:6)을 가리키기 쉽다. 예수님은 마치 시편 37:11 말씀을 반복하시는 것 같은데 시편 말씀에서 그 언급은 분명히 유산으로 받은 땅을 말한다.[16] 여기서 중요한 것은 예수님이 누가 그 땅을 소유하게 되는지 재규정하고 계신다는 것이다. 그분은 인종적으로 유대인인 사람들, 그 땅을 차지하려고 싸우는 사람들, 어떤 조상으로부터 받은 권리를 주장하는 사람들이 아니라 겸손한 사람들이라고 규정하신다.

또 다른 경우에 한 사람이 예수님께 나와 불평한다. "선생님, 내 형을 명하여 **유산**을 나와 나누게 하소서." 예수님은 이에 그런 주장을 하지 말라고 하신다. 예수님 나라의 일원이 되는 것은 그런 "유산"을 차지하는 것과 상관이 없다. 이것은 땅의 유산도 암시하는가?[17]

---

16 그리스어 70인역(시 36:11)에서 "땅"이라는 명사는 마 5:5에 나온 단어와 같다.
17 공관복음서에 나오는 땅이라는 주제를 철저히 다룬 연구로는 내가 쓴 『예수님과 그 땅』, 25-42을 참고하라. 여기서 관련된 구절들의 주해를 다 소개했다.

요한복음

마태, 마가, 누가 복음이 유대 지역에서 땅을 소유해 안정을 찾으려는 시도에 도전하시는 예수님의 가르침을 보여준다면, 요한은 그 문제에 대해 다른 접근법을 소개한다. 이 복음서에서 예수님은 땅에 대한 약속을 영적인 의미로 다루시지만 여기서 우리가 사용하는 언어에 신중해야 한다. 그분은 오직 영적인 실재들만 중요한 것인 양 "물질 세상"을 가치절하하지 않으신다. 이런 태도를 취하다 보면 자칫 하나님이 창조하신 세상 자체를 부인하게 된다. 예수님은 육신을 입고 이 세상으로 오셨다. 이 복음서에서 예수님은 다른 견해를 취하시는데, **예수님 자신이 거룩한 장소가 되신다**고 말씀하신다. 옛 언약의 목표는 약속의 땅이었지만 이제는 그 목표가 이 땅에 걸어 들어오신 예수 그리스도시다.

이 가르침은 예수님을 그 땅이 주는 종교적 혜택들과 비교하는 모든 구절에서 분명히 드러난다. 예를 들어 예루살렘 성전은 그 몸이 "성전"이신 예수님과 비교할 때 부족함이 드러난다(요 2:21-22). (야곱이 환상을 보았던) 벧엘 같은 거룩한 장소들은 예수님 위로 "하나님의 천사들이 오르락내리락"(요 1:51)하는 모습에 비하면 아무것도 아니다. 사마리아에 있는 야곱의 우물은 예수님의 생수와 같은 물을 주지 못한다(요 4:10). 예루살렘 베데스다 못은 정말로 치유하는 분이신 예수님과 비교가 될 수 없다(요 5:1-9). 거룩한 장소들이 그저 제안만 하는 것과 다르게 예수님은 그것들을 직접 주신다.

사마리아 여인은 예수님과 대화를 나누면서, 사마리아 조상들의 산들을 언급하면서 자신의 도덕적 문제를 회피하려고 한다. "우리 조상들은 이 산에서 예배하였는데 당신들의 말은 예배할 곳이 예루살렘에 있다 하더이다"(요 4:20). 그 여자는 세겜에서 멀지 않은 예루살렘을 향한 부활의 장소인 그리심산을 가리킨다. 하지만 예수님의 대답은 정곡을 찌른다. 랍비였다면 예루살렘에 있는 하나님의 성전을 가리키며 그곳이 사마리아의 어떤 다른 곳보다 더 거룩하다고 말했겠지만 예수님은 그렇게 대답하지 않으신다. 그분은 이렇게 대답하신다. "내 말을 믿으라. 이 산에서도 말고 예루살렘에서도 말고 너희가 아버지께 예배할 때가 이르리라"(요 4:21). 예수님은 반복해서 소중하게 간직해온 유대인의 상징들을 뒤집어엎으시려고 한다. 피커 워커는 이렇게 쓰고 있다. "예수님은 마치 완전히 새로운 이스라엘이라는 개념을 갖고 계신 것 같았다. '이스라엘'은 더 이상 조상들의 경계표지에 의해 규정되지 않는다."[18]

그 여인이 "거룩한 산"(그리심산)을 가리키면서 그것을 예루살렘(또 다른 유대인의 "거룩한 산")과 비교하자, 예수님은 둘 다 무시하신다. 가장 거룩한 장소인 예루살렘은 영으로 드리는 진정한 예배에 그 자리를 빼앗긴다. 예수님은 하나님께서 자기 백성을 만나실 약속의 장소를 재규정하신다.

요한이 말하려는 바는 아주 간단하다. 예수님은 광야에서 만나를 먹인 기적을 베푼 모세(요 6:1-34)를 따라하고 능가할 수 있는 새로운 모세라는 것이다(요 1:17). 모세가 이스라엘 백성을 약속의 땅으로 이끌었듯이 예수님은 하나님의 백성을 이끄신다. 하지만 우리는 이제 알고 있다. 예수님은 그 땅이 형태로만 제공했던 바로 그 현실이라는 사실을 말이다. 땅을 차지하는 것은 떡을 차지하는 것과 같다. 이때 우리가 늘

---

18   Walker, "An Interpretation of the Land in the New Testament," 129.

알고 있어야 하는 것은 예수님이 "생명의 떡"이라는 사실이다(요 6:35).

구약에 나오는 구원의 드라마는 약속으로 받은 아브라함의 땅을 지키고 획득하는 일에 초점이 맞추어져 있다. 이상하게도 장소와 집에 대한 이러한 약속이 요한복음 14장에 나오는 예수님의 말씀에 드러난다는 것이다. 예수님은 우리보다 앞서가서 "우리를 위해 처소를 준비"하시는데, 이 장소가 아버지 집에 있는 많은 "방들"(mone) 중에 있게 될 것이라고 설명하신다. 이 "방"이라는 단어는 유대교에서 약속의 장소, 말하자면 이스라엘 땅을 가리키는 데 주로 사용되었다. 그러나 요한복음 14장에서 그 "처소"는 실제로 믿는 자의 삶 속에서 아버지와 아들과 성령의 내주하심임을 우리가 알 때까지 반복해서 규정한다. "우리가 그에게 가서 거처(mone)를 그와 함께하리라"(요 14:23). 다시 한번 예수님은 땅에 대한 필요를 충족시키고 대체하는 더 가치 있는 선물, 다른 약속을 가리키신다.

앞서 포도원이 이스라엘 땅에 대한 가장 뚜렷한 상징임을 살펴본 바 있다. 요한복음에서 포도원은 15장의 독특한 구절에 나오는데, 여기서 예수님은 유월절 밤을 보내시며 다락방에 계신다. 여기서는 하나님의 포도원에 거하는 것이 한 가지로 규정되는데 바로 포도나무에 연결되어 있는가다. 더 이상 하나님의 백성이 하나님의 포도원에 사는 포도가 아니다(사 5장). 더 이상 땅이 생명과 소망과 미래의 원천으로 역할을 하는 중심이 아니다. "요한복음 15장의 핵심은 예수님이 이스라엘을 위해 뿌리내린 장소를 바꾸고 계신다는 것이다."[19]

흔히 사용되던 예언적 상징(땅은 포도원, 이스라엘 백성은 포도나무)이 이

---

19 G. Burge, "Territorial Religion and the Vineyard of John 15," *Jesus of Nazareth Lord and Christ: Essays on the Historical Jesus and New Testament Christology*, ed. J. Green and M. Turner (Grand Rapids, Mich.: Eerdmans, 1994), 393.

제는 극적인 변화를 겪고 있다. 하나님의 포도원, 이스라엘 땅에는 이제 하나의 포도나무, 예수님만 있다. 이스라엘 백성은 그 땅에 심겨진 포도나무로서 심겨졌다고 주장할 수 없다. 그들은 먼저 예수님께 접붙임되지 않고서는 포도원에 뿌리를 내릴 수 없다. 포도원인 그 땅에서 살려고 시도하면서 예수님께 접붙임되지는 않으려는 가지들은 제거될 것이다(요 15:6). 예수님이 하신 일은 무엇인가? 그분은 하나님의 **처소**를 사람들 가운데로 영원히 옮겨놓으셨다. 예수님이 신적 생명력이 충당되는 장소, 근원이시다.

이를 좀 더 전문적인 용어로 설명해보면, 요한은 땅과 장소에 대한 약속을 예수님이라는 실존으로 번역한다. W. D. 데이비스의 말을 빌리면, 요한은 예수님이 거룩한 공간을 **옮겨놓고 있음을** 보여준다.[20] 요한은 거룩한 공간을 "그리스도화한다"(christifies).[21] 그리스도는 모든 땅에 뿌리박은 약속들의 배후에 있는 실재다. 요한이 "우리가 그의 영광을 보았다"라고 쓴 것은 하나님의 영광을 예수님의 임재에 부여한 것이다. 이전에는 그 땅과 예루살렘과 특히 성전에서만 볼 수 있었던 영광을 예수님의 임재에 부여하고 있다. 요한이 "말씀이 육신이 되어 우리 가운데 거하신다"라고 쓰면서 "거하다"라는 특별한 용어를 사용하고 있는데, "거하다"라는 단어는 구약 전체에 걸쳐 나오던 장막(tabernacle)이라는 단어와 같다.[22] 결과적으로 예수님은 하나님이 거하시는 새로운 장소시다.

요약하면, 땅에 대한 문제에 대해 순환되는 대답을 관찰할 수 있다.

---

20 Davies, *Gospel and the Land*, 316-18.
21 위의 책, 368.
22 요한복음은 그리스어로 쓰였고 히브리 구약성경은 그리스어로 번역되었다(70인역이라 불림). "스케네"(*skene*)라는 그리스어는 70인역에도 사용되고 요한복음에서 "장막"(tabernacle)에 해당하는 단어로도 사용되고 있다.

1) 땅은 믿음의 목표로 거부된다. 2) 땅은 뭔가 다른 의미로서 **영적인 의미를 부여받는다**. 3) 그 약속은 그 땅에 살고 있는 사람인 예수님 안에서 **역사화된다**. 4) 그 약속은 **성례화된다**. 즉 성례식이 (이러한 실재들을 부인하지 않고) 우리가 보고 만지는 것을 초월하는 어떤 것을 증언하듯이 예수님이 "땅이 되심"(그분의 육체성) 역시 실재이지만 믿는 자들은 그분이 주시는 "생수"와 "생명의 떡"을 찾도록 더 요구받는다.[23]

예수님과 하나님의 백성

유대교의 신학적 현 상태에 대한 예수님의 비판은 한 가지 이상의 방법으로 드러난다. 예수님은 믿음을 통해 물질적 이득(예를 들어, 땅)을 얻으려는 사람들을 거부하셨을 뿐 아니라 그분의 나라는 새로운 추종자, 새로운 백성, 구약에서 찾던 이스라엘 공동체의 완성을 가져올 것이라고 선언하셨다. 열두 사도를 선택하신 일은 이제 이스라엘 열두 부족의 회복이 가까워졌다는 첫 신호였다. 하지만 이 그룹은 그 **유산**이 아브라함, 이삭, 야곱에까지 뻗어나가지만 그 **정체성**은 이제 예수 그리스도 안에서 발견되는 새로운 공동체, 메시아적 공동체였다. 예수님은 장소(그 땅, 예루살렘)가 하나님의 계획 안에서 거룩한 전제라는 생각들을 뒤집어엎으셨듯이, 다시 한번 종교적 유산이나 심지어 민족성도 하나님께 예외적인 특권이 될 수 없다는 것을 암시하신다. 하나님의 축복이 주는 유익들은 이제 막 새롭게 깨어나는 그분의 왕국과 협력하여 살아가는 사람들에게 공유될 것이다.

---

23 Davies, *Gospel and the Land*, 367. 요한복음에 나오는 땅 주제에 대한 더 폭넓은 연구를 보려면 나의 책 『예수님과 그 땅』, 43-57을 참조하라. 관련된 구절들의 주석을 다 소개했다.

예수님은 유대교 밖에서 새로운 운동을 시작하려고 오시지 않았다. 그분은 유대교와 경쟁할 의향이 전혀 없으셨다. 그분은 유대교 신앙에 온전히 순종하셨다. 율법을 지켰고 절기를 지켰으며 성전 예배를 존중하셨다. 그분은 **누구보다 철저한** 이스라엘 사람이셨다. 그러나 이스라엘에 있는 많은 사람이 예수님과 그분의 나라를 거부했고 그 결과로 그분은 그 땅에 심판이 임하고 이스라엘이 흩어질 것이라고 예언하셨다.[24]

그러나 애초에 이 새로운 사람들은 이방인이 아니었다. 그들은 믿음에 응답해 예수님의 첫 추종자들의 핵심을 형성한 유대인들이었다. 이스라엘을 향한 하나님의 계획은 메시아를 받아들인 사람들이 새 이스라엘이 되는 것이었다. "예수님의 제자들은…그 나라의 백성, 진정한 이스라엘이다."[25] 이런 이유에서 복음에는 이스라엘 국가로부터 나온 상징들로 가득 차 있다. 예를 들어 예수님은 새 모세이고 예수님은 새로운 출애굽을 시작하시고 그분의 열두 사도들은 열두 부족을 상징한다. 그분의 새 언약은 시내산 언약에 대조된다.[26]

그러므로 하나님은 자신의 백성, 즉 아브라함과 이삭과 야곱의 후손들을 거부하셨는가? 전혀 그렇지 않다. 예수님의 제자들은 진정한 이스라엘로 유대교와 연속성이 있는데, 이런 개념은 구약의 주제인 "믿음의 남은 자"에서 유래한다. 이스라엘 역사에서 믿음이 없던 시기에 하나님은 믿음을 버리지 않은 "신실한 남은 자"를 남겨두셨다. 가나안이나 이집트 종교에 물들지 않았던 이 신자들이 "진정한 이스라엘"이

---

24 "하나님 나라의 제안을 거부했던 유대 국가는 그로 인해 하나님의 백성에서 밀려났고 새로운 백성으로 대체된다." G. Ladd, *The Presence of the Future* (Grand Rapids, Mich.: Eerdmans, 1974), 249.

25 위의 책, 250.

26 마태복음을 연구하는 사람들이 주로 찾아내는 것은, 예수님이 새 모세로서 구약의 율법을 완성하고 능가하는 새로운 토라 혹은 율법을 시작하신다는 힌트들이다.

었다.[27]

따라서 예수님의 제자들은 이스라엘의 남은 자를 대변한다. 그들은 하나님이 이 세상에서 애쓰시는 일 한가운데 있다. 그리고 이런 경우라면 그들이 하나님의 약속의 상속자들이다.

초기 그리스도인들

예수님의 가르침에서 두 가지 중요한 사상이 나오는데 분명 초기 그리스도인들의 사고에 확립되어 있었다. 첫째는 예루살렘과 이스라엘 땅에 대한 **영적 애착**이 부식되었다는 것이다. 하나님이 행하시는 일의 영역이 완전히 바뀌었다. 더 이상 영토적 차원에서의 이스라엘의 정체성에 초점을 맞추지 않았고 이제는 언약의 약속들이 그리스도 안에서 성취되었기에 그리스도에게 온전히 초점을 맞추었다. 두 번째는 하나님의 백성이라는 영적 정체성이 예수 그리스도를 따르는 메시아적 공동체로 재규정된 것이다. 아브라함의 계보에서 태어났다고 해서 영적으로 안전하다는 주장은 이제 통하지 않는다. 세례 요한은 이렇게 말한다. "내가 너희에게 이르노니 하나님이 능히 이 돌들로도 아브라함의 자손이 되게 하시리라"(눅 3:8). 예수님을 믿는 데 실패하면 유대교가 위험해진다. 아브라함의 자녀는 인종이나 역사라는 방법이 아니라 영적 계보를 따라 규정된다.

---

27 남은 자와 예수님 나라에 대해 더 폭넓은 설명을 원하면 다음의 책을 참고하라. Ladd, *Prescence of the Future*, 250-52. 예를 들어 요 8장에서 예수님은 자신을 죽이려하는 사람들이 어떻게 아브라함의 진짜 자녀가 될 수 있는지 질문하신다(요 8:39-47). 따라서 어떤 면에서 아브라함으로부터 받은 유산은 위험에 처할 수 있다. 신적 지위는 혈통의 문제가 아니라 믿음의 문제다.

히브리서

이 두 가지 주제의 집합점이 히브리서에서 가장 분명하게 드러나는데, 여기서 그리스도인의 발걸음을 이스라엘의 광야 여행 상징들로 일치시킨다. 그러나 신자의 새로운 목표는 더 이상 "약속의 땅"이 아니라 그리스도와 함께하는 영생이다. 이러한 제휴가 보다 분명하게 드러나는 곳이 히브리서 3장과 4장이다. 여기서는 그리스도인의 제자도가 광야에서 이스라엘을 이끌었던 모세와 여호수아와 비교된다. 그들에게 약속된 안식은 가나안 땅이었다. 히브리서는 이제 이 이야기를 이용해 "약속된 안식"이 그리스도인들에게까지 확대된다는 것을 설명한다. 땅이 영적 의미로 변하는 것은 분명한데, 히브리서 저자가 그러한 강력한 유대인 주제를 끌어왔다는 점이 흥미롭다. 구약에서 "땅"의 의미가 무엇이었든, 그 약속에 어떤 내용이 들어 있었든, 이제는 그리스도인들의 것이 되었다. 따라서 "복음의 약속을 위한 중심적 상징은 땅"이다.[28] 하지만 이제 이 땅은 철저하게 그 의미가 재규정되었다.

아마도 "땅"에 대한 가장 극적인 재규정은 히브리서 11장에서 발견될 것이다. 이 장에서는 창세기 11장의 이야기를 꺼내면서 아브라함이 어떻게 본토 아비 집을 떠나 하나님이 약속하신 새 땅을 얻게 되었는지 상기시킨다. 히브리서 11:8은 이 언급이 이스라엘/팔레스타인(당시 가나안으로 알려져 있었다) 땅에 대한 언급임을 분명히 한다. **하지만 놀랍게도 우리는 이 땅이 실제로 하나님이 약속하신 그 장소가 아님을 알게 된다.** 그 땅은 비유, 가나안 영토를 넘어서는 더 큰 장소에 대한 상징이었다.

---

28 Brueggemann, *The Land*, 179.

믿음으로 그가 이방의 땅에 있는 것 같이 약속의 땅에 거류하여 동일한 약속을 유업으로 함께 받은 이삭 및 야곱과 더불어 장막에 거하였으니, 이는 그가 하나님이 계획하시고 지으실 터가 있는 성을 바랐음이라(히 11:9-10).

우리도 알듯이, 아브라함은 약속의 땅에 정착했고 그에게 주신 하나님의 약속은 성취된 듯 보였다. 하지만 곧 이어서 히브리서 11:13을 보면 그 정반대의 말을 하고 있다. "이 사람들은 다 믿음을 따라 죽었으며 **약속을 받지 못하였으되** 그것들을 멀리서 보고 환영하며." 아브라함이 받은 **진짜 약속**은 물리적 땅이 아니라 단순히 땅을 넘어서는 더 높은 약속이었다. 히브리서는 아브라함과 그의 자손들이 이렇게 고백했다고 말한다.

땅에서는 외국인과 나그네임을 증언하였으니 그들이 이같이 말하는 것은 자기들이 본향 찾는 자임을 나타냄이라. 그들이 나온바 본향을 생각하였더라면 돌아갈 기회가 있었으려니와 그들이 이제는 더 나은 본향을 사모하니, 곧 하늘에 있는 것이라. 이러므로 하나님이 그들의 하나님이라 일컬음 받으심을 부끄러워하지 아니하시고 그들을 위하여 한 성을 예비하셨느니라(히 11:13-16).

따라서 히브리서는 하나님의 의도가 그 땅을 훨씬 넘어서는 것이었다고 우리에게 말하고 있는 것이다. 하나님이 그들에게 예비하신 "도시"는 예루살렘이 아니다. 이 구절은 그 땅을 영적인 의미로 사용하고 있고 뭔가 다른 것으로 가는 이동 수단으로 보고 있다고 할 수 있다. 아브라함의 약속은 천국에서 실제로 완성된다.

1세기 그리스도인들이 이런 견해를 가지고 있었다는 것이 암시하는 바는 무엇인가? 분명히 이런 견해는 그 나라 내에 존재하던 많은 민족적 동기들뿐 아니라 1세기 내내 열기가 식지 않았던 영토에 대한 열정과 어울리지 않는다.

사도행전

예수님이 승천하신 후 메시아적 기독교 공동체가 시작되면서, 그들은 예수님으로부터 비롯한 이 천지가 개벽할 만한 사상들을 깊이 숙고하게 되었다. 하나님의 백성들이 갖는 **영토적** 차원은 어떠한가? 하나님의 "땅"은 이제 더 넓은 어떤 것, 요르단강과 지중해를 경계로 하는 이스라엘 땅보다 더 위대한 어떤 것인가? 또 하나님의 백성이 갖는 **인종적** 측면은 어떠한가? "하나님의 백성"이라는 개념도 뭔가 더 넓은 것, 유대인에 국한된 인종을 넘어서는 어떤 것인가?

이 두 가지 개념을 따라간다면, 교회의 사명이란 어떤 의미를 갖는가? 하나님의 백성에는 유대인의 관습과 전통에 참여할 필요가 없는 이방인 신자들도 포함될 수 있었는가? 또 하나님의 "땅"은 이제 하나님의 관심이 유대인들의 역사를 통해 형성된 국가적 경계에 국한되지 않기 때문에 전 지구를 포함할 수 있는가? 예수님께서 사도행전 1:8에서 그들에게 마지막으로 주신 임무가 이를 분명히 드러낸다. 그들의 임무는 이스라엘과 예루살렘을 넘어서 "땅끝"까지 가는 것이다.

이러한 사상은 그리스어를 사용하는 유대인들이 기독교 세계로 들어오면서 초기 교회에서 실제로 이루어졌다. 이스라엘 밖에서 살았던 소위 말하는 "그리스파 유대인들"은 더 넓은 지중해 세계에 열려 있었다. 많은 사람이 히브리어를 사용하지 않았다. 사실 대부분이 히브리어를 다 잊어버렸고 그리스어만 할 줄 알았다. 이스라엘/팔레스타인이 유대인에게 맞는 유일한 거주지라고 보려는 사람은 거의 없었다. 그들은 당시 유대 민족주의를 고수하지 않았고 쉽사리 거기서 벗어났다.

스데반은 예루살렘에서 그리스도를 믿는 신앙을 받아들인 그리스파 유대인 중 한 명이었다. 사도행전 7장에서 스데반은 사도행전에서 가장 긴 설교를 하는데, 예루살렘 지도자들이 그의 "개방성"에 대해 신랄하게 비판하는 것에 대해 변호를 한다. 이 연설에서 스데반이 한 말은 정말로 중요하다. 그가 암시하는 내용을 통해 교회가 세계 선교를 받아들일 수 있었기 때문이다. 사실 예수님의 더 큰 비전과 세상에 대해 숙고하던 스데반은 교회에 "세계 신학"을 제공했다. 스데반이 말한 것은 너무나 혁명적이었고 혼란을 야기할 만한 것이어서 그 대가로 그는 목숨을 잃었다. 사도행전은 이렇게 기록한다. "그들(지도자들)이 이 말을 듣고 마음에 찔려 그를 향하여 이를 갈거늘"(행 7:57).

스데반이 말한 어떤 것이 그렇게 당혹스러웠을까? 한마디로 스데반은 1세기 유대교가 세워진 기둥들을 흔들고 있었다. 그중에서 스데반은 이스라엘 땅이 계시가 말하는 거룩한 장소가 아니라고 말했다. 그는 하나님께서 다른 외국 땅에서, 예를 들어 메소포타미아(아브라함)와 이집트(요셉, 모세)에서 말씀하셨던 일들을 열거했다. 스데반은 이런 관점을 가지고 하나님의 역사는 이스라엘/팔레스타인 땅에만 국한되지 않는다고 결론을 내린다. 하나님은 이스라엘 땅이라는 지형에 국한되지 않으신다. 스데반은 **그 땅이 하나님의 계획에 필수불가결한 것이라고 생각하던 유대인들의 사고에 도전한다**. 그는 1세기 유대교 안에 만연해서 로마인들에 대한 적개심뿐 아니라 땅을 신앙의 중심으로 두지 않는 신자들을 모조리 적대하도록 조장했던 국가와 종교의 결합을 비판한다.

사실 스데반의 지혜, 즉 그의 창조적인 개방성은 초기 교회로 하여금 그 당시 세워져 있던 문화적 울타리들을 넘어서게 해주었다. 전에는 꿈도 꿀 수 없었던 땅들로 선교가 행해질 수 있게 되었다. 스데반의 제자인 빌립은 사마리아로 선교를 갔고 베드로는 로마 점령의 중심지인 가이사랴까지 가서 군대 장관인 고넬료를 회심하게 만들었다. 머지않아 교회는 북단에 있는 로마도 따라올 수 없었던 부유한 이교의 도시인 안디옥에서 왕성해진다.

이스라엘/팔레스타인이라는 지형적 제한이 인간을 향한 하나님의 계획을 막지 못했다. 이제는 이곳이 영적 삶의 목표가 아니었다. 오히려 선교를 위한 도약판, 출발 장소였다.

그러나 사도행전이 보여주는 위대한 이야기는 바울의 회심과 선교다. 바울은 그리스도와 만나면서 하나님과 세상에 대해 갖고 있던 선입견들이 다 깨어지고 만다. 그는 이방인들에게 최고의 선교사(존경받는 랍비라면 누구라도 받아들이지 않을 운명)가 될 것이다. 또한 그의 삶은 그를 아브라함이 약속받은 땅의 영역을 초월하는 땅들로 이끌 것이다.

사도 바울

바울은 특별히 흥미롭다. 그가 유대인이었기 때문이다. 그는 이스라엘 밖에 있는 다소에서 성장했음에도 불구하고 유대인으로서의 유산을 매우 자랑스러워했다. 예를 들어 바울은 갈라디아서에서 이렇게 말한다. "내가 내 동족 중 여러 연갑자보다 유대교를 지나치게 믿어 내 조상의 전통에 대하여 더욱 열심이 있었으나"(갈 1:14). 족보에 대한 그의 자부심은 반복해서 나타난다. "나는 팔 일 만에 할례를 받고 이스라엘 족속이요 베냐민 지파요 히브리인 중의 히브리인이요 율법으로는 바리새인이요"(빌 3:4; 비교. 고후 11:22; 롬 11:1). 결국 바울은 예루살렘으로 옮겨왔고 그 도시 최고의 학자들로부터 교육을 받았다. 따라서 우리는 바울이 자신의 친구들이 그러했듯이 그 땅 교리가 갖는 힘을 고스란히 느꼈을 것이라고 확신할 수 있다. 이 이스라엘 땅은 아브라함에게 약속되었고 아브라함의 자손들이 그것의 유일한 상속자들이었다.[29]

물론 다메섹 도상에서 경험한 바울의 회심은 그의 신학적 틀을 산산이 부숴놓았다. 이방인에게로 가라는 사명과 결국 이스라엘 밖에 있는 땅들에 열심을 내게 됨으로써 그는 하나님의 목적을 다시 생각해보지 않을 수 없었다. 인종적 계보가 조상으로부터 물려받는 특권을 보장해주지 못하는가? "그 땅"을 소유하고 거주하는 것이 특별한 축복을 주지 못하는가?

우리가 주목해야 할 첫 번째는 바울이 예루살렘이나 이스라엘 땅에 대해 거의 언급하지 않았다는 점이다. 바울은 하나님의 역사를 이스라엘에 국한시켜서 구원의 역사를 말하지도 않았다. 예를 들어 로마서 9:4에서 바울이 유대인들이 받는 축복을 열거할 때, 그는 이상하게도 그 땅에 대해서는 언급하지 않는다. 그는 예루살렘이나 성전을 그리스도인이 영적으로 집중해야 할 대상이라고 말한 적이 없다.

그러나 바울이 아브라함에 대해 말할 때, 특히 로마서와 갈라디아서에서 뜻밖의 일을 한다. 유대인들의 대중적인 사고 속에서 아브라함은 유대교의 위대한 아버지였고 그의 자손이라는 사실이 구원을 보증했다.[30] 이와 마찬가지로 이러한 계보를 소유할 때 그 땅을 상속받을 수 있었다. "아브라함의 약속들"을 언급한다는 것은 곧 땅과 유산에 대해 말하고 있다는 표시였다. 하지만 바울은 그 땅 밖에 살고 있던 이방인

---

29 Davies, *The Gospel and the Land*, 166.
30 위의 책, 168-70.

신자들, 즉 안디옥이나 갈라디아, 에베소에 있던 신자들에게 무엇을 말했는가? 더 나아가 그는 예수님을 믿지 않았던 유대인들의 지속적인 지위가 무엇이라고 설명했는가? 그들은 여전히 그 약속들을 소유했는가?

로마서 4장과 갈라디아서 3장에서 아브라함에 대한 바울의 이해는 하나님의 땅에 대한 맹세를 완전히 무시한다. 이런 태도는 "땅"을 영적 유산과 밀접하게 연결시키던 영적 기후에서 놀라운 일이었다. 바울에게 아브라함의 가치는 하나님의 약속을 받아서 믿음으로 응답하여 의롭다 여김을 받았고 이어 **많은** 나라들의 아버지가 된 사람이라는 것이다. 바울은 아브라함을 통해 어떻게 "이 땅의 모든 민족이 복을 받게 되는지"를 설명한다(창 12:3; 갈 3:8). 아브라함의 축복이 **모두**에게 주어졌다는 것이 중요하다. 아브라함이 많은 나라의 아버지가 될 수 있었던 것은 이방인들이 그의 신앙을 공유하여 그가 그들의 아버지도 되었기 때문이다(롬 4:16). 그러므로 육체적인 계보가 신앙에 근거한 영적 계보로 바뀌었다. "이스라엘 땅"도 이와 마찬가지로 전 세계를 포함하는 영적 의미를 갖게 되었다.

믿는 그리스도인들이 믿음을 통해 진짜 아브라함의 자녀가 된다면 그들 역시 아브라함의 상속자다. 바울의 말을 직접 들어보자.

아브라함이나 그 후손에게 세상의 상속자가 되리라고 하신 언약은 율법으로 말미암은 것이 아니요 오직 믿음의 의로 말미암은 것이니라. 만일 율법에 속한 자들이 상속자이면 믿음은 헛것이 되고 약속은 파기되었느니라(롬 4:13-14).

자녀이면 또한 상속자 곧 하나님의 상속자요 그리스도와 함께한 상속자니 우리가 그와 함께 영광을 받기 위하여 고난도 함께 받아야 할 것이니라(롬 8:17).

이는 그리스도 예수 안에서 아브라함의 복이 이방인에게 미치게 하고 또 우리로 하여금 믿음으로 말미암아 성령의 약속을 받게 하려 함이라.···만일 그 유업이 율법에서 난 것이면 약속에서 난 것이 아니리라. 그러나 하나님이 약속으로 말미암아 아브라함에게 주신 것이라(갈 3:14, 18).

이 주장의 다른 면이 로마서 2:25-29에서 발견된다. 종교적 의례나 유산이 영적 특권을 결정하지 않는다. "오직 이면적 유대인이 유대인이며 할례는 마음에 할지니 영에 있고 율법 조문에 있지 아니한 것이라"(롬 2:29). 바울에게 이런 관점이 이방인이 유대인과 함께 하나님 앞에 서고 같은 지위를 얻을 방법을 열어준다. 중요한 결정 요인은 그리스도를 믿는 믿음이다. 자격을 얻는 것은 의례나 혈연의 문제가 아니다.[31]

하지만 바울은 갈라디아서에서 흥미로운 일을 한다. 그는 갈라디아서 3:15-18에서 매우 미묘하지만 아주 중요한 제안을 한다. 그는 고대의 약속들이 아브라함과 "그의 자손"에게 주어졌다고 말한다. 오늘날 우리들에게는 다소 생소하지만 당시 랍비들이 사용하던 논증 스타일을 사용하는데, 바울은 이를 통해 "자손"이 복수가 아니라 단수임을 강조한다. "이 약속들은 아브라함과 그 자손에게 말씀하신 것인데 여럿을

---

31 H. Ridderbos는 바울이 교회 이름으로 사용한 이름들을 소개하면서 바울이 다음과 같이 믿었다고 주장한다. "교회는 하나님의 역사적인 백성의 연속이고 성취다. 하나님은 아브라함을 모든 사람 가운데서 선택하셨고 그와 언약을 맺고 약속을 하심으로써 스스로를 그에게 국한시키셨다." *Paul: An Outline of His Theology* (Grand Rapids, Mich.: Eerdmans, 1975), 327. 『바울 신학』(솔로몬 역간).

가리켜 그 자손들이라 하지 아니하시고 오직 한 사람을 가리켜 네 자손이라 하셨으니 곧 그리스도라"(갈 3:16). 따라서 그리스도가 아브라함의 축복을 받는 진정한 수여자고 우리가 "그리스도 안에" 있다면 우리는 동시에 그리스도와 아브라함의 상속자다. 따라서 그리스도는 "가장 탁월한 아브라함의 씨이고 그분 안에 있는 모든 사람은 동등하게 아브라함의 아들들이다."[32] 브루그만은 다음과 같이 말한다. "그 약속이 계속된다는 것이 바울의 논증에서 핵심이다. 그리스도 안에 있는 상속자들은 새로운 약속을 받는 상속자들이 아니라 머무는 자들이고 그것의 중심은 땅이다."[33]

하지만 그리스도인들이 이제 바울의 생각에 따라서 그 땅의 영토를 주장할 수 있다고 생각하는 것은 잘못이다. 실제로 믿는 이방인들도 함께 섞여 있는 이스라엘의 믿는 남은 자들은 지금 아브라함의 자손들인 메시아적 공동체를 형성하고 있다(하지만 아브라함의 약속과 선물은 지금은 그리스도 안에서 발견된다). 바울은 자신이 갈라디아서에서 율법을 다룬 것과 같은 방식으로 그 땅을 다룬다. 율법은 하나님의 은혜가 그리스도 안에서 드러날 때까지(갈 3:24) 효력이 있는 임시적이고(갈 3:19) 예비적인 것이었다. 데이비스는 바울이 "그 땅에 대해 침묵한 것은 그 땅에 대해 의식적인 관심이 없었다는 것뿐 아니라 의도적으로 그것을 거부하고 있음도 보여주는 것이고, 바울의 약속에 대한 해석은 **전혀 영토적 개념**

---

32 D. Guthrie, *Galatians,* New Century Bible (London: Oliphants, 1974), 102. 이와 비슷한 주제를 담은 다음 책도 참조하라. J. Schniewind, G. Friedrich, "Christ Is the True Heir of the Promise, of the Universal Inheritance, and Determines the Fellow-heirs," *Theological Dictionary of the New Testament*, 10 vols. (Grand Rapids, Mich.: Eerdmans, 1964-76), 2:583. 다음 책에서 인용됨. R. Y. K. Fung, *The Epistle to the Galatians* (Grand Rapids, Mich.: Eerdmans, 1988), 156.

33 Brueggemann, *The Land,* 178.

이 개입되어 있지 않다"[34]라고 주장한다. 바울의 논리는 아브라함의 약속을 "탈영토화"하여 아브라함의 새로운 자손들이 "그리스도 안에서" 그 약속의 성취를 발견하도록 만든다. 또한 바울은 메시아적 공동체에는 영토적인 애착이 없고 오히려 오직 그리스도에게만 애착이 있다고 생각한다. 데이비스는 다음과 같이 결론을 내린다.

구원은 이제 그 땅에 중심을 두고 율법을 따라 살아가는 유대인들에게 국한되지 않게 되었다. 구원은 장소가 아니라 은혜와 믿음이 새겨진 사람들 안에 "자리 잡았다." 바울은 그 약속을 "그리스도 안에서" 개인화함으로써 그것을 보편화시켰다. 바울에게 있어서, 그리스도는 자신의 인격이라는 단수성 안에 그 약속들을 모아들였다. 이런 방식으로, 약속된 "그 영토"는 그리스도의 삶으로 변화되고 성취되었다. 바울이 가진 기독론으로 볼 때, 땅은 특별하고 임시적이었던 율법과 마찬가지로 약속의 본질과는 무관한 것이 되었다.[35]

메시아닉 유대인들이 지금 전 세계에 적용할 수 있는 이러한 보편적인 축복은 로마서 4:13에서 바울이 한 놀라운 진술을 설명해준다. "아브라함이나 그 후손에게 **세상의 상속자**가 되리라고 하신 언약은 율법으로 말미암은 것이 아니요 오직 믿음의 의로 말미암은 것이니라." 물론 아브라함의 약속은 본래 이스라엘 땅을 언급했었다. 그러나 바울 시대 유대인 저자들은 하나님이 사실상 유대인들에게 전 세계를 주셨다고 생각하면서 그 약속을 확장시켰다(스 6:59). **하지만 바울은 지금 그**

---

34 Davies, *The Gospel and the Land*, 179.
35 위와 동일.

들의 논리를 뒤집고 있다. 하나님이 아브라함을 통해 갖고 계신 신적 목적, 곧 그 "씨"를 통해 오는 축복이 예수 그리스도다. 그분만이 "모든 나라"의 복이 될 것이고 이런 점에서 "믿음 안에 있는" 그의 자손들이 이 복을 세상에 전하게 될 것이다.

따라서 우리는 예수님에게서 시작된 두 가지 중요한 사상이 이제 바울의 사고 속에서 강력한 힘을 얻는 것을 보게 된다. 아브라함이 조상으로서 갖는 개념이 재규정된다. 메시아적 공동체는—바울이 갈라디아서 6:16에서 말하는 것처럼—"하나님의 이스라엘"이라고 불리는 것이 옳다. 그리고 땅에 대한 약속도 재해석되었다. 유대인들이 갖고 있던 영토에 대한 열정으로는 하나님의 목적을 더 이상 규정할 수 없다. 하나님의 계획은 전 세계 모든 나라에 대한 비전을 포함한다. 성전 안에서 유대인과 이방인을 나누던 장벽이 이제는 무너지지만(엡 2:11-22), 이것은 지리적 구분, 곧 "그 땅" 안에 사는 사람과 밖에 사는 사람들 사이의 영토적 구분이 무너지는 것도 포함할 것이다. 그리스도의 교회는 이러한 경계선을 더 이상 고려하지 않는다. 노예와 자유인, 남자와 여자, 유대인과 이방인 사이의 구분을 고려하지 않는 것처럼 말이다(갈 3:28).

다른 저자들도 같은 견해를 피력했다. 예를 들어 베드로는 지중해 세계 전역에 살던 그리스도인들에게 그의 첫 편지를 보낸다(벧전 1:1). 하지만 베드로는 구약성경(이스라엘을 위한)에서 직접 가져온 언어를 사용해 다음과 같이 그리스도인들에게 말한다.

그러나 너희는 택하신 족속이요, 왕 같은 제사장들이요, 거룩한 나라요, 그의 소유가 된 백성이니 이는 너희를 어두운 데서 불러내어 그의 기이한 빛에 들어가게 하신 이의 아름다운 덕을 선포하게 하려 하심이라. 너희가 전에는 백성이 아니더니, 이제는 하나님의 백성이요. 전에는 긍휼을 얻지 못하였더니, 이제는 긍휼을 얻은 자니라(벧전 2:9-10).

분명히 이 구절들은 출애굽기에서 가져온 것이다(출 19:6; 23:22). 이 구절들이 의도적으로 말하려는 바는 교회가 하나님의 새로운 백성이라는 것이다.[36] 피터 리차드슨(Peter Richardson)은 이렇게 말한다. "교회가 이스라엘의 유산을 양도받았다"(벧전 1:4).[37] 야고보 사도도 교회를 "열두 지파"(약 1:1)라고 언급하면서 같은 일을 하고 있다.[38]

로마서 9-11장, 이스라엘에 대한 바울의 입장

교회가 사실상 하나님의 백성, 즉 새로운 이스라엘이 되었다면, "그리스도 밖에 있는" 이스라엘은 어떻게 되는가? 바울은 로마서 9-11장에서 믿지 않는 이스라엘에 대한 자신의 견해를 설명한다. 이 세 장은 우리에게 매우 중요한데, 유일하게 교회와 믿지 않는 이스라엘을 직접적으로 대조하고 있기 때문이다.

먼저, 바울은 하나님이 이스라엘을 내치지 않으셨음을 확실히 한다. 왜냐하면 바울 자신이 이스라엘 사람이고 그와 같은 다른 유대인 그리스도인들도 마찬가지로 이스라엘 사람이기 때문이다. 바울은 구약의 남은 자 개념을 다시 끌어오면서, 그리스도인 신자들이 하나님 역사 안에서 새로운 남은 자라고 주장한다. "그런즉 이와 같이 지금도 은혜로 택하심을 따라 남은 자가 있느니라"(롬 11:5).[39] 따라서 바울은 로마서

---

36 위의 책, 173.
37 위의 책, 174.
38 계 21:9-14에서도 같은 일이 일어난다. 교회는 사도들과 이스라엘 지파의 두 이름을 모두 받는다.
39 바울은 왕상 19장에 나오는 엘리야의 이야기를 사용해 남은 자 개념을 설명한다.

11:1에서 "하나님이 자기 백성을 버리셨느냐?"라고 질문한 다음, 감정을 담아 "그럴 수 없느니라!"고 대답한다. 이에 대한 실마리는 로마서 11:2에 나온다. "하나님이 그 미리 아신 자기 백성을 버리지 아니하셨나니." 남은 자는 이스라엘 내에서 언약과 하나님의 목적에 대한 믿음을 지켜온 신자들을 말하고 하나님은 이들이 누구인지 아신다. 따라서 하나님은 그 언약 백성들을 버리신 적이 없었다. 이 사람들이 지금은 교회 내에서 발견되기 때문이다. **그리스도 안에 있는 이스라엘**이 이제 구약의 위대한 언약 역사에 대한 상속자다.[40]

이 남은 자는 단순히 유대인 그리스도인들인가? 전혀 그렇지 않다. 바울은 로마서 9:25-26에서 호세아가 이방인에 대해 말하는 부분을 인용한다. "'너희는 내 백성이 아니라' 한 **그곳에서**[41] 그들이 살아계신 하나님의 아들이라 일컬음을 받으리라 함과 같으니라." 이 선포는 어디서 이뤄졌는가? 예루살렘이다. 하나님의 거룩한 도시는 (유대인과 이방인으로 가득한) 교회가 남은 자, 즉 호세아가 예언한 믿는 자들의 몸으로서 하나님의 목적을 성취했다고 선언될 그곳이다.

두 번째로, 바울은 역사 속에서 하나님의 백성의 모습을 많은 가지를 가진, 즉 많은 사람으로 이루어진 올리브나무로 묘사한다. 그는 믿지 않는 이스라엘은 나무줄기에서 떨어져 나간 가지와 같다고 말한다. 즉 믿지 않는 이스라엘은 이방인 신자들이 "접붙여지도록"(롬 11:17-19) 버려졌고(롬 11:15) "꺾였다"(롬 11:20). "하나님의 백성"(나무 몸통)은 그저

---

40 H. L. Ellison, *The Mystery of Israel: An Exposition of Romans 9-11* (Grand Rapids, Mich.: Eerdmans, 1966), 73-76.

41 바울은 호세아의 말을 인용하면서 "그곳에서"(*ekei*)라는 그리스어를 삽입하여 이방인에 대한 이러한 새로운 정체성이 갖는 장소를 강조한다. 그 장소는 이스라엘 안이 될 것이다. J. Munck, *Christ and Israel: An Interpretation of Romans 9-11* (Philadelphia: Fortress, 1967), 12, 72-73.

이스라엘만 가리키는 것이 아니라 더 넓은 개념이다. 불신과 죄악으로 인해 오랜 세월을 거치며 많은 사람이 "꺾였다." 하지만 이러한 심판의 기간들이 있었을지라도 하나님은 단 한 번도 그 "나무 몸통", 즉 그분의 백성을 버리신 적이 없었다.

세 번째로, 이스라엘이 실패한 근본적인 이유가 바울이 이해하는 의에 대한 개념의 중심에 있다. 바울이 가진 종교적 장점들은 그에게 아무 소용이 없었다(빌 3:4-9). 유대교도 같은 문제를 가지고 있었다. 하나님과 함께하는 장점은 우리가 제공할 수 있는 어떤 것, 역사나 종교를 통해 생각해낼 수 있는 어떤 것에서는 발견될 수 없다. 하나님의 의는 우리의 비어짐으로부터 역사하고 그렇기 때문에 우리에게 은혜가 된다. 이것이 사실이라면 유대인과 이방인이 동등하고(롬 11:32) 유대교는 바울이 할 수 있었던 것보다 더 많은 어떤 역사적 특권을 주장할 수 없다. 사람은 종교적 특권을 근거로 하나님의 약속을 (땅은 더더욱) 요구할 수 없다.[42] 바울은 이스라엘에 대해 이렇게 쓴다.

내가 증언하노니 그들이 하나님께 열심이 있으나 올바른 지식을 따른 것이 아니니라. 하나님의 의를 모르고 자기 의를 세우려고 힘써 하나님의 의에 복종하지 아니 하였느니라. 그리스도는 모든 믿는 자에게 의를 이루기 위하여 율법의 마침이 되시니라(롬 10:2-4).

마지막으로, 바울은 믿지 않는 이스라엘이 비록 하나님의 백성으로부

---

42 E. Kasemann, "Paul and Israel," *New Testament Questions of Today* (Philadelphia: Fortress, 1969), 184. "예수님의 부활 이후로 하나님의 다루심이 모든 민족을 대상으로 한다는 점이 분명해졌고 그 옛날 이스라엘이 선민으로 선택된 것은 이스라엘을 넘어 아담으로부터 시작된 전체 역사를 가리키고 있음이 분명해졌기 때문이다. 하나님의 전능하심 앞에서 특권은 없다"(185).

터 "꺾였을지라도" 그들을 위한 특별한 장소를 남겨둔다. 현재에는 이스라엘이 "우둔해"(롬 11:25)졌지만 미래에는, 즉 이방인들이 "접붙여진" 후에는 모든 이스라엘이 다시 한번 구원을 얻을 것이다(롬 11:26-27). 바울은 이렇게 하나님의 계획 안에서 본래 그리스도를 거부했던 유대인들까지 포함할 미래의 구원을 기대한다. 이스라엘은 현 시대에 다시 접붙여질 수 있지만 오직 예수님을 믿을 때에만 그렇게 될 수 있다(롬 11:23). 대부분의 경우 이스라엘에 대한 바울의 소망은 미래 종말의 때를 염두에 둔다.[43]

하지만 더 말해야 할 것이 있다. 만일 유대교가 (비록 꺾인 모습일지라도) 특별한 미래를 가진 민족, 그래도 여전히 구원받을 민족으로 남는다면, 그들의 불신앙에도 불구하고 현재 그들의 자리는 영예로운 자리가 된다. 바울이 로마서 11:28-29에서 하는 말에 주목해보라. "복음으로 하면 그들이 너희로 말미암아 원수 된 자요, 택하심으로 하면 조상들로 말미암아 사랑을 입은 자라. 하나님의 은사와 부르심에는 후회하심이 없느니라."

바울은 유대교가 지금은 복음에 반하여 서 있다고 스스럼없이 인정한다. 유대교는 그리스도 안에 있는 하나님의 새로운 목적에 적대적이다. 유대교는 새 언약을 거부해왔다. 그럼에도 이런 불순종 속에서도 이 꺾인 가지들은 여전히 역사 속에서 비교할 수 없는 자리를 차지한다. 믿지 않는 유대인들은 구약에서 유배당한 유대인들이 사랑받았던 것처럼 사랑받는다. 유대교는 영속적인 역할을 갖고 있다. 그들의 역사로 인해 그들 조상들에게 주신 약속들로 말미암아 하나님은 역사에서 유대

---

43 G. E. Ladd, *A Theology of the New Testament* (Grand Rapids, Mich.: Eerdmans, 1974), 561-63.

인들을 위한 자리를 남겨두실 것이다. 그들의 현재 상태는 불신앙이지만 그들은 영광을 받을 자격이 있다. 그리고 그들이 그리스도를 영접할 때(지금이 되든 미래가 되든) 그들의 꺾여짐은 회복될 것이다. 바울은 그 회복을 올리브나무 상징을 이용해 묘사하고 있다. 하나님은 "이 원가지들"이 다시 제자리에 접붙여지기를 간절히 원하신다. "네가 원돌감람나무에서 찍힘을 받고 본성을 거슬러 좋은 감람나무에 접붙임을 받았으니 원가지인 이 사람들이야 얼마나 더 자기 감람나무에 접붙이심을 받으랴"(롬 11:24).

정리해보자. 바울의 글 중에서 로마서 9장부터 11장만큼 어려운 장들도 없을 것이다. 해석자들마다 바울의 이중 메시지에 대한 이해가 갈라진다. 한편으로 이스라엘은 타락했고 교회는 그 특권을 독점했다. 다른 한편으로, 바울은 이스라엘에게 지속적인 자리를 (현재와 미래에) 내주고 있다. 어떤 그리스도인들은 믿지 않는 이스라엘이 아직도 아브라함의 약속의 수혜자들로 살고 있고 그리스도의 새 언약이 하나님의 백성들 사이에서 옮겨지지 않았다고 생각한다. 하지만 지금까지 살펴보았듯이, 이러한 견해는 그리스도인들이 아브라함의 상속자라는 (갈라디아서와 로마서에서) 바울의 가르침을 무시한다.

또 어떤 그리스도인들은 이스라엘을 아예 부인한다. 하나님께서 성경 전체에 주신 약속들이 이스라엘과 전혀 상관이 없다고 주장하면서 그들을 아예 부인한다. 바울은 이런 견해에도 똑같이 만족하지 못할 것이다. 그는 로마서 11:29에서 이렇게 말한다. "하나님의 은사와 부르심에는 후회하심이 없느니라."

나는 바울의 이중 메시지를 조화시키는 중간 입장을 선호한다. 이스라엘은 타락했고 철저히 불순종했다. 그리스도인들이 그들의 자리에 접붙여졌다. 실제로 그리스도인들이 아브라함의 상속자들이다. 그러나

타락한 이스라엘은 불신앙에도 불구하고 이스라엘 조상들을 향한 하나님의 신실하심으로 인해 여전히 특별히 여겨지고 존중을 받으며 사랑을 받는다. 달라진 것은 없다. 하나님께서 이사야를 통해 말씀하신 그대로다. "내가 종일 손을 펴서 자기 생각을 따라 옳지 않은 길을 걸어가는 패역한 백성들을 불렀나니"(사 65:2). 그러나 이스라엘의 고집스러움이 그 백성을 향한 하나님의 사랑을 끝내지 않았다. 오늘날에도 마찬가지다.[44] 혹은 신학자들처럼 이렇게 표현할 수도 있을 것이다. "믿지 않는 유대인들을 향한 바울의 소망은 종말론적이고 그리스도의 재림을 기대한다."

잠시 멈추고 다시 한번 내용을 정리하고 넘어가자. 교회는 종종 두 가지 만족스럽지 못한 위치에 놓일 때가 있다. 어떤 사람들은 1) 교회가 이스라엘을 대신했고 하나님은 더 이상 유대인들에게 관심이 없으시다고 주장한다. 이러한 가르침은 수 세기 동안 반유대주의를 양산해왔기에 거부되어야 한다. 또 어떤 사람들은 2) 믿지 않는 이스라엘이 구원의 언약을 유지하고 있기에 오늘날 (거룩한 땅 같은) 모든 언약의 축복들에 대해 권리를 갖는다고 주장한다. 그러나 이러한 견해는 바울이 왜 그렇게 열정적으로 자기 동족 유대인들에게 복음을 전하려고 했는지, 그리고 왜 그것이 우리 신학에서 그리스도의 중심성을 제거하는지 이해하기 어렵다. (종종 두 가지 언약 신학이라고 불리는) 이러한 견해는 학자들 사이에서 신랄한 비판을 받는다. 하지만 이 숲을 헤쳐나가는 또 다른 길이 있다. 3) 그리스도는 하나님을 대체하는 수단이 아니라 하나님의 타협 불가능한 핵심적인 자기표현이다. 따라서 그리스도 없는 유대교는 영

---

44   이스라엘이 사랑받는 자리에 있다는 이 엄연한 사실로 인해 교회 내에 추호라도 반유대주의가 발붙이지 못하도록 해야 한다.

적으로 위험에 처해 있다. 그리스도에 속한 사람들(유대인과 이방인)이 진짜 아브라함의 자녀다. 그러나 그래도 믿지 않는 이스라엘에게도 아직 소망(진정한 소망)이 있다. 그들은 여전히 하나님으로부터 특별한 사랑을 받고 있고("하나님의 은사와 부르심에는 후회하심이 없느니라") 그리스도가 다시 오실 때 자신들의 온전한 정체성을 발견하게 될 것이다. 이 견해는 소위 대체 신학이 아니다. 왜냐하면 이 견해는 역사를 위한 하나님의 계획이라는 경륜 안에서, 이스라엘을 위한 확고한 신학에 근거한 자리를 보유하기 때문이다.

결론

라말라에 있는 조지 신부는 "누가 그 땅의 주인인가?"라는 질문이 그렇게 간단한 것이 아니라고 우리에게 말했다. 그에 대한 답은 아브라함의 약속들을 가리키는 것만으로는 안 된다. 그 약속들의 수혜자로서 현대 이스라엘을 밝히는 것만으로도 안 된다. 그 땅에 대한 이스라엘의 주장을 신학적으로 정당화하는 것만으로도 안 된다. 오히려 기독교 신학은 이 약속들을 받는 진짜 수혜자들이 기독교 교회 안에서 발견될 것이라고 말한다. 아마도 교회가 유일하게 이 약속들을 받게 될지도 모른다! 기독교 신학은 그리스도의 새 언약과 그것이 이스라엘에게 함축하는 내용을 적어도 설명해야 한다.

로마서 11장은 믿지 않는 이스라엘이 여전히 영광스러운 자리를 차지하고 있다고 분명히 말한다. 이 "복음의 원수들"은 사랑받는 자들이지만 그렇다고 해서 이스라엘이 아직도 아브라함의 약속들과 관련해서 유일한 자리를 지킨다는 의미는 아니다. 기독교 가르침에 따르면, 이스라엘은 새 언약이 없었던 것처럼 그 땅에 대해 배타적인 주장을 할 수 없다. 사실 신약은 이전 언약들을 "낡아지고" "쇠하는 것"이라고 말한다(히 8:13).[45] 또한 그리스도인들은 창세기에 나오는 아브라함의 약속들을 단순히 현대 이스라엘로 직접 옮겨놓을 수 없다. 이렇게 하면 아브라함의 유산에 대해 신약이 말하는 모든 내용을 건너뛰게 된다. 신약에 의하면 그리스도인들이 아브라함의 자녀들인데, 그 이유는 이 유산이 족보가 아닌 믿음에 의해 얻어지는 것이기 때문이다. 그리스도 안에서 하나님의 약속은 그들의 것이다.

그리스도인의 관점에서 본 거룩한 땅[46]

신약에 근거해서 그 땅에 대한 신학을 정립한다면 어떤 윤곽이 그려질까? 구약은 영토적 개념을 분명히 갖고 있지만 우리 그리스도인들의 성경인 신약과 그 신약의 독특한 견해로 본다면 어떻게 설명해야 할까?

신약이 말하지 않는 것

신약이 말하지 않는 견해를 말하면서 시작하는 게 도움이 될 것이다. 예를 들어 어떤 면에서 그리스도인들이 족장들에게 주어진 땅에 대한 약속들을 자신들의 것으로 생각할 수 있다는 제안이 신약에는 없다. 믿음 안에서 그리스도를 따르는 자들은 아브라함의 유산에 대해 방어적인

---

45 히브리서는 이 주제를 아주 분명하게 드러낸다. 참고. 히 7:18-19. "전에 있던 계명은 연약하고 무익하므로 폐하고 (율법은 아무것도 온전하게 못할지라) 이에 더 좋은 소망이 생기니 이것으로 우리가 하나님께 가까이 가느니라." 이와 비슷한 내용인 히 9:15은 새 언약을 "첫 언약"이라고 언급하며 설명한다. 새 언약의 초월적인 영광이 옛 언약의 영광을 완전히 대체한다. 히브리서는 렘 31장에 처음 나오는 하나님의 다가올 언약이라는 사고를 염두에 두고 있는 것 같다.

46 나의 책 『예수님과 그 땅』, 110-131쪽에 설명된 결론을 요약한 것이다.

주장을 할 수 있다는 (심지어 "아브라함의 자녀"라고 불릴 수 있다는) 분명한 신약의 주장에도 불구하고, 여전히 그 유산에 대한 약속(땅)은 결코 주장되지 않는다. 신약은 그리스도인들의 거룩한 땅을 세우는 데 관심이 없고, 그리스도의 이름으로 왕국(예루살렘이 중심이 될)을 건설하는 데에도 열정이 없다. 신약에는 비잔틴과 유럽 군대들에게 곧 익숙해질 요청들이 들리지 않는다.

놀라운 점은 이것이다. 교회는 영토적 믿음에 관한 논쟁에 흠뻑 젖은 유대인 세계에서 태어났고 또 하나의 영토적인 종교로서 경쟁하지 않기로 (의도적으로) 선택했다. 지금까지 보았듯이, 이런 결정을 내리게 된 동력은 분명히 주님으로부터 왔다. 복음서는 예수님이 어떻게 이 논쟁들을 올바른 방향으로 이끌어가셨는지 또한 어떻게 제자들이 당시 뜨겁게 불타던 영토 운동에 영향을 받지 않도록 하셨는지 자세히 보여주고 있다.

또한 신약에는 히브리 성경들과 유대교를 보고 그들의 영토적 주장을 유효화하려는 관심이 전혀 없다. 신약 공동체는 1세기 내에 그 거룩한 땅을 다시 한번 배타적으로 유대인 것으로 만들려는 기세에 동참하지 않았다. (66년의 위대한 전쟁도 포함해) 1세기 내내 예수님을 따르는 자들은 자신들을 유대인들의 영토주의와 분리시켰다. 구약의 예언적 약속들을 로마와 열심당원들의 세계관에 비추어 읽어나가면 비현실적이고 아마도 고지식하게 보이는 것이 당연했다. 진정한 아브라함 자손의 정체성을 주장하기 위해 단순히 유대주의적 성취나 기독교적 헌신에 대해 말하는 것은 부적절해 보였을 것이다. 기독교 신학은 영토 종교에 대해 통렬한 비판을 가했는데 특히 유대교에 대해 그러했다.

하지만 신약은 그 땅에 대해 무관심한 척 일축하지 않는다. 지금까지 보았듯이, 복음서는 그리스도의 계시에 대해 이야기하면서 늘 그 계시가 일어난 곳도 함께 언급했다. 위치가 중요한 것은 역사가 중요하기 때문이다. 신약에서 성육신은 (상세한 부분을 다 포함해) 인간의 삶을 진정으로 받아들이는 행위다. 그리고 그분을 통해 드러난 결과는 신학과 역사의 결합이다. 신학과 역사는 그리스도인들이 자신들의 세상과 그리스도를 생각하기 시작하는 기반이 된다.

요약하면, 신약은 다른 질문들을 하고 있고, 일단 그 질문들을 수용하면 영토 신학들이 던진 옛 질문들은 쓸모가 없게 된다. 신약은 "누가 그 땅의 주인인가?"라고 묻지 않는다. 신약은 먼저 하나님과 그 땅의 관계에 대해 질문한 다음 그 땅에 들어오신 그리스도가 어떻게 그곳을 변화시켰는지 질문한다. 여기서 예수님의 견해는 교훈적이 된다. 위대한 포도원 이야기에서(앞에서 언급했듯이, 포도원은 약속의 땅이다) 예수님은 그 포도원이 소유될 수 있다는 기대를 뒤집어엎으신다. 하나님이 (공관복음 이야기에서) 유일한 주인이시고 그 소작인들(그렇다. 그들은 소작인일 뿐이다)은 진짜 주인이 곧 오실 것이고 그들의 소작은 끝날 것임을 깨달아야 한다. 그런 다음 요한복음 15장에서 포도원 모티프는 다른 방향으로 전개된다. 그리스도만이 "그 땅"에 심겨지고, 마지막 질문은 우리가 그 땅에 심겨졌느냐 아니냐가 아니고, 우리가 거룩한 땅을 차지할 수 있느냐 아니냐도 아니며, 우리가 그리스도에게 붙어 있느냐. 그 땅의 소유권은 그리스도인의 문제가 아니다. 신약은 대신 우리가 그 땅의 주인을 직접 알고 있는지를 묻고, 또 다른 틀에서 그 땅이 우리를 소유하고 있는지를 묻는다. 땅을 하나의 물건처럼 취급하며 우리가 그것을 쪼개거나 차지할 수 있는 영적 권위를 갖는 것처럼 행동하는 것은 신약이 말하는 바가 아니다.

땅에 대한 신약신학의 개략

그렇다면 신약은 땅에 대한 현대 담론들(특히 중동처럼 일촉즉발의 갈등 상황에서 이뤄지는 담론들)에 대해 무엇이라고 말하는가?

역사적 기억. 구약신학자 월터 브루그만은 "공간"(space)과 "장소"(place)를 구분해 사용한다. "공간"은 책임이 없는 "자유의 공간을 의미하는 것"으로 텅 비어 있고 중립적이다. 우리는 공간을 통제하고 그것을 상품으로 만들어 우리의 목적을 위해 사용할 수 있다. 하지만 장소는 다른 문제다. "장소는 역사적 의미를 가진 공간으로 이전에 일어났던 일에 대한 기억을 지금도 갖고 있고 그 기억이 세대가 지나도 연속성과 정체성을 제공한다."[47] 이런 의미에서 장소는 우리에게 주장을 할 수 있고 그 장소가 보유하고 있는 것에 우리가 일치되기를 요구하며 겸손과 관심을 요구한다.

성경신학에서 땅은 주인이 마음대로 주장하거나 사용할 수 있는 텅 빈 공간인 적이 한 번도 없다. 땅은 하나님께서 움직여오신 장소이자, 그 백성들에게 맹세하게 하셔서 그들의 영적 역사에 뿌리를 갖게 하시고, 하나님께서 자신을 드러내신 장소다. 가장 큰 유혹은 하나님의 백성이 그 거룩한 땅을 공간으로 여겨서 뭔가 소유할 수 있는 것으로, 텅 빈 땅으로, 거주민들이 그 땅에 대해 권리를 주장할 수 있는 것으로 여기도록 하는 것이다. 이런 큰 유혹이 언제나 땅을 사로잡아왔고 하나의 정치적 소유물로 상품화시켜왔다.

그 땅에서 발견되는 위대한 구원의 행위들 때문에 그리스도인들이 이 땅에 대해 존경심과 존중감을 키워온 것은 지혜로운 처사였다. 이것

---

47 Brueggemann, *The Land*, 4.

은 이 땅이 세계의 다른 땅들보다 더 좋은 땅이라는 의미가 아니라 이 땅이 들려주는 이야기로 인해 가치가 있다는 의미다. 이 땅은 자신의 문화 속에서 일어난 구체적인 사건들을 들려준다. 그래서 모든 땅에 사는 사람들이 이 땅을 보며 자신들의 구원과 소망을 발견한다.

이것은 그 거룩한 땅이 다른 곳에서는 얻을 수 없는 영적 약속들을 전하고 있다는 의미가 아니다. 요르단강에서 세례를 받는 것이 파리나 보스톤에서 세례를 받는 것보다 더 강력하지 않다. 내가 플라스틱 병에 넣어 집에 가지고 온 여리고 모래는 거룩한 땅의 모래이기 때문에 치유 능력이 있는 것이 아니다. 그럼에도 이 땅을 믿음으로 접하게 되면 이 땅이 들려주는 이야기는 너무나 강력하다. 성지 순례는 좋은 것인데, 영적 장신구들이나 신비한 기념품들을 모을 수 있기 때문이 아니라 우리의 구원과 관련된 역사적 사건들을 다시 방문할 수 있고 하나님께서 우리에게 말씀하시고 행하신 일들을 새롭게 할 수 있기 때문이다. 성묘 교회가 거룩한 이유는 그 안에서 벌어졌던 놀라운 사건들 때문이다. 하지만 그것에 대해 소유권을 주장하고 그것을 소유했다고 생각하며 그를 통해 이익을 얻을 것이라고 생각하는 것은 어리석은 처사다. 아합과 이세벨의 충고를 따르는 꼴이다.

성육신과 땅. 신약의 교회는 그 거룩한 땅에 신학적 의미를 부여하기 위해 구약까지 거슬러 올라갈 필요가 없었다. 그저 그리스도를 바라보았다. 그들에게 그 땅은 어떤 영적인 행위에 대한 단순한 상징이 아니었다. 이런 의미에서 신약이 그 땅을 영적인 의미로 본다고 말하는 것은 (데이비스와 반대로) 그 특징을 이해하지 못하는 것이다. 신약은 오히려 거룩한 땅을 재배치하고 그리스도 안에서 그것들을 바라본다. "신약은 그리스도가 계신 곳이라면 어디서나 거룩한 공간을 발견한다." 따라서 세상에서 가장 거룩한 장소, 성전은 그리스도 안에서 발견된다. 그래서 그리스도도 "더 나은 나라"를 갈망하는 그리스도인들을 위해 머물 "장소"를 제공하신다.

이 말은 신약이 거룩한 땅을 땅으로 소유하려는 관심에서 자유롭게 비껴갈 수 있다는 의미다. 그리스도가 그분의 공동체와 함께 살고 거주하기 때문에 그들은 그분과의 관계 안에서 삶의 자리를 발견한다. 이스라엘 족속이 가나안에서 장소를 찾았듯이, 그리스도인들은 그리스도와 함께하는 장소를 찾았다. 이 말은 그리스도인이 종교적 열망의 목적으로 거룩한 땅을 추구하는 것은 신약이 주장하는 바를 심각하게 오해한 것이라는 의미다. 신약은 믿는 자들로 하여금 모든 땅으로 가라고 압박하지만 거룩한 땅을 깊이 존중한다. 그리스도가 세상 끝까지 함께할 것이라고 약속하신다(마 28장; 행 1장). 이제는 아브라함의 자손이라는 주장이 온 세상의 것이기 때문이다(롬 4장).

아마도 이 주제에 대해 가장 예리하게 다룬 신학자는 저 유명한 독일 신학자 칼 바르트일 것이다. 그는 유럽의 유대인들을 죽음으로 몰아넣은 두 전쟁을 목도했기에 1948년 이스라엘 국가가 세워지는 것이 도덕적으로나 정치적으로 꼭 필요한 일이라고 지지했다. 그러나 『교회 교의학』에서 바르트는 어떠한 형태의 영토 신학이든 그리스도인들에게 심각한 잘못일 수밖에 없는 이유를 조심스럽게 설명한다. 그는 신약의 증거들을 찾아 제시한 후, 만일 그리스도인들이 "거룩한 땅"에서 이익을 추구한다면 그것은 최고의 신학적 퇴보가 될 것이라고 결론 내렸다. 바르트는 이를 "유대교로의 퇴보"라고 말했다. 그가 이렇게 본 이유는 다음과 같다.

지도에 표시될 수 있는 거룩한 산이나 거룩한 도시나 거룩한 땅은 더 이상 존재하지 않는다. 공간에 존재하던 하나님의 거룩함이 갑자기 하나님께 쓸모없어졌거나 그 공간이 이교도가 편재한 곳으로 변했기 때문이 아니다. 그 이유는 모든 예언이 이제는 예수 안에서 성취되고, 모든 하나님의 거룩함이 그렇듯이 공간에 존재하는 하나님의 거룩함도 이제는 나사렛 예수이기 때문이다.[48]

따라서 신약은 한때 "시내산과 시온산, 벧엘과 예루살렘"이 가졌던 모든 기대를 그리스도 안에 놓는다. 그리스도인이 유대 영토로 회귀하는 것은 성육신을 통해 이루어진 일을 근본적으로 부인하는 처사다. 그것은 하나님께서 그 모습을 드러내신 새로운 장소, 말하자면 하나님 자신의 아들이라는 새로운 장소에 마땅히 열심을 내야 하는데 그것을 하지 못하게 만드는 처사다. 이런 이유로 신약은 전에는 거룩한 땅이나 성전에 사용되었던 종교적 언어를 그리스도 자신에게 적용시킨다. 그분은 하나님을 만날 수 있는 새로운 장소가 되신다.

땅이 없는 정착. 거룩한 땅과의 이러한 불연속성-연속성은 그리스도의 제자라고 주장하는 사람들에게 독특한 모순을 만들어낸다. 그리스도의 삶의 사건들이 많은 성경적 장소들로부터 들려오기에 그것들은 거룩한 땅과 연결된다. 또는 예루살렘 마리아 영면 교회(Dormition Abbey)에 있던 베네딕트 수도사 바질 픽스너(Fr. Bargil Pixner)는 다음과 같이 말한다. "그 땅은 그리스도인들에게 '다섯 번째 복음서'로서 실제 장소와 시간에 예수님의 삶의 사건들을 기록해 우리에게 복음 이야기를 들려

---

48   Karl Barth, *Church Dogmatics: The Doctrine of God II.1* (English translation, Edinburgh: T&T Clark, 1957), 482.

준다." 또 픽스너는 이렇게 거룩한 장소를 기억의 발자취로 소개함과 동시에, 훌륭한 신학자로서 하나님이 다른 곳에서 임하시는 것과 달리 독특한 방식으로 그곳에 임하는 것이 아님을 우리에게 일깨워준다.

그리스도인들은 다른 "땅들"에 살고 있고 이 땅들도 땅으로서 어떤 해석을 필요로 한다. 거룩한 땅이라는 개념을 잃게 될 때 생기는 문제는 신학이 거룩한 공간의 상실을 경험하는 것이고 하나님이 모든 곳에 "임재"한다는 범신론에 빠질 수 있다는 것이다. 하나님은 어느 곳에나 계시지만 궁극적으로 어느 곳에 자리를 고정하실 수는 없다. 물론 이런 사고가 장점을 갖고 있지만(특히 모든 땅에 동등한 가치와 의미를 부여한다는 점에서), 신약이 말하는 또 하나의 중요한 점을 간과하게 하는 단점도 갖고 있다. 하나님의 임재 처소이신 그리스도가 하나님 오른편으로 올라가셨다면 교회에 주신 성령이라는 선물은 뭔가 다른 것이 세상에서 일어나고 있다는 것을 지금 제안한다. 신약이 교회를 그리스도의 몸으로 말하는 것은 우연이 아니다. 교회는 하나님이 세상을 다시 한번 만날 수 있는 2차 장소다. 교회는 그리스도가 세상에서 행하셨던 일을 행할 의무와 특권을 하나님으로부터 부여받은 공간이다.

따라서 신약은 교회를 살아 계신 하나님의 전으로, 성령 안에서 아버지와 아들이 거하실 처소로 선택하신 장소라고 마음껏 큰 소리로 말할 수 있다(요 14:23; 벧전 2:9). 그러므로 신약은 거룩한 땅의 문제에 대해 교회적 대안을 제시한다. 하나님이 아주 귀하게 여기시는 다른 땅들에 사는 그리스도인들은 그 땅들로 하여금 그리스도의 실재를 체험하게 한다. 따라서 이것이 바로 그리스도인들의 핵심적인 사명이 된다. 이것이 바로 예전에는 성전과 거룩한 땅이 담당했던 신적 사명, 즉 하나님의 임재를 세상 나라들이 경험할 수 있도록 하는 사명이다.

기독교 신학이 이 하나님의 사명 대신 정치적 혹은 역사적 명령에 복종하게 될 때, 그 신학은 세상에서 감당해야 할 최고의 사명을 잃어버리게 된다. 이런 신학들은 즉시 그리스도 안에서 행해진 일이 갖는 중심성을 무시하게 되고, 권력과 통치권을 가지려고 안간힘을 쓰는 세상 이념들과 경쟁하게 되며, 마침내 그들의 주권자이신 예수 그리스도께 불충실하게 된다. 신약은 거룩한 땅을 다시 요구하려는 주장들, 하나님의 이름으로 땅을 다시 정복하려는 요구들, 한 종족에게 종교적 특권을 부여하고 다른 종족들에게는 부인하려는 요구들에 대해 "아니오"라고 대답한다. 예수님은 그런 요구들을 모두 그만두는 신실함을 요구하셨다. 그분은 종교적 특권의 지지를 받은 오래된 영토적 주장들이 더 이상 존재하지 않는 다른 시대, 다른 왕국을 꿈꾸셨다.

요약

이러한 결과가 가져오는 함축적 의미들을 상상해보라. 유대인 정착민들은 "성경에 따르면 그 땅은 우리 것이요"라고 말하며 예루살렘에 사는 그리스도인 거주민들을 몰아낼 수 없다. 이런 논리를 주장하는 그리스도인들은 실수하는 것이다. 성경 전체를 보아야 한다.

또한 신약이 이런 약속들을 영적 의미로 해석하고 있음을 살펴보았다. 즉 땅을 얻고 나라를 세우려는 이스라엘의 노력은 그리스도의 새로운 언약에서 다른 모양을 갖게 된다. 하나님의 백성들은 더 이상 창세기나 여호수아를 기반으로 제국을 건설하라는 요구를 받지 않는다. 땅을 차지해서 나라를 세우려는 이스라엘의 시도는 종교적으로 방향을 잘못 튼 것이다. 하나님의 백성들은 세상 왕국들에 침투해 역사와 인종과 종교적 박해와 상관없이 예수 그리스도의 복음을 만민에게 전하라는 요청을 받는다.

10장

팔레스타인 교회

그리스도인 팔레스타인 사람 혹은 팔레스타인 그리스도인이라는 것이 있을까? 나는 1962년 6월 26일, 베들레헴에서 태어났다. 아주 옛날부터 이 도시에 뿌리내린 가정에서 태어났다. 라헤브 가문은 수 세기 동안 베들레헴과 그 근방에서 살았다.　　　　　　　　　　　　**– 미트리 라헤브 목사, 베들레헴**

아랍 그리스도인으로서 우리가 직면한 핵심 문제는 정확히 이 덫인데, 우리가 다른 사람들, 곧 서구인들에 의해 규정되어왔다는 것이다. 우리의 목소리를 내보려고 한 적이 없고 아무도 우리 목소리를 들어주지 않았으며 한 번도 제대로 말해본 적이 없다. 우리의 경험은 평가절하되었고 우리의 목소리는 묻혔으며 자존감도 잃어버렸다. 우리의 도전은 어떻게 우리의 목소리를 듣게 할 것인가다. 어떻게 우리의 생각과 우리의 행동을 분명히 보여줄지다.　　　　　　　　　　　　**– 무니르 파센, 비르 자이트**

중동에 관해 쓴 데이비드 돌란의 책 표지는 우리가 어떻게 이스라엘/

팔레스타인 문제를 봤는지를 보여주는 그림이다.[1] 그림은 두 주먹으로 그 지역이 표시된 지도를 강하게 내리치는 모습을 보여준다. 한 주먹에는 손목에 다윗의 별이 새겨져 있다. 다른 주먹에는 이슬람의 초승달이 빨간색 문신으로 새겨져 있다. 여기서 화가가 빠트린 부분을 보면 돌란의 실망스러운 책뿐만 아니라 우리 교회들 전체에 퍼져 있는 깊은 무지와 오해를 볼 수 있다. 중동의 종교적 상징들 속에서 십자가는 어디에도 보이지 않는다. 돌란이 우리에게 믿게 하려던 것과는 반대로, 이스라엘/팔레스타인 내 갈등은 유대교와 이슬람 간의 갈등이 아니다. 그 갈등은 형제들 간의 갈등이다. 종족들 간의 갈등이라고도 할 수 있을 것이다. 이들의 싸움은 포괄적인 것으로 문화, 민족주의, 종교를 다 포함한다.

모든 아랍인이 다 무슬림은 아니다. 중동 교회 협의회는 알제리에서 이란까지 동서에 걸쳐 약 1,500만 명의 아랍 그리스도인들이 살고 있다고 믿는다.[2] 레바논과 시리아에는 250만 명의 아랍 그리스도인들이 있다. 요르단에는 20만 명이 있다. 이라크에는 100만 명이 있다(이라크 전쟁 이후 아마도 이 수의 반이 도망갔을 것이다). 이집트에는 약 1,000만 명의 그리스도인들이 있다. 서쪽 시리아 계곡 지대는 "그리스도인 계곡"이라고 불리는데, 수십 개의 그리스도인 마을들이 들어서 있기 때문이다. 이스라엘/팔레스타인에 있는 성지들 때문에, 고대 기독교 공동체들이 교회가 세워진 초기부터 그곳에 존재했었다는 것은 놀랄 일이 아니다. 500만 명이 넘는 전 세계 팔레스타인 인구 중에서 거의 8% 혹은 약 40만 명의 사람들이 그리스도인들이다.[3] 하지만 이들 중 많은 사람

---

1   D. Dolan, *Holy War for the Promised Land: Israel's Struggle to Survive in the Muslim Middle East* (Nashville: Nelson, 1991).

2   중동 교회 협의회 홈페이지 참고. ⟨www.mecchurches.org⟩

3   N. Ateek, *Justice and Only Justice* (Maryknoll, N. Y.: Orbis, 1989), 4.

이 전 세계에 흩어져 있다. 오늘날 더 많은 베들레헴 그리스도인들이 베들레헴 자체보다 칠레와 브라질에 살고 있다.

얼마나 많은 아랍 그리스도인이 아직도 이스라엘/팔레스타인에 살고 있을까? 2009년 중앙 통계청이 발표한 인구 수치에 따르면, 이스라엘 내에 약 122,000명의 아랍 그리스도인들이 살고 있다(비아랍 그리스도인들 29,000명도 그곳에 살고 있어서 도합 151,000명이다). 웨스트뱅크에는 50,000명의 아랍 그리스도인들이 있고 가자에는 3,000명이 있다. 이 말은 이스라엘/팔레스타인 전역에 약 204,000명의 아랍 그리스도인들이 살고 있다는 의미가 된다. 1924년 인구 조사에서 이들은 팔레스타인 인구의 10%였다. 그러나 그 나라에서 벌어진 정치적 위기 때문에 많은 사람이 떠났다. 그럼에도 그 공동체의 크기는 거의 50년 동안 일정한 규모를 유지했지만, 인구 증가율에는 미치지 못해 현재 팔레스타인 그리스도인들은 겨우 2%를 차지한다. 거의 50만 명의 아랍 그리스도인들이 그 나라 밖에서 살고 있다.[4]

이스라엘/팔레스타인 내 기독교 교회의 다양성도 놀랍다. 이 공동체 안에 거의 모든 교파가 다 있다. 그러나 그리스 정교회와 로마 가톨릭이 다수를 차지한다. 교파 분포도는 다음과 같다. 그리스 정교회가 40.7%, 로마 가톨릭이 35.7%, 그리스 가톨릭이 9.3%, 영국 성공회가 6.3%, 시리아파가 2.5%, 루터교가 2.5%, 그 외(콥트 정교회, 아르메니아 정교회) 3.0%다.

가장 오래된 공동체 중 하나는 정교회인데 다양한 분파별로 다 합치면 약 70,000명에 이른다. 현재 이 공동체는 전역에 걸쳐 거의 100개

---

4   이스라엘 중앙 통계청이 2010년 발표한 통계. 〈www1.cbs.gov.il/reader/shnaton/shantone_new.htm?CYear=2010&Vol=61&CSubject=2〉

의 교회와 40개의 수도원이 있다(이 중 17개는 예루살렘 구시가지에 있다). "구도자" 전략으로 봉사 활동을 중시하는 몇몇 독립 성경 교회들도 있다. 나사렛에 복음주의 성경 학교가 있는데, 이 학교에서 매년 800권 이상의 아랍어로 된 신약성경을 배포하고 있다.[5] 나사렛 동쪽에 있는 투란이라는 작은 마을이 이러한 다양성을 보여주는 좋은 예다. 그곳에 있는 침례 교회 목사인 수하일 라마단 목사는 멜키트 가톨릭 교회와 한 정교회 교회를 동시에 같이 섬기고 있다. 그 마을 사람 10,000명 중 30%가 그리스도인이고, 나머지는 모두 무슬림이다.

이러한 사실들은 미국 관광객들뿐 아니라 이스라엘 사람들도 깜짝 놀라게 한다. 250개가 넘는 기독교 교회가 이스라엘/팔레스타인에 존재하지만 이 수치는 너무 작을지 모른다. 그리고 이 수치는 메시아닉 유대인은 포함시키지 않은 것인데, 이 교회에 속한 인원은 15,000-20,000명 정도이고 120개 교회가 있다. 또 가정 교회들이 마을마다 많은데 이 숫자도 포함되지 않았다. 예전에 웨스트뱅크에 있는 유대인 정착민들 모임에서 이 수치를 설명한 적이 있었는데, 그들은 눈을 깜빡거리며 잘못된 수치라고 나를 비난했다. "팔레스타인 사람들은 무슬림들입니다. 아니면 그들이 팔레스타인 사람들이 아니겠지요! 아마 이 아랍 사람들은 서양에서 온 사람들일 겁니다!"라고 말했다. 하지만 그 말은 사실과 전혀 달랐다. 끊이지 않고 이어져온 아랍 그리스도인 인구는 거의 2천 년 동안 팔레스타인에서 살아왔다.

대부분의 팔레스타인 그리스도인들은 베들레헴, 예루살렘, 라말라, 나사렛과 같은 도시에 살고 있는데, 이 도시들에는 그리스도인 인구가 상당수 있고 강력한 교회들이 있다. 하지만 베이트 잘라, 베이트 사후

---

5   Emmaus Bible School, George Khalil, director, Box 240, Nazareth 16101, Israel.

르, 비르 자이트 같은 마을들에도 강력한 기독교 공동체들이 있다.

나블루스 같은 대부분이 무슬림인 도시들에도 교회들이 있다. 유세프 사아데 신부가 섬기는 그리스 가톨릭 교회(멜키트교)는 나블루스에 있는데, 매 주일 50명이 모여서 예배를 드린다. 나블루스에는 12만 명의 거주민이 있지만, 그리스도인은 500-750명을 넘지 않고 대부분 그 도시 외곽에 있는 작은 마을들에 살고 있다.

기독교 마을들도 있다. 제닌시(나블루스 근처)는 약 8개의 마을로 이루어져 있다. 자바데(Zababdeh)는 3개의 기독교 공동체(개신교, 로마 가톨릭, 그리스 정교회)가 섞여 있는 몇 안 되는 마을 중 하나다. 자바데에 사는 3,000명의 거주민 중에서 거의 절반이 그리스도인들이다. 베들레헴 외곽에 있는 베이트 사후르 마을은 저 유명한 성경에 나오는 "목자들의 들판"이다. 10,000명이 넘는 사람들이 사는데 대부분이 그리스도인이다. 이 사람들의 사연을 서양 사람들이 들어야 한다.

팔레스타인 교회의 목회자들은 매일 군대의 점령과 싸워야 하는 사람들, 분노와 증오와 무력감과 절망을 느끼며 살아가는 사람들을 목회하고 있다. 나디아 아부쉬는 어머니이자 음악가로 라말라에 살고 있는데 이곳에서 영국 성공회를 섬긴다. "전 삶이 다를 수도 있다는 사실을 몰랐어요. 이곳에서는 언제나 긴장이 흐르고 고통이 있으니까요. 아이를 기르면서 성숙해지고 사고가 깊어지며 정치적으로도 자각하게 되었어요. 저는 아이들에게 이 상황이 비정상이라는 것을 말해줍니다. 삶은 이렇지 않다고 말해주죠. 하지만 아이들은 '뭐가 정상이에요?'라고 묻지요." 1991년 부활절, 그녀의 16살 난 아들이 친척집에 가다가 이스라엘 군대가 쏜 총에 맞고 체포되었다. 250달러의 벌금을 낸 후에 아들은 풀려났지만, 그 부당한 사건의 상처는 아직도 그 가족을 괴롭히고 있다.

팔레스타인 그리스도인들의 다섯 가지 주된 관심사

팔레스타인 그리스도인들이 중동에서 자신들의 정체성을 이해하려고 할 때 만만치 않은 도전에 직면한다. 베들레헴에 있는 한 목회자가 내게 이렇게 질문했다. "청년부 리더 두 명이 이스라엘 감옥에서 고문을 당하고 왔을 때 청년부를 어떻게 이끄시겠습니까?" 기독교 고등학교 학생들은 제자도의 일부로 고통을 받아들이는 법을 배워야 한다. 신약 전반에 걸쳐 묘사된 제자 됨의 모습 그대로다. 2차 인티파다가 있었던 2002년에 베들레헴이 점령되었을 때, 그곳에서 지도적인 위치에 있던 루터 교회가 군인들에 의해 공격을 받아서 문들이 많이 부서졌고 사무실이 털리고 엉망이 되었다.

심지어 교회에서 성경을 사용하는 것도 어려워졌다. 예루살렘에 있는 목사인 나임 아티크는 이렇게 말한다. "서구 그리스도인들과 많은 종교적 유대인들이 우리와 같은 성경을 사용합니다. 그런데 그들은 그 성경에서 하나님의 계시라고 말하며 우리 땅을 정복하고 우리나라 사람들을 죽이는 일을 정당화하고 있습니다."[6] 아티크의 말이 옳다. 성경이 통치자들에 의해 죽음과 파괴의 도구로 사용된다면(당신을 죽이는 것이 성경이라면), 회중들의 삶에서 성경을 빛과 생명의 원천으로 만드는 일은 어려워진다. 예루살렘에 있는 한 그리스도인 리더가 최근에 이를 명확히 보여주었다. 그는 "전 구약은 그냥 무시해요"라고 말했다. 그녀가 보기에 구약은 이스라엘이 그녀를 정복하기 위해 사용하는 위임장과 같기 때문이다.

성경 사용에 대한 이러한 어려움을 실제로 느낀 사건이 있었다. 나는

---

6   Ateek, *Justice and Only Justice*, 3.

1992년 어느 날 예루살렘 북쪽에 있는 베트 엘이라는 정착촌에서 하룻밤을 보내며 유대인 정착민들의 토론에 참여하게 되었다. 그들은 대부분 뉴욕에서 온 사람들 같았다. 그들에게는 이스라엘이 아랍 사람들을 대하는 방법이 성경에서 정복하라고 말하는 방법에 따라 정당한 것이었다. 그들은 불평등한 시민들로 이루어진 국가라는 개념을 지적으로 변호했다. 한 사람이 이렇게 말했다. "아랍 사람들은 우리와 다르고 양도할 수 없는 권리를 가지고 있지 않기에 언제나 이류 시민이어야 합니다"(전에 오스트레일리아 사람이 아직도 숲에서 살고 있는 오스트레일리아 원주민들에 대해 이야기할 때 했던 말과 똑같았다). 여기서 요지는 오늘날 이러한 주장이 신학적으로 정당화되고 있다는 사실이다. 이스라엘의 "인종차별"은 그 근거를 성경에서 가져오고 있어서, 중동에서 성경을 사용하는 모든 사람과 기독교 교회들을 아주 곤란하게 만들고 있다.

나는 2012년 3월에 미국 그리스도인 학생들을 단체로 이스라엘/팔레스타인으로 데리고 왔는데, 헤브론을 관광한 후 베들레헴/헤브론 고속도로 주변에 있는 이스라엘 정착촌을 들렀다. 그곳 회당에서 정책 홍보담당관이 우리를 따뜻하게 맞아주었다. 그는 간략하게 소개를 마친 후, 이 성지는 오직 유대인들의 것이라고 주장했다. 그러자 내 학생 중 한 명이 난처한 질문을 했다. "팔레스타인 사람들은 당신들의 이웃이 아닌가요?" 그는 언덕을 손으로 가리키며 "물론 그렇습니다"라고 대답했다. 그러자 그 학생이 또 질문을 했다. "하지만 레위기 19:18에 따르면, 모세는 우리가 이웃을 사랑해야 한다고 말했습니다. 당신들은 팔레스타인 사람들을 사랑하십니까?" 그 사람은 잠시 가만히 생각을 하더니 이렇게 말했다. "생각을 바꿨습니다. 팔레스타인 사람들은 우리 이웃이 아닙니다." 함께 간 학생들은 이 대답에 너무나 놀랐다. 그래서 호텔로 돌아오는 내내 선한 사마리아인 이야기로 아주 유익한 토론을 벌였다.

  아래서 다루어지는 네 가지 주된 관심사는 베들레헴부터 나사렛까지 팔레스타인 그리스도인들 사이에서 들을 수 있다. 그리고 지난 10년 사이에 한 가지 관심사가 더 등장하고 있다. 미국인 신자로서 잠시 멈추고 듣지 않을 수 없다. 이 사람들은 그리스도 안에서 내 형제요, 자매다. 그들은 조상 대대로 기독교 신앙으로 살아온 사람들이다. 나는 그들에게 신앙을 빚진 자다.

자신들을 알아주고 교제하자는 호소

라말라에 있는 비르 자이트 대학 교육학과 교수인 무니르 파쉐(Munir Fasheh)는 우리가 팔레스타인 그리스도인들을 보지 못하고 있다는 점을 지적했다.[7] 파쉐의 말이 옳다. 관광객이나 순례객들이 성지에 가면 아랍 그리스도인들을 만나고 깜짝 놀라는 일이 흔하다. "언제 그리스도인이 되셨나요?"라는 질문은 팔레스타인 그리스도인들이 늘 듣는 질문이다. 그리고 그런 질문은 그들에게 깊은 상처를 안겨준다. 그 질문에는 아랍 사람들은 (대부분 무슬림일 것이고) 도저히 그리스도인일 수 없고 서구 복음주의자들이 그들에게 구원을 가져다주었을 것이라는 전제가 들어 있다.[8] 우리 대학에서는 매년 여름 50명의 학생들을 이스라엘로 보내 그 땅과 그곳 사람들을 경험하고 오게 한다. 그들이 그곳에서 4주를 지내면서 아랍 사람을 개인적으로 만나는 경우는 거의 없기에 팔레스

---

7   N. Adieux, M. Ellis, R. Ruether, eds., *Faith and the Intifada: Palestinian Christian Voices* (Maryknoll, N.Y.: Orbis, 1992), 61-63.

8   다음 책에 나오는 놀라운 이야기들을 참고하라. J. M. Hefley, *Arabs, Christians and Jews: They Want Peace Now!* (Plainfield, N.J.: Logos, 1978), 25-37.

타인 그리스도인들을 "발견하는" 일도 거의 없다. 예루살렘 지도자들은 학생들에게 예루살렘 구시가지는 위험하고 베들레헴으로 들어가는 것도 위험하다고 경고하곤 한다. 그리고 그 결과 학생들은 뭔가 두려움을 느끼게 되고 백인 미국인들이 아프리카계 미국인 마을에 들어가 그들을 만나기를 두려워하는 것과 똑같은 감정을 느낀다.

용기 있는 사람들만 그런 고정관념을 깨는 것 같다. 나는 그들에게 예루살렘 구시가지 북쪽에 있는 아랍 버스 정류장을 찾는 방법을 몰래 가르쳐준다. 예전에 내가 학생들을 이스라엘/팔레스타인으로 데려갔을 때, 몇몇 학생들이 관광 코스를 벗어나 팔레스타인 무슬림들을 만나고 싶어 한 적이 있었다. 그중 세 명이 책을 읽으면서 황금 돔 사원 근처 나무 아래에 앉아 있었다. 곧 아이들이 다가왔고 그들은 아이들과 함께 축구를 했다. 그런 다음엔 구시가지 무슬림 지역에 있는 아이들 집에서 가족들과 함께 저녁 식사를 했다. 아마 그 아이들은 그날이 최고의 밤이었다고 말할 것이다. 또 다른 예로 나는 25명의 학생들을 베들레헴으로 데려가 아랍 루터 교회 젊은이들과 합류시킨 적이 있었다. 그날 밤 우리는 게임도 하고 노래도 부르며 아랍 춤을 배우기도 하고 달콤한 바클라와를 먹기도 했다. 그런 다음에는 소그룹으로 모여서 팔레스타인과 미국에서 그리스도인으로서 싸워야 할 싸움에 대해 서로 이야기를 나누었다. 학생들은 이것이 자신들에게 삶을 뒤바꿔놓는 경험이었다고 내게 말했다.

하지만 가장 문제가 되는 것은 아마도 서구 복음주의자들이 아랍 그리스도인들을 대하는 태도일 것이다. 1990년 5월 나는 서예루살렘에 있는 국제 기독교 대표부 이전 대표인 요한 뤽호프(Johann Lückhoff)와 인터뷰를 했다. 내가 팔레스타인 그리스도인들에 대해 물었을 때 그의 대답의 요지는 이러했다. "그들은 진짜 그리스도인들이 아닙니다. 아랍 사람들에게 기독교는 그저 정치적 신념일 뿐입니다."[9] 분명히 뤽호프는 그 나라에 살고 있는 수천 명의 그리스도인 중 어떤 사람과도 함께 기도하거나 예배를 드려본 적이 없었다. 나는 2000년 6월에 소위 그 대표부를 다시 한번 방문했는데 이번에는 그곳이 호화롭게 꾸며져 있고 안전 철조망을 쳐놓고 경호원이 문에 서서 지키고 있는 모습을 보고 깜짝 놀랐다. 뤽호프 씨에게 비슷한 질문을 해보았지만 그의 견해는 그대로였다. 그가 볼 때, 아랍 그리스도인들이 아랍인들의 이익을 대변하는 것은 자신들의 신앙을 저버리는 행동이었다. 뤽호프가 "이스라엘의 회복을 촉구하는 것이 아랍 정신의 첫 표시입니다"라고 말했다. 다행히도 최근에는 그 대표부에 새로운 리더십이 세워져 더 성숙한 관점을 보이고 있다.

확실한 것은 미국인 복음주의자로서 중동 사람들의 신앙을 나의 문화적 혹은 영적인 용어로 판단해서는 안 된다는 것이다. 그들의 신앙은 나와는 다르게 형성되어 있다. 제임스 스타뮬리스(James Stamoolis)는 우리가 이 "고대 교회들"을 얼마나 오해하고 있는지 자세히 쓴 바 있다.[10] 동방의 교회들은 우리 서방의 신앙을 형성해온 아우구스티누스나 아퀴나스 혹은 루터의 사상을 물려받지 않았다. 나사렛에서 온 아랍 멜키트 정교회 교도인 할머니가 자신의 유일한 소망이 그리스도라고 말할 때 나는 그분의 신앙을 비꼬지 않을 것이다. 그녀가 아이작 와츠의 찬송보다 향을 더 선호한다고 해도 내가 판단할 일이 아니다.

팔레스타인 그리스도인들은 우리가 그들을 동등하게 받아들여 주고

---

9 개인 인터뷰, 1990년 5월 29일. 「코너스톤」 잡지와의 인터뷰에서 Jan Willem van Der Hoeven은 모든 팔레스타인인은 "악하고, 칼을 휘두르는 테러리스트들"이라고 정형화시켰다. *Cornerstone* 21, 100호 (1992): 24.

10 J. J. Stamoolis, *Eastern Orthodox Mission Theology Today*, American Society of Missiology Series, no. 10 (Maryknoll, N. Y.: Orbis, 1986).

함께 교제하기를 원한다. 그들은 자신들의 신앙이 인정받고 존중받기를 원하지만 그렇다고 자신들의 신앙이 진짜가 되기 위해 우리의 인정이 필요하다고 생각하지는 않는다. 그들의 기독교 전통은 서양이 인정하든 안 하든 나름의 생명과 유효성을 갖는다. 아랍 그리스도인들은 2천년 동안 중동에서 살아왔고 우리가 상상하는 것 이상의 압제와 슬픔 속에서도 살아남았다. 그들은 서양이 자신들의 기독교에 부여하는 존중을 자신들도 똑같이 받기를 원한다. 웨스트뱅크에서 가톨릭 사제로 섬기고 있는 마흐디 알 시리아니(Majdi al-Siryani) 신부는 이 교회들이 수 세기를 거쳐 현재보다 훨씬 열악한 환경을 이겨내왔다는 사실을 우리가 기억하도록 촉구한다. "우리는 강하고 용감합니다. 우리를 우습게 여기지 마십시오. 우리 편에 서주십시오."

정의를 향한 외침

나사렛에 있는 그리스도 복음주의 교회는 그 나라에서 가장 아름다운 성공회 교회 중 하나다. 앞에 놓인 강대상 뒤로 아랍어가 새겨져 있는데, 1871년 그 교회가 세워진 이래로 줄곧 그 교회의 모토였다. 나사렛은 예수님이 자라난 곳일 뿐 아니라 그 사역과 메시아 되심을 선포했던 곳이다. 이 선언은 누가복음 4:18-19에 나온다.

주의 성령이 내게 임하셨으니 이는 "가난한 자에게 복음을 전하게 하시려고 내게 기름을 부으시고, 나를 보내사 포로 된 자에게 자유를, 눈먼 자에게 다시 보게 함을 전파하며 눌린 자를 자유롭게 하고 주의 은혜의 해를 전파하게 하려 하심이라" 하였더라.

오늘날 이 본문은 팔레스타인 그리스도인들에게 심오한 의미를 갖는다. 자히 나시르 목사가 예전에 섬기던 나사렛에 있는 교회에 서서 (지금 그는 예루살렘에 있다) 이 구절들을 내게 설명해주었다. 그는 이 구절들을 인용하기를 좋아했는데, 그 이유는 예수님이 이 말씀을 하신 장소가 지금 우리가 서 있는 장소에서 그리 멀지 않은 곳이었기 때문이다! 그런 주장을 할 수 있는 교회는 거의 없다. 그 말씀들은 자히 목사에게 예수님의 사명감에 대해 말해준다. 예수님은 가난한 자, 포로 된 자, 눈먼 자, 억압받는 자를 마음에 품으셨다. 어느 주일날 팔레스타인 교회에서 예배를 드리다가 회중들이 찰스 웨슬리의 "하나님의 크신 사랑"(Love Divine, All Loves Excelling)을 아랍어로 부르는 것을 들으며 이 말씀을 생각해보았다. 찬양의 가사가 그 말씀의 의미를 담고 있었다. 즉 하나님의 구원은 우리의 영원한 운명을 안전하게 보장할 뿐 아니라 우리에게 모든 악과 고통으로부터 구원받는 은혜로운 삶을 주면서 완성될 것이라는 의미를 담고 있다.

대부분의 팔레스타인 목회자들은 누가복음 4장의 이 말씀을 진지하게 받아들인다. 인종차별이 극에 달하고, 정부 정책이 노골적으로 불평등하며, 사법 체계의 보호를 받을 수 없는 경우가 허다한 이 나라에서 살아가는 문제가 그들의 사역을 형성해왔다. 가족이 소유한 땅을 빼앗기고, 교구민의 집이 충분한 이유 없이 폭파되며, 청년 회원이 이스라엘 군대 감옥으로 소리 소문 없이 잡혀갈 때, 삶은 예전 같을 수 없다.

팔레스타인 그리스도인들은 우리의 도움을 기다리고 있다. 그들은 자신들이 (소수의 그리스도인들이 다수의 유대인들 치하에서 고통을 받던) 1세기 교회의 상황을 역사 속에서 처음으로 다시 체험하고 있다고 주장한다. 서구에 있는 우리들은 디아스포라 그리스도인 혹은 분산된 그리스도인들이고 팔레스타인 그리스도인들은 우리의 지원을 필요로 한다. 이와 똑같은 방식으로, 바울은 3차 전도여행에서 심하게 억압받고 있던 중동 교회를 위해 그리스 그리스도인들의 도움을 모았다(참고. 고전 16:1-4; 고후 8:1-15; 살후 2:13-16).

팔레스타인 그리스도인들의 경험을 대변하는 성경 구절 하나를 대라고 한다면 열왕기상 21장에 나오는 아합과 나봇의 포도원 이야기일 것이다(이미 5장에서 다루었다). 이 이야기는 가장 심각한 불의, 즉 땅을 빼앗는 일을 말하고 있기에 그들의 상황을 가장 잘 대변한다고 할 수 있다. 이스라엘이 땅을 빼앗으며 구실로 내세우는 국가 안보(national security), 편의주의(expediency), 원소유권(primary domain)은 아합이 나봇의 포도원을 빼앗기 위해 세운 계략들과 모두 비견된다. 성경에 나오는 이 사건은 팔레스타인 사람들의 마음을 녹이기에 충분해서 팔레스타인 리더들은 자신들의 경험을 표현하는 방법으로 이 이야기를 너무나 자주 사용한다.

또 하나 중요한 이야기는 누가복음 19장에 나오는 삭개오 이야기다.[11] 삭개오는 사람들의 돈을 착취하는 부정직한 세리였다. 예수님은 구원이 삭개오의 집에 임했다고 선포하셨다. 그분은 삭개오가 새롭게 도덕적인 삶을 살게 되었다는 증거를 보셨다. 도둑이었던 삭개오는 자신이 도둑질한 것을 다 갚아주었고 그것에 더 보태어 보상을 해주었다. 이 이야기는 팔레스타인 사람들에게 너무나 중요하다. 의로워졌다는 증거는 회개와 훔친 것을 갚는 데서 드러난다. 이스라엘은 땅과 그곳에 사는 많은 사람의 삶을 훔치고 있다.

나사렛은 이런 유의 이야기를 보여주는 훌륭한 사례 연구다.[12] 갈릴

---

11   베들레헴 성경 신학교 교회사 교수인 Mitri Raheb 박사가 설명해주었다. 1992년 3월 31일.
12   아랍 나사렛이 운영하는 훌륭한 홈페이지를 참고하라. 〈www.nazareth.muni.il〉. 현 나

리 남부 아름다운 언덕에 자리한 나사렛은 오랜 아랍 기독교 역사를 가지고 있다. 1948년 이스라엘은 이 도시 주변 마을들에서 대부분의 팔레스타인 사람들을 쫓아냈지만, 서방의 비난이 두려워 정작 나사렛에서는 아랍 그리스도인들을 다 몰아낼 수 없었다. 나사렛만 빼고 주위는 모두 새로운 이스라엘 경계들이 세워졌다. 그러자 15,000명의 난민들이 이곳으로 도망쳐 들어오면서 13,000명이던 마을이 갑자기 두 배로 커졌다. 그렇게 해서 이 사람들은 20년 동안 그 도시를 떠날 수 없었다. 군의 허락이 없이는 일자리를 찾기 위해 다른 곳으로 갈 수도 없었고 부근의 결혼식에도 참석할 수 없었다.

그러다가 그 땅의 압수 작업이 시작되었다. (30년 후) 1978년경 나사렛 땅의 70%가 국유화되었고 현재는 국유화된 땅이 93%다. 나사렛 시는 땅을 돌려달라고 청원했지만(이들도 아랍계 이스라엘 시민이었다!) 1955년 이스라엘 법정은 나사렛 땅에 또 다른 유대인 마을을 세우려는 정부의 계획을 승인했다. 1960년에 나사렛 일리트("더 좋은"이라는 뜻이다)라는 새 유대인 도시가 건설되기 시작했는데, 이때 이미 카르미엘(Karmiel)과 믹달 해멕(Migdal Haemek)이라는 두 개의 유대인 마을이 근방에 존재하고 있었다. 이스라엘 국무부 장관은 이 계획의 의도를 묻는 질문에, 나사렛에 유대인 인구를 점점 늘려서 아랍 나사렛을 일리트 나사렛이라는 유대인 도시의 게토로 만들기 위해서라고 답했다. 현재 아랍 나사렛은 80,000명으로 성장했다. 일리트 나사렛에는 42,000명의 거주민이 있는데 한 가지 다른 점이 있다. 나사렛 일리트의 땅이 아랍 이웃들보다 네 배나 더 크다는 점이다. 나사렛 일리트 주변에는 산업

사렛 상황에 대한 연구를 위해 J. Cook의 연구를 참고했다. "Welcome to Nazareth," *The Link* 45.4 (2012), 2-13.

단지들이 들어서 있지만 아랍 나사렛에는 이러한 개발이 허용되지 않는다.

오늘날 이스라엘은 갈릴리를 개발하려는 계획을 세우고 이를 행할 부서를 신설했다. 하지만 예산을 보면 세부적인 내용이 다른 것을 알 수 있다. 개발을 위해 책정된 4천5백만 달러 중에서 아랍 공동체들을 위해 할당된 몫은 하나도 없다. 그들의 목적은 관대한 세금 혜택과 인센티브를 통해 2020년까지 수십만 명의 유대인들을 그 지역으로 끌어오는 것이다.

인종차별은 그저 이스라엘 점령지에서 일어나는 것이라고 생각하기 쉽다. 하지만 여기 **이스라엘 내에서도** 똑같은 일이 벌어지고 있다. 즉 한때 번창하던 팔레스타인 도시들의 땅을 빼앗고 이후에 경제적으로 숨통을 조이는 방법이다.[13]

역사적인 거주권 주장

리아 아부 엘 아쌀(Ria Abu El-Assal) 신부는 1998년부터 2007년까지 예루살렘 영국 성공회에서 일했다. 그는 유대인들이 성경을 근거로 땅의 소유권을 주장하는 것을 들을 때면 실망스러워한다. 그가 느끼기에 미국 그리스도인들은 중동에 떠도는 신화를 사실인 양 받아들이는 것 같다. 그 신화는 다음과 같다. 유대인들이 구약 시대 내내 그 땅을 소유하고 있다가 기원후 70년 로마에 의해 쫓겨나게 되었고, 그들이 쫓겨난 틈을 타서 아랍 사람들이 7세기경 무함마드의 인도를 받으며 그 지

---

13 아랍 나사렛 홈페이지 참고. 〈www.nazareth.muni.il〉. 현 나사렛 상황에 대한 연구를 위해 J. Cook의 연구를 참고했다. "Welcome to Nazareth," *The Link* 45.4 (2012), 2-13.

역으로 이주해 들어왔다는 것이다. 이제 아랍 사람들의 막간극은 끝나고 유대인들이 다시 집으로 돌아왔다. 따라서 역사적인 영구 소유권이 없는 아랍 거주민들은 그 땅과 거주권에 대해 역사적인 주장을 할 수 없다.

그러나 엘 아쌀은 예전에 이슬람 역사를 가르쳤던 사람으로서 현재 중요한 팔레스타인 기독교 리더다. 그는 "아랍 사람들"과 "유대인들" 사이의 역사적 관계에 대해 깊이 생각해왔다. 그는 두 가지를 말한다. 먼저, "아랍"은 중동 전역에 있는 사람들을 인종적으로 일컫는 말이다. 그리고 아랍 "유대인들"은 고대에 흔히 사용되었다.[14] 이 사람들은 인종적으로 아랍 사람들이지만 유대교를 받아들인 사람들이다. 구약에서도 이러한 비유대인들이 이스라엘로 합병되는 것이 흔한 일이었다. 이드로는 미디안 사람(아랍인들의 이웃)이었고 그의 딸이 모세의 아내가 되었다(출 2:15, 22). 이드로를 오늘날 중동 사람들과 구분하기는 쉽지 않다. 사실 유대교는 (기독교가 그랬던 것처럼) 아라비아를 통해 인도까지 전해졌는데, 아랍 유대인들은 그곳에서 살면서 이곳저곳을 옮겨다녔다. 이스라엘이 70년에 쫓겨났을 때 유대인들은 아라비아, 이라크, 이집트, 페르시아만에 있는 이 아랍 유대인 공동체들로 도망갔다.[15] 따라서 아랍 사람들은 유대교에 익숙했고 그들 중 많은 사람이 중동 전역에 퍼져 있는 유대인 신자들이었다.

---

14 유대인과 아랍인들은 인종적으로 셈족이거나 노아의 아들인 셈의 후손들이라는 점을 기억하라. 따라서 아랍인을 "반유대주의자"라고 부르는 것은 잘못이다.

15 600년 후 무함마드가 등장했을 때 메디나의 가장 큰 부족은 유대인이었다. 무함마드는 원래 추종자들에게 예루살렘 방향으로 기도하라고 말했다! 하지만 아라비아에 있는 초기 교회가 그의 개혁을 수용하려 하지 않았고 그의 리더십을 받아들이려 하지 않았기 때문에 이슬람이 탄생하게 되었다. 따라서 El-Assal 따르면, 초기 기독교가 이슬람 신앙을 탄생시키는 데 일말의 책임이 있다.

엘 아쌀이 말하는 두 번째 요지이자 가장 중요한 점은 아랍 유대인들이 초기 교회에서 그리스도께로 회심한 사람들 중에 있었다는 것이다. 사도행전 2:11은 오순절에 회심한 사람들 중에서 이런 아랍 사람들의 이름을 구체적으로 포함시키고 있다. 엘 아쌀은 이렇게 주장한다. "이것이 제 혈통입니다. 그리스도를 믿는 믿음을 받아들였던 아랍 유대인들이 제 조상입니다. 저는 오순절에 구원받은 사람들을 그저 지켜보던 사람이 아니라 바로 구원받은 자들 속에 속해 있었습니다." 초기 역사가들은 도마가 아랍 족속들에게 복음을 전했다고 말한다. 그런 후 중동에서 종종 일어났던 일로, 족장이 믿음을 받아들이자 온 부족이 그리스도께로 회심했다. "많은 사람이 제사장과 사제가 되었고 몇몇 사람은 교회 성인들의 이름을 따서 이름을 짓기도 했으며…그중 수백 명이 기독교 신앙 때문에 순교했다."[16]

이슬람교와 중동 역사 교수인 케네스 크래그는 『아랍 기독교: 중동의 역사』라는 아주 훌륭한 책을 출간했다. 그는 교회 역사의 매우 초기부터 이 지역에 토착 교회가 있었음을 보여주기 위해 충분한 증거(아랍 그리스도인들을 만난 교회 고위 인사들의 방문부터 고대 아랍 그리스도인 시인까지)를 제시한다.[17] 그가 도전적으로 제안하는 내용은 적잖이 추상적이고 그리스화된 3-4세기 기독교가 아랍 문화에 전반적인 영향을 끼치는 데 실패

---

16   R. Abu El-Assal, "The Identity of the Palestinian Christian in Israel," *Faith and the Intifada*, 78-79.

17   K. Cragg, *The Arab Christian: A History of the Middle East* (Louisville: Westminster/John Knox, 1991), 31-51; 비교. J. Trimingham, *Christianity Among the Arabs in Pre-Islamic Times* (New York: Longman, 1979). Irfan Shahid는 이슬람이 등장하기 이전 시대의 아랍인들의 삶을 연구했다. 그가 쓴 다음 책을 참고하라. *Rome and the Arabs in the Third Century* (Washington, D.C.: Dumbarton Oaks, 1980); *Byzantium and the Arabs in the Fourth Century* (Washington, D. C.: Dumbarton Oaks, 1984); *Byzantium and the Arabs in the Fifth Century* (Washington, D. C.: Dumbarton Oaks, 1990).

했다는 것이다. 비잔틴 기독교는 아랍 문화가 토착적인 형태의 믿음을 형성하기보다 오히려 이질적인 문화들을 받아들이게 만들었다. 이렇게 해서 7세기경에는 무함마드가 이끄는 "아랍 종교"가 탄생하게 되었다.[18]

요지는 이것이다. 땅에 대한 약속이 땅 보유권(tenure)과 성경적 약속으로 인해 유대인들에게 주어지는 것이라면, 유대교를 받아들인 아랍 사람들도 이 약속을 받은 것이고 예수를 믿는다고 해서 유대인의 후손이라는 그들의 주장이 무효가 되는 것은 아니다. "아랍 그리스도인들은 어디서 유래했는가?"라고 묻는다면, 답은 분명히 오순절로 시작된다. 따라서 아랍 사람들은 이스라엘/팔레스타인에 "뒤늦게" 등장한 사람들이 아니다(비록 수 세기 동안 이슬람 문화에 젖어 있긴 했지만 말이다). 유대-그리스도인 공동체들은 성장하는 중이었던 반면 아랍 유대인들은 이미 정점에 있었다. 이 아랍 사람들은 유대교를 받아들였고 그런 다음 그리스도께 회심했다. 동시에 이스라엘 안과 그 주변에 살던 아랍 사람들도 마찬가지로 교회 1세대에 회심했을 것이다. 이 사람들은 우리가 알고 있는 초기 교회 공동체들에 속해 있었고 그들은 그때부터 줄곧 중동에서 살았다.[19]

사라지고 있는 교회

팔레스타인 그리스도인들이 처한 상황은 점점 위험해지고 있어서 많은

---

18 이 책에서 다룰 수 없는 또 하나의 큰 주제로, 초기 에큐메니칼 공의회들(특히 451년 칼케돈 공의회)이 내린 결정들이 기독교 신앙을 지역적으로 드러내지 못하도록 막는 역할을 했다는 점을 연구한 것도 있다.

19 이 견해는 이스라엘 내 기독교 시온주의자들 사이에서 뜨거운 논쟁거리가 되고 있다. 참고. C. Wagner, "The Palestinization of Jesus," *Dispatch from Jerusalem* 17, no. 1 (1992): 1.

사람이 그 나라를 떠나고 있다. 이그나티오스 4세 주교는 그것을 "중동에서 기독교 비우기"라고 부른다.[20] 나는 얼마 전에 웨스트뱅크에 사는 한 아랍 그리스도인 가족과 식사를 한 적이 있는데, 그들이 말하길 대학 교육을 받은 자녀들은 모두 미국으로 이민을 가고 있다고 했다. 그들은 눈물을 흘리며 이렇게 말했다. "우리가 뭘 할 수 있을까요? 여기서는 직업도 구할 수 없습니다. 결혼하고 집을 가질 꿈도 꿀 수 없지요. 물론 우리 땅을 너무나 사랑하지만 언제까지 이런 긴장을 더 감수할 수 있을까요?" 나는 그들에게 그들의 손자들이 이 땅을 보기 위해 "고향"으로 돌아오기를 원하는지 물어보았다. 그들의 눈이 반짝였다. "그럼요. 우리는 절대 이곳을 떠나지 않을 겁니다. 우리는 여기서 죽을 겁니다. 그리고 미국에 간 우리 가족들도 우리만큼 이곳을 사랑하기를 원합니다."

오늘날 기독교 리더들은 종종 교회의 "박물관화"에 대해 말한다. 곧 이스라엘/팔레스타인의 살아 있는 교회들은 사라질 것이고 기독교 관광객들을 위해 남겨진 박물관처럼 될 것이다. "유물처럼 보존된" 공동체는 존재하겠지만, 이스라엘 정부 관리 아래에서 성지를 오갈 수 있는 기능만 남을 것이다.

이런 현상을 수치로 확인해보는 것이 도움이 될 것이다. 1922년 예루살렘에는 28,607명의 거주민이 있었고 이 중 51%(14,699명)가 그리스도인이었다. 1978년 이스라엘 중앙 통계청이 조사한 결과 그리스도인은 겨우 10,191명이었다. 아랍 인구의 10%도 안 되는 수치다. 현재 (2007년 이스라엘 통계청 조사)의 수치는 더 놀랍다. 예루살렘에 14,000명의 그리스도인이 있는데 전체 아랍 인구의 4%도 안 되는 수치다. 현재 유대인은 50만 명이다.

20　위의 책, 43.

베들레헴과 라말라 같은 전통적인 기독교 아랍 도시들도 상황은 마찬가지다. 너무나 많은 팔레스타인 그리스도인들이 자신들이 살던 마을을 떠났다. 그래서 이 마을들은 한때는 인구의 75%까지 그리스도인이었지만 지금은 기독교 인구가 30% 미만이다. 현재는 베들레헴보다 디어필드, 미시간, 잭슨빌, 플로리다에 더 많은 팔레스타인 그리스도인들이 있다.

팔레스타인 사람들의 경제가 황폐해진 것에 대한 좌절과 자유를 누리지 못하는 것에 대한 분노, 미래에 대한 소망 없음으로 인해 많은 사람들이 캐나다, 미국, 남미, 오스트레일리아로 무작정 떠났다. 팔레스타인 교회 목회자들은 야망 있는 젊은이들이 고향을 떠나는 것을 끊임없이 지켜보면서 다음 세대 리더를 세울 수 있을지 막막해하고 있다. 혁신적인 해결책이 (이곳이나 해외에서) 강구되지 않는다면 2천 년 만에 처음으로 이 거룩한 땅에서 그리스도인들이 "텅 비어"버린 모습을 보게 될지도 모른다.

메시아닉 유대인

지난 10년간 가장 의미 있는 발견 중 하나는 이스라엘과 미국 내 메시아닉 유대인들의 모임과 관련된 것이었다. 그들이 있다는 것을 몰랐던 것은 아니지만, 사람들이 팔레스타인 그리스도인들에 대해 말하는 것처럼 나도 그들과 거의 긍정적인 관계를 맺어본 적이 없었다. 어떤 사람들(특히 미국 내 메시아닉 유대인)은 매우 신랄한 태도를 갖고 있었는데 이스라엘의 국가적 이익에만 골몰하는 성난 시온주의자들 같았다. 개인적으로 그들에게 받은 상처도 많았다. 그들은 자체 홈페이지도 갖고 있고 블로그도 운영하는데, 이 책과 이 책의 저자인 나도 종종 그들이 즐겨 다루는 주제가 되곤 한다. 하지만 모든 종교 단체에는 극단적인 목소리들이 있기 마련이다. 물론 (국제 티쿤 연합회 대표 다니엘 저스터와 이스라엘 네타냐에 있는 메시아닉 목사인 에반 토마스 같은) 훌륭하고 영감 넘치고 사려 깊은 리더들도 있다. 이들은 융화적이고 협조적이며 모든 면에서 지혜롭고 팔레스타인 교회에서 폭넓은 교제를 하고자 애쓴다.

지난 20년 어간에, 팔레스타인 교회 지도자들(특히 개신교 지도자들)은 그들과 관계를 키워가기 시작했다. 메시아닉 유대인들은 예수를 믿는 사람들로서 자신들이 유대인들과 공유하고 있는 깊은 문화적·종교적 일체감을 잃어버린 적이 없었다.

하지만 아랍 신자들과 유대인 신자들 사이에 공통의 사명, 믿음의 다리는 있을 수 없는 것일까? 이것은 유대 그리스도인 교사인 아키바 코헨(Akiva Cohen)이 아랍 베들레헴 대학에서 강의하면서 지적한 내용이며, 데이비드 로덴(David Loden)이 팔레스타인 봉기들 어간에 그 대학 합창부를 이끌 때 지적했던 질문이다. 또는 그 대학의 이전 학장인 살림 무나예르(Salim Munayer)가 메시아닉 유대인과 아랍 그리스도인 십 대들을 데리고 남쪽 사막에서 캠핑을 하며 서로 화해하고 교제하도록 이끌 때 했던 질문이기도 하다.[21] 거리에서 무시무시한 폭동이 일어난 후, 살림은 이 여행 중 하나에 대해 이렇게 적어 보냈다.

아랍과 유대 형제들 사이의 관계가 깊어졌습니다. 이 관계가 앞으로 어두운 날들이 다가올 때 우리 공동체를 지켜줄 것입니다. 메시아의 영이 우리 가운데 행하실 때, 사막에서의 기도와 간증이 우리를 초대한 베두

---

21 이것은 예루살렘에 본부를 둔 무살라하의 사역이다. 〈www.musalaha.org〉

인족의 삶과 우리 삶을 감동시켰습니다.[22]

1997년 3월, 베들레헴 근처에서 유대와 아랍 목회자들이 섞인 그룹을 대상으로 이틀간의 워크숍을 이끌 기회가 있었다. 그들이 몇 시간째 강도 높은 토론을 이어가는 모습을 지켜보면서 많은 공통점이 있음에도 서로의 간극을 메우려면 많은 노력이 필요하다는 사실을 분명히 인지할 수 있었다. 오늘날 그러한 간극은 훨씬 줄어들었다.

메시아닉 유대교가 미국 내에서는 세력이 강하고 잘 조직된 운동을 이끌었던 반면 이스라엘 내에서는 최근에 들어서야 그래도 영향력 있는 목소리를 내고 있다. 현재 이스라엘 내에는 15,000명에서 20,000명 사이의(숫자는 정확하지 않다) 메시아닉 유대인들이 있고 대략 150개의 교회가 있다. 요세프 술람이 이끄는 중앙 예루살렘에 있는 로에 이스라엘(Roeh Yisrael, 이스라엘의 목자)과 같은 안정된 사역 단체들도 있다. 70명의 성인 회원(때로 100명이 예배에 참석하기도 한다)이 있고 성경 학교(the Netivyah Instruction Ministry)도 운영하고 있다. 에반 토마스와 데이비드 로덴이 설립한 네타냐에 있는 베이트 아삽 교회(현재는 에반 토마스와 레브 굴러가 이끌고 있다) 같은 단체도 있다. 이 단체는 220명이 모이는데, 러시아 사람, 앵글로 색슨, 남미 사람, 에디오피아 사람, 토착 이스라엘 사람으로 이루어져 있다. 그들이 운영하는 홈페이지도 러시아어와 영어로 되어 있다.

메시아닉 유대교는 20년 전만 해도 미숙한 운동이었는데 최근 들어 성장했다. 이 중 57개의 모임이 1990년 이후에 세워졌다. 그리고 그중 25개가 러시아어를 사용한다. 이 사실로 볼 때 그간 무슨 일이 있었는

---

22 이메일 답장. 2000년 10월 11일.

지 짐작할 수 있다. 이스라엘에 대한 러시아 유대인들의 활발한 움직임이 복음 전파와 성장을 위한 큰 기회가 되었다. 북부 갈릴리에 있는 한 아랍 친구는 지난 10년 어간에 자신이 사는 지역에 유대 신앙에 거의 헌신하지 않는 러시아계 유대 가정들이 수백 가정 들어와 있는 것을 발견했다. 갈릴리 산악 지대에 있는 그가 다니는 작은 복음주의 교회가 그들로 붐비고 있다.[23]

아랍 그리스도인들과 메시아닉 유대인들과의 대화는 어려울 수 있다. 그 이유는 메시아닉 공동체가 아직 자신들의 정체성을 확실히 정립하지 못했기 때문이다. 한편으로 메시아닉 유대인들은 그리스도를 믿는 용감한 믿음을 갖기 원한다. 또 한편으로 그들은 유대교나 이스라엘과의 문화적 연관성을 끊고 싶어 하지 않는다. 예를 들어 메시아닉 유대교 단체들은 모두 "교회"로 불리기를 원치 않고 그 회원들은 "그리스도인"(히브리어로 이 말은 유대인이 아니라는 의미를 담고 있다)으로 불리는 것을 싫어한다. 어떤 모임은 예배 처소에 십자가를 걸지 않고, 주기도문도 사용하지 않는다. 하지만 자신들 주변에 지배적인 유대 문화 때문에 "랍비"나 "회당" 같은 말을 사용하는 것도 기피한다. 그럼에도 그들은 유대인 명절을 지키고 (하지만 모두가 기독교 명절을 지키지는 않는다) 예배 처소를 (양 뿔로 만든 나팔, 가지 달린 촛대, 다윗의 별, 이스라엘 국기 같은) 유대 상징들로 꾸민다. 히브리어를 자유롭게 사용하고 (종종 영어로 통역하지만) 문화적으로 어떤 이스라엘 유대인도 편안하게 느낀다.

하지만 많은 정통 유대인들이 이런 모임들이 있다는 사실을 혐오한다. 정통 유대인 신문에서 이들은 주로 여호와의 증인이나 몰몬교와

---

23 에디오피아 유대인들에게도 같은 현상이 일어났다. 예를 들어 야포에 가면 대규모 에디오피아 유대 메시아닉 모임을 찾을 수 있다.

같은 취급을 받고 또 하나의 컬트 그룹으로 이해된다. 그들의 존재를 거
부하는 포스터들이 거리에 공공연하게 나붙고 심할 경우에는 그들이
모이는 건물이 폭파되기도 한다. 내가 2001년에 로에 이스라엘의 지
도자들을 방문했을 때, 그들이 보안을 철저히 하는 것을 보고 깜짝 놀
랐다. 문마다 걸쇠를 채우고 창문에는 쇠창살을 다 대놓았다. 내가 떠나
고 일주일 후, 정통 유대인들이 그 건물을 공격해서 건물 외관을 망가
뜨리고 값비싼 토라 경전에 불을 질렀다. 메시아닉 지도자들에 따르면
그들은 지금 1세기 유대 교회와 똑같은 상황에서 살고 있다고 한다. 즉
그들은 대다수를 차지하는 유대 사회에서 생존을 위해 싸우는 신자들
이라고 말한다.

메시아닉 유대교는 유대적인 맥락에서 자신들의 신학을 정립해가고
있기 때문에, 그들은 전반적으로 좀 의외다 싶은 태도를 취하게 될 것
이다. 그리고 바로 이런 모습이 교회의 역사적 신조들을 따르는 아랍 그
리스도인들이 이들과 함께하는 데 장애가 된다. 예를 들어 소수의 사람
들이 예수의 신성(삼위일체 신앙으로 이어지는)에 질문을 제기했다.[24] 이와
마찬가지로 이 모임에 속한 몇몇 개인은 음식에 대한 정결법을 지키는
사람들이다(Kosher 혹은 *kashrut*). 또한 이들은 할례가 이방인들에게는 불
필요한 것이지만, 자신들은 유대-그리스도인으로서 언약에 대한 충실
함의 표시로 꼭 받아야 한다고 믿는다. 이런 믿음은 갈라디아서와 사도
행전 15장에 대한 역사적 이해에서 벗어나 있음을 보여준다. 하지만 이
들은 자신들의 교회가 세워지던 초기에, 교회가 메시아닉 유대인들을
문화적으로 이방인으로 내몰았다고 주장하며 이제 그 잃어버린 유산을

---

24 이런 경우 기독론은 예수님을 "예언자" 혹은 "메시아의 사자"로 본다. 예수님이 여전
 히 중요한 메시아적 역할을 하고 있지만 존재론적으로 성부 하나님과 "하나"일 필요는
 없다는 것이다.

다시 주장하고 있다.

하지만 메시아닉 유대인들과 아랍 그리스도인들의 결속을 방해하는 가장 중요한 요소는 아마도 메시아닉 유대인들이 이스라엘 국가주의를 고수하는 것일 것이다. 종말론이나 교리적 표현으로 이스라엘을 말하는 사람은 거의 없는 반면, 이 나라에서 "유대인 됨"에 충실하다는 확실한 표는 이스라엘 국가를 고수하는 것이다. 그래서 미국 메시아닉 모임들은 늘 이스라엘을 위해 기금을 모은다. 이스라엘에 있는 메시아닉 유대인들은 해결할 수 없는 딜레마에 빠져 있다. 즉 유대인으로서 이 유대인 국가를 지지해야 한다는 강한 끌림을 가지면서 어떻게 그리스도 안에서 아랍 형제자매들과 유대감을 표현할 수 있는가의 문제다. 이 나라에서 아랍인과 유대인과의 긴장 관계가 고조됨에 따라, 믿는 자들 사이에서도 이 긴장감이 고조되고 있다. 이스라엘 내에서는 아랍 사람들과 구별되고 고정관념을 따르라는 문화적 압력이 대단하다. 메시아닉 유대인들이 이런 압력을 거스르기 위해서는 대가를 치러야 할 것이다.

하지만 아랍 그리스도인들도 상황은 마찬가지다. 그들도 팔레스타인의 국가적 이득이 그들 사고의 중심을 차지하고 있다. 그리고 유대인 신자들과 공개적으로 만난다는 것, 즉 아랍인 목회자와 유대인 목회자가 함께 일한다는 것은 거대한 정치적·문화적 간극을 뛰어넘는 것을 의미한다. 이스라엘 아랍인 그리스도인들(Israeli-Arab congregation)이 메시아닉 모임과 교제를 시작하려고 할 것인가? 웨스트뱅크 팔레스타인 사람이 그렇게 하려고 한다면, 그 사람은 이스라엘로 들어가기 위해 군으로부터 허락을 받아야 할 것이다. 유대인 그리스도인이 군의 허락을 받아 웨스트뱅크로 들어가 아랍 그리스도인들과 함께하며 함께 정의를 위해 싸우는 연대감을 보여주려고 할 것인가? 어떤 경우든 예상치 못한 결과가 따르게 된다.

하지만 최근 몇 년 사이 많은 용감한 메시아닉 유대교 지도자들이 이런 일을 시도했고 자신들과 팔레스타인 형제자매들을 갈라놓고 있는 장벽을 넘었다. 그리고 그들은 그렇게 하면서 많은 동료들로부터 비난을 받기도 했다. 예를 들어 2010년에 베들레헴에 있는 팔레스타인 그리스도인들이 "검문소에 계신 그리스도"라는 제목으로 1회 신학 콘퍼런스를 개최했다. 전 세계에서 몇백 명이 참여했다. 그런 후 2012년에 다시 한번 콘퍼런스를 후원했는데 이번에는 거의 600명이 참석했다. 하지만 나를 감동시킬 만한 숫자는 아니었다. 2012년에 이스라엘과 미국에 있는 메시아닉 유대교 지도자들이 이 모임에 참석하는 위험을 감수했다. 개중에는 강의를 맡은 사람도 있었고 (미국에서 온 다니엘 저스터와 이스라엘에서 온 에반 토마스, 그리고 영국에서 온 리처드 하비 같은) 이스라엘 모임을 이끄는 목회자들도 그들과 가세했다. 중재가 이루어졌다. 그리고 이런 과정이 시작된 것은 이런 저명한 메시아닉 지도자들 덕분이었다. 현재 이스라엘 네타냐 출신 에반 토마스와 팔레스타인 베들레헴 출신 살림 무나예르는 좋은 친구들이다. 중동의 정치적 계산법대로 하자면 그들은 절대 친구가 될 수 없는 사이이다. 하지만 그들이 그리스도 안에서 맺은 결속력은 이 땅을 마비시켜온 역사적 분단을 극복할 수 있었다.

요약

그리스도인들이 이스라엘/팔레스타인의 복잡한 문제들을 바라볼 때, 우리는 우리의 도움과 교제를 바라고 있는 하나의 온전한 공동체를 간과했던 것이 분명하다. 우리는 이스라엘의 생명과 미래는 도와주려고 애썼지만, 그렇게 하면서 그리스도가 태어나고 자라며 사역을 하셨던 도시들에 있는 그리스도의 오래된 교회를 무시하고 있었다. 예를 들어 관광객들은 짧은 일정으로 나사렛을 방문한다. 관광객들을 태운 버스는 수태고지 교회 앞에 있는 큰 도로로 일렬로 늘어서서 그대로 지나가 버린다. 관광 가이드들은 로마 가톨릭 교회를 둘러보는 데 30분, 화장실 가고 쇼핑하는 데 30분 정도만 시간을 준다. 그게 전부다! 나사렛 그리스도인들은 이 "60분 관광"에 상처를 받는다. 그리스도의 살아 있는 교회 안에 있는 "산 돌들"에는 아무도 눈길을 주지 않는다. 그리고 관광객들이 시간을 내서 이 땅에 존재하는 메시아닉 유대인들을 실제로 방문하는 경우는 거의 없다. 관광객들은 그들의 삶을 전혀 경험하지 못하고 그들의 생각을 듣지 못한다.

더 애석한 것은 이스라엘/팔레스타인에 있는 그리스도인들이 고난을 받고 있다는 것이다. 특히 웨스트뱅크와 가자(물론 이 외의 다른 곳)에 있는 사람들은 자신들의 나라에서 인종차별을 당하고 억압받고 감옥에 갇히고 있다. 1980년대 후반에 일어난 1차 인티파다 기간 동안, 예루살렘 교회 지도자들은 1988년 1월 24일부터 31일까지 평화와 정의를 위한 "일주일 기도"를 공동으로 선언하려고 애를 썼다. 정말 믿을 수 없는 이야기지만, 이스라엘 검열관들은 교회들이 이 성명서를 이스라엘이나 아랍 방송에서 발표하지 못하도록 금지했다.[25]

또 다른 사건으로, 예루살렘 침례교회는 1988년 5월에 알레스 아와드 목사를 자신들의 목사로 청빙했다. 알렉스 목사는 범죄 기록이나 정치 이력이 전혀 없는 평화주의자였고 미국 학회 신임장도 갖고 있었으며 베들레헴 성경 대학에서 훌륭한 교직원으로 뽑혔던 적도 있었다. 그

---

25   D. Wagner, "Holy Land Christians and Survival," *Faith and the Intifada*, 48. Wagner 는 기도문 사본을 팩스를 이용해 불법으로 받았다.

러나 이스라엘 정부는 그의 사역을 막기 위해 "비자 변칙" 사항을 찾아 내 그 나라를 떠나도록 만들었다. 감사하게도 "알렉스 목사"는 수년 후 에 추방에서 다시 돌아올 수 있도록 허가되었고 동예루살렘에 있는 성 장하는 침례교회를 목회할 수 있었다.

미국 그리스도인들은 중동의 교회들과 연합해야 한다. 이제는 우리가 생존을 위해 필사적으로 싸우고 있는 팔레스타인 그리스도인들을 품고 도와야 할 때다. 그들은 그리스도 안에서 우리 형제요, 자매다.

11장

그 땅에 거하는 산 돌들

리다를 떠난 지 4년 후, 나는 예수 그리스도께 내 삶을 바쳤다. 예수님은 나나 내 동료 난민들과 마찬가지로 적대적인 환경에서 사셨고 돌을 베개 삼아 주무시던 일이 허다했다. 그들은 예루살렘에서 그분을 고문하고 죽였다. 예루살렘은 내 새로운 고향인 라말라에서 불과 16km 떨어진 곳이다. 그분은 끔찍한 경멸을 당하셨다. 그럼에도 예수님은 자신을 죽음으로 몰고 간 사람들을 위해 기도하셨다. "아버지여, 저들을 용서하소서…."

내가 덜할 수 있을까?

– 아우데 란티시, 라말라

나는 팔레스타인 그리스도인들의 생명력과 경이로움을 어떻게 해야 가장 잘 표현할 수 있을지 고심이다. 이스라엘/팔레스타인 땅에 살고 있는 팔레스타인 그리스도인이 약 20만 명이라고 숫자적으로는 말할 수 있을지 모르겠다. 이스라엘 본토에 대략 154,000명이 살고 있고 약 52,000명이 점령지에 살고 있으며, 40만 명이 그 나라 밖에서 살고 있다. 1920년대에는 모든 팔레스타인 인구의 10%가 성지에 사는 그리스도인들이었다. 1950년대에는 8%였다. 현재는 이민 정책 때문에 이스라엘/팔레스타인 땅에 사는 팔레스타인 인구의 2.4%가 그리스도인들이다.[1] 그러나 통계는 이야기의 일부만 들려줄 뿐이다. 베들레헴 근처에서 아랍어로 예배드리는 곳이 있는데 그곳으로 여러분을 안내하고자 한다.

베이트 사후르로 가보자. 이곳은 동예루살렘에 있고 12,300명(2007) 인구 중 대다수가 그리스도인이다. 여러분이 성지 순례 중 "목자 들판"(Shepherd's fields)을 방문했다면 베이트 사후르에 가보았을 것이다. 이곳에는 살아 있고 활동적인 기독교 공동체들이 있는데 주요 교단들이 다 있다(루터교, 멜키트교, 동방 정교회, 로마 가톨릭). 가톨릭 교회는 1859년에 지어졌는데 아주 아름다운 성전이다. 이곳에서는 매 주일 아침 팔레스타인인 100가정과 그들의 자녀들이 모여 예배를 드린다. 내가 이곳을 마지막으로 방문한 것은 어느 6월 오순절 주일이었다. 그때 텍사스에서 온 약 50명의 장로교도들과 함께 갔었는데 모두 그곳에서 큰 은혜를 받았다. 정말 아름다운 광경이었다! 50명의 미국 장로교도들과 100명의 팔레스타인 그리스도인들이, 천사들이 목자들에게 예수님의 탄생을 알렸던 그 장소에서 불과 8km 떨어진 곳에서 함께 예배드리는 모습을 상상해보라. 아랍 교회 장로가 아랍어로 사도행전 2장을 봉독했고, 두 목회자(그 교회 목사와 장로교 목사)가 (그리스도 안에서 하나 되고

---

1 팔레스타인 기독교 공동체의 인구 통계를 내기가 가장 어렵다고 알려져 있다. 그러나 이 수치들은 다음의 자료들을 참고한 것으로 5% 내 차이로 정확하다. Reuters UK Factbook (〈http://uk.reuters.com/article/2009/05/10/uk-pope-mideast-chritians-sb-idUKTRE5491FH20090510〉). 여기서는 이스라엘 정부가 제공한 통계 자료를 인용한다. CIA World Factbook (〈http://www.cia.gov/library/publications/the-world-factbook/geos/in.html〉). Institute for Middle East Understanding (〈http://imeu.net/news/article0023369.shtml〉). 여기서는 2012년 이 주제로 콘퍼런스를 주최했던 팔레스타인에 있는 루터교 디야르회(the Diyar Institute of the Lutheran Church) 자료를 인용하고 있다.

민족적 차이는 제쳐둘 때 생겨날 수 있는) 기적적인 연합에 대해 성도들에게 말씀을 전했다.

그때 그 교회 목사가 내가 잊고 있었던 것을 상기시켜주었다. 아랍 사람들은 예루살렘에 있었던 첫 번째 오순절 주일에 함께 있었다는 사실이었다(행 2:11). 누가는 베드로의 설교를 듣던 많은 사람 중에 바대인, 브루기아인, 메대인, 엘람인, 아랍인들이 있어 이 놀라운 성령의 임재에 압도당했다고 말한다. 이 아랍인 중 많은 사람이 예수를 메시아로 받아들였고 그 믿음을 예루살렘 주변 마을들로 전파했다. 이렇게 해서 아랍 교회가 탄생했다. 베드로가 위대한 첫 번째 오순절 설교를 한 이후, 그리스도인들은 2천 년간 이 베이트 사후르 계곡 지대에서 살아왔다. 그들이 가진 고대 기독교 유산에 대해 목사가 말할 때 나는 아랍 가족들의 모습을 바라보았던 기억이 난다. 나는 그들을 보면서 수 세기 전 나의 영적 조상들을 보는 것 같았다. 이 사람들은 십자군보다 더 앞선 영적 조상들을 갖고 있었다. 그들의 신앙의 기원은 교회의 시작으로까지 올라갈 수 있었다.

왜 서양 관광객들은 이 지역 사람들이 갖는 이러한 경험에 대해 부러워하지 않는 것일까?

예배 후에 우리는 아랍 커피를 마시며 서로 교제했고 가정으로 초대되어 푸짐한 점심 식사를 대접받았다(이런 경우는 흔하다). 서로 언어도 통하지 않고 문화도 달랐지만, 가정과 자녀와 교회에 대한 이야기들이 서로의 간극을 메울 수 있었다. 아랍인들의 친절은 원래 유명하지만, 서로 선물을 교환하고 사진을 찍은 후 떠나면서 우리가 받은 친절은 뭔가 특별하고 다르다는 것을 느낄 수 있었다. 다섯 살짜리 팔레스타인 여자아이가 손으로 깎은 올리브나무 십자가를 주었는데, 나는 그것을 집으로 가져와 딸아이 침대에 걸어주었다.

이제는 베들레헴으로 가보자. 베들레헴 중앙 도로 가운데 임마누엘 침례 교회가 있다. 이곳을 오랫동안 지킨 멋진 목사가 있는데 니하드 살만(Nihad Salman) 목사다. 이 교회는 1999년 15명으로 시작해서 50명이 될 때까지 호텔에서 예배를 드렸다. 현재는 자체 교회를 세워 56가정(250명)이 섬기고 있고 이미 2개의 지교회를 세웠다. 임마누엘 교회는 팔레스타인 그리스도인들을 위한 쉼터이기도 하지만 베들레헴에서 일하는 많은 외국인들에게 집도 제공하고 있다. 또 아랍어를 쓰지 않는 사람들을 위해 통역 서비스도 제공한다.

혹은 여러분이 루터교도라면, 베들레헴 복음주의 루터 크리스마스 교회를 가보라. 이곳은 독일 선교사가 1854년에 세웠는데 현재는 미트리 라헤브 목사가 이끌고 있다. 매 주일 오전 10시 30분 종탑의 종소리가 베들레헴 시내에 울려 퍼지고 많은 가족이 모여든다. 또한 이 교회는 춤 공연에서부터 신학 콘퍼런스, 출판, 새로운 고등 교육 프로그램에 이르기까지 창조적인 대규모 사역들을 많이 진행하고 있다. 또 300석의 아드 다르 문화 콘퍼런스 센터(Ad-Dar Cultural & Conference Center)를 갖고 있어서 이곳에서 국제적인 행사들도 주최한다.

2012년에는 봄방학에 약 35명의 대학생들을 데리고 이스라엘/팔레스타인을 여행했었다. 어느 주일, 월드비전이 우리를 위해 웨스트뱅크 라말라 근처, 예루살렘 북쪽 아부드(Aboud) 팔레스타인 마을을 견학할 수 있도록 주선해주었다. 아부드는 아주 오래된 마을로, 유적들을 보면 로마 시대만큼 초기인 것을 알 수 있다. 십자군들은 이 마을을 카살레 산타 마리아(Casale Santa Maria, 성모 마리아의 오두막)라 불렀다. 16세기 터키 기록에 의하면, 그곳에 그리스도인 19가정이 있었다. 19세기 오스만 시대에는 4백 명의 그리스도인들이 있었고 "크고 번창한 기독교 마을, 돌로 지어진 집들에는 거의 모든 집이 빨간색으로 십자가가 표시되어 있었다"고 묘사되어 있다. 최근 인구 조사에 의하면, 인구가 약 2,084명인데 그중 반이 그리스도인들이다.

그날 아침 아부드에 도착한 우리에게 정교회 사제가 그 마을에 대해 간략히 설명을 해주었는데, 그 사제가 시무하는 교회의 담들은 니케아 공의회 시대(300년대 초반)까지 거슬러 올라갔다. 그런 다음 학생들을 세 그룹으로 나누었다. 한 그룹은 가톨릭 예배에 참석하고, 또 한 그룹은 개신교 예배에, 나머지 그룹은 그리스 정교회 예배에 참석했다. 나는 가톨릭 그룹에 끼었는데 자리에 앉고 나서 우리들이 "여자 성도석"에 앉았다는 사실을 알고 당황스러웠다. 우리는 아랍어로 찬양을 불렀고 설교는 아랍어와 영어로 진행되었다. 그런 다음 내가 나가서 회중들에게 "인사말"을 했다. 그리고 점심 식사가 있었다. 그곳은 아주 가난한 마을이었다. 이스라엘 주둔군들로 인해 아부드 경제와 미래는 매우 암울했다. 그런데도 그들은 환영의 표시로 큰 잔치를 벌여주었다. 아부드 정교회 신부가 우리를 초대해주었다. 그는 우리에게 이렇게 말했다. "그저 여러분이 이곳에서 본대로 세상에 알려주세요. 우리가 원하는 건 그것뿐입니다."

정말이다. 왜 사람들은 성지를 방문해서 이런 경험을 하려고 하지 않는 걸까? 우리는 아부드를 떠나면서 이곳에서 알게 된 그들의 비참한 점령지 상황으로 마음이 무거웠지만 한편으로는 그곳에 있는 신자들이 인내하며 신실히 믿음을 지키는 모습을 보고 기뻤다. 그리고 우리는 그들의 이야기를 하겠다고 약속했다.

아랍 박자에 맞춰 찬양을 부르고, 팔레스타인 사람들과 함께 무릎 꿇고 앉아 성찬을 받으며 신부가 아랍어로 "이것은 너희를 위한 나의 몸이니"라고 말하는 것을 듣고, 함께 커피를 마시며 그들이 싸우는 처절한 싸움에 대해 알게 된 이 경험을, 팔레스타인 그리스도인들에 대해 알고자 하는 모든 분들에게 알리고자 한다. 우리는 순례자요 관광객으로서 이 땅에 들어와 고작 고고학적 돌무더기나 보고 갈 때가 많다. 하지만 성지의 교회들은 우리가 와서 그들을 보기 원한다. 그들이 원하는 표현대로 하자면, **이 땅의 산 돌들**을 와서 보기 원한다.

산 돌들

미국 그리스도인들이 팔레스타인 교회와 함께하기 위해서는 무엇보다 먼저 그들을 만나보아야 한다. 이들 중에는 아직도 고대 동방의 의례들(나는 이에 대해 거의 모른다)을 지키는 교회도 있다. 또 어떤 교회들은 유약한 서구 기독교를 부끄럽게 할 정도로 깊고 생생한 간증들을 가지고 있기도 하다. 그리고 일부 성도들은 서구 교회와 교류할 수 있는 전문성을 갖추고 있다.

요한나 카타나초(Yohanna Katanacho)와 그의 아내 디나(Dina)의 예를 들어보겠다. 요한나는 베들레헴 대학교를 다녔고 졸업 후에는 시카고에 있는 휘튼 대학원에서 장학금을 받고 성경을 공부했다. 그는 1997년 석사 학위를 받은 후 제3세계의 신학자들을 발굴하길 열망해 존 스토트가 세운 랭햄 장학 재단에서 지원하는 존 스토트 장학금을 받아 일리노이주 디어필드에 있는 트리니티 신학대학원에 들어갔다. 그는 그곳에서 신학 석사와 박사 학위를 받았다. 현재 그는 베들레헴 성경 신학교 학장이자 성경을 가르치는 교수로서 팔레스타인 교회의 떠오르는 신학자로 있다. 디나는 아랍 이스라엘 성서공회(the Bible Society) 책임자인데, 이곳에서 교회 활동과 여성 문제를 촉진시키는 것으로 유명하다. 현재 그들은 나사렛에 살고 있는데 그곳에 베들레헴 성경 신학교의 위성 캠퍼스를 세우기 위해 일하고 있다.

요한나는 미국으로 공부하러 오기 전, 예루살렘 구시가지에 있는 아주 흥미로운 한 교회를 섬겼다. 내가 요한나를 처음 만난 곳이었다. 이 교회는 구시가지 기독교 구역에서 500년이 넘은 벽들 사이에 서 있는데 주로 젊은 층을 목회 대상으로 두고 성장하고 있는 가정 교회였다. 주중에 거의 매일 밤 찬양 집회가 열려 50명이 넘는 아랍 청년들이 예배를 드리고 요한나가 이들에게 성경을 가르쳤다. 요한나와 구시가지 골목길을 함께 걷다가 그의 교구민들을 만났다. 내게는 그저 상점 주인이고 얼굴 없는 노동자들로 생각되었던 사람들이 요한나에게 반갑게 인사했다(그들이 그리스도인들이라는 사실을 새삼 깨닫게 되었다).

또한 이스라엘/팔레스타인은 오래된 교회들의 고향이다. 이 교회들의 예배 형식은 2천 년이라는 역사를 통해 형성되어왔고 그들의 사명은 오랜 세월 이런저런 제국들의 지배를 받으며 형성되어왔다. 이들의 믿음은 수 세기에 걸친 싸움을 통해 연마되고 검증되었다. 이들은 오랜 세월 무슬림의 통치 아래 살면서 세상에서 그리스도인이 된다는 의미를 재정립해야만 했다. 한 신부가 그들에게 "십자가의 교회들"이라고 말했는데, 이는 예수님처럼 그들도 매일의 삶에서 고난을 받았다는 의미다. 4백 년이 넘는 시간 동안 오스만 제국은 그들에게 교회 종도 울리지 못하게 했다. 제1차 세계대전이 종식되면서 오스만 제국이 무너졌을 때 내가 그곳에 있었다면, 나는 4백 년 동안 침묵을 지켰던 예루살렘 고대 교회의 종들이 귀가 멍해질 정도로 종소리가 울려 퍼지는 모습을 볼 수 있었을 텐데 하고 아쉬울 때가 있다. 이 교회들이 완벽하지 않은 것은 분명하다. 비평가들은 이 교회들이 세속화되고 타협하며 내분이 있는 것을 지적한다. 그러나 세상의 어느 교회도 완벽하지 않다. 우리들의 교회도 덜하지 않다.

관광객들은 성지에 오면 고고학적 장소들을 보고 싶어 하고 성경의 이야기가 벌어졌던 장소에 서고 싶어 한다. 나는 이런 방문은 성지의 "죽은 돌들"을 보고 온 것이라고 생각한다(물론 이것도 영감을 준다). 하지만 거기에는 또 다른 것도 있다. 바로 교회다. 이스라엘/팔레스타인의 "산 돌들"로서 아랍과 유대인 신자들로 구성되어 있고 이들은 삶이 각박한 사회의 소수자로 살고 있다. 지금부터 팔레스타인 공동체 내에 있는 이러한 "산 돌들" 중 몇 명을 소개해보려고 한다. 소개하는 사람이 너무 많을 수도 있고 개중에는 메시아닉 신자들도 끼어 있을 수 있다. 이 명단은 우리가 알지 못했던 교회들의 샘플일 뿐이다. 나는 이들의 이야기를 들려주고 싶다. 이 중에는 믿음의 거장도 있고 그저 조용한 신자도 있다. 어떤 사람들은 믿음의 뿌리가 흔들릴 정도로 너무 심한 박해를 받아서 이 책에 거론되기를 주저하기도 했다. 여기서 소개하는 이들은 그저 일부일 뿐이다. 독자들이 이들을 통해 수천 명의 더 많은 아랍 그리스도인들을 만나기를 소망한다.

노라 코트, 예루살렘

노라 코트(Nora Kort) 가족은 셀 수도 없는 오랜 세월 동안 예루살렘 구시가지 서쪽에 있는 유명한 언덕에서 살았다. 그녀의 조부모님들은 그들이 가꾸던 과수원에 서서 그 도시의 자랑인 야포문을 지긋이 바라보시곤 했다. 그들은 19세기 이래 알려진 오래된 "예루살렘 토박이" 가족이었다. 1940년경에는 그들이 소유한 땅이 약 200,000m²였다. 또한 그들은 믿음이 강한 그리스도인들이었다. 노라의 할아버지는 노라가 태어나기 훨씬 전부터 이 지역에 교회를 세우려는 꿈을 꾸었다. 그는 꿈을 실천했다. 그는 모든 적금을 다 쏟아붓고 러시아에 있는 친구들로부터 기금을 모아서 가장 낮은 평지에 교회를 세웠다. 그런 다음 그 교회를 예루살렘 정교회에 맡겼다. 수년 동안 그 도시 밖에 있던 아랍 그리스도인들이 이곳 "성 조지 교회"에서 예배를 드렸다.

1948년 전쟁이 일어났고 이스라엘에서 가장 악명 높은 테러 단체들(슈테른 강과 하가나[Hagganah])이 이곳 언덕을 접수했다. 싸움은 치열했고 노라의 부모님은 예루살렘 성벽 도시로 도망을 갔다. 노라의 이모는 도망가지 않으려 했지만 (어쩔 수 없어지자) 집을 몰래 빠져나가 귀중한 세습 재산을 모아서 근처 동굴에 숨겨두었다. (수년 간 친구로 지냈던) 유대인 이웃들은 그 집을 지켜주고 동굴을 비밀로 해주기로 맹세했다.

전쟁이 소강 상태가 되자, 노라의 삼촌은 위험을 무릅쓰고 할 수 있는 한 물건들을 모아보려고 예루살렘을 몰래 빠져나갔다. 그 언덕은 아무도 살지 않는 곳이 되어 있었다. 많은 친구가 이미 죽은 뒤였다. 노라의 직계 가족들은 구시가지에서 방 한 칸을 얻어 기다렸지만 그들이 살던 집을 되찾을 수 없었다. 유대 정착민들이 차지해 살고 있어서 코트 가족은 그 집을 다시 소유할 수 없었다.

노라는 그 전쟁이 끝나고 얼마 지나지 않아 태어났다. 그녀는 자라면서 자기 가족들의 유산에 대한 이야기를 들었다. 그녀의 아버지는 매일 예루살렘 장벽을 걸으며 서쪽에 있는 조상들의 이전 땅을 바라보았다. 하지만 1947년부터 1967년까지 그는 집까지 800m도 걸어갈 수 없었다. 1967년 이스라엘이 예루살렘을 완전히 점령하자 경계가 옮겨졌고 노라의 아버지는 처음 집으로 가서 자기 열쇠로 오래된 집의 현관문을 열어볼 수 있었다. 그러나 그 집에 살고 있던 예멘(Yemin)에서 온 유대인 가족은 그를 들어오지 못하게 했다. 동굴도, 그곳에 있던 귀중품도 불도저로 깎여서 다 사라지고 없었다. 노라의 아버지는 자신이 키우던 석류나무에서 열매 하나를 땄는데 마음이 무너져내리는 것 같았다. 그 후 25년 동안 아버지는 매주 그 집에 갔고 문 앞에 서서 들어가고 싶어 했다. 아버지는 1994년 돌아가시면서 딸에게 "노라, 잊지 마라"는 유언을 남겼다.

노라가 그 집을 처음 방문한 것은 1995년이었다. 그 집은 "시온주의자 연맹 센터"로 바뀌어 있었고 노라는 콘퍼런스에 초청을 받았다. 그 콘퍼런스는 이스라엘 TV에 방송될 예정이었다. 노라는 그녀 가족이 거실로 쓰던 곳에 앉게 되었다. "그 순간 아버지의 목소리가 실제로 들리는 것 같았어요." 노라는 아버지에게 이렇게 말하고 싶었다. "잊지 않았어요." 그래서 노라는 강연자가 말을 끝낸 후 손을 들고 이렇게 말했다. "저는 팔레스타인 사람입니다. 여러분이 지금 제 아버지 집에 앉아 계신다는 걸 알고 계신가요?" 쥐죽은 듯한 적막이 흘렀다. TV 카메라가 노라의 얼굴을 확대했다. 노라는 그녀의 어머니가 쓰던 피아노에 대해 물었다(그녀가 가장 보고 싶고 듣고 싶던 상속 재산이었다). 그러자 센터 관리자가 피아노를 알고 있다고 솔직히 인정했다. 그러나 일주일 후 노라가 피아노를 보려고 다시 돌아왔을 때 피아노는 사라지고 없었다. 나이 든 랍비와 그의 아내가 눈물을 흘리며 조용히 그녀에게 다가왔다. 그들은 그녀 가족을 알고 있었고 그 역사를 알고 있었으며 배신을 알고 있었다.

나는 최근에 그 연맹 센터를 찾아간 적이 있다. 그곳은 킹 데이비드 호텔 뒤에 있어서 예루살렘의 멋진 경관을 즐길 수 있는 곳이었다.[2] 그

---

2   킹 데이비드 호텔 근처에 있는 하멜렉 다비드 거리 오른편 길을 따라 걷다 보면 이 연맹을 찾을 수 있다.

곳 내부에는 현대식 식당도 있고 콘퍼런스를 위한 충분한 시설들이 갖추어져 있다. 참석자 중 한 명에게 그 집의 역사에 대해 물으면서 아랍 사람들이 그곳에 살았던 적이 있는지를 물어보았다. 그는 아닐 거라고 말했다. 안내 책자를 보니 답이 있었다. 안내 책자에는 그 집이 (성 조지 하우스라고 불리는) 아랍 테러리스트들의 본거지였고 이스라엘 자유군에 의해 점령된 후 1984년 개조되었다고 나와 있었다. 하지만 물론 이 역사는 다 사실이 아니었다.

노라는 예루살렘에서 가장 활동적인 사회 운동가가 되었다. 그녀는 (1926년에 창립된) 아랍 정통회(Arab Orthodox Society)를 섬기고 있는데, 이곳은 도시의 빈민과 환자들을 위해 의료 서비스와 상담과 원조금을 제공한다. 1991년, 그녀는 구시가지 안에 멜리아 아트(the Melia Art)와 트레이닝 센터를 시작하는 일에 발 벗고 나섰다. 이곳에서는 8명의 스태프가 500명의 팔레스타인 여성들을 훈련시키는 일에 헌신하고 있다. 이 여성들에게 아랍 자수 기술을 가르쳐서 (뉴게이트 바로 안에 있는) 멜리아 아울렛에서 관광객들을 대상으로 물건을 판다. 이렇게 모은 돈의 90%가 가난한 아랍 가족들을 위해 쓰인다. 1999년에만 67,000달러 이상이 가난한 여성들에게 돌아갔다. 그리고 노라는 1996년에 빈트 엘 발라드 카페(the Bint El Balad Cafe, "나라의 딸")를 열어서 더 많은 여성들을 고용했고 또한 다른 사람들에게는 집에서 전통 음식을 가져와 팔 수 있도록 했다.[3] 남는 이윤은 가난한 가족들을 위해 마을로 환원된다. 예루살렘 구시가지에서 꼭 들러야 할 관광 코스가 있다면 바로 이곳들이다. 점심 식사 후에 멜리아 아울렛에 들르거나 빈트 엘 발라드 카페에서 간식을 먹으면 좋을 것이다. 멜리아에 가면 여러분은 마을 사람들이 손으로 만든 **진짜** 기념

---

3   이 카페는 뉴게이트를 통과해 구시가지로 들어가 왼쪽으로 몇 집만 가면 찾을 수 있다.

품을 구입할 수 있다. 또한 지불한 돈은 그 상품을 만든 여성들에게 직접 돌아갈 것이다. 언젠가 노라와 함께 그 카페에서 커피를 마시는데, 마을 여성 한 명이 들어오기에 그녀가 만든 아름다운 자수를 하나 사서 집에 가져온 적이 있다. 또한 노라는 (보조인 아이다와 함께) 국제 벤처 회사가 운영하는 패밀리 투 패밀리 프로그램을 위해서도 일한다. 그들은 미국에서 후원을 받아 그 지역 가난한 가족들의 아이들을 위해 그 후원금을 사용한다.

노라는 이렇게 말한다. "하나님께서 이곳에서 일하고 계세요. 전 하나님의 손이 놀라운 방식으로 일하시는 모습을 볼 수 있어요. 그분은 이곳에 계세요. 전 때로 (우리 할아버지처럼) 이곳이 예루살렘에서 우리나라 사람들을 위한 문화의 중심지가 되는 꿈을 꾸어요." 노라는 또 이렇게 글을 쓴 적도 있다. "저는 하나님께서 억압당하는 자들과 특별히 더 가까이 계신다고 믿습니다. 하나님은 그들의 울부짖음을 들으시고 그들을 자유롭게 하십니다. 하나님은 모두의 아버지이시지만 특히 억압받고 부당한 대우를 받는 사람들의 아버지요 변호자이십니다. 이것이 지금까지 제 사명이자 헌신입니다."[4]

비샤라 아와드, 베들레헴

20세기 초, 비샤라 아와드(Bishara Awad)의 할아버지는 이스라엘 해변에 있는 옛 야포 시의 시장이었다.[5] 아와드 가족은 그곳에서 오랜 세

---

4   N. Kort, "God Hears the Cry of My People," *Faith and the Intifada: Palestinian Christian Voices,* ed. N. Ateek, N. Ellis, and R. Ruether (Maryknoll, N.Y.: Orbis, 1992), 125.
5   현재에도 야포 시 안에서 "에스칸더 아와드"의 반신상을 볼 수 있다.

월 살아와서 교회 기록을 소유하고 있는데, 그 기록을 보면 그 도시의 기독교 역사가 500년 전까지 거슬러 올라가는 것을 볼 수 있다. 그 가족은 1930년대에 예루살렘으로 이사를 왔고, 비샤라는 그곳에서 태어났다. 1948년 전쟁이 터졌을 때, 그의 집 주변(다메섹문 북쪽)에서 일어난 전투는 치열했다. 아무도 밖에 나다닐 수 없었다. 그러던 어느 비참한 날, 비샤라의 아버지가 현관 앞에 서 있다가 총에 맞았다. 총알이 날아올 때, 그의 어머니가 아버지를 안으로 끌어당겼지만 그는 즉사했다. 그날 밤, 9살 난 비샤라는 아버지를 집 정원에 묻는 것을 도왔다. 그리고 전쟁이 끝날 무렵 아와드 가족은 70만 명의 피난민 행렬에 끼어 모든 것을 잃었다.

비샤라의 어머니는 7명의 자식들을 부양할 수 없어서 그들을 고아원에 맡겼는데, 비샤라는 그곳에서 12년을 보냈다. 비샤라는 주일 학교에 열심히 참여하면서 그리스도인이 되었다. 그는 스스로 이렇게 말한다. "저는 하나님께 제 인생을 맡겼고 그분을 따르기로 결심했습니다." 십대가 되었을 때, 한 관대한 미국인 후원자가 그가 기독교 학교에 들어갈 수 있도록 학비를 지원해주었다. 또 다른 기적이 1961년에 일어났다. 미국 대학 학장이 예루살렘으로 왔을 때였다. 그 학장이 비샤라를 마음에 들어 해서, 비샤라가 알기도 전에 그는 미국 사우스다코타주 미첼에 있는 다코타 웨슬리안 대학교에서 4년 장학금을 받게 되었다. 1967년 다시 전쟁이 일어났을 때, 그는 고향으로 돌아가는 길은 막혔지만 미국 시민권을 취득할 수 있었다. 미국 여권을 가지고 비샤라는 메노파 중앙회 선교사 자격으로 예루살렘에 돌아올 수 있었다. 그는 1972년부터 1981년까지 베들레헴 서쪽 기독교 마을인 베이트 잘라(Beit Jala)에서 소년의 집을 이끌었다. 그 당시 하나님은 그의 자유분방한 상상력을 뛰어 넘는 비전을 주셨다. 그리스도인 팔레스타인인들이 기록적인 수치로 그 나라를 떠나고 있었다. 20세기로 접어들 때, 인구의 17%가 그리스도 인이었는데 1999년에는 4%였다. 그런 흐름을 막기 위해서, 비샤라는 1979년 단 10명의 학생을 데리고 베들레헴 성경 대학(Bethlehem Bible College)을 설립해서 믿는 자들이 자기 동족들을 목회하기 위해 고향 땅 에 남을 수 있도록 훈련시켰다.

1990년에 이들은 베들레헴-헤브론 도로변에 있는 멋진 새 건물들 로 이사했다. 2007년에는 훌륭한 교실과 학생 서비스를 제공하는 건물 을 신축했다. 게다가 21,000권의 장서가 있는 도서관과 게스트 하우스, 상담 센터, 6명의 정식 직원(6명의 파트 타임 직원), 학교 합창단(세계 투어 를 자주 한다)도 있다. 현재 135명의 팔레스타인 기독교 학생들이 등록해 있고 각자 자신들이 속한 공동체에 어떤 형태로든 기독교 서비스를 제 공하려고 계획하고 있다. 베들레헴 성경 대학을 졸업한 학생들이 수백 명에 이르고, 현재는 나사렛(갈릴리)에 분교를 세우고 있으며, 최근에는 단체 관광객들을 위한 선물 가게를 열었다. 현명한 관광 가이드들은 이 스라엘/팔레스타인 내 선물 가게들이 가격을 엄청나게 비싸게 받는다 는 것을 알고 있다. 이곳에는 진짜 베들레헴 토산품들이 있고 가격도 저 렴하다. 또 물건 값은 베들레헴과 그 마을들에 사는 그리스도인 가족들 과 사역 단체들로 직접 전달된다.[6]

---

6   베들레헴 성경 대학에 대한 즉각적인 정보를 위해서는 그들의 웹사이트인 〈www. bethbc.org〉를 방문하라. 베들레헴 성경 대학은 2000년 8월에 중동신학교육협회의 완 전한 인증을 받았다.

에밀 살라이타, 비르 자이트

우리는 요르단 동쪽에 있는 사막 부족들이 그리스도인일 것이라고 거의 생각하지 않는다. 최근에 나는 예루살렘 다메섹문 북쪽에 있는 프랑스 수도원에서 머문 적이 있다. 어느 날 아침 잠깐 수도원을 둘러보는데 한 신부가 한 교실을 보여주었다. 그곳에는 사막 아랍인들(베두인족)의 흑백 사진이 벽에 붙어 있었다. "저 사람들은 누구입니까?" 내가 물었다. "우리 프랑스 선교사들이 이 나라에 처음 왔을 때 만난 기독교 부족들입니다." 기독교 부족들? 정말일까?

팔레스타인에 있는 아랍 목회자 에밀 살라이타(Emil Salayta) 신부의 이야기가 가장 흥미롭다. 먼저 에밀 신부는 팔레스타인 사람이 아니지만 남요르단에 있는 기독교 베두인족에 속한다. 이 아랍 부족들은 오늘날에도 사막을 통해 이동하지만, 이 경우 에밀의 가족은 느보산(모세가 죽은 곳) 근처 마다바 기독교 마을에 정착했다. 이 사실만 봐도 참 놀랍다. 기독교는 아라비아 사막들에 일찌감치 퍼져 있었고 이 중 많은 부족이 1,500년 훨씬 이전에 기독교로 회심했다.[7] 고고학적 기록을 보아도 마다바 기독교 마을은 4세기 초로 거슬러 올라가는 것을 확인할 수 있다.

에밀은 마다바에 있는 가톨릭 학교를 다녔고 1976년 12살이 되어서 사제를 위한 공부를 시작하기로 결심했다. 그는 베들레헴 외곽 베이트

---

7   비르 자이트의 보좌 신부 역시 베두인족이다. Iyad Twal 신부는 알-아우자이자트(Al-Auzaizat)라는 요르단 부족 출신의 신부 후보생이다. 그의 가족도 마찬가지로 마다바에 정착했다.

잘라 마을에 있는 신학교 수업을 듣기 위해 팔레스타인으로 옮겨갔다. 에밀은 1989년에 서품을 받았고 지역 학교들에서 젊은 교사로서 일하기 시작했다.

에밀이 1993년 비르 자이트 마을에 왔을 때만 해도 교회는 비전이 없었고 절망감에 휩싸여 있었다. 하지만 몇 개월 지나지 않아 에밀의 헌신적인 사역으로 교회는 되살아났다. 29살의 신부는 사제복을 입지 않았다. 비르 자이트는 3,000명 정도 규모의 마을로 예루살렘에서 북쪽으로 24km 정도 떨어져 있었고 기독교가 강세였다(950명이 가톨릭, 500명이 정교회, 50명이 영국 성공회). 게다가 유명한 비르 자이트 대학교(대학교 때문에 4,000명의 학생이 이 마을에 거주했다)도 그곳에 있었다.[8] 하지만 1993년 비르 자이트는 인티파다(1987-1993)로 인해 큰 타격을 받았다. 에밀 역시 팔레스타인 그리스도인들이 최근의 전쟁과 경제적 좌절로 인해 그 마을을 급속도로 떠나고 있다고 지적했다. 예를 들어 그 마을 그리스도인 중에서 5,000명이 이미 미국에서 살고 있고 현재 비르 자이트는 이들과 접속을 유지하기 위해 고유 웹사이트도 가지고 있다.[9] 25-40살 사이의 그리스도인들은 거의 찾아보기 힘들다. 떠난 사람들은 주로 열정이 있고 교육을 받은 사람들(명문 대학을 졸업한 사람들과 그 마을의 미래를 이끌어갈 수 있는 사람들)이었다.

에밀은 자기 민족의 사회 복지를 위해 일하는 것이 그들의 영적 복지를 위해 일하는 것만큼 중요하다고 확신하게 되었다. 그는 요르단, 키프로스, 이스라엘/팔레스타인에 있는 모든 가톨릭 학교(43개 학교, 18,000명 학생, 1,200명 직원)를 위한 지도적 역할을 떠맡았다. 또한 자기

---

8   학교 홈페이지 참조. 〈www.birzeit.edu〉
9   〈www.birzeitsociety.org〉

마을에 대해 연구하면서 젊은 가정들에게 돌아갈 집이 부족하다는 점을 알게 되었다. 또 심각한 실업률(웨스트뱅크 전역에서 약 30%)과 마을의 성장을 억압하는 이스라엘의 규제가 젊은이들을 밖으로 내몰고 있었다. 그래서 그는 1996년 "산 돌"(Living Stone) 사역을 시작했다. 교회로부터 땅을 후원받고 스페인 정부로부터 일부 자금을 지원받아 46개 아파트 동을 세우는 야심 찬 프로젝트였다.[10] 곧 217만 달러가 걷혔고 월드비전이 50만 달러를 더 후원했다. 아파트 열쇠를 분배하던 날(2000년 6월 10일)에 나도 그곳에 있었다. 새로 결혼한 부부와 약혼을 앞둔 젊은 남자들이 열쇠를 받은 후, 거리에서 축하하던 수백 명의 그리스도인들과 함께했다. 하지만 그것이 전부가 아니다. "산 돌" 사역은 노인들을 위한 사역, 젊은이들을 위한 직업 훈련, 빈민자 원조에도 뛰어들었다. 에밀 덕분에 비르 자이트에 새롭게 세워진 라틴 고등학교가 팔레스타인 학교로는 유일하게 학생들에게 히브리어를 가르쳤다. 이 학교 학생들은 심지어 그 나라 전역에 있는 이스라엘 학생들과 펜팔을 하기도 했다.

월드비전은 그 지역 내 라틴 학교들을 지원하는 일을 교회와 계속해서 협력하고 있다. 웨스트뱅크 전역에 있는 아랍 마을들에서 거의 1,000명의 어린이들이 후원을 받고 있다. 그리고 비르 자이트에서만 따로 400명의 아이들이 후원을 받고 있다. 1995년 워싱턴 DC에 있는 국립 장로교단은 에밀 신부 교구와 파트너 관계를 맺고 주택 공급 프로젝트를 도와주었다. 워싱턴에서 온 100명이 넘는 그리스도인들이 이미 그 마을을 방문했다. 국립 장로교 전직 목회자인 린 파리스는 최근 이런 말을 했다. "그 파트너 관계는 우리에게 많은 것을 의미했습니다. 왜냐

---

10 이 아파트는 유럽식 "저가 아파트" 혹은 미국식 "콘도"와 같은 개념으로 서양 주택의 평균 크기다.

하면 웨스트뱅크에 있는 우리 형제자매들과 새로운 우정을 맺게 되었기 때문입니다. 저는 에밀 신부를 만나기 전까지는 팔레스타인 친구가 한 명도 없었습니다. 그런데 지금은 하나님의 가족인 이들과 많은 우정을 나누고 있습니다."

에밀 신부는 로마에서 고급 신학 과정을 마친 지금, 팔레스타인 라틴 교회들에서 교육 업무에 헌신하고 있다. 그는 현재 그 나라 교육부 장관이다. 또한 그는 (라텝 라비와 함께) 성지 그리스도인 교제 모임(Holy Land Christian Ecumenical Fellowship)을 창설했는데, 이 모임은 미국인-팔레스타인인 네트워크로서 한 가지 목적을 갖고 있다. 바로 미국과 팔레스타인 교회들의 유대를 강화하고 경제적·도덕적·영적 도움을 제공하는 것이다. 나는 자문단에서 일하면서 그들이 일하는 모습을 볼 기회가 많이 있었다. 또한 미국 교회(이 경우에는 가톨릭 교회)가 무엇을 이루고 있는지도 볼 수 있었다.

케다르 두아이비스, 예루살렘

1948년 전쟁이 발발했을 때, 케다르 두아이비스(Cedar Duaybis)는 12살 소녀였다. 그녀의 가족은 자신들의 고향인 항구 도시 하이파에서 그 전쟁을 극복하려 했지만, 데이르 야신 같은 마을에서 아랍 사람들이 학살당했다는 소식을 듣고 피난길에 올랐다. "하이파가 불타고 있었고 우리 마음도 불타고 있었습니다." 그녀의 고백이다. 이들 집과 가까운 곳에서 다이너마이트를 실은 차들이 밀려 들어왔고 많은 사람이 죽임을 당했다. 케다르는 총알들이 트럭의 얇은 천막으로

쌩쌩 지나갈 때 트럭 바닥에 얼굴을 대고 엎드려 있던 일을 기억한다. 그들을 태운 트럭은 간신히 갈릴리 언덕으로 접어들었고 나사렛 난민 캠프에 도착했다.

자신들의 운명이 한 치 앞을 내다볼 수 없게 되자 하이파에 있던 그리스도인들 80%가 레바논으로 피난을 가면서 집으로 다시 돌아올 생각을 했다. 하지만 이스라엘 군대가 쳐놓은 장벽으로 인해 그들은 평생 돌아갈 수 없었다. 그때부터 두아이비스 가족은 레바논 국경으로 가서 이 장벽 너머로 그리운 (다시는 만나지 못하게 된) 친척들의 이름을 부르는 일이 일상이 되었다.

나사렛에서 케다르의 삶은 어려웠지만, 이런 어려움은 그녀가 지금도 또렷이 기억하는 낡은 옷 때문은 아니었다. 그녀가 영국 성공회 교회에서 견진성사를 받은 14살 즈음, 밝고 사려 깊은 이 소녀는 믿음의 위기를 겪게 되었다. 세상은 이스라엘 국가의 탄생을 기뻐하는 것처럼 보였다. 미국 그리스도인들은 예언서를 인용하면서 하나님이 하신 일이라고 말했다. 그러나 케다르가 목격한 것이라고는 이스라엘 군인들이 저지른 살상과 파괴뿐이었다. 성경의 하나님이 이 일을 행하셨다면, 또한 이스라엘의 하나님이 그녀의 하나님이라면, 그녀가 어떻게 그 하나님을 믿을 수 있겠는가? 기분에 따라 사람을 죽이는 그런 하나님이라면 믿을 가치가 없었다.

흔들리는 믿음과 싸우며 케다르는 매일 밤 가족들과 대화를 나누었다. 케다르의 어머니 주느비에브는 이러한 역사에 순종하고 그 재앙을 하나님의 뜻으로 받아들였다. 그녀의 아버지 푸아드는 이를 거부했다. 그에게 하나님은 사랑의 하나님이었고 이런 공포는 그분의 뜻과 전혀 상관이 없었다. 푸아드는 그런 불의에 대해서는 저항해야 한다고 강력히 주장했다. 케다르의 아버지는 얼마 못 가 교회를 떠나고 말았다.

"이것이 기독교라면(억압을 받아들이는 것이 기독교라면) 팔레스타인 사람들은 그리스도인이 될 수 없다." 구약성경이 전쟁의 무기가 되어 있었다. 여호수아의 정복 이야기가 이제는 팔레스타인 사람들에 대한 정복 이야기가 되어 있었다. 케다르의 어린 마음 안에서 내적 갈등이 통제할 수 없이 소용돌이쳤다.

전쟁 동안 많은 목회자들이 없어지는 바람에, 요르단 사제들이 와서 일을 거들었다. 23살의 케다르는 이들 중 한 명과 사랑에 빠졌다. 그는 도움이 필요한 팔레스타인 교회를 돕기 위해 자원한 요르단에서 온 영국성공회 신부였다. 하지만 그녀는 자신 안에서 해결되지 않았던 그 싸움을 그의 조언과 믿음으로 해결할 수 있을지 궁금했다. 그녀는 교회의 찬양이 그리웠다. 교회 안에서 누리던 교제가 그리웠다. 그녀는 내적 혼란과 분노가 자신을 망치고 있다는 것을 알고 있었다. 하지만 또 한편으로는 아무런 대답도 주지 않는 교회에 대해 화가 났다. 자신들이 고통받고 억압당하는 것에 대해 아무런 해결책도 주지 못하는 교회에 화가 났다. 케다르는 그 신부와 1959년에 결혼했는데 내적 갈등은 더 커지기만 했다. 하나님에 대한 많은 어두운 의혹들이 자신을 괴롭히는데 어떻게 목회자의 아내가 될 수 있겠는가? 젊은 여성들은 그녀의 삶이 영적으로 풍성할 것이라고 생각했지만 그녀의 인생은 절망으로 텅 비어 있었고 그 누구에게도 이를 말할 수 없었다.

그녀 남편의 제일 친한 친구 중에 같은 영국 성공회 사제인 나임 아티크(Na'im Ateek)가 있었다. 나임은 예루살렘의 권위 있는 성 조지 성당에서 아랍어를 사용하는 회중들의 목사가 되었다. 그리고 신앙을 잃을 뻔한 한 젊은 여성을 구원한 것은 나임의 사려 깊고 균형 잡힌 신앙이었다. 나임은 하나님이 (정복하시는 분이 아니라) 공의로운 분이시며 현시점에서 그분이 반드시 이스라엘 편은 아니라고 설교했다. 지식인 그리스도인으로서, 나임은 강대상에서 대적에게 맞서고 억압자들에게 맞섰다.[11] 케다르는 그의 설교를 듣고 경외를 느꼈다. 성경을 읽을 새로운 길이 여기 있었다. 성경을 읽으면서 이전에 가져보지 못한 희망을 찾을 수 있었다. 팔레스타인 사람들은 정복의 대상인 새로운 가나안 사람들이 아니었다. 그들은 하나님 없이 사는 이교도들로서 여호수아의 칼에 죽을 운명이 아니었다. 하나님의 예언자들이 옛 이스라엘의 반대편에 섰던 것처럼, 그들도 지금 현대 이스라엘의 반대편에 서 있다. 어린 시절 이후 처음으로 케다르는 자신이 서 있어야 할 곳을 발견하고 **그대로 그리스도인으로** 남을 수 있었다.

케다르의 사역이 시작되면서, 그녀의 마음은 남편과 아들을 잃은 팔레스타인 여성들의 고통에 끌렸다. 그녀는 YWCA를 통해 이들을 돕는 일에 헌신했다. 하지만 그녀의 최고 관심사는 어린아이들이었다. 그녀는 이렇게 적고 있다. "팔레스타인 엄마들이 경험하는 최악의 고통은 억압으로 인해 자녀들이 비인간화되고 지속적인 박탈감에 시달리는 것을 지켜보는 것이다. 이들의 마음이 완악해지고 급진적으로 바뀌며 믿음을 잃는 모습을 속절없이 지켜보는 것이다. 다른 아이들은 스포츠와 취미로 시간을 보내는 동안, 우리 아이들은 감옥에서 시들어가고 있다."[12]

케다르는 예루살렘에 있는 팔레스타인 교회를 계속해서 섬기면서 나임 아티크의 "사빌"(Sabeel, 아랍어로 '길' 혹은 '샘'이라는 의미) 사역에 동역

---

11 Na'im Ateek는 버클리에서 공부할 때도 이런 생각들을 글로 많이 썼고 이 글들이 나중에 *Justice and Only Justice: A Palestinian Theology of Liberation* (Maryknoll, N.Y.: Orbis, 1989)이라는 용기 있는 책으로 출간되었다. 그는 결국 성 조지 성당을 떠났고 기독교 공의와 해방을 연구하는 사빌(Sabeel)을 시작했다. 참조. 〈www.sabeel.org〉

12 "Women, Faith, and the Intifada," *Faith and the Intifada*, ed. Ateek, Ellis, and Ruether (Maryknoll, N.Y.: Orbis, 1992).

했다. 팔레스타인 사람들의 권리를 위해 일하는 그리스도인 변호사로서 일하면서 케다르는 믿음이 깊이가 있고 열정적으로 헌신하는 원숙한 지식인이 되었다. 그녀가 바라는 것은 다음과 같다.

우리 민족이 우리 가운데 사시면서 삶의 모범을 보여주신 그리스도가 갖고 계신 해방의 힘을 발견하는 것입니다. 그분은 우리에게 정말로 살아 있다는 것이 무슨 의미인지를 보여주셨습니다. 그분이 오신 것은 우리가 온전한 삶을 누리게 하기 위해서입니다. 하지만 주변 사람들이 삶을 거부당할 때 우리만 그러한 삶을 누릴 수 없습니다. 온전히 살아 있다는 것은 곧 온전히 관여하는 것임을 그분은 우리에게 보여주셨습니다. 그리스도인으로서 공의 편에 서는 것은 의무이지 선택의 문제가 아닙니다.[13]

미트리 라헤브, 베들레헴

그리스도인 지식인으로서, 미트리 라헤브(Mitri Rahen)가 독일 마르부르크 대학교에서 받은 박사 학위와 학문적 연구의 역량은 국제 기준에 뒤지지 않는다.[14] 그는 베들레헴 성경 대학에서 교회사를 가르치고 국제적인 학자들을 초청하여 콘퍼런스를 열었을 뿐 아니라 베들레헴에 있는 복음주의 루터 크리스마스 교회(1854년 창립)

---

13 위의 책, 121.
14 그가 운영하는 웹사이트 참조. 〈www.mitriraheb.org〉

의 목사이기도 하다. 매 주일 가족들과 아이들이 베들레헴에서 가장 아름다운 교회 중 하나인 이곳으로 모여든다. 하지만 미트리의 사역을 수년간 지켜보면서 가장 놀라웠던 점은 그의 사역이 엄청나게 성장하는 모습이었다.

미트리와 그의 동료들은 네트워크를 형성해 이스라엘 점령으로 인해 팔레스타인 사람들이 경험한 많은 스트레스의 양상들을 공유하고 있다. 그들이 1995년에 처음 이 사역을 시작할 때만 해도 아무런 자료가 없었다. 아무도 이런 성과를 기대하지 않았다. 약 18년 사이에 이 사역은 교회를 넘어 확장되었고 "디야르 컨소시엄"(the Diyar Consortium)이 되었고 지금은 팔레스타인에서 가장 큰 교회 관련 조직이 되었다. 100명이 넘는 동역자들이 있고 2,500명 회원(이 중 절반이 무슬림)이 있다.

디야르 컨소시엄은 상부 단체로서 문화, 교육, 사회, 영적인 필요를 채우는 많은 프로그램을 감독한다. 문화 콘퍼런스 센터도 있고, 아이들과 청소년을 위해 미술, 음악, 스포츠, 의사소통, 환경 운동을 가르치는 학원도 있다. 여성과 노인들을 대상으로 한 세대 간 프로그램도 진행하고, 중동에서 가장 큰 개신교 대학(다르 알-칼리마 대학[Dar Al-Kalima College])도 운영하고 있다. 디야르의 비전은 요한복음 10:10에서 가져왔다. "생명을 얻게 하고 더 풍성히 얻게 하려는 것이라." 이들이 처음으로 "진정한 관광"이라는 개념을 개발시켰고 (바로 5세 거리 109번지에 있는) 아부 주브란 게스트 하우스도 세웠다. 여행사의 인솔자들은 이곳을 "오아시스"라고 부른다. 베들레헴에서 혁신적이고 진보적인 성향의 사역을 찾는다면 미트리의 사역이 가장 어울릴 것이다.

1995년 미트리는 아랍 그리스도인이라는 소수자로서의 자신의 인생에 대해 용감히 밝힌 책 『나는 팔레스타인 그리스도인이다』(*I Am a Palestinian Christian*, 1995)를 출간했다. 이 책은 점령 아래에 사는 삶을 예리하게 분석하고, 목사로서의 싸움에 대해, 그리고 그가 성경을 어떻게 읽는지에 대해 말하고 있다. 사역과 저항과 교회의 역할에 대해 우리가 가지고 있는 많은 가정을 뒤엎는 내용들이다. 2004년에는 이스라엘 사람들이 2001년부터 2003년까지 베들레헴을 장악하고 행한 일들을 자세히 기술한 『사로잡힌 베들레헴: 고난의 때에 소망의 이야기들』(Bethlehem Besieged: Stories of Hope in Times of Trouble)을 출간했다. 2011년에는 『역사의 개조: 1세기 팔레스타인 내 신학과 정치의 상호작용』(The Invention of History: A Century of Interplay between Theology and Politics in Palestine, 2011)이라는 책을 편집했는데, 여기서 어떻게 정치적 사건들이 신학에서 정당성을 발견할 수 있는지, 그리고 어떻게 역사에서 일어난 일들로 신학이 형성되는지를 분석하고 있다. 2012년에는 또 다른 책을 편집했는데, "점령이라는 맥락에서 바라본 성경 구절들: 해방이라는 새로운 해석학을 향하여"라는 주제를 다룬 책이었다. 가장 최근의 책은 『웨스트뱅크 내 팔레스타인 그리스도인들: 사실들, 인물들, 흐름들』(2012)이었는데, 팔레스타인 사람들의 삶의 흐름을 명확히 보여준다.[15] 미트리가 앞으로 더 써낼 글들을 기대할 만하다.

미트리는 그의 기독교 가문이 베들레헴에서 뿌리내린 지 천 년을 거슬러 올라갈 수 있다는 점을 설명하기 좋아한다. "라헤브"는 아랍어로 "수도승"이라는 의미고, 이 이름을 가진 베들레헴 근처의 한 계곡이 그의 조상의 소유였다고 한다. 하지만 그 역사는 사실 더 멀리 거슬러 올라간다. 유대-그리스도인 다섯 가정(미트리는 이들의 이름을 댈 수 있다)

---

15 『나는 팔레스타인 그리스도인이다』(Minneapolis: Fortress, 1995), 『사로잡힌 베들레헴: 고난의 때에 소망의 이야기들』(Minneapolis: Augsburg, 2004), 『역사의 개조: 1세기 팔레스타인 내 신학과 정치의 상호작용』(Seattle: CreateSpace, 2011), Rifat Odeh Kassis와 Rania Al Qass Collings와 함께 작업한 『웨스트뱅크 내 팔레스타인 그리스도인들: 사실들, 인물들, 흐름들』(Seattle: CreateSpace: 2012).

이 신약이 쓰인 직후 베들레헴에 살고 있었는데, 이들이 이 도시 내 기독교의 최고 조상이다. 놀랍게도 이 가문은 오늘날까지도 베들레헴에 남아 있다. 다른 그리스도인들은 (이웃 마을이나 촌락에서) 나중에 왔는데, 라헤브 가문은 가장 초기 기독교 공동체에 속한다. 미트리는 성지에 뿌리를 내린 초기 "유대-기독교" 신자들의 신앙을 물려받은 자로서, 이러한 자신의 정체성과 수 세기를 거슬러 올라가는 유산을 가진 기독교 역사를 부인하려는 사람들을 보면 아연실색한다.

하지만 미트리와 몇 번만 만나봐도, 그가 고통 중에서 자신의 민족과 함께 살고 있다는 확실한 결론을 내리게 된다. 나는 몇 년 전 그와 우정을 맺게 된 첫 순간을 지금도 기억하고 있다. 나는 그가 목사로서 두 번의 봉기를 겪고 또 현재는 점령 아래에 살면서 경험한 이야기를 너무나 듣고 싶었다. 그는 두 명의 장로에 대해 이야기해주었다. 이들은 당시 35세, 45세였는데, 첫 번째 봉기 기간 동안 공식적인 혐의도 없이 감옥에서 21개월을 보냈다. 이들의 가족들은 (수입도 없이) 엄청난 고통을 겪었다.

또 나사르 가문이 소유하고 있던 다헤르 농장 이야기도 들려주었다. 이들이 소유한 포도원이 베들레헴 남쪽 12km 지점에 있었는데 "경작되지 않았다"는 이유로 이스라엘에 의해 압수 위협을 받았다. 이 가족은 레바논에서 이민왔던 100년 전에 이 땅을 구매해서 자신들의 재산을 다 투자했다. 이 포도원은 그간 유명할 정도로 수확량이 많은 곳이었는데 여러 해 동안 이스라엘이 베들레헴에 물 공급을 제한하면서 농장이 어려움을 겪게 되었다. 그럼에도 압수의 진짜 이유는 간단했다. 다헤르 농장이 이스라엘 정착촌 세 곳을 둘러싸는 아름다운 언덕을 차지하고 있었기 때문이었다. 또 이스라엘 정착민들이 그 농장을 갖고 싶어했다.

현재 다헤르 가문의 농장은 다우드 나사르가 지키고 있고 여전히 건재하다. 하지만 정기적으로 위협을 받고 있다. 이스라엘 정착민들이 물과 전기를 끊었지만 저수지와 태양 에너지로 잘 버티고 있다. 하지만 지금은 전 세계에서 온 젊은이들이 이 농장에 대해 알고 있다. 이 젊은이들은 여름마다 이곳에 와서 (Tent of Nations라고 불리는) 텐트에서 생활하면서 농작물을 심고 수확하는 일을 돕고 있으며 400,000m²에 달하는 땅에 심겨진 올리브, 포도나무, 아몬드, 야채들, 과일을 보호하고 있다.[16] (어떤 단체든 이곳을 방문하거나 혹은 점심을 그곳에서 먹고자 할 때 그들에게 연락을 취할 수 있다.[17])

아마도 미트리 라헤브와의 만남에서 가장 극적이었던 순간은, 그가 서랍에서 오래된 편지를 열어 보여주었을 때였을 것이다. 너무 오래돼서 종이가 금방이라도 부서질 것 같았다. 그 편지는 미트리가 이끌던 청년회 리더가 보낸 것이었다. 그 청년이 수년 전 잔인한 고문을 가하는 것으로 유명한 군 감옥인 안사르 감옥에 수감되어 있을 때 쓴 편지였다. 몰래 빼돌려 받은 그 편지가 미트리에게는 성스러운 말씀과 같았던 모양이다. 그는 이렇게 설명했다. "이것은 그 청년이 투옥되어 있을 때 쓴 믿음의 편지입니다. 신약의 편지들과 너무나 흡사합니다." 편지에서 그 청년은 자신이 당하고 있는 무시무시한 육체적 고문에 대해 썼다. 그는 그 감옥을 "도살장"이라고 불렀다. 그런 다음 이사야 53장을 통해 자신

---

16 〈www.tentofnations.org〉. 이들은 다음과 같이 표방한다. "텐트 오브 네이션스 프로젝트는 다양한 문화에 속한 사람들이 서로 이해하고 화해하며 평화를 누리도록 돕고자 한다. 우리 단체는 전 세계 젊은이들, 특히 갈등 지역의 젊은이들을 초청하여 그들이 서로 관계를 맺을 수 있도록 돕고자 한다. 또한 우리 단체는 연대 운동, 교회, 청년 조직, 관광 단체들을 위한 편의 시설과 프로그램도 제공하고 매년 대규모 관광객들을 유치한다."
17 홀리랜드 트러스트 관광 부서에 연락을 취하라. 〈www.holylandtrust.org〉

의 고통을 해석하고 있었다. 하지만 말씀과 그의 상황이 너무나 흡사하게 맞아떨어져서 놀라운 것이 아니었다. 편지의 상당 부분이 어떻게 미트리가 청년회를 더 발전시켜야 하는지에 대한 다섯 가지 제안으로 채워져 있었다. 그 젊은이는 극심한 고통 중에서도 교회의 필요들을 염려하고 있었다. 빌립보서 2장에 나오는 바울을 생각하지 않을 수 없었다. 바울은 감옥에 갇혀서 순교의 위험에 처해 있었지만 남겨두고 온 교회의 안녕을 염려했다.

미트리는 어떤 목회자가 이런 소명을 감당할 수 있겠느냐고 감탄했다. 하지만 분명한 것은 하나님께서 이 목회자에게 신학교가 말하지 않는 은사들을 주셨다는 것이다. 그는 이렇게 말한다. "이런 상황에서 살게 되면 성숙해집니다. 이곳을 벗어나든 이곳에 머물든, 하나님의 의가 일하고 있음을 목도합니다."

조나단 쿠타브, 예루살렘

조나단 쿠타브(Jonathan Khuttab)는 이 나라에서 팔레스타인 사람들의 권리를 위해 일하는 변호사로서 앞장서왔다. 그는 1973년 펜실베이니아 복음주의 메시아 대학(Messiah College in Pennsylvania)에서 학사 학위를 받았고 1977년 버지니아 대학교(the University of Virginia)에서 법학 박사를 받았다. 그런 다음 2년 동안(1979년까지) 뉴욕에서 변호사로 일하며 뉴욕 변호사 협회 일원이 되었다. 1980년 그는 이스라엘/팔레스타인으로 돌아와 이스라엘 변호사회에 합류했다. 그는 아랍어와 히브리어와 영어를 자유로이 구사할 수 있어 일하기 편하다.

현재 그는 예루살렘에서 가장 존경받는 변호사 중 하나다. 이 나라의 정치적 위기에 대한 그의 이해는 너무나 예리해서 CBS, ABC, NBC, CNN과 종종 인터뷰를 한다.

또한 조나단은 평화 활동가다. 그는 예루살렘에 있는 사빌(Sabeel)과 베들레헴에 있는 홀리랜드 트러스트(Holy Land Trust)와 긴밀히 협조하고 있다. 충격 수류탄이나 최루탄도 그를 주춤거리게 하지 못한다. 또한 조나단은 알 하크(Al-Haq), 정치범들을 위한 만델라 협회, 비폭력 연구를 위한 예루살렘 주둔 팔레스타인인 센터와 같은 인권 단체들을 세우는 일을 도왔다. 그가 법정에 나타나면 이스라엘 관리든 팔레스타인 관리든 움찔거린다는 소문이 있는데 어찌 보면 당연한 일이다.

내게는 알 하크(Al Haq, 문자적 의미로 "진리")가 참 매력적이다. 이곳에 속한 많은 직원들이 이스라엘, 웨스트뱅크, 가자 전역에서 일어나는 인권 유린의 자료들(법정에서 유효한)을 수집하고 있다. 이 단체는 서구 교회들, 포드 재단 및 많은 다른 기관들에서 후원을 받아 운영된다. 알 하크는 웨스트뱅크에 최초의 공공 법률 도서관을 열어서 1948년 이래 이스라엘이 팔레스타인을 어떻게 대우해왔는지 방대한 자료를 제공한다. 전 세계에서 국제법을 공부하는 학생들이 국제 사법 재판의 현장에서 일하는 법을 직접 보기 위해 인턴 자격으로 이곳에 오고 있다.[18]

조나단의 또 다른 시도는 만델라 협회다. 그는 이 단체를 통해 팔레스타인 정치범들의 필요를 위해 일하고 있다. 그는 그들의 시민 권리와 의료적 필요와 (겨울에 따뜻한 의복과 이불을 제공하는 것 같은) 최소한의 편리를 제공하려고 애쓰고 있다. 만델라 협회는 종이와 책도 제공하고 있는데, 다른 무엇보다 면회 권리를 확보해서 가족들이 감옥에 있는 아들과

---

18 〈www.alhaq.org〉

아버지를 정기적으로 볼 수 있도록 도와주고 있다. 면회는 늘 어려운 문제다. 변호사나 목회자가 이들에게 접근하는 것도 거부되기 일쑤다. 조나단은 이러한 문제를 개선하는 일을 하고 있다.[19]

한번은 조나단에게 왜 이런 프로그램들을 시작했느냐고 물어보았다. 그의 대답은 이랬다. "그리스도인들은 삶의 모든 자리에서 그리스도가 주인이심을 인정해야 합니다." 그에게는 사회적 필요와 정치적 공의도 이에 다 포함되는 것이다. "대적을 대하는 태도, 고난을 대하는 태도, 세상을 향한 태도, 이 모든 것이 기독교 정신으로 표현되어야 합니다."

조나단은 헌신된 그리스도인 평신도의 가장 좋은 모범이 된다. 그는 자신의 공동체에서 분명한 입장을 보이는 사회 변혁의 주도자로서 전문 기술과 그리스도인의 공감 능력을 골고루 갖추고 있다. 한번은 그를 방문했더니 예루살렘에 있는 아구스타 빅토리아 병원에서 동분서주하며 뛰어다니고 있었다. 버지니아 노퍽에서 온 미국인 외과 의사 팀인 "오퍼레이션 스마일"이 가난한 아랍인 가족들을 위해 구순 구개열 무료 수술을 하고 있었다. 여느 때와 마찬가지로 조나단은 그들을 후원하는 지역 자치회의 회장 역할을 했다. 병원 로비에 서서 의사들이 아이들의 수술 과정을 설명하면 그는 그 내용을 두려움에 떠는 팔레스타인 가족들에게 열심히 통역해주었다.

---

19 〈www.mandela-palestine.org〉. 이 사이트는 아랍어로 운영되고 있어서 영어권 독자들은 구글 번역이 필요하다.

자드 이삭, 베이트 사후르

인티파다가 시작되었을 때, 베들레헴 외곽 베이트 사후르 기독교 마을에 갑자기 이목이 집중되었다. 팔레스타인 전역의 사람들이 이스라엘 경제와 "관계를 끊기로" 결심했다. 즉 이스라엘 농산품 구매를 거절하겠다는 의미였다. 1988년 자드 이삭(Jad Isaac)은 베들레헴 대학교 식물 생리학 부교수였다.[20] 그와 몇몇 친구들은 정원 가꾸는 일을 좋아해서 자신들의 전문 지식을 사용해 이웃들에게 작은 가족 "텃밭"(200m²) 가꾸는 방법을 알려주었다. 이 텃밭에서 한 가족을 부양하기에 충분한 음식(야채, 과일, 가축)을 공급받을 수 있었다. 사실상 하룻밤 새에 거의 만 명의 아랍 사람들이 "더 쉐드"(The Shed, 여리고에서 가져온 씨앗을 파는 직매점)에서 판매하는 텃밭 가꾸는 상품들을 사갔다. 수많은 후원의 손길이 이어져 씨앗들을 제공했고 가난한 사람들에게는 텃밭을 만들도록 원조했다. 1988년 3월에만 20만 개의 (토마토, 가지, 후추, 콜리플라워, 무) 씨앗들이 분배되었고 더불어 1,000그루의 과일나무와 닭 4,000마리, 양 8마리, 농약, 점적 관개 시스템(drip irrigation system), 농기구들이 분배되었다. 「예루살렘 포스트」는 이 일을 "조용한 폭동"이라고 불렀다. 웨스트뱅크 전역에서 팔레스타인 사람들이 몰려들면서 기자들도 이 마을로 몰려들었다. 곧 "인티파다 텃밭"은 산불처럼 번져나갔다.

---

20 이삭은 럿거스 대학교(Rutgers University)에서 석사 학위를 받았고 박사 학위는 영국 이스트앵글리아 대학교(University of East Anglia in the United Kingdom)에서 받았다.

그것도 1988년 6월까지만 가능했다. 이스라엘군은 "국가 안보"를 들먹이면서 베이트 사후르를 완전히 폐쇄했다. 하지만 자드는 이런 일이 벌어질 것을 예상했다. 이러한 형태의 저항은 놀라운 성공을 거두었고 국제 언론이 큰 관심을 가졌다. 「워싱턴 포스트」에서부터 「맨체스터 가디언」에 이르기까지 신문들마다 그의 사진을 실었다. 5월 17일부터 6월 5일까지 자드는 군에 의해 매일 체포당했다—주로 밤에. 지도부를 향한 괴롭힘이 계속되다 결국 더 쉐드는 폐쇄되었다. 자드는 1988년 7월 8일에 다시 체포되었고 무시무시한 안사르 감옥에 5개월 투옥되었지만 그가 시작한 텃밭 네트워크는 멈추지 않았다. 저항이 계속되면서 지하 공급책들이 계속해서 사람들에게 씨앗을 제공했다. 그리고 이스라엘의 억압도 점점 세졌다. 1989년 이스라엘은 벌로 그 마을을 45일간 "비우라"는 명령을 내렸고 벌금 명목으로 모든 가재도구들을 압수해 갔다.

자드는 감옥에 있었던 경험을 더듬거리며 이야기한다. 아직도 그 상처가 그를 괴롭히고 있다. 강한 지도자였던 그는 금방 감옥 약품 책임자가 되었다. 그는 히브리어를 할 수 있었기 때문에 동료 죄수들에게 생태 환경, 경제학, 정치학, 영어를 가르쳤다. 심지어 빵 끈을 이용해서 DNA 구조를 가르치기도 했다. 담뱃갑 안쪽 종이는 연구 논문이 되었다.

자드는 이렇게 말했다. "처음으로 고통을 알게 되었습니다." 그는 고문을 당했고 음식을 먹지 못했으며 극심한 피로에 시달렸다. 체중이 엄청나게 빠졌다. 그해 8월 17일, 팔레스타인 사람 세 명이 감옥 담장을 세우는 일을 거부했다는 이유로 이스라엘 경비에게 총살당하는 모습을 지켜보았다. 이 사건을 이야기할 때 그의 목소리는 아직도 분노로 떨렸다.

실제로 의로운 분노가 자드의 영혼에 밀려 들어왔다. 그는 자신이 속해 있던 그리스 정교회 전통에 심각한 환멸을 느꼈다. 그가 느끼기에 교회는 가난한 사람들의 필요를 채우는 일에 충분한 역할을 하고 있지 못했다. 인간의 가치와 고귀함이 그의 기독교 신앙의 핵심이었는데 교회는 그들을 변호하지 못했다.

현재 자드는 더 이상 베들레헴 대학교에 몸담고 있지 않다. 그는 현재 ARIJ(예루살렘 응용 연구소) 대표다. 이 연구소는 과학자들이 운영하는 그 나라 최고의 대표 연구소 중 하나다. 이곳에 있는 자드와 같은 연구자들은 팔레스타인의 환경 문제와 자원 문제, 물 배분과 수질 문제뿐 아니라 땅 이용을 위한 고품질 지도(이스라엘이 압수한 땅을 표시하고 땅을 잘못 사용하고 있는 곳도 표시하고 있다)도 생산하고 있다. 이 연구소는 현재 "신뢰할 만한" 웹사이트(www.arij.org)를 운영하고 있는데 여기서 제공하는 자료들은 신문이나 정책 전략에 사용된다. 그리고 이 자료들은 모든 사람에게 개방되어 있다. 나도 분리 장벽의 정확한 구조나 마을들에 대해 알고 싶으면 이 사이트를 방문한다. 정착촌, 변경 식민지, 검문소 등이 지도에 정확하게 기재되어 있어서 이스라엘 점령 상황을 이해하는 데 정확한 정보를 제공한다.[21]

그러면 교회는 어떠한가? 자드는 예전에 교회가 자신의 고국의 아픔과 불의를 용감하게 직면하지 않는 한 신뢰를 얻지 못할 것이라고 말한 적이 있었다.

---

21 Jad는 평화와 정의를 증진하는 일에 여전히 적극적이다. 베이트 사후르 기독교 마을은 정치적인 활동으로 잘 알려져왔다. 이 마을은 두 번의 봉기에서 비폭력 저항 전략을 펼치는 데 중요한 역할을 했다. 1988년 자드는 베이트 사후르에 팔레스타인 친선 센터를 세우는 일을 도왔는데, 이곳은 팔레스타인과 이스라엘 젊은이들이 중립 지역에서 만나 서로의 어려움을 터놓고 이야기할 수 있는 장소다.

살림 무나예르, 베들레헴, 예루살렘

 살림 무나예르(Salim Munayer)는 양 진영이 겪고 있는 이 갈등의 윤곽을 아주 지각력 있게 이해하고 있고, 양 진영을 이해할 다리를 놓고자 온갖 노력을 기울이고 있으며, 또한 열정적인 기독교 신앙을 가졌다고 국제적으로 널리 알려져 있다. 그는 이스라엘 메시아닉 유대인 공동체의 큰 신뢰를 받고 있다. 나는 캐나다와 미국에서 열린 다양한 콘퍼런스뿐 아니라 이스라엘/팔레스타인에서 열린 콘퍼런스에서도 그를 여러 번 만날 기회가 있었다. 평화를 향한 그의 열정에 매번 큰 감동을 받았고, 부정직한 시도들을 드러내려는 강한 의지가 인상 깊었다.

살림은 "2세대" 난민이라고 할 수 있다. 그는 그의 가족이 집과 땅을 비참하게 잃어버린 지 7년 후에 태어났고 지금은 성공적인 경력을 쌓았으며 이스라엘의 점령을 받아들이는 법을 배웠다. 살림의 부모는 이스라엘이 첫 번째 공격을 한 1948년 4월까지 로드(룻다)에서 살았다.[22] 모셰 다얀(Moshe Dayan, 나중에 이스라엘 국무부와 외부무 장관을 지낸다)이 점령을 지휘했다. 이스라엘 역사가들은 그를 "로드로 돌진해 들어가, 마을을 쑥대밭으로 만들며, 사람들에게 혼란과 공포감을 조성했다"고 묘사한다.[23] 「시카고 선 타임즈」 기자가 마침 그곳에 있다가 점령 작전을

---

22 1948년 여름 내내 이 마을의 점령이 이루어졌다. Audeh Rantisi가 자신의 책에 소개한 목격담을 참고하라. *Blessed are the Peacmakers: A Palestinian Christian in the Occupied West Bank* (Grand Rapids: Zondervan, 1990), 23-39.

23 D. Neff, "Expulsion of the Palestinians, Lydda and Ramleh in 1948," *The Washington Report on Middle East Affairs* (July-August 1994): 72.

목격하고 다얀의 "맹공격 전술"을 보도했다. "그들이 지나가는 곳에 있던 모든 것이 실제로 죽었다. 길가에 시체들이 즐비하게 쌓였다." 또 다른 기자는 "무모할 정도의 저돌적인 공격으로 아랍 여자들과 남자들, 어린아이들의 시체가 여기저기 흩어져 있었다"고 전한다. 그날 로드에 살던 250명이 넘는 거주민이 죽임을 당했다. 그리고 일단 마을이 비워지자 군인들은 마구잡이로 마을을 약탈하기 시작했다. 이스라엘 군대는 트럭 1,800대 분량의 아랍 재산(농업 부품에서부터 단추까지 모든 것을)을 약탈했다. 500곳의 작업장뿐 아니라 7,000곳의 소매 상점들이 텅텅 비었다.[24] 이 공격에 앞장섰던 사람 중 하나였던 요세프 벤 엘레아제르(Joseph ben Eleazer)는 나중에 그리스도인이 되었는데 삶을 마감하면서 무엇보다 용서를 구하고자 했다.

무나예르 가문은 로드에서 가장 큰 그리스 정교회 가문이다. 도시가 점령되는 혼란 속에서 이들의 집은 군 본부가 되었고 나중에는 시청이 되었다. 1955년 살림이 태어났을 때 그는 점령지의 긴장감을 몸으로 체험했으며 대다수 이스라엘 사회에서 소수자로 살아가야 했다. 그의 부모는 로드에 남아서 살림이 이러한 새로운 환경에 융합되도록 애썼고 가족을 위해 이스라엘 시민권도 땄다. 살림은 2개 국어를 하며 자랐고 심지어 유대인 고등학교에 다녔다. 이스라엘 텔아비브 대학교를 졸업한 후에는 1년 동안 캘리포니아에 있는 페퍼다인 대학교(Pepperdine University)에 다니다가 나중에 풀러 신학교 세계 선교 대학원에 등록했다. 이곳에서 그의 영어가 유창해졌다. 마지막으로 그는 웨일즈 대학교(the Uiversity of Wales)에서 사회 심리학 박사 학위를 받았다. 그의 박사

---

24 위와 동일. 다음에서 인용. A. R. Norton, *The Washington Post*, March 1, 1988, 25. 다음 웹사이트도 참조. 〈www.musalaha.org〉

논문은 "이스라엘에서 팔레스타인 아랍 그리스도인 청소년들의 민족 정체성"인데 그의 어린 시절에 딱 어울리는 제목이다.

1985년 살림은 베들레헴 성경 대학에서 교편을 잡으면서 군 점령 아래에 살던 자신의 동료 아랍인들은 자신과 무척이나 다른 삶을 살았다는 사실에 놀랐다. 그러다가 1987년 1차 인티파다가 일어났고 점령지의 위기가 이제 그의 인생에도 찾아왔다. 1989년 학장의 자리에 올랐을 때, 살림은 점령지의 참혹한 현실을 목도하고 "각성"하게 되었다고 고백했다.

이런 맥락에서 하나님은 살림의 재능을 다리 놓는 자로서 사용하셨다. 그는 동족 팔레스타인 사람들 사이에 정의를 갈구하는 마음이 있음을 알았다. 그리고 유대인들의 마음에 깊이 새겨진 두려움도 알았다. 살림은 탁월한 의사소통이 없이는 유대인과 아랍인 간의 관계가 불가능하고, 관계가 없이는 미래가 암울하다는 것을 알고 있었다. 그래서 살림은 1990년 무살라하(혹은 "화해") 사역을 시작했다. 그는 갈등 맥락에서 관계가 형성되면 사람들은 자신의 대적을 비인간화시키고 그렇게 되면 서로를 절대 이해할 수 없다고 믿었다. 아랍인들은 유대인들에 대해 고정관념을 가질 것이고 유대인들은 아랍인들에 대해 고정관념을 갖게 될 것이다. 유일한 소망은 서로가 이해가 가능하도록 새로운 맥락, 새로운 분위기를 만드는 것이다. 살림은 젊은이들이 서로 쉽게 마음을 열 것이라고 확신한다. 또한 그는 그들의 마음이 아직 서로 통할 수 있을 것이라고 확신한다. 이 젊은이들은 아직 한 번도 "다른 편"에서 온 사람들과 심각한 대화를 나눠본 적이 없었다.

무살라하의 활동은 여러 가지가 있지만 그중 메시아닉 유대인들과 아랍 그리스도인들을 위한 사막 만남을 후원하는 활동이 있다. 30명의 젊은이(14-18살)가 낙타 15마리를 타고 5일 동안 사막을 트레킹하는 모습을 상상해보라. 이들이 만나는 첫 번째 관문은 아랍 젊은이와 유대인 젊은이가 누가 낙타를 타고 누가 걸어갈 것인지를 결정하는 것이다. 식사 시간이나 처음 모임 시간에는 성경의 "사막 이야기들"을 서로 나누면서 화해를 도모하고 개인적인 나눔을 가진다. 이렇게 트레킹이 끝나고 나서는 계속해서 서로 연락을 취한다. 그러면서 아랍/유대인의 구분을 "넘게 된다." 무살라하를 통해 이 화해의 트레킹을 거친 사람은 수천 명에 이른다. 하지만 이것이 전부가 아니다. 무살라하의 웹사이트에 이렇게 소개되어 있다. "사막 만남은 예수님의 가르침을 실제적인 방식으로 실현하려는 무살라하의 비전의 첫 성취다. 우리는 지난 19년 동안 프로젝트를 확장해왔다. 이 프로젝트는 콘퍼런스와 어린이 캠프, 출판, 문화 지도, 지도자 훈련 등을 포함한다. 무살라하는 어떠한 고강도 갈등이 있는 지역이라도 화해가 일어날 수 있음을 보여주는 하나의 모델이자, 보석이다.

살림은 미국(풀러 신학교)과 이스라엘/팔레스타인(나사렛, 예루살렘, 베들레헴)에서 정기적으로 가르친다. 또한 그는 인기 있는 콘퍼런스 강연자가 되었다. 살림은 혁신적인 모험가로서 공동체를 연합시킬 수 있는 일이라면 무엇이든 시도할 사람이다. 예를 들어 2000년 8월 무살라하의 몇몇 청년들이 레바논에서 난민이 된 (이스라엘 사람들에게 밀려난) 사람들을 실어오려고 갈릴리 북부로 간 일이 있었다. 그들의 꿈은 성지들을 방문해보는 것이었는데, 그들의 꿈이 이루어졌다. 그들은 이틀 동안 예루살렘과 감람산과 베들레헴을 걸으며 예배를 드렸다. 또 처음으로 메시아닉 유대인들도 만났다. 이 일은 그들에게 정말로 놀라운 경험이었다.

언젠가 살림이 버스 한가득 이스라엘과 팔레스타인 젊은이들을 태우고 야드 바셈(서예루살렘에 있는 유대인 홀로코스트 기념관)에 가는 모습을 상상해보라. 그리고 나서 그 일행이 함께, 1948년 유대인 군대가 작은 아랍 마을에 또 다른 대학살을 자행했던 곳인 데이르 야신으로 가는 모습을 상상해보라. 상상하기 어렵지 않을 것이다. 그리고 무살라하는 정말로 이렇게 할 것이다.

마룬 라함, 메데바, 요르단

총살의 위협을 받는다면 인생이 완전히 달라질 수 있다. 1974년 가톨릭 사제가 된 지 2년이 지난 때에 마룬 라함(Maroun Laham)은 트리폴리 외곽 레바논을 여행하고 있었다. 이때는 레바논 내전이 발발한 지 얼마 되지 않을 때로 무슬림과 그리스도인 군대 간에 잔혹 행위가 빈번하게 발생했다. 많은 무슬림들이 트리폴리 근처에서 죽임을 당했는데, 마룬이 탄 버스가 그 도시를 출발할 즈음 무슬림 군인들에게 납치되고 말았다. 13명의 그리스도인들이 그 버스에 타고 있었는데 그들은 따로 연행되더니 최근 일어난 무슬림들의 죽음에 대한 보복으로 그들을 총살시키겠다는 협박을 받았다. 당시 젊은 사제(겨우 25살 정도)였던 마룬은 죽음의 위협 앞에 처했다. 그는 사적으로 그들에게 사죄를 선포하고 곧 총알이 발사되기를 기다렸다. 하지만 기적적으로 납치범들이 그들을 풀어주기로 결정했다.

라함 가족은 이스라엘이 독립 전쟁을 일으킨 1948년에 집을 잃었다. 그 나라를 떠나는 데 15일을 주겠다는 말을 듣고 그의 아버지는 가족들을 이끌고 레바논으로 갔다가 난민이 되어 요르단으로 넘어갔다. 마룬은 12살에(공립 학교에서 여러 해 학교를 다닌 후였다) 교회로부터 신부로 헌신하라는 제안을 받았다. 그는 그 제안을 받아들였고 베들레헴 옆에 있는 베이트 잘라 마을의 라틴 신학교에 들어갔다. 1972년에 졸업을 하고 이후 중동 전역에서 사제로 섬겼다.

하지만 예루살렘에 있는 총대주교가 그의 학문적 잠재력을 알아본 덕에 그는 1988년부터 1992년까지 바티칸 교황청 산하 라테라노 대학교에서 공부할 수 있었고 이곳에서 박사 학위를 받았다. 그런 후에는 요르단과 이스라엘/팔레스타인에서 가톨릭 학교 체제를 이끌어갔는데 이 중에서 가장 중요한 곳이 베이트 잘라 가톨릭 신학교다. 이곳은 규모가 아주 큰 학교로 87명의 풀타임 학생들이 있다. 사실 이곳은 파키스탄과 이탈리아 전체를 통틀어 유일하게 사제를 훈련하는 가톨릭 신학교다. 2005년에는 북아프리카 튀니스를 맡았는데, 이곳에서 대주교로 선출되었다. 그리고 2012년에는 다시 중동으로 돌아와 요르단에 있는 예루살렘 라틴 총대주교로 섬겼다(그의 직책명은 메데바의 티툴라 주교다).

마룬은 진정한 지식인으로, 이스라엘/팔레스타인 내에서 목회에 놀라운 학문적 역량을 접목할 수 있는 아랍 가톨릭 지도자들을 대변하는 인물이다. 예루살렘 총주교로 섬기는 79명의 사제 중 거의 절반이 박사 학위를 갖고 있고, 예루살렘 라틴 총주교들(역사상 최초의 두 아랍 총주교들, 2008년까지는 미셸 사바[Michel Sabbah], 최근은 푸아드 트왈[Fouad Twal])은 그 숫자가 더 늘어나기를 원한다. 그리스도인의 관점에서 팔레스타인 교회의 위기를 성숙하게 분석한 것을 듣기 원하는 사람은 마룬 신부와 그의 많은 가톨릭 동료들의 말을 들으면 된다.

수년간 내가 경험한 가장 실망스러운 일 중 하나는 이 나라에 있는 라틴 공동체나 가톨릭 공동체에 진정으로 관심을 가지려는 복음주의자들이 없다는 점이었다. 이 라틴 혹은 가톨릭 공동체는 거대한 힘을 가진 교회로, 온전히 아랍 문화의 한 부분이고 의학과 교육 프로그램들을 개발해왔으며 세상에서 가장 훌륭한 지식인 사제를 배출했다. 마을들에서 자선 단체를 위해 일해온 사람들은 이 교회들을 통해 큰 도움을 받는다. 나는 2000년대 초에 베이트 잘라에서 마룬과 인터뷰를 한 적이 있다. 마룬은 점령의 고통이 교구민들의 삶을 얼마나 극심하게 구속하는지 나에게 말해주었다. 그는 성지 교회가 언제나 고통을 받아왔다고 말했다. 오순절 이후 교회는 오직 2백 년 동안만 자유로웠다. 그의 주된 걱정 하나는 이스라엘에 대한 것이 아니라 무슬림-그리스도인 관계에 대한 것이다. 무슬림과 그리스도인 정치인과 학자들은 서로를 이해하고 존중한다. 문제는 최소한의 교육만 받은 보통의 평범한 가족들 사이에서 일어나는 소위 "길거리" 차원에서 존재한다. 이 차원에서 대다수 무슬림들은 아랍 그리스도인을 수상쩍게 서방과 또 이스라엘과 연관된 "열등한 아랍인"으로 본다. 이러한 인식으로 인해 아랍 그리스도인들은 무슬림 이웃들과 함께 살아가면서 상당한 두려움을 느끼고 있다.

이러한 오해의 상당 부분이 교회와 모스크의 지도자들에게 책임이 있다. 마룬은 이들이 고정관념을 버려야 한다고 주장한다. 양 진영 모두 부정적인 종교적 고정관념들을 제거해야 한다. 이 일이 행해지지 않는 한 의사소통은 제한받을 수밖에 없다. 마룬이 베이트 잘라에서 사역할 때 나에게 아주 놀라운 (그리고 슬픈) 이야기를 해주었다. 그는 웨스트뱅크에서 60번 고속도로를 타고 나블루스에서 남쪽으로 차를 몰고 가고 있었다. 가다가 차를 세우는 무슬림 한 명을 태워주었는데 그는 처음 만난 사제를 보고 무척 인상 깊어했다.

마룬이 물었다. "그리스도인들에 대해 들어본 적이 있습니까?"

이런 대답이 돌아왔다. "자세히는 몰라요. 그들은 나뭇조각을 섬긴다고 하던데, 맞나요?"

마즈디 시랴니, 암만, 요르단

지금까지 팔레스타인 내 목회자들이 자신들의 공동체 안에 있는 폭력의 문제와 씨름하는 모습을 살펴보았다(특히 목회자들이 직접 폭력에 직면했을 때). 마즈디 시랴니(Majdi Siryani) 신부가 베이트 사후르에 있는 교회에 첫 부임했을 때, 그곳의 리더십은 상당히 정치적이었고 1990년대 초 발발한 봉기에 상당한 영향을 받아 형성되었다. 많은 지도자가 감옥에 갇히고 고문을 받았다. 한번은 교회가 이스라엘 점령에 반대하는 대중 시위(파업)를 지원하기로 결정했다. 하지만 이스라엘 군대가 교회 마당까지 밀어닥치며 저지했다. 이 젊은 신부는 이들과 맞서며 상상도 하지 못했던 싸움에 휘말리게 되었다. 이스라엘 군인 한 명이 그에게(그도 역시 미국계 이스라엘인이었다) 다가오더니 총부리로 그를 후려쳤다. 마즈디는 충격을 받았다. 한 번도 그런 식으로 맞아본 적이 없었다. 그도 충동적으로 그 군인을 후려쳤고, 두 젊은이는 이제 무슨 일이 일어날지를 생각하며 말없이 서 있었다. 곧 두 명의 군인이 더 합류해서 세 명이 공격적으로 마즈디에게 따지고 들었지만 그에게 폭력을 행사하지는 않았다. 그는 신부이기에 성직자로서의 정체성이 그를 공격하는 사람들을 멈칫거리게 만든다는 것을 알았다.

또 다른 사건으로, 마즈디는 1998년에 베들레헴 점령지 검문소를 통과하다가 두 명의 군인이 수백 명의 팔레스타인 노동자들을 함부로 대하는 것을 보고 분노가 치밀었다. 다시 한번 그는 신부복의 보호를 받으며 사람들을 헤치고 나아가 그들에게 직접적으로 말했다. "이 사람들을 소처럼 대할 수는 없소. 당장 그만두시오." 1999년에는 영화를 보러 가는 길에 같은 검문소를 통과하게 되었는데 초소에서 한 아랍 남자가 머리에 총을 맞아 그 후유증으로 마비가 왔다. 마즈디는 이 이야기들을 들려주면서 새삼 분노에 떨었다. 그는 아직도 그 마비된 사람을 알고 있었다. 그는 2000년 5월에 라헬의 무덤(그 검문소 근처)에서 두 명의 아랍 남자가 총에 맞은 이야기를 더 들려주었다. 이 사람들은 경비병에게 담배를 주려고 손을 넣었는데 군인이 그 행동을 오해했다. 이 이야기들 어느 것 하나 서방 언론에 보도된 적이 없다. 만일 이스라엘 군인 두 명이 이런 식으로 총에 맞았다면 팔레스타인 사람들의 테러로 서방 언론에 떠들썩하게 보도되었을 것이다.

마즈디 시랴니는 에밀 살라이타처럼 베두인족 그리스도인이다. 이들 부족은 수 세기 동안 현 요르단 사막 지역을 배회하던 사람들로, 5천 명 이상의 가톨릭 신자들로 구성된 아제자트 민족(Azezat people)도 이에 속한다. 마즈디는 베이트 잘라에 있는 마룬 신부와도 관계가 있다. 1961년에 태어난 마즈디는 1986년 사역을 시작했을 때 젊고 충동적이었다. 그리고 마룬은 마즈디가 베이트 잘라 신학교에서 보낸 초기 사역을 이끌어주는 멘토가 되었다. 라틴 지도부(The Latin leadership)가 현명하게도 마즈디의 재능을 간파해서 1990년대 초에 그를 로마로 보내 박사 학위를 따게 해주었다. 그는 이탈리아에서 7년을 보내며 시민법과 교회법을 공부하여 예루살렘 상황에 적용시켰다.

마즈디는 완벽한 영어 실력을 갖추었는데 이는 미국에서 초기 목회자 훈련을 받으며 익힌 것이다. 그는 3년간 캘리포니아 포모나에 있는 아랍 교회를 맡았고, 거기서 미국 그리스도인들이 그의 세계를 어떻게 바라보는지 또한 서방이 그의 고국을 어떻게 보고 있는지 배울 수 있었다. 마즈디는 베들레헴 동쪽 마을인 베이트 사후르에서 가톨릭 교회 사제가 되었다(1997-2005). 그 교회는 미국에 있는 교회와 거의 같았지만 한 가지만 확연히 달랐다. 다른 교회들보다 군대의 거친 행동을 더 많이 보았다는 점이다. 현재 그는 예루살렘 총주교를 위해 일하고 있고 이스라엘/팔레스타인과 요르단 내 가톨릭 교육을 주관한다.

마즈디의 경험은 우리에게 중요한 질문을 한다. 그리스도인은 압제당할 때 저항해야 하는가? 비폭력 저항이 통할까? 마즈디는 그리스도인이라면 누구나 제일 먼저 취해야 할 행동이 비폭력 저항이라고 분명히 말한다. 하지만 가장 큰 문제는 아랍 문화가 비폭력 저항의 방법을 모르고 그러한 비폭력적 전술이 갖는 힘을 모른다는 것이다. 그는 예수님이 바리새인들을 여러 번 공격적으로 부르시고 그들과 "맞섰다"고 지적한다(마 23장). 또한 예수님은 권위자들과 합력하는 것을 거부하셨고 한 번은 의도적으로 대중적인 소란을 일으키셨다(마 21:12-17). 마즈디는 때로 저항이 실패한 것에 대해 분명히 실망스러워하고 비폭력이 성공하려면 어느 정도 사회적 힘이 있어야 하는 것 아니냐고 회의를 갖는다.

엘리아스 차쿠르

"아부나"(Abuna, 아랍어로 신부) 차쿠르(Elias Chacour)는 유명한 팔레스타인 기독교 리더다. 그가 잘 알려진 데에는 그의 책 『블러드 브라더스』(*Blood Brothers*, 1984)와 『우리는 그 땅에 속한다』(*We belong to the Land*, 1990)가 큰 몫을 했다. 그의 조상은 갈릴리 북부 비람이라는 마을로 여러 세기 거슬러 올라간다. 비람은 수 세기 동안 마을 전체가 그리스도인이었다. 아부나가 여덟 살이었던 1948년에 이스라엘 군대가 마을 사람들에게 곧 공격과 학살이 있을 것이라고 속였다. 군인들은 그들에게 도망가라고 말했고 심지어 귀환증까지 제공했다. 동굴과 올리브 숲에서 2주간 숨어 지내던 사람들이 집으로 돌아왔을 때는 이미 집이 다 약탈당하고 음식도 하나도 남아 있지 않았다. 군인들은 남자들을 총으로 위협해서 동쪽 경계 지역으로 몰아갔고 노인들과 여자들, 어린이들만 남겨두었다. 차쿠르의 어머니는 어린 자녀들을 데리고 지쉬라는 마을로 갔고, 아버지와 큰 형들은 두 달 동안 모습을 감추었다. 그들은 요르단, 시리아, 레바논을 돌아 가족과 합류하기 위해 다시 갈릴리로 몰래 들어왔다. 그래도 그들은 운이 좋은 가족이었다.

하지만 비람은 더 이상 존재하지 않았다. 1950년, 이스라엘 대법원이 마을에 우호적인 판결을 내려 사람들을 돌아오도록 했지만, 몇 달 후 1951년에 군 불도저가 와서 마을을 밀어버렸다. 현재 아부나 차쿠르는 가끔씩 이곳을 방문해서 집 폐허 위에 올라가 보기도 하고 마을의 삶의 중심이었던 허물어진 교회에 가보기도 한다. 또 조상들이 묻혀 있는 폐허가 된 묘지에 가보기도 한다. 원래 비람에 살던 사람 중 많은 사람이 아직도 이곳으로 소풍을 오기도 하고 죽으면 이곳에 묻힌다. 어떤 사람이 이렇게 말했다. "비람에서 살 수는 없지만 적어도 이곳에서 죽고 싶어요."

차쿠르는 파리에서 6년간 공부를 마친 후 멜키트 교회 사제로서 성직을 받았다. 이 멜키트교는 11세기로 거슬러 올라간다.[25] 멜키트교의 의례들은 그리스 정교회 의례들과 거의 비슷한데 로마와 영적 교감을 가지고 있다는 점만 다르다. 갈릴리에만 35개 교회가 있고 25명의 사제가 있다. 1965년 8월, 새로 임직된 "아부나 차쿠르"는 이스라엘 도시 하이

---

25 11세기 이 그리스도인들은 로마 황제와 동맹을 맺어서 콘스탄티노플 황제에게 충성하고 있었다. "말렉"(Malech)이라는 아랍 이름은 "충성스러운 자"를 의미하는데 여기서 멜키트교의 이름을 따왔다.

파와 그리 멀지 않은 이빌리인이라는 갈릴리 마을을 맡게 되었다.

이빌리인 교회는 난장판이 되어 있었을 뿐 아니라 공동체도 완전히 절망에 빠져 있었다. 젊은 신부는 좌절과 수많은 방해에도 불구하고 자신을 온전히 헌신했다. 아부나는 젊은이들에게 절실히 필요한 것 하나가 교육이라는 사실을 재빨리 깨달았다. 1970년대와 1980년대에 아랍인과 유대인 사이의 긴장이 고조됨에 따라 아랍 젊은이들을 위한 기회는 더욱 제한되었다. 그래서 이빌리인 교회는 1982년에 고등학교를 개교해서 4명의 교사와 80명의 학생을 유치했고 2012년경에는 약 1,200명의 학생들이 등록했다. 현재 이 학교 졸업장은 전국 이스라엘 대학들로부터 인정받고 있다. 1994년에 이빌리인 교회는 100명의 학생들을 데리고 대학 1학년 과정을 개설했다. 그리고 현재는 500명이 되었다. 이스라엘 정부도 이 학교를 인정하고 있다. 이 학교의 대학 교육은 1997년 이래 매년 이스라엘 정부가 주는 상을 받았다.

상황이 늘 쉽지는 않았다. 차쿠르는 담대한 사람이고 때로는 자신의 목표를 위해서 하기 어려운 말도 가차 없이 하는 "예언자"이기도 하다. 공항에서 출국하기 위해 검문을 당하거나(모든 아랍인이 늘 당하는 일이다) BBC에서 제작하는 프로그램에서 정의를 대변할 때면, 차쿠르의 목소리는 여지없이 아모스나 예레미야의 목소리다. 그가 처음 학교를 짓기 시작했을 때, 이스라엘 정부는 그에게 건물 허가를 내주지 않으려고 했다. 논쟁이 몇 달에서 몇 년으로 이어지자, 그는 어쨌든 건물을 지었고 정부가 허물지 못하도록 저지했다. 그는 서방 언론을 끌어들였고 월드비전 같은 복음주의 단체들을 자기편으로 끌어들였다. 차쿠르가 건물을 짓자 이스라엘은 부수겠다고 협박했다. 그래서 차쿠르는 계획을 세웠다.

1992년에 그는 워싱턴 DC를 방문해서 제임스 베이커(James Baker) 미 국방 장관 집으로 갔다. 그가 문을 두드리자 베이커의 아내 수잔이

나왔다. 그는 도움을 요청했고 베이커 장관과 그의 아내가 다음에 이스라엘을 방문할 때 자기 마을을 방문할지 반신반의했다. 진실한 그리스도인들인 베이커 부부는 그의 호소를 잊지 않았다. 그리고 재직 말기에 제임스 베이커는 이스라엘 수상인 시몬 페레즈에게 개인적으로 전화를 걸었다. 페레즈는 예루살렘에 있는 차쿠르의 "대사"가 되었고 승인과 허가가 신속히 이루어졌다. 현재 마르 엘리아스 대학은 교육부에서 정식으로 인가받은 학교다.[26]

2006년 차쿠르 신부는 이빌리인 마을 교회를 사임했고 지금은 이스라엘 아코/하이파에서 멜키트교 대주교로 섬기고 있다. 그는 노벨 평화상 후보로 세 번이나 이름을 올렸고(1986, 1989, 1994) 수많은 미국 명예 박사 학위를 받았다. 또 그는 미국 내에 "이빌리인 순례자들"이라 불리는 협력 네트워크를 가지고 있는데 그 마을의 교육 사업을 위해 계속해서 일하고 있다.

사미 아와드, 베들레헴

현재는 다른 세대(정복과 점령의 참상을 목격한 사람들의 자녀들)가 사회 지도부를 형성하고 있다. 사미 아와드(Sami Awad)가 그중 한 명이다. 사미는 비샤라 아와드의 아들이다. 베들레헴에서 태어난 그는 캔자스 대학교를 다녔고 정치학을 공부했다. 하

---

26 Chacour는 또한 많은 상을 받았다. 1994년에는 리오데자네이로에서 세계 감리교인 평화상을 받았다. 그리고 2001년(2월)에는 도쿄에서 니와노 평화상을 받았다.

지만 고향으로 돌아오면서 점령이 갖는 파괴적이고 폭력적인 특징들과 자기 민족의 모순된 반응에 대해 더 잘 인식하게 되었다. 그는 예수님, 간디, 마틴 루터 킹 목사를 연구하면서 워싱턴 DC에 있는 아메리칸 대학교(American University)에서 평화와 분쟁 해결에 관한 석사 학위를 받았다.

하지만 사미가 그의 독특한 사역의 기반을 다진 것은 1998년이었다. 홀리랜드 트러스트(HLT)는 현재 많은 사역자를 구비한 사역 단체(베들레헴)로, **독특한 기독교적 관점으로** 점령을 연구하여 발표하는 일에 매진한다.[27] 이 단체는 중동 친교회(Middle East Fellowship)와 긴밀히 협조하고 있고, 미국인 학생들이 주축이 된 단체로서 많은 대학생을 베들레헴으로 오게 하여 비폭력 저항과 전방에서 분쟁 해결에 대해 공부하도록 유도하고 있다.

한마디로 사미의 노력은 영감을 주기에 손색이 없다. 이스라엘 사람들에 대한 그의 연민으로 인해 그는 강경 노선 팔레스타인 캠프에 있는 몇몇 적들의 마음을 얻었다. 그는 홀로코스트에서 겪은 유대인들의 트라우마를 이해하기 위해 폴란드에 있는 강제 수용소에 가보기도 했다. 또 팔레스타인 사람들의 정의를 이루려는 그의 헌신으로 인해 그는 이스라엘 측의 마음을 얻었다. 사미 아와드는 믿음의 프리즘으로 자신의 분노를 걸러낸 사람이다. 그렇다고 해서 열정이 없는 사람이 된 것이 아니다. 오히려 점령으로 인해 생긴 잔인함이 어떻게 이스라엘 사람과 팔레스타인 사람들의 영혼을 똑같이 병들게 했는지 이해하게 되었다. 그래서 그는 두 공동체가 모두 구원받기를 원한다.

현재 그는 미국 전역에서 인기 있는 강연자다. 중동에 대해 이야기할

---

27 〈www.holylandtrust.org〉

때면 언제나 등장하는 분노의 목소리와는 다른 새로운 목소리를 들으려는 사람들 사이에서 인기가 많다. 국제 월드비전이 그와 긴밀히 협력하며 그가 벌인 많은 사역들을 후원하고 있다. 나도 홀리랜드 트러스트와 협력하도록 학생들을 많이 보내고 있다. 이들은 여름 내내 팔레스타인 가족들과 함께 지내며 그들처럼 살아보고 현실 속에서 분쟁 해결책을 연구한다.

사미의 사역을 남다르게 만드는 것은 믿음에 대한 그의 굴하지 않는 헌신이라고 나는 생각한다. 몇 년 전 그를 방문했을 때, 나는 베이트 잘라 근처에서 한 문제가 끓어오르고 있다는 것을 알게 되었다. 군인들이 올리브나무가 분단 벽과 너무 가깝다는 이유로 200그루의 올리브나무를 짓밟고 있었다. 마을 사람들은 시위를 요청하고 있었고 사미는 자신의 8살 난 딸과 함께 나를 그곳으로 데리고 갔다. 점령당한 사람들이 시위하는 현장에 함께한다는 것은 큰 특권이었다. 그리고 나는 사미가 옆에 있으니 큰 문제는 없을 것이라고 생각했다.

우리는 100명의 팔레스타인 사람들과 몇몇 유럽 사람과 미국 사람들과 합류했다. 노인들도 있고 어린아이들도 있었다. 현수막도 걸려 있고 깃발도 있었다. 리더가 비폭력에 대해 연설했다(아랍인 변호사인 조나단 쿠타브가 나에게 통역해주었다). "지금 이곳에 돌을 던지러 오셨다면 돌아가십시오. 군인들이 무기를 가졌다 해도 우리는 평화적으로 그들에게 다가갈 것입니다." 그런 다음 이렇게 선언했다. "자, 이제 어른들은 모두 앞으로 나오십시오!" 뭐라고? 그러더니 그가 나를 바라보는 것이 아닌가! 그래서 나도 앞으로 나가 아랍 목회자와 변호사 사이에 섰다(모두 팔짱을 끼었다). 길 아래로 이스라엘 군인들이 2대의 지프와 2대의 트럭에서 내리는 것이 보였다. 그들의 목표는 베어지고 있는 올리브나무와 불도저 가까이로 우리가 못 가게 막는 것이었다. 아랍 사람들이 노래를 부르기 시작했다. "벽을 허물어라. 점령을 멈추어라." 내가 휘튼 대학에 있는 것이 아니라는 사실이 새삼 실감이 났다.

이곳은 노천극장이다. 현재 정치 드라마가 공연 중이다. TV 카메라들이 우리를 따라왔다. 모두 역할이 있었다. 하지만 군인들로부터 약 50m 지점에서 군인들이 무력을 사용하기 시작했다. 그들은 군중들을 향해 5-6개의 충격 수류탄을 발사했다. 이 수류탄에서는 작은 총알들이 터져 나와서 맞으면 상당한 충격이 있다. 하나가 내 바로 옆으로 떨어지더니 어린 소년 옆으로 튕겨나가 터졌다. 연기가 자욱했다. 하지만 마을 사람들은 이미 알고 있던 터라 다시 자리를 정렬하고 계속 걸었다. 나는 사미의 딸을 지켜보았다. 그 아이는 하나도 당황하지 않고 교묘하게 몸을 잘 피하고 있었다.

우리는 10분 만에 군인들이 있는 곳까지 밀고 올라갔는데, 군인들은 울타리용 철선(razor wire)을 가지고 길을 막았다. 군인들은 방탄복을 입고 중무장하고 있었다. 우리와의 거리가 약 10m쯤 떨어진 곳에 두 명의 군인이 서 있었는데 매우 무거운 총을 갖고 있었다. 그들은 만일의 경우를 대비하고 있었다.

그리고 우리는 그곳에서 그렇게 서로를 노려보며 서 있었다. 팔레스타인 사람들이 군인들에게 이런 질문들을 던졌다. "여기 있는 게 자랑스럽소?" "당신들은 왜 우리 마을에 온 거요?" "왜 벽을 세우고 우리 삶과 나무들을 망치는 거요?" 선글라스와 검은 카피아(kafia)로 변장한 젊은 미국 여성이 이렇게 물었다. "당신들이 하는 일이 불법이라는 걸 알고 있습니까?" 무장하지 않은 사람들이 중무장한 군인들 바로 앞에서 자신들의 주장을 항변하는 모습은 마치 현실이 아닌 것 같았다.

다음에 무슨 일이 일어날지 알 수 없었다. 누군가 군인들을 밀치기라도 한다면 군인들은 최루탄을 쏘거나 그 사람을 체포할 터였다. 내 앞에 있는 군인도 방탄복을 입고 총을 들고 있었다. 울타리용 철선을 사이에 두고 나는 그에게 이름을 물어보았다. 그를 시험해본 것이었다. 그가 영어를 알아들을 것이라고 알고 있었다. "조나단입니다." 그가 대답했다. 그는 뉴욕 출신이고 나이는 19살이라고 말했다. 군인으로 복무한지 1년이 되었다고 했다. 무척 어려 보였다. 무척 예의바른 모습이었다. 또 무척 혼란스러운 듯 보였다. 아이들도 섞여 있는 군중들에게 총을 겨누고 있다면 여러분도 그럴 것이다.

나는 그에게 왜 이 일을 하고 있는지 물어보았다. 그는 한두 문장으로 요약하여 답해주었다. "이 사람들은 위험합니다. 우리는 안전을 지켜야 합니다. 우리가 막지 않으면 이들이 우리에게 무슨 일을 저지를지 모릅니다. 게다가 전 그저 명령을 따를 뿐입니다."

나는 그에게 폭력에 가담하는 것이 그의 영혼을 얼마나 무너지게 할지 말해주었다. 또 "그저 명령을 따른다"는 말은 언제나 나쁜 일이 자행될 때 들리는 말이다. 하지만 그는 나와 대화를 나누면서 명령을 어기고 있었다. 15분 후에 중위가 오더니 그를 뒤로 물러나게 했다. 군인들은 "대적들"과 인간적인 관계를 맺는 위험을 무릅쓸 수 없다. 일이 이렇게 되자 나는 조나단에게 작별 인사를 하며 당신은 좋은 사람이라고 말해주었다. 그리고 이런 일이 그에게 어떤 대가를 치르게 할지 생각해보라고 조언해주었다. 그때 그가 깜짝 놀랄 말을 했다. "당신은 저를 모를 뿐 아니라 제가 어떤 일을 할 수 있는지 모릅니다." 나는 이렇게 말해주었다. "아니요. 저는 이 큰 슬픔이 당신을 대변하지 않는다고 믿고 싶습니다."

그 일을 통해 우리가 한 일이 무엇인지 계속해서 생각해보았다. 올리브나무들은 결국 분단의 벽 앞에 설 기회를 얻지 못했다. 가난한 사람들은 이런 폭력적인 권력 앞에서 아무 힘도 없었다. 하지만 우리는 군인들의 양심이 깨어나기를 바랐다. 더더욱 우리가 돌아갈 때 팔레스타인 사람들이 용기를 얻는 모습을 엿볼 수 있었다. 집으로 돌아가면서 나는 사미에게 왜 이 일이 필요했었는지 물어보았다. 사미는 이스라엘 사람들을 위해서가 아니라 자신들을 위해서 필요한 일이었다고 말했다. 그는 이 일이 자신들이 아직 이곳에 있고 자기들만의 목소리를 낼 수 있다는 것을 서로에게 보여주는 방식이라고 했다. 그리고 우리의 힘을 평화적으로 사용할 수 있음을 보여주는 것도 의미 있는 일이라고 이야기했다. 나는 이 일이 그의 딸에게는 무슨 의미가 있는지를 물어보았다. 그러자 딸이 이런 것에 익숙해지도록 하기 위해서라고 대답했다. 그는 자기 딸은 걸음마를 떼면서부터 이런 일을 해왔다고 했다.

나임 아티크, 예루살렘

이스라엘/팔레스타인에 있는 많은 중요한 교회 지도자들 중에서 나임 아티크(Na'im Ateek)는 국내에 끼치는 엄청난 영향력과 전 세계적으로 알려진 인물이라는 점에서 간과할 수 없다. 나임은 영국 성공회 신부이고 이전에 예루살렘에 있는 성 조지 성당을 맡아 목회했었다. 현재는 예루살렘에 있는 복음주의 해방 신학 본부로 잘 알려진 사빌(Sabeel)을 이끌고 있다. 앞서 나는 나임 부모님의 이야기와 그들이 어떻게 고향인 베이산(갈릴리)에서 이스라엘 군대에 의해 쫓겨났는지 소개했다(5장 참고). 이제 그 이야기를 마무리 지을 수 있겠다. 나임은 어린 시절에 누리던 모든 것을 잃어버린 난민으로 성장했다. 그는 나사렛 침례교 학교를 다녔다. 그 후에는 미국으로 건너가 텍사스주 애빌린에 있는 하딘시몬스 대학교를 다녔다. 그런 다음에는 캘리포니아주 버클리에 있는 성공회 신학교에서 석사 학위를 받았다. 이후 이스라엘/ 팔레스타인에서 성직을 받고 성공회 신부로 시무하다가 다시 샌프란시스코로 가서 샌프란시스코 신학교에서 박사 학위를 받았다.

나임이 쓴 책 『정의, 오직 정의』(1989)는 아직도 널리 읽히고 있다. 이 책은 최초의 그리고 아마도 유일한 팔레스타인 해방신학 서적이었다. 이 책에는 이 갈등에 대한 나임의 이해와 기독교 신앙이 이를 어떻게 해석해야 하는지에 대한 기본적인 생각들이 정리되어 있다. 그가 가장 최근에 쓴 책 『팔레스타인 그리스도인들이 화해를 외친다』(2008)에는 오랜 사역을 통해 모든 것을 성숙하고 냉정하게 통합하는 그의 생각들이 소개되고 있다.

나임은 30년간의 목회를 끝내고 사빌(아랍어로 길, 통로, 샘)이라는 신학 센터를 시작하기로 결심했다. 여기서 나임은 콘퍼런스를 주최하고 리서치를 하며 전 세계 유수한 신학자들을 예루살렘으로 초빙한다. 그는 미국, 캐나다, 영국, 스웨덴, 덴마크, 노르웨이, 아일랜드, 프랑스, 독일, 네덜란드, 오세아니아, 호주에 사빌의 친구들이라 불리는 네트워크를 세워 각 나라별로 콘퍼런스를 개최하기도 한다. 사빌이 운영하는 출판사인 코너스톤과 웹사이트는 정의와 평화와 저항과 관련한 양질의 신학적 글들을 제공한다. 기독교 공동체가 새로운 경험을 찾고 있다면 사빌이 제공할 수 있다. 사빌은 폐허가 된 팔레스타인 마을 터에서 드리는 추모식에서부터 점령 아래에 처한 "무대 뒤"의 삶을 여실히 보여주는 관광에 이르기까지 많은 것을 제공한다.

나임이 교회들에게 제공하는 이런 유의 질문과 대답을 많은 복음주의자들이 그리 고마워하지 않는 것이 사실이지만 나는 그가 쓴 글을 읽으며 성장해왔다. 그는 용감한 그리스도인이다. 나는 종종 그를 보며 본

회퍼를 떠올린다. 1930년대 독일의 "고백 교회"가 내던 소리가 사빌에서 들리는 듯하다.

요한나 카타나초, 나사렛
먼더 이삭, 베들레헴

동일하게 열정적인 다음 세대는 완전히 다른 길을 걷고 있다. 요한나 카타나초(Yohanna Katanacho)와 먼더 이삭(Munther Isaac)은 전도유망한 학자들로 최고의 신뢰와 신학적 능력을 인정받고 있다. 이 두 사람은 학문적인 탐구를 자신들의 소명으로 알고 매진했으며 지금은 교회의 미래를 책임질 다음 세대를 기르는 일에 전념하고 있다.

앞서 팔레스타인 교회의 스타 중 한 명인 요한나 카타나초 박사의 이야기를 했다(11장 앞부분). 요한나는 휘튼 대학과 트리니티 복음주의 신학교를 졸업했다. 구약학 박사 학위를 받은 그는 많은 저서를 남기고 있다(이 중 많은 분량이 아랍어 책이다). 베들레헴 성경 대학 학장으로서 그는 커리큘럼을 짜고 갈릴리에 분교를 세우는 일을 한다. 요한나는 저자이면서 동시에 탁월한 강연가다.

베들레헴 성경 대학 동료 교수가 바로 먼더 이삭이다. 그는 신약학 교수로서 탁월한 리더십을 보이고 있다. 먼더는 웨스트뱅크에 있는 팔레스타인 비르자이트 대학교를 다녔다. 그런 후 필라델피아에 있는 웨스트민스터 신학교를 다녔고 선교학으로 옥스퍼드 센터에서 박사 과정을 마쳤으며 현재 박사 후보생(Ph. D. candidate)으로 그 땅에 대해 성경 신학을 연구하고 있다. 먼더는 논리 정연하고 긍정적이며 도전적이고 성실한 학자로, 팔레스타인에서 그 세대의 으뜸가는 신학자로 우뚝 설 것이 분명하다.

이 젊은이들은 발전 도상의 (또는 대다수) 나라들 전역에서 일어나고 있는 어떤 것을 대변한다. 서구 기독교 단체들은 발전 도상의 나라들에 있는 교회들에 교육의 기회를 제공함으로써 돕는 일에 열심이다. 예를 들어 휘튼 대학은 다른 나라 학생들에게 석사 장학금 전액을 제공한다(빌리 그레이엄 장학금). 또한 박사 프로그램에도 장학금을 전액 지원해왔다. 이와 비슷하게 존 스토트 미니스트리에 있는 랭함 파트너스(Langham Partners)는 발전 도상 국가들의 그리스도인들에게 최고의 신학교에서 공부할 수 있는 장학금을 지원하고 있다. 거의 모든 신학교가 비슷한 프로그램을 갖고 있다. 이것이 의미하는 바가 무엇인가? 서구 그리스도인들은 팔레스타인 교회에 신학적 동료들(진정한 대화의 상대)이 있고 그들의 말을 들어야 한다는 사실을 자각할 필요가 있다.

요한나와 먼더 그리고 베들레헴 성경 대학 동료들이 이룬 진정한 업적 중 하나는 검문소 콘퍼런스를 개최한 일이다. 2010년 베들레헴 성경 대학은 (많은 지역 및 국제 사역 단체들과 합작으로) 3월에 최초의 신학 콘퍼런스를 개최하기로 결의했다. 약 300명이 참석했다. 그런 다음 2012년에 또 한 번 개최했다(먼더가 주관했다). 이번에는 거의 750명이 참석했다. 모든 준비자들이 최선을 다했다. 북아메리카, 유럽, 중동 등지에서 많은 사람이 참석했다. 그리고 메시아닉 유대인 지도자들도 참석해서 팔레스타인 그리스도인 이웃들과 공감대를 형성했다(이 부분이 가장 놀랍다).

이 콘퍼런스는 앞으로 더 자주 열릴 것이고 참석자들도 더 많아질 것이다. 또한 요한나와 먼더 같은 젊은 일꾼들이 팔레스타인 교회의 미래를 이끌어갈 것이다.

디나 카타나초, 나사렛

팔레스타인 기독교 공동체에서 젊은 여성 지도자들이 등장하는 모습을 보는 것도 새로운 발전이다. 과거 세대에서는 이런 일이 드물었다. 여성들은 가정을 돌보고 공동체의 사회적 필요를 채우는 일에 주로 힘써왔지, 국가적으로 (또 국제적으로) 영향력을 끼치는 일에는 거의 관여하지 않았다. 지도자의 위치에 설 수 있는 여성은 거의 없었던 것이 사실이다.

디나 카타나초(Dina Katanacho)는 팔레스타인 그리스도인으로서 이스라엘 시민권을 갖고 있다. 그녀의 부모님은 갈릴리호수에서 서쪽으로 겨우 수십 km 떨어진 알 샤자라라는 옛 기독교 마을 출신이었다. 1948년 이스라엘 군인들은 그들에게 즉시 집을 비우지 않으면 총살할 것이라고 말했다. 그래서 그들은 티베리아스로 도망갔는데, 그곳에서 땅을 얼마간 구입했다. (알 샤자라는 파괴되고 근처에 일라냐라는 이스라엘 정착촌이 세워졌다. 현재는 알 샤자라의 폐허만 남아 있다.) 그런데 이스라엘 사람들이 그들을 다시 한번 몰아내는 바람에 이번에는 나사렛으로 도망을 갔다. 그곳에서는 수천 명의 그리스도인 난민들을 반겨주었다. 그러다 결국에는 지중해 아코(Acco)로 이주했고 여기서 디나가 태어났다. 디나 가족은 이스라엘 시민권을 얻었고 디나는 유대인 초등학교를 다녔으며 아랍어와 히브리어를 자유자재로 사용하고 이중 문화권에서 성장했다.

디나는 신앙 깊은 아이로 성장했다. 그녀는 학교생활에도 열심이었고 교회를 섬기는 일에도 부지런했다. 그녀는 예루살렘에 있는 다비드 옐린 사범 대학(David Yellin Teacher's College)에서 학위를 받았지만 교회를 섬기는 일을 택했다. 그녀와 남편 요한나(앞서 살펴본)가 나사렛에 정착했을 때 그녀는 베들레헴 성경 대학에서 사역과 리더십 분야에서 석사 학위를 받았다. 2008년경 그녀는 아랍 이스라엘 성서공회(the Arab Israeli Bible Society, 성서공회의 새로운 지부)의 책임자 자리를 제안받았다. 그녀는 그 협회의 첫 대표였을 뿐 아니라 공공 기독교 기관에서 지도자 역할을 맡은 첫 팔레스타인 여성이었다.

여성 지도자들을 양성하는 일이 언제나 그녀의 첫 관심사였다. 그녀는 대학에서 여성들을 길러냈고 성서공회를 통해 지역 교회들을 섬기는 여성 인력을 양성했다. 2002년에는 그녀의 첫 번째 아랍어 책『나를 자유롭게 하라: 기독교 안에서 여성의 역할과 지위』를 출간했다. 하지만 그녀는 언제나 다른 여성들을 깨우치는 일에 우선을 두었다. 그녀는 이렇게 말한다. "제게는 이중의 부담이 있습니다. 이스라엘에서는 이류 시민이고 신앙 세계에서는 여성입니다." 이러한 장애를 무너뜨린 사람이 있다면 바로 그녀다.

나는 디나처럼 청중을 완전히 사로잡는 강연자를 본 적이 없다. 나는 그녀가 수많은 성인 순례 그룹들에게 자신의 이야기를 말하는 것을 보았다. 매번 같다. 좌절로 점철된 삶이었지만 그리스도인의 소망으로 가득한 이야기였다. 그녀가 팔레스타인 그리스도인의 정체성을 한마디로 요약한 말이 있는데 참 놀랍다. "예수님이 우리 신앙의 중심입니다. 공동체는 우리 삶의 중심입니다. 화해는 우리 사역의 중심입니다."

요약

지금까지 팔레스타인 교회에서 몇 사람만 간단하게 살펴보았다. 이보다 더 많은 사람이 있고 이들에 대해 할 말도 더 많이 있다. 하지만 이들을 통해 말하고자 하는 바는 간단하다. 팔레스타인 교회가 존재하고 그들이 하려는 말이 있다는 것이다. 이스라엘과 점령지 안에서 그들은 많은 것을 잃고 싸우고 있다. 그리고 그들은 다른 그리스도인들, 특히 서방 그리스도인들과 연결되고, 교제하며, 지지를 받기를 간절히 원하고 있다. 나는 수백만 명의 서구인들이 성지에 관심을 가지고 순례 여행을 가지만 정작 이 공동체들을 만나지 못하는 현실에 슬픔을 느낀다.

12장

복음주의자들과 그 땅

나는 이스라엘 국가의 운명이 오늘날 세계가 직면한 가장 중요한 국제문제라는 데 의심의 여지가 없다고 느낀다. 나는 이스라엘 국민이 그 땅에 대해 신학적이고, 역사적이며, 법적인 권리를 갖는다고 믿는다. 나는 개인적으로 시온주의자로서 구약성경에 대한 믿음에서 이러한 관점을 얻었다.

– 제리 팔웰[1]

그 땅에 대한 옛 언약들의 유효성을 고려하고 이스라엘에 안보가 필요하다는 점을 인정한다고 해도 수백 년간 아랍 사람들이 차지했던 땅을 빼앗는 것 혹은 인구 100%가 아랍 사람인 땅을 빼앗는 것이 정당화될까? 이런 요소들이 정의와 자비의 원칙을 조롱하는 것을 정당화할 수 있을까?

– 웨슬리 G. 피퍼트[2]

---

1   다음 책에서 인용. M. Simon, *Jerry Falwell and the Jews* (New York: Jonathan David, 1984), 62.
2   W. G. Pippert, *Land of Promise, Land of Strife* (Waco, Tex.: Word, 1988), 124.

2000년 9월에 발발한 두 번째 인티파다와 이스라엘이 레바논, 가자와 반복적으로 겪는 갈등 그리고 이스라엘이 이란에 대해 취한 정치적 태도로 인해, 복음주의자들은 다시 한번 이스라엘의 발전에 관심을 모았다. (기독교 시온주의자들 같은) 어떤 공동체들은 모든 인원을 동원했고 이스라엘에 대한 미국의 원조를 영적 충실함의 시험으로 보았다. 또 다른 복음주의자들은 이스라엘의 지나친 행동에 큰 우려를 표명했고 성지에 정의를 외치기 시작했다. 이번 장에서는 복음주의자들이 이스라엘에 대해 어떻게 보는지 또한 왜 그렇게 보는지에 대해 알아보려고 한다.

2002년 10월 6일, CBS 뉴스 매거진 「60분」(60 Minutes)은 복음주의자들에 대해 연구한 방대한 자료를 기사로 실었다. "시온의 기독교 군사들"이라는 제목을 달았다. 이스라엘이 라말라에 있는 아라파트 정부청사를 포위하고 있는 동안(국제 기독교 대표부가 이스라엘 국가 탄생을 기념하여 5천 명의 그리스도인들을 예루살렘으로 모이게 한 지 일주일 후) CBS는 영향력 있는 시온주의자들을 방문하는 한편 중요한 기독교 시온주의 축제 기간에 이스라엘을 방문하기로 결정했다. 저명한 인물 중 한 명은 잘 알려진 침례교 목사 제리 팔웰(Jerry Falwell, 2007년 사망)이었다. 팔웰은 7천만 미국 복음주의자들을 대변한다고 주장하면서 다음과 같이 말했다. "미국 내 성서 지대가 오늘날 이스라엘의 유일한 안전지대다." 조지 부시 대통령이 팔레스타인에 대한 이스라엘의 제재를 철회할 것을 요구했을 때 팔웰은 백악관에 수십만 통의 이메일을 보내 이렇게 말했다. "이스라엘을 버리는 것이야말로 미국 시민의 분노를 가장 빨리 정부에 쏟아붓는 길입니다." 갑자기 이스라엘의 폭력에 대한 부시 대통령의 비난이 잠잠해졌다. 팔웰의 입장에서는 그리스도인들이 성경에 복종하여 유대인들 편에 서야 하고 무함마드의 추종자들(팔웰은 이들을 "테러리스트들"이라고 불렀다)에 대항해서 싸움을 계속해야 한다.

같은 맥락에서, 프리셉트 선교회(테네시주 차타누가)의 창시자이자 이스라엘 성지 순례를 빈번하게 주최하는 케이 아더(Kay Arthur)도 이스라엘에 대한 정치적 원조가 그리스도인의 충실함을 보여주는 중요한 측면이라고 보았다. 하지만 케이 아더는 더 멀리 나갔다. 그녀의 관점에서는 팔레스타인 사람과 조금이라도 평화의 관계를 맺는 것은 죄였다. 예를 들어 이스라엘 수상 이츠하크 라빈이 아라파트와 오슬로 평화 협정을 위해 동역했을 때 "그는 하나님 말씀에 역행하는 것이었다." 또 케이 아더의 말에 의하면, "하나님께서 그 협상을 멈추게 하셨다." CBS는 더 파고들어 가서 아더의 정치적·신학적 결론을 드러냈다. 아더는 1995년 이스라엘 극단주의자 이갈 아미르에 의해 행해진 라빈의 암살은 하나님의 뜻으로 일어난 일이라고 말했다. "하나님께서 오슬로 협정이 성사되는 것을 원하지 않으셨기" 때문이다.

기독교 시온주의자들 사이에서 일어나는 이러한 이스라엘에 대한 신랄한 지지는 그 어느 때보다 오늘날 더 강하게 나타나고 있다. 시카고에서 차가 가장 많이 다니는 곳에 광고판이 하나 서 있다. 굵고 검은 글씨로 다음과 같이 써 있다. "이스라엘 편에 서라. 그것이 그리스도인의 의무다." 그리고 몇몇 웹사이트 이름들이 재빨리 올라간다. "크리스천 액션 포 이스라엘", "크리스천 프랜즈 오브 이스라엘", "스탠드 포 이스라엘", "크리스천 유나이티드 포 이스라엘", "크리스천 포 이스라엘 인터내셔널", "더 프랜즈 오브 이스라엘", "크리스천 위트니스 투 이스라엘", "더 인터내셔널 크리스천 엠버시", "브리지스 포 피스." 이 단체들은 모두 이스라엘을 정치적으로 지지하도록 보수 그리스도인들을 움직여가는 민간단체들이다.

이렇게 복음주의 기독교 단체가 이스라엘을 강하게 지지하는 흐름은 20년 이상 계속되고 있다. 1990년대 중반쯤에는 미국 보수 정치와 종교가 연합해서 이스라엘에 집중하는 현상을 보이기도 했다. 1992년 3월 23일 월요일 자 「예루살렘 포스트」는 머리기사에 "미국 복음주의자들이 지지를 맹세하다"라고 실었다. (그 전날) 일요일에는 800명이 넘는 미국 복음주의자들이 예루살렘에서 열린 국제 그리스도인 기도회에 참석했는데, 명목상으로는 시편 122편에 명령된 "예루살렘의 평화를 위한 기도회"였다. 하지만 예루살렘에서 흔히 일어나는 정치와 종교가 하나 되는 현상이 일어났다. 당시 예루살렘 시장이었던 테디 콜렉과 함께 수상 이츠하크 샤미르도 연단에 서서 관중들에게 연설을 했는데, 세 번이나 기립 박수를 받았다. 연설 도중에도 박수가 계속해서 쏟아져 나왔다. 그곳에 모인 목회자들, 사업가들, 정치인들 모두가 복음주의자로서 이스라엘을 지지할 것을 확실히 했다.

하지만 그 의제(agenda)는 좀 더 전략적이었다. 미국 선거가 있던 해에 이스라엘이 요청한 10조 원의 융자 대출에 대해 논의하고 있었는데, 이 콘퍼런스 안내 책자에 자신들의 목적을 분명히 드러냈다. "우리 그리스도인들은 성경을 믿는 우리 형제자매들이 자신들의 정치적 지지를 다시 검토해보아 이스라엘과 관련하여 하나님의 명령에 어긋나는 정책을 내세우는 대통령 후보자나 수상 혹은 다른 정치인들에게 표를 주지 않기를 바란다."

아침 식사를 한 후에는 모두가 예루살렘 통곡의 벽으로 인도되었고, 그곳에서 연설가들은 청중들에게 이스라엘에게 대출을 해주자는 후보자를 뽑을 것과 팔레스타인인에게 땅이나 자율권을 주자는 대통령 후보자들은 절대 뽑지 말라는 강요를 받았다.

이 말을 듣고 있던 「예루살렘 포스트」 기자는 이 탄원이 미국 8천만 복음주의자들의 소리를 대변하는 것이라 생각했다.

다음날, 아침식사를 기획한 운영진은 감람산에서 성경 읽기 마라톤을 시작했다. 900명이 한 명당 15분에서 30분 정도 성경을 읽어 성경 전체를 끝냈다. 그들은 이것이 이사야 2장의 "여호와의 말씀이 예루살렘에서부터 나올 것임이니라"는 말을 성취하는 "예언적 사건"이라고 선언했다. 이스라엘 사람들은 미국 복음주의자들이 자신들의 국가 목적과 같은 편에 서 있다는 증거를 다시 한번 목도할 수 있었다.

복음주의자들과 이스라엘 간의 이러한 연결은 계속되었다. 예를 들어 랄프 리드(Ralph Reed)는 워싱턴 DC에서 자칭 복음주의 그리스도인들의 대변인이 되기 위해 일하다가 랍비 예히엘 엑스타인(Yechiel Eckstein)과 함께 "이스라엘 편에 서라"는 운동을 시작했다. 그들의 목적은 분명했다. 리드는 이렇게 선언했다. "'이스라엘 편에 서라'는 이 운동은 미국 내 10만 교회와 약 100만 그리스도인들이 이스라엘 국가와의 연대를 표현하게 하려는 목적을 갖는다."[3]

최근 미국의 모든 선거에서는 후보가 세계에서 미국의 책임감에 충실한지 여부를 이스라엘에 대한 충실도로 평가한다. 2012년 선거 기간 동안, 민주당은 예루살렘을 이스라엘의 진짜 수도로 언급하는 말을 없앴다. 즉시 수많은 진영에서 격렬한 항의가 들어왔다. 미트 롬니(Mitt Romney)는 이렇게 말했다. "오바마 대통령은 이스라엘을 버스 아래로 던져버렸다." 미쉘 바흐만(Michelle Bachmann) 의원은 미국이 이스라엘을 "밀어내면" 하나님의 "저주"를 받을 것이라고 말했다. 사라 팔린(Sarah Palin)은 오바마 대통령에게 구약을 읽어보라고 권고했다. 텍사스주 샌안토니오에 있고 성도가 19,000명(근본주의자들)이 출석하는 교회 목사인 존 하기는 막말을 잘하는 것으로 악명이 높다. 그의 생각은 이러

---

3   다음 웹사이트 참조. 〈www.standforisrael.org〉. Ralph Reed는 조지아에서 공화당 총재가 되었다.

하다. "유대인들은 이스라엘 땅을 빼앗은 것이 아니다. 그들이 이스라엘 땅의 주인이다. 미국은 이스라엘에게 평화를 위해 그 땅을 포기하라고 압력을 가해서는 안 된다. 어떤 이유로도 어느 누구에게도 절대로…. 미국 행정부가 이스라엘에게 예루살렘을 나누라고 강요한다면 하나님은 미국에게 등을 돌리실 것이다. 아브라함과 이삭과 야곱의 하나님이 지금 미국을 지켜보고 계신다."[4] 선거 몇 주 전에, 하기가 조직한 "이스라엘을 위한 그리스도인 연합"은 70만 회원들에게 새로운 표어를 선언했다. "미국을 지키려면 이스라엘을 옹호하라."

역사에서 한 가지 이상한 사실은, 1940년대 1950년대에 계속된 이스라엘 국가에 대한 지지가 미국 내 자유주의 개신교 그리스도인들로부터 처음 시작되었다는 것이다.[5] 유대인 대학살의 참극을 목도한 이후라, 박해로부터 피난처를 찾는 민족을 지지하는 것은 당연했다. 사실 미국 인구의 83%가 유럽 난민(유대인을 포함해서)의 입국을 반대했던 1939년에, 장로교회가 정부를 대상으로 그들을 받아들여야 한다고 강하게 호소했다. 1939년 5월, 장로교 총회는 나치주의를 정죄하고 유럽 유대인들을 구하는 일에 헌신할 것과 미국 내 반유대주의와 싸울 것을 결의했다. 1940년에 총회는 개교회에 도망 중인 난민들에게 예배당을 내주라는 결의를 하기도 했다.

하지만 같은 계열의 주요 개신교 교회들이 이스라엘이 벌인 1967년 전쟁 이후로 노골적인 비판을 표시하기 시작했다. 이스라엘을 향한 이러한 감정들이 어떻게 달라졌고 나뉘게 되었는지를 조사해온 많은 연구들이 있다. 팀 웨버의 탁월한 책 『아마겟돈으로 가는 길에서: 어떻게

---

4   출처. *Ha Aretz*, 〈http://www.prophecynewswatch.com//2011/July23/2321.html〉.
5   R.Ruether, H. Ruether, *The Wrath of Jonah: The Crisis of Religious Nationalism in the Israel-Palestinian Conflict* (New York: Harper & Row, 1989), 173.

복음주의자들이 이스라엘의 가장 좋은 친구가 되었나』(2005)와 가장 최근에 나온 책인 카이틀린 카레넨의 『열렬한 포옹: 자유주의 개신교도들, 복음주의자들, 이스라엘』(2012)은 이스라엘이 시민의 권리를 짓밟은 기록들이 공개되면서 그리스도인들의 태도가 어떻게 변하게 되었는지를 잘 설명해주고 있다.[6]

1948년에 팔레스타인 사람들을 축출한 것도 문제였는데, 이스라엘은 여기서 더 나아가 그 나라 전체를 점령했고 예루살렘을 합병했으며 팔레스타인 사람들을 더 많이 축출했다. 이로 인해 주류 그리스도인들의 감정이 급격히 악화되기 시작했다. 이스라엘 확장주의자들의 팔레스타인 사람들에 대한 정책과 권력 남용은 유대교가 추구했지만 유럽에서는 찾을 수 없었던 바로 그 가치들에 대한 모욕처럼 보였다. 이스라엘이 재입국을 거부한 난민들이 점점 많아지면서 이들에 대한 원조 요청은 당연했다. (두 군데만 예를 들자면) 전국 교회 연합과 루터교 세계 연맹은 이를 격렬히 반대했다.

반면 복음주의자들은 반색하며 기뻐했다. 당시 달라스 신학교 총장이었던 존 월부드의 글들이 널리 읽히면서 이러한 복음주의적 열정을 더욱 부추겼다. 「이터너티 매거진」과 「크리스채너티 투데이」(1956년 창간)는 이스라엘의 점령을 옹호했다. 이스라엘의 지도가 성경 속 지도로 보이기 시작했다. 1970년 할 린지는 복음주의계의 베스트셀러가 되는 『대유성 지구의 종말』을 출간했다. 이 책은 신적 역사에서 이스라엘의 역할을 엄청나게 부각시키고 있었는데 순식간에 천만 권 이상이 팔렸다. 1990년경까지 2,800만 권이 미국 그리스도인들에게 팔려나갔다.

---

6   Weber, *On the Road to Armageddon* (Ada, Mich.: Baker, 2005); Carenen, *The Fervent Embrace* (New York: New York University Press, 2012).

이스라엘에 대한 복음주의자들의 지지 근거

공정하게 말하자면, 대다수의 복음주의자들이 이스라엘을 열정적으로 지지하는 것이 중동 내 갈등에 대한 가장 적절한 반응이라고 본능적으로 믿는다. 그들의 태도는 역사와는 하등 관계가 없고 정치와는 더더욱 관련이 없다. 복음주의자들이 이스라엘에게 헌신하는 것은 순전히 기독교적 확신에 근거를 둔 것이다. 성도석에 앉아 있는 일반 신도들은 이러한 지지가 하나님의 뜻이라고 설득된다. 유대인들은 하나님의 백성이고 그들은 하나님이 그들에게 약속하신 땅에 돌아온 것이라고 듣는다. 누군가 이렇게 말해준 적이 있다. "이 사실을 회피할 수 없어요. 유대인들은 선민이에요. 그리고 이것은 그들이 특별한 대우를 받아야 한다는 걸 의미해요."

복음주의자들은 언제나 신학과 성경에 열정을 쏟아왔기 때문에, 성경에 나오는 두 가지 신학적 주제에 그들의 견해가 큰 영향을 받아왔다.

세대주의

먼저, 많은 복음주의자들이 세대주의자들이다. 이런 용어를 쓰지 않고 이에 대해 잘 알지 못하는 사람들도 성경을 공부할 때 비공식적인 세대주의 신학을 따른다. 그들은 성경의 역사를 많은 역사적 시기들로 구분한다(예를 들어 아담의 범죄 이전 시대, 율법이 주어진 이후 시대, 교회 "시대" 등으로 구분한다). 세대주의자들은 하나님께서 그 백성들 사이에서 일하신 방법들을 주의 깊게 연구하면서 각 시대를 조사한다. 많은 것이 『스코필드 성경 주석』과 비슷한데, 이 주석서는 성경 전체를 해석하면서 세대주의적 틀을 적용하고 있다. 목회자가 달라스나 탈봇 같은 신학교에서 공부했다면 설교를 통해 이런 관점을 들었을 것이 분명하다.

대부분의 세대주의자들이 교회를 향한 하나님의 프로그램과 이스라엘을 향한 하나님의 프로그램을 구분한다. 유명한 세대주의자 찰스 라이리는 이렇게 말한다. "교회는 구약이 아니라 오순절에 시작되었고, 교회는 구약에서 이스라엘에게 주신 아직 성취되지 않은 약속들을 지금 성취하고 있는 것이 아니다."[7] 따라서 교회는 다른 언약을 받아 같은 길을 살고 있는 이스라엘과 분리된 개체다. 따라서 성경에 나오는 이스라엘과 현대 이스라엘 사이에 혼선이 없다. 이 둘 사이에 직선이 그어질 수 있고 그리스도인 교회는 종말 때까지 이스라엘과 만나지 않을 것이다.

이런 견해의 결론은 간단하다. 교회가 이스라엘을 대체하지 않고 (앞서 말했듯이) 그리스도인이 아브라함의 새로운 자녀가 아니라면, 아브라함의 약속은 오늘날에도 현대 이스라엘에게 해당하는 것이 맞다. 저자들은 이스라엘의 국가 건설을 묘사하면서 이러한 추론을 흔히 전제할 것이다. 예를 들어 달라스 신학교의 존 월부드의 말을 들어보라. "이스라엘 국가가 그들의 옛 땅을 다시 소유한 것이 특별히 놀라운 이유는 하나님께서 아브라함에게 이집트와 유프라테스 사이의 땅을 영원한 기업으로 주신 약속 때문이다."[8]

하지만 이러한 견해는 복음주의 설교가들 사이에서 가장 흔한 견해다. 캘리포니아에 살고 있는 그렉 로리(Greg Laurie)의 설교(온라인에서 들을 수 있다. 제목은 "성경 예언에 나타난 이스라엘, 이란, 미국", 2012년 9월 30일 설교)에서 이러한 주제들이 열정적으로 드러나는 것을 들을 수 있다.[9] 월

---

7   C. C. Ryrie, "Dispensation, Dispensationalism," *The Evangelical Dictionary of Theology*, ed. W. Elwell (Grand Rapids, Mich.: Baker, 1984), 322.

8   J. Walvoord, *The Nations: Israel and the Church in Prophecy*, three volumes in one (Grand Rapids, Mich.: Zondervan, 1988), 2:25.

9   〈http:www.harvest.org/media/webcast-archives.html〉

부드와 로리는 현대 이스라엘의 정책이 구약 이스라엘의 정책과 연속성이 있다고 분명히 믿고 있다. 이스라엘의 현대 국가 의사 일정은 여호수아와 사울과 솔로몬 시대부터 알려진 왕국 일정의 갱신이다. 땅을 취하는 것은 성경적 이유에서 정당화된다.

하지만 다른 해석자들은 이런 해석에 전혀 동의하지 않는다. 이들의 견해는 하나님은 성경 역사를 통해 사람들과 일관되게 일해오셨고 하나님의 사람들은 아담과 노아로부터 초기 교회에 이르기까지 연속성을 형성한다는 것이다. 다른 프로그램을 가진 두 종류의 하나님의 백성이 있는 것이 아니다. 각 시대마다 하나님은 같은 방식으로 자신을 드러내셨고, 믿음을 통해 얻는 그분의 은혜를 인정하는 사람들이 그분의 백성이다. 따라서 이방인 그리스도인들은 유대인 그리스도인들과 동등하게 서고 구약도 그들의 것으로 읽을 수 있다. 게다가 오늘날 "두 이스라엘"(자연적인 이스라엘[유대인]과 영적인 이스라엘[교회])이 있지 않다. 이 그리스도인들은 에베소서 2:11-17과 같은 말씀들을 가리킨다. 여기서 바울은 그리스도 안에서 하나님께서 "이전에 둘이던 것을 하나로 만들면서" 새로운 백성을 만드셨기 때문에 이전에 갖던 "유대인"과 "이방인"의 범주가 사라진다고 확신한다. 바울의 말을 직접 들어보자.

그러므로 생각하라! 너희는 그때에 육체로는 이방인이요, 손으로 육체에 행한 할례를 받은 무리라 칭하는 자들로부터 할례를 받지 않은 무리라 칭함을 받는 자들이라. 그때에 너희는 그리스도 밖에 있었고 이스라엘 나라 밖의 사람이라. 약속의 언약들에 대하여는 외인이요, 세상에서 소망이 없고 하나님도 없는 자이더니 이제는 전에 멀리 있던 **너희가 그리스도 예수 안에서** 그리스도의 피로 가까워졌느니라. 그는 우리의 화평이신지라. 둘로 하나를 만드사, 원수 된 것 곧 중간에 막힌 담을 자기 육체로 허시고 법조문으로 된 계명의 율법을 폐하셨으니 이는 **이 둘로 자기 안에서 한 새 사람을** 지어 화평하게 하시고 또 십자가로 이 둘을 한 몸으로 하나님과 화목하게 하려 하심이라. 원수 된 것을 십자가로 소멸하시고 또 오셔서 먼 데 있는 너희에게 평안을 전하시고 가까운 데 있는 자들에게 평안을 전하셨으니(엡 2:11-17).

여기서 바울은 하나의 새로운 존재, 곧 유대인 그리스도인과 이방인 그리스도인의 문화적 차이를 굳이 제거하지 않지만 메시아를 거부하는 유대인들에게 더 이상 교만의 자리를 내어주지 않는 새로운 존재를 그리고 있다. 이런 견해로 볼 때, 하나님에게는 그 아들을 따르는 사람들인 **한 사람**이 있을 뿐이다.

종말

이 토론에서 중요한 두 번째 국면은 많은 복음주의자가 이스라엘이 마지막 때에 역할을 하고 있다고 설득되고 있다는 점이다. 신생 이스라엘 국가가 1948년에 세워졌을 때, 예언이 성취되었다. 월부드의 말을 다시 한번 들어보자.

현 세대를 특징짓는 많은 독특한 현상 중에서, 이스라엘이 자신들의 땅으로 돌아온 사건만큼 성경의 예언이 큰 관심을 갖는 사건은 아마 없을 것이다. 이 사건은 종말을 위한 준비이고 그분의 교회를 위해 주의 오심을 예비한 것이며 이스라엘의 예언적 운명을 성취한 것이다.[10]

---

10 Walvoord, *The Nations*, 2:26.

중동의 역사와 성경에 대한 이런 식의 이해를 대중화시키는 데 앞장 선 책 한 권이 있다. 할 린지의 『대유성 지구의 종말』(1970년 출간)은 예언의 성취와 임박한 세상의 종말을 매력적으로 묘사하고 있다. 내가 이 책을 처음 읽은 것이 1972년이었는데 그때 나는 대학생의 신분으로 중동에 살고 있었다. 20살이었던 내게 그 책은 헛된 혼란만 가져다주었다. 그래도 위안이 되었던 것은, 만일 세상의 종말이 오고 있다면 나는 그 종말을 지켜보기에 가장 완벽한 장소에 있었다는 점이다.[11]

이 견해는 "전천년왕국설"이라고 불리기도 하는데 종말의 전개를 위해 특별한 양식을 고안하기 때문이다. 그리스도가 천 년간의 통치(천년왕국)를 위해 재림하시기 전에 어떤 예언들이 성취되어야 한다. 다른 말로 하면, 그리스도의 재림과 통치에 앞서 예언적 전주가 있다는 것이다(그래서 "전천년주의" 혹은 그리스도의 전천년적 재림). 지진이나 기근이나 전쟁이나 적그리스도의 출현이나 온 나라에 복음이 전파되는 것 같은 하나님이 정하신 징표들이 일어날 것이다. 이런 징표들 중에서 가장 두드러진 것이 이스라엘이 그 땅으로 돌아오는 것이다. 이 사건이 "종말론 시계"를 움직이게 한다. 이 사건이 도화선이 되어, 그리스도의 재림으로 막을 내리게 될 엄청난 재앙의 전쟁인 아마겟돈 전쟁이 발발할 것이다. 린지는 이스라엘 국가의 회복을 "직소 퍼즐의 열쇠"라고 불렀다. "팔레스타인 땅에 유대인 국가가 재탄생함으로써 고대 예루살렘은 2,600년 만에 처음으로 온전히 유대인의 통치 아래에 들어가고 대성전이 재건되며, 가장 중요한 예언적 징표인 예수 그리스도의 임박한 재림이 우리

---

11 1991년에는 대학 선배들과 함께 『대유성 지구의 종말』을 주의를 기울여 읽었다. 선배들은 모든 참고 구절을 성경에서 다 찾아보면서 Lindsey의 해석을 분석했다. 선배들이 지금까지 읽은 책 중에서 가장 설득력이 없는 책이라고 한결같이 말하는 것을 보고 충격을 받았다. 한 학생은 이렇게 말했다. "Lindsey는 자신이 원하는 것을 말하기 위해 성경을 마음대로 갖다 붙였다."

앞에 놓인다."[12]

　이 두 가지 주제(이스라엘을 따로 떼어놓고 보려는 세대주의적 열정과 예언의 성취에 대한 종말론적 관심)가 합쳐져서 중동에 대한 복음주의자들의 태도를 떠받치고 있다. 오늘날 이러한 접근을 보여주는 가장 좋은 예는 팀 라헤이와 제리 젠킨스가 쓴 『레프트 비하인드』라는 방대한 분량의 소설 시리즈다. 현재까지 이 소설은 5천만 권이 팔렸다. 이 소설의 근간을 이루는 것이 바로 이 두 가지 주제다.[13]

　라헤이 같은 복음주의자들은 성경을 문자 그대로 읽고 20세기에 일어난 이스라엘 국가의 회복이라는 기적에 진심으로 감사한다면 어떤 의심도 다 사라질 거라고 말한다. 하지만 그들에게 가장 중요한 것은 이러한 헌신이 이스라엘에 대한 정치적 지지로 해석되어야 한다는 것이다. 그래서 1992년 1월 27일, 「워싱턴 타임스」 전면 광고란에 이런 광고가 실렸다. "7천만 그리스도인들은 부시 대통령이 이스라엘에 대출 보증을 인가할 것을 촉구한다." 광고 밑에는 33명의 기독교 지도자들 이름이 적혀 있고 이렇게 부연 설명이 달려 있었다. "우리는 흩어진 자들을 이스라엘로 모으는 성경의 예언이 지금 우리 눈앞에서 성취되고 있다고 굳게 믿는다." 7천만 그리스도인들은 누구일까? 광고는 분명히 미국 복음주의자들이라고 명시하고 있다. 그러나 나와 같은 많은 복음주의자들은 이러한 광고가 전혀 마음에 들지 않는다. 이 광고는 대중 포럼에서 전체 복음주의 공동체를 대변하고 있는 듯 가장하고 있다. 하지만 그렇지 않다.

12　H. Lindsey (with C. C. Carlson), *Late Great Planet Earth* (Grand Rapids, Mich.: Zondervan, 1970), 47.

13　이 시리즈물은 틴데일 출판사에서 출간되었고 자체 웹사이트도 있다. 〈www.leftbehind.com〉

기독교 시온주의

성경적 원리에 기초해 이런 식으로 말도 안 되게 이스라엘 정책을 옹호하는 흐름으로 인해 생겨난 운동이 바로 기독교 시온주의다. 이 운동은 정치적 현실에 종교적 확신을 결합해 이스라엘의 미래를 위해 충성을 다하는 것이 성경에 충실한 것이라고 해석했다. 이스라엘 정부는 당연히 이러한 해석을 좋아한다. 1980년 제리 팔웰은 이스라엘 국가의 이익을 위해 일했다는 이유로 메나헴 베긴 수상으로부터 자보틴스키 상(Jabotinsky Award)을 받았다. 그 상은 팔웰이 그리스도인 목회자로서 가진 장점이 아닌 정치적으로 이스라엘을 도운 노력을 치하했다. 1998년 4월, 이스라엘 수상 벤야민 네타냐후는 "이스라엘을 위해 한목소리를 내는 콘퍼런스"(Voices United for Israel Conference)에서 3천 명에게 연설을 했다. 대부분 복음주의자들이었다. 랄프 리드, 제리 팔웰, 팻 로버트슨도 지지 연설을 했다. 네타냐후는 콘퍼런스에서 이렇게 말했다. "이 방에 앉아 계신 분들보다 더 좋은 친구이자 아군은 없습니다."[14]

벤야민 네타냐후의 선거가 있는 기간에(1996) 이스라엘은 17명의 복음주의 지도자들을 예루살렘으로 초청해 이스라엘 그리스도인 지지회(Israel Christian Advocacy Council)를 결성했다. 이들은 다함께 전국을 돌면서 콘퍼런스에 참석해 현 정부 정책을 지지할 것을 맹세했다. 돈 아규(Don Argue, 복음주의 전국 연합 회장), 브랜트 구스타브슨(Brandt Gustavson, 전국 종교 방송 회장), 도날드 윌드몬(Donald Wildmon, 미국 가정 협회 회장)도 그중에 속해 있다. 이 지도자들이 "이스라엘을 절대로 저버리지 않겠다"는 서면 맹세에 사인을 한 후, 아규는 다음과 같이 덧붙여 말했다.

---

14   T. P. Weber, "How Evangelicals Became Israel's Best Friend," *Christianity Today*, Octorber 5, 1998, 38ff.

"우리는 최고의 책을 믿는 사람들이고 이스라엘은 그 책의 땅입니다. 우리는 49개 교파와 50,000개의 교회를 대표하고 있고 어머니 무릎에서 이스라엘을 사랑하라고 배웠습니다."[15] 사실 이 복음주의 협회의 많은 회원들이 함께 「뉴욕 타임스」에 친이스라엘 광고를 게재했다. 그들은 "그리스도인들은 통합된 예루살렘을 원한다"라는 제목으로 유대인들이 그 도시를 온전히 차지해야 한다고 주장했다(1997년 4월 10일).

이렇게 기독교 시온주의자들은 이스라엘에 대해 열정을 가지고 있고 다소 정치적인 의제를 진작시키려고 한다. 예를 들어 팻 로버트슨이 진행하는 "700클럽"은 정기적으로 이스라엘에 대한 새로운 이야기들을 특집으로 소개하고 이스라엘 정치 지도자들을 초청해 인터뷰를 하기도 한다. 1998년 1월에는 로버트슨이 벤야민 네타냐후를 "700클럽"에 초청해 다음과 같은 질문을 했다. "당신이 청중들에게 원하시는 게 있습니까?" 네타냐후는 이렇게 대답했다. "여러분이 이미 하고 있는 일들입니다. 편집자들에게 편지를 보내고, 대표들과 대화를 나누며 이스라엘을 지지하고 계십니다." 이들의 지지는 대폭적이다. 예히엘 엑스타인(Yechiel Eckstein) 랍비가 이끄는 그리스도인/유대인 국제 친선 단체(The International Fellowship of Christians and Jews)는 복음주의자들로부터 받는 기부금을 관장하는데, 1998년에는 이스라엘 정부를 위한 통합된 유대인 탄원(United Jewish Appeal)을 위해 500만 달러의 기금을 거둬들였다. 1998년 2월 4일에는 샌안토니오에 있는 코너스톤 교회의 존 하기 목사가 이스라엘에 100만 달러를 기부하겠다고 선언했다.

이런 흐름에서 볼 때 수많은 단체들이 이스라엘에 거액을 기부하는

---

15   참고. D. Wagner, "Reagan and Begin, Bibi and Jerry: The Theopolitical Alliance of the Likud Party with the American Christian Right," *Arab Studies Quarterly* 20, no. 4 (1998): 8.

것이 놀랄 일이 아니다. 평화를 위한 다리(Bridges for Peace), 국제 기독교 대표부(International Christian Embassy), 예루살렘 킹즈 어셈블리(Kings Assembly in Jerusalem), 이스라엘 기독교 친구들(Christian Friends of Israel), 이스라엘 복음 사역 친구들(Friends of Israel Gospel Ministries), 이스라엘을 위한 전국 기독교 리더십 콘퍼런스, 그리스도인들이 벌이는 이스라엘 공적 행동 캠페인(Christian's Israel Public Action Campaign) 등이다. 이 단체들은 이스라엘을 위해 수백만 달러의 모금을 하고 있고, 미국과 이스라엘 양쪽에서 콘퍼런스를 후원하며 방대한 문학작품들을 쏟아내고, 기독교 순례객들을 위한 관광 사업을 진행하고 있다.[16] 많은 시온주의 단체들 중에서 중요한 세 단체를 살펴보겠다.

국제 기독교 대표부, 예루살렘

이스라엘에 있는 거의 모든 주소에는 이야기가 있다. 서예루살렘에 있는 다윗 거리에서 남쪽으로 가다 보면 소위 말하는 "독일인 정착촌"으로 들어가게 되는데, 예루살렘에서 가장 흥미로운 이웃 중 하나를 만나게 된다. 최근에 이 이웃을 세 번째로 방문했는데 브레너 거리 10번지에서 한때는 팔레스타인 가족이 소유했던 웅장한 저택을 볼 수 있었다. 1948년 이스라엘의 첫 번째 전쟁 기간 동안에 부유하고 영향력 있던 사이드 가족(그리스도인들이었다)은 안전을 찾아 예루살렘을 떠나 이집트로 갔다. 그들이 다시 돌아왔을 때는 집 안의 모든 가재도구가 압수당했고 결국에는 유명한 철학자 마르틴 부버의 집이 되어 있었다. 사이드 가

---

16 D. Wagner, "Beyond Armaggedon," ⟨www.christianzionism.org/Article/Wagner04. asp⟩, D. Wagner, "Defining Christian Zionism," ⟨www.christianzionism.org/Article/ Wagner02.asp⟩.

족은 집을 다시 찾으려고 애를 썼지만 부버는 그들이 들어오는 것을 거부했고 정부에 탄원을 내봤지만 아무 소용이 없었다. 결국 이스라엘 정부는 그 집을 칠레 정부에 대사관으로 쓰도록 넘겼다. 하지만 1980년 7월 30일, 이스라엘이 예루살렘의 일방적인 소유권을 선언하자, 많은 대사관들이 이를 불법적인 행동으로 간주하여 텔아비브로 옮겨갔다. 칠레 대사관도 그때 텔아비브로 떠났지만 그 집은 팔레스타인 사람인 사이드 가족에게 반환되지 않았다. 이후 시온주의 단체에 이스라엘을 향한 복음주의적 지지를 이행하겠다는 약속을 받고 그 집을 넘겼다.[17] 유럽과 남아프리카와 미국 출신 그리스도인들은 그해 9월에 소위 국제기독교 대표부를 설립했다. 이 단체는 100개의 국가에서 온 그리스도인을 대변한다고 주장했다.

국제 기독교 대표부는 서방에 있는 기독교 시온주의자들과 이스라엘 정부 간의 가장 명백한 연결점이 되었다. 이 대표부의 사명은 이사야 40:1처럼 "시온을 위로"하기 위해 이스라엘의 삶과 미래를 위해 진심 어린 지지를 표현하는 것이었다. 1999년 이 대표부 책임자인 요한 뤽호프는 대중 연설에서 이런 말을 했다. "우리가 이곳 예루살렘에 있는 것은 수천 년 전 예언자들이 말한 그대로 이스라엘의 기적과 유대 민족의 회복이 이루어지는 것을 목도하기 위함입니다."[18] 같은 모임에서 이스라엘 우파 리쿠드당 총수는 그의 말에 동조하면서 이 대표부(와 그 프로그램)이야말로 예루살렘이 가진 "가장 멋진 손님"이라고 말했다.[19]

현재 이 대표부는 이스라엘 사회에서 입장을 정의하기 쉽지 않은 사

---

17 이들이 운영하는 웹사이트 참조. 〈www.intournet.co.il/icej/〉
18 「뉴욕 타임스」, 1999년 9월 29일자.
19 리쿠드당과 기독교 시온주의 관계를 연구한 논문. D. Wagner, "Reagan and Begin, Bibi and Jerry," 33-52.

역 단체이고 2011년 위르겐 뷜러를 중심으로 한 새로운 리더십은 한 때 이 대표부의 간판이었던 날카로운 정치적 논조를 바꾸고 있다. 이 단체는 60개국에 지부를 가지고 있고 2010년에는 예산이 약 150만 달러였다.[20] 하지만 이 단체의 주요 사역은 이스라엘 사람들을 위해 자선기금을 모금하고, 유대인 이주자들을 이스라엘로 옮겨오도록 도우며, 반유대주의에 대해 교육하고, 그리스도인들에게 하나님과의 지속적인 언약 관계에서 이스라엘로 인해 누리는 신학적 특권에 대해 가르치는 것이다. 이 단체의 신앙 선언문은 이렇게 말하고 있다.

기독교 시온주의는 가나안 땅이 세계 구원이라는 목적을 위해 영원히 유대인들의 소유임을 믿는 것이다(창 17:7-8).

하나님께서 친히 주신 이 약속은 아브라함이 받은 언약에서 확증되었다. 이 약속이 취소되거나 고쳐질 수 있다는 주장은 성경에서 어떤 증거도 발견할 수 없다. 사실 성경은 그럴 수 없다고 확실히 말한다(롬 11:29; 갈 3:17; 히 6:13-20). 그 언약은 조건 없이 맺어졌고, 만일 어떤 조건이 있다면, 그것은 아브라함이 "이삭을 결박하는"(그는 정말로 그렇게 했다!) 시험을 통과해야 한다는 것이었다(창 22:15-19).

물론 많은 그리스도인이 이에 반대한다. 어떻게 이 "대표부"가 이스라엘에게 기독교를 대변한다고 주장할 수 있는지 의아해한다. 하지만 그들은 자랑스럽게 이렇게 선언한다. "이곳이 예루살렘에 있는 여러분

20　대표부 공식 문서에서 발췌한 것이다(2010). 그러나 이 대표부는 재정이 투명하지 못하다는 지적을 받고 있다. 이 단체는 1,700여 대표 사역 단체들의 재정 상황을 감독하고 있는 ECFA(Evangelical Council for Financial Accountability)의 검증을 받은 적이 없다.

의 대표부입니다." 특히 이 단체는 팔레스타인 구호 사업에 너무나 관심을 보이지 않아서 종종 비난을 받는다. 하지만 이 점도 점점 좋아지고 있다. 2012년에는 베들레헴 근처 베이트 잘라에 있는 장애 아이들을 위한 학교에 투자했고 베두인 아랍 사람들을 위한 교육 센터인 알 카미아 센터에도 투자했다. 독자들은 이 단체가 팔레스타인 교회와 진정으로 관계를 맺고 이것이 이 단체의 다음 세대가 할 사명임을 알 수 있기를 바란다.

이 대사관이 직접적으로 증진시키고 있는 기독교 시온주의는 매년 가을에 열리는 잘 알려진 장막절 축제다. 이때 기독교 지도자들이 한자리에 모여서 논문을 서로 공유하고 이스라엘의 안전과 발전을 위해 복음주의 교회들이 도덕적·경제적으로 지원할 정책들을 서로 도모한다. 이상한 것은 그들이 그 나라 안에 있는 아랍 기독교 공동체를 돕는 일에는 전혀 관심이 없다는 것이다.

그 "축제"가 열리는 9일 동안 거의 100여 개국에서 온 5,000명이 넘는 미국 그리스도인들이 그 나라를 관광하고 예루살렘에서 열리는 축제에 참여한다. 2012년 10월에는 이스라엘 사람 12,000명과 함께 깃발을 흔들고 노래를 부르며 영적 열정과 정치적 열광주의가 묘하게 뒤섞인 축제 분위기 속에서 예루살렘 구시가지를 행진해 통과했다.[21]

하지만 한 가지 확실히 해두어야 할 것은, 이러한 행위는 단순히 예배에 대한 것이 아니라는 것이다. 중요 정치 지도자들이 언제나 군중에게 연설을 한다. 이스라엘 수상들과 예루살렘 시장이 언제나 참석해서 그들이 그 행사를 통해 정부의 정책을 옹호해주는 것에 대해 감사의 뜻을

---

21 한 이스라엘 전문가는 이것을 예루살렘에서 열린 "브로드웨이 쇼" 혹은 "토요일 밤 라이브"(Saturday Night Live)라고 말했다(「예루살렘 포스트」, 1999년 10월 1일).

전한다.[22] 2000년에 열린 장막절 축제에서는 극보수 리쿠드당 리더인 아리엘 샤론(레바논 공격을 이끌었던 장군으로, 수상을 역임했다)이 핵심 연설가였다. 그의 연설은 성경에 대한 열정과 시온주의 정책을 완벽히 결합시켰다. 최근에는 수상 벤야민 네타냐후가 중요 연설가였다. 하지만 전반적으로 같은 주제를 전하는 목회자들도 연설을 했다. 이들은 이스라엘의 회복이 성경적 예언을 성취하는 것이고 이러한 새로운 하나님의 사역에 대해 어떤 태도를 보이는지에 따라 나라와 국민의 운명이 달라진다고 말했다. 이 대표부 책임자가 내게 했던 말과 같다. "그리스도인들은 그들이 이스라엘을 어떻게 대했는지에 따라 심판을 받을 것입니다."[23] 이스라엘과 이스라엘의 회복을 무시하는 것은 심판을 초래하는 것이고 "마지막 때"에 일어날 일들 속에서 하나님의 축복을 놓치는 것이다. 또 (놀랍게도) 그리스도인 개인의 운명도 그들이 "회복된 이스라엘"을 보는 관점에 따라 영향을 받을 것이라고 한다. 대표부 홈페이지에 이렇게 선언되어 있다.

우리는 전 세계 그리스도인들이 이스라엘의 회복에 있어서 자신들의 예언자적 역할을 감당할 용기를 내기를 하나님이 원하고 계신다고 믿는다. 성경은 국가와 그리스도인 개인과 교회의 운명이 이 회복의 역사에 대한 그들의 반응에 달려 있다고 말한다.

---

22 장막절 설교 원고들은 다음 웹사이트에서 찾을 수 있다. 〈www.intournet.co.il/icej/〉. Ehud Barak가 1999년 연설을 하지 못했는데 수상이 그 자리에 참석하지 않은 것은 20년 만에 처음 있는 일이었다. 대표부 측은 수상이 피곤해서 불참했다고 해명했지만, 실은 대표부가 Barak의 정치 숙적인 Benjamin Netanyahu를 적극 지지하고 Barak를 날카롭게 비판했기 때문이었다. Barak는 분명 대표부 측에 자신의 뜻을 전하고 싶었던 것이다.
23 Johann Lückhoff, 개인 면담, 1992년 3월 30일.

대표부를 방문할 때마다 나의 지지를 얻어내기 위해 친절을 다하고 열심을 보이는 모습에는 감동을 받지만 그들의 정치적 개입에는 늘 마음이 불편하다. 그들의 홍보 책자에는 중요 이스라엘 정치인들의 사진과 홍보가 주를 이룬다. 웹사이트를 대충만 봐도 대부분의 글이 (팔레스타인의 동기를 일관되게 고정관념을 갖고 바라보고 있는) 정치적인 견해로 도배되어 있음을 쉽사리 눈치 챌 수 있다. 2000년에 일어난 알 아크사 폭동 기간에 이곳 홈페이지에는 아랍 사람들이 친자식들을 길거리 싸움에 내몰아 희생시켰다는 글이 게재되기도 했다. 아랍 가족들을 이보다 심하게 모욕할 수는 없을 것이다.

그리고 이들의 여러 가지 노력 중에는 바울이 유대교를 향해 그랬던 것처럼 예수님을 메시아로 선포하려는 어떤 관심도 보이지 않는다. 사실 대표부는 의도적으로 이러한 "불화를 일으킬 만한 주제"를 회피하고 있다.[24]

평화를 위한 다리

1970년대 초, G 더글러스 영 박사는 이미 새로 문을 연 "성지 연구소"(현 시온산에 있는 예루살렘 대학)의 책임을 맡고 있었다. 헌신된 시온주의자로서 영 박사는 1977년에 유대인들이 성지로 예언에 따라 돌아오는 일을 도와줄 새로운 조직을 결성했다. 그는 예루살렘을 거점으로 1977년에 사역을 시작했는데 유대인들의 이주와 국가의 안보를 도모하려는 단체였다. 그는 이 단체를 "평화를 위한 다리"(Bridges for Peace)라고 이름 붙였다.

---

24 위와 동일.

이 단체는 2005년부터는 레베카 브리머(Rebecca Brimmer)가 이끌었는데 이스라엘에서 가장 오래된 기독교 시온주의 단체다.[25] 이 단체는 격월로 「디스패치 프롬 예루살렘」이라는 신문을 만드는데 미국과 이스라엘 간 정치적이고 종교적인 발전을 탐색한다. 「업데이트 프롬 예루살렘」은 주간지로 기독교계의 최근 소식을 전한다.

이 단체의 사역은 이름에서 엿볼 수 있다. 다리를 놓는 일을 하는데, 특히 이스라엘 유대인과 미국 기독교 공동체들 사이를 연결한다. "에스라 작전"은 현금 선물권을 사용해서 이주민들, 노인들, 아랍 신자들을 포함한 이스라엘 극빈층을 돕는다. "구조 작전"(Operation Rescue)은 가난한 유대인들을 러시아에서 이스라엘로 이주시키는 일을 돕는다. "한 가정 돕기"(Adopt-A-Family)는 현재 135개의 이주민 가정에 미국 복음주의 가정들을 연계하여 도움을 주고 있다. 이 단체는 약 35개 사무실을 운영하면서 가난한 가정들을 돕는 사역을 하고 있다. 미국인 유대인 위원회(American Jewish Committee) 소속 버나드 레스니코프는 다음과 같이 말했다. "평화를 위한 다리는 이스라엘 최고의 자산 중 하나다."[26]

기독교 대표부와 마찬가지로, 평화를 위한 다리 모임도 정치에 깊이 관여하고 있다. 예를 들어 이 단체도 콘퍼런스를 후원한다. 2002년 11월, 약 10개국에서 온 200명이 넘는 그리스도인들(이 단체의 말에 의하면, 이들이 5천만 기독교 시온주의자들의 대표라고 했다)이 "이스라엘 국가와 전 세계 유대인들에게 변함없는 지지를 보여주기 위해" 예루살렘에서 "연대 미션"(Solidarity Mission)을 후원했다. 이때 대표단들은 정부, 군, 언론, 정책 지도자들을 만나 이스라엘 정책에 대한 기독교의 지지를 확실

---

25 단체 홈페이지 참조. 〈www.bridgesforpeace.com〉
26 「예루살렘 포스트」, 1997년 12월 22일.

히 했다.

1995년 베들레헴이 그 안에 사는 "팔레스타인 사람들"의 축제를 시작했을 때, 이 단체는 그 마을로 가지 않기 위해 일부러 그리스도인들을 방문하는 일정을 잡았다(이는 팔레스타인 정권에 맞서는 행위였다). 또 축제 장소 근방에 있는 에프랏 유대인 공동체를 방문했다.[27] 하지만 가장 중요한 것은 이 단체가 음식과 담요를 분배하는 것만큼이나 정보를 많이 분배한다는 것이다. 이곳에서 발행하는 신문(특히 「디스패치 프롬 예루살렘」)은 이스라엘 정책을 속속들이 소개하면서 정의를 갈구하는 팔레스타인 사람들의 관심에는 전혀 공감을 보이지 않는다. 예를 들어 「디스패치 프롬 예루살렘」은 아랍 지도자들의 안 좋은 면만 모아 실으면서 이런 모습이 전체 팔레스타인 지도자의 모습인 양 보도한다.[28] 최근에는 이런 어조가 다소 누그러지긴 했지만 그럼에도 이 싸움에서 팔레스타인 사람들의 목소리를 전혀 대변하지 않는다.

참 이상한 것은 전체 팔레스타인 사람들을 위한 사역은 없다손 쳐도, 아랍 그리스도인들을 위한 사역도 전혀 없다는 것이다. 이들과는 전혀 다리를 놓지 않는다. 이러한 기독교 시온주의 단체를 통해 이 나라로 들어오는 미국 관광객들은 이스라엘/팔레스타인에서 수 주를 머물면서도 팔레스타인 공동체는 전혀 보지 못하고 돌아간다.

이스라엘을 위해 하나 된 그리스도인들(CUFI)

2006년, 텍사스주 샌안토니오 코너스톤 교회의 존 하기(John Hagee) 목

---

27   위와 동일.
28   〈www.bridgesforpeace.com/publications/dispatch/notablequotes/Article-0.html〉

사는 미국 기독교 지도자들의 네트워크를 결성하겠다고 선언했다. 각자의 교회와 사역을 통해 무슨 일이 있어도 이스라엘을 도우려는 지도자들의 모임이라고 했다. 순식간에 미국 전역에서 400명의 지도자들이 모였다. 6년 후, 이 단체는 모든 주를 합해 100만 명이 넘는 회원을 갖게 되었고 200개가 넘는 대학교에 학생모임이 결성되었다. 페이스북에 80만 명이 가입했다. 또 매년 전국적으로 80개가 넘는 행사를 주관한다. 현재는 미국을 14개 지역으로 나누어 각 지역 대표들이 이끌고 있다. 이들은 책을 출간하고 국가사업을 후원하며 워싱턴에서 로비를 하고 이스라엘 예산을 위해 수백만 달러를 모금한다. 현재까지 이 단체는 미국에서 가장 큰 친이스라엘 기독교 단체다.

참고로 워싱턴에 있는 이스라엘 로비 단체(AIPAC)는 10만 명의 회원과 연 예산 약 7천만 달러를 자랑한다. CUFI(Christians United for Israel)는 참여하는 숫자가 이 단체의 10배이고 연간 예산이 9백만 달러다.

이 단체가 유명한 것은 이러한 많은 행사와 전국적으로 뻗어 있는 엄청난 네트워크 때문이다. 이들이 개최하는 "워싱턴 정상회담"(종종 한여름에 열린다)에는 약 5,000명이 참석하여 여러 날 동안 콘퍼런스를 연다. 발표자들은 친이스라엘 정치인들을 지지해야 할 필요성을 강조하고 그런 다음에는 대표단이 국회 사무실을 방문하여 입법자들에게 로비를 한다. 2011년 CUFI의 핵심 발표자는 글렌 벡(Glenn Beck)이었는데, 그는 당시 폭스 뉴스에 몸담고 있었다. "CUFI 주일"은 매년 교회들에게 주일 아침 설교 시간에 이스라엘에 대한 지지와 이스라엘을 위한 기도와 이스라엘을 위해 행동할 사람들을 모집할 것을 요청하는 날이다. "이스라엘 편에 서라"(Stand with Israel) 행사는 필요할 때 열리는 콘퍼런스로 CUFI가 발표자와 행사 진행 요원들을 배치한다. "이스라엘을 높이는 밤"(Night to Honor Israel) 행사는 일 년 내내 수시로 열리는 행사로서 문화 축제와 연설과 기금 모금을 위해 중요 도시들에서 열린다. CUFI는 행동대원들을 모집하는 것을 전혀 부끄러워하지 않는다. 법률 제정을 하는 데 있어서 미국이 조금이라도 이스라엘의 지지를 위협하는 사항을 만들면 이들은 언제든 워싱턴으로 쳐들어갈 수 있다.

또한 CUFI는 가장 독단적인 친이스라엘 미국 단체 중 하나라 할 수 있다. 이 단체를 설립한 존 하기가 아주 선동적이고 영감을 불어넣는 사람이었기 때문에 이런 성향을 갖게 되었다. 그의 책들은 정치와 종교를 극단적으로 하나로 뒤섞고 있다. 2012년 단체 소식지에서 그는 회원들에게 이렇게 썼다.

우리는 이스라엘 편을 들어서 미국을 보호할 수 있습니다! 우리 자녀와 교회와 대학생들에게 이스라엘에 대해 그리고 이스라엘의 적에 대해 바로 교육시켜야 합니다. 미국이 다시 한번 축복받은 나라가 되기 위해서는 전보다 더욱 이스라엘과 유대 민족 편에 서야 합니다!

이것이 바로 하기와 CUFI의 핵심 주제다. 하기는 창세기 12:3을 핵심 본문으로 사용한다. "너를 축복하는 자에게는 내가 복을 내리고 너를 저주하는 자에게는 내가 저주하리니 땅의 모든 족속이 너로 말미암아 복을 얻을 것이라." 그는 이 말씀을 해석하면서 미국의 번영은 이스라엘을 조건 없이 지지하는 데 달려 있다고 주장한다. 그가 쓴 책 제목만 봐도 이를 쉽게 알 수 있다. 『예루살렘에 임한 마지막 새벽』(1999), 『다니엘부터 운명의 날까지: 카운트다운은 시작되었다』(2000), 『예루살렘을 위한 싸움』(2003), 『이스라엘을 방어하며』(2007), 『경제적 아마겟돈: 우리는 생존의 싸움을 하고 있다』(2008), 『지구 마지막 순간: 우리를 둘러싼 예언적 징표들에 대한 강력한 통찰력과 이해』(2011), 『미국은 살아닒을 수 있는가?』(2011), 『예언적 축복의 능력』(2012).

하기의 글을 읽어보면, 세상은 벼랑 끝에 서 있고, 이스라엘의 운명이 역사를 주관하며, 마지막 아마겟돈 전쟁이 임박해 있다. 이런 이유로, 그는 이란에 대한 선제공격에 대해 워싱턴이 이스라엘 편을 들어야한다고 당연히 주장하고 있다. 또 이런 생각이 종말과 그리스도의 재림에 대한 생각에도 영향을 끼치고 있다.

새로운 복음주의적 시각

복음주의 교회 안에 속한 많은 사람이 기독교 시온주의를 별로 좋아하지 않는다. 많은 사람이 이스라엘/팔레스타인 내 모든 분파들이 평화와 정의를 누리기 원하기에, 이스라엘의 회복이라는 정치에 믿음을 결부시킨 사람들의 태도에 찬성할 수 없다. 기독교 대표부(Christian Embassy)가 "Embassy"(대사관)이라는 이름을 붙인 것은 사실 주제넘은 행동이다. 이 단체는 홍보 책자를 통해 자신들의 "대사관"을 예루살렘을 "버리고" 텔아비브로 옮긴 외국 대사관들과 대조시키고 있다. 더 심각한 것은 이 단체가 유력한 이스라엘 정치인들, 특히 보수 리쿠드당과 동맹을 맺는다는 것인데, 이들은 그리스도인들이 자신들의 정치적 목적을 앞당기고 있다고 본다. 하지만 이 "대사관"은 모든 서방 교회들을 위한 외교적 임무를 갖고 있지 않다. 그것과는 거리가 멀다. 대다수 복음주의자들이 이 단체에 그런 대표권을 부여한 적이 없다.

「크리스채너티 투데이」는 1992년 3월 9일 자에 기독교 시온주의에 대한 연구를 실었다. 이 연구에 따르면 복음주의 진영 안에서도 이 운동에 대해 비판의 목소리가 점점 높아지고 있다. 문제는 그런 시온주의자들이 그리스도의 영보다는 정치적 민족주의의 영을 대변한다는 것이다.

또 이 글에서는 복음주의자들의 사고가 급속도로 변하고 있다고 지적한다. 즉 많은 평범한 신자들이 이스라엘이 국제 정의와 인권의 기준을 지켜야 한다고 생각하고 있다.

마빈 윌슨(Marvin Wilson) 교수는 유대교 전문가로 보스톤 근처 복음주의 학교인 고든 대학(Gordon College)에서 가르친다. 그의 말이 새로운 시각을 정확하게 요약하고 있다. "평화를 가장 방해하는 것이 민족주의다. 왜냐하면 민족주의는 너무나 자주 다른 사람을 부인하기 때문이다. 성경적 견해는 반아랍, 친이스라엘 혹은 반이스라엘, 친아랍일 수 없다. 하나님의 마음은 정의가 있는 곳에 있다."[29] 이 주제에 대해 자주 말하는 친구 한 명(린 하이벨스)이 있는데 아주 좋은 구호를 만들어냈다. "우리는 친이스라엘, 친팔레스타인, 친예수님이 되고 싶다." 나도 이것이 맞는 말이라고 생각한다.

수많은 복음주의 저자들이 이스라엘/팔레스타인 문제에 대해 이처럼 새로운 방법으로 바라보기 시작했다. 가장 먼저 1970년에 프랭크 엡(Frank Epp)이 『팔레스타인은 누구의 땅인가?』라는 책을 출간했다. 그는 이 책에서 균형 잡힌 시각으로 정치적 위기를 다루고 있다.[30] 1988년에는 웨슬리 피퍼트(Wesley Pippert, UPI 특파원이자 복음주의 그리스도인)가 복음주의적 관점에서 이 주제를 다룬 책 중에서 최고인 책 하나를 출간했다.[31] 심지어 멀트노마 출판사도 팔레스타인 사람들의 인권을 진정으로 존중하는 책 한 권을 내놓았다. 이 책의 저자 스탠리 엘리슨은 이스라엘을 세상 여느 세속 국가들과 동일한 국가로 취급해야 하고

---

29   Sidey, "For the Love of Zion," 50.

30   F. H. Epp, *Whose Land Is Palestine? The Middle East Problem in Perspective* (Grand Rapids, Mich.: Eerdmans, 1970).

31   Pippert, *Land of Promise.*

12장 | 복음주의자들과 그 땅   **495**

따라서 안보를 고려하고 또한 마땅한 인권을 기대해야 한다고 결론 맺었다.[32] 1993년에는 장로교 학자 도널드 와그너가 팔레스타인 사람들의 위기를 다룬 중요한 책을 출간하면서 복음주의자들에게 이스라엘이 아닌 팔레스타인 사람들을 위해 헌신할 것을 호소했다.[33] 너무나 중요한 말이다. 이러한 태도는 25년 전에 보던 것과는 완전히 달랐다.

복음주의자들은 초점의 변화를 경험하기 시작했다. 1992년 「크리스채너티 투데이」가 실시한 여론 조사에서 잡지 구독자 중 39%가 이스라엘에 대한 견해가 전보다 "좀 더 비판적"이 되었다고 응답했다. 88%는 "그리스도인들은 이스라엘 국가를 대할 때 여느 다른 국가를 대하는 것과 같이 국제 문제나 국내 문제에 있어서 정의와 인권이라는 동일한 기준을 적용해야 한다고" 믿는다고 응답했다. 정의에 대한 성경의 가르침들이 종말의 예언들과 똑같이 중요하다는 확신을 갖게 된 사람들이 이제는 중동에 대한 하나님의 뜻을 새로운 방식으로 이해하기 위해 방법을 모색하고 있다. 기독교 출간물도 이러한 흐름을 강하게 보여주고 있다. 1990년 이래로 우리에게 문제가 있음을 인정하고 사려 깊게 해결책을 모색한 책들을 아래에 간단하게 소개해보겠다.

1992년. 콜린 G 채프만, 『누구의 약속된 땅인가? 이스라엘인가? 팔레스타인인가? 주장들과 반대 주장들로는 어떤 것들이 있는가?』(*Whose Promised Land?/ Israel or Palestine? What Are the Claims and Counter-Claims?*, Lion, 1992); 『성경에 나오는 옛 언약들이 오늘날에도 상관이

---

32 S. A. Ellisen, *Who Owns the Land? The Arab-Israeli Conflict* (Portland, Ore.: Multnomah, 1991).

33 D. E. Wagner, *Anxious for Armageddon: A Call to Partnership for Middle Eastern and Western Christians* (Scottdale, Pa.: Herald, 1995).

있는가?』(*Are the Ancient Promises of the Bible Relevant Today?*, Lion, 2002); 피터 W. L. 워커 엮음,『하나님의 목적 안에서 본 과거와 현재의 예루살렘』(*Jerusalem Past and Present in the Purposes of God*, Tyndale, 1992); 개리 M. 버지,『중동에서 누가 하나님의 백성인가?』(*Who Are God's People in the Middle East?*, Zondervan, 1992).

1993년. 도널드 E. 와그너와 댄 오닐,『평화 아니면 아마겟돈』(*Peace or Armageddon*, Zondervan, 1993).

1995년. 도널드 E. 와그너,『아마겟돈을 바란다: 중동인들과 서구 그리스도인들이 파트너를 이루라는 요청』(*Anxious for Armageddon: A Call to Partnership for Middle Eastern and Western Christian*, Herald Press, 1995); N. 하벨,『그 땅은 나의 것이다: 성경이 말하는 여섯 가지 땅 이데올로기』(*The Land Is Mine: Six Biblical Land Ideologies*, Fortress, 1995).

1996년. 피터 W. 워커,『예수님과 거룩한 도시: 예루살렘에 대한 신약의 관점』(*Jesus and the Holy City: New Testament Perspectives on Jerusalem*, Grand Rapids: Eerdmans, 1996).

2000년. P. 존스톤과 P. 워커 공저,『약속의 땅』(*The Land of Promise*, IVP, 2000). [서문은 존 스토트]; L. 로덴, P 워커, M. 우드,『성경과 그 땅: 만남』(*The Bible and the Land*, Jerusalem: Musalaha, 2000).

2002년. 월터 브루그만,『성경이 말하는 땅: 선물·약속·도전의 장소』(*The Land: Palce as Gift, Promise, and Challenge in Biblical Faith*, 2판, Fortress,

2002).

2003년. 개리 M. 버지, 『누구의 땅인가? 누구의 약속인가?: 이스라엘과 팔레스타인에 대해 그리스도인들이 듣지 못하는 것』(*Whose Land? Whose Promise?: What Christians Are Not Being Told about Israel and the Palestinian*, The Pilgrim Press/Paternoster: 2003); 도널드 E. 와그너, 『약속의 땅에서 죽기: 오순절부터 2000년까지의 팔레스타인과 팔레스타인 그리스도인들』(*Dying in the Land of Promise: Palestine and Palestinian Christianity from Pentecost to 2000*, Fox, 2003).

2004년. 콜린 G. 채프만, 『누구의 거룩한 도시인가?』(*Whose Holy City?*, Lion, 2004); 티모시 웨버, 『아마겟돈으로 가는 길목에서: 복음주의자들이 어떻게 이스라엘의 최고의 친구가 되었나?』(*On the Road to Armageddon: How Evangelicals Became Israel's Best Friend*, Baker, 2004).

2005년. 스테판 R. 시저, 『기독교 시온주의: 아마겟돈으로 가는 표지판』(*Christian Zionism: Road-Map to Armageddon?*, IVP, 2005)

2006년. 지미 카터, 『팔레스타인: 인종차별이 아닌 평화를』(*Palestine: Peace, Not Apartheid*, Simon&Schuster, 2006)[카터는 실제로는 정치 역사에 대해 썼지만 그는 워낙 유명한 그리스도인이라서 다른 사람들에게 영향을 미치지 않을 수 없다].

2007년. 스테판 R. 시저, 『시온의 크리스천 군사들?』(*Zion's Christian Soldiers?: The Bible, Israel and the Church*, IVP, 2007).

2010년. 개리 M. 버지, 『예수님과 그 땅: 신약이 어떻게 성지 신학을 부추기는가?』(*Jesus and the Land: How the New Testament Challenges Holy Land Theology*, Baker Academic/SPCK, 2010).

유력한 복음주의 단체들을 몇 군데만 살펴봐도 이러한 흐름이 이제는 대세라는 것을 알 수 있다.

국제 월드비전

월드비전은 세계에서 가장 으뜸가는 복음주의 자선 단체다. 그 사역의 범주가 엄청나다. 1950년에 창립된 이래, 월드비전은 전 세계 정부들의 존경을 받으며 국제단체로 성장해왔다. 2008년에는 예산이 2조 8천억 원이었고 2011년에는 전 세계 97개국에 44,500명의 직원을 두었다. 4,500개가 넘는 구제 사업을 통해 대략 5천만 명의 삶을 돕고 있다.[34] 비교 상대가 없을 정도다. 월드비전의 어린이 후원 프로그램은 어디서나 모방되고 있다. 또한 월드비전은 복음주의 사역 단체로서, 예수 그리스도를 증언하는 일에 타협한 적이 없다. 월드비전의 사명선언문이 그 사역을 분명하게 보여준다.

월드비전은 인간을 변화시키고, 정의를 구현하며, 하나님 나라의 복음을 증언하기 위해 가난한 자들과 억압받는 자들과 함께 일하면서 우리 주 예수 그리스도를 따르려는 사명을 가진 이 땅 위의 모든 그리스도인의

---

34 월드비전의 웹사이트는 〈www.worldvision.org〉이다. 국제 본부는 캘리포니아 몬로비아에 있다. 미국 국내 사무실은 워싱턴, 시애틀 근처에 있다.

파트너다.

월드비전은 1975년부터 중동에서 적극적으로 활동해왔고 현재는 요
르단, 시리아, 레바논, 이라크, 팔레스타인(예루살렘, 가자, 웨스트뱅크)에서
일하고 있다. 팔레스타인에서의 사역은 동예루살렘에 있는 지부에서 관
장하는데, 아랍인과 서양 직원들을 모두 고용하고 있다. 1975년 이래로
월드비전은 65개 개발 지역에 있는 150,000명의 가난한 팔레스타인
사람들을 돕는 중요한 일을 해오고 있다. 이 지부의 노력으로 미국 가정
들이 "후원"하는 팔레스타인 어린이가 이미 9,000명이나 된다. 또한 월
드비전은 가난한 사람들의 육체적인 필요에도 투자하고 있다. 한 예로,
팔레스타인 어린이 35%가 영양실조의 징후를 보이고 있어서 월드비전
은 이 나라 전역에 건강한 아기 클리닉을 세우는 일을 도왔다.

하지만 다른 기독교 구호 단체들이 지역 정치권과 손을 잡고 구제 사
업을 벌인 것과는 달리, 월드비전은 1990년대 말 두 가지 중요한 결정
을 내렸다. 하나는 지역 팔레스타인 교회들(가톨릭, 정교회, 복음주의 루터
교, 영국 성공회)과 광범위하게 네트워크를 형성한 것이다. 월드비전은 이
러한 네트워크를 통해 팔레스타인 공동체들의 삶을 향상시키고자 한다
면 고통을 영속시키는 불의의 체제를 먼저 바꾸어야 한다는 결정을 내
렸다. 한마디로 말해, 월드비전은 자신들의 사역이 불가피하게 불의에
맞서야 한다는 점을 간파한 아랍 그리스도인 목회자들과 행보를 같이
하기로 한 것이다. 월드비전(예루살렘 지부)의 비공식적인 모토(티셔츠에도
새겨져 있다)는 교황 바로오 4세의 말을 인용한 것으로 "평화를 원한다
면 정의를 위해 일하라"이다.

하지만 두 번째 결단은 더 극적이다. 예루살렘 지부는 이스라엘 내
에서 기탄없이 분명한 태도로 인권을 옹호하는 단체가 되었다. 월드비

전은 팔레스타인과 이스라엘 양측의 인권 단체들을 돕는다(예를 들어 이스라엘 측으로는 가옥 몰수 반대 위원회[Committee Against House Demolition]가 있고 팔레스타인 측으로는 땅 지키기 위원회[Land Defense Committee]가 있다). 또한 월드비전은 법정에서 땅을 몰수당했거나 집을 빼앗긴 사람들이 싸움을 할 때 그들을 지원한다. 예루살렘으로 관광객들을 데려온 미국 목회자들은 이 지부에 연락하면 "다른 여행"을 소개받을 수 있고 이를 통해 팔레스타인 그리스도인들을 만나고 그들의 싸움에 대해 알 수 있다.[35] 게다가 이스라엘과 팔레스타인에 대한 풍성한 "내부" 정보를 제공하는 "정보 다발"을 가진 지도자들도 붙여줄 수 있다. 예루살렘 지부 책임자는 정기적으로 이메일 뉴스를 발송하는데, 복음주의적 관점으로 이 나라에서 벌어지는 정의의 문제들을 주로 다룬다.

이러한 예언적 지지는 월드비전의 비전이 바뀐 결과다. 월드비전 지도층은 이 나라 책임자들이 인권을 강력하게 옹호하는 기준을 세우기를 적극 도우며 기대하고 있다. 이러한 기대(실은 요구)는 월드비전의 사명에 대한 전체적인 견해에서 나오는 것으로, 예언적 사명을 포함하고 있다. 예루살렘 지부는 위에서 열거한 일들을 위해 애쓸 뿐 아니라 화해를 위한 사역에도 총력을 기울이고 있다(예를 들어 베들레헴에 있는 사미 아와드가 이끄는 홀리랜드 트러스트).

왜 이것이 중요한가? 월드비전은 수년간 이 나라의 "열악한 환경에서" 일해왔고 정치적 결정을 내리라는 압력을 받아왔다. 월드비전 지도부는 그리스도인으로서 이스라엘의 넘쳐나는 불의에 맞서지 않을 수

---

35 월드비전 예루살렘 지부로 연락하라. 전화번호: 972.2.6281793 또는 972.2.6272065. 팩스번호: 972.2.6264260. 또는 편지를 써도 좋다. World Vision Jerusalem, Box 51399, Jerusalem, Israel 91190. 또는 월드비전 웹사이트(〈www.worldvisiion.org〉)에서 이 지부의 위치를 찾을 수 있다.

없었다. 그들은 고통의 원천이 바로 옆에 있는데 가난한 자들을 돕는 것만으로는 충분치 않다고 주장한다. 역사적으로, 복음주의자들은 이런 입장을 취한 적이 거의 없었다. 그러나 지금 이 일이 일어나고 있고 월드비전이 그 길에 앞장서고 있다.

크리스채너티 투데이

월드비전이 최고의 구호 단체라면, 「크리스채너티 투데이」는 복음주의 교회의 최고의 잡지임이 틀림없다. 빌리 그레이엄이 1956년 창립했는데, 현재 크리스채너티 투데이 주식회사는 250만 명의 독자를 보유한 11개 출판사를 자랑한다. 이 회사가 운영하는 웹사이트(www.christianitytoday.com)도 목회자와 신학생들이 교회와 사역의 흐름을 조사할 수 있는 중요한 도구가 되고 있다. 세속 신문이 복음주의 진영에서 무슨 일이 일어나는지 알고 싶으면 이 잡지를 보면 된다. 나도 언론에서 종교 소식 항목을 찾으려고 할 때는 이곳을 이용한다.

이 잡지는 인권을 다룰 때는 "동등한 기회 평론가"(equal opportunity critic) 원칙을 적용하여 편집한다. 그래서 이스라엘 정부와 팔레스타인 정부가 인권을 유린한 것에 대해 동일하게 비판을 받았다. 이스라엘 국가 50주년 기념행사에서 이 잡지는 무장하지 않은 독립된 팔레스타인 정부(UN 평화유지군이 안보를 지켜준다)를 대놓고 지지했다. 이 문제를 커버스토리로 다루면서 침례교 역사학 교수인 티모시 웨버가 글을 썼는데 "어떻게 복음주의자들이 이스라엘의 최고의 친구가 되었는지"에 대해 예리한 설명을 했다. 웨버는 **세대주의와 복음주의 정치가들이 결탁한 것을 드러냈고, 교회가 종말에 대한 신학적 열정 때문에 얼마나 깊이 이스라엘 정부를 지지하는 일에 관여하고 있는지**를 강조했다. 웨버는 복음주의자들이 확신을 가지고 예언을 해석하고 담대하게 정치적 지지를 보내는데, 여기에 겸손이 결여되어 있다고 주장했다.[36]

동부 메노나이트 대학 교수인 캘빈 셍크(Calvin Shenk)는 같은 주제의 글을 통해 독자들에게 예수님이 오늘날 예루살렘을 어떻게 보실지 질문을 던졌다. 그의 결론은 놀라웠다. "의 없이 예루살렘에 헌신하는 것은 거룩하지 못한 민족주의를 낳게 된다." 예수님은 예루살렘을 보시며 눈물을 흘리셨다. 왜일까? 그 도시가 평화의 일을 알지 못했기 때문이었다(눅 19:42). 예수님은 분명 우리에게도 함께 울자고 하실 것이다.

다시 한번 말하지만, 이러한 접근법은 복음주의자들의 사고가 발전했다는 신호였다. 복음주의 학자들은 이스라엘의 정치적 태도뿐 아니라 이러한 정책들에 어쩔 수 없이 헌신하게 만드는 신학적 태도에도 비판을 제기하기 시작했다. 「크리스채너티 투데이」는 아랍 교회의 삶에 대해 정기적으로 업데이트 정보를 제공하고, 심지어 베들레헴 성경 대학 총장인 비샤라 아와드 같은 팔레스타인 교육자와 목회자들이 쓴 글도 특집으로 다룬다. 이러한 변화는 매우 중요하다.

중동을 이해하려는 복음주의자들(EMEU)

1985년 레이 바케(Ray Bakke) 박사와 돈 와그너(Don Wagner) 박사는 중동 교회 협의회(Middle East Council of Churches)가 주관하는 3주간의 "듣는 여행"에서 키프로스, 시리아, 요르단, 이스라엘/팔레스타인, 이집트를 여행했다.[37] 하나님께서 그들에게 아랍 그리스도인들의 관심사를

---

36 〈www.christianitytoday.com/ct/8tb/8tb038.html〉
37 중동 교회 협의회(MECC)는 전 세계 8백만 아랍 그리스도인들을 회원으로 둔 복음주의 단체다. 미국 지부 주소는 다음과 같다. Room 614, 475 Riverside Drive, New York,

"듣고" 미국 복음주의자들이 할 수 있는 일을 찾도록 하는 마음을 주셨다. 그들이 여행 중에 만난 많은 지도자들 중에 요르단 왕 후세인도 있었다. 그는 이렇게 말했다. "그리스도인들은 중동을 하나로 묶는 접착제다." 바케 박사와 와그너 박사는 이 여행을 통해 다음과 같은 네 가지 결론을 내렸다. 1) 중동의 위기를 해결하기 위해서는 서구 그리스도인들의 도덕적이고 영적인 지원이 더욱 많아져야 한다. 2) 기독교 시온주의는 아랍인들은 무시하면서 이스라엘에게는 무조건적으로 금전적이고 정치적인 지지를 보내고 있다는 점에서 일촉즉발의 중동 상황에서 위험한 힘을 대표한다. 3) 서구 그리스도인들은 아랍 역사의 풍성한 유산에 대해 사실상 아는 것이 전혀 없다. 4) 서구 복음주의자들이 중동 전역에서 펼쳐지는 훌륭한 사역들에 관여하고 있다. 이들은 지역 문제를 예리하게 파악하는 모습을 보여왔고 중동 그리스도인들과 파트너 관계를 형성하기 시작했다.

아랍 그리스도인들은 바케 박사와 와그너 박사에게 이런 문제들을 서방에 알릴 수 있게 해달라고 요청했다. 가톨릭과 주류 교회들과는 관계의 진전이 있었던 반면, 복음주의자들은 팔레스타인 그리스도인들의 관심사에 대해 전혀 무지했다.

1986년, 중동, 북미, 영국에서 온 25명의 기독교 지도자들이 존 스토트의 주선으로 모임을 가졌다. 또한 IVF(InterVarsity Christian Fellowship), 중동 교회 협의회(MECC), 로잔 세계복음화위원회(LCWE), 영국 성공회, 전국 교회 협의회(미국) 외에도 많은 다른 단체들이 참석했다. 그 결과 중동을 이해하려는 복음주의자들(Evangelicals for Middle East Understanding, EMEU)이 탄생했다. 이 모임에서는 현재 1,800명이 넘는 회원들이 활

NY 10115. 웹사이트 참고. 〈www.meccurches.org〉

동하고 있다.[38]

EMEU는 "반유대인" 혹은 "반이스라엘 국가" 단체는 분명히 아니다. 바케의 말을 빌리면, 그리스도인들은 사람들을 억압하는 지나친 민족주의를 지지해서는 안 된다. EMEU는 복음주의 진영 안에 있는 미국 그리스도인들에게 이스라엘/팔레스타인의 삶의 실상과 그곳에 있는 동료 그리스도인들의 고통을 알리는 일을 하고 있다. 1991년에는 키프로스 섬에서 최고로 극적인 만남이 성사되었다. 150명의 기독교 지도자들이 처음으로 만남을 가졌다. 90명은 서양에서, 60명은 중동 나라들에서 온 지도자들이었다.[39] 고대 중동 교회들의 대표자들(콥트교회, 멜키트교회, 정교회, 가톨릭)과 좀 더 최근에 생겨난 아랍 교파들(루터교, 침례교, 성공회 등등) 지도자들이 함께 참여하여 자기 성도들이 겪는 어려움과 또한 기독교 지도자들로서 자신들의 필요를 설명했다.

EMEU는 매년 전국 콘퍼런스를 개최한다. 워싱턴 DC, 휴스턴, 샌프란시스코, 로스앤젤레스, 시카고 같은 도시들에서 열리는데 수백 명의 복음주의 지도자들과 평신도들을 초청하여 아랍 그리스도인들의 이야기를 듣는 시간을 가진다. 참석했던 수백 명의 목회자들에게, 그 콘퍼런스는 잊을 수 없는 경험이 된다. 또 EMEU는 중동 전역에서 관광과 콘퍼런스를 주최한다. 2001년에는 바그다드에 있는 최초의 개신교 후원 기독교 지도자 모임에 대규모 파견단을 보냈다. 그다음 해 2002년에는 베이루트에서 콘퍼런스를 개최했는데 미국, 레바논, 시리아, 요르단, 팔레스타인, 이라크, 이집트 등지에서 150명이 참석했다. 현재 이 단체가 가장 주력하는 일은 미국 전역에서 펼치는 "중동 보고"(Middle East

---

38 웹사이트 참고. 〈www.emeu.net〉
39 참고. "또 하나의 평화 콘퍼런스", 「크리스채너티 투데이」, 1991년 11월 11일, 46-48.

Briefings) 사역이다. 여기서 중동 전역과 미국에서 온 아랍 그리스도인 지도자들은 서구 지도자들을 만나 중동 내 그리스도인들의 삶의 실상을 설명한다. 2012년에는 이라크, 시리아, 레바논, 팔레스타인, 이집트, 요르단에서 온 기독교 지도자들이 시카고 휘튼 대학에서 125명의 미국 지도자들과 만났다.

대안 관광

오늘날 "대안 관광"(alternative travel)은 잘 짜인 세련된 사역이 되었다. 베티 제인 베일리는 대안 관광 네트워크(Network for Alternative Travel)를 운영하는데, 웹사이트를 방문하면 자료를 얻을 수 있다.[40] 성지 여행을 계획하는 사람들은 이 웹사이트의 안내를 받아 먼저 자신이 속한 교단의 중동 사무실 위치를 확인하고 그들이 하는 일을 알아볼 수 있다. 그런 다음에는 이 나라로 들어오는 구체적인 정보들을 얻을 수 있고 "무대 뒤" 실제 팔레스타인 교회를 경험하는 방법에 대해 구체적인 정보를 얻을 수 있다.

이것이 중요한가? 1990년대에는 대안 관광에 대해 말하는 사람이 거의 없었다. 오늘날에는 거의 모두가 대안 관광을 고려한다. 교회들은 성지 순례를 위해 베일리가 제공하는 새로운 관광 코스를 따르고 있다. 그리스도인들은 이제 고고학적 장소나 역사적 장소 이상의 것을 보기 원한다. 그들은 성지에 살고 있는 그리스도인들을 만나고 싶어 한다.

팔레스타인에 있는 팔레스타인 그리스도인들의 모임에서도 같은 대

---

40 〈www.holylandalternatives.net〉. Bailey는 책도 출간했다. Alison Hilliard and Betty Jane Bailey, *Living Stones Pilgrimage with the Christians of the Holy Land* (Notre Dame, Ind.: University of Notre Dame Press, 1999).

안 관광을 제공받을 수 있다. 예를 들어 베들레헴에 있는 홀리랜드 트러스트는 전통적인 순례 여행 코스와 더불어 관광으로는 찾아가기 힘든 지역 교회와 분쟁이 있는 장소들까지 연계해준다. 관광객들은 더 이상 대형 여행사들이 미리 짜놓은 여행 코스로만 다니는 것을 원하지 않는다. 또 월드비전 예루살렘 지부(팔레스타인 사람들이 많이 일하고 있다)도 목회자들과 지도자들이 "대안 여행"을 하도록 열심히 돕고 있다.[41]

교회 파트너십

이스라엘/팔레스타인에서 이러한 대안 여행이 생긴 결과, 미국 목회자들과 아랍 목회자들이 만나고 있다. 미국 평신도들이 아랍 평신도들을 만나고 있다. 그들은 그리스도 안에서 한때는 상상도 할 수 없었던 일치를 발견하고 있다. 워싱턴 DC에 있는 국립 장로교회(National Presbyterian Church)가 몇 해 전 성지에 왔을 때만 해도 베이트 사후르의 라틴 교회와 이렇게 빨리 친구가 될 수 있을지 몰랐다. 이제 이 목회자들이 회중들 간의 교류를 알선하고 있어서 각 교회의 성도들이 서로를 방문하고 있다. 이제는 이 두 교회가 상호 돕고 격려하며 "자매"의 관계를 누리고 있다.

　텍사스주 휴스턴에 있는 제일 장로교회도 성도들이 베들레헴 외곽에 있는 아랍 그리스도인들과 관계를 맺게 될 것이라고는 전혀 기대하지 않았었다. 이 복음주의 교회는 베이트 사후르에 있는 교회와 "자매" 관계를 맺었다. 일리노이주 에반스톤에 있는 제일 장로교회도 베들레헴에 갔다가 미트리 라헤브 목사가 이끄는 루터교 성도들을 만난 이후로 이

41　이곳에 연락하고 싶으면 위에서 소개한 "국제 월드비전"을 참고하라.

런 관계를 맺고 있다.

이러한 흐름은 점점 커지고 있다. 복음주의자들은 이제 특정 기독교 성도들만 지지하고 관계를 맺던 것에서 벗어나 두 교회 모두가 유익을 얻는 관계를 맺으려 한다. 나는 2000년 6월에 비르 자이트와 국립 장로교회의 연합을 축하하는 행사가 열려서 참석했었는데, 미국 전역에서 모인 많은 목회자들을 보고 깜짝 놀랐다. 그들은 어떻게 하면 자기 성도들도 팔레스타인에 있는 살아 있는 기독교 교회들과 연결될 수 있을지 방도를 찾고 있었다. 내가 목회자들로부터 가장 자주 받는 질문도 이것이다. 그들은 성도들을 성지로 데려가 "관광 코스"를 벗어나 진짜 지역교회 성도들을 만날 방법을 물어본다. 월드비전 예루살렘 사무실에 전화해보면 쉽게 모든 정보를 얻을 수 있다.

변화의 신호들

복음주의자들의 태도에 일어난 변화는 복음주의 주류 세력 밖에 있는 중동 "관찰자들"도 이미 알아차리고 있다. 「더 링크」(The Link)는 중동을 이해하려는 미국인들의 모임이 만드는 계간지다.[42] 이 잡지는 1992년 10-11월 호 전체 내용으로 복음주의자들의 태도 변화를 연구한 것을 다루었다. 그중에서 복음주의를 대변하는 존 스토트 박사의 인터뷰가 있었는데 그는 이런 질문을 받았다. "시온주의와 기독교 시온주의에 대해 어떻게 생각하십니까?" 그는 이렇게 대답했다. "많은 연구를 거친 결과, 저는 시온주의, 특히 기독교 시온주의는 성경적으로 지지할 수 없다

---

42   *The Link*, Room 241, 475 Riverside Drive, New York, NY 10115. 팩스. (212) 870-2050.

는 결론에 이르렀습니다."[43]

1979년부터 1981년까지, 기독교 지도자들은 일리노이주 라그랑주에서 정기적으로 만나 이스라엘/팔레스타인 문제에 대한 신학적 합의를 모색했다. 이에 대한 결과로 "라그랑주 선언문 1, 2"가 만들어져 「소저너스」(Sojourners)에 실렸고 5,000명 이상의 미국 그리스도인들에게 서명을 받았다.[44] 서명은 각계각층의 교회에서 받았는데, 많은 복음주의 지도자들도 포함되어 있었다. 몇 명만 들어보면, 짐 월리스(소저너스), 니콜라스 월터스토프(칼빈 대학), 폴 리스(월드비전), 존 알렉산더와 마크 올센(디 아더 사이드), 빌 스타(영 라이프), 왈든 호워드(페이스 앳 워크), 브루스 버치와 듀이 비글(웨슬리 신학교)이다. 이 선언문은 성지에서 성경적 정의에 대해 새롭게 느끼고 새롭게 헌신하자고 촉구한다.

믿는 자들이 그리스도와 그분의 나라에 헌신했듯이, 우리는 많은 동료 그리스도인들이 중동 문제에 대해 갖고 있는 성경 해석에 대한 대중적인 가정과 정치적 충성이라는 전제에 도전하는 바다. 우리는 예수 그리스도의 교회가, 우리 주님께서 걸으셨고, 가르치셨고, 십자가에 못 박히셨고, 죽은 자 가운데서 살아나신 그 땅에서 울려퍼지는 정의를 갈구하는 목소리를 들을 수 있기를 긴급히 요청하는 바다. 우리는 이 소리들에 마음을 닫아왔고 그 땅에서 계속 살고 있는 연약한 그리스도인들의 호소를 외면해왔다.

우리는 솔직하게 선언한다. 이스라엘 국가가 세워지는 과정에서 팔레스타인 사람들에게 심각한 불의가 행해졌다. 그들의 땅을 빼앗았고 많

43   The Link (1992년 10-11월): 7.
44   Sojourners (1979년 7월).

은 사람들을 쫓아내 죽음에 이르게 했다. 더욱이 13년 동안, 성지와 (요르단강의 웨스트뱅크, 가자, 동예루살렘을 포함하여) 그곳 사람들의 많은 부분이 (우리 주님의 시대에 그랬던 것처럼) 외국 군대의 점령으로 고통을 받아왔다.…우리는 이러한 비인간적인 현실에 대해 너무나 자주 침묵했고, 무관심했으며, 냉담했고, 용기가 없었음을 고백한다.[45]

복음주의자들은 정치 현장에서도 목소리를 내왔다. 2002년에는 58명의 복음주의 지도자들이 조지 부시 대통령에게 편지를 써서 이스라엘과 관련해 "균형 잡힌" 정책을 펼칠 것을 촉구했고 제리 팔웰이나 팻 로버트슨 같은 대변인들이 복음주의 전체를 대변하는 것이 아님을 주장했다. 편지의 내용이 놀라움을 자아냈기에 즉시 「워싱턴 포스트」에 실렸다. 편지를 주의 깊게 읽어보기 바란다(2002년 7월 23일).

친애하는 대통령 각하께
저희는 중동에 있는 모든 아브라함 자녀(그리스도인, 유대인, 무슬림)의 안녕에 관심을 가진 미국 복음주의 그리스도인들로서 이 편지를 씁니다. 저희는 이스라엘과 팔레스타인 지도자들에게 공평한 정책을 펼치기를 대통령께 촉구합니다. 그래서 이 피비린내 나는 싸움이 속히 종식되고 양측 모두가 샬롬을 누리며 두려움 없이 살게 되기를 바랍니다.
　이스라엘과 팔레스타인 사람들을 향한 미국의 공정한 정책이란 어느 한쪽에 무제한의 권한을 주지 않는 것이고 어느 한쪽이 폭력을 남용하지 않게 하는 것입니다. 공정한 정책은 이스라엘 사람들과 팔레스타인 사람들의 정당한 권리들을 보장하는 것입니다. 예를 들어 이스라엘 사

45　참조. D. Wagner, "Beyond Armageddon," *The Link,* October-November 1992, 7.

람과 아랍 이웃들이 정상적인 관계를 맺음으로써 양측 모두 자유를 누려야 하고 경제적으로 자립되고 안전해야 합니다. 1967년 경계로 팔레스타인 국가를 공식 지지한 것에 대해 찬성하고, 앞으로도 그대로 밀고 나가서 자신들만의 나라를 세우려는 팔레스타인 국민의 합법적인 열망이 실현될 수 있게 해주시기 바랍니다.

지난 22개월 동안 벌어진 자살 폭탄 테러와 인티파다 첫 해에 팔레스타인 정부가 이스라엘 시민들을 향해 벌인 폭력을 막지 못한 것에 대해서는 저희도 심히 유감스럽고 반대의 뜻을 전합니다. 인명 피해, 특히 어린이들이 사망한 것에 대해 심히 유감스럽고 이스라엘과 팔레스타인 양측에 의해 생겨난 모든 고통에 대해 유감을 표합니다. 유혈 사태가 오래 계속될수록 양측이 서로 화해하기는 더욱 어려워질 것입니다.

대통령께서 (계속되는 불법적이고 파렴치한 이스라엘 정착 운동을 포함해서) 불의에 강력하게 반대함으로써 중동의 평화를 위해 꼭 필요한 리더십을 발휘해주시기를 촉구합니다. 팔레스타인 사람들의 땅을 몰수하고 가옥과 전답을 파괴한 것이 이 모든 싸움의 중요한 원인이고 이에 대한 결과로 테러가 발생해 수많은 이스라엘과 팔레스타인 사람들이 목숨을 잃었습니다. 이스라엘 점령 군인들이 매일 평범한 팔레스타인 사람들을 수치스럽게 만드는 행동은 이스라엘 사람들의 영혼에도 재앙이 될 것입니다.

대통령 각하, 미국 복음주의 공동체는 획일적인 단체로 현 이스라엘 정책에 온전히 지지만 보내는 그런 곳이 아닙니다. 미국 복음주의자 중 상당수는 몇몇 사람이 성경 말씀을 왜곡해서 이스라엘 정부의 모든 정책과 행동을 무비판적으로 지지하는 행동에 대해 반대합니다. 우리는 성경적 정의의 기준으로 이스라엘과 팔레스타인 양측의 모든 행동을 판단합니다. 위대한 히브리 예언자, 곧 이사야와 예레미야는 구약성경에서 하나님은 모든 나라와 모든 민족에게 서로 정의를 행할 것과 억압받는 자와 이방인과 고아와 과부를 보호할 것을 요구하신다고 선언했습니다.

복음주의 지도자 58명 서명

다음은 서명한 58명의 이름이다. 파헤드 아부 아켈(켄터키주 루이빌, 장로교회, 214회 총회 의장), 제임스 알브레히트(인디애나주 앤더슨, 하나님의 교회 선교부 증경 지역 본부장), 레이몬드 J. 바케(워싱턴주 시애틀, 국제 도시 연합 총책임자), 크레이그 바르네스(워싱턴 DC, 국립 장로교회 담임 목사), 마릴린 보르스트(텍사스주 휴스턴, 중동을 이해하려는 복음주의자들 총책임자), 돈 브레이(인디애나주 인디애나폴리스, 웨슬리안 교회, 글로벌 파트너스 대표), 개리 M. 버지(일리노이주 휘튼, 휘튼 대학/대학원 신학 교수), 클리브 칼버(매릴랜드주 볼티모어, 전국 복음주의 연합 세계 구제부 대표), 토니 캄폴로(펜실베이니아주 세인트데이비스, 복음주의 교육 증진 연합회 대표), 폴 고든 챈들러(워싱턴주 스포캔, 파트너스 인터내셔널 대표 겸 최고경영자), 팀 디어본(워싱턴주 시애틀, 국제 복음주의 선교 신학자 모임 회장), 존 드 한(미시건주 그랜드래피즈, 복음주의 구제 및 개발 조직 연합[AERDO] 총책임자), 존 R. 델렌백(오리건주 메드포드, 전 미국 하원의원, 미국 평화 봉사단 이전 책임자), 크리스토퍼 도일(사우스캐롤라이나주 그린빌, 미국 한센인 선교 대표 겸 책임 경영자), 크레이그 힐튼 다이어(일리노이주 호프만 에스테이츠, 국제 실명 협회 회장), H. 엘겔하드(미시건주 그랜드래피즈, 북미 기독교 개혁교회 총무), 콜린 타운젠드 에반스(캘리포니아주 프레스노, 작가), 레이튼 포드(노스캐롤라이나주 샤를로트, 레이튼 포드 사역 대표), 베르논 그라운즈(콜로라도주 덴버, 덴버 신학교 총장), 잭 하버러(텍사스주 휴스턴, 클리어 레이크 장로교회 담임 목사, 갱생을 위한 장로교도들의 모임 회장), 스티브 헤이너(위스콘신주 매디슨, 인터버서티 미국 전 대표), 개리 T. 히프(미네소타주 번스빌, 산 옮기기 선교회 대표), 폴 케넬(워싱턴주 시애틀, 월드 컨선 대표), 돈 크루즈(일리노이주 시카고, 성지 기독교 복음주의 재단 부대표), 피터 쿠즈믹(매사추세츠주 사우스 해밀턴, 고든 콘웰 신학교 세계 선교 및 유럽학에 권위 있는 교수), 맥스 란지(워싱턴주 밸링햄, 차일드케어 인터내셔널 대표), 조앤 리온(버지니아주 스프링필드, 월드 호프 인터내셔널 총책임자), 고든 맥도날드(매사추세츠주 보스턴, 전국 복음주의 연합 세계 구제부 대표), 마이클 A. 마타(패서디나 나사렛 제일 교회 리더십 개발 목사, 도시 리더십 학원 대표), 앨버트 G. 밀러(오하이오주 오벌린, 하우스 오브 더 로드 펜터코스탈 교회 중서부 지역 목사), 폴 무어(뉴욕주 안데스, 시티호프 인터내셔널 대표), 피터 무어(펜실베이니아주 앰브리지, 트리니티 감독 사역 학교 학장 겸 총장), 리챠드 J. 무(캘리포니아주 패서디나, 풀러 신학교 총장), 데이비드 네프(일리노이주 캐롤 스트림, 크리스채너티 투데이 편집자), 로널드 W. 니켈(버지니아주 헤른돈, 프리즌 펠로우십 인터내셔널 대표), 존 오트버그(일리노이주 사우스 배링톤, 윌로우 크릭 교회 교육 목사), 글렌 팜버그(일리노이주 시카고, 복음주의 언약 교회 대표), 얼 F. 팔머(워싱턴주, 시애틀, 대학 장로교 담임 목사), 빅터 D. 펜츠(조지아주 아틀란타, 피치트리 장로교회 담임 목사), 존 M. 퍼킨스(마이애미주 잭슨, 기독교 공동체 발전 연합회 회장 대우, 존 퍼킨스 재단 대표), 유진 F. 리버스(매사추세츠주 보스턴, 범아프리카 은사주의적 복음주의회 회장 특별 보좌관), 레오나드 로저스(아리조나주 템페, 벤츄어 인터내셔널 대표), 앤드류 리스캄프(미시건주 그랜드 래피즈, 미국 기독교 개혁주의 세계 구제 위원회 총책임자), 스캇 C. 사빈(캘리포니아주 샌디에고, 미국 플로레스타 총책임자), 체릴 J. 샌더스(워싱턴주 3거리 하나님의 교회 담임 목사), 로버트 세이플(펜실베이니아주 세인트 데이비스, 인스티튜트 포 글로벌 인게이지먼트 창시자이자 회장), 로날드 J. 시더(펜실베이니아주 세인트 데이비스, 사회적 행동을 위한 복음주의자들의 모임 대표), 루시 N. 쇼우(밴쿠버, 리젠트 대학 전속 작가, 저자, 강연가), 제임스 스킬렌(매릴랜드주 아나폴리스, 센터

포 퍼블릭 저스티스 대표), H. P. 스피스(캘리포니아주 프레스노, 원 바이 원 리더십 최고 책임자), 글렌 해롤드 스타센(캘리포니아주 패서디나, 풀러 신학교 기독교 윤리학 교수), 리처드 스티언스(워싱턴주 페더럴 웨이, 미국 월드비전 대표), 클라이드 테일러(워싱턴DC, 국제 기독교회 회원), 딘 트룰리어(펜실베이니아주 트윈 오크스, 마운트 플레즌트 뱁티스트 교회 목사), 해롤드 보겔라(시카고 루터 신학교 세계 종교 레지던트 학자), 도날드 와그너(일리노이주 시카고, 노스파크 대학 중동학 센터 책임자), 로빈, 낸시 웨인라이트(캘리포니아주 패서디나, 홀리랜드 트러스트 이사들), 스튜어트 윌커츠(버지니아주 와렌튼, 에어 서브 인터내셔널 최고 경영자 겸 대표), 필립 얀시(콜로라도주 에버그린, 작가).

요약

내 생각이 바뀐 것은 경험과 공부를 통해서다. 역사를 향한 하나님의 계획에서 이스라엘이 선택받았다는 설교를 듣고 그러한 책을 읽으면서 자라난 복음주의자로서 나는 이제 교회가 사람들을 죽이고 불의를 추구하는 중동의 정치 정책에 얽혀서는 안 된다고 확신한다. 구약성경이 줄기차게 말하는 바는 하나님의 백성이 "고아와 과부와 나그네"를 보호해야 한다는 것이다. 신약성경은 우리 믿음의 순도가 "외국 이웃"을 어떻게 대하는가에서 드러난다고 말한다(눅 10:25-37). 팔레스타인 사람들은 내 이웃이다. 많은 팔레스타인 사람이 그리스도인 형제요 자매다.

이스라엘이 자신들의 국가를 성경에 근거해서 주장하려고 한다면, 그들은 나라들 가운데서 성경적 의의 본이 되어야 한다. 적어도 이스라엘은 도덕적인 행동에서 다른 나라들과 비교될 수 있어야 한다. 또 비교할 수 있다면, 이스라엘은 우리가 다른 나라들에게 제시하는 날카로운 비판 기준을 똑같이 수용해야 한다.

이런 기준으로 비판을 표현했던 몇몇 사람들은 반유대주의자로 낙인찍혔다. 세속 이스라엘 국가에 반대 입장을 표명한 복음주의자들은 유대 민족을 차별하고 있는 것이 아니다. 반대로 복음주의자 비판가들은 더 잘 알아야 마땅한 나라(성경을 소유한 나라는 더 밝은 빛을 비추는 나라가 되어야 한다)의 행동에 불만족을 표현할 수 있다. 이사야나 예레미야 같은 구약의 예언자들은 이스라엘을 깊이 사랑했다. 하지만 그렇다고 해서 그들이 이스라엘이 죄를 범했을 때 충고의 강도를 약화시키지 않았다.

나는 복음주의자들이 이러한 예언자적 목소리에 동참해야 한다고 믿는다. 또한 이스라엘은 풍부한 영적 자산을 가졌기 때문에 더더욱 나라들에게 빛이 되어야 한다. 과거에 학대를 당했다는 이유로(외국 나라들로 추방되었다는 이유로) 오늘날 학대하는 나라가 되어서는 안 된다.

몇 해 전, 베들레헴 외곽에 있는 한 마을에서 이남 보누라(In'am Bonoura)라는 젊은 팔레스타인 그리스도인과 함께 마을 뒷길을 거닐며 대화를 나눈 적이 있었다. 그때 이남은 베들레헴 성경 대학 비서였는데, 함께 거닐며 자기 마을을 구경시켜주고 자기 나라에 대한 자신의 생각도 들려주었다.

말하다 보니 우리에게는 두 가지 공통점이 있었다. 이남은 미국에 처음 방문했던 경험을 들려주었다. 그녀는 버스를 타고 인디애나주를 여행하고 있었는데 한 4시간쯤 지났을 때 갑자기 이런 생각이 들었다고 했다. 살면서 단 한 번도 한 방향으로 이만큼 멀리 가본 적이 없었다는 점이었다. 이스라엘은 그간 움직일 수 있는 그녀의 자유를 너무나 억압하고 있어서 그녀가 움직일 수 있는 지형적인 범주는 "기껏해야 2시간 정도 갈 수 있는" 거리였다고 한다. 그날 오후 인디애나폴리스를 누비다 너무나 광대하고 자유로움을 느낀 그녀는 외마디 비명을 질렀다.

우리는 그날 미국에 대해, 미국의 미덕과 단점에 대해, 이스라엘과의 관계에 대해, 기독교 교회의 역할에 대해 많은 이야기를 나누었다. 성경에 나오는 목자들의 들판 근처에서 걸음을 멈추고 지평선 너머로 베들레헴을 바라보는데, 이남이 던진 질문 중 몇 가지는 대답할 수 없다는 사실이 새삼 느껴졌다. "자유를 신봉하는 미국이 어떻게 이런 식으로 행동하는 이스라엘을 지지할 수 있지요?" 이런 질문들은 중동에서 흔히 들을 수 있는 질문으로, 팔레스타인 사람들에게 미국은 완벽한 나라가 아니라는 사실을 절감하게 한다. 미국은 동맹국 안에서도 실수를 저지른다.

그러다 정말 정곡을 찌르는 질문이 나왔다. "하지만 왜 미국 그리스도인들도 똑같이 이스라엘을 지지하지요? 왜 우리를 돕지 않지요? 왜 우리 팔레스타인 그리스도인들조차 돕지 않는 거지요?" 대화를 하면서 아무것도 대답할 수 없는 나 자신이 너무나 부끄러웠다. 하지만 적어도 내가 확신할 수 있는 것은 미국 전역에 있는 복음주의자들이 이제는 점점 생각이 바뀌고 있다는 것이다.

새로운 신학의 방향

많은 사람이 이제는 기독교 시온주의의 주제에 식상해한다. 몇몇 사람들은 기독교 시온주의가 앞으로 백 년 안에 폐기되거나 신학적 오류로 평가받게 될 것이라고 확신하기도 한다. 또 어떤 사람들은 우리가 이런 주제에 대해 강연하거나 책을 출간할 때 강하게 반발하고 분노를 표출하는 사람들을 자주 마주치는 것에 질려버렸다. 나 역시 이 책을 출간한 이후에 불만을 제기하는 많은 편지와 이메일을 받아 우울하다. 많은 사람이 그리스도인들이 이렇게 이스라엘 편을 들어서 얻는 게 도대체 무엇인지 의아해한다. 왜 전통적인 기독교적 가치들보다 이스라엘 편에 서는 것에 더 열광하는 것일까? 부모 세대보다는 이러한 정치-종교 프로젝트에 영향을 덜 받은 젊은 세대가 있기에 그래도 힘이 난다. 젊은 세대들에게는 사회 정의가 그들 믿음의 핵심이다. 윤리학은 언제나 으뜸 종말론일 것이다.

하지만 2007년 7월 17일 워싱턴에서 열린 회의의 기록을 읽고 나는 더욱 열심을 내고 있다. 이때 미국 전역에서 4,500명이 모였다. "이스라엘을 기리는 밤"이 열렸는데 이스라엘을 위해 하나 된 그리스도인들 (CUFI)이 주최했다. 뉴트 깅리치 같은 정치 지망자들이 이스라엘에 특권을 주는 미국 외교 정책을 지지하는 발언을 했다. 겉은 기독교 행사였지만 실제 목적은 정치적인 것이었다.

더 놀라운 것은 청중들이 모두 그리스도인이었다는 사실이다. 존 하기 목사가 주축이 되어서 CUFI는 미국 복음주의 그리스도인들을 동원했다. 그리고 CUFI는 연설을 통해 그리스도인들은 온전히 이스라엘 편에 서야 할 의무가 있다고 주장했다. 그날 밤 하기는 연설을 통해 이렇게 말했다. "성경을 믿는 5천만 복음주의 그리스도인들이 5백만 미국 유대인들과 힘을 합쳐 이스라엘 편에 설 때, 그것은 천국의 행진이 될 것입니다."

그리고 이것은 사실이다. 이 두 공동체가 완전히 힘을 합치면 미국 내에서 가장 큰 표밭이 될 것이다. 하기는 계속해서 이렇게 말했다. "이제 미국에 새 날이 도래했다고 모두 지붕 위에 올라가 외칩시다. 기독교 시온주의라는 거인이 깨어나게 합시다. 선을 그어야 한다면, 그리스도인과 유대인을 한편에 두고 그읍시다. 우리는 하나입니다. 우리는 뗄 수 없는 관계입니다. 그리고 함께 역사를 새롭게 써나갈 수 있습니다."

하지만 하기는 여기서 영감을 주기보다 두렵게 만든다. 성경적으로 이스라엘을 지지하도록 유도했고 종말론을 들먹이며 이란에 대한 군사 행동까지도 부추겼다. 하기는 요한계시록을 언급하면서 이란을 악의 화신이라고 말했다. "중동에 있는 급진 이슬람 괴물의 머리는 이란이고 광신적인 아흐마디네자드(Ahmadinejad) 대통령입니다. 신사 숙녀 여러분, 우리는 역사를 다시 쓰고 있습니다. 다시 1938년입니다. 이란이 독일입니다. 아흐마디네자드가 히틀러입니다. 그리고 히틀러처럼 아흐마디네자드는 유대인을 죽이자고 말합니다."

이 문제에 대한 답은 성경에 나와 있는데, 바로 전쟁을 일으키는 것이라고 그는 말한다. 이 전쟁으로 모든 전쟁이 끝나고 인류 역사의 종말이 올 것이라고 했다. 그의 말을 다시 한번 들어보자. "우리는 여러분이 이란이야말로 미국과 이스라엘의 분명하고 현재적인 위험이라는 사실을 알기를 바랍니다.…지금은 우리나라가 먼저 이란을 군사적으로 쳐야 할 때입니다. 또 그들이 계속해서 핵을 포기하지 않는다면 그들이 핵을 가지고 세계 경제를 주무르지 않도록 단호히 대처해야 합니다."

존 하기 목사는 예수 그리스도의 대변인으로서, 외교 업무를 한 번도 해보지 않은 사람으로서, 역사나 정치 과학에 대해 전혀 훈련을 받지 않은 사람으로서, 성경의 가르침을 근거로 미국이 이란을 군사적으로 쳐야 한다고 주장하고 있는 것이다. 콘퍼런스 동안에 하기 목사는 그곳에 모인 4,500명을 로비스트로 미국 연방 의회에 파송했다.

나만 놀랄 것이 아니었다. 랍비 로리 짐머만(Laurie Zimmerman)과 랍비 마이클 러너(Michael Lerner) 같은 많은 유대인 지도자들도 이 "천국에서 행해진 결혼"에 반대 입장을 표명했다. 랍비 짐머만은 이러한 반응을 보였다.

나를 포함한 다른 랍비들은 다른 공동체들과 관계를 형성하는 것에 대해 전반적으로 찬성합니다. 하지만 몇몇 단체에 대해서는 전혀 지지하지 않으며 뜻을 같이하지 않음을 밝힙니다. 중동에서 지속 가능한 평화를 일구어내는 것이 우리에게 중요하다면, 이란을 공격하고 군대를 통해 혼란을 더 가중시키려는 단체를 지지할 수 없습니다. 존 하기 목사는 다음과 같이 말했습니다. "미국이 이스라엘과 한편이 되어 이란을 군사적으로 공격해 이스라엘과 서방을 향한 하나님의 뜻을 성취해야 합니다.…성경에서 예언된 종말은 이란과의 전쟁입니다. 이 전쟁에 이어 휴거, 환난…, 그리스도의 재림이 올 것입니다."

의견을 달리하는 곳. 하기 목사의 견해를 구성하는 핵심적인 내용들을 대략적으로 말해보겠다. 세대주의자 중 이 내용에 찬성하는 분도 있고 반대하는 분도 있을 것이다. 그러나 여기서 제시한 개요는 미국 전역의 교회들이 일반적으로 받아들이는 내용들이다. 그런 다음에는 나와 같은 대다수 신학자들이 어떻게 다르게 생각하는지를 설명해보겠다.

1. 하나님이 아브라함에게 주신 약속들. 창세기 12장, 15장, 17장에서 하나님은 아브라함과 그 자손들에게 성지를 약속하신다. 기독교 시온주의자들에게 이 땅을 유업으로 받을 것이라는 약속은 영원하고 무조건적이었다. 그리고 이 약속은 성경 시대뿐 아니라 오늘날에도 사실이다.

이 말은, 기독교 시온주의자들에게 아브라함의 언약은 오늘날에도 그 효력을 그대로 유지한다는 의미가 된다. 그리고 그리스도인으로서 이러한 사실은 그들로 하여금 우리가 "두 언약" 신학(유대인을 위한 한 언약과 그리스도인을 위한 한 언약이 교회 안에서 작동한다)이라고 부르는 것을 갖도록 강요한다. 한마디로 그리스도의 사역이 유대인 언약을 대체하거나 대신하지 않는다.

(나를 포함해) 다른 신학자들은 그리스도 안에서 뭔가 결정적인 일이

일어났다고 믿는다. 그분의 언약은 (새롭고 시간을 초월한 구원을 이룬) 모세의 언약에도 영향을 끼쳤을 뿐 아니라 (아브라함의 언약을 포함해) 모든 유대인 언약에도 영향을 끼쳤다. 그리스도는 유대인의 언약적 삶이 기대하는 모든 것을 충족시키고 구약과 유대교에 뿌리를 박은 하나님의 사람들을 새롭게 한다. 따라서 예수님은 새로운 성전이고 새로운 이스라엘이시다.

(시온주의자들에게 제일 중요한) 아브라함의 땅 약속에 대해서는 갈라디아서 3:16이 가장 먼저 떠오른다. 사도 바울은 이렇게 쓴다. "이 약속들은 아브라함과 그 자손에게 말씀하신 것인데 여럿을 가리켜 '그 자손들'이라 하지 아니하시고 오직 한 사람을 가리켜 '네 자손이라' 하셨으니 곧 그리스도라." 바울은 여기서 단수 명사를 사용해 아브라함의 약속들(여기서는 땅을 의미)이 그리스도를 지목하고 있다고 놀라운 방식으로 주장한다! 땅에 대한 약속의 초점(locus)은 그리스도다! 아브라함에게 주신 약속들은 그리스도 안에서 실현되었다. 그분이 유대주의가 갈망했던 모든 것을 갖고 있기에 그분을 알아야 이런 약속들을 얻게 된다.

요한복음 15장에 나오는 예수님의 훌륭한 설교도 같은 일을 한다. 이 부분이 큰 가지고 예수님이 다락방에서 하신 설교들이 여기서 가지를 쳐 나온다. 이스라엘에 대한 구약의 이미지는 성지의 흙에 뿌리를 내린 포도나무로 가득한 포도원이다. 이에 대해서는 이사야 5장에 잘 묘사되어 있다. 하지만 예수님은 이것을 뒤엎으신다. 다시 포도원이 등장하기는 하지만 신약에서는 하나의 가지(그리스도)가 있고 유일한 문제는 땅을 얻느냐가 아니라 그분에게 붙어 있느냐다.

땅과 약속에 대해 그리스도인 식으로 생각하는 것은 유대교가 생각하는 것과 다른 방식이다. **간단히 말하면, 신약은 하나님의 백성의 영적 지형을 바꾸어놓는다.** 하나님 나라는 민족성이나 장소에 묶여 있지 않다. 또 초기 교회 그리스도인들은 이에 대해 알고 있었기 때문에 전 세계를 무대로 선교 사명을 감당했다. 언젠가 유대인들이 성지의 의미에 대해 논쟁할 때 예수님은 놀라운 말씀을 하셨다. "온유한 자는 복이 있나니 그들이 땅을 기업으로 받을 것임이요"(마 5:5). 공격자나 정복자가 아니다.

즉 요점은 이것이다. 모세는 말할 것도 없고 아브라함에게 주어진 약속과 권리가 오늘날에도 신학적으로 중요하다고 생각하는 신학자는 한 명도 없다는 것이다. 그리스도의 사역이 결정적이다. 하나의 언약이 있다. 그리고 그 언약은 그리스도와 맺은 언약이다. 바로 이런 이유로 많은 개혁주의 신학자들은 하기 목사가 구약을 반복해서 인용하는 것을 부끄럽게 여긴다. 우리는 하기 목사가 신약을 펴서 그리스도인답게 생각하기를 바란다.

2. 이스라엘은 그 땅으로 회복되었다. 다음 단계도 중요하다. 1948년은 역사상 정치적 지표일 뿐 아니라 신학적 지표이기도 하다. 이스라엘은 예언의 성취로 그 땅을 회복시켰다. 이것은 바빌로니아 유수 이후 회복된 것과 다르지 않다. 따라서 현대 이스라엘은 정치적으로 중요한 사건일 뿐 아니라 그리스도인들이 존경과 경외를 올려야 할 신학적인 섭리에 의한 사건이다.

다른 신학자들도 이스라엘이 현실에 존재해야 한다는 권리를 부인하지는 않는다. 나와 마찬가지로 그들도 반유대주의를 반대하고 이스라엘이 국가 안보에 대한 권리가 있다고 주장한다. 나는 이스라엘 사람들의 테러만큼이나 팔레스타인 사람들의 테러도 끔찍이 싫어한다.

그러나 우리는 이스라엘의 신학적 중요성과 관련해서 대체로 회의적이며 어떤 사람들은 대놓고 이를 부인하기도 한다. 하지만 한 가지 분명히 해둘 것이 있는데, 우리는 이스라엘을 비판하는 것이 곧 반유대주의라는 전제를 거부한다는 점이다. 이스라엘은 세속 국가로 시작했다. 즉 성경이 말하는 아름다운 국가의 모습과는 거리가 멀고 아모스와 이사야 같은 구약의 예언자들이 강하게 비판했던 선택들을 했다.

이스라엘 작가 아브라함 버그(Avraham Burg)는 현대 시온주의의 뿌리들을 설명했다.[46] 19세기 말에 두 가지 형태의 민족주의가 나타났다. 하나는 프랑스 혁명에 뿌리를 둔 자유주의 민족주의인데, 여기서 다인종 국가가 세워지고 모든 시민이 법 아래에 평등하게 선다. 두 번째 형태는 독일 르네상스에서 나왔는데, 여기서는 국가가 특정 인종에 속해 있어서 그 구성원들은 비구성원들이 갖지 못하는 특권을 누렸다. 이러한 독일 모델은 20세기 시온주의의 창시자이자 세계 시온주의자 협회 창시자인 테오도어 헤르첼이 택한 모델이었다. 그리고 현재 이스라엘도 이 모델을 따른다. 따라서 시온주의자들의 사고는 성경에서 나온 것이 아니라 인종적 민족주의에서 나왔다. 여기서 1930년대 독일과 같은 다른 나라들도 나왔다. 헤르첼이 성경을 기반으로 이스라엘을 재건하고 있다고 생각하는 기독교 시온주의자들은 정말 역사를 모르는 것이다.

많은 현대 이스라엘 사람들이 이러한 형태의 국가를 종말의 도래로 본다. 버그는 이스라엘 신문 「하아레츠」에 최근 이런 글을 실었다. "우리는 이미 죽었다. 아직 소식을 받지 못했지만 우리는 죽었다. 더는 일하지 않는다. 일하지 않아." 그리고 「뉴요커」에는 이렇게 썼다. "이스라엘의 현실은 신나지 않다. 사람들은 그것을 인정하려 하지 않지만 이스라엘은 벽에 부닥쳤다. 자녀들이 여기서 살게 될지를 확신하는지 친구들에게 물어보라. 몇 명이나 그렇다고 말할까? 기껏해야 50%다. 다

---

46   Avraham Burg, "The End of Zionism," *The Guardian*, Sept. 30, 2003. Burg는 *Ha'aretz* (2007년 6월 6일)와 *The New Yorker* (2007년 7월 30일)에도 글을 실었다.

른 말로 하면, 이스라엘 엘리트들은 이미 이곳을 떠났다. 그리고 엘리트가 없이는 더 이상 국가가 없다." 아브라함 버그는 자유주의 유대인으로 틀린 것을 보고 (눈물을 흘리며) 헤르첼의 인종 국가가 거대한 폭력의 행위를 회복하지 않고는 버틸 수 없다는 것을 인정한다.

이런 모든 이유로, 전통 신학자들은 이스라엘에 헌신하는 것을 영적으로 중요한 일로 보지 않는다. 정치적으로 이스라엘을 보호하는 것은 유럽 역사 속에서 유대인들에게 일어난 일로 인한 도덕적 책무라고 믿는다. 하지만 그것은 다른 문제다. 하기 목사는 내가 하나님이 "이스라엘을 축복하는 사람들"을 축복한다는 것을 알기 원한다. 개혁주의 신학자들은 그 주장을 의심스러워한다.

3. 역사는 종말로 치닫고 있다.   많은 기독교 시온주의자들은 이스라엘이 그 땅으로 돌아옴으로써 역사를 끝낼 카운트다운이 시작된 것이라고 믿는다. 기독교 시온주의자들은 1948년에 재탄생한 이스라엘 국가의 생명이 우리가 찾아야 하는 가장 중요한 예언 조각이라고 생각한다. 그리고 이것이 전부가 아니다. 이스라엘의 귀환은 세계에서 일어나고 있는 다른 일들과 맞아 떨어진다. 도덕적 가치들이 떨어지고 있고 생태학적 위기가 급증하고 있으며 석유에 의존한 경제가 위험에 처해 있고 가장 중요하게는 중동에 전쟁이 있다. 많은 사람이 이런 증상들을 볼 때 역사가 곧 끝날 것이라는 데 동의한다. 이 모든 것이 예언에 나와 있다.

다른 신학자들은 이렇게 세상의 종말을 예언하는 천년왕국 운동이 초기부터 기독교 안에 늘 있었다는 점을 상기시킨다. 그리고 그런 일은 일어나지 않았다. 그래서 이 신학자들은 우리가 잠시 멈춰 서서 바른 판단력을 사용하도록 해준다.

그러나 이 신학자들의 가장 큰 불만은 종말에 대한 이러한 열성이 어떻게 기독교 시온주의자들의 윤리를 형성하게 되었는가에 있다. 그리스도의 재림을 보고 싶은 열망이 이제는 정의와 공정을 바라는 열망을 앞선다. 점령지에 살고 있는 380만 팔레스타인 사람들이 겪은 엄청난 손해들을 이야기하면, 하기와 다른 전형적인 시온주의자들은 꿈쩍도 하지 않는다. 그들은 땅을 팔레스타인 사람들에게 돌려줄 수 없고 협상을 하는 것은 하나님의 뜻에 위배된다는 생각을 굽히지 않는다. 2008년 여름 하기는 자신이 얼마나 팔레스타인 사람들을 공정하게 대하는 일에 반대하는지를 보여주었다. 그는 이스라엘 정착민들이 가자에서 나오자 다음과 같이 설교했다.

워싱턴에 물어보고 싶습니다. 9,000명의 유대인 난민들이 강제로 가자 지구에 있는 자신들의 집에서 쫓겨나 지금 텐트에서 살고 있는 것과, 수천 명의 미국 사람들이 허리케인 카트리나라는 막대한 자연재해로 집을 잃은 것이 관련이 있습니까? 연관이 있습니까? 더 나은 답이 있다면 한 번 듣고 싶습니다.

무슨 말을 했는지 자세히 살펴보자. 미국이 가자 정착민들의 철수를 지지했기 때문에 하나님이 허리케인 카트리나로 미국을 벌주었다는 말이다. 이런 어리석음 때문에 개혁주의 신학자들이 아연실색하는 것이다. 그들은 이런 식으로 현대 역사를 해석하는 어리석음을 깨닫지 못한다.

4. 이스라엘에 대한 충성심. 그다음 따라오는 것은 그리스도인의 첫 번째 의무는 종말에 관한 예언들을 지키면서 각 나라의 정치적 결정들을 보호하는 것이라는 생각이다. 이런 위험한 시대에 의를 인정받을 수 있는 첫 번째 방법은 하나님의 리트머스 시험지인 이스라엘의 재탄생을 찬성하는 것이다. 기독교 시온주의자들은 하나님께서는 이스라엘을 축

복하는 자를 축복하시고 이스라엘을 저주하는 자를 저주하신다는 확신에 사로잡혀 있다. 따라서 나라들은 이 기준에 따라 서기도 하고 무너지기도 할 것이다.

다른 신학자들은 이스라엘을 축복하려는 이 사람들의 열망을 지켜보면서 이들이 복음을 잃어버린 것은 아닌지 의심한다. 나는 그리스도와 그분의 나라에 먼저 충성하자는 것을 가장 우선적으로 요청한다. 나는 세상에서 두 개의 하나님 나라가 역사한다고 생각하지 않는다. 하나님 나라는 하나고 그것은 그리스도 안에 있다. 그리고 이 나라에 열심을 낼 때 이스라엘을 깊이 사랑하고 그곳에 사는 사람들이 성경이 말하는 사람들(제사장 나라, 나라들의 빛)이 되기를 간절히 원할 수 있다. 사람들이 이들을 통해 선을 볼 때 모든 나라가 하나님의 영광을 보고 기뻐하게 될 것이다. 나는 친이스라엘, 친팔레스타인, 친예수님의 사람이 되고 싶다.

우리는 유대인들을 사랑하라고 부름받았다고 믿는다. 하지만 누군가를 사랑하는 것은 그에게 용기를 주고 또한 정직하게 진실을 말해주는 것이다. 기독교 시온주의자들은 하나는 잘하는데 다른 하나는 못하고 있다. 그들은 이스라엘을 무한히 사랑한다. 하지만 나는 하기 목사가 이스라엘에게 정의와 진리의 삶을 추구하라고 권면하는 그날이 오기를 기대한다.

5. 예수님의 재림. 이것이 다른 모든 사태의 근원지다. 예수님의 재림이 기독교 시온주의자들의 세계관에서 왕관에 해당하는 부분이다. 이것 때문에 하기 목사는 중동을 핵전쟁으로 몰아넣는 위험도 불사한다. 이스라엘 국가의 탄생으로 예수 그리스도의 임박한 재림을 위한 무대가 마련되었다. 따라서 하나님의 계획에 어긋나는 어떤 나라의 정책이든, 이스라엘이 그 땅을 지키는 데 조금이라도 방해가 되는 어떤 평화적

시도든(예를 들어 팔레스타인 사람들에게 국가를 약속하는 것이나 가자나 웨스트 뱅크에서 이스라엘 정착민들을 철수시키는 일), 이 극적인 무대의 설치를 방해하는 어떤 결정이든 다 하나님께 축복받은 계획이 아니다.

우리도 물론 예수님의 재림을 믿는다. 그리스도의 재림을 열망하는 기독교 시온주의자들과 우리의 입장이 사실은 같다. 가장 큰 차이가 있다면, 대부분의 신학자들은 이 세상에 거대한 투자를 한다는 것이다. 우리는 편협한 종파에 속한 사람들이 아니다. 그리스도가 이 땅에서 헌신했던 일을 이루기 위해 우리는 헌신한다. 또 우리는 세상이 돌아가는 방식에 대해 절망하지 않는다. 우리는 세상을 버리지 않았다. 시카고에 있는 세대주의 무디 성경 신학교에 이름을 제공한 드와이트 무디가 한번은 사람들에게 당신은 왜 가라앉고 있는 배를 닦고 있느냐고 물은 적이 있었다. 그의 말에서 초기 형태의 비관주의를 들을 수 있다. 그 뿌리가 세대주의에 있는 기독교 시온주의는 인류 역사에 대해 (그리스도의 재림으로만 뒤집어질 수 있는) 비관적인 견해를 갖고 있다. 다른 신학자들은 배가 가라앉고 있다고 확신하지 않고, 그리스도의 재림이 갑자기 임할 때까지(성경은 재림이 갑자기 올 것이라고 말한다) 계속해서 배를 닦고, 페인트를 칠하며, 항로를 탐색하고, 승객들을 편안하게 해주어야 한다고 생각한다.

나의 가장 큰 불만은 아마도 이것일 것이다. 기독교 시온주의자들은 예수님을 믿지만, 내가 생각하기에 이 문제에서 그들이 과연 그리스도인답게 생각하고 있는지 의아스럽다. 그들은 아무 비판 없이 유대교의 영토적 세계관을 물려받았고 이것을 예언과 결합시켰다. 바로 이 점 때문에 미래의 위대한 역사학자들은 이 운동에 대해 엄청난 비판을 가할 것이다.

13장

여기서 어디로 가야 하는가?

너는 말 못하는 자와 모든 고독한 자의 송사를 위하여 입을 열지니라.

너는 입을 열어 공의로 재판하여 곤고한 자와 궁핍한 자를 신원할지니라.

— 잠언 31 : 8-9

몇 해 전, 한 이스라엘 치과 의사가 뉴욕시에서 열린 치의학 관련 콘퍼런스에 참여했다. 치과 관련 연구와 기술, 전 세계 치과 의술에 관해 세미나가 열렸다. 그 치과 의사는 또 다른 이스라엘 사람이 세미나에서 발표를 한다는 소식을 듣고 호기심에 그 세미나에 참석했다.

그 세미나는 전 세계 사람들이 하고 있는 치아 에나멜 치료를 비교 발표하는 자리였다. 연구자는 아주 놀라운 발견을 내놓았다. 이스라엘 텔아비브에서는 이를 가는 행위를 통해 에나멜이 손실되는 경우가 서방의 어떤 다른 곳보다 월등히 높다는 것이었다. 다른 말로 하면, 이스라엘 사람들(그리고 아랍 사람들도 그럴 것이다)은 너무 많은 스트레스에 노출되어 있어서 이를 가는 행위가 널리 퍼져 있다는 말이었다. 한번은 밤에 텔아비브 뒷골목을 걸은 적이 있었는데, 사람들이 모두 침대에서 이를 갈며 자고 있는 모습이 연상되었다.

이스라엘/팔레스타인에서는 그 누구도 행복하지 않다. 이스라엘 사람들도 행복하지 않다. (과거의 폭력 때문에) 안전에 대한 그들의 추구가 그들로 하여금 자랑스럽지 못한 나라를 만들게 했다. 팔레스타인 사람들도 행복하지 않다. 국가를 가지려는 그들의 추구가 그들로 하여금 이스라엘 사람들과 다투게 만들었고 테러와 전쟁으로 이끌어 마찬가지로 많은 사람의 존경을 잃게 했다. 혼란은 그 나라에 살아야 하는 사람들의 감정을 희생시키고 있다. 예루살렘에서 일하는 친한 친구들이 있는데 그들도 스트레스로 인해 신경과민 증상을 겪고 있다. 캘리포니아에 있는 또 다른 성경학자는 의사로부터 몇 년간 이 주제를 다루지 말라는 권면을 받았다고 한다. 이 주제를 다루는 것만으로도 스트레스로 몸이 상하기 때문이었다. 난민 수용소에서 일하는 사람들도 심리학자들이 "독성이 있는 불안"(toxic anxiety)이라고 부르는 증상들을 몸으로 겪고 있다. 시카고에 있는 이스라엘 유대인들은 자신들이 이스라엘을 사랑하긴 하지만 "그 미친 곳"이 자신들의 영원한 집이 될 것이라는 생각은 하고 싶지도 않다고 털어놓았다.

위기의 시기들

월드비전 예루살렘의 이전 책임자인 톰 게트만(Tom Getman)은 예루살렘에 있는 자신의 집에서 좋은 친구 사미와 베라 타하를 위해 결혼식 파티를 연 적이 있었다. 톰과 그의 아내 카렌은 자신들의 집 베란다에서 한눈에 들어오는 시온산의 멋진 광경을 즐겼다. 하지만 사미가 한 시간 늦게 오면서 결혼식에 지장이 생겼다. 게트만이 직접 한 말이다.

신랑 사미가 결혼식에 한 시간 늦게 왔습니다. 이유는 그가 절친 히스함을 태우러 동예루살렘에 있는 그의 보석 가게로 갔는데, 35명의 세금 조사원과 경찰, 중무장한 군인들이 그 순간에 가게로 들이닥쳤기 때문이었습니다. 가족 중 한 명은 48시간이 지난 지금도 구금 중에 있고 금 50kg을 압수당했다고 합니다. 죄목은 "아랍 사람들은 늘 거짓말을 하고 세금을 내지 않으려 하기 때문"이라고 합니다. 하지만 히스함은 전과 기록이 전혀 없고 세금도 철저하게 납부했습니다.

가장 불합리한 것은 이스라엘 예루살렘 자치 정부가 (아랍 이웃들에게) 제공하는 서비스가 미비하다는 것입니다(반면 그러한 괴롭힘은 계속되고 있습니다). 이번 사건은 아마도 몇 해 전, 경찰이 팔레스타인 사람을 때리는 장면을 그의 가족 중 한 명이 가게 뒤에 숨어서 용감하게 비디오로 촬영해 CNN에 보냈고 그 장면이 미국 전역으로 보도되었던 일 때문에 일어났을 것입니다.[1]

이 소식이 결혼식에 참석한 사람들(유대인과 아랍인들)에게 전해지자 적막이 흘렀다. 한 이스라엘 친구가 이렇게 말했다. "우리가 이렇게 팔레스타인 사람들에게 폭력을 가하는데 어떻게 여기서 살 수 있지? 우리가 다른 쪽을 이렇게 계속해서 괴롭히는데 어떻게 평화가 올 수 있겠어?"

이런 비슷한 이야기들이 이스라엘/팔레스타인에는 얼마든지 많이 있다. 이 책에서는 그저 조금 맛보기로 소개한 것이다. 가옥 파괴, 토지 몰수, 체포, 구타, 기본적인 시민 서비스의 부재가 이 나라를 폭발 직전으로 몰아가고 있다.

---

1 T. Getman, "Reflection #49," e-mail publication of World Vision, Jerusalem.

회오리바람을 거둬들이기

7년 동안이나 팔레스타인 사람들을 붙들고 있던 깊은 절망이 결국
2000년 9월 28일 폭발하고 말았다. 이스라엘 보수 리쿠드당 대표인,
퇴역 장군 아리엘 샤론(이스라엘의 레바논 침공을 이끈 것으로 악명이 높은)은
수백 명의 이스라엘 사람들을 이끌고 구시가지에 있는 (아랍 사람들이 하
람 알 샤리프라고 부르는) 무슬림 성전들을 방문했다. 여기에는 유명한 황
금 돔과 무슬림들에게 세 번째로 거룩한 장소인 알 아크사 모스크가
있다. 샤론은 이 지역에 대한 이스라엘의 통치권이 절대로 아랍 사람들
에게 넘어가지 않을 것을 확실히 하기 위해 그곳에 왔노라고 말했다.

즉시 소요가 일어났다. 무슬림들은 자신들의 성지를 지키기 위해 목
숨을 내놓겠다고 맹세하며 하람으로 쏟아져 나왔다. 이스라엘 군인들
은 총을 발사했다(처음에는 고무 코팅된 총알이었고 나중에는 진짜 총알을 발사
했다). 첫날에만 네 명의 아랍 사람들이 죽었다. 4일 안에 전국에서 폭동
이 일어났다. 사망자 수는 엄청났다. 2주 안에 100명이 죽었고 2,000명
이 다쳤다. 두 달 만에 250명이 죽었고 5,000명이 다쳤다. 이들의 거의
95%가 아랍인들이었다.[2]

이 싸움이 이전의 인티파다와 다른 점이 두 가지 있다. 첫째는 수천
명의 무장한 팔레스타인 경찰들이 총으로 대응했고 이로 인해 이스라
엘 경찰들이 다친 일이었다. 이 일로 싸움은 즉각적으로 더 치열해졌고
얼마 못 가 이스라엘 군대가 공격용 헬리콥터, 미사일, 기관총 같은 전
쟁에서 쓰는 무기들을 사용했다. 아랍 시위자들은 엄청난 화력에 직면

---

2   이 싸움의 최종 사망자 숫자를 확인하려면 일렉트로닉 인티파다 웹사이트를 참조하라
    (electronicintifada.net). 이 웹사이트에 가면 팔레스타인 적십자사와 이스라엘 외무부
    로 바로 연결된다.

했고 이스라엘 군인들은 무기를 마음껏 사용했다. 저격병들이 지붕에서 시위 지도자들을 향해 총을 쏘았고 탱크가 총과 돌을 상대했다. 사실, 고위급 이스라엘 장교들은 당국으로부터 "소거" 명령을 받고 시위자 한 사람 한 사람을 겨냥해서 죽이는 전술을 사용했다고 시인했다.[3] 인터넷에 이런 공격에 대한 이야기가 넘쳐난다. UN이 이 싸움에 대해 보고서를 발표했는데 이스라엘이 엄청난 화력을 사용해서 431개의 개인 주택과 13개의 공공건물과 10개의 공장과 14개의 종교 시설이 파괴되었다.[4]

두 번째 다른 점은 처음으로 웨스트뱅크와 가자 밖의 이스라엘 도시들에서도 폭동이 일어났다는 것이었다. 이스라엘 시민권을 가진 아랍 사람들이 엄청난 사망자 숫자와 이스라엘이 군사력을 사용한 것에 격분하여 거리를 점거했다. 또한 처음으로 이스라엘 내부에서도 싸움이 일어났다. 이스라엘 유대인들이 이스라엘 아랍인들을 공격했다. 사라 샤탈이라는 한 젊은 이스라엘 여성이 「토론토 스타」에 자신의 생각을 발표했다. 이스라엘은 처음으로 평화 아니면 내전이 일어난다는 것을 목도했다. 샤탈은 이렇게 적고 있다.

또 놀라운 것은 유대인 이스라엘 사람들이 아랍 이스라엘 사람들을 공격하는 방법입니다. 아랍 이스라엘 시민들이 소유한 모스크와 가옥과 사업들이 공격을 당하고 약탈당하고 불에 태워졌습니다. 한편 유대 이스라엘 시민들은 "아랍 사람들을 죽여라"라고 외쳤습니다. 지금까지 우리 정부는 아랍 시민들을 보호하지 않았습니다. 나사렛 일리트(나사렛 근

---

3 "Israel Acknowledges Hunting Down Arab Militants," *New York Times*, December 22, 2000.

4 "The Palestinian Economy in Ruins, UN Says," *New York Times,* December 6, 2000.

처 유대인 마을) 출신 유대인들이 나사렛에 쳐들어가 지역 상점들을 약탈하기 시작했고 그 지역 시민들은 그들을 저지하기 위해 몰려나왔습니다. 군대가 들어왔고 그 공격의 희생자들인 아랍 사람들에게 총을 발포해서 두 명이 죽었습니다.[5]

이 이야기에서 더욱 아이러니한 것은 이 충돌이 있기 불과 몇 주 전에 거대 여론 조사 기관에서 삶에 대한 이스라엘 사람들의 태도를 조사한 것이었다. 여기서 70%에 육박하는 사람들이 아랍 사람들과의 평화 협상이 순조롭지 않다고 느꼈고, 이 때문에 과반수 이상(55%)이 "분위기가 심상치 않다"고 주장했다. 그럼에도 개인적인 삶의 상황, 즉 경제적이고 개인적인 안보에 대해서 질문하자 이스라엘 사람들은 별 문제가 없다고 응답했다. 83%의 사람들이 개인적인 상황은 "좋다"고 응답했다. 똑같은 질문을 아랍 이웃들에게 했다면 여론 조사 기관은 더 많은 것을 깨달을 수 있었을 것이다.

미어샤이머의 예측들

2011년 시카고 대학교의 존 미어샤이머(Mearsheimer) 박사가 그의 주 관심 분야인 중동에 대해 강연하기 위해 휘튼 대학에 왔다. 절친인 하버드 대학교의 스테판 월트 박사와 함께 미어샤이머 박사는 유명한 (혹은 악명 높은) 책 『이스라엘 로비와 미국 외교 정책』을 출간했다(이 책 때문에 그는 모든 중동 전문가들의 관심을 받게 되었는데, 특히 워싱턴에서 친이스라엘 로

---

5   *Toronto Star*, October 18, 2000.

비를 하는 사람들에게 알려졌다).[6] 미어샤이머와 월트는 이 문제의 전문가들이다. 둘 다 노련한 교수들이고 신임도도 대단히 높다.

미어샤이머 박사는 특유의 변덕스러운 방법으로 이스라엘-팔레스타인 갈등을 부추기는 것으로 보이는 끝없고 지루하기 짝이 없는 싸움들에 대해 이야기를 꺼내며 강연을 시작했다. 그러더니 그는 이런 혼란을 벗어날 방법으로 오직 네 가지 선택이 있다고, 거의 모든 학자들이 이에 동의한다고 깜짝 놀랄 만한 발언을 했다. 나는 그 네 가지를 받아 적었다.

두 국가 해결책

첫 번째 선택은 팔레스타인 국가를 인정하는 것이다. 이것은 두 국가 해결책이라 불린다. 이 방법대로라면, 팔레스타인 사람들은 웨스트뱅크에 나라를 세우게 될 것이고 그 수도는 라말라가 될 것이다. 팔레스타인 사람들은 외부 시장들과 실제로 접촉하게 될 것이고 자신들의 국경과 항공을 관장할 것이다. 군대는 해산해야 한다. 그리고 운이 좋다면 동예루살렘 일부를 얻을 수도 있을 것이다.

하지만 이 선택은 가능성이 없다. 현재 웨스트뱅크에는 30만 명이 넘는 이스라엘 정착민들이 있고 그들은 전혀 움직일 생각이 없다. 게다가 여론 조사에 의하면, 이스라엘 사람들은 일관되게 이 선택을 반대하고 있다. 팔레스타인 국가가 유대와 사마리아 산지에 세워진다는 것은 이스라엘 사람들을 두려움에 떨게 만든다. 게다가 현재는 보수 리쿠드당

---

6   J. Mearsheimer, S. Walt, *The Israel Lobby and U.S. Foreign Policy* (New York: Farrar, Straus and Giroux, 2008).

이 정권을 잡고 있고 이들의 78%가 이 선택을 완전히 반대한다.

현재 많은 이스라엘 사람들 역시 이 두 국가 해결책은 끝났다고 말한다. 유럽 전문가들도 이 사실을 알고 있지만 공적으로 언급하지는 않고 있다. 하지만 이스라엘에서는 공개된 주제다. 유명한 이스라엘 정치 활동가인 제프 할퍼가 이에 대해 명확하게 말한 바 있다. "두 국가 해결책은 끝났다. 이 방법은 정치적 해결책으로서 이미 실효성을 인정받지 못했다." 제프의 견해에 따르면, 이스라엘 정부는 수년간 이 사실을 알고 있었지만 팔레스타인 사람들의 국가를 세워줄 것처럼 행동함으로써 그들을 기만하고 있다.[7]

2012년 8월, 이스라엘에서 가장 영향력 있는 칼럼니스트 중 한 명인 나훔 바르네아가 돌아가는 상황에 대해 명확하게 말한 적이 있다.[8] "오슬로는 죽었다." 이 말은 웨스트뱅크 정착민들이 진정한 팔레스타인 국가의 가능성마저 파괴했기 때문에 두 국가 해결책은 불가능하다는 의미다. 그리고 바르네아의 말에 의하면, 이스라엘 대법원이 이 불법적인 땅 압류 프로그램에 연루되어 있었다. 또 널리 읽히는 이스라엘 신문 「하아레츠」 사설에서 카를로 스트렌저도 같은 말을 했다. "진실을 대면할 순간들이 오면 당신들의 정치 프로그램이 더 이상 진행될 수 없다는 것을 깨닫게 될 것이다. 그렇다고 따로 대안을 제시할 것도 없지만 한 가지는 확실하다. 두 국가 해결책은 끝났다는 것이다."[9]

그렇다면 무엇이 남았나?

---

7   J. Halper, "Is the Two State Solution Dead?" *The Link* 45.2 (April-June 2012).

8   "Don't evacuate Migron," *Opinion*, August 28, 2012, ⟨www.ynetnews.com/articles/0,7340,L-4273648,00.html⟩

9   "Strenger than Fiction," *Ha'aretz*, August 29, 2012. 온라인에서도 볼 수 있다. ⟨www.haaretz.com/blogs/strenger-than-fiction/requiem-for-a-two-state-solution-to-the-israeli-palestinian-conflict-1.461445⟩

한 국가 해결책

두 번째 선택 사항은 두 국적(binational) 국가다. 이것은 한 국가 해결책이라고 불린다. 여기서는 전국에 있는 모든 팔레스타인 사람과 이스라엘 사람(580만 유대인과 530만 팔레스타인 사람)이 창조적인 방법으로 한 국가를 공유하는 데 동의한다. 팔레스타인과 이스라엘 지식인들 사이에서 이 견해가 널리 퍼져나가고 있다. 무엇보다 지미 카터 전 대통령이 최근에 이스라엘을 방문해서 네타냐후 수상이 실제로 이 해결책을 지지하는 것으로 생각한다고 언급했다. 카터 대통령은 청중들에게 이렇게 말했다. "나는 네타냐후 수상이 그가 추구할 해결책으로써 이 한 국가 해결책을 마음에 정해놓고 있다는 데 의심의 여지가 없다고 생각한다."[10] (네타냐후는 공식적으로는 두 국가 해결책을 지지한다고 주장한다.)

문제는 인구의 47%(이 수치는 지중해와 요르단강 사이에 살고 있는 **모든** 아랍인과 유대인을 포함한 것이다)가 문화를 공유하지 않을 때 한 민족을 기반으로 나라를 세울 수 없다는 것이다. 공유되는 것이 있어야 한다. 즉 이 말은 두 민족이 똑같은 권리를 갖고 똑같이 사회적·사법적 체계에 접근할 수 있고 한 나라의 온전한 시민으로 받아들여져야 한다는 의미다. 이스라엘 국회의원 루벤 리블린과 전 리쿠드당 의원 모세 아렌스의 말에 의하면, 이스라엘은 웨스트뱅크를 합병해야 하고 팔레스타인 사람들에게 완전한 정치적 권리를 주어야 한다.[11] 두 국가 해결책에 대한 대안인 이 해결책은 현재 팔레스타인 사람들 사이에서도 점점 호응을 받고

---

10 *The New York Times,* October 22, 2012, 〈http://www.nytimes.com/2012/10/23/world/middleeast/in-israel-cater-says-two-state-solution-in-death-throes.html?_r=0〉

11 "Strenger than Fiction," *Ha'aretz*, August 29, 2012.

있다.[12]

이렇게 함께 사는 삶에 대한 모델이 있는가? 분명히 이것은 제로섬 게임(득실의 합계가 언제나 0이 되는 경우)은 아니다. 소망을 갈구하는 이스라엘 친구들은 두 민족이 함께 살아갈 방법을 강구한다. 그들은 스위스(인종은 다양한데 강하게 연합되어 있다), 캐나다(퀘벡주를 문화적으로 따로 분립하고 있다), 벨기에(플라망 사람과 프랑스 사람이 섞여 있다), 심지어 수 세기 동안 특정 종교 공동체를 보호해온 아랍 밀레트 시스템도 참고한다. 이스라엘만 그런 것이 아니다. 심지어 이라크도 서로 전쟁의 역사를 가진 쿠르드 족과 수니파교도, 시아파교도들이 한 나라를 이루어 살고 있다. 이 모델들이 이스라엘에 그대로 들어맞는 것은 아니지만 이를 통해 아이디어를 얻고 골격을 짤 수는 있을 것이다. 그런 다음 창조적인 방법으로 이스라엘과 팔레스타인에만 맞는 형태를 찾아가면 될 것이다.

하지만 이 해결책도 무산될 위기에 놓여 있다(미어샤이머의 말이다). 이스라엘 사람들이 이 해결책을 반대한다. 팔레스타인 사람들이 숫자적으로 우세해 선거에서 유리하기 때문에 사실상 유대인 국가는 끝난 것과 마찬가지이기 때문이다. 이러한 위기감은 네타냐후가 이스라엘이 "유대인" 정체성을 반드시 지켜야 한다고 강력하게 주장하는 모습 속에도 묻어 있다.

하지만 진정한 국가적 연합이 멀어 보이는 진짜 이유는 경직된 인종 간 긴장감 때문이다. 아랍계 이스라엘 시민들에 대한 인종차별이 점점 커지는 현상이 2012년 말 텔아비브 대학교가 시행한 이스라엘 전국 여론 조사에서 분명히 드러났다.[13] 한마디로, 이스라엘 유대인 대다수가

---

12 D. Poort, "The Threat of a One State Solution," *Aljazeera*, January 26, 2011. 〈www.al-jazeera.com/palestinepapers/2011/01/201112612953672648.html〉

13 여론 조사를 요약한 내용은 다음 글에서 참조하라. Levy, Gideon, "Survey: Most

자신들의 삶의 반경 안에 있는 아랍계 이스라엘 사람들에 대한 인종차별을 선호한다는 것이다. 59%가 직업에 있어서 유대인에게 인종적 우위권을 주는 것에 찬성한다. 49%가 정부가 유대인 시민들을 팔레스타인 시민들보다 더 잘 대해주기를 기대한다. 42%가 아랍 사람들과 같은 건물에서 살고 싶어 하지 않는다. 42%가 자녀들이 아랍 학생들과 같은 교실에서 공부하는 것을 원하지 않는다. 또 30%가 아랍계 이스라엘 시민들은 투표권이 없어야 한다고 믿는다. 상황이 이러한데 통합된 두 민족 국가가 세워질 수 있을까? 이스라엘 사람들 69%가 만일 이스라엘이 웨스트뱅크를 합병하고 하나의 통일된 국가를 만든다고 한다면 팔레스타인 사람들은 투표권이 없어야 한다고 말한다.

엄청난 숫자다. 이렇게 인종 편향적인 태도가 주를 이루는데 어떻게 이스라엘 유대인들이 진짜 두 민족 국가를 세울 수 있겠는가? 하지만 이 숫자도 놀랍지만 이스라엘 내 극정통파 유대인들의 숫자는 상태가 더 심각하다. 70%가 아랍계 이스라엘 사람들의 투표권을 박탈해야 한다고 주장한다. 82%가 유대인들에게 더 우호적이기를 기대한다. 95%가 노동 현장에서 아랍 사람들에게 인종차별을 할 것을 기대한다. 이스라엘에서는 세속적인 사람일수록 반아랍 감정이 약하다. 더 종교적인 사람일수록 더 인종차별적이다.

또 지난 30년간 웨스트뱅크에 있는 팔레스타인 땅을 더 철저하게 이스라엘 정착민들이 차지하지 않았는가? 그러니 아랍 유대인과 한 나라를 공유한다는 생각은 이스라엘 정착민들에게 끔찍한 것임이 틀림없다.

Israeli Jews would support apartheid regime in Israel," *Ha'aretz*, October 24, 2012. 온라인에도 통계 수치가 온전히 공개되어 있다. 〈http://www.haaretz.com/news/national/survey-most-israeli-jews-would-support-apartheid-regime-in-israel.premium-1.471644〉

추방

그래서 이스라엘에게는 국경 내에 거주하는 팔레스타인 사람들이 골칫거리다. 이스라엘 안에 150만 명이 있고 점령지에 380만 명이 있다. 또 다른 해결책은 추방이다. 이러한 "외국" 인구는 이론적으로 주변 국가들로 추방할 수 있다. 그러나 이런 유의 인종 청소는 극단적으로 폭력적이게 될 것이고 세계 다른 나라들로부터 강한 비난을 받을 것이며 또한 이렇게 도덕성이 무너지게 되면 이스라엘 자체가 무너질 수도 있다. 이 해결책은 "인간성에 위배되는 범죄"가 될 것이다. 그럼에도 몇몇 극단적인 이스라엘 국회의원들이 이 해결책을 제안해서 동료 의원들을 경악하게 했다. 에피 에이탐(Effie Eitam)은 2006년에 살해당한 이스라엘 군인의 장례식에서 다음과 같이 말했다. 그는 이스라엘 정부가 팔레스타인 사람들에 대해 두 가지를 해야 한다고 했다.

[우리는 반드시] 이곳에서 아랍 사람들을 모두 추방해야 합니다. 우리는 이 아랍 사람들과 함께할 수 없고 이 땅을 포기할 수도 없습니다. 그들이 행한 일들을 이미 보았기 때문입니다. 일부는 확실한 제약 속에서 머물 수도 있겠지만 대부분은 떠나야 합니다.

우리는 아랍계 이스라엘 사람들이 정치 시스템에 들어오지 못하도록 또 다른 결정을 해야 할 것입니다. 우리는 더 이상 이스라엘 정치 시스템 안에 이렇게 적대적인 사람들을 허용해서는 안 됩니다.[14]

---

14 Efrat Weiss, "Eitam: Expel Palestinians, dismiss Arab MKs," *YNetNews,* September 11, 2006; ⟨www.ynetnews.com/articles/0,7340,L-3302275,00.html⟩

하지만 이런 생각이 평범한 유대인 이스라엘 사람들의 생각과는 거리가 멀다고 생각해서는 안 된다. 위에서 언급한 여론 조사에서, 이스라엘 사람들의 거의 절반(47%)이 아랍계 이스라엘 사람들을 강제로 이스라엘에서 웨스트뱅크로 옮겨야(이스라엘에서 이 말은 하나의 암호로, 추방, 제거, 인종 청소를 뜻한다) 한다는 데 찬성한다. 충격적이지 않을 수 없다. 25%만 이런 견해를 가지고 있어도 놀랄 일일 것이다.

그러나 이스라엘과 점령지 모두에서 아랍 사람들을 추방해야 한다는 견해는 이스라엘 시민의 대다수를 차지하는 팔레스타인 사람들에게는 여간 괘씸한 생각이 아닐 수 없다.

인종차별

네 번째 해결책은 인종차별이다. 대부분의 사람이 이 말을 사용하길 꺼리지만, 학자들은 이에 대해 더욱 자유롭게 토론하고 있다. 이스라엘 국민들 사이에서도 마찬가지다. (2012) 여론 조사 자료에서 58%의 이스라엘 사람들이 인종차별의 몇몇 형태들이 이미 이스라엘 안에 존재한다고 응답했다. 유대인 이스라엘 사람들의 1/3 이상이, 이스라엘이 웨스트뱅크를 합병해 팔레스타인 거주민들을 받아들인다면 인종차별을 가해야 한다고 생각한다.

어떻게 이렇게 할 수 있을까? 이 해결책에 의하면, 이스라엘은 장벽과 울타리를 사용해 팔레스타인 사람들을 고립시키고 그들이 제한된 장소에 갇혀 있도록 법률을 만든다. 이 해결책이 제시하는 사회상을 온전히 그려보고 남아프리카 인종차별과 비교하기 위해서는 2013년에 발표된 (분명히 논란의 여지가 있는) **"인종차별 로드맵"**을 보면 된다. 또는 벤 화이트가 쓴 『이스라엘 인종차별: 초보자를 위한 안내서』(2009)를 보면 자세한 사항을 알 수 있다. 2007년에는 지미 카터 대통령이 미국 지도자로서는 처음으로 공개적으로 논란의 대상이 되고 있는 자신의 책 『팔레스타인: 인종차별이 아닌 평화』에서 인종차별에 대해 언급한 바 있다.[15]

하지만 팔레스타인 사람들은 남아프리카 사람들이 그랬던 것처럼 분명히 이에 저항할 것이다. 또 따라서 이러한 억압은 점점 더 폭력적인 것으로 바뀔 것이다. 이 해결책은 어쩔 수 없이 남아프리카의 인종차별과 비교될 수밖에 없기 때문에 이스라엘 내에서도 깊은 수치감을 불러일으킬 것이다. 또한 이스라엘 사람들이 역사에 기록된 남아프리카 인종주의에 합세하고 싶어 하지 않는 것은 당연하다. 하지만 어떤 조치가 곧 취해지지 않는다면(미어샤이머의 주장) 이스라엘은 불가피하게 인종차별 국가가 될 것이고 세계 속에서 도덕적 위상을 잃게 될 것이다.

이스라엘 내 과격 우파의 말을 듣다 보면 이 주제가 표면으로 떠오르기에 정신을 번쩍 차리게 된다. 특히 정착 운동의 선봉에 선 극단적인 지도자들이 그러하다. 엘론 모레 정착촌에 사는 베니 카초버는 이 운동에 열심을 내왔고 이들이 얼마나 과격해질 수 있는지를 잘 보여준다. 그는 이스라엘 민주주의가 문제라고 생각한다. "우리는 민주 국가를 세우려고 이곳에 온 것이 아닙니다. 유대 민족을 그들의 땅으로 돌아오게 하려고 이곳에 온 것입니다."[16] 그는 이스라엘이 신정국가가 되어 율법으로 아랍 사람들의 모든 권리를 박탈하기를 원한다. 카초버는 분명 극단

---

15 B. White, *Israeli Apartheid: A Beginner's Guide* (London: Pluto, 2009); J. Cater, *Palestine: Peace, Not Apartheid* (New York: Simon & Schuster, 2007); 〈http://roadmaptoapartheid.org〉

16 "Settler leader calls democracy an obstacle to Israel's higher calling," Associated Press, as cited in Ha'aretz, January 16, 2012; 〈www.haaretz.com/print-edition/news/settler-leader-calls-democracy-an-obstacle-to-israel-s-higher-calling-1.407490〉

주의자다. 하지만 정착 운동을 지켜보는 많은 사람은 이런 생각이 점점 커지고 있다고 믿는다. 하지만 이것은 새로운 생각이 아니다. 아리엘 샤론은 1993년에 "민주주의" 혹은 "민주적"이라는 말이 이스라엘 독립 선언에 없는 것이 우연이 아니라고 말한 바 있다. "시온주의의 목적은 민주주의를 가져오는 것이 아닙니다. 이 운동의 유일한 목적은 유대인 국가를 세우는 것으로서 모든 유대 민족을 아우르는 또한 오직 유대 민족으로만 이루어지는 국가를 세우는 것입니다."[17]

이렇게 극단적인 우파에 속하는 사람들이 모든 이스라엘/팔레스타인 거주민들을 위한 확대된 민주주의에 무관심하기 때문에, 현재 웨스트뱅크에서는 팔레스타인 사람들이 유대인들을 공격하는 것이 문제가 아니라 정착민들이 팔레스타인 사람들을 공격하는 것이 문제가 되고 있다. 이렇게 극단적인 견해로 보면, 팔레스타인 사람들은 이스라엘 사람들의 세상에 있어서는 안 된다.

미어샤이머의 연설이 끝나자 사람들로 빽빽이 들어찬 강연장에 침묵이 흘렀다. 출구는 없는 것일까? 소망은 없는 것일까? 미어샤이머는 아무런 대안도 제시하지 않았다.

에후드 올머르트(Ehud Olmert)는 2006년부터 2009년까지 수상으로 있으면서 2007년에 한 가지 놀라운 관찰을 했다. BBC에서 보도된 내용에 의하면, 그는 이렇게 말했다. "두 국가 해결책이 무산되는 날이 오면 우리는 남아프리카처럼 동등한 투표권을 위한 싸움을 하게 될 것이고 그다음엔 머지않아 이스라엘 국가는 끝날 것입니다."[18] 그의 말이

---

17 A. Sharon, "Democracy and the Jewish State," *Yedioth Aharonoth*, May 28, 1993, cited in The Link 45.3 (July-August 2012): 11.

18 BBC World News, November 29, 2007, ⟨http://news.bbc.co.uk/2/hi/7118937.stm⟩. 원래는 이스라엘 신문 「하아레츠」와의 인터뷰에서 했던 말이다.

맞았다. 점령지에 이스라엘 정착촌을 세우는 일을 더욱 가속화시키고 380만 명을 점령 상태로 유지하는 것은 분명 이스라엘 국가의 멸망으로 이어질 것이다.

하지만 이것이 새로운 생각인가? 아니다.

2000년 9월 초에 60명의 진보적인 이스라엘 지도자들이 네베 샬롬(라트룬 근처)에 모여 자신들의 나라가 점점 "인종차별 국가"로 전락하는 것에 대해 토론을 벌였다. 가옥 파괴에 반대하는 이스라엘 사람들의 모임(Israeli Committee Against House Demolitions)과 대안 정보 센터(Alternative Information Center)가 주관한 이 모임에 많은 학자와 변호사들, 사회사업가들이 모여 이스라엘의 인종차별에 대해 어떤 견해를 가지고 있는지 처음으로 확인하는 시간을 가졌다. 콘퍼런스는 공동 선언문과 경고(이스라엘과 미국 양측에 주는 경고로, 현재의 협상이 미래 전쟁의 근간을 형성하게 될 것이라고 경고했다)에 합의하면서 끝이 났다.

그들의 말을 들어보자.

우회로(by-pass roads)라는 거대한 시스템으로 팔레스타인 국가 설립의 싹을 잘라버리고, 이스라엘 정착촌 벽들로 이들을 에워싸며, 이동하고 상업 활동을 하는 데 제약을 가하고 자신들의 국경과 지하자원을 하나도 마음대로 사용하지 못하게 하는 것은 인종차별의 현실을 만들 뿐이다. 팔레스타인은 또 하나의 반투스탄(남아프리카공화국의 흑인 거주 구역)이 된다.[19]

---

19 A. Weaver, J. Myers, "Israel and Palestine: Coexistence?" *Carnegie Council for Ethics in International Affairs*, October 3, 2001; ⟨www.carnegiecouncil.org/studio/transcrips/171.html⟩

이 경고의 가장 큰 특징은 이것이 이스라엘 사람들로부터 나왔다는 사실이다. 점점 더 많은 유대인들이 이스라엘 국가 프로그램의 핵심에서 도덕적인 문제를 자각할 뿐 아니라 정부의 정책이 이스라엘 미래의 안녕을 저해한다고 보고 있다. 이제 더 이상 갈 곳도 없고 미래를 소망할 수도 없는 실의에 빠진 점령지 사람들이 (많은 경우 종교 근본주의자들을 통해) 곧 과격해질 것이다. 그리고 점점 더 분노의 강도가 세져서 더 이상 잠재울 수 없게 될 것이다. 다비드 그로스만은 2000년에 「뉴욕 타임스」에 글을 게재하면서 이스라엘이 갖고 있는 골치 아픈 딜레마를 훌륭하게 보여주었다.

중요한 위치에 있는 팔레스타인 사람들과 이야기를 나눠본 사람이라면 그들이 말하는 많은 부분이 사실이라는 것을 인정하지 않을 수 없을 것이다. 오슬로 협정에 의해 만들어진 지도에 의하면, 팔레스타인 사람들은 진짜 국가도 가지지 못하게 되었을 뿐 아니라 겨우 땅 몇 덩어리만 얻었다. 그것도 이스라엘 점령자들로 둘러싸이고 반분된 그런 땅만 얻었다. 그 결과 유혈 싸움이 있었고 모든 팔레스타인 사람들의 마음에 수치감이 고조되었다. 이런 모든 사실과 그 외 더 많은 일들로 인해 이스라엘은 스스로를 방어하기 위해 (도덕적 곡예는 말할 것도 없이) 가장 복잡한 논리에 의존해야 하는 상황에 처하고 말았다.[20]

분명 더 나은 방법이 있을 것이다. 하지만 그것이 어떤 방식으로 열리든, 그 방법은 이스라엘과 팔레스타인 양측에 손해를 끼칠 것이다. 하지만 그러한 손해를 감수할 때 이스라엘 사람들과 팔레스타인 사람들 모

---

20   D. Grossman, "The Pain Israel Must Accept," *New York Times*, November 8, 2000.

두를 위한 미래가 열리고 삶의 가능성이 열릴 것이다. 함께 공유하는 미래다. 이 지역에서 다른 미래는 있을 수 없다.

벤구리온의 통찰력

이스라엘 내 유대인들 사이에서 벌어진 이러한 토론은 온 나라를 괴롭히는 국가적 마비 상태를 지적한다. 처음부터 이스라엘 창건자들은 그 나라가 품고 싶었던 세 가지 꿈, 세 가지 비전을 인정했다. 1) 이스라엘은 민주주의 국가여야 하고, 2) 유대인 국가여야 하며, 3) 지중해부터 요르단강에 이르는 이스라엘의 역사적 영토를 소유해야 한다. 이스라엘의 초대 수상인 다비드 벤구리온(1886-1973)은 이 비전을 알고 있었고 한 시대에 세 가지 비전을 다 이루는 것은 불가능하다고 말했다. 이스라엘이 유대인 민주국가가 되려 했다면 모든 영토를 다 차지할 수 없었다. 이스라엘이 민주국가였다면 아랍 거주민들과 영토를 공유해야지 유대인들만의 영토가 될 수 없었다. 또 이스라엘이 모든 영토를 소유하고 그것이 유대인들만의 것이 되려고 했다면 민주주의 국가가 될 수 없었다. 아랍 시민들은 저지를 당해야 했다. 그래서 벤구리온은 이스라엘은 어쩔 수 없이 실질적인 한계를 가지고 살 수밖에 없다고 주장했다.

이스라엘이 1948년 탄생했을 때, 이스라엘 지도자들은 스스로 어떤 국가를 원하는지 질문해야 했다. 1948년부터 1967년까지 그들은 본래의 시온주의 비전을 꽃피울 수 있었다. 다수의 유대 국민들과 살아가는 유대인 민주국가였다. 하지만 타협하는 것이 있었다. 바로 땅이었다. 그러나 1967년, 이스라엘은 모든 영토를 입수했고 다시 한번 스스로에게 어떤 나라를 원하는지 질문해야 했다. 이제 이스라엘은 모든 것을 가졌고 세 가지 비전 중 두 가지만 이루어졌다. 이 딜레마가 현재 이스라엘에게 남은 숙제다.

첫 번째 해결책은 이스라엘이 모든 영토를 유지하면서 배타적인 유대 국가로 남아서 민주국가로서의 정체성을 포기하는 것이다. 왜 그러한가? 팔레스타인 사람들이 받아들여지지 않았기 때문이다. 정복자들이 알고 있듯이, 정복민들은 국가 조직으로 통합되든가, 국경 밖으로 추방되든가, 죽임을 당하든가 셋 중 하나다. 이스라엘의 신념에 따르면, 세 번째 정책은 전혀 고려 대상이 되지 않을 것이다.

두 번째 해결책은 이스라엘이 모든 영토를 유지하면서 팔레스타인 사람들에게 완전한 국가 참여권을 주는 진짜 민주주의 국가가 되는 것이다. 하지만 이 방법이 채택된다면 이스라엘은 분명히 국가의 배타적인 유대인 특성을 상실하게 될 것이다. 이스라엘 아랍 인구가 웨스트뱅크 및 가자와 합쳐진다면 한 세기 안에 득표수에서 유대인을 능가할 것이다. 이스라엘이 이런 위험을 감수할까?

세 번째 해결책은 이스라엘이 웨스트뱅크 내 넓은 점령지에 자치권을 주고, 자신들은 그것보다 작은 국가이지만 모든 시민이 자유로운 민주국가를 이루는 것이다. 이 길은 진정한 팔레스타인 국가를 세우는 길을 열어놓는다. 이스라엘이 이런 위험을 감수할까?

이스라엘이 국가적 마비 현상을 겪고 있는 것은 1967년부터 이 세 가지 비전(땅, 민주주의, 유대인 됨)을 한꺼번에 이루려 했기 때문이다. 모든 땅을 차지하는 것이 국가적 이상에 꼭 필요한가? 유대인 민족성이 이스라엘의 자기 이해에 꼭 필요한가? 이스라엘은 민주주의를 원하는가?

벤구리온은 이스라엘이 선택해야 한다고 (현명하게) 주장했다.

희망

내 적을 이웃으로 볼 때 희망이 불현듯 찾아온다. 이스라엘의 경우에는, 이스라엘 사람들은 아랍 이웃들이 자신들과 같은 것을 꿈꾸고 자신들과 같은 두려움을 갖고 있다는 사실을 알며, 아랍 사람들은 유대인들이 갖고 있는 안보에 대한 깊은 불안을 이해할 때 희망이 있다.

신뢰가 쌓여야 하고 때로는 이러한 노력들이 독창적일 수 있어야 한다. 평화의 씨앗(The Seeds of Peace)은 1993년 세워진 비영리·비정치 단체로서 지금까지 없었던 새로운 사역을 담당하고 있다.[21] 매년 이집트, 이스라엘, 요르단, 팔레스타인, 모로코, 튀니지, 카타르, 예멘 정부는 2,000명의 지원자 중에서 300명의 특출한 학생들을 선발한다. 이 학생들은 학업 성취도와 리더십 역량에 근거하여 선발된다. 그런 다음 이 젊은이들은 비행기를 타고 미국 메인주 숲속으로 가 그곳에서 캠프를 하며 안전과 신뢰의 분위기 속에서 우정을 다지며 문제를 해결해간다. 세계적인 지도자들은 언제나 이 캠프를 방문하는데, 빌 클린턴 대통령과 앨 고어 부통령도 재임 당시 종종 이곳에 왔었다. 지금까지 5,000명의 젊은이들이 이 프로그램을 이수했고 27명의 교수진이 세계 도처에서 와 있다.[22]

이 프로그램이 큰 성공을 거둘 수 있었던 것은 아마도 예전에는 서로 원수였던 사람들이 새로운 환경에서 우정과 신뢰를 새롭게 발견할 수 있었기 때문일 것이다. 2000년 10월 10일 밤, ABC 나이트라인의 테드 코펠(Ted Koppel)이 예루살렘에서 "타운 미팅"을 가졌는데 한 이스라엘

---

21 〈www.seedsofpeace.org〉
22 이 사역이 성공적으로 진행되면서 현재 평화의 씨앗은 발칸반도에서 온 학생들뿐 아니라 그리스어와 터키어를 쓰는 학생들을 위한 프로그램도 운영하고 있다.

소녀의 절규를 들을 수 있었다. 이 소녀는 평화의 씨앗 프로그램을 졸업
했고 이스라엘을 사랑하는 사람이었다. 그 소녀는 이스라엘 국방부 차
관에게 살인을 멈추라고 절규했다. 며칠 전 평화의 씨앗 프로그램 졸업
동기인 한 아랍 소년이 이스라엘 사람의 총에 맞아 죽었다고 했다. 이렇
게 이스라엘 사람이 팔레스타인 사람을 위해 호소하고, 아랍 사람이 유
대인을 위해 호소할 때, 소망이 싹튼다.

사입 우라이까트(Saeb Erekat)는 팔레스타인 국회의원 중에서 단연 으
뜸가는 지식인임이 분명하다. 여리고에 있는 그의 집무실에서 「월스트
리트 저널」과 인터뷰를 하면서, 그는 자신의 15살 난 딸 달랄의 이야기
를 하면서 이례적인 행동을 했다.

제 딸이 지난해 메인주에서 열린 이스라엘-팔레스타인 평화 캠프에 참
석했었습니다. 여리고에 홍수가 났을 때, 제 이스라엘 친구들이나 평화
회담 상대측 사람들은 한 명도 저희 가족이나 제 안부를 묻지 않았습
니다. 하지만 13살에서 15살 사이의 21명의 이스라엘 아이들이 제 딸
에게 전화를 했습니다. 그 캠프에 참여했던 아이들 모두가 달랄에게 전
화를 해서 그 아이가 괜찮은지 우리 가족이 모두 무사한지 물었습니다.
이것이 미래입니다. 이것이 제가 이루고 싶은 평화의 문화입니다. 제가
정치가가 된 것도 바로 이것 때문입니다.[23]

---

23 A. D. Marcus, "Leader in Peace Talks Brings a New Style to Palestinian Politics," *Wall
   Street Journal*, January 22, 1998.

평화를 위한 기반

「소저너스」 잡지에서 월드비전의 톰 게트만은 자신이 보기에 현재 이스라엘/팔레스타인에서 평화를 가능하게 할 핵심 요소들이 무엇인지를 말했다. 몇 가지 중요한 항목들이 진정한 평화를 세우는 기반이 될 것이다. 게트만의 설명이다.

- 팔레스타인 사람들은, 이스라엘 사람들이 자신들의 것이라고 믿는 국가에서 안전하게 살고 싶어 하고 과거의 두려움과 분노에서 치유받고 싶어 하는 부르짖음을 들을 것이다.
- 이스라엘 사람들은, 마을과 집을 잃고 그중 많은 사람이 예루살렘에 들어가지 못한 채 난민 캠프에서 살고 있는 팔레스타인 사람들에게 관심을 기울이게 될 것이다.
- 난민들은 집으로 "돌아갈 권리"를 받게 될 것이고 잃은 것에 대해 보상을 받게 될 것이며 진행 중인 파괴 행위와 직업 제한, 생활용수에 대한 불평등이 멈출 것이다.
- 이스라엘과 팔레스타인을 방문하는 순례객들과 정관계 인사들은 UN의 중재와 법률을 고집하는 대신 인종차별적인 시스템 안에서 권리 침해에 반대하면서 사람들을 보호하며 인간의 극명한 기본 필요들을 알아차리고 경감해줄 것이다.[24]

이 요소들은 평화를 위한 어떤 안건에든 남게 될 가장 기본적인 과제

---

24 Tom Getman, "What Makes for Middle East Peace?" *Sojourners* (November-December, 2000), 〈http://sojo.net/magazine/2000/11/what-makes-middle-east-peace〉.

들을 요약해놓은 것이다. 하지만 이 외에도 더 있다. 1978년에 첫 캠프 데이비드 조약을 이끌었던 지미 카터 전 대통령은 「워싱턴 포스트」에서 그 협약이 가장 먼저 전제하는 것(UN 결의안 242조에 반영되어 있다)은 이스라엘이 점령지를 인수해서 정착하지 않을 것이라는 점이라고 설명했다.[25] 카터는 이렇게 회상한다. "이스라엘이 점령지에 정착한 것은 이 조약을 정면으로 어긴 것이 분명하고, 미국 입장에서 보아도 이러한 처사는 '불법적이고 평화를 저해'하는 것이다."

마지막으로 어떤 평화 협상도 예루살렘의 중요성을 무시할 수 없다. 이 도시는 이슬람, 유대교, 기독교, 이 세 신앙의 종교적 중심이다. 예루살렘은 아랍인들과 유대인들 모두에게 문화적·이념적 중심이다. 어느 한쪽이 이곳을 요구하고, 어느 한쪽이 이 도시를 자신들의 것이라고 주장하게 되면 평화를 위한 제안이 곤란을 겪게 된다. 1947년에 UN은 이 도시를 양측이 공유하라고 제안했다. 1978년 캠프 데이비드에서 사다트와 베긴 모두 그 도시를 분리하지 않고 공유하자는 데 동의했다. "그 도시 주민들의 대표로 구성된 지방 자치회를 만들어서 공공시설과 대중교통, 관광과 같은 핵심 기능들을 감독하고 각 공동체가 나름의 문화 시설과 교육 시설들을 유지할 수 있도록 보장한다"는 내용이었다.[26] 따라서 평화를 위한 마지막 기반은 예루살렘이 유대인과 무슬림과 그리스도인 모두가 언제든 드나들고 공유하며 누리는 도시가 되어야 한다는 것이다. 이 도시는 "언덕 위에 세워진 도시"가 되어서 온 나라가 어떻게 화해를 위해 일해나가야 할지를 보여주는 모델이 되어야 할 것이다.

---

25   "For Israel Land or Peace," *Washington Post*, November 26, 2000, B07.
26   이 구문은 1978년 회담 때는 확정되었지만, 불화의 가능성이 있다는 이유로 마지막에 삭제되었다.

월드비전 예루살렘 지부의 폴 베란은 "평화"에 대해 이렇게 말했다. "평화는 피해자가 용서자가 되는 것이고 범죄의 가해자가 고백자가 되는 것이다." 이 정의 위에서 사랑에 기반한 정의를 주장할 수 있는 미래가 세워질 수 있다.

이사야는 반유대주의자였는가?

1992년 5월, 나는 뉴욕에 있는 유대인 차별 반대 단체(ADL)에서 전화 한 통을 받고 깜짝 놀란 일이 있었다. 이 책과 같은 입장을 표명한 한 에세이가 교회 잡지에 실렸는데, 놀랍게도 뉴욕에 있는 그 단체의 지도자들이 그것을 알고 불만의 뜻을 전한 것이었다. 한 랍비가 내 사무실로 전화를 걸더니 이스라엘과 그리스도인의 사상에 대한 내 입장을 분명히 밝히라고 주장했다. 그 말은 이런 뜻이었다. 이스라엘을 비판하는 것은 참을 수 없는 일이고 미묘하게 반유대주의를 조장한다는 주장이었다. 그에 대한 해명을 요구받았다. 그때부터 이런 일이 계속해서 일어났다.

얼마 전 제자 한 명과 점심을 같이 먹었다. 그 학생은 내 수업을 듣는 것이 조금은 조심스럽다고 예상치 못한 말을 했다. 그 학생은 이렇게 말했다. "우리 큰오빠가 교수님에 대해 경고했었거든요. 교수님은 휘튼 대학 내의 반유대주의자가 맞으시죠?"

이 책을 읽는 분들 중에 이렇게 생각하는 분들도 있을 것이다. 이 책에는 듣기 거북한 사건들이 기록되어 있다. 정치적 국가의 존립을 종교적이고 영적으로 정당화시키려는 나라에게는 중요한 사건들이다. 이스라엘은 이러한 비판에서 면제되는가? 성경의 조상들을 둔 민족을 이야기하면서 비판을 가하는 것은 잘못된 것인가?

어느 날 밤 우연히 오순절 날 예루살렘에 머물게 되어서 성전이 있는 곳을 한번 둘러보기로 마음먹었다. 거룩한 절기였기에 그곳에서 무슨 일이 벌어지는지 지켜보면 좋을 것 같았다. 통곡의 벽 산책로를 잠시 거닐다가 북쪽에 있는 기도 지역으로 천천히 올라가 보았다. 그곳은 사람들로 북적였고 노래와 기도와 대화 소리가 가득했다. 나는 아치길(윌슨 아치)로 들어가 그 안에 있는 의자를 발견하고는 그곳에 앉아 영어로 쓰인 이스라엘 사람들의 성경을 빠른 속도로 읽기 시작했다. 그러다 머리를 들어보니 내 옆으로 약 60-90cm 떨어진 곳에서 한 이스라엘 병사가 M-16 소총을 아무렇지도 않은 듯 차고 성경을 큰 소리로 읽고 있었다. 그때의 광경이 또렷이 기억난다. 총에는 탄창이 채워져 있었다.

이 위대하고 성스러운 밤에 나도 과연 뭔가 영감이 넘치고 영적으로 충만한 경험을 할 수 있을지 의아해하며 성경을 이리저리 넘겼다. 그러다 이사야 1장이 눈에 들어와 읽기 시작했다. 장마다, 쪽마다, 이사야는 이스라엘 백성들을 질책하고 있었다. 그들이 진정한 영적 헌신을 버리고 나라를 구했기 때문이었다. 그들은 정의의 요구들을 구하지 않은 채 국가적 종교를 구했다. 이사야는 거침없이 말한다. 하나님은 의가 동반되지 않으면 어떠한 예배도, 어떠한 헌신도 받지 않으신다고 외쳤다. 하나님은 이사야 예언자를 통해 이렇게 선포하신다.

> 너희가 손을 펼 때에
> 내가 내 눈을 너희에게서 가리고,
> 너희가 많이 기도할지라도
> 내가 듣지 아니하리니
> 이는 너희의 손에 피가 가득함이라.
> 너희는 스스로 씻으며 스스로 깨끗하게 하여

내 목전에서 너희 악한 행실을 버리며,

행악을 그치고

선행을 배우며

정의를 구하며

학대받는 자를 도와주며

고아를 위하여 신원하며

과부를 위하여 변호하라 하셨느니라(사 1:15-17).

그날 밤 예루살렘에는 총과 기도가 서로 뒤엉켜 있었지만 정의에 대해 생각하는 사람은 아무도 없었다. 이사야는 하나님의 백성을 사랑했기에 그들에게 더 많은 것을 기대했다. 그가 이스라엘에 대해 날카롭게 비판했다고 해서 이스라엘에 대한 그의 헌신이 사라진 것이 아니었다. 이사야는 반유대주의자가 아니었다. 그럴 수가 없었다. 사실 이사야가 더욱 수준 높은 이스라엘 국가를 간절히 원했던 이유는, 하나님이 그 백성들에게 원하시는 것이 무엇인지를 너무나 잘 알고 있었기 때문이었다(장소는 아무 문제가 안 된다).

나는 이사야와 함께하고 싶다. 나는 이스라엘을 사랑하고 염려하는 간절한 마음으로 그들의 사명을 다시 일깨우고 싶다. 오늘날 중동에 울려 퍼져야 할 소리는 바로 이런 예언자적 목소리다. 예언이 성취되고 종말이 왔다는 종말론적 소리가 아니다. 이스라엘은 길을 잃었고, 주인과 집을 망각한 황소처럼 하나님의 목소리를 잊었다(사 1:3). 나는 오늘날 이사야가 예루살렘에 있었다면 그의 말은 가차 없었을 것이고 목숨을 내걸고 이스라엘의 죄를 들춰내려 했을 것이라고 확신한다.

질문

텔아비브에 있는 벤구리온 국제공항은 안보가 철저하기로 유명하다. 그 공항은 여러 번 테러범들의 공격을 받았다. 그 공항은 건물 인테리어 면에서도 아주 훌륭하고 곳곳에 테러에 대응한 안전장치들이 숨겨져 있다. 나는 주로 혼자 그곳에 가기 때문에 웬만한 관광객들은 듣기 힘든 많은 질문들을 받는다. 내 여권에는 이스라엘 도장이 너무 많이 찍혀 있다. 나는 미국행 비행기를 타기 두시간 반쯤 전에 공항에 도착했다.

그런데 내가 관광객들이 주로 머무는 호텔에 있었다거나 아랍 동예루살렘에 있는 교회 숙소에 있었다고 "이스라엘 보안국"에 연락을 하지 못하는 날이면 내 앞에 안전 요원이 한 명이 아닌 세 명이 선다. 그들은 이렇게 질문한다. "팔레스타인 사람들과 대화를 나눈 적이 있습니까?" 나는 갈릴리와 예루살렘에 있는 아랍 목회자들을 인터뷰하고 다녔다고 대답했다. 이렇게 말한 것은 분명 실수였다. 드디어 네 번째 안전 요원 (대장으로 보이는)이 합세했고 그들은 히브리어로 서로 대화를 나눴다. 나는 그들에게 내 짐을 다 조사해봐도 안전에 저촉되는 것은 없다고 응대했다. 하지만 그것으로는 불충분했다. 그들은 내가 대화를 나눈 아랍 사람들의 목록을 달라고 했다. 인터뷰 노트는 어깨 가방에 있었는데 어떤 상황에서도 그것을 내줄 수 없노라고 대답했다. 나는 인터뷰에 응한 이들이 민간인이었고 이들의 운명이 걸린 일이라는 걸 알았다.

벤구리온 공항에는 "뒷방"이 있다는 말을 종종 들었다. 많은 아랍 사람과 서양인들이 그곳에서 조사를 받고 많은 질문을 받은 경험을 말해주었다. 나도 곧 직접 경험하게 되었다. 네 명의 안전 요원이 마치 내가 범죄자라도 되는 양 나를 호위했고 장장 90분 동안 내 짐을 다 파헤쳐 조사했다. 인터뷰 노트만 내 손에 있었다. 내가 몇몇 외교 의례를 어긴 것이 분명했다. 내가 비협조적으로 나왔기 때문에 대가를 치러야 했다. 내 물건들에 다 스티커를 붙이더니 종류별로 정리하라고 던져주었다. 그리고 장장 1시간 30분 동안 젊은 이스라엘 사람들이 내가 어디에 갔었고 왜 갔었는지를 계속해서 질문했다.

내 세면도구들을 열어보았던 사람은 미국인 같다는 생각이 들었다. 그래서 이렇게 물어보았다. "미국에서 오셨지요?"

그는 그렇다고 대답했는데 그가 나와 대화를 나눈 것은 분명 규칙 위반이었다. 그는 초조한 듯 주위를 둘러보더니 이스트 코스트에서 왔다고 말했다. 이스라엘에 온 지 1년이 채 되지 않았다고 했다.

나는 그에게 말했다. "이건 말도 안 되는 일이에요. 그렇지 않나요? 승객의 짐을 이렇게 함부로 뒤지다니, 당신도 나도 이건 아니라는 걸 알잖아요."

그는 은밀하게 고개를 끄덕이며 동의했다. 그리고 조용히 이렇게 속삭였다. "이 사람들은 그냥 두려워서 이러는 거예요. 그리고 달리 어떻게 해야 할지를 몰라서 그래요."

팔레스타인은 누구의 땅인가?

이스라엘과 팔레스타인에 대해
그리스도인들이 듣지 못하는 것

Copyright © 새물결플러스 2019

1쇄 발행	2019년 7월 19일

지은이	개리 버지
옮긴이	이선숙
펴낸이	김요한
펴낸곳	새물결플러스

편 집	왕희광 정인철 박규준 노재현 한바울 정혜인
	이형일 서종원 나유영 노동래
디자인	윤민주 이새봄 황진주
마케팅	박성민 이원혁
총 무	김명화 이성순
영 상	최정호 조용석 곽상원
아카데미	차상희

홈페이지	www.holywaveplus.com
이메일	hwpbooks@hwpbooks.com
출판등록	2008년 8월 21일 제2008-24호
주 소	(우) 04118 서울특별시 마포구 마포대로19길 33
전 화	02) 2652-3161
팩 스	02) 2652-3191

ISBN 979-11-6129-116-1 03230

책값은 뒤표지에 있습니다.

이 도서의 국립중앙도서관 출판예정도서목록(CIP)은 서지정보유통지원시스
템 홈페이지(seoji.nl.go.kr)와 국가자료공동목록시스템(nl.go.kr/kolisnet)
에서 이용하실 수 있습니다. CIP2019027178